CONTABILIDADE
EMPRESARIAL
E GERENCIAL

O GEN | Grupo Editorial Nacional – maior plataforma editorial brasileira no segmento científico, técnico e profissional – publica conteúdos nas áreas de ciências sociais aplicadas, exatas, humanas, jurídicas e da saúde, além de prover serviços direcionados à educação continuada e à preparação para concursos.

As editoras que integram o GEN, das mais respeitadas no mercado editorial, construíram catálogos inigualáveis, com obras decisivas para a formação acadêmica e o aperfeiçoamento de várias gerações de profissionais e estudantes, tendo se tornado sinônimo de qualidade e seriedade.

A missão do GEN e dos núcleos de conteúdo que o compõem é prover a melhor informação científica e distribuí-la de maneira flexível e conveniente, a preços justos, gerando benefícios e servindo a autores, docentes, livreiros, funcionários, colaboradores e acionistas.

Nosso comportamento ético incondicional e nossa responsabilidade social e ambiental são reforçados pela natureza educacional de nossa atividade e dão sustentabilidade ao crescimento contínuo e à rentabilidade do grupo.

José Carlos Marion

CONTABILIDADE EMPRESARIAL E GERENCIAL

INSTRUMENTO DE ANÁLISE, GERÊNCIA E DECISÃO

ACESSO *ON-LINE*:
- Vídeos
- Livro de Exercícios
- Capítulos Extras

19ª edição

Atualização Ricardo Rios

- O autor deste livro e a editora empenharam seus melhores esforços para assegurar que as informações e os procedimentos apresentados no texto estejam em acordo com os padrões aceitos à época da publicação, *e todos os dados foram atualizados até a data de fechamento do livro.* Entretanto, tendo em conta a evolução das ciências, as atualizações legislativas, as mudanças regulamentares governamentais e o constante fluxo de novas informações sobre os temas que constam do livro, recomendamos enfaticamente que os leitores consultem sempre outras fontes fidedignas, de modo a se certificarem de que as informações contidas no texto estão corretas e de que não houve alterações nas recomendações ou na legislação regulamentadora.

- Data de fechamento: 15/06/2022

- O autor e a editora se empenharam para citar adequadamente e dar o devido crédito a todos os detentores de direitos autorais de qualquer material utilizado neste livro, dispondo-se a possíveis acertos posteriores caso, inadvertida e involuntariamente, a identificação de algum deles tenha sido omitida.

- **Atendimento ao cliente: (11) 5080-0751 | faleconosco@grupogen.com.br**

- **Até a 18ª edição, o título era Contabilidade Empresarial.**

- Direitos exclusivos para a língua portuguesa
  Copyright © 2022 *by*
  Editora Atlas Ltda.
  Uma editora integrante do GEN | Grupo Editorial Nacional
  Travessa do Ouvidor, 11
  Rio de Janeiro – RJ – 20040-040
  www.grupogen.com.br

- Reservados todos os direitos. É proibida a duplicação ou reprodução deste volume, no todo ou em parte, em quaisquer formas ou por quaisquer meios (eletrônico, mecânico, gravação, fotocópia, distribuição pela Internet ou outros), sem permissão, por escrito, da Editora Atlas Ltda.

- Capa: Leandro Guerra
- Editoração eletrônica: Set-up Time Artes Gráficas

- Ficha catalográfica

Dados Internacionais de Catalogação na Publicação (CIP)
(Câmara Brasileira do Livro, SP, Brasil)

M295c
19. ed.

    Marion, José Carlos
    Contabilidade empresarial e gerencial: instrumentos de análise, gerência e decisão / José Carlos Marion; atualizador Ricardo Pereira Rios. – 19. ed. - São Paulo: Atlas, 2022.

    Apêndice
    Inclui bibliografia e índice
    Vídeos
    ISBN 978-65-5977-319-0

    1. Contabilidade gerencial. I. Rios, Ricardo Pereira. II. Título.

22-77787   CDD: 658.1511
                                                                               CDU: 657.41/.45

Gabriela Faray Lopes - Bibliotecária - CRB-7/6643

"Eis que estou a tua porta, e bato. Se alguém ouvir a minha voz e me abrir a porta, entrarei em sua casa, e cearei com ele, e ele comigo." (Jesus Cristo: Apocalipse 3, 20)

Apresentação à 19ª Edição

A 19ª edição traz importantes atualizações em razão das constantes mudanças no mundo contábil, especialmente em normas, terminologias etc. As principais alterações que fizemos são:

1. Retirada do Capítulo 7 – *Aspectos sobre Normas e Teoria da Contabilidade*, do livro físico, atualizando-o e deixando-o disponível de forma *on-line*, como Capítulo 21.

2. Com a alteração mencionada, introduzimos um novo Capítulo 7 – *Análise dos Relatórios Financeiros como Instrumento para a Tomada de Decisão*. Essa modificação traz uma forte visão gerencial ao livro, permitindo que seus leitores possam, após aprender os principais relatórios contábeis (financeiros) – Capítulos 1 a 6 –, saber extrair dessas informações sobre a situação financeira, o endividamento e a situação econômica, visando compreender o processo de análise dos relatórios e sua importância para a gestão e para a tomada de decisão nas organizações.

3. Criação do apêndice ao Capítulo 8, com modelo de plano de contas – também disponibilizado de forma *on-line*.

4. O Livro de Exercícios que acompanha o livro-texto está atualizado e disponibilizado no *site* da editora para quem adquirir este livro.

5. Da mesma forma, o Manual do Professor (exclusivo para professores) passou por uma completa revisão.

6. Os vídeos dos Capítulos 1 a 10 foram regravados para contemplar todas as atualizações realizadas.

7. Atualizamos, até a data de edição deste livro, as IFRS (Normas Internacionais de Contabilidade) expressadas pelos pronunciamentos do CPC (Comitê de Pronunciamentos Contábeis) e pelas NBCs (Normas Brasileiras de Contabilidade) e outras resoluções.

Apresentação

METODOLOGIA

Os primórdios da Contabilidade resumem-se praticamente no homem primitivo contando (inventariando) seu rebanho. O homem, cuja natureza é ambiciosa, não se preocupa apenas com a contagem de seu rebanho, mas – o que é mais importante – com o crescimento, com a evolução do rebanho e, consequentemente, com a evolução de sua riqueza. Assim, ele faz inventários (contagem) em momentos diferentes e analisa a variação de sua riqueza.

Observamos uma primeira forma, bastante rudimentar, de relatório contábil (o inventário do rebanho), bem como uma análise de variação da riqueza, que compreende um período entre dois inventários.

Com o passar do tempo (em épocas recentes), foram pensadas e estudadas as várias formas de registrar os fatos contábeis que davam origem a esses relatórios.

Dessa maneira, evolui historicamente a Contabilidade, partindo dos Inventários (relatórios contábeis), apurando a variação da riqueza e, por fim, imaginando as formas de registros contábeis.

É em decorrência dessa sequência didática (dos relatórios contábeis aos lançamentos originários) que contemplamos livros em Contabilidade Introdutória, como o de Finney & Miller, o da Equipe de Professores da FEA/USP etc.

Não poderíamos fugir a essa corrente irrefreável, que tem origem na revolucionária Escola Contábil Americana e que hoje predomina nas faculdades brasileiras, pois, sem dúvida, desperta maior interesse dos estudantes de Contabilidade em aprender, partindo dos Relatórios Contábeis e não dos Lançamentos (Registros).

COMO USAR ESTE LIVRO

Parte I – Ênfase ao Usuário da Contabilidade

Os Capítulos 1 a 8 dão ênfase para as pessoas que usarão a Contabilidade como instrumento de decisão, inclusive o próprio (futuro) contador.

Esta parte privilegia a interpretação dos Relatórios Contábeis, bem como evidencia a Tomada de Decisões no Âmbito Empresarial.

Assim, pode ser ministrada ao estudante de Administração, Direito, Economia, Engenharia etc., simultaneamente com o estudante de Contabilidade.

É ideal para os cursos *básicos*, nos quais se ensina Contabilidade para estudantes que farão opção para diversas profissões diferentes da Contabilidade, ou para a própria Contabilidade.

Parte II – Ensino Focado em Como Fazer a Contabilidade (exclusivamente para futuros contadores)

Os Capítulos 9 a 11 se preocupam com o futuro profissional contábil, que conhecerá o caminho para chegar aos Relatórios Contábeis.

É lógico que os estudantes de Administração e outros futuros não contadores poderão ter uma visão panorâmica dos mecanismos contábeis, embora não seja relevante para os não contadores.

Para os futuros contadores, que terão que conhecer todos os mecanismos contábeis, este livro apresenta a metodologia contábil norte-americana, que é mais objetiva e tem maior clareza didática.

O fato de já se conhecerem os Relatórios Contábeis torna a compreensão dos termos *débito* e *crédito*, do plano de contas e de todo o processo de escrituração muito mais simples e fácil de reter.

Parte III – Foco no Aprofundamento do Balanço Patrimonial

Os Capítulos 12 a 16 tratam de um aprofundamento dos grupos de Contas no Balanço Patrimonial, dando-se um enfoque de Contabilidade Intermediária, já que a Contabilidade Introdutória termina no Capítulo 11.

Esta Parte é adequada para a continuidade dos estudos do futuro Contador (fase intermediária) e para o não contador que precisa conhecer melhor a estrutura do Balanço Patrimonial para fins do curso de Análise de Balanços ou Análise das Demonstrações Financeiras ou Demonstrações Contábeis.

Parte IV – Outras Demonstrações Contábeis

Além do Balanço Patrimonial estudado nos Capítulos 2, 3 e 12 a 15, e da Demonstração do Resultado do Exercício estudada nos Capítulos 4, 5 e 6, existem outras demonstrações fundamentais para os objetivos da Contabilidade que merecem capítulos especiais.

Assim, do Capítulo 17 ao 19 ressaltamos essas demonstrações indispensáveis ao profissional contábil e úteis aos não contadores, na condição de usuários, na extração de indicadores para tomada de decisão.

OUTROS CAMINHOS PARA USAR ESTE LIVRO

O Professor (ou o leitor) pode escolher outros caminhos para atender melhor ao processo ensino-aprendizagem, montando outras sequências de capítulos. Damos alguns exemplos:

Opção 1 – Iniciando com o ensino de Normas Contábeis

Se quisermos praticar um esporte, ou fazer parte de qualquer tipo de associação, ou pertencer a uma seita religiosa, ou mesmo estudar astronomia, precisaremos inicialmente conhecer algumas regras básicas ou princípios sobre a nova atividade. Só assim teremos melhor aproveitamento, que será decisivo para o desempenho de tal atividade.

Com a Contabilidade, alguns professores entendem que não poderia ser diferente. Para que nos iniciemos no estudo dessa disciplina, é necessário, *a priori*, dizem estes professores, que conheçamos algumas regras básicas que a regem. Algumas dessas regras estão contidas principalmente no Capítulo 21, *Aspectos sobre Normas e Teoria da Contabilidade*, disponibilizado de forma *on-line*.

Assim, nesta opção há o cuidado de relatar, em primeiro plano, os princípios básicos relativos ao Balanço Patrimonial (pois o Balanço Patrimonial é abordado já no Capítulo 21), para depois abordar a Demonstração do Resultado do Exercício, relatando os princípios básicos que lhe são concernentes.

Após o desenvolvimento de algumas Normas Contábeis (neste caso, o Capítulo 21 seria antecipado), passamos, então, a estudar os Relatórios Contábeis, enfatizando o Balanço Patrimonial e a Demonstração do Resultado do Exercício (até o Capítulo 6). Dessa forma, procuramos manter a sequência histórica da Contabilidade: primeiro os relatórios, depois os lançamentos.

Opção 2 – Dando prioridade aos Lançamentos Contábeis

Nossa metodologia, proposta é que, conhecendo bem o Balanço Patrimonial e a Demonstração do Resultado do Exercício, é possível estruturar um Plano de Contas, acoplando-se esses dois relatórios. E foi isso que fizemos no apêndice ao Capítulo 8 (disponibilizado de forma *on-line*): sugerimos um modelo de Plano de Contas de uma pequena indústria e colocamos em evidência os elementos básicos para transformar esse Plano de Contas de acordo com as características de uma empresa comercial ou prestadora de serviços.

Ao dominarmos um Plano de Contas, teremos subsídios suficientes para os lançamentos contábeis. E assim o fizemos, nos Capítulos 9 e 10. Após o desenvolvimento de todo o processo de escrituração contábil, abordamos, no Capítulo 11, os Livros Contábeis, com todas as formalidades existentes nos registros contábeis e sua apresentação de forma digital.

Todavia, o professor pode optar por começar diretamente nos Lançamentos Contábeis, para depois tratar dos Relatórios Contábeis. Neste caso, deve abordar no início os Capítulos 9, 10 e 11.

Outras opções poderiam ser equacionadas nas sequências dos capítulos.

Por exemplo: se o professor entender que a ênfase não deverá ser Tomada de Decisões, simplesmente desconsidere as informações complementares que, de maneira geral, aprofundam este assunto.

ASPECTO PRÁTICO DESTE LIVRO

Apresentamos exercícios propostos e resolvidos, que abrangem o conteúdo exposto no capítulo. No final de cada capítulo, há um tópico que trata de informações complementares e, depois, um resumo, cujo objetivo é repassar todos os conceitos estudados. Também, em cada capítulo, fazemos uma ilustração para memorização.

Imediatamente após o resumo e exercício resolvido, elaboramos uma bateria de testes curtos (10 questões), com quatro alternativas, que denominamos *Avaliação do Aproveitamento*, para avaliar o grau de assimilação pelo estudante do capítulo em estudo. Os testes deverão ser respondidos em cinco minutos (30 segundos para cada questão). O aproveitamento desejável é de, pelo menos, 70%, ou seja, sete questões; caso contrário, o estudante deverá rever o capítulo. As respostas são encontradas no final do livro.

Incluímos, no final de cada capítulo, uma bateria de exercícios com respostas no final do livro. Em cada capítulo, um vídeo discorre sobre aspectos centrais do tema do capítulo. O acesso aos vídeos é feito via QR Code. Para reproduzi-los, basta ter um aplicativo leitor de QR Code no *smartphone* e posicionar a câmera sobre o código. É possível acessar os vídeos também por meio da URL que aparece logo abaixo do código.

O trabalho é eminentemente prático, já que procuramos envolver aspectos legais e fiscais que interferem na moderna Contabilidade.

AOS NÃO CONTADORES

Quando fui designado para ocupar a cadeira de *Noções de Contabilidade Empresarial*, na Faculdade de Direito do Largo de São Francisco/USP, defrontei-me com a necessidade de melhor adequar um curso para não contadores.

Na verdade, a bibliografia existente na área contábil (muito boa, diga-se de passagem) visa especificamente formar o contador em "como fazer a contabilidade". O não contador (advogado, economista, administrador de empresas, engenheiro etc.) está muito mais interessado em entender ou interpretar a contabilidade.

Pesquisamos em várias faculdades o que ensinavam ao estudante de Economia, Administração de Empresas etc. Para nossa surpresa, constatamos que era a mesma coisa que se ensinava ao estudante de Contabilidade: "Como fazer a contabilidade". Aliás, muitas faculdades possuem um primeiro ano básico, durante o qual a contabilidade é ministrada tanto para estudantes de Contabilidade como de Administração de Empresas ou de Economia.

Entendemos ser necessário que se demonstre ao aluno como fazer a contabilidade, para melhor interpretá-la. Tanto isso é verdade que apresentamos neste livro um capítulo (num total de 19 capítulos) sobre *Escrituração*. A questão é a ênfase a ser dada ao aprendizado do não contador, ao módulo *como fazer a contabilidade*. Convivemos com estudantes que não seriam contadores (administradores...) e que passaram um ano de estudo elaborando grande quantidade de lançamentos contábeis, ou dedicando-se à escrituração dos livros Razão e Diário, ou fechando Balancetes e Balanços. Saberiam esses estudantes interpretar os Relatórios Contábeis?

Nosso objetivo é ensinar a interpretar os Relatórios Contábeis. Não desprezamos as adições e subtrações aos itens dos Relatórios Contábeis, assim como seus reflexos, pois isso faz parte de uma interpretação mais apurada.

Assim, a ênfase para os não contadores são os Capítulos 1 a 8 e 17 a 19.

Na 19ª edição, o antigo Capítulo 7, que tratava sobre a Teoria da Contabilidade, passou a ser *on-line*, e inserimos no novo Capítulo 7 a Análise dos Relatórios Financeiros para fins de tomada de decisão, permitindo assim uma ampla visão sobre a análise do tripé decisorial (Situação Financeira, Endividamento e Situação Econômica), com seus principais indicadores.

Agradecimentos

Não poderia iniciar este tópico sem reconhecer publicamente minha gratidão àquele que é doador de minha vida, àquele que penetrou em meu coração mansamente, envolveu-me, amou-me, deu-me a paz, a verdadeira paz. Guiou-me por seus caminhos, permitiu que me alegrasse no clarão de sua luz. Presenteou-me com uma esposa maravilhosa, quatro filhos encantadores, e deu harmonia à minha casa. Achegou-se mais perto nos momentos difíceis e deu vida a todas as alegrias. A meu Senhor e Salvador, Jesus Cristo, muito obrigado.

Teria de enumerar uma lista enorme de pessoas que contribuíram e estimularam-me para que este livro se tornasse realidade. Sem dúvida, esta lista seria liderada por meu mestre, orientador e amigo, que não só me estimulou na realização deste trabalho, como também me introduziu na carreira acadêmica e, por muitas vezes, assumiu as funções de um pai (que tão cedo perdi) na orientação de minha vida profissional. A meu professor, orientador e sempre amigo Sérgio de Iudícibus, muito obrigado.

Ao Prof. Henrique Matulis, pela notória contribuição ao revisar esta obra, pela dedicação e empenho no sentido de inovar e enriquecer este material, muito obrigado. Suas sugestões e seu dinamismo foram variáveis definitivas para a conclusão deste livro.

Aos professores Magnus Amaral da Costa, Anísio Cândido Pereira, Natan Szuster, Walter Miranda, Mussolini Orru e muitos outros, que tanto contribuíram, muito obrigado. Ao senhor Luiz Herrmann (*in memoriam*), presidente da Atlas, pelo estímulo e pela confiança.

Agradeço ainda ao Prof. André Diniz Filho, que deu grande auxílio na atualização da 16ª edição.

Agradeço ao Prof. Ricardo Rios, coautor do livro *Contabilidade avançada*, que contribuiu de forma intensa na atualização desta 18ª edição.

Agradeço a Agnaldo José de Lima, Superintendente Editorial do Grupo GEN | Atlas, pelas orientações na modernização deste livro.

A Márcia Marion, que transcende as funções de esposa como fator de equilíbrio e inesgotável fonte de amor. A Daniela, Melissa, Arnaldo e Nathan, meus filhos.

Ao Emerson, Kelsen, Marília e Letícia, genros e noras. Aos meus netos Sarah, Lilian, Sofia, Nicolas, Gabriel, Pietra, Levi, Daniel e Arthur. Muito obrigado.

Recurso Didático

Cada capítulo conta com vídeos do atualizador em que discorre sobre aspectos centrais do tema do capítulo. O acesso aos vídeos é feito via QR Code. Para reproduzi-los, basta ter um aplicativo leitor de QR Code baixado no *smartphone* e posicionar a câmera sobre o código. É possível acessar os vídeos também por meio da URL que aparece logo abaixo do código.

Material Suplementar

Este livro conta com os seguintes materiais suplementares:

- Apêndice ao Capítulo 8 – Plano de Contas Simplificado (acesso livre).
- Capítulo 20 (extra) – Demonstração das Origens e Aplicações de Recursos (DOAR) – Demonstração não obrigatória por lei (acesso livre).
- Capítulo 21 (extra) – Aspectos sobre Normas e Teoria da Contabilidade (acesso livre).
- Livro de exercícios (acesso livre).
- Manual do professor (exclusivo para professores).

O acesso ao material suplementar é gratuito. Basta que o leitor se cadastre e faça seu *login* em nosso *site* (www.grupogen.com.br), clicando em Ambiente de aprendizagem, no *menu* superior do lado direito.

O acesso ao material suplementar online fica disponível até seis meses após a edição do livro ser retirada do mercado.

Caso haja alguma mudança no sistema ou dificuldade de acesso, entre em contato conosco pelo e-mail gendigital@grupogen.com.br.

Sumário

PARTE I – ÊNFASE AO USUÁRIO DA CONTABILIDADE, 1

1 A CONTABILIDADE E O CONTADOR, 3

Objetivos, 3

1.1 Tomada de decisão, 3

1.2 Função do contador, 5

1.3 Objetivos da contabilidade, 5

1.4 Cenários contábeis, 6

1.5 Contabilidade como profissão, 7

1.6 Contabilidade em outros cursos, 9

1.7 Evolução da contabilidade, 10

Resumo, 15

Exercício resolvido, 15

Avaliação do aproveitamento, 15

Exercícios, 16

2 RELATÓRIOS CONTÁBEIS, 19

Objetivos, 19

2.1 Relatório contábil e seus objetivos, 19

2.2 Relatórios contábeis obrigatórios *versus* não obrigatórios, 21

2.3 Balanço patrimonial, 22

2.4 Capital de terceiros *versus* capital próprio, 29

2.5 Uma forma mais ampla para compreender o Balanço Patrimonial, 30

2.6 Requisitos do balanço patrimonial, 31

Resumo, 34

Exercício resolvido, 34

Avaliação do aproveitamento, 36

Exercícios, 37

3 BALANÇO PATRIMONIAL – GRUPOS DE CONTAS (UMA ABORDAGEM PRELIMINAR), 39

Objetivos, 39

3.1 Introdução, 39

3.2 Grupos de contas, 39

3.3 Principais deduções do ativo, 50

3.4 Deduções do patrimônio líquido, 50

Resumo, 53

Exercício resolvido, 53

Avaliação do aproveitamento, 54

Exercícios, 55

4 ASPECTOS SOBRE FLUXO ECONÔMICO E FINANCEIRO E O RESULTADO DO EXERCÍCIO, 57

Objetivos, 57

4.1 Apuração do resultado (lucro ou prejuízo), 57
4.2 Resultado e reflexo no balanço patrimonial, 60

Resumo, 63

Exercício resolvido, 64

Avaliação do aproveitamento, 65

Exercícios, 65

5 REGIMES DE CONTABILIDADE (APURAÇÃO DE RESULTADOS), 67

Objetivos, 67

5.1 Regimes de contabilidade, 67
5.2 Princípios contábeis concernentes à apuração de resultados, 70
5.3 Regime de competência e balanço patrimonial, 72
5.4 Independência absoluta de períodos contábeis, 75

Resumo, 79

Avaliação do aproveitamento, 79

Exercícios, 80

6 DEMONSTRAÇÃO DO RESULTADO DO EXERCÍCIO (DRE) E DEMONSTRAÇÃO DO RESULTADO ABRANGENTE (DRA), 83

Objetivos, 83

6.1 Apuração anual do resultado, 83
6.2 Modelo ideal da DRE, 98

Resumo, 103

Exercício resolvido, 103

Avaliação do aproveitamento, 104

Exercícios, 105

7 ANÁLISE DOS RELATÓRIOS FINANCEIROS COMO INSTRUMENTO PARA A TOMADA DE DECISÃO, 109

Objetivos, 109

7.1 Introdução, 109
7.2 Situação financeira, 110
7.3 Estrutura de capital, 112
7.4 Situação econômica, 114

Resumo, 121

Avaliação do aproveitamento, 121

Exercícios, 122

8 DEMONSTRAÇÃO DOS FLUXOS DE CAIXA E DEMONSTRAÇÃO DOS LUCROS OU PREJUÍZOS ACUMULADOS (INTEGRAÇÃO DAS DEMONSTRAÇÕES), 125

Objetivos, 125

8.1 Integração, 125
8.2 Demonstração dos lucros ou prejuízos acumulados, 132
8.3 Integração das demonstrações contábeis, 135

Resumo, 143

Exercício resolvido, 143

Avaliação do aproveitamento, 146

Exercícios, 146

Apêndice ao Capítulo 8 – Plano de Contas Simplificado, e-1

PARTE II — ENSINO FOCADO EM COMO FAZER A CONTABILIDADE, 149

9 CONTABILIDADE POR BALANÇOS SUCESSIVOS – UMA METODOLOGIA MAIS PRÁTICA PARA ENTENDER OS REGISTROS CONTÁBEIS, 151

Objetivos, 151

9.1 Domínio da classificação contábil, 151

9.2 Eficiência da contabilidade por balanços sucessivos, 157

9.3 Uma simplificação do processo, 159

9.4 Movimentações do ativo e do passivo, 162

9.5 O "fantasma" do débito e do crédito, 166

9.6 Escrituração das contas de resultado, 170

Resumo, 171

Exercício resolvido, 175

Avaliação do aproveitamento, 178

Exercícios, 179

10 BALANCETE – APURAÇÃO DE RESULTADO E LEVANTAMENTO DO BALANÇO (ASPECTOS CONTÁBEIS), 181

Objetivos, 181

10.1 Balancete de verificação, 181

10.2 Apuração do resultado do exercício, 185

10.3 Levantamento do balanço patrimonial, 194

Resumo, 199

Exercício resolvido, 199

Avaliação do aproveitamento, 203

Exercícios, 204

11 ESCRITURAÇÃO (LIVROS CONTÁBEIS E SISTEMAS CONTÁBEIS), 207

Objetivos, 207

Introdução, 207

Seção 1 – Escrituração contábil, 207

11.1 Livros contábeis, 207

11.2 Lançamentos contábeis, 211

11.3 Sistema de contabilidade, 216

Seção 2 – Escrituração contábil em forma digital, 217

11.4 Sistema público de escrituração digital (SPED), 217

Resumo, 228

Exercício resolvido, 228

Avaliação do aproveitamento, 231

Exercícios, 232

PARTE III — FOCO NO APROFUNDAMENTO DO BALANÇO PATRIMONIAL, 233

12 ATIVO CIRCULANTE E REALIZÁVEL A LONGO PRAZO, 235

Objetivos, 235

Introdução, 235

12.1 Ativo circulante, 235

12.2 Não circulante (realizável a longo prazo), 251

12.3 Critérios de avaliação a "valor presente", 252

Resumo, 257

Avaliação do aproveitamento, 259

Exercícios, 260

13 ESTOQUES, 261

Objetivos, 261

Introdução, 261

13.1 Características, 261

13.2 Importância dos estoques, 262

13.3 Exemplo com operações de compra e venda de mercadorias, 262

13.4 Influência do estoque nas demonstrações financeiras, 264

13.5 Inventários, 267

13.6 Controle permanente de estoque e de inventários, 269

13.7 Controle periódico de estoques e de inventários, 272

13.8 Critérios de atribuição de preços ao estoque, 273

13.9 Critérios de custeio do CMV e sua consequência no valor do estoque, 275

13.10 Avaliação de estoque a custo de reposição (NIFO), 280

13.11 Custo ou valor líquido realizável, 281

Resumo, 284

Avaliação do aproveitamento, 285

Exercícios, 286

14 ATIVO NÃO CIRCULANTE, 287

Objetivos, 287

Introdução, 287

14.1 Imobilizado, 287

14.2 Subtrações do imobilizado, 290

14.3 Intangível, 300

14.4 Investimentos, 302

14.5 Avaliação dos investimentos, 302

14.6 Empresas que aplicarão o método de equivalência patrimonial, 309

14.7 Propriedade para investimento, 311

Atualidades, 314

Resumo, 314

Avaliação do aproveitamento, 315

Exercícios, 316

15 PASSIVO EXIGÍVEL (CIRCULANTE E NÃO CIRCULANTE), 317

Objetivos, 317

Introdução, 317

15.1 Passivo exigível, 317

15.2 Passivo circulante, 318

15.3 Passivo não circulante, 323

15.4 Dívidas ajustadas a valor presente, 326

15.5 Outros comentários sobre o passivo exigível, 327

15.6 Exemplo de Constituição de Passivo, 328

Resumo, 332

Avaliação do aproveitamento, 333

Exercícios, 334

16 PATRIMÔNIO LÍQUIDO, 335

Objetivos, 335

Introdução, 335

16.1 Considerações preliminares, 335

16.2 Capital social, 336

16.3 Reservas de capital, 338

16.4 Ajustes de avaliação patrimonial, 339

16.5 Reservas de lucros, 341

16.6 Outras reservas de lucro, 345

16.7 Lucros ou prejuízos acumulados, 345

16.8 Reservas de incentivos fiscais, 345

16.9 Ações em tesouraria, 346

16.10 Valor patrimonial da ação (ou quota), 346

Resumo, 349

Avaliação do aproveitamento, 349

Exercícios, 350

PARTE IV — OUTRAS DEMONSTRAÇÕES CONTÁBEIS, 351

17 DEMONSTRAÇÃO DOS LUCROS OU PREJUÍZOS ACUMULADOS E DEMONSTRAÇÃO DAS MUTAÇÕES DO PATRIMÔNIO LÍQUIDO, 353

Objetivos, 353

Introdução, 353

17.1 Lucros ou prejuízos acumulados, 353

17.2 A DLPAc e a Lei nº 11.638/2007 (Sociedades por Ações), 354

17.3 Demonstração dos lucros ou prejuízos acumulados (DLPAc), 354

17.4 Demonstração das mutações do patrimônio líquido (DMPL), 363

17.5 DMPL com saldo zero na conta lucros acumulados, 368

17.6 Estrutura da DMPL após a Lei nº 11.638/2007, 369

Solução do Exercício, 371

Resumo, 371

Avaliação do aproveitamento, 372

Exercícios, 373

18 DEMONSTRAÇÃO DOS FLUXOS DE CAIXA (DEMONSTRAÇÃO DO FLUXO FINANCEIRO), 375

Objetivos, 375

18.1 Introdução, 375

18.2 Principais transações que afetam o caixa, 376

18.3 Métodos de apresentação da demonstração dos fluxos de caixa, 378

18.4 Estruturação da demonstração dos fluxos de caixa, 379

18.5 O que explica a demonstração dos fluxos de caixa, 381

18.6 Técnica de elaboração da demonstração dos fluxos de caixa – modelo direto, 381

18.7 Estruturação da demonstração dos fluxos de caixa – modelo direto, 390

18.8 Técnica de elaboração da demonstração dos fluxos de caixa – modelo indireto, 390

Resumo, 398

Avaliação do aproveitamento, 398

Exercícios, 399

19 DEMONSTRAÇÃO DO VALOR ADICIONADO, NOTAS EXPLICATIVAS E OUTRAS EVIDENCIAÇÕES, 401

Objetivos, 401

19.1 Relatório da diretoria, 401

19.2 Evidenciações, 406

Resumo, 412

Avaliação do aproveitamento, 413

Exercícios, 414

20 DEMONSTRAÇÃO DAS ORIGENS E APLICAÇÕES DE RECURSOS (DOAR) (DEMONSTRAÇÃO NÃO OBRIGATÓRIA POR LEI) (ACESSO *ON-LINE*), e-8

21 ASPECTOS SOBRE NORMAS E TEORIA DA CONTABILIDADE (ACESSO *ON-LINE*), e-35

AVALIAÇÃO DO APROVEITAMENTO – QUADRO DE RESPOSTAS, 415

RESPOSTAS DOS EXERCÍCIOS, 417

ÍNDICE ALFABÉTICO, 431

Parte I

ÊNFASE AO USUÁRIO DA CONTABILIDADE

ENSINO FOCADO NO USUÁRIO

Objetivo: Evidenciar a Contabilidade como Instrumento para Tomada de Decisões

CAPÍTULOS	CONTEÚDO	APRENDENDO A TOMAR DECISÕES
1	*A Contabilidade e o Contador* Mostra os objetivos da Contabilidade e a função do Profissional Contábil.	Optar por uma especialização contábil. Os principais usuários da Contabilidade. Os cenários primitivo e moderno da Contabilidade. O atual cenário mundial da Contabilidade.
2	*Relatórios Contábeis* Quais são. Introdução ao Balanço Patrimonial. Ativo, Passivo e Patrimônio Líquido.	Qual Relatório Contábil Utilizar. Origens de Recursos (Cap. de Terceiros × Capital Próprio). Aspectos sobre Intangível. Relatórios Obrigatórios × não Obrigatórios.
3	*Balanço Patrimonial – Grupos de Contas* Quais são os Grupos de Contas. Critérios de Classificação. Ciclo Operacional.	Capital de Giro. Investimento no Ativo Fixo.
4	*Aspectos sobre Fluxo Econômico e Financeiro e o Resultado do Exercício* Introdução ao Fluxo Financeiro e Fluxo Econômico (Regimes de Contabilidade). Termos, Receita, Despesa, Custo, Perda e Ganho.	Interpretar Fluxos Econômico e Financeiro. Apuração de Resultado: Lucro ou Prejuízo.
5	*Regimes de Contabilidade* Apuração de Resultado. Regime de Competência. Integração entre BP e DRE.	Comparar o Lucro Econômico com o Financeiro. Quando uma empresa tem prejuízo e tem caixa; quando tem lucro e não tem caixa. Como o lucro é formado.
6	*Demonstração do Resultado do Exercício* Explicação de como apuram-se os diversos lucros: Lucro Bruto, Lucro Operacional, Ebitda, Lucro Líquido etc.	Margem de Lucro (lucratividade), Rentabilidade, Produtividade, *Mark-up*, ROE × ROI, Sucesso × Insucesso nos negócios.
7	*Análise dos Relatórios Financeiros como Instrumento para a Tomada de Decisão* Explicação sobre o tripé decisorial, principais indicadores etc.	Conhecer os principais indicadores da Situação Financeira (Liquidez), da Estrutura de Capital (Endividamento) e da Situação Econômica (Rentabilidade). Compreender o processo de análise dos relatórios financeiros e sua importância para a gestão e para a tomada de decisão.
8	*Demonstração dos Fluxos de Caixa e Demonstração dos Lucros ou Prejuízos Acumulados (Integração das demonstrações).*	Optar pelo Fluxo de Caixa. Modelo Direto ou Indireto. Suas vantagens e desvantagens.

A Contabilidade e o Contador 1

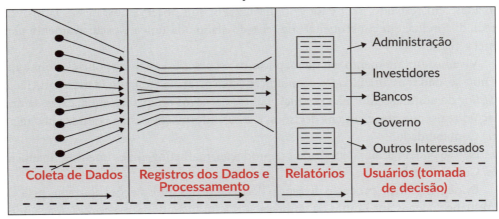

Área de Atuação do Contador

OBJETIVOS

Ao completar o estudo deste capítulo, você deverá estar preparado para explicar e exercitar os seguintes conceitos:

- Tomar decisões.
- O que é Contabilidade.
- Os objetivos da Contabilidade.
- O campo de atuação do profissional contábil.
- A evolução da Contabilidade no Brasil e no mundo (aspectos gerais).
- Por que a Contabilidade é o curso de melhor custo × benefício.

1.1 TOMADA DE DECISÃO

Frequentemente estamos tomando decisões: a que hora iremos levantar, que roupa iremos vestir, qual tipo de comida iremos comer, a que programa iremos assistir, qual trabalho iremos desenvolver durante o dia etc. Algumas vezes, são decisões importantíssimas: o casamento, a carreira, a aquisição de casa própria, para exemplificar.

Evidentemente, essas decisões mais importantes requerem cuidado maior, análise mais profunda sobre os elementos (dados) disponíveis, sobre os critérios racionais, pois uma decisão importante mal tomada pode prejudicar toda uma vida.

Dentro de uma empresa, a situação não é diferente. Frequentemente, os responsáveis pela administração estão tomando decisões, quase todas importantes, vitais para o sucesso do negócio. Por isso, há necessidade de dados, de informações corretas, de subsídios que contribuam para uma boa tomada

de decisão. Decisões tais como comprar ou alugar uma máquina, preço de um produto, contrair uma dívida a longo ou curto prazos, quanto de dívida contrairemos, que quantidade de material para estoque deveremos comprar, reduzir custos, produzir mais...

A Contabilidade é o grande instrumento que auxilia a administração a tomar decisões. Na verdade, ela coleta todos os dados econômicos, mensurando-os monetariamente, registrando-os e sumarizando-os em forma de relatórios ou de comunicados, que contribuem sobremaneira para a tomada de decisões.

A Contabilidade é a linguagem dos negócios. Mede os resultados das empresas, avalia o desempenho dos negócios, dando diretrizes para tomadas de decisões.

Observamos com certa frequência que várias empresas, principalmente as pequenas, têm alta mortalidade ou enfrentam sérios problemas de sobrevivência. Ouvimos empresários que criticam a carga tributária, os encargos sociais, a falta de recursos, os juros altos etc., fatores esses que, sem dúvida, contribuem para debilitar a empresa. Entretanto, descendo fundo em nossas investigações, constatamos que, muitas vezes, a "célula cancerosa" não repousa nessas críticas, mas na *má gerência*, nas decisões tomadas sem respaldo, sem dados confiáveis. Por fim observamos, nesses casos, uma contabilidade irreal, distorcida, em consequência de ter sido elaborada única e exclusivamente para atender às exigências fiscais.

Vivemos um momento em que "aplicar os recursos escassos disponíveis com a máxima eficiência" tornou-se, dadas as dificuldades econômicas (concorrência etc.), uma tarefa nada fácil. A experiência e o *feeling* do administrador não são mais fatores decisivos no quadro atual; exige-se um elenco de informações reais, que norteiem tais decisões. E essas informações estão contidas nos relatórios elaborados pela Contabilidade.

Não se podem tomar decisões sobre produção, marketing, investimentos, financiamento, custos etc. sem Contabilidade.

Evidentemente, o processo decisório decorrente das informações apuradas pela Contabilidade não se restringe apenas aos limites da empresa, aos administradores e gerentes, mas também a outros segmentos, quais sejam:

- *Investidores*: é por meio dos relatórios contábeis que se identifica a situação econômico-financeira da empresa; dessa forma, o investidor tem às mãos os elementos necessários para decidir sobre as melhores alternativas de investimentos. Os relatórios evidenciam a capacidade da empresa em gerar lucros e outras informações.
- *Fornecedores de bens e serviços a crédito*: usam os relatórios para analisar a capacidade de pagamento da empresa compradora.
- *Bancos*: utilizam os relatórios para aprovar empréstimos, limite de crédito etc.
- *Governo*: não usa os relatórios só com a finalidade de arrecadação de impostos, mas também para dados estatísticos, no sentido de melhor redimensionar a economia (IBGE, por exemplo).
- *Sindicatos*: utilizam os relatórios para determinar a produtividade do setor, fator preponderante para reajuste de salários.
- *Outros interessados*: funcionários, órgãos de classe, pessoas e diversos institutos, como a CVM, CRC, clientes, concorrentes, fornecedores etc.

Na verdade, funcionários são usuários internos. Pela Contabilidade eles sabem se a empresa pode pagar seus salários e se eles têm espaço de crescimento nela.

PAUSA PARA REFLEXÃO

No artigo Empresa do século, na revista *Revenda Construção* nº 26, de 7-99, o grande homem de negócio Olavo Setúbal diz:

"O que um engenheiro entendia de finanças? Nada. Então fui estudar contabilidade. E me serviu por toda a vida. Todas as pessoas que desejam ter uma empresa, primeiramente devem entender disso",

> ensina Olavo Setúbal (falecido em 2008). Os conselhos desse homem (muito bem-sucedido na constituição do Banco Itaú) valem muito.
>
> Você concorda que para administrar financeiramente é preciso conhecer Contabilidade? Por que um bom engenheiro precisa ter conhecimento de Contabilidade?

1.2   FUNÇÃO DO CONTADOR

A função básica do contador é produzir informações úteis aos usuários da Contabilidade para a tomada de decisões. Ressaltemos, entretanto, que, em nosso país, em alguns segmentos de nossa economia, principalmente na pequena empresa, a função do contador foi distorcida (infelizmente), estando voltada exclusivamente para satisfazer às exigências do fisco.

Esse cenário está se modificando. O fisco conta hoje com o Sistema Público de Escrituração Digital (SPED), o qual trataremos com detalhes no Capítulo 11. Quando o SPED for obrigatório para todas as empresas e estiver totalmente completo, da maneira para o qual foi concebido, a escrituração fiscal estará pronta com a simples emissão das notas fiscais eletrônicas. Além disso, muitas obrigações acessórias serão eliminadas. Dessa maneira, chegará um tempo em que a função do contador poderá ser exercida em sua plenitude, com menos demandas fiscais e mais demandas gerenciais.

Área de Atuação do Contador

Coleta de Dados | Registros dos Dados e Processamento | Relatórios | Usuários (tomada de decisão)

Administração / Investidores / Bancos / Governo / Outros Interessados

1.3   OBJETIVOS DA CONTABILIDADE

A Estrutura Conceitual para Relatório Financeiro,[1] entre outros tópicos, tratava dos objetivos, cenários e princípios da Contabilidade.

Contabilidade pode ser considerada como *sistema de informação* destinado a prover seus usuários de dados para ajudá-los a tomar decisão.

Usuário pode ser considerado como qualquer pessoa (física ou jurídica) que tenha interesse em conhecer dados (normalmente fornecidos pela Contabilidade) de uma entidade.

Os usuários podem ser *internos* (gerentes, diretores, administradores, funcionários em geral) ou *externos* à empresa (acionistas, instituições financeiras, fornecedores, governo, sindicatos).

Normalmente, os *dados* são elementos importantes constantes nos Relatórios Contábeis (resumos, periódicos e ordenados), que abrangem informações econômico-financeiras (patrimônio, capital, fluxos de caixa e despesas etc.).

---

[1]   O Pronunciamento IBRACON de 1986 foi revogado em 2008, porém, pela Teoria da Contabilidade, são conceitos perfeitamente válidos. Atualmente, os objetivos da Contabilidade estão no CPC 00.

O objetivo principal da Contabilidade, portanto, é o de permitir a cada grupo principal de usuários a avaliação da situação econômica e financeira da entidade, num sentido estático, bem como fazer *inferências* sobre suas *tendências futuras*.

PAUSA PARA REFLEXÃO

Depois de consultar estudiosos da administração nas principais universidades americanas – entre eles Warren Bennis, o maior especialista em liderança dos Estados Unidos –, a AMA (American Management Association) elaborou uma relação das decisões que mudaram o mundo dos negócios.

A primeira decisão que ganhou destaque foi a de:

"1. Pierre du Pont, que percebeu que sua empresa precisava gerir melhor o dinheiro que movimentava. Sob sua direção (entre 1902 e 1940), a DuPont[2] desenvolveu a *moderna contabilidade empresarial*", sendo certo que há uma lista de mais de 100 decisões que mudaram o mundo dos negócios.

A grande invenção da DuPont é um modelo para Tomada de Decisão.

Podemos dizer que a moderna Contabilidade Empresarial tem como foco a Tomada de Decisão? Você crê que é importante o destaque da Moderna Contabilidade Empresarial em primeiro lugar, entre mais de uma centena de decisões que mudaram o mundo dos negócios?

1.4 CENÁRIOS CONTÁBEIS

A Contabilidade é uma *ciência social*, pois estuda o comportamento das riquezas que se integram no patrimônio, em face das ações humanas (portanto, a Contabilidade ocupa-se de fatos humanos).

Ainda que a Contabilidade se utilize de métodos quantitativos, não podemos confundi-la com as ciências matemáticas (ou exatas), que têm por objeto as quantidades consideradas abstratas que independem das ações humanas. Na Contabilidade, as quantidades são simples medidas dos fatos que ocorreram em razão da ação do homem.

A Contabilidade surgiu basicamente da necessidade de donos de patrimônio que desejavam mensurar, acompanhar a variação e controlar suas riquezas. Daí, poder-se afirmar que a Contabilidade surgiu em função de um usuário específico, o homem proprietário de patrimônio, que, de posse das informações contábeis, passa a conhecer melhor sua "saúde" econômico-financeira, tendo dados para propiciar tomada de decisões mais adequadas.

Podemos chamar de *cenários contábeis* primitivos o ambiente em que as entidades comerciais e industriais estavam num estágio embrionário (em relação a nossos dias), onde o proprietário era a figura central da ação empresarial, com lentas mudanças tecnológicas em situações mais estáveis em termos de preço, mercado etc.

Com o passar do tempo, novos usuários foram surgindo, tais como: o banqueiro, o fornecedor de mercadorias a prazo, o governo, o administrador (que recebeu a incumbência de administrar o patrimônio para o empreendedor), os acionistas (tanto os controladores como os minoritários, em virtude de grupos de pessoas concentrarem recursos em função de um empreendimento), os empregadores, os clientes, os sindicatos, os partidos políticos e outros segmentos da sociedade.

Assim, temos hoje um cenário moderno da Contabilidade, onde não se volta para o dono, mas para a entidade (como figura central); e as entidades encontram-se em rápido nível de crescimento, tornando-se (ou podendo tornar-se) empresas de porte, num crescimento tecnológico de mercado, de qualidade muito grande numa realidade de relativa instabilidade de preços e mercado.

---

[2] O modelo DuPont é tratado em nosso livro *Análises das Demonstrações Contábeis*, publicado pelo GEN|Atlas.

PAUSA PARA REFLEXÃO

De maneira geral, o profissional contábil gerencia todo o sistema de informação, os bancos de dados que propiciam tomada de decisões tanto dos usuários internos como externos. Toda sociedade espera transparência dos Informes Contábeis, resultados não só de competência profissional, mas, simultaneamente, de postura ética.

Esta realidade acontece em nossos dias? As fraudes contábeis detectadas em 2001/2 nos Estados Unidos, como a Enron, comprometem a Ética Contábil?

1.5 CONTABILIDADE COMO PROFISSÃO

A Contabilidade é uma das áreas que mais proporcionam oportunidades para o profissional. O estudante que optou por um curso superior de Contabilidade terá inúmeras alternativas, entre as quais citaremos as seguintes:

Contador

É o profissional que exerce as funções contábeis, com formação superior do Ensino Contábil (Bacharel em Ciências Contábeis).

- *Contabilidade Financeira*: é a contabilidade geral, necessária a todas as empresas. Fornece informações básicas a seus usuários e é obrigatória para fins fiscais.

  A Contabilidade Financeira, de acordo com a área ou a atividade em que é aplicada, recebe várias denominações: Contabilidade Agrícola (aplicada às empresas agrícolas); Contabilidade Bancária (aplicada aos bancos); Contabilidade Comercial (aplicada às empresas comerciais); Contabilidade Hospitalar (aplicada aos hospitais); Contabilidade Industrial (aplicada às indústrias); e mais: Contabilidade Imobiliária, Contabilidade Pastoril, Contabilidade Pública, Contabilidade de Seguros etc.

Revolução Industrial: nasce a Contabilidade de Custos

- *Contabilidade de Custos*: está voltada para o cálculo e a interpretação dos custos dos bens fabricados ou comercializados, ou dos serviços prestados pela empresa.
- *Contabilidade Gerencial*: voltada para fins internos, procura suprir os gerentes de um elenco maior de informações, exclusivamente para a tomada de decisões. Diferencia-se das contabilidades já abordadas, pois não se prende necessariamente às Normas e Práticas Contábeis Obrigatórias. O profissional que exerce a Contabilidade Gerencial também é conhecido como *controller*.
- *Contabilidade Estratégica*: é uma evolução da Contabilidade Gerencial voltada a atender ao novo ambiente empresarial. As informações contábeis visam detalhar as operações com o objetivo de planejar o crescimento do negócio estabelecendo novas estratégias. Visa principalmente um aprimoramento da gestão empresarial que torna a empresa mais competitiva e bem-sucedida.

Exame de Suficiência

É a prova obrigatória para obtenção do Registro em CRC (Conselho Regional de Contabilidade). Foi regulamentado pela Resolução CFC nº 1.373, de 08/12/2011.

Auditor

Auditoria é o exame, a verificação da exatidão dos procedimentos contábeis.

- *Auditor Independente*: é o profissional que não é empregado da empresa em que está realizando o trabalho de Auditoria. É um profissional liberal, embora possa estar vinculado a uma empresa de Auditoria.

  O registro definitivo de Auditor Independente é conferido ao Contador que estiver registrado no Conselho Regional de Contabilidade e que faz o exame de qualificação técnica. Este é o principal requisito para ingresso no Cadastro Nacional de Auditores Independentes (CNAI) do Conselho Federal de Contabilidade (CFC).

- *Auditor Interno*: é o Auditor que é empregado (ou dependente econômico) da empresa em que faz o exame da Contabilidade e cuida dos contratos internos da empresa.

Analista Financeiro

Analisa a situação econômico-financeira da empresa por meio dos relatórios fornecidos pela Contabilidade. A análise pode ter os mais diversos fins: medida de desempenho, concessão de crédito, investimentos etc.

Perito Contábil

A perícia judicial é motivada por uma questão judicial, solicitada pela justiça.

O contador fará uma verificação na exatidão dos registros contábeis e em outros aspectos – daí a designação Perito Contábil.[3] As perícias judiciais ou extrajudiciais são consideradas trabalhos técnicos de Contabilidade e constituem atribuições privativas de contadores legalmente habilitados (registrados em CRC). As normas relativas ao perito contábil são: NBC T 13 (Normas Técnicas da Perícia Contábil) e NBC PP 01 (Normas Profissionais de Perito Contábil).

O perito contábil está sujeito ao Exame de Qualificação Técnica (EQT), que está disposto na NBC PP 02.

Consultor Contábil

A consultoria, em franco desenvolvimento em nosso país, não se restringe especificamente à parte contábil e financeira, mas também – e aqui houve um grande avanço da profissão – à consultoria tributária (Imposto de Renda, IPI, ICMS e outros), à consultoria na área de informática (Tecnologia da Informação), exportação etc.

Professor de Contabilidade

Exerce o magistério de ensino médio ou faculdade (neste caso, há necessidade de pós-graduação), não só na área Contábil, como também em cursos de Ciências Econômicas, de Administração, Direito etc.

Pesquisador Contábil

Para aqueles que optaram pela carreira universitária, e que normalmente se dedicam em período integral à universidade, há um campo pouco explorado no Brasil, ou seja, a investigação científica na Contabilidade. Nos cursos de mestrado e doutorado em Contabilidade, tornam-se necessárias as pesquisas contábeis. Porém, órgãos de classe (CRC, CFC, sindicatos etc.) e diversos institutos fazem pesquisas para desenvolvimento da profissão.

Cargos Públicos

Em muitos concursos, tais como para Fiscal de Renda, tanto na área Federal, como na Estadual e na Municipal, tem havido grande contingente de contadores aprovados. Também encontramos o Oficial Contador, que trabalha nas Forças Armadas (Exército, Marinha e Aeronáutica).

---

[3] Normalmente nomeado pelo juiz ou pelas partes (em caso de perícia extrajudicial).

Cargos Administrativos

Observamos ainda contadores que exercem cargos de assessoria, elevados postos de chefia, de gerência e, até mesmo, de diretoria, com relativo sucesso. O contador é um elemento gabaritado para tais cargos, pois, no exercício de sua profissão, entra em contato com todos os setores da empresa. É comum afirmar que o elemento que mais conhece a empresa é o contador. Por fim, ainda encontramos contadores que exercem a função de executivos. O profissional contábil é, às vezes, visto como "curinga", uma pessoa versátil, que se presta a diferentes funções.

Vejamos a seguir um quadro-resumo das alternativas do contador:

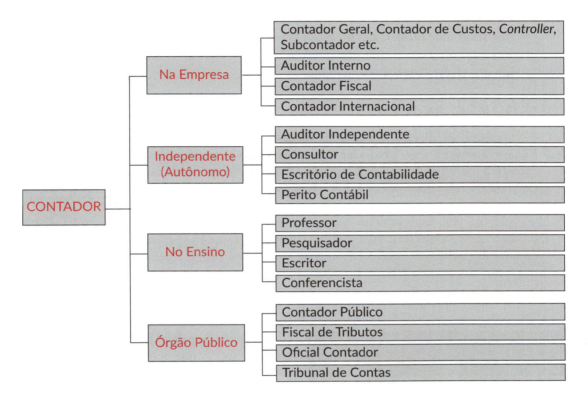

PAUSA PARA REFLEXÃO

Normalmente, se você pergunta aos alunos de primeiro ano do curso de Medicina qual será sua especialização, não haverá hesitação: uns dizem ginecologia, outros pediatria, ortopedia e, assim, sucessivamente.

Da mesma forma, num primeiro ano de um curso de Direito, quase todos terão uma preferência: área civil, comercial, penal, internacional etc.

Até mesmo os primeiranistas de Administração já estão fazendo opção para marketing, recursos humanos, finanças, produção, comércio exterior, hotelaria etc.

Já nos cursos de Contabilidade raramente encontraremos alunos com posições bem definidas quanto a sua especialização. Já vi até casos de alunos de quarto ano estarem indecisos quanto à área específica em que deverão estar investindo mais acentuadamente.

Ainda que seja muito importante uma visão generalista, é inadmissível pensar em alguém que não esteja concentrando esforços na especialização de uma área contábil.

Você já optou por uma especialização contábil?

1.6 CONTABILIDADE EM OUTROS CURSOS

Áreas afins à Contabilidade, como Economia e Administração de Empresas, utilizam com muita frequência a Contabilidade. Poderíamos dizer que essas duas ciências estão intimamente ligadas à Contabilidade, que lhes expõe quantitativa e qualitativamente os dados econômicos.

Entretanto, não são apenas os cursos de Economia e de Administração de Empresas que têm em seus currículos as disciplinas de Contabilidade. Na Faculdade de Direito – para os estudantes que se especializam em Direito Empresarial –, ministra-se a disciplina Contabilidade Empresarial; na Faculdade de Higiene e Saúde, observamos a disciplina Custos Hospitalares; na Faculdade de Comunicações, dão-se noções de Contabilidade para que o futuro profissional possa interpretar melhor a situação econômico-financeira das empresas; alunos do curso de Estatística já fazem optativamente Contabilidade, para melhor aplicar aquela disciplina aos dados econômicos dentro da empresa; em diversas especificações dos cursos de Engenharia, principalmente aquelas ligadas diretamente à indústria, já se ministra a Contabilidade; cursos de Processamento de Dados incorporaram disciplinas de Contabilidade; cursos de Educação Física também a utilizam, quando o estudante se especializa em Administração Esportiva; por fim, na grande maioria das profissões liberais, onde o profissional irá desenvolver atividade em seu próprio escritório ou consultório (médico, dentista, advogado etc.), são necessários conhecimentos, mesmo que elementares, de Contabilidade.

1.7 EVOLUÇÃO DA CONTABILIDADE

Costuma-se dizer que a Contabilidade é tão antiga quanto a origem do homem. Se abrirmos a Bíblia em seu primeiro livro, Gênesis, entre outras passagens que sugerem a Contabilidade, observamos uma "competição" no crescimento da riqueza (rebanho de ovelhas) entre Jacó e seu sogro Labão (± 4.000 a.C.). Se a riqueza de Jacó crescia mais do que a de Labão, para conhecer esse fato era necessário um controle quantitativo, por mais rudimentar que fosse.

O livro de Jó é considerado o mais antigo da Bíblia. Já no início deste livro há uma descrição exata da riqueza de Jó, nos mínimos detalhes. Isso mostra que Jó, considerado na época o homem mais rico do Oriente, tinha um "excelente contador".

Também são conhecidos cuneiformes em cerâmicas que relatavam as transações entre egípcios e babilônicos, destacando-se pagamentos de salários e impostos (± 3.000 a.C.).

A Contabilidade, entretanto, vai atingir sua maturidade entre os séculos XIII e XVI d.C. (comércio com as Índias, burguesia, renascimento, mercantilismo etc.), consolidando-se pelo trabalho elaborado pelo frade franciscano Luca Pacioli, que publicou na Itália, em 1494, um tratado sobre Contabilidade que ainda hoje é de grande utilidade no meio contábil. Assim nasceu a Escola Italiana de Contabilidade, que dominou o cenário mundial até o início do século XX.

Luca Pacioli, "o pai da Contabilidade"

O desenvolvimento da Contabilidade foi notório nos Estados Unidos, no século XX, principalmente após a Depressão de 1929, com a acentuação de pesquisas nessa área para melhor informar o usuário da Contabilidade. A ascensão cultural e econômica dos EUA, o crescimento do mercado de capitais e, consequentemente, da Auditoria, a preocupação em tornar a Contabilidade algo útil para a tomada de decisão, a atuação acentuada do Instituto dos Contadores Públicos americanos, a clareza didática da exposição dos autores em Contabilidade foram, entre outros, os fatores que contribuíram para a formação da Escola Contábil Americana, que domina nosso cenário contábil atual.

Contabilidade no Brasil

Com a criação, em 1902, da Escola de Comércio Álvares Penteado, em São Paulo, observamos a adoção da Escola Europeia de Contabilidade, basicamente a italiana e a alemã. Com a inauguração da Faculdade de Economia e Administração da USP (1946) e com o advento das multinacionais anglo-americanas (e, consequentemente, da Auditoria originária dos países-sede), a Escola Contábil Americana começou a infiltrar-se em nosso país. Essa escola, todavia, começou a exercer uma influência mais significativa no ensino da Contabilidade no Brasil a partir do lançamento do livro de *Contabilidade introdutória*, no início da década de 70, por uma equipe de professores da FEA/USP.

O domínio da Escola Contábil Americana, iniciado com a Circular nº 179/72 do Banco Central, tornou-se evidente com o advento da Lei nº 6.404/76, Lei das Sociedades por Ações, "que passa a adotar uma filosofia nitidamente norte-americana".

A Lei nº 6.404/76, aperfeiçoada pelas Leis nºˢ 11.638/07 e 11.941/09, vai colocar o Brasil dentro dos padrões Internacionais da Contabilidade. As IFRS (Normas Internacionais de Contabilidade) passam a ser expressadas pelo CPC (Comitê de Pronunciamentos Contábeis) e NBC (Normas Brasileiras de Contabilidade) através das Resoluções do Conselho Federal de Contabilidade (CFC).

PAUSA PARA REFLEXÃO

Esta afirmação é a declaração de um empresário. Você concorda?

"Há profissionais contábeis tradicionais que *se limitam muito aos aspectos legais e fiscais*, esquecendo os aspectos mais importantes como os gerenciais, de produtividade, eficiência e se esquecendo que o melhor profissional, para a empresa, é aquele que consegue prever alguma coisa do futuro. Muitos profissionais contábeis têm estado afastados da visão gerencial que contempla basicamente o futuro, para viver somente no passado."

Acesse o QR Code e assista ao vídeo sobre A Contabilidade e o Contador.

Informações Complementares

Contabilidade, uma profissão fascinante

Resumo da palestra "Contabilidade, uma Profissão Fascinante" ministrada pelo autor do livro em algumas de IES no Brasil

A Contabilidade tem se mostrado como uma área profissional muito atraente. Ela se destaca como uma das melhores remunerações do mercado, sendo uma das mais procuradas nos vestibulares: nos últimos anos está entre os cinco cursos mais procurados no Brasil; nos Estados Unidos tem sido o curso mais procurado (*top*), o que mais cresce (http://accountingweb.com), havendo casos de universidade, naquele país, com crescimento em até 70% de alunos nos cursos de contábeis na primeira década deste século.

Além de ser atraente como profissão, conceitos contábeis são indispensáveis para gerir negócios e mesmo para o sucesso de qualquer pessoa, independentemente de sua profissão, idade e nível cultural, no que tange aos aspectos econômico-financeiros.

Enfatizamos a importância da Contabilidade para as empresas modernas, para a sociedade contemporânea e para todos aqueles que querem ser bem-sucedidos nos negócios. Destacamos três aspectos que evidenciam a Contabilidade como uma das áreas mais atraentes entre as profissões:

a) **Desemprego zero**: desconhecemos um bom profissional contábil desempregado. Aliás, quando somos solicitados por empresas-clientes em consultoria para indicar um profissional, temos dificuldades em encontrar alguém disponível nesta área. Centenas de pessoas de outras áreas profissionais nos procuraram, trazendo currículo, para conquistar um emprego, porém, jamais fomos procurados por um contador (ainda que nesta área tenhamos mais facilidades); esta realidade de emprego pleno (ou até de falta de profissionais contábeis) é comum também em outros países: se você entrar no *site* do Consulado da Austrália, por exemplo, encontrará próximo de três mil empresas pedindo contadores que queiram migrar para aquele país, para ganhar excelente salário (aliás, contador é o profissional mais procurado entre as empresas australianas). Isto também ocorre em outros países. No artigo "Talento de Exportação", a revista *Veja* em edição de 16-6-2008 diz que o profissional contábil é muito bem-vindo nos EUA (o terceiro profissional mais procurado para imigração) e na Espanha (o segundo mais procurado). No *site glassdoor.com*, você encontrará de 200 a 300 mil empresas procurado contadores no mundo.

b) Leque de opções: possivelmente a única profissão que tem dezenas de especializações, inúmeras oportunidades, desde um gerente de um sistema de informação para tomada de decisões, até um investigador de fraude, auditor, *controller*, consultor, escritor, pesquisador, docente, analista financeiro, atuário, tributarista, empresário da contabilidade, funcionário público concursado, oficial contador das forças armadas, perito contábil, gerente financeiro, contador de custos, contador global etc. Além disso, a especialização pode ser por área, como, logística, arbitragem, entidade sem fins lucrativos, Ongs, condomínio, hospital, saúde, lazer, rural, informática, tecnologia, cooperativa, gastronomia, *designer* etc. Veja gráfico no livro *Contabilidade Empresarial*, no final do Capítulo 1, onde são destacadas 23 opções, não esgotando todas as especializações, embora haja informação de pelo menos 50 especializações.

c) Não tem preconceito de idade: de maneira geral, no nosso país, o profissional, em média, acima de 40 anos tem resistência pela maioria das empresas para conseguir empregos. Estas empresas preferem jovens pelo seu dinamismo, para pagar salários mais baixos, pelo fato de serem menos resistentes às mudanças, por terem mais facilidade de aceitar ordens, por serem profissionais mais motivados e mais criativos (jornal *O Estado de S. Paulo* em 24-5-09). Por outro lado, o profissional contábil não encontra esta resistência. O contador experiente cada vez mais é solicitado, independentemente de sua idade. Como profissional liberal, o contador se depara com diversas alternativas além daquela de ser empregado de uma companhia. O profissional contábil que nos presta serviços para uma pequena empresa de serviços tem 84 anos e, por várias vezes, disse-nos ter rejeitado convites para prestar serviços para outras entidades. Isto é muito importante considerando que a expectância de vida, em pouco tempo, passará de 100 anos em virtude das grandes descobertas na área da Medicina (engenharia genética, células-tronco...). Calcula-se que quase todos os sistemas previdenciários vão falir, pois nem um cálculo atuarial poderia prever um acréscimo de vida tão grande como começa a acontecer no mundo moderno. Como é bom saber que quem domina a Contabilidade, Custos, Tributos etc. poderá ter empregos com qualquer idade.

Certamente há outras atrações para se optar para a profissão contábil, porém, as três citadas acima visam provocar uma reflexão mais profunda por aqueles que estão na fase de se decidir por uma profissão.

Uma atração para fazer o Curso de Contabilidade é a relação custo *versus* benefício. O curso, por não exigir tantos investimentos pelas Instituições de Ensino Superior tem uma anuidade menos onerosa que a maioria dos cursos. Por outro lado, há muitas oportunidades de o estudante obter renda para pagar seu curso, adquirindo maior experiência. O curso de Contábeis é o primeiro lugar onde os próprios alunos pagam sua mensalidade (sem depender de terceiros). Além de *trainee*, estágio, serviço administrativo etc., é comum as empresas de auditoria e de contabilidade recrutarem em larga escala alunos de segundo e terceiros anos. Normalmente, no quarto ano, todos os alunos estão empregados.

Para o profissional contábil o mercado de trabalho é bastante promissor. Alguns exemplos podem ser citados:

O *best-seller Pai rico, Pai pobre*, de Kiyosaki e Lechter, alavanca a relevância da Contabilidade quando afirma que "ninguém pode ser bem-sucedido se não conhecer a Contabilidade". Hoje a Contabilidade Mental[4] (*RBC* nº 172/08), voltada para pessoa física, ganha um espaço especial, orientando as pessoas a olharem para si próprias como um "Eu S.A.", gerando seu ativo e passivo, tendo planejamento tributário, de aposentadoria, de investimentos etc.

---

[4] O Prêmio Nobel de Economia em 2017 foi Richard Thaler com o tema "Mental Accounting", que trata sobre "Finança Comportamental".

Novas outras áreas surgem para o profissional contábil como: arbitragem e mediação, avaliador de marcas (Intangível), consultor de viabilidade de empreendedorismo, contabilidade de empresas sem fins lucrativos (terceiro setor), de agroenergia, entidades esportivas, meio ambiente etc.

Duram (jornal *Valor Econômico*, 11-2-04) diz que a figura do contador torna-se cada vez mais vital e bem remunerada no mundo empresarial em todo o país, cujos salários podem chegar ao teto de R$ 15 a 30 mil reais por mês. Diz que o perfil do contador passou a ser consultor e conselheiro da organização das empresas, zelando pelos seus números estrategicamente. Pelo menos em 95% do trabalho, o contador faz análises tributárias, legais, trabalhistas, compara índices, tira conclusões matemáticas e traça rotas para clientes.

O Gênio das Finanças, o grande mago dos Investimentos, Warren Buffett (no livro *O Tao de W. B.*, Editora Sextante, p. 25), o homem mais rico do mundo (revista *Forbes* 2007/8), que doou US$ 32 bilhões para uma fundação (2006), o maior filântropo da história, diz que a melhor profissão para se estudar é a Contabilidade. Ele diz: "A Contabilidade é a língua dos negócios. Existem muitas maneiras de descrever o que está acontecendo com uma empresa, mas, seja lá o que se diga, sempre se retorna à língua da Contabilidade. Sem a Contabilidade não se conhece a saúde da empresa, não se toma decisões."

A AMA, através de Warren Bennis, o maior especialista em lideranças nos Estados Unidos, por meio de uma pesquisa junto às universidades americanas, elaborou uma relação de cem decisões que mais afetaram o século XX no mundo dos negócios. A moderna Contabilidade Empresarial tirou primeiro lugar.

Peter Bernstein, no seu *best-seller Desafio aos deuses* (Editora Campus, 1999), o melhor livro sobre gestão de risco, diz: "O método contábil descoberto por Luca Pacioli foi uma inovação revolucionária que teve importantes consequências econômicas, comparáveis à revolução industrial trezentos anos depois." Em outras palavras, Bernstein diz que o pai da Contabilidade científica (dedica um capítulo do livro a Luca Pacioli) deu uma contribuição ao mundo, no milênio passado, comparável apenas à Revolução Industrial.

Em seu artigo no jornal *O Estado de S. Paulo* (26-4-03), "Saques em Bagdá apagam a história da escrita", Alberto Manguel diz: "A escrita, compreendi, foi a invenção não de um poeta mais de um contador na necessidade de fazer registros." Só um profissional que detém a informação, na necessidade de informar, poderia ter inventado a escrita.

Um contador entrevistado na www.vocesa.com.br diz que nos últimos 6 meses recebeu mais de 20 convites no leilão que se instalou na era da Contabilidade Internacional (revista *Você S/A* 03/08).

Em nota falando sobre a Profissão do Futuro, advogados num fórum sobre este assunto concluem: "Contabilidade e Administração são profissões do futuro pois tratam de: globalização, fusão, privatização, contratos internacionais etc. que requerem sensibilidade econômica: se os advogados não se ajustarem a esta realidade serão excluídos do mercado" (revista *Exame*, 27-10-04).

O *Accounting Jobs Employment Indeed* fala em quase 180 mil empregos de Contabilidade pelo mundo. O *site glassdoor.com* fala em 300 mil. A revista *Exame* (16-11-11) cita a Contabilidade como uma das melhores profissões. A revista *Veja* (21-8-13) mostra o excelente salário de gerentes que são Contadores. O jornal *O Estado de S. Paulo* (23-3-14) mostra que a cada dia a Contabilidade ganha mais espaço no mercado. *Você SA* diz que o Brasil é o segundo país com mais contratações previstas para os cargos em áreas contábeis e fiscais (05/14). O salário do gerente contábil chega a R$ 36.200/mês (Guia de carreiras e salários da Robert Half, 2021). O guia ainda traz as habilidades mais demandadas pelas empresas, tanto comportamentais quanto técnicas, entre as principais: flexibilidade, resiliência, inglês fluente, planejamento tributário, *tech skills* etc.

Que profissão é esta que tem sido a mais procurada nas universidades americanas, que é considerada como a que mais contribuiu para o mundo dos negócios no século passado, que possui um método que é considerado (junto com a Revolução Industrial) a grande contribuição no milênio passado, que faz um profissional receber vinte convites de empresas diferentes em um semestre, que faz um jornalista imaginar que só um contador pelas peculiaridades de sua profissão poderia inventar a escrita?

A profissão contábil registra atualmente, conforme o Conselho Federal de Contabilidade, 521 mil profissionais (incluindo os Técnicos de Contabilidade) e em torno de 78 mil empresas de serviços contábeis. Já ultrapassamos a mais de mil duzentos e sessenta cursos superiores de Ciências Contábeis. Por outro lado, calcula-se que haja mais de 20 milhões de negócios no Brasil, ou seja, cada contador tem 40 empresas (negócios) para prestar serviços. Claro que os escritórios de Contabilidade vêm preencher parcialmente esta lacuna.

Prof. Dr. José Carlos Marion

ILUSTRAÇÃO

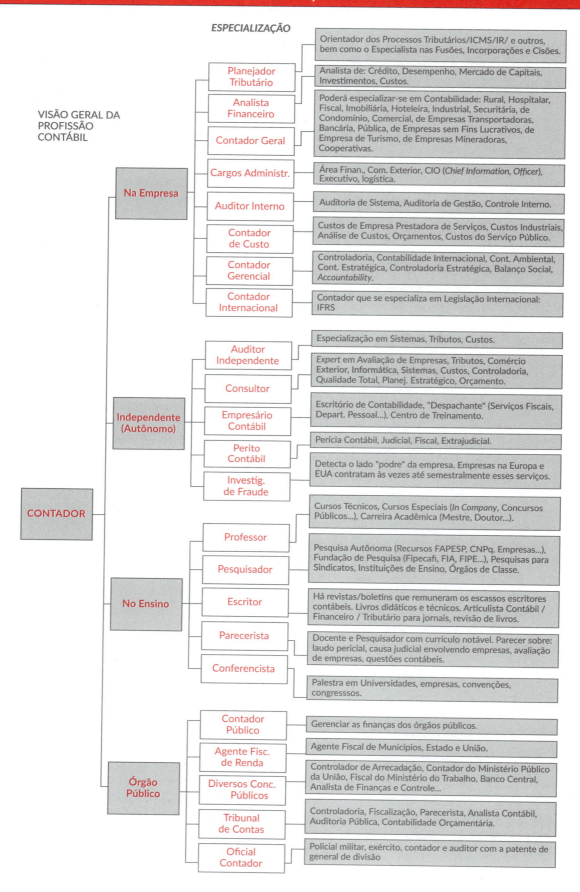

RESUMO

O principal objetivo da Contabilidade é prover dados, informações, relatórios para pessoas (físicas ou jurídicas) tomarem decisões.

Essas pessoas que tomam decisões são conhecidas como usuários da Contabilidade. Há os usuários internos (administradores, funcionários...) e os usuários externos (proprietários da empresa, fornecedores, bancos, governo, sindicatos...)

A Contabilidade só pode ser exercida pelos Contadores, que, além de gerenciarem o processo contábil, podem exercer auditoria, perícia contábil, consultoria..., totalizando mais de 20 especializações. Em alguns casos, como Auditoria e Perícia Contábil, as prerrogativas são exclusivas de Contadores.

No que tange ao exercício da Contabilidade, pode-se optar pela Contabilidade Financeira (Contabilidade Geral), Contabilidade de Custos e Contabilidade Gerencial.

EXERCÍCIO RESOLVIDO

A Contabilidade é um instrumento útil para qualquer atividade que requer tomada de decisão no mundo econômico-financeiro.

Todo mundo está envolvido com uma célula econômica, financeira e social, que é seu lar. Esse lar normalmente tem uma gerente que o administra, que poderíamos chamar "gerente do lar" ou dona de casa ou "do lar".

Esse tipo de atividade requer informações, ou um sistema de informação ou dados para decisões? Essa gerente do lar poderia ser tratada como uma usuária da Contabilidade?

Solução

É certo que a gerente do lar precisa de dados para tomar decisões, ainda que não seja uma Contabilidade Convencional.

Por exemplo, a partir do momento em que determina limites em seus gastos, nem que seja mentalmente, ela tem um fluxo de caixa: de onde veio o dinheiro e para onde foi o dinheiro.

A partir daí ela tem que fazer previsões de gastos, relacionando-os com a necessidade da família. Em outras palavras, ela tem um orçamento para adquirir bens demandados pela família. Não pode "estourar" o orçamento nem deixar de suprir sua família.

Administrando bem seu orçamento, ela poderá preparar reservas para as férias, ou para enfrentar os períodos de escassez ou para trocar seus eletrodomésticos por mais novos.

Mas não para aí. A gerente do lar tem que ser uma excelente administradora de estoques. Numa dispensa de uma família média, incluindo a geladeira, podem ser encontrados mais de 200 itens. Esses itens têm que propiciar combinações suficientes para pratos de comida, dependendo do clima, da faixa etária da família, das dietas alimentares, de visitas inesperadas etc.

Tudo isso sujeito aos prazos de validade das mercadorias, às ofertas dos supermercados ao orçamento escasso, ao espaço para estocar as compras, ao controle do desperdício etc. Veja como a gerente do lar precisa de dados para tomar decisões. Assim, os "dados contábeis" são indispensáveis.

AVALIAÇÃO DO APROVEITAMENTO

a) Estes testes deverão ser respondidos em cinco minutos – 30 segundos para cada um.

b) Não responda se tiver dúvidas.

c) Se você acertar menos que 70% (7 questões), não passe para a etapa seguinte: leia novamente o capítulo.

d) As respostas encontram-se no final do livro.

1. Contabilidade é:
   ( ) **a)** Ciência Social Aplicada.
   ( ) **b)** Ciência Exata.
   ( ) **c)** Ciência Biológica.
   ( ) **d)** Ciência Física.

2. O principal usuário da Contabilidade:
   ( ) a) Governo.
   ( ) b) Sindicato.
   ( ) c) Funcionários.
   ( ) d) Administradores.

3. As empresas, normalmente, mal administradas são aquelas que:
   ( ) a) Têm administradores que não foram na escola.
   ( ) b) Não valorizam Contabilidade.
   ( ) c) Desobedecem às leis do país.
   ( ) d) Têm contabilidade eficiente.

4. Um dos seguintes cursos não tem Contabilidade:
   ( ) a) Direito.
   ( ) b) Dança.
   ( ) c) Administração.
   ( ) d) Economia.

5. Uma das especializações a seguir admite o exercício profissional como empregado (interno) ou independente (externo):
   ( ) a) Perícia.
   ( ) b) *Controller*.
   ( ) c) Empresário contábil.
   ( ) d) Auditoria.

6. Contabilidade existe:
   ( ) a) Como instrumento decisorial.
   ( ) b) Para fins de controle.
   ( ) c) Para avaliar as riquezas.
   ( ) d) Todas são verdadeiras.

7. A Contabilidade tem pelo menos:
   ( ) a) 60 anos.
   ( ) b) 600 anos.
   ( ) c) 6.000 anos.
   ( ) d) 60.000 anos.

8. Um dos maiores expoentes da Contabilidade foi um:
   ( ) a) Empresário americano.
   ( ) b) Frade franciscano.
   ( ) c) Mafioso italiano.
   ( ) d) Sonegador brasileiro.

9. O principal cenário mundial da Contabilidade de hoje é:
   ( ) a) EUA, porém, cedendo espaço para as Normas Internacionais Europeias.
   ( ) b) Itália.
   ( ) c) Alemanha.
   ( ) d) Canadá.

10. Um dos títulos abaixo não se refere ao profissional contábil:
    ( ) a) "Médico" de empresas.
    ( ) b) Guarda-livros.
    ( ) c) "Anjo da Guarda" da empresa.
    ( ) d) "Psicólogo" da empresa.

EXERCÍCIOS

1. Segundo o Sebrae, de cada 100 micros e pequenas empresas (MPE) abertas no Brasil, 73 permanecem em atividade após os primeiros dois anos de atividade. Veja o gráfico de sobrevivência de empresas em geral de dois anos de vida:

   Em 15/12/16 a revista *Exame* informa que um terço dos negócios no Brasil fecha em dois anos. Assim, a tendência no gráfico acima é a letra "c".
   No item 1.1 (Tomada de decisão) informamos que a alta mortalidade deve-se, prin-

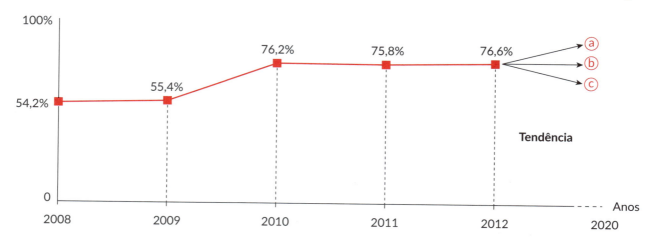

cipalmente, à "má gestão" destas empresas. Como a Contabilidade poderia contribuir para reduzir essa mortalidade?

2. Por que a Contabilidade de Custos surge na Revolução Industrial?

3. No final de 2017 a PNAD (Pesquisa Nacional por Amostra de Domicílios) informa que apenas 31,6% da população ativa trabalhava com carteira assinada.

Para os anos seguintes a recuperação econômica poderá ainda ser lenta. Porém, isto não assusta os profissionais contábeis, pois o Contador é um profissional liberal (fornece serviços sem precisar ser registrado). Assinale com (X) as áreas em que este profissional poderá trabalhar como autônomo ou tendo sua própria empresa:

( ) Consultoria

( ) Auditoria interna

( ) Contabilidade terceirizada

( ) Perícia contábil

( ) Investigador de fraudes contábeis

( ) Cont. mental (assessoria p. física)

( ) Mediação e arbitragem

( ) Controladoria em grandes empresas

( ) Empresário da Contabilidade

( ) *Startup* (atividade inovadora)

4. Um levantamento no *site* roberthalf.com[5] em 2014 mostrava que um profissional contábil sem inglês tinha uma remuneração média de US$ 7.000; para um profissional contábil com nível de gerência, era de US$ 20.000; um profissional contábil com inglês, sem nível de gerência, era remunerado em US$ 12.000, ou seja, US$ 5.000 a mais por mês.

Considerando que um estudante, ao concluir seu curso, trabalhará em média 40 anos, quanto terá, em moeda de hoje, de rendimento adicional considerando o FGTS e o 13º salário?

---

[5] A maior empresa de recrutamento (contábil-financeiro) do mundo, com mais de 300 escritórios e 8.000 colaboradores, em 18 países.

Relatórios Contábeis 2

Após conhecermos os objetivos da Contabilidade, passaremos a estudar os *relatórios contábeis*.

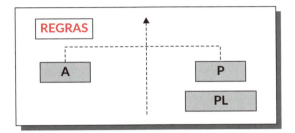

OBJETIVOS

Ao completar o estudo deste capítulo, você deverá estar preparado para explicar e exercitar os seguintes conceitos:

- Quais são os principais Relatórios Contábeis.
- A importância e o que é Balanço Patrimonial.
- O que é Ativo e o principal Ativo da maioria das empresas.
- As origens de recursos: Passivo e Patrimônio Líquido.
- O que são Capital Próprio e Capital de Terceiros.
- O que é Endividamento.

2.1 RELATÓRIO CONTÁBIL E SEUS OBJETIVOS

Relatório contábil é a exposição resumida e ordenada de dados colhidos pela Contabilidade. Objetiva relatar às pessoas que se utilizam da contabilidade (usuários da Contabilidade) os principais fatos registrados pela Contabilidade em determinado período.

Os relatórios contábeis são também conhecidos por *informes contábeis*. Entre os relatórios contábeis, os mais importantes são as *demonstrações financeiras* (terminologia utilizada pela Lei das Sociedades por Ações), ou *demonstrações contábeis* (terminologia usada pelas Normas Brasileiras de Contabilidade).

A Lei das Sociedades por Ações[1] estabelece que, ao fim de cada período social (12 meses), a diretoria fará elaborar (e deverá publicar), com base na escrituração contábil, as demonstrações financeiras (ou demonstrações contábeis) relacionadas a seguir:

- *Balanço patrimonial (BP).*
- *Demonstração do resultado do exercício (DRE).*
- *Demonstração dos lucros ou prejuízos acumulados (DLPAc).*
- *Demonstração dos fluxos de caixa (DFC).*
- *Demonstração do valor adicionado (DVA)* (se companhia aberta).

---

[1] Lei nº 6.404/76, alterada pelas Leis nºs 11.638/07 e 11.941/09.

Além das demonstrações financeiras relacionadas, temos as *notas explicativas*, que são complementos às demonstrações (sem serem demonstrações financeiras). As notas explicativas são dispostas no rodapé (na parte de baixo) das demonstrações financeiras.

Há certas informações que se tornam difíceis de ser indicadas nas demonstrações financeiras. Por exemplo: mudança de critério contábil; garantias oferecidas aos bancos que concederam empréstimos; taxa de juros etc. Essas informações, portanto, serão evidenciadas em *notas explicativas*. Há uma lista de informações que deverão constar em notas explicativas.

DEMONSTRAÇÕES FINANCEIRAS

Balanço Patrimonial	Demonstração do Resultado do Exercício
Demonstração dos Lucros ou Prejuízos Acumulados	Demonstração dos Fluxos de Caixa

Demonstração do Valor Adicionado (se for Companhia Aberta)

Notas Explicativas: (complemento às Demonstrações Financeiras)

O *exercício social* terá duração de um ano, não havendo necessidade de coincidir com o ano civil (1º-1 a 31-12), embora, na maioria das vezes, assim aconteça. Os gestores da empresa definirão a data do término do exercício social. Essa data não deve ser alterada, a não ser em condições supervenientes. Para fins de Imposto de Renda, o exercício social deverá coincidir com o ano civil. As sociedades anônimas de capital aberto (negociam suas ações na Bolsa de Valores) deverão apresentar Demonstrações Financeiras intermediárias, na metade do exercício social.

PAUSA PARA REFLEXÃO

Ao constituírem uma empresa, seus proprietários escolherão que tipo de sociedade será constituída. O tipo mais comum é a Sociedade por Quotas de Responsabilidade Limitada, denominada simplesmente de Ltda.

As Sociedades Anônimas têm mais ônus que as Ltda., pois, por exemplo, precisam *publicar* em jornais suas Demonstrações Financeiras e outras Informações. Poder-se-ia dizer que esse é o principal motivo de se encontrarem Sociedades Anônimas apenas nas grandes empresas?

Pela legislação do Imposto de Renda, as Sociedades por Quotas de Responsabilidade Limitada de pequeno e médio porte deverão seguir parte dos dispositivos das Sociedades Anônimas. Embora não seja necessária a publicação das Demonstrações Financeiras por parte das Ltdas., deverão essas empresas estruturar suas demonstrações nos moldes da Lei das Sociedades por Ações, para melhor atender às exigências fiscais e de outros usuários.

O tipo societário mais comumente utilizado é a sociedade limitada, em função de seus baixos custos e de sua legislação relativamente simples, dando aos sócios maior liberdade de impor seus interesses. Como veremos abaixo, há limitadas de grande porte.

2.2 RELATÓRIOS CONTÁBEIS OBRIGATÓRIOS *VERSUS* NÃO OBRIGATÓRIOS

Dois tipos distintos de sociedades destacam-se no Brasil: as sociedades limitadas e anônimas (ou por ações), também chamadas de companhias.

As sociedades anônimas (que devem publicar as Demonstrações Financeiras) são divididas em capital fechado e capital aberto.

A companhia fechada (Sociedade Anônima de Capital Fechado) é um tipo tradicional, normalmente restrito a poucos proprietários e capta recursos entre os próprios acionistas, não recorrendo ao público em geral.

A Sociedade Anônima de Capital Aberto (companhia aberta) é um tipo de sociedade cuja captação de recursos é realizada junto ao público, por meio dos pregões das bolsas de valores. Estas empresas estão sujeitas à Comissão de Valores Mobiliários (CVM).

Para fins exclusivos da Lei nº 11.638/07, são Sociedades de Grande Porte aquelas sociedades (ou conjunto de sociedades sob controle comum) que atingiram no ano anterior saldo de Ativo Total[2] superior a R$ 240 milhões ou Receita Bruta (total de vendas) anual superior a R$ 300 milhões. Essas sociedades, ainda que não sejam anônimas, estão sujeitas à Lei das Sociedades por Ações quanto à escrituração e elaboração das Demonstrações Financeiras.

Há exigências específicas para as Companhias Abertas no que tange às Demonstrações Financeiras. Assim, estas companhias deverão apresentar, além das Demonstrações normais:

- Demonstração do Valor Adicionado (DVA).
- Demonstração das Mutações do Patrimônio Líquido (DMPL).

Esta última, a DMPL, substituirá a Demonstração dos Lucros ou Prejuízos Acumulados (DLPAc).

Há Demonstrações Financeiras Não Obrigatórias (não exigidas por lei) como a Demonstração das Origens e Aplicações de Recursos (DOAR), Demonstração de Resultado Abrangente, Orçamentos (relatam o futuro) etc., que são fundamentais para as decisões empresariais.

Assim, podemos apresentar os relatórios contábeis em diversos grupos:

Relatórios Contábeis			
Obrigatórios (Pela Lei das Sociedades por Ações)	Sociedade Anônima (publica nos jornais)	Capital Aberto	BP, DRE, DMPL, DFC, DVA
		Capital Fechado	BP, DRE, DLPAc, DFC*
	Limitada (não publica nos jornais)	Grande Porte	BP, DRE, DLPAc, DFC
		Médias, Pequenas e Micros	BP, DRE, DLPAc
Não Obrigatórios	Relata o Passado		DOAR, DRA, Balanço Social
	Relata o Futuro		Orçamento

* Obrigada a publicar nos jornais quando o Patrimônio Líquido for maior que R$ 2 milhões (Veja o conceito de Patrimônio Líquido ainda neste Capítulo).

---

2   Veja o conceito de Ativo ainda neste Capítulo.

PAUSA PARA REFLEXÃO

Demonstrações Contábeis Obrigatórias

Com o advento das Leis nº 11.638/07 e nº 11.941/09, a contabilidade brasileira vem passando pelo processo de convergência às Normas Internacionais de Contabilidade (IFRS) e, neste sentido, acompanhando a evolução do sistema contábil brasileiro. O Conselho Federal de Contabilidade editou inúmeras normativas técnicas que tratam de assuntos eminentemente contábeis. Com relação às Demonstrações Contábeis que obrigatoriamente deverão ser incluídas no livro diário (veja Capítulo 11) como regra geral, destacamos o conjunto completo das demonstrações contábeis que está previsto no item 10 da NBC TG 26 (Res. CFC nº 1.185/09):

(a) *balanço patrimonial ao final do período;*
(b) *demonstração do resultado do período;*
(c) *demonstração do resultado abrangente do período;*
(d) *demonstração das mutações do patrimônio líquido do período;*
(e) *demonstração dos fluxos de caixa do período;*
(f) *demonstração do valor adicionado do período, conforme NBC TG 09 – Demonstração do Valor Adiciona-do, se exigido legalmente ou por algum órgão regulador ou mesmo se apresentada voluntariamente;*
(g) *notas explicativas, compreendendo um resumo das políticas contábeis significativas e outras informa-ções explanatórias.*
(h) *balanço patrimonial no início do período mais antigo comparativamente apresentado quando a entidade aplica uma política contábil retrospectivamente ou procede à reapresentação restrospectiva de itens das demonstrações contábeis, ou ainda quando procede à reclassificação de itens de suas demonstrações contábeis.*

A demonstração do resultado abrangente pode ser apresentada em quadro demonstrativo próprio ou dentro das mutações do patrimônio líquido.

A Demonstração do Valor Abrangente não consta na Lei das Sociedades por Ações como obrigatória. Poderia o Conselho Federal de Contabilidade incluí-la como obrigatória?

2.3 BALANÇO PATRIMONIAL

É a principal demonstração contábil (ou demonstração financeira).

Reflete a posição financeira em determinado momento, normalmente no fim do ano ou de um período prefixado. É como se tirássemos uma foto da empresa e víssemos de uma só vez todos os bens, valores a receber e valores a pagar em determinada data.

O *Balanço Patrimonial* (BP) é constituído de duas colunas: a coluna do *lado direito*, denominada Passivo e Patrimônio Líquido, a coluna do *lado esquerdo*, denominada Ativo. A razão de se atribuir o lado esquerdo para o Ativo e o direito para o Passivo e Patrimônio Líquido é mera convenção. Pela Lei das Sociedades por Ações, o lado direito é denominado apenas *Passivo*.

BALANÇO PATRIMONIAL	
ATIVO	PASSIVO e PATRIMÔNIO LÍQUIDO

2.3.1 Ativo

São todos os *bens* e *direitos* normalmente de propriedade[3] da empresa, mensuráveis monetariamente, que representam benefícios presentes ou benefícios futuros para a empresa.

- *Bens:* máquinas, terrenos, estoques, dinheiro (moeda), ferramentas, veículos, instalações etc. Coisas úteis que trazem benefícios para o negócio.

---

[3] Embora haja exceções, como veremos à frente.

- *Direitos*: contas a receber, duplicatas a receber, títulos a receber, ações, depósitos em contas bancárias (direito de saque), títulos de crédito etc.

A empresa relatará normalmente como ativo só aquilo que for de sua propriedade. Os empregados, por exemplo, não são propriedade da empresa; portanto, não serão evidenciados no ativo. (Na época da escravidão, os escravos constavam do ativo, pois eram propriedades da empresa. Normalmente, jogador de futebol é contabilizado como Ativo.)

Uma rodovia pública, constantemente utilizada pelos veículos da empresa para a distribuição da produção, não é ativo da empresa, pois não é sua propriedade.

A Contabilidade moderna está gradativamente desenvolvendo uma nova teoria, em que são considerados como Ativo os bens à disposição da empresa, sendo ela proprietária ou não. Por exemplo, a Lei das Sociedades por Ações diz que os bens decorrentes de operações que transfiram à empresa os benefícios, riscos e controle, independentemente de ser propriedade, deverão ser contabilizados como Ativo.

A estrutura conceitual para relatório financeiro (CPC 00 – R2) define Ativo como recurso econômico presente controlado pela entidade como resultado de eventos passados. Nota-se pela norma que o tratamento de Ativo é como um recurso econômico que seja controlado pela entidade, ou seja, não há necessidade da propriedade.

Assim, o *leasing* financeiro (arrendamento mercantil), que até 2007 era tratado no Brasil como aluguel, é contabilizado como Ativo para fins contábeis (para fins fiscais continua sendo aluguel).

Na verdade, no sentido econômico, o *leasing* financeiro é um financiamento disfarçado de aluguel. A empresa quer adquirir um equipamento de produção. Poderá ser adquirido à vista, a prazo (financiado ou via *leasing*). Em qualquer modelo de aquisição este bem trará benefícios para a empresa (é o que se espera), trará riscos para o seu negócio (é um investimento, uma decisão econômica) e dará à empresa controle sobre o bem (onde colocar o bem, horas de produção, manutenção...). Assim, contabilmente falando, este bem será Ativo.

Em 2019, outra mudança significativa ocorreu nas normas de *leasing*: o *leasing* operacional, que em sua substância tem natureza de aluguel, também passa a ser ativado, reconhecendo-se um direito de uso daquele ativo. Essa alteração foi necessária porque essas operações envolviam valores expressivos, especialmente em empresas de grande porte. É comum grandes redes varejistas, por exemplo, utilizarem o *leasing* operacional em grandes operações, como o aluguel de suas lojas, assim como companhias áreas o utilizarem para seus aviões etc. O International Accounting Standards Board (IASB) estima que existam 3,3 trilhões de dólares desses compromissos, e que cerca de 85%, 2,8 trilhões de dólares, estavam fora do balanço. Dessa forma, agora essas operações passam a ser evidenciadas nos ativos e passivos das companhias e não mais reconhecidas no resultado do exercício ao longo do tempo, paulatinamente.

Outro ponto importante é que devemos considerar bens e direitos como Ativo, quando trouxer benefícios futuros. Num sentido econômico, gerará rendimento para o negócio.

> Se a empresa tiver, como estoque, um lote de mercadorias deterioradas, sem perspectiva de ser comercializado, este não deverá permanecer como ativo da empresa (embora sejam bens de sua propriedade/controle), pois não representa benefícios presentes ou benefícios futuros (não trará vantagens para a empresa).
>
> O mesmo podemos dizer de um título a receber, quando a empresa já esgotou todos os recursos possíveis e imagináveis para recebê-lo, não havendo mais perspectivas para tanto. Por não representar benefícios presentes ou futuros, não deverá constar do ativo, embora seja um direito de propriedade da empresa. Nesses casos, a empresa terá perdas.

Há certos itens que, embora representem um potencial para a obtenção de benefícios futuros, podem não estar evidenciados no Ativo da empresa, pois são de difícil avaliação.

O caso de *marcas* de produtos, por exemplo, representa algo inestimável para a empresa, mas quase nunca aparece nos ativos. A razão principal é que se torna difícil avaliar quanto vale uma marca para a empresa. Não seríamos objetivos se assim o fizéssemos, salvo quando se negocia uma marca (nesse caso, há um valor objetivo de mercado: houve a negociação).

Assim, uma marca é um *bem* (embora intangível: não se pode pegar, não tem consistência física); é *propriedade* da empresa (só a empresa pode trabalhar com sua marca); proporciona benefícios presentes e futuros para a empresa; porém, poderá não ser evidenciado no Ativo, pois nem sempre atende à quarta característica do mesmo: "mensurável monetariamente (não se pode medir, avaliar, objetivamente, em dinheiro)".

Veja que, para que seja evidenciado no Ativo, é necessário preencher suas quatro características simultaneamente:

- Bens ou direitos.
- Propriedade (ou à disposição da empresa: benefícios, riscos e controle).
- Mensurável em dinheiro.
- Benefícios presentes ou futuros.

Há bens que vão perdendo gradativamente o potencial de trazer benefícios. Por exemplo, um caminhão de uma transportadora, pelo seu uso. Com o tempo ele vai perdendo valor, trazendo um benefício menor (há manutenção, reposição de peças etc.) que um outro caminhão novo. Esta perda de valor será subtraída gradativamente do Ativo. A isto chamamos de depreciação.

As recentes orientações dos CPCs (Comitês de Pronunciamentos Contábeis) recomendam testes dos valores recuperáveis de Ativos (em inglês, *Impairment*) que reconhecem as reduções nos valores de Ativos. Assim as Demonstrações Financeiras se tornam mais reais.

PAUSA PARA REFLEXÃO

Veja as principais vencedoras. A lista completa pode ser vista na página da Brand Factory (https://brandirectory.com/download-report/brand-finance-global-500-2021-preview.pdf).

Top 500 most valuable global brands 1-50

2021 Posição	2020 Posição		Marca	País	Setor	2021 Valor da Marca	Mudança de Valor	2020 Valor da Marca	2021 Classificação	2020 Classificação
1	3	↑	Apple	Estados Unidos	Tecnologia	$263,375	+67,4%	$140,524	AAA	AAA
2	1	↓	Amazon	Estados Unidos	Varejo	$254,188	+15,1%	$220,791	AAA+	AAA
3	2	↓	Google	Estados Unidos	Mídia	$191,215	+1,4%	$188,512	AAA	AAA
4	4	←	Microsoft	Estados Unidos	Tecnologia	$140,488	+20,0%	$117,072	AAA	AAA
5	5	←	Grupo Samsung	Coreia do Sul	Tecnologia	$108,623	+8,6%	$94,404	AAA+	AAA+
6	8	↑	Walmart	Estados Unidos	Varejo	$93,105	+20,2%	$77,520	AA+	AA+
7	7	←	Facebook	Estados Unidos	Mídia	$81,476	+2,1%	$79,804	AA+	AA+
8	6	↓	CBC	China	Bancos	$72,788	−8,9%	$80,791	AAA	AAA
9	12	↑	Marcon	Estados Unidos	Telecom	$68,880	+8,4%	$88,602	AAA	AAA
10	19	↑	WeChat	China	Mídia	$67,902	+25,4%	$54,146	AAA+	AAA+

Acima, estão relacionadas algumas das marcas mais valiosas do mundo, de acordo com o Brand Finance – 2021. Por que, das 10 maiores marcas do mundo, 7 são americanas? Qual fator leva os EUA a estarem disparados na frente?

Até praticamente meados da década de 1980, a grande preocupação no mundo dos negócios era avaliar o Ativo Tangível.

O Ativo Tangível ou Corpóreo constitui-se de bens físicos, materiais, que se podem tocar, aquilo que nossos olhos enxergam: estoques, veículos, terrenos, prédios, máquinas, móveis de escritórios etc.

O Ativo Intangível ou Incorpóreo ou Ativo Invisível são bens que não se podem tocar, pegar, que passaram a ter grande relevância a partir das ondas de fusões e incorporações na Europa e nos Estados Unidos.

Um dos negócios marcantes que despertaram principalmente o meio acadêmico, nesse assunto, foi quando a Philip Morris incorporou a indústria de alimento Kraft (queijos, sorvetes etc.) por 10 bilhões de dólares.

A surpresa é que o patrimônio físico da empresa adquirida estava contabilizado em 1 bilhão de dólares, sendo que os 9 bilhões de dólares adicionais referiam-se aos bens intangíveis (o poder da marca, imagem, posição comercial...).

O grande problema para a Economia é como avaliar o Intangível, que normalmente tem um valor subjetivo.

O **Ativo Invisível** (oculto) pode ser algo muito mais valioso que os bens tangíveis.

A IBM, no final do século 20, adquiriu a Lotus por US$ 3 bilhões, embora o valor de mercado dos bens da adquirida fosse de cerca de US$ 250 milhões.

Esses US$ 2.750 milhões a mais, esse valor excedente (ágio), são conhecidos como *Goodwill* (traduzido de maneira não perfeita por Fundo de Comércio, ou ainda como Capital Intelectual).

Esse valor a mais (como consequência da Capacidade Intelectual humana, marca, liderança de mercado, lealdade de clientes, ponto comercial...) só é definido na negociação de empresa, sendo difícil sua avaliação pela Contabilidade por não existirem valores objetivos. É um ativo sim, mas difícil de ser medido em dinheiro.

Ressalta-se, todavia, que a Lei nº 11.638/07 estabelece que o Intangível deverá ser considerado no Ativo: os direitos que tenham por objeto bens incorpóreos destinados à manutenção da companhia ou exercidos com esta finalidade deverão constar no Ativo. Certamente, este é um grande desafio para Contabilidade: como avaliar o Intangível.

PAUSA PARA REFLEXÃO

Qual é o ponto comercial mais caro no mundo?

No final de março de 2008, antes de a bolha imobiliária estourar, a locação do metro quadrado de um escritório no bairro West End, centro comercial de Londres, chegava a 3.000 dólares por metro quadrado.

A capital inglesa ostentava os maiores valores para imóveis comerciais do mundo, seguida de perto por Moscou e Hong Kong. O quadro mostra os dez pontos mais caros do planeta para abrir, e manter, um escritório na primeira década do século XXI:

PREÇO DA LOCAÇÃO DO METRO QUADRADO POR ANO (EM DÓLARES)					
1º **LONDRES** Inglaterra	2.490	5º **MUMBAI** Índia	1.700	9º **HO CHI MINH** Vietnã	930
2º **MOSCOU** Rússia	2.340	6º **DUBAI** Emirados Árabes	1.560	10º **MADRI** Espanha	880
3º **HONG KONG** China	2.310	7º **PARIS** França	1.310	- - - - - - - - - - - - - - -	
4º **TÓQUIO** Japão	1.840	8º **NOVA YORK** Estados Unidos	980	26º **SÃO PAULO** Brasil	750

Fonte: CB Richar Ellis Group

Em 2013, as três primeiras posições no *ranking* foram Hong Kong (Causeway Bay), Estados Unidos (Quinta Avenida em Nova York) e França (Champs-Élysées). O Shopping Iguatemi passou a ocupar a 12ª colocação.

A consultoria imobiliária Cushman Wakefield diz que a Quinta Avenida desbancou o primeiro lugar da Causeway Bay em 2014 e, em 2016, pelo terceiro ano consecutivo, mantém o primeiro lugar. Em 2017/18, a *Forbes* informava que o metro quadrado mais caro do mundo está em Mônaco. Quais são algumas marcas famosas na Quinta Avenida em Nova York?

2.3.2 Passivo

Inicialmente, apenas para fins didáticos, vamos tratar todo o lado direito do Balanço Patrimonial como Passivo, como o lado das dívidas, das obrigações. De fato, se a palavra *Ativo* tem uma conotação *positiva*, o termo *Passivo* tem um significado *negativo*, ou seja, no mundo dos negócios, obrigações, dívidas e, num sentido mais amplo, são os financiamentos.

Ainda, para fins didáticos, vamos dividir o Passivo em dois grandes grupos: Exigível e Não Exigível.

O *Passivo Exigível* evidencia toda a obrigação (dívida) que a empresa tem

Trump Tower, 5ª Avenida – Nova York.

com terceiros: contas a pagar, fornecedores de matéria-prima (a prazo), impostos a pagar, financiamentos, empréstimos etc. O passivo é uma obrigação exigível, isto é, no momento em que a dívida vencer, será exigida (reclamada) sua liquidação. Por isso é mais adequado denominá-lo Passivo Exigível.

Para fins didáticos, a obrigação *Não Exigível* também pode ser vista como uma dívida, só que essa dívida não será reclamada. Enquanto a empresa estiver num processo de continuidade, funcionando, não precisa pagar essa obrigação. Com quem é essa obrigação? Com seus proprietários.

Uma empresa é constituída por meio de um contrato legal, daí o nome Pessoa Jurídica. Para que a empresa comece a operar de fato, ela precisa de capital (dinheiro, bens, recursos).

Os sócios da empresa (normalmente Pessoas Físicas)[4] estão dispostos a conceder uma quantia inicial, normalmente em dinheiro, para dar "fôlego de vida" para a empresa. Essa quantia é o Capital, ou o Capital Social (pois se refere a uma sociedade).

Imagine agora que você fosse contratado para administrar essa empresa (Pessoa Jurídica). Você sabe que o Capital concedido pelos sócios não é um presente, mas uma aplicação, um investimento. Se a empresa parar de operar daqui a um ano (descontinuidade), ela terá que devolver, no mínimo, o Capital Investido pelos sócios.

Ora, se são duas pessoas distintas, a Pessoa Jurídica (com personalidade própria, assumindo obrigações, compromissos...) fica com uma obrigação com as Pessoas Físicas, daí a quantia do Capital Social ser registrada no lado do Passivo.

Por outro lado, a empresa seria totalmente frágil, vulnerável, se os sócios, por qualquer motivo, a qualquer momento, solicitassem à empresa a devolução de sua parte no capital. Em termos legais, normalmente, a empresa não é obrigada a devolver o capital ao sócio, caso contrário sua continuidade poderia ser interrompida. Nesse caso, o sócio deveria vender sua parte no capital para outras pessoas, sem envolver a empresa.

Assim, para fins didáticos, podemos dizer que o *Não Exigível* consiste nas origens de recursos dos sócios (proprietários), onde, normalmente, a empresa não precisa devolver (pagar) enquanto estiver num processo de continuidade (embora haja exceções).

No Decreto-lei nº 2.627/40 destacava-se o Não Exigível. Em 1976, com a Lei das Sociedades por Ações (Lei nº 6.404/76), num modelo norte-americano, a obrigação Não Exigível passou a ser denominada de *Patrimônio Líquido*. Em 2007, a Lei nº 11.638 mantém o grupo Patrimônio Líquido.

Todavia, para entender bem o Patrimônio Líquido, a visão didática do "não exigível" é a melhor.

2.3.3 Patrimônio Líquido

Evidencia recursos dos proprietários aplicados no empreendimento. A aplicação inicial dos proprietários (a primeira aplicação) denomina-se, contabilmente, como já vimos, *Capital*.

---

[4] Poderiam ser também outras Pessoas Jurídicas.

Se houver outras aplicações por parte dos proprietários (acionistas – S.A., ou sócios – Ltda.), teremos acréscimo de capital.

> A Lei das Sociedades por Ações denomina de Passivo todo o lado direito do Balanço Patrimonial. Dessa forma, o Patrimônio Líquido estaria incluído na denominação Passivo. Porém, as Normas Brasileiras de Contabilidade tratam o lado direito como Passivo e Patrimônio Líquido.
>
> Neste livro, abordaremos o lado direito do Balanço Patrimonial como Passivo e Patrimônio Líquido, não obstante quase todas as empresas publiquem balanço utilizando apenas o termo *Passivo*.

O Patrimônio Líquido não só é acrescido com os novos aumentos de Capital, mas também, e isso é mais comum, com os rendimentos resultantes do capital aplicado. Esse rendimento denominamos de *Lucro*.

O lucro, resultante da atividade operacional da entidade, obviamente, pertence aos proprietários que investiram na empresa (remuneração ao capital investido).

Do lucro obtido, em determinado período, pela atividade empresarial, normalmente, uma parte é distribuída para os donos do capital (Dividendos) e outra parte é reinvestida no negócio, isto é, fica retida (acumulada) na empresa (chamaremos de Lucros Acumulados).

A parte do lucro acumulado (retido) é adicionada ao Patrimônio Líquido. Dessa forma, as aplicações dos proprietários vão crescendo.

O raciocínio seria o mesmo para uma aplicação em cadernetas de poupança. Se aplicássemos inicialmente $ 100.000 mil (capital), no final de certo período teríamos, por exemplo, $ 10.000 mil de rendimento. Se o rendimento não for retirado pelo investidor, será automaticamente reinvestido (acumulado). A partir desse momento, o Capital passa a ser $ 110.000 mil, e o rendimento será sobre o total acumulado.

De certa forma, o Patrimônio Líquido, como já vimos, também é uma obrigação da empresa com seus proprietários. Todavia, é uma obrigação, geralmente, *não exigível*, isto é, os proprietários não exigem da empresa o reembolso de sua aplicação, pois têm um interesse de continuidade da empresa. Por isso, antigamente, o Patrimônio Líquido era conhecido como Não Exigível.

O proprietário de uma empresa, no caso de uma S.A., é portador de ações (menor parte em que é dividido um capital) e, normalmente, quando não mais desejar ser acionista da empresa, negocia com terceiros suas ações (não solicita reembolso da empresa). No caso de uma empresa Ltda., o sócio que deseja retirar-se da sociedade vende suas quotas para os outros sócios ou terceiros, mas não reclama seu dinheiro de volta da sociedade.

BALANÇO PATRIMONIAL	
ATIVO Bens e Direitos	**PASSIVO** Obrigações a Pagar
	Patrimônio Líquido
	• Capital
	• Lucros Acumulados

Algebricamente, é bastante simples encontrar o Patrimônio Líquido: basta subtrair do ATIVO (bens + direitos) as dívidas da empresa, ou seja, o PASSIVO.

Então: → | ATIVO – PASSIVO = PATRIMÔNIO LÍQUIDO

Dessa forma, se uma empresa tiver $ 50 milhões de direitos, $ 80 milhões de bens e $ 100 milhões de obrigações exigíveis (passivo), seu Patrimônio Líquido será de $ 30 milhões (riqueza líquida).

$ATIVO$ (B + D) – $PASSIVO$ (Obrigações Exigíveis)   = PL

$ATIVO$ (80 + 50) – $PASSIVO$ (100)   = PL

Portanto: PL = 30.000.000

BALANÇO PATRIMONIAL			
ATIVO		**PASSIVO e PL**	
Bens	80.000.000	Dívidas	100.000.000
Direitos	50.000.000	Patrimônio Líquido	30.000.000
Total	130.000.000	Total	130.000.000

A verdadeira riqueza da empresa são os BENS mais DIREITOS menos as Obrigações Exigíveis. O Patrimônio Líquido também é conhecido como Situação Líquida (riqueza líquida da empresa).

É muito fácil entender o Patrimônio Líquido se o relacionarmos com uma Pessoa Física. Vamos admitir que você tenha dinheiro em banco ($ 120.000), salários a receber até o final do ano ($ 300.000), um carro importado totalmente pago ($ 600.000) e um apartamento de cobertura ($ 5.000.000). Se somássemos tudo o que você tem (bens) e vai receber (direitos), teríamos:

Dinheiro em banco	$ 120.000
Salários a Receber	$ 300.000
Carro	$ 600.000
Apartamento	$ 5.000.000
Total de sua riqueza (Ativo)	$ 6.020.000

Podemos dizer que esse montante é sua riqueza líquida? Não, pois você tem, por exemplo, dívida com o apartamento ($ 4.000.000) e contas a pagar até o final do ano ($ 200.000).

Portanto, a Riqueza Líquida da Pessoa Física será medida subtraindo-se as dívidas dos Bens e Direitos:

Bens e Direitos	$ 6.020.000
(–) Dívidas	$ (4.200.000)
Riqueza Líquida	$ 1.820.000

Da mesma forma calcularemos o Patrimônio Líquido para as empresas:

> Bens e Direitos (Ativo)
> (–) Dívidas (Passivo)
> = Patrimônio Líquido

PAUSA PARA REFLEXÃO

A Transbrasil faliu no início de 2002, com uma dívida de R$ 1,1 bilhão, mas (segundo o jornal *O Globo*, em 3-5-2002) seu principal executivo, na época, era considerado rico. Entre seus bens teria um *resort* de luxo nas Montanhas Rochosas do Colorado, aviões (táxis aéreos e Learjet executivo), casas em Miami (EUA) e Florença (Itália).

Como podemos entender a situação empresário rico e empresas pobres? Por que outras empresas aéreas como Vasp, BRA e a Varig faliram no Brasil?

Para atribuir algumas *Terminologias Contábeis*, baseado na Teoria Contábil, podemos dizer que o Conjunto de *Bens, Direitos e Obrigações* é denominado de *Patrimônio*; que a peça contábil que apresenta em forma ordenada o conjunto de Bens, Direitos e Obrigações é denominada de BALANÇO PATRIMONIAL (resumo do Patrimônio em certa data). Ainda, que a equação contábil BENS + DIREITOS – OBRIGAÇÕES indica a parte líquida da empresa, isto é, o que sobraria para a empresa se ela liquidasse todos os seus compromissos (dívidas). A parte líquida que sobra para a empresa (embora pertença aos proprietários) é denominada de PATRIMÔNIO LÍQUIDO.

Como forma de apresentação do Balanço Patrimonial, normalmente estabelece que o lado dos Bens e Direitos, por ser positivo para a entidade, será chamado *Ativo* (aquilo que atua, que exerce ação: os itens do Ativo geram produção, novos recursos para a empresa). O lado das obrigações terá duas divisões distintas: (a) *As Obrigações Exigíveis* – aquelas que serão cobradas (deverão ser pagas) no dia do vencimento – será o *Passivo* (tem uma conotação negativa); (b) *As Obrigações Não Exigíveis* – as obrigações da Entidade com seus proprietários – as obrigações que não serão exigidas – *O Patrimônio Líquido*.

Outra forma bastante conhecida para denominar o Passivo (ou obrigações exigíveis) é *Capital de Terceiros*, isto é, recursos de indivíduos ou entidades emprestados à empresa (Fonte Externa de Capital). Assim, dívidas com os Bancos, Financeiras, Fornecedores de Mercadorias, Governo (impostos)... representam capital de terceiros.

O Patrimônio Líquido é também denominado Capital Próprio, isto é, recursos dos próprios sócios ou acionistas (Fonte Interna de Capital).

Enquanto a empresa estiver operando (em continuidade), como já vimos, os proprietários normalmente não reclamam (reivindicam) seu dinheiro (Investimento) de volta (poderia vender sua parte para terceiros). Dessa forma, num processo de continuidade, os recursos aplicados pelos proprietários pertencem à empresa, podendo esta utilizá-los sem a preocupação de ter de devolvê-los. Daí, Capital Próprio, Capital que, pressupõe-se, não será devolvido até a extinção da empresa.

Dessa forma, na empresa há duas fontes de capital (recursos materiais e financeiros) distintas: Capital dos *próprios* sócios e Capital dos outros, ou seja, *de terceiros*.

BALANÇO PATRIMONIAL	
ATIVO Bens + Direitos	**PASSIVO** (Capital de Terceiros)
	Patrimônio Líquido (Capital Próprio)

2.4 CAPITAL DE TERCEIROS *VERSUS* CAPITAL PRÓPRIO

A comparação Capital de Terceiros com o Capital Próprio revela o grau de *endividamento* da empresa. Quanto maior for o Capital de Terceiros (dívidas exigíveis) em relação ao Capital Próprio (Patrimônio Líquido), maior será o endividamento da empresa. Não há dúvida de que um bom equilíbrio entre esses dois grupos é o desejável, embora, para serem mais competitivas, adquirirem Ativos mais eficientes, haja tendência por parte das empresas em se endividarem mais.

PAUSA PARA REFLEXÃO

Podemos dizer que o endividamento é necessário, pois com ele compramos ativos? Sem endividamento o Ativo de uma empresa fica obsoleto (antiquado), perdendo a competitividade?

Outra forma de identificar o Ativo, o Passivo e o Patrimônio Líquido

O Passivo e o Patrimônio Líquido, como podemos observar no quadro anterior, significam *Origem* (fonte) de Capital (recursos materiais e financeiros).

A origem de Capital pode ser externa (Passivo ou Capital de Terceiros) ou interna (Patrimônio Líquido ou Capital Próprio).

Por outro lado, o Ativo significa *Aplicações* de Recurso originado no Passivo e Patrimônio Líquido. Assim, aplicamos dinheiro no caixa, em estoques, em bens de vida longa etc.

Em consequência desses conceitos, é possível explicar o porquê de o *Ativo ser sempre igual ao Passivo + Patrimônio Líquido*: é que uma empresa não pode aplicar aquilo que não tem origem. Em outras palavras, se houve uma origem de 160, a empresa só pode aplicar 160 e não 100 ou 200.

Assim, se o Patrimônio Líquido, por exemplo, é acrescido por lucro do exercício, o Ativo será incrementado pelo mesmo montante do lucro → aplicação do resultado.

Dessa forma, podemos entender melhor a acepção do termo *Balanço*, que se origina de Balanço = equilíbrio nos dois lados (devemos pensar, evidentemente, em balança de dois pratos).

Portanto, se uma empresa tiver como origem de recursos (Passivo e PL) $ 164.328.250, seu Ativo deverá ser de $ 164.328.250.

BALANÇO PATRIMONIAL	
ATIVO	PASSIVO e PL
Aplicação 164.328.250	Origem 164.328.250

Patrimônio é o conjunto de bens, direitos e obrigações da empresa; Balanço origina-se de balança = equilíbrio nos dois lados (origem = aplicação). Assim, Balanço Patrimonial significa demonstração de forma equilibrada dos bens, direitos e obrigações em um único relatório.

Imagine que na constituição de uma empresa foi convencionado, em contrato, que cada sócio contribuiria com uma quantia inicial de $ 300 mil. Portanto, o investimento inicial (*Capital Próprio*) atingiria o montante de $ 900 mil (3 sócios). Admite-se que o montante fixado cobriria, facilmente, as primeiras necessidades da empresa. Todavia, convencionou-se que, se houvesse ainda carência de dinheiro, o gerente financeiro recorreria a *Terceiros* (Bancos ou Financeiras).

Conforme determinação expressa no contrato social, todos os sócios depositam sua parte do Capital em conta bancária.

Para registrar essa primeira operação, faz-se o seguinte raciocínio:

A empresa teve uma origem de Capital (recurso financeiro) no valor de $ 900 mil. Ora, toda origem (fonte) é Passivo ou Patrimônio Líquido. Nesse caso, como o Capital é Próprio (dos próprios sócios), é Patrimônio Líquido. Por outro lado, o dinheiro foi *aplicado* em um banco. Agora a empresa tem o *direito* de sacar no momento em que desejar. São dois bons motivos para registrar os $ 900 mil, também no Ativo:

a)   *Aplicação* e b) *Direito*.

BALANÇO PATRIMONIAL			
ATIVO		PASSIVO e PL	
(Aplicação) Bancos	900.000	(Origem) Capital	900.000
Total	900.000	Total	900.000

2.5   UMA FORMA MAIS AMPLA PARA COMPREENDER O BALANÇO PATRIMONIAL

Como estudamos, o lado do Passivo significa as origens (fontes) de recursos. Estes recursos podem ser de terceiros (obrigações exigíveis) ou dos proprietários (acionistas, sócios). Estas são formas de financiamentos às quais a empresa recorre.

Por outro lado, o Ativo significa aplicações (investimentos) destes recursos obtidos pelo Passivo e Patrimônio Líquido. Estes investimentos que a empresa faz podem ser Fixos (que não circulam, que permanecem, para uso, sem intenção de venda: terrenos, prédios, máquinas e equipamentos...) e de Giro (que circulam, correntes, de rápida renovação, para o negócio ter continuidade, operações: caixa, estoques, contas a receber).

Assim, o Balanço Patrimonial pode ser visto:

Indústria automobilística robotizada. Ativo fixo: os robôs, os equipamentos de produção. Ativo-giro: os carros (estoques) que serão vendidos.

2.6 REQUISITOS DO BALANÇO PATRIMONIAL

O Balanço Patrimonial é composto de um cabeçalho que conterá:

a) Denominação da empresa.
b) Título da Demonstração (Balanço Patrimonial).
c) Data de encerramento do Balanço.

O corpo do Balanço é constituído por duas colunas: a esquerda, que chamamos de Ativo, e a direita, que chamamos de Passivo e Patrimônio Líquido.

A Lei das Sociedades por Ações dispõe que as demonstrações de cada exercício serão publicadas com a indicação dos valores correspondentes do exercício anterior. Assim, o Balanço Patrimonial, bem como todas as Demonstrações Financeiras, serão apresentados em duas colunas: *Exercício Atual* e *Exercício Anterior*.

Essa apresentação facilita ao usuário das demonstrações observar a evolução dos valores de um ano para outro, ou seja, propicia a comparação de, pelo menos, dois exercícios:

Denominação da Empresa:					
BALANÇO PATRIMONIAL					
ATIVO			**PASSIVO e PL**		
	ano atual	ano anterior		ano atual	ano anterior
Bens			**Passivo**		
Direitos			**P. Líquido**		

A legislação mencionada também dispõe que as Demonstrações Financeiras podem ser publicadas com a eliminação de dígitos, principalmente em números grandes.

Assim, por exemplo, se tivermos números tais como $ 936.428.621, podemos eliminar os três últimos dígitos (621) e ficar com $ 936.428, desde que coloquemos, no cabeçalho das demonstrações a expressão *em $ milhares* (ou *em $ mil*).

Se eliminarmos seis dígitos, colocaremos no cabeçalho: *em $ milhões*.

Sem dúvida, isso vem facilitar bastante as publicações, fundamentalmente considerando que serão necessárias demonstrações com duas colunas. Dessa forma, melhoraremos o visual das demonstrações em duas colunas, evitando um aglomerado de números (o que prejudica a estética).

Como dissemos no início deste capítulo, atribuir ao lado esquerdo do Balanço Patrimonial o título de Ativo é mera convenção; assim como ao lado direito o título de Passivo.

Há quem diga que, para efeito de análise, por representar as propriedades da empresa, o Ativo é mais importante, por isso vem em primeiro lugar. Todavia, há países em que acontece o inverso: o Passivo vem em primeiro lugar (lado esquerdo) e o Ativo, em segundo (lado direito).

Acesse o **QR Code** *e assista ao vídeo sobre Relatórios Contábeis.*

Informações Complementares

Alguns dados estatísticos concernentes ao Ativo Intangível.

MARCAS, PATENTES, LICENÇAS, DIREITOS AUTORAIS – FATOS INTERESSANTES

Informação nº 1
Uma empresa chamada **Ivete Sangalo**

Ivete tem 8 empresas que deverão faturar R$ 40 milhões até o fim de 2007. O seu grupo, o Caco de Telha, atua em quase todas as áreas de entretenimento. Tem gravadora de discos, produtora DVD, agência de marketing, organiza *shows* para outros artistas, realiza eventos corporativos para grandes empresas, faz festa de formatura/casamentos, vende ingressos e abadás, em breve terá uma casa de *show* para 12 mil pessoas.

Do total da receita do grupo Ivete representa 70% e os outros 30% são eventos.
(*Isto é Dinheiro*. 25-1-07)

A artista ganhava R$ 400 mil por *show*. Em 2014 custava R$ 1,2 milhão. Em 2015 chegou a cobrar R$ 500 mil por uma única apresentação (Campina Grande, Paraíba).
(www.quantoganha.org)

Informação nº 2

O **Corinthians** tem a marca mais valiosa do Brasil (futebol), avaliada em R$ 1,23 bilhão. Desde 2010, ano que assumiu a liderança do *ranking*, o clube paulista teve sua marca valorizada em R$ 486 milhões. O segundo lugar era ocupado pelo Flamengo, com R$ 1 bilhão.
(*O Estado de S. Paulo*. 7-6-14)

Em 2016, segundo a revista *Forbes*, a marca Corinthians valia R$ 1,7 bilhão; em segundo lugar o Palmeiras (R$ 1,53 bilhão); e em terceiro lugar o Grêmio (R$ 1,02 bilhão).

Informação nº 3

O **BNDES** começará a medir a presença do capital intangível nas empresas para as quais empresta. O que se pretende é criar uma nota de classificação de risco, baseada no peso do fator "inteligência" dentro das corporações. Este *rating* poderá beneficiar o cliente na análise de crédito feita pelo banco, reduzindo o custo de capital. Nesta classificação entram práticas de governança, treinamento de mão de obra, práticas de gestão, processos de relacionamentos com clientes, *design*, *software*, tecnologia da informação, tratamentos dos minoritários, P&D e marcas e patentes.

(*Valor Online*. out. 2007)

Está certo o BNDES? "Atualmente, quase 90% do valor de uma empresa é dado pelos tão complexos Ativos Intangíveis."

(Revista *Nice*. 17-8-17)

Informação nº 4

A arte de calcular o valor de uma marca

A obsessão das empresas de ter métricas para tudo chegou ao marketing. O desejo de mensurar ativos intangíveis criou uma demanda crescente por consultorias que traduzem em reais o valor das marcas. Neste ano, 23% dos presidentes de grandes empresas no Brasil disseram que avaliam o valor financeiro de suas marcas, ante 10% em 2008, segundo pesquisa do Grupo Troiano de Branding feita entre maio e junho.

"Os executivos sentem uma necessidade em justificar investimentos robustos nas suas marcas. Para isso, precisam saber quanto elas valem e como fazer para valorizar esses ativos", diz Jaime Troiano, presidente do grupo Troiano, dono da Brands & Values, empresa criada em 1999 para fazer avaliação financeira de marcas em parceria com a Setape, especializada em avaliação de ativos.

Além da Brands & Values, outras consultorias se especializaram em calcular quanto valem as marcas, como a BrandAnalytics e a Interbrand. Cada uma definiu seu próprio método, mas todos eles misturam conceitos tradicionais do mercado financeiro de avaliação de ativos com pesquisas que medem a força da marca e seu peso na decisão de compra – e, consequentemente, seu poder de geração de caixa futuro. Com base em informações públicas das companhias, é possível, até mesmo, criar rankings das marcas mais valiosas.

Segundo as três consultorias, as empresas usam o valor financeiro da marca como uma ferramenta de gestão do ativo. "Um diretor de marketing não pode mais sustentar de forma subjetiva que uma campanha foi boa ou ruim. Ele precisa medir a efetividade das ações de comunicação e afirmar, por exemplo, que uma campanha adicionou R$ 10 milhões ao valor de uma marca."

(Jornal *O Estado de S. Paulo*. 5-8-13)

ILUSTRAÇÃO

O objetivo da Contabilidade é, por meio de Relatórios Contábeis, como o Balanço Patrimonial, suprir os usuários (administradores, sócios, bancos, governo...) de informações para a Tomada de Decisões. Um exemplo da decisão, com o conteúdo do Capítulo 2, é o endividamento:

ATIVO		PASSIVO	
		Capital de Terceiros	6.000
		Capital Próprio	4.000
Total Aplicação	10.000	Total Origens	10.000

Nesse caso, 60% (Cap. Terceiros/Passivo) das origens de recursos vêm de terceiros, dívidas que deverão ser liquidadas. Apenas 40% (Cap. Próprio/Passivo) do Ativo é financiado por capital próprio (origens de recursos que não estão sujeitos a devolução, a pagamento). Em comparação com a média das empresas brasileiras, essa dívida é um pouco alta. A edição Melhores e Maiores da revista *Exame* indica o endividamento médio das empresas. Utilizamos estes indicadores até 2013. A partir de 2014, é calculado pelo autor.

Normalmente, quando a empresa está muito endividada (por exemplo, acima de 60%), dependendo do ramo de atividade, pode tornar-se uma empresa de maior risco. Porém, endividamento muito baixo pode (principalmente no caso da indústria) significar que não há uma adequada renovação do Ativo, podendo perder competitividade.

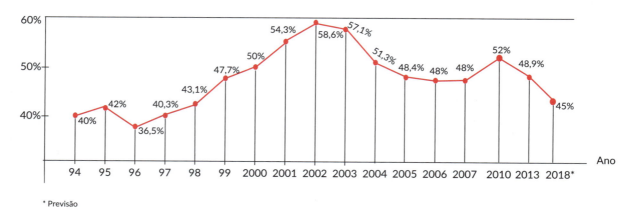

* Previsão

RESUMO

O Balanço Patrimonial é um dos Relatórios Contábeis.

BALANÇO PATRIMONIAL
Rei dos Encanadores Ltda.

Em $ mil (se for o caso)

ATIVO			PASSIVO E PL		
APLICAÇÃO DE RECURSOS	31-12-X1	31-12-X0	ORIGEM DE RECURSOS	31-12-X1	31-12-X0
Bens Caixa Estoques Máquinas Imóveis	—— —— —— ——	—— —— —— ——	**Passivo** Obrigação Exigível (*Capital de Terceiros*) Empréstimos a Pagar Financiamentos a Pagar Fornecedores a Pagar	—— —— ——	—— —— ——
Direitos Contas a Receber Ações de Outras Cias.	—— ——	—— ——	**Patrimônio líquido** Obrigação não Exigível (Capital próprio) Capital Lucros Acumulados	—— ——	—— ——
Total	——	——	Total	——	——

EXERCÍCIO RESOLVIDO

O Sr. Cabral Teixeira, proprietário da Cia. Relâmpago, após contratar um novo contador, dá a seguinte ordem para seu mais recente funcionário:

"Como o Sr. está observando, todos os nossos livros contábeis foram queimados no incêndio ocorrido em nossa empresa. Portanto, não temos nenhum Balanço Patrimonial para fornecer ao Banco Camaradinha S.A., que está disposto a nos conceder um empréstimo.

Gostaria que, em caráter de emergência, o Sr. me montasse o Balanço Patrimonial, destacando apenas os valores Ativos e Passivos. Passei a noite em claro para fazer um levantamento de todos os nossos bens (inventário). As avaliações são a preço de custo, e eu as tenho na memória. Todos os nossos Direitos a Receber totalizam $ 25.960.000, e nossas Obrigações Exigíveis atingem $ 19.980.600 (tudo isso guardo na memória). Não há necessidade de destacar conta por conta dos Direitos e Obrigações: o gerente do banco quer apenas os bens destacados. Aqui está a listagem; espero que, dentro de alguns minutos, o Sr. me apresente esse Balanço Patrimonial. Ah! Procure ser fiel às regras que caracterizam o Ativo e o Passivo, pois o gerente do banco conhece contabilidade!"

A listagem é a seguinte:

1.	Duas máquinas operatrizes em perfeito estado	$ 1.200.000 cada
2.	Uma máquina prensadeira totalmente destruída	$ 900.000
3.	Um lote de estoque (matéria-prima) destruído pelo fogo	$ 2.300.000
4.	Um lote de estoque não atingido pelo fogo	$ 700.000
5.	A marca de nosso produto principal que, segundo um perito na área, vale mais de $ 10.000.000. Para sermos conservadores, vamos avaliá-la em	$ 5.000.000
6.	Nossa "boa imagem" no mercado, por bons serviços prestados; nossa clientela, que os concorrentes gostariam de ter; nosso crédito como uma empresa idônea; o local onde está situada nossa empresa, facilitando nossos clientes do interior; essa "boa imagem e reputação", que os contadores chamam de "Fundo de Comércio" (*Goodwill*); por baixo, se fôssemos vender hoje nossa empresa, poderíamos pedir, sem medo	$ 20.000.000
7.	Dez veículos arrendados do Banco Comercial, pelo sistema *leasing*. No contrato há uma opção de compra e nós vamos adquiri-los, assim que vencer o contrato. O preço, hoje, desses veículos, conforme contrato, é	$ 5.000.000
	TOTAL	$ 36.300.000

Para cada item, devemos verificar se atendem às quatro características do Ativo:

LISTAGEM	BENS E DIREITOS	PROPRIEDADE DA EMPRESA	MENSURAÇÃO MONETÁRIA OBJETIVA	BENEFÍCIOS PRESENTES E FUTUROS	CONCLUSÃO
1. Duas máquinas em perfeito estado	x	x	x	x	É ATIVO
2. Uma máquina destruída	x	x	x	–	Não é ATIVO
3. Um lote de estoque destruído	x	x	x	–	Não é ATIVO
4. Um lote de estoque em bom estado	x	x	x	x	É ATIVO
5. Marca*	x	x	–	x	É ATIVO, mas não há valor objetivo
6. Fundo de Comércio*	x	x	–	x	É ATIVO, mas não há valor objetivo
7. Veículos *leasing*	x	–	x	x	É ATIVO, pela legislação brasileira (Lei nº 11.638/07)

Bem intangível não é palpável, não tem formação física.

BALANÇO PATRIMONIAL
Cia. Relâmpago

ATIVO		PASSIVO E PL	
Bens		**Obrigações Exigíveis**	
Máquinas (item 1)	2.400.000	Diversas	19.980.600
Estoques (item 4)	700.000	**Patrimônio Líquido**	
	3.100.000	(B + D – O)	9.079.400
Direitos			
A receber	25.960.000		
Total	29.060.000	Total	29.060.000

* Normalmente, marca, *Goodwill* etc. só são contabilizados quando adquiridos de terceiros.

AVALIAÇÃO DO APROVEITAMENTO

a) Estes testes deverão ser respondidos em cinco minutos – 30 segundos para cada um.

b) Não responda se tiver dúvidas.

c) Se você acertar menos que 70% (7 questões), não passe para a etapa seguinte: leia novamente o capítulo.

d) As respostas encontram-se no final do livro.

1. Informes Contábeis é sinônimo de:
   - ( ) **a)** Balanço patrimonial.
   - ( ) **b)** Relatórios contábeis.
   - ( ) **c)** Registros contábeis.
   - ( ) **d)** Patrimônio.

2. Exercício Social significa:
   - ( ) **a)** O ano civil (1º-1/31-12).
   - ( ) **b)** Ramo de atividade da empresa.
   - ( ) **c)** Que terá duração de um ano.
   - ( ) **d)** O ano comercial – 360 dias.

3. Das quatro Demonstrações Financeiras exigidas por lei, podemos indicar uma:
   - ( ) **a)** Demonstração das Origens e Aplicação de Recursos (DOAR).
   - ( ) **b)** Demonstração do Resultado do Exercício (DRE).
   - ( ) **c)** Notas Explicativas.
   - ( ) **d)** Demonstração orçamentária.

4. Pela Lei das Sociedades por Ações, o lado direito do balanço patrimonial é denominado:
   - ( ) **a)** Passivo.
   - ( ) **b)** Passivo e patrimônio líquido.
   - ( ) **c)** Origens de capital.
   - ( ) **d)** Capital de terceiros e capital próprio.

5. O lucro auferido pela atividade operacional pertence:
   - ( ) **a)** À empresa.
   - ( ) **b)** Parte à empresa e parte aos proprietários.
   - ( ) **c)** Aos proprietários, embora não seja totalmente retirado da empresa.
   - ( ) **d)** Depende da decisão da diretoria.

6. Como característica do Ativo, podemos mencionar:
   - ( ) **a)** Bens, direitos de sua propriedade, benefícios presentes.
   - ( ) **b)** Bens, direitos mensuráveis monetariamente, benefícios futuros.
   - ( ) **c)** Bens, direitos, posses, mensuráveis monetariamente, benefícios futuros.
   - ( ) **d)** Bens, direitos, propriedade ou controle, mensuráveis monetariamente, benefícios futuros e presentes.

7. Como Capital de Terceiros, podemos citar:
   - ( ) **a)** Impostos a pagar.
   - ( ) **b)** Patrimônio líquido.
   - ( ) **c)** Capital próprio.
   - ( ) **d)** Títulos a receber.

8. O Patrimônio Líquido pode ser calculado pela fórmula:
   - ( ) **a)** Ativo (–) capital de terceiros.
   - ( ) **b)** Ativo (–) capital próprio.
   - ( ) **c)** Bens + direitos (–) origens.
   - ( ) **d)** Bens + direitos (–) aplicações.

9. O Ativo será sempre igual ao Passivo + Patrimônio Líquido, pois:
   - ( ) **a)** Capital próprio = Capital de terceiros.
   - ( ) **b)** Patrimônio líquido = capital próprio.
   - ( ) **c)** Bens + direitos = não exigível.
   - ( ) **d)** Origens = aplicações.

10. As Demonstrações Financeiras deverão ser publicadas:
    - ( ) **a)** Somando os dígitos.
    - ( ) **b)** Comparando os exercícios sociais.
    - ( ) **c)** Duas vezes por ano.
    - ( ) **d)** Desprezando os centavos.

EXERCÍCIOS

1. A participação do Ativo Intangível é cada vez maior nas empresas modernas.

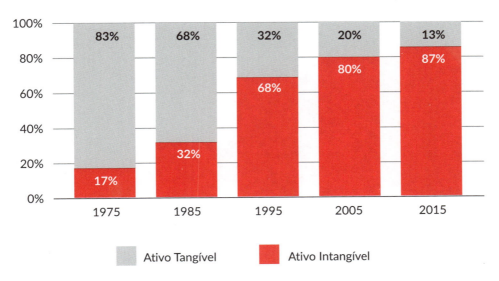

Revista *Nice* – 17-8-17 (Components of S&P 500 Market Value).

Quais dessas empresas estariam certamente com mais de 90% dos Ativos Intangíveis: AirBNB, Mcdonald's, Amazon, General Motors, Votorantin, Bradesco, Petrobras, Azul, OAS e Nestlé?

2. Qual a diferença entre Relatórios Contábeis e Demonstrações Financeiras?

3. Se PL = Ativo – Passivo Exigível, por que tratar didaticamente como uma obrigação não exigível?

4. Pela Teoria da Contabilidade, para maior compreensibilidade, o Balanço Patrimonial pode ser visto:

Exemplifique, para uma indústria, ativos que significam Giro e ativos que significam Fixo.

5. A Resolução CFC nº 1.418/12 (ITG 1.000) estabelece que as micro e pequenas empresas deverão ter o Balanço Patrimonial (BP) e a Demonstração de Resultados (DRE). Esta resolução tem apenas 42 parágrafos em seis páginas. Ela mostra as técnicas contábeis para as MPE dentro dos moldes da Contabilidade Internacional.

Quais são as Demonstrações Financeiras para as empresas de grande porte que não são obrigatórias para as MPE?

Balanço Patrimonial – Grupos de Contas
(Uma Abordagem Preliminar)

Já estudamos os *objetivos contábeis*; tivemos uma rápida visão de *relatórios contábeis*; estudamos o Ativo, o Passivo e o Patrimônio Líquido. Agora, analisaremos, em maior profundidade, o **Ativo** e o **Passivo**.

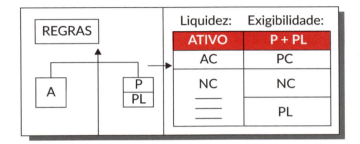

OBJETIVOS

Ao completar o estudo deste capítulo, você deverá estar preparado para explicar e exercitar os seguintes conceitos:

- Interpretar os grupos de contas que compõem o Ativo e o Passivo.
- O que é um Ciclo Operacional.
- A diferença entre Capital de Giro e Capital de Giro Próprio.
- *Goodwill*.
- O que é curto prazo para a Contabilidade.

3.1 INTRODUÇÃO

Como foi visto no Capítulo 2, o Balanço Patrimonial é constituído de Ativo, Passivo e Patrimônio Líquido. O Ativo, por sua vez, compõe-se de Bens e Direitos *aplicados* na Entidade Contábil. O Passivo e o Patrimônio Líquido registram todas as entradas (*origens*) de recursos na empresa.

Se demonstrássemos um Balanço Patrimonial cujo Ativo fosse um "amontoado de contas de Bens e Direitos" (de forma heterogênea), teríamos dificuldades em ler, interpretar e analisar o Balanço Patrimonial. Por isso, é importante apresentar o Balanço agrupando-se as contas de mesmas características, isto é, separando grupos de contas homogêneas entre si. Por exemplo, poderíamos agrupar as contas Caixa e Bancos (depósito que a empresa tem nos Bancos) em um único grupo denominado Disponível (dinheiro à disposição da Entidade).

Para facilitar a interpretação e análise do Balanço existe uma preocupação constante em estabelecer uma adequada distribuição de contas em grupos homogêneos. A Lei das Sociedades por Ações dispõe uma estrutura de contas nacionalmente aceita (inclusive por outros tipos de sociedade).

3.2 GRUPOS DE CONTAS

As contas do Ativo são agrupadas de acordo com sua rapidez de conversão em dinheiro: de acordo com seu grau de liquidez (a capacidade de se transformar em dinheiro mais rapidamente).

Em primeiro lugar, agrupam-se as contas que já são dinheiro (Caixa, Bancos etc.) com as que se converterão em dinheiro rapidamente (Títulos a Receber, Estoques etc.). A esse grupo de contas denominamos *Ativo Circulante*. É um grupo de elevado grau de liquidez.

Em segundo lugar, serão agrupadas as contas que se transformarão em dinheiro mais lentamente. São Ativos de menor grau de liquidez (Valores a Receber, mas que levam mais tempo para serem recebidos). Estas contas denominamos de *Realizável a Longo Prazo*, que faz parte de um grupo chamado *Não Circulante*.

Em terceiro lugar, serão agrupados os itens que dificilmente serão transformados em dinheiro, que normalmente não são vendidos, mas são utilizados como meio de consecução dos objetivos operacionais da empresa. Poderíamos dizer que, praticamente, são itens com pouquíssima liquidez. Outra característica nesta categoria é que são itens utilizados pela empresa por vários anos – vida útil longa (prédios, máquinas etc.).

Os itens nesta categoria têm uma característica de Permanente, ou seja permanecem com a empresa por períodos longos, não se destinam à venda. Seria o caso de eletrodomésticos na nossa casa.

BALANÇO PATRIMONIAL

ATIVO	PASSIVO E PL
→ **Circulante**	
• Caixa, Bancos	
→ **Não Circulante**	**?**
• Realizável a LP	
• Máquinas	
• Prédios	

As contas do Passivo e Patrimônio Líquido são agrupadas de acordo com seu vencimento, isto é, aquelas a serem liquidadas mais rapidamente serão destacadas daquelas a serem pagas num prazo mais longo.

Em primeiro lugar, agruparemos as contas que serão pagas mais rapidamente (Salários a Pagar, Impostos etc.). Esse grupo é chamado *Passivo Circulante*.

Em segundo lugar, as contas que serão pagas num prazo mais longo (Financiamentos etc.). Essas contas são chamadas de *Exigíveis a Longo Prazo* e são classificadas no grupo denominado de *Não Circulante*.

Em terceiro lugar, as contas que, praticamente, não serão pagas. São as obrigações com os proprietários da empresa, as obrigações não exigíveis. Esse grupo é chamado *Patrimônio Líquido*.

BALANÇO PATRIMONIAL

ATIVO	PASSIVO E PL
→ **Circulante**	→ **Circulante**
• Caixa, Bancos	• Salários a Pagar
→ **Não Circulante**	→ **Não Circulante**
• Realizável a LP	• Exigíveis a LP
• Máquinas	→ **Patrimônio Líquido**
• Prédios	• Capital (Sócios)

Há uma analogia em termos de grupos de contas entre o lado do Ativo e o lado do Passivo e PL: é o grau de liquidez decrescente.

No Ativo aparecerão em primeiro lugar as contas que se converterão mais rapidamente em dinheiro e, a seguir, as contas mais lentas de realização em dinheiro; no Passivo e Patrimônio Líquido serão destacadas, prioritariamente, as contas que deverão ser pagas mais rapidamente e, a seguir, as que serão acertadas a Longo Prazo.

CAP. 3 ■ Balanço Patrimonial – Grupos de Contas (Uma Abordagem Preliminar) | 41

GRAU DE *LIQUIDEZ* DECRESCENTE	ATIVO	PASSIVO E PL
Rápida	→ Circulante	→ Circulante
Lenta	→ Não Circulante • Realizável a LP	→ Não Circulante • Exigíveis a LP
Não há*	• Bens de uso (ñ para venda)	→ Patrimônio Líquido • Capital (Sócios)

* Excepcionalmente a empresa vende bens de uso.

PAUSA PARA REFLEXÃO

A Resolução do CFC nº 1.418/12 aprova a ITG 1.000 – Modelo Contábil para Microempresas e Empresas de Pequeno Porte.

BALANÇO PATRIMONIAL
em 31-12-x1 e 31-12-x0
Expresso em R$

	31.12.X1	31.12.X0		31.12.X1	31.12.X0
ATIVO			**PASSIVO E PATRIMÔNIO LÍQUIDO**		
CIRCULANTE			**CIRCULANTE**		
Caixa e Equivalentes de Caixa			Fornecedores		
Contas a Receber			Empréstimos e Financiamentos		
Estoques			Obrigações Fiscais		
Outros Créditos			Obrigações Trabalhistas e Sociais		
			Contas a Pagar		
			Provisões		
NÃO CIRCULANTE			**NÃO CIRCULANTE**		
Realizável a Longo Prazo			Financiamentos (ELP)		
Investimentos					
Imobilizado			**PATRIMÔNIO LÍQUIDO**		
Intangível			Capital Social		
(–) Depreciação e Amortização Acumuladas			Reservas de Capital		
			Reservas de Lucros		
			Lucros Acumulados		
			(–) Prejuízos Acumulados		
TOTAL			**TOTAL**		

Qual é a diferença entre empréstimos e financiamentos classificados no Passivo Circulante e empréstimos e financiamentos classificados no Passivo Não Circulante?

3.2.1 Circulante e o Conceito de Ciclo Operacional

O primeiro grupo de contas, como já vimos, é o *Circulante*, tanto para o Ativo como para o Passivo. Vamos partir de uma indústria, como exemplo, para melhor entender esse grupo de contas.

No processo de industrialização, a primeira preocupação básica de uma empresa industrial é adquirir *matéria-prima* para transformá-la em produtos acabados. Normalmente, a aquisição de matéria-prima é a prazo. Dessa forma, a empresa contrai uma dívida que, contabilmente, se denomina *fornecedores* (são os fornecedores de matérias-primas para a indústria ou fornecedores de mercadorias para revenda em uma empresa comercial).

Em seguida, a empresa inicia a industrialização, entrando no estágio de transformação da matéria-prima: *Produção em Andamento*. Nesse estágio surgem outras obrigações a pagar:

a) *Salários a Pagar*: a utilização de mão de obra na produção em andamento gera despesas de salários que, em geral, deverão ser pagas até o quinto dia útil do mês seguinte ao mês trabalhado;

b) *Contas a Pagar*: pequenas despesas, tais como: material secundário à industrialização, contas de luz, de água etc.;

c) *Aluguel a Pagar*: se o prédio utilizado for alugado etc.;

d) . . . .

Por fim, a empresa chega ao estágio de *Produtos Acabados*, isto é, já houve a transformação total almejada. Agora o produto acabado poderá ser vendido.

Da mesma forma que a empresa adquiriu matéria-prima (a prazo), com raras exceções, também venderá seus produtos acabados a prazo. Nessa transação é gerado um Direito a Receber, cujo documento comprobatório (emitido pela empresa que vende e aceito pela empresa que compra) daquele direito é uma duplicata. Por isso, contabilmente, é gerada a conta Duplicatas a Receber (ou Contas a Receber ou Clientes, como o plano de contas estabelecer).

Por ocasião das vendas alguns impostos serão gerados, como, por exemplo, o Imposto sobre Produtos Industrializados (IPI), o Imposto sobre Circulação de Mercadorias e Serviços (ICMS), o Imposto sobre Serviços (ISSQN) etc. Então, a empresa assume o compromisso com o governo: *Impostos a Recolher*[1] (a pagar).

A empresa poderá, dependendo do prazo de faturamento, esperar 30, 60, 90, 120, ou mais dias para receber as duplicatas emitidas.

Muitas vezes, a empresa não tem recursos suficientes para cobrir suas obrigações geradas no processo de industrialização. Então recorre a *Empréstimos Bancários* e utiliza parte de suas duplicatas, oferecendo-as como garantia ao Banco. Como remuneração ao capital de terceiros, a empresa pagará *juros* à Instituição Financeira que estiver concedendo o empréstimo.

Outra maneira de obter recursos financeiros com duplicatas é o *Desconto de Duplicatas*. A empresa transfere (por meio de um endosso no verso do título) a propriedade das duplicatas ao Banco (ou outro financiador). Como contrapartida, a empresa recebe do Banco o valor constante nas duplicatas menos os juros[2] contados até seus vencimentos (das duplicatas). O Banco, por sua vez, receberá o valor total da duplicata do cliente da empresa. Todavia, se, no vencimento da duplicata, não houver sua liquidação (o Banco não receber), a empresa deverá reembolsar ao Banco (ela é corresponsável) o valor total da duplicata descontada.

PAUSA PARA REFLEXÃO

A Cia. Socialista, após sua primeira venda a prazo, de posse de uma duplicata emitida contra seu cliente, Cia. Prestes, no valor de $ 800.000, encontra reais dificuldades para liquidar suas dívidas.

---

[1] A expressão *imposto a recolher* (para os impostos que incidem sobre vendas) é mais adequada do que *imposto a pagar*, pois a empresa é mero veículo (instrumento) de recolhimento de imposto, uma vez que arrecada do consumidor ou comprador do produto e leva ao poder público. Na verdade, ela é uma ponte entre quem *paga realmente* (o consumidor) e *quem recebe* (o governo).

[2] O fato de se descontarem os juros no ato da operação é denominado *desconto* de duplicatas.

> Uma saída é propor ao Banco General o desconto de sua duplicata, que vencerá daqui a 30 dias. O gerente do banco concorda com o desconto, à base de uma taxa de juros de 9% ao mês.
>
> Dessa forma, a Cia. Socialista endossa a duplicata, transferindo sua propriedade para o Banco General. O Banco General, por sua vez, libera $ 728.000 para a Cia. Socialista ($ 800.000 – 9% × 800.000).
>
> A Cia. Prestes recebe um aviso de que deve liquidar a duplicata, na data de seu vencimento, em favor do Banco General.
>
> Observe que, se a Cia. Prestes não liquidar junto ao banco a referida duplicata, estará a Cia. Socialista obrigada a repor os $ 800.000 ao Banco General.
>
> Por que, financeiramente falando, é um péssimo negócio descontar duplicatas?

Por ocasião do recebimento das duplicatas por parte da empresa, os recursos financeiros serão canalizados para o Caixa ou Bancos (o correto é Bancos conta Movimento), e os compromissos da empresa, à medida que forem vencendo, serão liquidados.

Esse processo repete-se constante e ininterruptamente, uma vez que a empresa está sempre adquirindo novas matérias-primas para alimentar seu processo industrial.

O período desde a aquisição da matéria-prima (que entra no processo produtivo) até o recebimento das duplicatas é denominado *Ciclo Operacional*.

Gráfico das contas em Movimento Constante (Circulante)

- As linhas pontilhadas significam o pagamento das dívidas.
- O ciclo operacional inicia-se no item 1 e termina no item 5.
- Como dissemos, as contas do Circulante variam constantemente. Por exemplo, a conta Fornecedores é aumentada por novas compras de matéria-prima e é diminuída com o pagamento das duplicatas que vão vencendo.

É relevante observar que, nesse período, todas as contas envolvidas (Estoques de matérias-primas, de produtos em andamento e de produtos acabados; Fornecedores; Salários a Pagar; Contas a Pagar;

Aluguel a Pagar; Duplicatas a Receber; Impostos a Recolher; Empréstimos a Pagar; Caixa e Bancos) estão constantemente *em movimento*, isto é, seus saldos são frequentemente alterados.

São as contas *em giro*, *em circulação*. Por isso, o grupo dessas contas é denominado *Circulante*. Observe que essas contas aumentam e diminuem frequentemente. Por exemplo, entra dinheiro no caixa quando recebemos; sai dinheiro quando pagamos. Os valores modificam-se constantemente. Eles não permanecem fixos com o decorrer do tempo. Essa é uma característica das contas do Grupo Circulante.

Contas que Compõem os Circulantes Ativo e Passivo

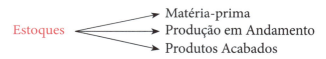

Fornecedores (de Matéria-prima ou Mercadorias)
Salários a Pagar (também há os encargos sociais)
Aluguel a Pagar
Duplicatas a Receber (ou Contas a Receber, Clientes)
Empréstimos Bancários (ou Empréstimos a Pagar)
Impostos a Recolher (ou Tributos a Pagar)
Caixa e Bancos (ou Disponível)

Conhecendo as contas do *Grupo Circulante*, observamos que há itens de ATIVO e PASSIVO. O passo seguinte é separá-los e agrupá-los adequadamente.

ATIVO
- Bens
  - Estoques
  - Caixa
- Direitos
  - Duplicatas a Receber
  - Bancos

PASSIVO
- Obrigações Exigíveis
  - Fornecedores
  - Salários a Pagar
  - Contas a Pagar
  - Aluguel a Pagar
  - Empréstimos Bancários a Pagar
  - Impostos a Recolher
  - Juros a Pagar e outros

BALANÇO PATRIMONIAL
O Rei dos Encanadores Ltda.

Em $ mil

ATIVO			PASSIVO E PL		
Circulante	X_2	X_1	Circulante	X_2	X_1
Disponível (Caixa e Bancos)	___	___	Fornecedores	___	___
Duplicatas a Receber	___	___	Salários a Pagar	___	___
Estoques	___	___	Contas a Pagar	___	___
----------	___	___	Aluguel a Pagar	___	___
___	___	___	Empréstimos a Pagar	___	___
___	___	___	Impostos a Recolher	___	___
___	___	___	Juros a Pagar	___	___

O Ativo Circulante também é conhecido como Ativo Corrente ou, ainda que não haja unanimidade, o Circulante Ativo e Passivo são denominados Capital Total em Giro ou simplesmente Capital em Giro. Capital de Giro normalmente se usa para indicar Ativo Circulante. Tanto a expressão *corrente* como a *em giro* são bem fáceis de ser entendidas: são contas com valores correntes (não fixos); são contas que estão constantemente em giro, em movimento, circulando.

Evidentemente, o desejável seria que o Ativo Circulante fosse sempre maior que o Passivo Circulante. Enquanto o segundo significa obrigações a pagar, o primeiro – Ativo Circulante – significa *dinheiro* (Caixa e Bancos) e *valores que se transformarão em dinheiro* (Duplicatas a Receber e Estoques).

Algumas vezes, mesmo que o Ativo Circulante seja maior que o Passivo Circulante, a empresa encontra dificuldade de pagamento de suas obrigações, isso porque as dívidas estão vencendo com rapidez maior do que os valores que se transformam em dinheiro. Isto é, os recebimentos da empresa ocorrem de forma mais lenta que os vencimentos das Contas a Pagar.

Quando ocorre esse fato, a empresa recorre a empréstimos, descontos de duplicatas etc., no sentido de reforçar seu caixa para cobrir seus compromissos em vencimento. Dessa forma, a empresa recorre a Capital de Giro.

PAUSA PARA REFLEXÃO

No artigo Contabilidade Indecifrável, publicado no jornal *O Estado de S. Paulo* em 24-1-2002, o jornalista norte-americano Steve Liesman diz:

"O resultado é um aumento na chamada contabilidade da caixa preta: demonstrações financeiras, como a da Enron, tão obscuras que são difíceis de enxergar mesmo à luz do dia. Mesmo depois de revelados, os números que algumas companhias reportam são baseados em metodologias contábeis tão complexas, envolvendo tal grau de palpite, que não é fácil determinar precisamente como se chegou a eles. Difícil de entender não significa necessariamente incorreto ou ilegal, claro. Mas algumas empresas aproveitam de normas contábeis muitas vezes flexíveis para massagear seus números e fazer seus resultados parecer melhores.

Em suma, há muito mais abertura à interpretação quando se trata de chegar ao resultado de uma empresa."

Pelo que temos estudado até aqui, você considera que o Balanço Patrimonial é difícil de entender? Você concorda que há empresas que adulteram os dados do Balanço Patrimonial? O que é a Contabilidade Criativa?

3.2.2   Capital Circulante Líquido

Ativo Circulante menos Passivo Circulante evidencia o *Capital Circulante Líquido* (CCL), ou seja, a parte do Ativo Circulante que não está comprometida com o Passivo Circulante.

Admita que uma empresa tenha um Ativo Circulante de $ 1.000 e um Passivo Circulante de $ 600. Observe que, neste exemplo, se a empresa pagar todo o seu Passivo Circulante (na hipótese de ter dinheiro suficiente em Caixa), ainda lhe sobrarão $ 400 → CCL. Portanto, os $ 400 não estão comprometidos com as dívidas da empresa. Repare que, pelo fato de a empresa possuir uma parcela que não será utilizada para pagamento de dívida, dá uma folga financeira maior para ela. No lado estritamente financeiro, quanto maior for o CCL, maior será a flexibilidade financeira da empresa.

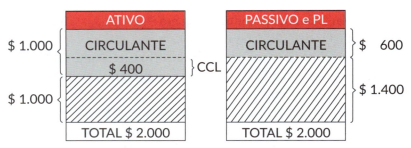

CCL = Ativo Circulante (–) Passivo Circulante
CCL = $ 1.000 (–) $ 600
CCL = $ 400

Em certo sentido, o Capital Circulante Líquido (CCL) é conhecido como *Capital de Giro Próprio* de Curto Prazo (CGP). Tal denominação é utilizada em alguns setores do mercado financeiro. Portanto, CCL e CGP podem significar a mesma coisa.

Na verdade, o Ativo Circulante é normalmente conhecido como Capital de Giro. Assim, a *parte do Capital de Giro* (Ativo Circulante) que não estiver comprometida com terceiros (Passivo Circulante) será da *própria* empresa (não será entregue a terceiros). Daí a expressão *Capital de Giro Próprio*. Num sentido mais técnico, Capital de Giro Próprio representa a saúde da empresa. Pela teoria contábil, o Capital de Giro Próprio é calculado: Patrimônio Líquido (–) Ativo Não Circulante.

3.2.3   Ativo Não Circulante

Outro grupo do Ativo é exatamente o oposto do Circulante. É o Não Circulante, que divide-se em Realizável a Longo Prazo (veja no item 3.2.4), Investimentos, Imobilizado e Intangível.

Inicialmente vamos estudar os subgrupos *Investimentos*, *Imobilizado* e *Intangível*. Antes da Lei nº 11.941/09, estes três subgrupos eram chamados de **Permanente**.[3] Para fins didáticos continuaremos a chamar de Permanente.

Pela denominação Permanente, podemos entender seu conteúdo: são itens que não se destinam à venda; seus valores não são alterados frequentemente; não há uma conotação de giro (movimento).

São bens e direitos de vida útil longa. A empresa utiliza o **Permanente**, praticamente, como "meio para atingir seus objetivos sociais" ou para renda.

Investimentos são as participações *permanentes* em outras sociedades, isto é, não há interesse de a empresa vender sua participação. Por exemplo: ações de outras companhias. Outros itens *não* necessários à atividade operacional da empresa (não utilizados na manutenção do negócio principal), mas com características de permanente, deverão ser classificados em Investimentos. São eles:

- prédios não utilizados pela empresa, alugados para terceiros como forma de rendimento (aluguel) para a empresa. Portanto, não é utilizado na atividade principal da empresa;
- terrenos adquiridos para futura expansão (não estão sendo utilizados no momento pela empresa);
- obras de arte, quadros, adquiridos pela empresa para ornamentar suas instalações etc.

Todos esses casos referem-se a bens de vida útil longa, que não se destinam à venda, *mas não são aproveitados na consecução da atividade operacional da empresa*. Por exemplo, se a empresa se dispõe a fabricar grampeadores e outros materiais de escritório, em nada os itens apresentados estariam contribuindo para atingir esse fim.

Atualmente, o item que mais se destaca em Investimentos (Não Circulante) é a Participação no Capital de Outras Empresas, dando-se origem aos grupos empresariais. (Ações de outras empresas).

Imobilizado são os bens corpóreos ou direitos *destinados à manutenção da atividade principal da empresa*, ou exercidos com essa finalidade, inclusive os decorrentes de operações que transfiram à empresa os benefícios, riscos e controles destes bens. A atividade básica ou principal da empresa está descrita no estatuto ou contrato social.

---

[3] Ressaltamos que a Lei nº 11.941/09 aboliu este termo (Permanente), já que, num sentido mais rigoroso da palavra, nada é permanente (perene) na empresa (exceto terrenos). Apenas para fins didáticos usamos este termo.

Se, por exemplo, a empresa Rei dos Encanadores adquire *Móveis e Utensílios* (máquinas de calcular, computadores, mesas, cadeiras etc.) para o escritório, *Veículos* para transportar os encanadores e o material de reparos, *Prédio* para a instalação da empresa (sede) etc., ela está adquirindo bens destinados à manutenção de sua atividade econômica (obter lucro prestando serviços de encanamento). Ferramentas, Equipamentos e Instalações são outros exemplos de Imobilizado.

Intangível são os bens incorpóreos (ativo invisível, impalpável) destinados à manutenção da empresa. A diferença com o Imobilizado é que este é corpóreo (tem corpo, pode-se tocar) e o Intangível não possui corpo físico. Como já dito no item 2.3.1 a marca de uma empresa pode ser o principal Intangível.

São recursos (bens) incorpóreos (sem substância física) controlados pela empresa que trarão benefícios futuros.

Além da marca (nomes de produtos) podem ser tratados como tal: direitos de autoria, licenças e patentes (processos, fórmulas secretas...), *softwares* (desenvolvimento de banco de dados, materiais educativos...), fidelidade de clientes, tecnologia de ponta, direitos de franquia etc. No Intangível está contido o *Goodwill* da empresa.

Goodwill pode ser entendido como Lucros Futuros Esperados, acima do lucro normal de uma empresa (perspectivas de superlucro). O CPC 04 trata este assunto como Ágio derivado da expectativa de rentabilidade futura.

Outros conceitos usados nem sempre corretamente como sinônimos de *Goodwill* são Fundo de Comércio e Aviamento.

Fundo de Comércio é o conjunto de bens corpóreos e incorpóreos que proporcionam lucratividade para a empresa (estoques, instalações, ponto comercial, clientes etc.). Por exemplo, um carrinho de cachorro-quente tem um valor material, porém, se instalado numa universidade com milhares de alunos tem um valor adicional pela freguesia.

O *Dicionário Michaelis* apresenta *Goodwill* como sendo Fundo de Comércio ou Aviamento (bens, freguesia, crédito, reputação). Define o termo como Bem Intangível do Ativo que representa prestígio de uma empresa, fidelidade de cliente etc.

O *Goodwill* é de difícil avaliação (subjetivo) e só é reconhecido por ocasião de compra e venda de uma empresa ou na liquidação da mesma. Este assunto é tratado no Capítulo 14 deste livro.

PAUSA PARA REFLEXÃO

Com a crise mundial 2008/9 as empresas perderam valor. Veja abaixo a queda de valor de mercado de Bancos nos EUA e Europa.

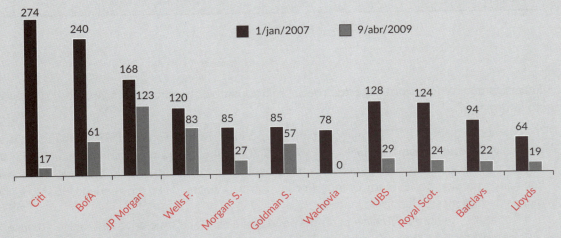

Fonte: Thompson Datastream

Por que estes bancos não faliram? Como estão estas empresas hoje? Quem assumiu o prejuízo?

3.2.3.1 Gastos Pré-operacionais e P&D

Existem aplicações ou gastos em serviços que beneficiam a empresa por um longo período (vários anos). O caso mais comum são os *Gastos Pré-operacionais*, em que a empresa "investe" recursos antes de começar a operar (funcionar): propaganda institucional, contratação e treinamento do quadro de funcionários, abertura de firma etc. Graças a esses gastos, por um longo período, teoricamente, a empresa terá *direito* a uma série de benefícios quando começar a operar: já é conhecida no mercado (a empresa ou o produto), tem uma boa equipe de trabalho, está legalmente constituída etc.

Estes *gastos com serviços no sentido de beneficiar a empresa por vários anos, grosso modo*, diferem de Investimentos (Compra de ações, Terrenos etc.) e do Imobilizado (Máquinas, Veículos, Móveis e Utensílios etc.), pois estes, normalmente, referem-se à aquisição de bens e direitos e aqueles quase sempre são remunerações a serviços, que beneficiarão a empresa por vários anos.

Embora estes itens tragam benefícios futuros (Ativos), quase sempre não são tratados como Ativo. Assim, quando possível, serão tratados como Intangível ou então nem serão considerados Ativo da empresa, serão tratados como Despesa (Capítulo 5). (Veja exemplos no quadro "Pausa para Reflexão" a seguir.)

Vamos admitir que determinada empresa, para manter a competitividade, faça investimentos em Pesquisa e Desenvolvimento (P&D), ou seja, por intermédio de uma equipe preparada, tenha gastos com novas descobertas ou aperfeiçoamento de produtos (exemplo da Gillette, para produzir novos aparelhos de barbear, ou a Pfizer em relação ao Viagra e até mesmo às vacinas para combate à COVID-19). Esses gastos com serviços (P&D), sendo certo que eles vão trazer benefícios, poderiam ser registrados no Ativo. Todavia, em função das incertezas, as normas contábeis não tratam como Ativo, mas como Despesa, a ser estudado no Capítulo 5. Sobre este assunto temos detalhes no CPC 04.

BALANÇO PATRIMONIAL
Empresa . . . . . .

Em $ mil

ATIVO			PASSIVO E PL		
Circulante	X_2	X_1	**Circulante**	X_2	X_1
Não Circulante			**Não Circulante**		
Realizável a Longo Prazo	———	———	**Patrimônio Líquido**		
Investimentos	———	———	Capital	———	———
Imobilizado	———	———	Lucros Acumulados	———	———
Intangível	———	———			

PAUSA PARA REFLEXÃO

Em artigo publicado no jornal *O Estado de S. Paulo* (Quanto custa uma reputação, 22-2-2000), Otaviano Canuto informa:

"A Paramount gastou US$ 200 milhões para fazer o filme *Titanic*. Faturou US$ 1 bilhão só nas salas de cinema. A Gillette investiu, de 1990 a 1997, US$ 700 milhões para produzir a lâmina Mach3. Mas, em menos de um ano após o lançamento, já havia assegurado mais de 10% do mercado de reposição de lâminas de barbear dos Estados Unidos. Por seu turno, o Viagra, da Pfizer, vendeu US$ 700 milhões em menos de oito meses depois de lançado.
Direitos autorais sobre o *Titanic* e patentes do Viagra e do Mach3 são ativos intangíveis, concedendo a seus detentores um direito de exclusividade, por um certo período, quanto aos retornos derivados de seu uso mercantil. Por isso, são comercializáveis e têm valor de mercado. O mesmo se aplica a processos de produção e bens de capital que sejam patenteáveis ou protegidos como segredos comerciais. O reconhecimento de marcas pelo público e a reputação de uma empresa também constituem ativos

intangíveis, por lhe permitirem obter maiores rendimentos, bem como aumentar as chances de sucesso quando lança novos produtos.

Os gastos necessários para a construção desses ativos são, portanto, investimentos, em qualquer sentido desse termo."

Esses gastos referem-se a Pesquisa e Desenvolvimento. Nos casos citados eles agregaram valor, trouxeram muitos benefícios às empresas. Esses gastos deveriam ser tratados como Intangível? Por que muitos profissionais contábeis e até mesmo a normas contábeis são contra ativar esses gastos, preferindo lançá-los como despesas?

3.2.4 Curto *versus* Longo Prazos

Se, por exemplo, a empresa tiver um título a receber para daqui a dois anos; ou se a empresa colocar à venda um prédio que, normalmente, demora muito tempo para ser negociado; ou, ainda, se a valorização esperada de uma aplicação em ações demora algum tempo e só depois elas são vendidas, estamos diante de alguns casos de *Realizável a Longo Prazo*, ou seja, Bens ou Direitos que serão realizados (transformados) em dinheiro a Longo Prazo.

Entende-se por *Longo Prazo períodos superiores a um ano, ou superiores ao ciclo operacional da empresa quando este for maior que um ano.*

Portanto, para Ciclo Operacional inferior a um ano, posicionando-se na data do encerramento do Balanço, tudo o que será realizado (transformado) em dinheiro no próximo exercício social (ano) será classificado no *Circulante*. Todavia, se o Ciclo Operacional for superior a um ano, vamos admitir 18 meses, tudo o que será realizado (transformado) em dinheiro até essa data é Curto Prazo (Circulante) e após os 18 meses será Longo Prazo. Concluindo, Curto Prazo será *um ano* ou tempo do *Ciclo Operacional, valendo aquele que for maior.*

Se tivermos, por exemplo, um título que vencerá daqui a 300 dias, deveremos classificá-lo no *Circulante* (Curto Prazo). Se o título vencesse daqui a 400 dias, classificaríamos em Realizável a Longo Prazo (admitindo Ciclo Operacional inferior a um ano).

Há certos direitos a receber que, mesmo pressupondo-se recebimentos a Curto Prazo, devem ser classificados no Realizável a Longo Prazo. *É o caso de empréstimos a diretores ou a empresas coligadas.* É um empréstimo de "pai para filho", ou seja, a empresa não irá acionar seu diretor ou sua coligada se esta não pagar na data prefixada. Neste caso, sugere-se certa dose de prudência, principalmente por parte daquele que analisa as Demonstrações Financeiras, classificando-se esse direito a Longo Prazo.

O Realizável a Longo Prazo, de maneira geral, é o grupo de contas cuja participação em relação aos outros dois grupos já estudados (Circulante e Permanente)[4] é bastante pequena. Em outras palavras, entre os três grupos de contas do Ativo, o de menor participação em termos de valores e importância é o Realizável a Longo Prazo.

O mesmo raciocínio poderá ser aplicado para o Passivo: todas as obrigações exigíveis vencíveis com prazo superior a um ano serão classificadas no *Passivo Não Circulante* (exceção válida para casos nos quais o Ciclo Operacional é superior a um ano).

Portanto, no Passivo Não Circulante, serão classificadas obrigações com vencimento após os 12 meses seguintes ao do encerramento do Balanço. Todavia, se o Ciclo Operacional da empresa for de 24 meses, por exemplo, o Longo Prazo será acima de dois anos.

São exemplos: Financiamentos, Empréstimos de Acionistas, de Sociedades Coligadas etc.

PAUSA PARA REFLEXÃO

Numa atividade pecuária, o tempo do nascimento do bezerro até o desmame + engorda (novilho) e até atingir o estado ideal para corte (venda a frigorífico) poderá ser de até três anos. Neste caso, por exemplo, o ciclo operacional seria de 36 meses.

Quais são o curto e o longo prazos para este exemplo?

---

[4] Para fins didáticos, Permanente é: Investimentos + Imobilizado + Intangível.

BALANÇO PATRIMONIAL
Empresa

Em $ mil

ATIVO	X₂	X₁	PASSIVO E PL	X₂	X₁
Circulante (normalmente até 365 dias)	___	___	**Circulante** (normalmente até 365 dias)	___	___
Não Circulante (> 1 ano)			**Não Circulante** (> 1 ano)		
– Realizável a LP	___	___	**Patrimônio Líquido**		
– Investimentos	___	___	– Capital	___	___
– Imobilizado	___	___	– Reservas de Lucro	___	___
– Intangível	___	___			

3.3 PRINCIPAIS DEDUÇÕES DO ATIVO

Normalmente encontraremos no Ativo itens subtrativos (dedutivos) que reduzem o montante do lado esquerdo do Balanço Patrimonial. Numa primeira abordagem superficial, destacaremos as seguintes deduções:

No Circulante

- *Duplicatas a Receber*: a parcela estimada pela empresa que não será recebida em decorrência dos maus pagadores deverá ser subtraída de Duplicatas a Receber, com o título de *Provisão para Devedores Duvidosos*.

No Não Circulante

- *Imobilizado*: os bens, com o passar do tempo, pelo uso, vão sofrendo deterioração física ou tecnológica. Dessa forma, os bens vão perdendo sua eficiência funcional. Essa perda vai sendo acumulada, de forma aproximada, na conta "*Depreciação Acumulada*", que subtrairá o Imobilizado.
- *Intangível*: a perda (parcial ou total) da capacidade dos gastos classificados no Intangível em trazer benefícios futuros para a empresa vai sendo acumulada, de forma aproximada, na conta *Amortização Acumulada*, que subtrairá o Intangível.

3.4 DEDUÇÕES DO PATRIMÔNIO LÍQUIDO

Entre as principais deduções do Patrimônio Líquido, podemos destacar, aqui, os *Prejuízos Acumulados*. Assim como os lucros são adicionados ao Patrimônio Líquido fazendo crescer os investimentos dos proprietários, os prejuízos têm efeito contrário: reduzem os investimentos dos proprietários, diminuindo o Patrimônio Líquido.

Acesse o QR Code e assista ao vídeo sobre Balanço Patrimonial – Grupo de Contas (uma Abordagem Preliminar).

Informações Complementares

Balanço Patrimonial para as Sociedades Anônimas de Capital Aberto
(Conforme Deliberação da CVM 676/2011 que aprova e torna obrigatório observar o CPC 26 (R1))
Segregação entre Circulante e Não Circulante (Itens 66 a 76)

Ativo Circulante e Não Circulante

O ativo deve ser classificado como circulante quando satisfizer qualquer dos seguintes critérios:

a) espera-se que seja realizado, ou pretende-se que seja vendido ou consumido no decurso normal do ciclo operacional da entidade;

b) está mantido essencialmente com o propósito de ser negociado;

c) espera-se que seja realizado até doze meses após a data do balanço; ou

d) é caixa ou equivalente de caixa (conforme definido no Pronunciamento Técnico CPC 03 – Demonstração dos Fluxos de Caixa), a menos que sua troca ou uso para liquidação de passivo se encontre vedada durante pelo menos doze meses após a data do balanço.

Todos os demais ativos devem ser classificados como não circulantes.

Este pronunciamento utiliza o termo "não circulante" para incluir ativos tangíveis, intangíveis e ativos financeiros de natureza associada a longo prazo. Não se proíbe o uso de descrições alternativas desde que seu sentido seja claro.

O ativo não circulante deve ser subdividido em realizável a longo prazo, investimentos, imobilizado e intangível.

O ciclo operacional da entidade é o tempo entre a aquisição de ativos para processamento e sua realização em caixa ou seus equivalentes. Quando o ciclo operacional normal da entidade não for claramente identificável, pressupõe-se que sua duração seja de doze meses. Os ativos circulantes incluem ativos (tais como estoque e contas a receber comerciais) que são vendidos, consumidos ou realizados como parte do ciclo operacional normal mesmo quando não se espera que sejam realizados no período de até doze meses após a data do balanço. Os ativos circulantes também incluem ativos essencialmente mantidos com a finalidade de serem negociados (por exemplo, ativos financeiros dentro dessa categoria classificados como disponíveis para venda de acordo com o Pronunciamento Técnico CPC 38 – Instrumentos Financeiros: Reconhecimento e Mensuração) e a parcela circulante de ativos financeiros não circulantes.

Passivo Circulante e Não Circulante

O passivo deve ser classificado como circulante quando satisfizer qualquer dos seguintes critérios:

a) espera-se que seja liquidado durante o ciclo operacional normal da entidade;

b) está mantido essencialmente para a finalidade de ser negociado;

c) deve ser liquidado no período de até doze meses após a data ou balanço;

d) a entidade não tem direito incondicional de diferir a liquidação do passivo durante pelo menos doze meses de após a data do balanço. Os termos de um passivo que podem, à opção da contraparte, resultar na sua liquidação por meio da emissão de instrumentos patrimoniais não devem afetar a sua classificação.

Todos os outros passivos devem ser classificados como não circulantes.

Alguns passivos circulantes, tais como contas a pagar comerciais e algumas apropriações por competência relativas a gastos com empregados e outros custos operacionais, são parte do capital circulante usado no ciclo operacional normal da entidade. Tais itens operacionais são classificados como passivos circulantes mesmo que estejam para ser liquidados em mais de doze meses após a data do balanço. O mesmo ciclo operacional aplica-se à classificação dos ativos e passivos da entidade. Quando o ciclo operacional normal da entidade não for claramente identificável, pressupõe-se que a sua duração seja de doze meses.

Outros passivos circulantes não são liquidados como parte do ciclo operacional normal, mas está prevista a sua liquidação para o período de até doze meses após a data do balanço ou estão essencialmente mantidos com a finalidade de serem negociados. Exemplos disso são os passivos financeiros classificados como disponíveis para venda de acordo com o Pronunciamento Técnico CPC 38, saldos bancários a descoberto e a parte circulante de passivos financeiros não circulantes, dividendos a pagar, imposto de renda e outras dívidas a pagar não comerciais. Os passivos financeiros que proporcionem financiamento a longo prazo (ou seja, não façam parte do capital circulante usado no ciclo operacional normal da entidade) e cuja liquidação não esteja prevista para o período de até doze meses após a data do balanço são passivos não circulantes.

A entidade classifica os seus passivos financeiros como circulantes quando a sua liquidação estiver prevista para o período de até doze meses após a data do balanço, mesmo que:

a) o prazo original para sua liquidação tenha sido por período superior a doze meses; e

b) um acordo de refinanciamento, ou de reescalonamento de pagamento a longo prazo, seja completado após a data do balanço e antes das demonstrações contábeis serem autorizadas para sua publicação.

Se a entidade espera e tiver a possibilidade de refinanciar ou substituir (*roll over*) uma obrigação durante pelo menos doze meses após a data do balanço segundo condição do empréstimo existente, deve classificar a obrigação como não circulante, mesmo que de outra forma fosse devida dentro de período mais curto. Contudo, quando o refinanciamento ou substituição (*roll over*) da obrigação não depender somente da entidade (por exemplo, se não houver um acordo de refinanciamento), o simples potencial de refinanciamento não é considerado suficiente para a classificação como não circulante e, portanto, a obrigação é classificada como circulante.

Quando a entidade quebrar um acordo contratual (*covenant*) de um empréstimo de longo prazo (índice de endividamento ou de cobertura de juros, por exemplo) ao término ou antes do término do período de reporte, tornando o passivo vencido e pagável à ordem do credor, o passivo deve ser classificado como circulante mesmo que o credor tenha concordado, após a data do balanço e antes da data da autorização para emissão das demonstrações contábeis, em não exigir pagamento antecipado como consequência da quebra do *covenant*. O passivo deve ser classificado como circulante porque, à data do balanço, a entidade não tem o direito incondicional de diferir a sua liquidação durante pelo menos doze meses após essa data.

O passivo é classificado como não circulante se o credor tiver concordado, até a data do balanço, em proporcionar um período de carência a terminar pelo menos doze meses após a data do balanço, dentro do qual a entidade pode retificar o descumprimento e durante o qual o credor não pode exigir a liquidação imediata do passivo em questão.

Com respeito a empréstimos classificados como passivo circulante, se os eventos que se seguem ocorrerem entre a data do balanço e a data em que as demonstrações contábeis forem autorizadas para serem emitidas, esses eventos qualificam-se para divulgação como eventos que não originam ajustes de acordo com o Pronunciamento Técnico CPC 24 – Evento Subsequente:

a) refinanciamento para uma base de longo prazo;

b) retificação de descumprimento de acordo de empréstimo de longo prazo; e

c) concessão por parte do credor de período de carência para retificar um descumprimento de acordo de empréstimo de longo prazo que termine pelo menos doze meses após a data do balanço.

Estrutura do Balanço Patrimonial para fins de publicação para as Sociedades Anônimas de Capital Aberto (Delib. 676/2011)

BALANÇO PATRIMONIAL	
ATIVO	PASSIVO
Circulante[*] • Caixa e Equivalentes de Caixa • Títulos e Valores Mobiliários • Contas a Receber de Clientes • Estoques	**Circulante**[*] • Fornecedores • Tributos (a pagar e a recolher) • Empréstimos a Pagar • Contas a Pagar
Não Circulante – Realizável a Longo Prazo – Investimentos – Imobilizado – Intangível	**Não Circulante** **Patrimônio Líquido** • Capital • Reservas • Prejuízos Acumulados

[*] Na entidade em que o **Ciclo Operacional** tiver duração maior do que o período de 12 meses, a classificação como **Circulante** ou **Não Circulante** terá por base o prazo do ciclo.

RESUMO

O Balanço Patrimonial divide-se em grupos de contas, de mesmas características, facilitando, dessa forma, sua leitura, interpretação e análise.

ATIVO	PASSIVO E PATRIMÔNIO LÍQUIDO
Circulante (São contas que estão constantemente em giro – em movimento –, sendo que a conversão em dinheiro será, no máximo, no próximo exercício social). **Não Circulante** – **Realizável a Longo Prazo** (São Bens e Direitos que se transformarão em dinheiro após um ano do levantamento do Balanço). – **Investimentos** (São as inversões financeiras de caráter permanente que geram rendimentos e não são necessárias à manutenção da atividade fundamental da empresa). – **Imobilizado** (São itens corpóreos de natureza permanente que serão utilizados para a manutenção da atividade básica da empresa). – **Intangível** (São itens *não corpóreos* destinados à manutenção da atividade básica da empresa)	**Circulante** (São obrigações exigíveis que serão liquidadas no próximo exercício social: nos próximos 365 dias após o levantamento do Balanço. **Não Circulante** (São as obrigações exigíveis que serão liquidadas com prazo superior a um ano – Dívidas a longo prazo). **Patrimônio Líquido** (São os recursos dos proprietários aplicados na empresa. Os recursos significam o Capital mais seu rendimento – Reservas de Lucro).

Os Grupos de Contas, bem como as Contas, serão apresentados em ordem de liquidez (conversão em dinheiro) decrescente.

EXERCÍCIO RESOLVIDO

A Cia. Tempos Modernos (fabricante de patins), recém-constituída, apresenta os seguintes dados referentes a sua fase pré-operacional:

Fase Pré-operacional (até 30-9-X4)

1. Os acionistas contribuem com uma quantia inicial (Capital) de $ 280.000.000 que serão aplicados da seguinte maneira:

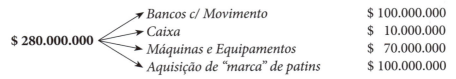

2. A empresa adquire um Financiamento a Longo Prazo do Banco de Desenvolvimento de seu Estado, na ordem de $ 200.000.000, para providenciar as Instalações necessárias e adquirir Móveis e Utensílios. Houve uma sobra de $ 20.000.000, que a empresa aplica em Ações da Cia. Princesa de Hong-Kong, que será sua associada.

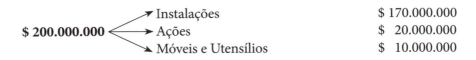

CONTABILIDADE EMPRESARIAL E GERENCIAL ■ *José Carlos Marion*

3. A empresa adquire matéria-prima, a prazo, no valor de $ 260.000.000, para iniciar a produção de patins. Com isso,

$$\text{Estoques} \to \$ \ 260.000.000,$$

a Cia. Tempos Modernos está apta para iniciar sua atividade. Antes de a empresa iniciar suas atividades, vamos estruturar seu Balanço Patrimonial.

Solução do exercício

BALANÇO PATRIMONIAL
Cia. Tempos Modernos

Em $ milhões

ATIVO			PASSIVO E PL		
	30-9-X4			30-9-X4	
Circulante			**Circulante**		
Disponível	110	–	Fornecedores	260	–
Estoques	260	–	**Não Circulante**		
			Financiamentos (ELP)	200	–
Total do Circulante	370	–	Total (C + NC)	460	–
Não Circulante			**Patrimônio Líquido**		
Investimentos	20	–	Capital	280	–
Imobilizado	250	–			
Intangível –	100	–			
Total do Não Circulante	370	–		280	–
Total do Ativo	740	–	Total do Passivo PL	740	–

Notas Explicativas:

O Balanço Patrimonial apresentado refere-se à fase pré-operacional da Cia. Tempos Modernos. Por esse motivo, deixamos em branco a coluna do exercício anterior, bem como não apresentamos o Resultado (Lucro ou Prejuízo) e outras Demonstrações Financeiras.

AVALIAÇÃO DO APROVEITAMENTO

a) Estes testes deverão ser respondidos em cinco minutos, 30 segundos para cada um.

b) Não responda se tiver dúvidas.

c) Se você acertar menos que 70% (sete questões), não passe para a etapa seguinte; leia novamente o capítulo.

d) As respostas encontram-se no final do livro.

1. Para uma indústria, qual conjunto de contas é classificado no Circulante:

( ) **a)** Caixa, Estoque, Duplicatas a Receber, Máquinas.

( ) **b)** Fornecedores, Caixa, Bancos c/Movimento, Estoque.

( ) **c)** Bancos, Caixa, Duplicatas a Receber, Investimentos.

( ) **d)** Estoque, Contas a Pagar, Salários a Pagar, Capital.

2. O Ativo Circulante também é conhecido como:

( ) **a)** Capital de Movimentação.

( ) **b)** Capital Corrente Fixo.

( ) **c)** Capital de Giro Próprio.

( ) **d)** Capital de Giro.

3. Ciclo Operacional refere-se ao período:

( ) **a)** De um ano.

CAP. 3 ■ Balanço Patrimonial – Grupos de Contas (Uma Abordagem Preliminar) | 55

( ) **b)** Do início da industrialização até as vendas das mercadorias.

( ) **c)** Do início da industrialização até o recebimento das duplicatas.

( ) **d)** De atividade operacional da empresa.

4. Ativo Não Circulante significa:

( ) **a)** Ativo Fixo.

( ) **b)** Ativo Total.

( ) **c)** Ativo Real.

( ) **d)** Ativo que não é usado no Giro.

5. O Não Circulante subdivide-se em:

( ) **a)** Investimentos, Imóvel e RLP.

( ) **b)** Investimentos, Imobilizado e Imóvel.

( ) **c)** Investimentos, Imobilizado, Intangível e RLP.

( ) **d)** Investimentos, Imobilizado e Fixo.

6. Como exemplo de Intangível, temos:

( ) **a)** Marcas comerciais.

( ) **b)** Gastos de Administração.

( ) **c)** Gastos Financeiros.

( ) **d)** Gastos de Assessoria.

7. Curto Prazo significa:

( ) **a)** Período de até um ano.

( ) **b)** Período de até um ano ou o ciclo operacional, valendo o menor.

( ) **c)** Período de até um ano ou o ciclo operacional, valendo o maior.

( ) **d)** Depende dos diretores da empresa.

8. Em grau de liquidez decrescente, temos:

( ) **a)** Caixa, Estoques, Investimentos...

( ) **b)** Caixa, Estoques, Duplicatas a Receber...

( ) **c)** Bancos, Estoques, Caixa...

( ) **d)** Estoques, Intangível, Investimentos...

9. Um empréstimo obtido com prazo de seis anos será classificado como:

( ) **a)** Realizável a Longo Prazo (Não Circulante).

( ) **b)** Exigível a Longo Prazo (Não Circulante).

( ) **c)** Patrimônio Líquido.

( ) **d)** Intangível.

10. O ciclo operacional da Cia. A é de 18 meses. Para essa empresa, Curto Prazo será até:

( ) **a)** Um ano.

( ) **b)** Um ano e meio.

( ) **c)** Dois anos.

( ) **d)** Cinco anos.

EXERCÍCIOS

1. Balanço Patrimonial que bate, mas está com contas classificadas de forma equivocada

Cia. Confusão

ATIVO		PASSIVO E PATRIMÔNIO LÍQUIDO	
CIRCULANTE		**CIRCULANTE**	
Capital	580.000	Fornecedores	200.000
Estoque	420.000	Financiamentos L.P.	220.000
Duplicatas a Receber	600.000	Empréstimo Bancários	350.000
		Imposto a Recolher	250.000
		I. Renda a Pagar	400.000
NÃO CIRCULANTE		**NÃO CIRCULANTE**	
Investimentos	100.000	Salários a Pagar	100.000
Lucros Acumulados	250.000		
Imobilizado	400.000		
		PATRIMÔNIO LÍQUIDO	
		Caixa	580.000
		Intangível	250.000
TOTAL	2.350.000	**TOTAL**	2.350.000

Corrija o Balanço Patrimonial:

a) Há contas do Ativo no Passivo e vice-versa.

b) Nem todas obedecem o grau de liquidez decrescente.

c) Nem todas obedecem o curto e longo prazos.

2. Quando a conta Prédios (edifícios) é classificada no Imobilizado e quando esta mesma conta é Investimentos?

3. Associe os números:

(1) CLL   ( ) *Goodwill*

(2) Deduz Intangível   ( ) Imposto a pagar

(3) Liquidez   ( ) Curto Prazo igual ao Ciclo Operacional

(4) Gastos Pré-operacionais   ( ) Mede a situação financeira

(5) Lucros Futuros esperados   ( ) Amortização acumulada

(6) Ativo Circulante   ( ) Pode ser Capital de Giro próprio

(7) Ciclo Operacional > 1 ano   ( ) Despesas

(8) ICMS   ( ) Participações em outras Cias.

(9) Investimentos   ( ) Capital de Giro

(10) Imposto de Renda a pagar   ( ) Imposto a recolher

4. Indique quais das afirmações a seguir são verdadeiras (V) ou falsas (F):

( ) As Demonstrações Contábeis devem ser identificadas, no mínimo, com as seguintes informações:

(a) a denominação da entidade;

(b) a data de encerramento do período de divulgação e o período coberto; e

(c) a apresentação dos valores do período encerrado na primeira coluna e na segunda, dos valores do período anterior.

( ) No Balanço Patrimonial, a entidade deve classificar os ativos como Ativo Circulante e Não Circulante e os passivos como Passivo Circulante e Não Circulante.

( ) O Ativo deve ser classificado como Ativo Circulante quando se espera que seja realizado até 12 meses da data de encerramento do Balanço Patrimonial. Nos casos em que o ciclo operacional for superior a 12 meses, prevalece o ciclo operacional.

( ) Todos os outros ativos devem ser classificados como Ativo Não Circulante.

( ) O Passivo dever ser classificado como Passivo Circulante quando se espera que seja exigido até 12 meses da data de encerramento do Balanço Patrimonial. Nos casos em que o ciclo operacional for superior a 12 meses, prevalece o ciclo operacional.

( ) Todos os outros passivos devem ser classificados como Passivo Não Circulante.

Aspectos sobre Fluxo Econômico e Financeiro e o Resultado do Exercício

4

Tivemos um primeiro contato com os grupos de contas no Balanço Patrimonial. Não abordamos, propositalmente, o Patrimônio Líquido, pois agora o analisaremos mais profundamente.

OBJETIVOS

Ao completar o estudo deste capítulo, você deverá estar preparado para explicar e exercitar os seguintes conceitos:

- Qual a diferença entre Fluxo Econômico e Fluxo Financeiro.
- Qual a diferença entre Receita, Ganho e Encaixe.
- Qual a diferença entre Despesa, Custo, Gasto, Perda e Desembolso.

4.1 APURAÇÃO DO RESULTADO (LUCRO OU PREJUÍZO)

A cada *exercício social* ou *período contábil* (que será de no máximo 12 meses) a empresa apurará o resultado de suas operações. Todavia, é recomendável que a empresa apure o sucesso (lucro) ou insucesso (prejuízo) em períodos mais curtos: mensais, trimestrais, quadrimestrais etc.

O resultado pode ser *positivo* – Lucro (*superávit*), – ou *negativo* – Prejuízo (*déficit*).

O resultado é a diferença entre as Receitas (Vendas) e as Despesas.

Receitas (–) *Despesas* = *Resultado* $\begin{cases} \textit{Lucro se: Receitas} > \textit{Despesas} \\ \textit{Prejuízo se: Receitas} < \textit{Despesas} \end{cases}$

4.1.1 Regime Econômico e Regime Financeiro

A Contabilidade utiliza dois regimes diferentes para apurar resultados.

Fluxo Financeiro

O resultado de uma empresa pode ser visto por dois ângulos diferentes: econômico e financeiro.

Admita que em determinado mês entraram no caixa da empresa $ 100.000 como Receita (vendas) Recebida. Nesse mês, a empresa pagou despesa com salários e outras despesas no total de $ 80.000.

Neste exemplo, o resultado financeiro (100.000 – 80.000) é de 20.000. Em outras palavras, houve uma sobra financeira no caixa; há dinheiro real à disposição da empresa no valor de $ 20.000.

Esse resultado pode ser obtido na Demonstração dos Fluxos de Caixa, assim evidenciado:

DEMONSTRAÇÃO DO FLUXO DE CAIXA – MÊS "X"	
Receita Recebida no mês "X"	$ 100.000
(–) Despesas Pagas no mês "X"	($ 80.000)
Lucro Financeiro Operacional (Acréscimo no Caixa)	$ 20.000

Fluxo Econômico (ou contábil)

Por outro lado, a empresa pode ter Receita (vendas) que ainda não recebeu ou despesas que ainda não foram pagas. São itens que não afetam imediatamente o caixa, daí apurar-se resultado econômico (ou contábil).[1]

Essa empresa, por exemplo, presta serviços de transportes e seus caminhões estão avaliados em $ 1.200.000. Sendo que em média eles trabalham quatro anos, ou seja, 48 meses de vida útil, e são tratados como sucata após esses anos.

Assim, a empresa deveria considerar o consumo (pelo uso) dos caminhões como despesa, ainda que não houvesse saída do caixa. Essa despesa é chamada de depreciação. Deve ser considerada já que o bem está perdendo, pelo uso, seu potencial de trazer benefícios no futuro.

Dessa forma, o ideal seria considerar uma despesa mensal de depreciação de $ 25.000 ($ 1.200.000 ÷ 48 meses) pelo uso dos caminhões, embora, nesse momento, não tenha havido saída de dinheiro do caixa. Se, em vez de comprar o bem (ativo), a empresa tivesse alugado, um valor semelhante a esse de depreciação poderia estar saindo de seu caixa.

Ainda nesse mesmo exemplo, vamos considerar as receitas e despesas à vista, adicionando a depreciação:

DEMONSTRAÇÃO DO RESULTADO DO EXERCÍCIO MÊS "X"	
Receita	$ 100.000
(–) Despesas de Salários e outras	($ 80.000)
(–) Despesas de Depreciação	($ 25.000)
Prejuízo	($ 5.000)

Análise dos Resultados

A pergunta é se o resultado correto é o financeiro (lucro de $ 20.000) ou o econômico (prejuízo de $ 5.000). Haveria motivo para comemoração (Lucro Financeiro) ou para lamentação (olhando para o Prejuízo Econômico)?

Admitindo que essa empresa pretenda continuar por muito tempo no mercado, há necessidade de gerar caixa para repor o bem (veículo) que gera ganho para a empresa. Partindo da estimativa de que o desgaste do bem é de $ 25.000 por mês, é de esperar que o caixa tenha que gerar, no mínimo esse valor para a futura reposição, caso contrário a empresa estaria definhando a cada mês.

Se o caixa gerou $ 20.000 em dinheiro, pressupomos que esse montante não seria suficiente para manter a empresa num mesmo potencial de gerar recursos de um mês atrás.

Apesar de aparentemente existir sobra de dinheiro no caixa (lado financeiro), a empresa não seria capaz de repor seu potencial, seus bens, para não perder sua capacidade inicial de geração de recursos (lado econômico). Assim, de fato, ela teve prejuízo.

Dessa forma, podemos dizer que *despesa* pelo regime financeiro é identificada pelo desembolso, pelo pagamento, enquanto, pelo regime econômico, despesa é todo o sacrifício incorrido para obter vendas. Esse sacrifício pode representar saídas de dinheiro no ato, no futuro ou, em caso extremo, não haverá desembolso.

Por outro lado, a *receita* (vendas) pelo sistema financeiro só é considerada quando efetivamente entra no caixa. Já pelo regime econômico, toda receita gerada (ganho) no período já é considerada mesmo

---

[1] Neste caso, seria mais apropriado chamar de Resultado Contábil. No Capítulo 5, trataremos este fluxo como Regime de Competência.

que ainda não tenha sido recebida. Assim, as vendas a prazo são consideradas pelo regime econômico e não pelo regime financeiro.

4.1.2 Regime Econômico é melhor

Se uma empresa que trabalha pelo regime financeiro (caixa), no início de dezembro, a um mês para apurar lucro ou prejuízo, descobrisse que o lucro acumulado nos 11 meses estivesse muito alto e não quisesse que esse resultado fosse majorado, poderia adiar o recebimento de seus clientes para o início do ano seguinte e então antecipar os pagamentos das despesas não liquidadas, que venceriam em janeiro.

O que queremos dizer é que, pelo regime de caixa ou financeiro, há possibilidade de mudar o resultado. Considerando ainda o exemplo anterior, da depreciação que não foi considerada no regime financeiro (por não representar saída de caixa), podemos dizer que o regime financeiro é imperfeito para mensurar resultado. Daí, daqui para a frente, neste capítulo, trataremos apenas do *regime econômico*, conhecido como *regime de competência*. No Capítulo 5 voltaremos a tratar esse assunto.

Fluxo econômico e financeiro na ECBC

Quando tratamos a DRE de Fluxo Econômico, estamos considerando a visão da Estrutura Conceitual básica da Contabilidade[2] (aprovada pela IPECAFI, CVM e Ibracon), que diz:

> "Informação de *natureza econômica* deve ser sempre entendida dentro da visão que a Contabilidade tem do que seja econômico e não, necessariamente, do tratamento que a Economia daria ao mesmo fenômeno; em largos traços, podemos afirmar que *os fluxos de receitas e despesas (demonstração de resultado, por exemplo), bem como o capital e o patrimônio, em geral,* são dimensões econômicas *da Contabilidade*, ao passo que os *fluxos de caixa*, de capital de giro, por exemplo, caracterizam a *dimensão financeira*. Não estamos, portanto, utilizando, neste trabalho, o termo *financeiro* no sentido de avaliado em moeda, como a própria Lei das Sociedades por Ações e a tradição anglo-americana consagram" (destaques nossos).

Se considerarmos o rigor da Teoria da Contabilidade, o Lucro Econômico tem um sentido diferente do descrito, sendo consideradas as valorizações de ativo (como ganho de manutenção de estoque) e a realização desses ativos (ou os benefícios futuros).

Todavia, do ponto de vista prático, sem considerar o rigor científico, trataremos o resultado de Fluxos de Caixa como financeiro e o lucro ou prejuízo da Demonstração do Resultado do Exercício como econômico.

Esses fluxos (econômico e/ou financeiro) serão tratados nos Capítulos 5, 6, 8 e 18 deste livro.

Receita × Despesas

Informação *de natureza econômica*, deve ser sempre entendida dentro da visão que a Contabilidade tem do que seja econômico e não, necessariamente, do tratamento que a Economia daria ao mesmo fenômeno; em largos traços, como já vimos, podemos afirmar que os fluxos de receitas e despesas (demonstração de resultado, por exemplo), bem como o capital e o patrimônio, em geral, são dimensões econômicas da Contabilidade, ao passo que os fluxos de caixa, de capital de giro, por exemplo, caracterizam a dimensão financeira. Não estamos, portanto, utilizando, neste livro, o termo *financeiro* no sentido de *avaliado em moeda*, como a própria Lei das Sociedades por Ações e a tradição anglo-americana consagram.

A Receita corresponde, em geral, a vendas de mercadorias ou prestações de serviços. Ela aparece (é refletida) no Balanço por entrada de dinheiro no Caixa (Receita à Vista) ou entrada em forma de Direitos a Receber (Receita a Prazo) – Duplicatas a Receber.

A Receita sempre aumenta o Ativo, embora nem todo aumento de Ativo signifique Receita (Empréstimos Bancários, Financiamentos etc. aumentam o Caixa-Ativo da empresa e não são Receitas).

Todas as vezes que entra dinheiro no Caixa por meio de Receita à vista, recebimentos etc., denominamos essa entrada de Encaixe. Nesse caso, seria receita pelo regime financeiro.

---

[2] Substituída por pronunciamento do CPC 00 (Comitê de Pronunciamentos Contábeis). *Vide* Capítulo 21.

60 | CONTABILIDADE EMPRESARIAL E GERENCIAL ■ *José Carlos Marion*

A Despesa é todo o sacrifício da empresa para obter Receita. Ela é refletida, no Balanço, por uma redução do Caixa (quando é pago no ato – à vista) ou por aumento de uma dívida – Passivo (quando a despesa é contraída no presente para ser paga no futuro – a prazo). A despesa pode, ainda, originar-se de outras reduções de Ativo (além do caixa), como é o caso de desgastes de máquinas e outros.

Todo o dinheiro que sai do Caixa pelo pagamento de uma Despesa, ou por outra aplicação qualquer, denomina-se Desembolso ou Desencaixe, considerado pelo Regime Financeiro.

No final do Exercício Social a Contabilidade confronta Receita × Despesa para apurar o resultado do período (lucro ou prejuízo). O Resultado econômico acresce (no caso de lucro) ou reduz (no caso de prejuízo) o Patrimônio Líquido.

4.2   RESULTADO E REFLEXO NO BALANÇO PATRIMONIAL

Embora o resultado seja apurado à parte (separadamente) do Balanço Patrimonial, toda a operação com Receita e Despesa é refletida no Balanço, aumentando ou diminuindo Ativo, Passivo e Patrimônio Líquido.

Vamos admitir que a empresa Pureza e Beleza Ltda., após constituição com um capital de $ 200 mil (origem) aplicado 50% em Caixa e o restante em Imobilizado (visando à manutenção da atividade econômica), efetua seu primeiro serviço (Receita), a prazo, por $ 20 mil, e paga sua primeira despesa: $ 10 mil de salários.

BALANÇO PATRIMONIAL
(Antes da primeira Receita)
Pureza e Beleza Ltda.

Em $ mil

ATIVO		PASSIVO E PL	
Circulante		**Patrimônio Líquido**	
Caixa	100	Capital	200
Não Circulante			
Imobilizado	100		
Total	200	Total	200

Após a Receita a prazo de $ 20 mil apura-se o Resultado, à parte do Balanço Patrimonial.

Em $ mil

APURAÇÃO DO RESULTADO	
RECEITA	
Prestação de Serviço a Prazo	20
(–) DESPESA	
Salários pagos	(10)
RESULTADO DO PERÍODO (LUCRO)	10

BALANÇO PATRIMONIAL
Pureza e Beleza Ltda.
Levantado em ....../....../......

Em $ mil

ATIVO		PASSIVO E PL	
Circulante		**Patrimônio Líquido**	
Caixa*	90	Capital	200
Dupl. a Receber (Receita)	20	Lucros Acumulados	10
	110		210
Não Circulante			
Imobilizado	100		
Total	210		210

ORIGEM

* $ 100.000 inicial (–) $ 10.000 de salário.

CAP. 4 ■ Aspectos sobre Fluxo Econômico e Financeiro e o Resultado do Exercício | 61

Observe que houve um acréscimo no Ativo de $ 20 mil em consequência da Receita a prazo que gerou Duplicatas a Receber. Por outro lado, houve uma redução, também no Ativo, de $ 10 mil em consequência da Despesa à vista que reduziu o Caixa.

BALANÇO PATRIMONIAL
Pureza e Beleza Ltda. em duas colunas — Em $ mil

ATIVO			PASSIVO E PL		
Circulante	**Ex. Ant.**	**Ex. Atual**	**Patr. Líq.**	**Ex. Ant.**	**Ex. Atual**
Caixa	100	90	Capital	200	200
Dupl. a Receber	–	20	Lucros		
Total do Circulante	100	110	Acumulados	–	10
Não Circulante					
Imobilizado	100	100			
Total	200	210	Total	200	210

Todavia, se não fizéssemos a *apuração do Resultado* à parte, o Balanço Patrimonial seria o mesmo. Senão, vejamos:

BALANÇO PATRIMONIAL
Pureza e Beleza Ltda. — Em $ mil

ATIVO		PASSIVO E PL	
Circulante		**Patrimônio Líquido**	
Caixa	90	Capital	200
Dupl. Receber	20	Lucros	...(?)
	110		
Não Circulante			
Imobilizado 100	100		
Total	210	Total	210

O Ativo que, em nosso exemplo, sofreu os reflexos imediatos de Receita e Despesa apresenta um total de $ 210 mil. Como o *Ativo* será sempre igual ao *Passivo* + PL (equação contábil), pela regra da Origem e Aplicação (a empresa só pode aplicar aquilo que tem origem), detectamos que estão faltando $ 10 mil no Patrimônio Líquido para se atingir o total de $ 210 mil. Portanto, os $ 10 mil significam, exatamente, o lucro apurado separadamente.

Um dos objetivos de apurar o resultado em um relatório separado – *Demonstração de Resultado do Exercício* – é apresentar um resumo ordenado de toda Receita e Despesa propiciando uma apreciação mais objetiva das contas de resultados (Receita e Despesa) e facilitando, assim, a tomada de decisão.

Portanto, seria possível, embora não eficiente, apurar o acréscimo ou decréscimo do Patrimônio Líquido no Balanço Patrimonial, pela diferença dos totais, como no exemplo apresentado.

Observe que, mesmo se a *Receita* fosse *à vista* e a *Despesa a prazo*, em nada seria diferente o resultado.

BALANÇO PATRIMONIAL
Pureza e Beleza Ltda. — Em $ mil

ATIVO		PASSIVO E PL	
Circulante		**Circulante**	
Caixa	120	Salários a Pagar	10
(Mais Receita à vista)*		(Despesa a prazo)	
Não Circulante		**Patrimônio Líquido**	
Imobilizado	100	Capital	200
		Lucro (a diferença)	? ...
Total	220	Total	220

* $ 100.000 inicial + $ 20.000 de receita à vista.

Na verdade, não são só Receita e Despesa que contribuem para a formação de resultado de determinado período. Outros fatores podem contribuir para aumento ou diminuição do resultado:

A. Perda

É gasto involuntário que não visa à obtenção de Receita. Ex.: desfalque no caixa, inundações, greves, incêndio etc.

Na prática, é bastante difícil prever uma perda (por ser anormal).

Geralmente, a perda reduz o Ativo (consequentemente, o Patrimônio Líquido). Observe que nem sempre a perda representa saída de caixa.

B. Ganho

Da mesma forma que a perda, ganho é bastante aleatório. É um lucro que independe da atividade operacional da empresa. Ex.: ganhos com seguros recebidos, venda de um imobilizado por valor acima de seu custo etc.

O Ganho aumenta o Ativo (consequentemente, o Patrimônio Líquido).

Tanto a perda quanto o ganho refletem no Patrimônio Líquido, diminuindo ou aumentando o Lucro num sentido econômico, lucro esse apurado na Demonstração do Resultado do Exercício (DRE), a ser estudada no Capítulo 6.

Acesse o **QR Code** e assista ao vídeo Aspectos sobre Fluxo Econômico e Financeiro e o Resultado do Exercício.

Informações Complementares

Terminologias e Conceitos

Gasto (ou Dispêndio)

É todo sacrifício para aquisição de um *bem* ou *serviço* com pagamento no ato (desembolso) ou no futuro (cria uma dívida). Assim, a empresa tem gasto na compra de um Imobilizado, na compra de Matéria-prima, na produção etc. Num primeiro estágio, todo sacrifício para a aquisição de bem ou serviço é um gasto (é um conceito consideravelmente amplo). Portanto, no momento em que a empresa assume a propriedade de um *bem* ou um *serviço*, deparamos com um gasto.

Na verdade, mais cedo ou mais tarde, o gasto será um desembolso. Todavia, nem todo desembolso é gasto. Por exemplo, o pagamento de empréstimo bancário é um desembolso, mas não é um gasto.

Custo

Quando a Matéria-prima é adquirida, denominamos esse primeiro estágio de *Gasto*; em seguida ela foi estocada no *Ativo* (ativada); no instante em que a Matéria-prima entra em produção (produção em andamento), associando-se a outros gastos de fabricação, reconhecemos (a matéria-prima + outros gastos) como *Custo*.

Portanto, todos os gastos no processo de industrialização, que contribuem para a transformação da Matéria-prima (fabricação), entendemos como Custo: Mão de obra, Energia Elétrica, Desgaste das Máquinas utilizadas para a produção, Embalagem etc.

Portanto, numa indústria, identificamos como Custo todo o gasto de dentro da fábrica, seja ele matéria-prima, mão de obra, desgaste de máquina (depreciação)... aluguel da fábrica, imposto predial da fábrica, pintura da fábrica etc.

Despesas

Para melhorar a eficiência na análise da DRE, é costume separar em sua estrutura custos e despesas.

Outros gastos que não contribuem ou não se identificam com a transformação da matéria-prima, ou não são realizados dentro da fábrica, mas que não deixam de ser um sacrifício financeiro para obter Receita, são as *Despesas*: comissão de vendedores, juros, aluguel do escritório, honorários administrativos etc. Portanto, os gastos identificáveis com o processo de produção são custos, enquanto os identificáveis com a administração, os financeiros e os relativos às vendas, são despesas. Normalmente, para fins didáticos, podemos dizer que os gastos referentes a fábrica são custos e os referentes a escritório são despesas.

Custo no momento da venda

Numa empresa industrial, o emprego da matéria-prima, da mão de obra e de outros gastos para transformá-la em produtos (gastos na fábrica) é denominado, *no momento da venda do produto transformado*, de Custos dos Produtos Vendidos (CPV).

Numa empresa comercial, no momento da revenda da mercadoria adquirida para esse fim, denominamos o preço pago pela Mercadoria de *Custo das Mercadorias Vendidas* (CMV) (nesse caso, não há custo de transformação, pois o comércio é mero intermediário entre a indústria e o consumidor).

RESUMO

Uma das fontes principais de recursos da empresa é o Lucro do exercício que, sem dúvida, fortalece a situação econômico-financeira da empresa desde que a maior parte fique retida na empresa e que Capitais de Terceiros não sejam incrementados, constantemente, em uma proporção maior que o Lucro retido.

O Resultado (Lucro/Prejuízo) é apurado à parte do Balanço Patrimonial, mas incorporado ao Patrimônio Líquido. Embora possamos apurá-lo no próprio Balanço, isso não é viável.

Não só a Receita e a Despesa são determinantes do Resultado, mas fatos como Perdas e Ganhos (considerados extraordinários, anormais) contribuem para a formação do Resultado.

Para uma Indústria

1º Estágio Sacrifício para aquisição (fase estática)	2º Estágio Operacionalidade (fase dinâmica)	3º Estágio Venda (Apuração do Resultado)
GASTOS	Ativo → Máquinas / Matéria-prima	Depreciação / MP consumida } CPV*
	Custo → Mão de obra	Mão de obra
	Despesa → Despesas: Administrativas de Vendas e Financeiras	Despesa do Período

* CPV = Custo do Produto Vendido.

O Resultado é apurado subtraindo-se de *Receita + Ganho* os seguintes itens: Custos, Despesas e Perdas.

Todos os sacrifícios, para aquisições (a vista ou a prazo), são os gastos ou dispêndios que poderão ser Ativo, *Custos* (se utilizados no processo produtivo, no caso de indústria; mercadorias revendidas, no caso de comércio; ou utilização de mão de obra e material, no caso de prestação de serviços) e *Despesas* (no consumo de bens e serviços no esforço de produzir Receita).

EXERCÍCIO RESOLVIDO

A empresa Vale da Ilusão Ltda. inicia sua atividade em 2-1-X0. De início, observamos um Capital de $ 40.000 sendo aplicado em Instalações do Prédio ($ 20.000), em Móveis em Geral ($ 10.000) e, o restante, na conta Caixa.

No mês de janeiro de 20X0, a empresa Vale da Ilusão obteve $ 30.000 de Receita, à vista, por serviços prestados a seus clientes.

As despesas do mês, totalmente pagas, foram: Aluguel: $ 10.000; Honorários Administrativos: $ 4.000.

Na prestação de serviços (custos) participaram diretamente 10 moças, que foram remuneradas à base de $ 10.000 (total).

Vamos calcular o Resultado econômico (Lucro ou Prejuízo) da empresa Vale da Ilusão e, em seguida, vamos apresentar o Balanço Patrimonial.

Solução do Exercício

Para obter a Receita de $ 30.000 a empresa incorreu em Custos e Despesas. Custos são representados pelo emprego da mão de obra diretamente no serviço prestado. Despesas são representadas por sacrifícios para obter Receita, independentemente desta.

Dessa forma, podemos apurar o Resultado do mês de janeiro/X0:

DEMONSTRAÇÃO DO RESULTADO DO EXERCÍCIO	
Empresa Vale da Ilusão – Janeiro de 20X0	
Receita	30.000
(–) Custo do Serviço Prestado (CSP)	(10.000)
(–) Despesas	(14.000)
Lucro do Período	6.000

Vamos agora analisar a influência dessas operações no Balanço Patrimonial. É fácil detectar que a conta basicamente afetada é o Caixa, uma vez que entrou Receita à vista (encaixe) e saiu dinheiro para remuneração das funcionárias e das despesas (desembolso):

DEMONSTRAÇÃO DOS FLUXOS DE CAIXA	EM $ MIL
Saldo Inicial	$ 10.000
+ Receita à vista (encaixe)	$ 30.000
(–) Pagamentos (desembolso)	($ 24.000)
Saldo Final	$ 16.000

BALANÇO PATRIMONIAL
Empresa Vale da Ilusão

Em $ mil

ATIVO			PASSIVO + PL		
	1º-1-X0	31-1-X0		1º-1-X0	31-1-X0
Circulante			**Patrimônio Líquido**		
Caixa	10.000	16.000	Capital	40.000	40.000
Não Circulante			Lucros Acumulados	– 0 –	6.000
Imobilizado	30.000	30.000	Total do PL	40.000	46.000
Total	40.000	46.000	Total	40.000	46.000

Neste caso, por se tratar de Receita e Despesa à vista, o resultado econômico e o financeiro serão iguais.

AVALIAÇÃO DO APROVEITAMENTO

a) Estes testes deverão ser respondidos em cinco minutos – 30 segundos para cada um.

b) Não responda se tiver dúvidas.

c) Se você acertar menos que 70% (sete questões), não passe para a etapa seguinte; leia novamente o capítulo.

d) As respostas encontram-se no final do livro.

1. O período contábil para apuração do lucro será de no máximo
   (   ) **a)** 12 meses.
   (   ) **b)** 6 meses.
   (   ) **c)** 3 meses.
   (   ) **d)** 1 mês.

2. Qual o melhor regime para apurar o resultado?
   (   ) **a)** Financeiro.
   (   ) **b)** Econômico.
   (   ) **c)** Fiscal.
   (   ) **d)** Nenhum deles.

3. Acréscimo no Patrimônio Líquido em proporção superior ao Capital de Terceiros fortalecerá de imediato:
   (   ) **a)** Situação Mercadológica.
   (   ) **b)** Situação Real.
   (   ) **c)** Situação Financeira.
   (   ) **d)** Situação Econômica.

4. Superávit é:
   (   ) **a)** Receita < Despesa.
   (   ) **b)** Receita > Despesa.
   (   ) **c)** Receita = Despesas.
   (   ) **d)** Receita ≤ Despesa.

5. Salários da Diretoria são:
   (   ) **a)** Despesa.
   (   ) **b)** Gasto.
   (   ) **c)** Dispêndio.
   (   ) **d)** Custo.

6. Desembolso é igual a:
   (   ) **a)** Encaixe.
   (   ) **b)** Desencaixe.
   (   ) **c)** Reembolso.
   (   ) **d)** Não embolso.

7. A característica de Perda ou Ganho é:
   (   ) **a)** Fato previsto.
   (   ) **b)** Fato orçado.
   (   ) **c)** Fato normal.
   (   ) **d)** Fato anormal.

8. O CPV é o Custo do Produto Vendido para:
   (   ) **a)** Indústria.
   (   ) **b)** Comércio.
   (   ) **c)** Prestação de Serviço.
   (   ) **d)** Empresa Bancária.

9. Ativo pode ser entendido como:
   (   ) **a)** Patrimônio Líquido.
   (   ) **b)** Origens.
   (   ) **c)** As aplicações que geram receitas para a empresa.
   (   ) **d)** Somente aplicações financeiras.

10. Indique a alternativa que evidencia apenas Despesa:
    (   ) **a)** Salários, Matéria-prima, Estoque, Material Secundário...
    (   ) **b)** Juros, Mão de obra, Duplicatas a Receber, Máquinas...
    (   ) **c)** Encargos Sociais, Embalagem, Imposto de Renda, desfalque no Caixa...
    (   ) **d)** Comissão de Vendedores, Propaganda, Aluguel de Escritório, Imposto Predial de Escritório.

EXERCÍCIOS

1. Custos industriais deram origem à Contabilidade de Custos. Com a robotização das empresas, podemos dizer que a área de Custos tende a ficar menos atraente na profissão contábil?

MÁQUINAS EM ALTA

Aumento da robotização no setor industrial e efeitos no emprego

Número de robôs

PARA CADA GRUPO DE 10 MIL TRABALHADORES

	PAÍS		NÍVEL DE DESEMPREGO (%)*
1º	Coreia do Sul	531	3,5
2º	Singapura	398	2,2
3º	Japão	305	3,1
4º	Alemanha	301	6,1
5º	Suécia	212	6,3
6º	Taiwan	190	4,0
7º	Dinamarca	188	4,2
8º	EUA	176	4,9
9º	Bélgica	169	8,5
10º	Itália	160	11,6
11º	Espanha	150	17,2
12º	Canadá	136	6,9
13º	Áustria	128	5,0
14º	França	127	9,9
15º	Finlândia	126	7,5
16º	Holanda	120	6,0
17º	Suíça	119	3,4
18º	Eslovênia	110	8,6
19º	Rep. Tcheca	93	5,2
20º	Austrália	86	6,3
21º	Eslováquia	79	11,8
22º	Reino Unido	71	4,5
23º	China	49	4,0
24º	**Brasil**	10	11,6

* Dados de 2015 e 2016

Fontes: IFR, ABB, Actualitix.

2. Por que a apuração de Resultados é mais confiável em fluxos econômicos que nos fluxos financeiros?

3. Por que podemos dizer que, na apuração de Resultado (lucro ou prejuízo) em uma indústria, os gastos de fábrica são custos e os gastos de escritório (administração) são despesas?

4. Assinale com (X) os gastos de uma indústria denominados de custos:
   ( ) Mão de obra
   ( ) Depreciação de máquinas
   ( ) Manutenção de equipamentos
   ( ) Matéria-prima consumida
   ( ) Salários dos operários
   ( ) Juros
   ( ) Propaganda
   ( ) Entrega do produto
   ( ) Salários do RH
   ( ) Depreciação de móveis do escritório

Regimes de Contabilidade (Apuração de Resultados)

Estudamos os principais Princípios Básicos (regras) em relação ao Balanço Patrimonial e estudamos superficialmente o Balanço Patrimonial. Agora, veremos os Princípios Básicos (regras) relativos à DRE para, a seguir, estudar a DRE.

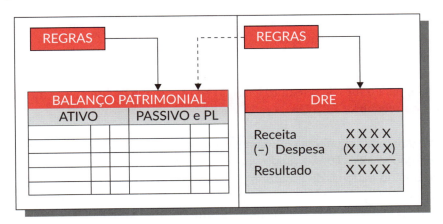

OBJETIVOS

Ao completar o estudo deste capítulo, você deverá estar preparado para explicar e exercitar os seguintes conceitos:

- Qual a diferença do Resultado Econômico (Contábil) quando comparado com o Resultado Financeiro (Caixa).
- Como devemos reconhecer receita pela Teoria da Contabilidade.
- Por que Regime de Competência é a forma ideal de se apurar lucro ou prejuízo.
- Identificar as variações do Fluxo Econômico com o Fluxo Financeiro.
- Porque às vezes existem empresas que têm Prejuízo (Contábil) e têm Caixa. Outras vezes, têm Lucro (Contábil) e não têm Caixa (Resultado Financeiro).

5.1 REGIMES DE CONTABILIDADE

5.1.1 Regime de Competência (Regime Econômico)

Até agora abordamos, de maneira objetiva e simples, o Balanço Patrimonial (BP) e a Demonstração do Resultado do Exercício (DRE). Vimos o perfeito casamento entre eles, ou seja, a DRE está contida no Balanço Patrimonial, se bem que, com a finalidade de oferecer maior quantidade de detalhes, apuramos e apresentamos o resultado do exercício (Lucro ou Prejuízo) em separado.

Mesmo apurando separadamente e, em seguida, adicionando ou subtraindo o resultado ao Patrimônio Líquido, em cada operação das Contas de Resultados (Receita e Despesa) há reflexo (contrapartida) no Balanço Patrimonial.

Quando abordamos Despesa e Receita, observamos que não importava se fossem elas geradas à vista ou a prazo. De qualquer maneira, seriam consideradas integrantes da DRE para apuração do resultado do exercício.

Se estivéssemos no exercício social de 20X0 com uma receita de $ 10 milhões cujo recebimento seria em 20X1, em qual período consideraríamos aquela Receita (X0 ou X1)? Se consumíssemos uma despesa em X0 e seu pagamento fosse realizado em X1, em qual período contábil (exercício) computaríamos tal despesa (X0 ou X1)?

Diante do *Regime de Competência dos Exercícios* (ou Regime Econômico), a Contabilidade considera a *Receita gerada em determinado exercício social*, não importando seu recebimento. Importa, portanto, o período em que a Receita foi ganha (fato gerador) e não seu recebimento.

Em nosso exemplo, teríamos Receita de $ 10 milhões computada no Período Contábil X0, embora o recebimento seja no próximo exercício social (X1); a Receita compete (pertence) a X0.

No que tange à *Despesa*, o raciocínio é o mesmo: importa a despesa consumida (incorrida) em determinado período contábil, sendo irrelevante o período de pagamento. Assim, a Despesa *compete* ao período X0 (em nosso exemplo).

Se consumirmos uma despesa no mês de setembro, cujo pagamento foi fixado para dezembro, admitindo que o resultado seja apurado mensalmente, a referida despesa será alocada (apropriada), considerada, para o mês de setembro (mês do consumo) e não dezembro (mês do pagamento). A Despesa *compete* a setembro.

Poderíamos avançar um pouco: o comprador da empresa Os Economiários S.A. adquire em *abril* Material de Escritório[1] (lápis, clipes, grampos, papel etc.) por $ 6 mil, a prazo, cujo vencimento será em outubro do mesmo ano. O material de escritório é colocado à disposição dos funcionários no mês de junho e é totalmente utilizado (consumido nesse mês). Se apurássemos o resultado mensalmente, em qual mês seria alocada (distribuída) tal despesa (abril, junho ou outubro)?

Então, temos:

- aquisição do material de escritório – *abril*;
- consumo do material de escritório – *junho*;
- pagamento do material de escritório – *outubro*.

Pelo Regime de Competência (ou Regime Econômico), a despesa com material de escritório seria apropriada (contabilizada) no mês de junho (o mês do consumo), embora, no mês de abril, a contabilidade a registrasse como um gasto no Ativo (e não despesa). Portanto, a despesa, nesse caso, compete a junho.

O Material de Escritório adquirido, mas não utilizado (consumido), seria registrado no ato de sua aquisição como um Ativo, pois é um *Bem*, de *Propriedade* da empresa, *Mensurável* monetariamente ($ 6 mil), que trará *Benefícios* futuros para a empresa (será consumido, utilizado). No momento do consumo, esse gasto será despesa, pois não trará mais benefícios para a empresa, uma vez que já foi utilizado. Assim, damos baixa no Ativo (BP) e registramos como despesa (DRE).

A mesma situação poderia ocorrer para Receita: por um serviço de limpeza que Os Economiários S.A. prestaram em agosto (conforme contrato) para a empresa Mutantes, receberam antecipadamente (em junho) o montante de $ 3,5 mil. Por estarem atribulados de serviços, somente em setembro o referido serviço foi prestado.

Então:

- *Junho*: assinatura do contrato e recebimento do adiantamento.

---

[1] Não confundir com Móveis e Utensílios, que são móveis de escritório, calculadoras, arquivos etc., sendo registrados no Ativo Não Circulante (antigo permanente).

- *Agosto*: mês em que o serviço deveria ser prestado.
- *Setembro*: mês em que efetivamente o serviço foi prestado.

Se quiséssemos apurar o resultado mensalmente, em qual mês computaríamos tal receita?

A receita foi gerada (ganha) propriamente em setembro, embora a Contabilidade registrasse a entrada no Caixa em junho. Portanto, a receita *compete* a setembro.

> A Lei das Sociedades por Ações estabelece que a escrituração da empresa será mantida em registros permanentes, com obediência aos preceitos da legislação comercial e dessa lei (das Sociedades por Ações) e aos princípios de contabilidade geralmente aceitos (que estudaremos no Capítulo 21), devendo observar métodos ou critérios contábeis (consistência) uniformes no tempo e registrar as mudanças do patrimônio segundo o *Regime da Competência*.

5.1.2 Regime de Caixa (Regime Financeiro)

Embora não aceito oficialmente como um regime perfeito, ele é desenvolvido nas empresas como contabilidade auxiliar, adaptado ao livro Caixa ou a outros processos, como valioso instrumento de controle e de decisão.

Consiste, basicamente, em considerar *Receita* do exercício aquela efetivamente recebida dentro do exercício (entrada de dinheiro – ENCAIXE) e *Despesa* do exercício aquela também efetivamente paga dentro do exercício (saída de dinheiro – DESEMBOLSO).[2]

O Regime de Caixa (ou Regime Financeiro) é comum nas empresas sem fins lucrativos (associações religiosas, filantrópicas etc.) e nas pequenas e microempresas dispensadas pelo Imposto de Renda da obrigatoriedade do Regime de Competência. Todavia, todas as empresas, independentemente do tamanho, fazem seu fluxo de caixa como instrumento gerencial e de controle (embora, pelas normas do CFC, todas as empresas devam ter Contabilidade)

Assim, se nossa empresa tiver uma receita de $ 10 milhões no período (sendo que apenas 60% foi recebido) e despesa totalizando 8 milhões (6 milhões já foram pagos), teremos os seguintes resultados pelos dois regimes:

ITENS	REGIME DE COMPETÊNCIA	REGIME DE CAIXA
Receita	10 Milhões	6 milhões (o efetivamente recebido)
(–) Despesa	(8) Milhões	(6) milhões (o efetivamente pago)
= Lucro	2 Milhões	0 (não houve lucro)

Normalmente, o resultado apurado pelo Regime de Competência é diferente daquele que se refere ao Regime de Caixa.

Daqui para a frente, trataremos apenas do Regime de Competência, voltando a tratar dos Fluxos de Caixa no Capítulo 8.

PAUSA PARA REFLEXÃO

Entre os fluxos econômico e financeiro, a revista *HSM Management* de 23-11-2000 faz uma previsão. Nossa missão é avaliar se estamos ou não de acordo.

"Previsão 20

Haverá depressão econômica e as apostas se reduzirão.

---

[2] Voltaremos a comentar este tópico nos Capítulos 8 – *Demonstração dos Fluxos de Caixa e Demonstração dos Lucros ou Prejuízos Acumulados (Integração das Demonstrações)* e 18 – *Demonstração dos fluxos de caixa (Demonstração do Fluxo Financeiro)*.

> Uma recessão exigiria a reformulação de certas premissas. A ideia de que os diretores financeiros se tornariam estrategistas puros seria questionável se a economia demandasse a redução de custos. Haverá então quem diga que os ativos intangíveis adquirirão uma importância maior e que as regras de contabilidade estão irremediavelmente obsoletas. Quando o ciclo econômico mudar, é provável que os diretores financeiros voltem a recomendar a apuração de lucros baseada nos ganhos tradicionais e não em 'receitas de caixa', 'ganhos operacionais' e outros padrões que excluam as amortizações consideradas irrelevantes na chamada 'nova economia'."
>
> Podemos dizer que: 1) Houve depressão econômica nos EUA em 2008/2009, porém a economia internacional manteve-se equilibrada. No Brasil esta crise econômica aconteceu entre 2015-2018; 2) esta previsão sobre a Contabilidade está incorreta, pois, com o advento das Normas Internacionais da Contabilidade, o Intangível é tratado de forma prioritária (a partir de 2008 no Brasil).

5.2 PRINCÍPIOS CONTÁBEIS CONCERNENTES À APURAÇÃO DE RESULTADOS

Regime de Competência é uma forma de fazer Contabilidade. Para melhor explicar o Regime de Competência, destacamos dois princípios contábeis abordados na Teoria da Contabilidade:[3] *Princípio da Realização da Receita* e *Princípio da Confrontação das Despesas* (que explicam melhor a prática do regime de competência).

A. Realização (Reconhecimento) da Receita

Como já estudamos, a Receita é reconhecida no período contábil em que foi gerada. O fato gerador, normalmente, é identificado quando os bens e serviços são *transferidos* aos compradores em troca de dinheiro (receita à vista), de direitos a receber (receita a prazo) ou ainda outro item do ativo (permuta). Assim, uma revendedora de veículos poderá reconhecer Receita no momento em que transfere o automóvel para o comprador.

B. Confrontação das Despesas

No momento em que reconhecemos a Receita, associamo-la com a Despesa (+ Custo) sacrificada para obter essa Receita. Desse confronto (Receita × Despesa), obteremos o resultado do exercício.

> Em primeiro lugar, define-se o momento do reconhecimento da Receita (Princípio da Realização da Receita); em segundo lugar, o período – exercício social – a que essa Receita pertence (Regime de Competência); em terceiro lugar, associamos todas as despesas sacrificadas, no período, com a Receita reconhecida, e apuramos o resultado (Princípio da Confrontação das Despesas).

Regra geral

Por meio desses princípios, observamos que o Resultado (Lucro ou Prejuízo) só é reconhecido no momento da venda (transferência do vendedor para o comprador). Porém, há casos em que a Contabilidade reconhece a Receita antes da Transferência do bem ou serviço, como no crescimento do gado, reflorestamento etc.

Um Exemplo de Reconhecimento de Despesa

No confronto Despesa × Receita, nem todas as despesas são facilmente identificáveis. Há aquelas que necessitam ser estimadas, como, por exemplo, as referentes aos riscos de crédito, isto é: certamente

---

[3] Pelas Normas Brasileiras de Contabilidade estes dois princípios não são evidenciados (CPCs 17 e 30). Porém, eles são essenciais para se entender o momento dos registros da Receita e Despesa. Por isso, utilizamos a Teoria da Contabilidade.

a empresa não receberá todas as "Duplicatas a Receber" derivadas das receitas reconhecidas no período (há os "inadimplentes").

Portanto, é perfeitamente válido, por meio de critérios estatísticos (cujo universo poderia ser a média dos percentuais de perdas com duplicatas nos últimos três anos), estimar esse tipo de Despesa (Provisão para Devedores Duvidosos).

Vamos admitir, no exemplo seguinte, que a empresa em questão tenha apresentado uma média de 8% de perda com duplicatas nos últimos três anos.

BALANÇO PATRIMONIAL	
ATIVO	Em $ mil
Circulante	
Duplicatas a Receber	1.000
(–) Prov. p/Devedores Duvidosos	(80)
	920

NA APURAÇÃO DO RESULTADO DO EXERCÍCIO	
Receita	2.000
(–) Despesas	
• Administrativas	(600)
• Comerciais	(400)
• Financeiras	(320)
• Devedores Duvidosos*	(80)
	600
Lucro	

* Provisão para crédito de liquidação duvidosa. São perdas prováveis. O CPC 40 trata este assunto.

Observe que a Receita ganha no período ($ 2.000 mil) não foi totalmente recebida, uma vez que temos a receber $ 1.000 mil (Duplicatas a Receber).

Dessa Receita a receber (Duplicatas a Receber), estima-se que $ 80 mil não serão recebidos (clientes insolventes). Essa despesa, embora seja confirmada no ano seguinte (ano do recebimento), pelo princípio estudado, deverá ser confrontada com a Receita que deu origem àquelas duplicatas, ou seja, a Receita de $ 2.000 mil.

Portanto, mesmo que haja necessidade de estimar a Despesa, devemos fazê-lo, para um melhor confronto com a Receita.

PAUSA PARA REFLEXÃO

Os critérios de contabilização da Receita (vendas) são fundamentais quando se apura desempenho na economia. A notícia "Vendas de eletrônicos crescem 16,18% em abril" de 20X2 mostra isso:

"Na contramão do pessimismo que embala alguns setores da indústria e do comércio, os fabricantes de bens de consumo duráveis, os eletroeletrônicos, continuam em ritmo de recuperação. Em abril, as vendas cresceram 16,18% sobre março, de acordo com dados da Associação Nacional de Fabricantes de Produtos Eletroeletrônicos (Eletros). 'O setor aprendeu a trabalhar com as oscilações do mercado brasileiro e tem base instalada para produzir mais. Nossa expectativa é de terminar o ano com expansão de 6% sobre 20X1, portanto continuamos cautelosamente otimistas', argumentou o presidente da entidade."

Por que os dados apresentados não poderiam ser tratados à base do Regime de Caixa?

5.3 REGIME DE COMPETÊNCIA E BALANÇO PATRIMONIAL

Relacionamos o Regime de Competência com Receita ganha e Despesa consumida e vimos a implicação desse regime na formação do Resultado do Exercício.

Todavia, de certa forma, há uma implicação desse regime no Balanço Patrimonial, uma vez que as aquisições (compras) que não se tornaram despesas (não foram consumidas no exercício) são classificadas no Ativo (pois não podem ser alocadas como despesas).

> Veja que na Contabilidade podemos classificar as contas em apenas duas demonstrações: (a) *na DRE*, se for despesa consumida (utilizada), ou Receita ganha (gerada) com o bem ou o serviço transferido; (b) *no Balanço Patrimonial*.

Os classificados no Ativo são gastos que contribuirão para obtenção de receita em outros exercícios sociais e não no exercício em que se está apurando o resultado.

Na verdade, esses gastos (bens ou serviços) oferecem *potencialidades para obter benefícios* futuros à empresa. Esses benefícios podem ser obtidos no próximo exercício social ou durante diversos exercícios sociais.

Há certos gastos, *classificados no Ativo*, que contribuirão para a obtenção de receita, no próximo período contábil (exercício social).

Um caso bastante conhecido é Material para Escritório (clipes, grampos, papel, lápis etc.): se adquirimos em 20X0 um lote de material de escritório pelo preço de $ 1.800 e nesse ano X0 o utilizarmos (consumirmos) $ 1.100 (despesa), os restantes $ 700 deverão permanecer no Ativo, dado que ainda não foram utilizados (consumidos) e beneficiarão o ano X1. Se os $ 700 forem totalmente consumidos em X1, daremos baixa, nesse ano, na conta *Material para Escritório* (Ativo), e lançaremos *Despesas de material para Escritório* (Despesa de X1).

A contabilização como despesa da parcela (ou do todo) de um gasto ativado (classificado no Ativo) que contribuiu para a formação do resultado de determinado período é realizada, normalmente, no final desse período e é conhecida como *Ajuste*. O conceito de Ajuste, semelhantemente, é válido para Receitas Antecipadas – que veremos à frente.

Outro exemplo de despesa que contribuirá para o próximo exercício é o Prêmio de Seguro: O Rei de Camanducaia S.A. fez um contrato de seguro contra incêndio com a Cia. Seguradora Cobertura, por 12 meses, abrangendo o período de 1º-9-X0 a 31-8-X1. O contrato por um ano custou para o Rei de Camanducaia S.A. $ 480 mil (Prêmio de Seguro).

> Observe que, em nosso caso, não é relevante a forma de pagamento dos $ 480 mil (poderia ser à vista ou a prazo), porque estamos diante de Regime de Competência e não Regime de Caixa. Também é irrelevante o valor do contrato de Seguro (isto é, o *quantum* pelo qual a empresa seria indenizada se realmente houvesse incêndio) porque haveria variação no Patrimônio somente no caso de incêndio (com o recebimento do seguro). A Contabilidade objetiva registrar eventos que estejam afetando o Patrimônio e não eventos extrapatrimoniais (não afetam o Patrimônio, no momento).

Se estivéssemos apurando resultado do ano X0, qual seria a Despesa (que confrontaríamos com Receita) referente a Prêmio de Seguro?

Portanto, o contrato de seguro beneficiou o período X0 em quatro meses, apenas. Dessa forma, a despesa do período X0 corresponde ao ano X0: 4×40 mil. O restante, $ 320 mil, beneficiará o próximo período, daí ficar no Balanço Patrimonial encerrado em 31-12-X0.

5.3.1 Qual o Grupo de Contas em que "os $ 320" serão Classificados no Balanço Patrimonial?

No Ativo Circulante, pois são contas que estão constantemente em movimento (em giro, em circulação) e seu período de abrangência, normalmente, não ultrapassa 360 dias (condição básica para ser classificada no Circulante – Curto Prazo).

BALANÇO PATRIMONIAL

O Rei de Camanducaia A.A. Em $ mil

ATIVO			PASSIVO E PL		
Circulante	31-12-X0	31-12-X1	**Circulante**	31-12-X0	31-12-X1
Disponível	–	–	–	–	–
Duplicatas a Receber	–	–	–	–	–
Estoques	–	–	–	–	–
Despesas do Exercício Seguinte	–	–	–	–	–
				–	–
– Material de Escritório[4]	700	–	–	–	–
– Prêmios de Seguros	320	–	–	–	–
Total do Circulante	1.020	xxxxx			

Alguns utilizam outras terminologias para despesas do próximo exercício, tal como:

- *Despesas Antecipadas*: gastos adquiridos com certa antecedência em relação a seu consumo. Gastos contraídos e adiados (transferidos) para outro(s) exercício(s).

5.3.2 Gastos que Serão Despesas nos Próximos Exercícios Sociais

Há certos gastos classificados no Ativo que contribuirão para a formação de resultado de diversos períodos contábeis ou contribuição para a obtenção de receita por vários exercícios sociais.

A situação mais comum é o desgaste, normalmente pelo uso, de diversos itens do Imobilizado, tais como Equipamentos, Imóveis (exceto terreno), Móveis e Utensílios, Instalações, Veículos e outros. A esse desgaste dá-se o nome de *Depreciação* (deterioração, perda da potencialidade).

Se adquiríssemos uma máquina e ela fosse totalmente consumida (utilizada) no período de aquisição, seria totalmente contabilizada como Despesa ou Custo.

No entanto, isso não acontece na prática. Uma máquina, geralmente, tem vida útil superior a um ano. Portanto, não podemos contabilizá-la como despesa em um único exercício social, mas apenas a parte (o percentual) consumida para obter a Receita em determinado período.

Assim, se um Equipamento nos custou $ 628 mil e, para obter receita em 20X0, consumimos (desgastamos) 10% do equipamento, contabilizaríamos como *despesa* $ 62,8 mil (Depreciação – 10% × $ 628 mil).

Dessa forma, o valor líquido de nosso equipamento seria de $ 562,2 mil:

Em $ mil

1º ANO		1º ANO	
BP		**DRE**	
Não Circulante		Receita	(xxxxx)
Investimentos		(–) Despesas	
- - - - - - - - - -	- - - - - -	- - - - - - - - -	
- - - - - - - - - -	- - - - - -	- - - - - - - - -	(xxxxx)
Imobilizado		- - - - - - - - -	(xxxxx)
• Equipamento	628,0	- - - - - - - - -	(xxxxx)
(–) Depreciação	(62,8)	→ Depreciação	(62.8)
	565,2	Resultado	(xxxxx)

---

[4] A conta *Material de Escritório* normalmente e classificada como "Estoque de Consumo" em Estoques. Didaticamente, preferimos classificá-la em "Despesa do Exercício Seguinte", para melhor entendimento do leitor.

Se nos anos seguintes o consumo (uso) continuasse à base de 10%, a cada período lançaríamos uma despesa de $ 62,8 (10% × 628). Todavia, no Balanço Patrimonial, a Depreciação iria acumulando-se até atingir o valor total do bem depreciado. Nesse momento, teoricamente, o bem não teria mais utilidade para a empresa.

10º ANO		10º ANO	
BP		**DRE**	
Não Circulante		Receita	xxxxx
Imobilizado		(–) Despesas	
• Equipamento	628,00	_____	(xxxxx)
(–) Depreciação Acumulada	(628,00)	_____	(xxxxx)
		Depreciação	(62.8)
(no final do 10º ano)	0	_____	(xxxxx)
		Resultado	xxxxx

Se o bem ainda estiver em condições de uso, ele continuará a ser indicado no Ativo, só que não acarretará mais despesa para a empresa.

No caso de se tratar de Intangível, também poderá haver reduções em forma de despesa. Essa despesa denomina-se AMORTIZAÇÃO, que não deverá ser confundida com Amortização de Financiamento (dívidas), mas será entendida como uma parte de um Ativo Não Circulante Intangível (Incorpóreo) que se tornou despesa. Discutiremos esse tópico no Capítulo 14 (Ativo Não Circulante) de maneira mais detalhada.

PAUSA PARA REFLEXÃO

Conforme mostrado por Leonard Nakamura, na edição de julho/agosto do ano de 1999 da *Business Review*, do Federal Reserve Bank da Filadélfia, a maioria dos gastos na formação de ativos intangíveis não é reconhecida como investimentos na contabilidade.

Segundo Nakamura, o porcentual correspondente aos gastos com Pesquisa e Desenvolvimento (P&D) vem crescendo sistematicamente desde os anos 50, chegando, nos anos 90, a 3% do PIB das empresas não financiadas. Por seu turno, os dispêndios com publicidade e marketing andam em torno de 4,1%. Ao informar a clientela quanto à existência e ao modo de uso de novos produtos, a publicidade agrega valor a esses produtos, do ponto de vista dos usuários, e, portanto, também da empresa fornecedora.

Se a contabilidade reconhecer os gastos de P&D, dispêndio com publicidade e marketing no ativo (esta prática não é aceita pela Contabilidade), neste caso teremos depreciação ou amortização. Por quê? Neste caso, se fosse correto lançar no Ativo este item, o ideal seria no Intangível, Investimentos ou Imobilizado?

5.3.3   Adiantamentos que poderão se tornar Receitas

Nos negócios temos a possibilidade de adiantamentos em dinheiro que ocorrem, normalmente, nas vendas por encomenda, que contribuirão, "positivamente", para a formação de exercícios futuros.

Se a "Empresa S" encomenda à "Empresa Z" (fabricante) uma máquina operatriz pesada cujo prazo de entrega está estipulado em 12 meses, e esta exige um adiantamento de $ 1.500 mil, sabemos que não é possível reconhecer a receita, uma vez que a mercadoria não foi entregue: não houve a transferência (Princípio do Reconhecimento da Receita).

Dessa forma, esse adiantamento será classificado no grupo Passivo Circulante, pois a empresa corre o risco de ter que devolver o adiantamento se não conseguir entregar a máquina operatriz. É passivo, pois significa uma espécie de financiamento para fabricação de uma máquina.

CAP. 5 ■ Regimes de Contabilidade (Apuração de Resultados) | 75

BALANÇO PATRIMONIAL
Empresa Z   Em $ mil

ATIVO		PASSIVO E PL	
Circulante		**Circulante**	- - - - -
_____	_____	– Adiantamento de Clientes	1.500
_____	_____	**Não Circulante**	
_____	_____	_____	- - - - -
_____	_____	_____	- - - - -
_____	_____	_____	- - - - -
_____	_____	_____	- - - - -
_____	_____	**Patrimônio Líquido**	- - - - -
Total	_____	Total	- - - - -

5.4 INDEPENDÊNCIA ABSOLUTA DE PERÍODOS CONTÁBEIS

Em cada período contábil (exercício social) se apura o resultado (Lucro ou Prejuízo).

Dessa forma, confronta-se toda a Despesa que *compete* a determinado período com toda a Receita que, igualmente, compete a esse determinado período. Então, não podemos confundir Despesa consumida (incorrida) em 20X1 com Despesa consumida (incorrida) em 20X2. Da mesma forma trataremos a Receita. Em cada final de período contábil, somamos todas as Despesas e as Receitas. No ano seguinte, próximo período contábil, inicia-se do zero o novo cômputo das Despesas e Receitas.

Por isso se fala em "Independência Absoluta de Períodos Contábeis", relacionada com o Princípio da Competência de Exercícios.

*Acesse o **QR Code** e assista ao vídeo sobre Regimes de Contabilidade (Apuração de Resultados).*

Informações Complementares

A Resolução CFC nº 1.255/09 (NBC TG 1000), Contabilidade para Pequenas e Médias Empresas (Receita anual até $ 300 milhões), estabelece o seguinte sobre Apuração de Resultado:

Desempenho / Resultado

Desempenho é a relação entre receitas e despesas da entidade durante um exercício ou período. Esta Norma requer que as entidades apresentem seu desempenho em duas demonstrações: demonstração do resultado e demonstração do resultado abrangente. O resultado e o resultado abrangente são frequentemente usados como medidas de desempenho ou como base para outras avaliações, tais como o retorno do investimento ou resultado por ação. Receitas e despesas são definidas como se segue:

Receitas são aumentos de benefícios econômicos durante o período contábil, sob a forma de entradas ou aumentos de ativos ou diminuições de passivos, que resultam em aumento do patrimônio líquido e que não sejam provenientes de aportes dos proprietários da entidade.

Despesas são decréscimos nos benefícios econômicos durante o período contábil, sob a forma de saída de recursos ou redução de ativos ou incrementos em passivos, que resultam em decréscimos no patrimônio líquido e que não sejam provenientes de distribuição aos proprietários da entidade.

O reconhecimento de receitas e despesas resulta, diretamente, do reconhecimento e mensuração de ativos e passivos. Critérios para o reconhecimento de receitas e despesas são discutidos nos itens 2.27 a 2.32.

Receita

A definição de receita abrange tanto as receitas propriamente ditas quanto os ganhos.

Receita propriamente dita é um aumento de patrimônio líquido que se origina no curso das atividades normais da entidade e é designada por uma variedade de nomes, tais como vendas, honorários, juros, dividendos, lucros distribuídos, *royalties* e aluguéis.

Ganho é outro item que se enquadra como aumento de patrimônio líquido, mas não é receita propriamente dita. Quando o ganho é reconhecido na demonstração do resultado ou do resultado abrangente, ele é geralmente demonstrado separadamente porque o seu conhecimento é útil para se tomar decisões econômicas.

Despesa

A definição de despesas abrange perdas, assim como, as despesas que se originam no curso das atividades ordinárias da entidade.

Despesa é uma redução do patrimônio líquido que surge no curso das atividades normais da entidade e inclui, por exemplo, o custo das vendas, salários e depreciação. Ela geralmente toma a forma de desembolso ou redução de ativos como caixa e equivalentes de caixa, estoques, ou bens do ativo imobilizado.

Perda é outro item que se enquadra como redução do patrimônio líquido e que pode se originar no curso das atividades ordinárias da entidade. Quando perdas são reconhecidas na demonstração do resultado ou do resultado abrangente, elas são geralmente demonstradas separadamente porque o seu conhecimento é útil para se tomar decisões econômicas.

Mensuração de ativo, passivo, receita e despesa

Mensuração é o processo de determinar as quantias monetárias pelas quais a entidade mensura ativos, passivos, receitas e despesas em suas demonstrações contábeis. Mensuração envolve a seleção de uma base de avaliação. Esta Norma especifica quais bases de avaliação a entidade deve usar para muitos tipos de ativos, passivos, receitas e despesas.

Duas bases comuns para mensuração são custo histórico e valor justo:

(a) Para ativos, o custo histórico representa a quantidade de caixa ou equivalentes de caixa paga ou o valor justo do ativo dado para adquirir o ativo quando de sua aquisição. Para passivos, o custo histórico representa a quantidade de recursos obtidos em caixa ou equivalentes de caixa recebidos ou o valor justo dos ativos não monetários recebidos em troca da obrigação na ocasião em que a obrigação foi incorrida, ou em algumas circunstâncias (por exemplo, imposto de renda) a quantidade de caixa ou equivalentes de caixa que se espera sejam pagos para liquidar um passivo no curso normal dos negócios. O custo histórico amortizado é o custo do ativo ou do passivo mais ou menos a parcela de seu custo histórico previamente reconhecido como despesa ou receita.

(b) Valor justo é o montante pelo qual um ativo poderia ser trocado, ou um passivo liquidado, entre partes independentes com conhecimento do negócio e interesse em realizá-lo, em uma transação em que não há favorecidos.

Regime de competência

A entidade deve elaborar suas demonstrações contábeis, exceto informações de fluxo de caixa, usando o regime contábil de competência. No regime de competência, os itens são reconhecidos como ativos, passivos, patrimônio líquido, receitas ou despesas quando satisfazem as definições e critérios de reconhecimento para esses itens.

ILUSTRAÇÃO: Fluxo Econômico × Fluxo Financeiro

A. Empresas que têm Lucro mas não têm Caixa para Pagar suas Contas

Uma situação muito comum, entre outras, é quando a empresa, durante sua atividade, vai usando seu caixa para comprar ativos.

CAP. 5 ■ Regimes de Contabilidade (Apuração de Resultados) | 77

Imagine a Cia. Beleza Real (cabeleireiros) começando o ano com um salão e as instalações alugadas. Com um Capital de apenas $ 50.000 (no caixa) a empresa adquire os bens alugados do salão por uma prestação mensal de $ 20.000, sem entrada, para pagar em 3 anos.

Considerando um faturamento mensal de $ 30.000, os cabeleireiros sócios acharam que fizeram um bom negócio. No final do ano, a Contabilidade mostra:

DRE		
Receita do Ano Totalmente Recebido		R$ 360.000
(–) Despesa		
• Salário dos Cabeleireiros	R$ 120.000	
• Material e Outros	R$ 80.000	
• Depreciação do Prédio e Bens	R$ 60.000	(260.000)
Lucro do Período		100.000

O **Balanço Patrimonial** da Cia. Beleza Real é

ATIVO			PASSIVO		
Circulante	**Início do ano**	**Final do ano**	**Circulante**	**Início do ano**	**Final do ano**
Caixa	50.000	10.000	Salários a Pagar	–	60.000
Material Consumo	–	30.000	Material a Pagar		40.000
			Imóveis a Pagar	–	240.000
	50.000	40.000		–	340.000
Não Circulante			**Não Circulante**		
Imobilizado	–	720.000	Imóveis a Pagar (ELP)	–	240.000
(–) Deprec. Ac.	–	(60.000)	**Patrimônio Líquido**		
		660.000	Capital	50.000	50.000
Móveis Utensil.*	–	30.000	Lucro Período	–	100.000
	–	690.000			150.000
Total	50.000	730.000	Total	50.000	730.000

* Compra à vista no final do ano.

É simples observar que a situação financeira da empresa é péssima. Praticamente está atrasando salário (de $ 120.000, ela está devendo a metade), deve bastante em material usado no salão e ainda tem uma dívida alta de Imóveis a Pagar (24 meses).

Apesar desta situação financeira precária, a empresa teve um bom lucro. Veja que os sócios investiram $ 50.000 em capital, obtendo um lucro de $ 100.000, uma rentabilidade excelente.

Para avaliar melhor a situação, o ideal seria comparar o fluxo econômico com o financeiro:

Para tanto, vamos montar a Demonstração dos Fluxos de Caixa. Essa demonstração vai nos permitir saber o porquê o caixa caiu de $ 50.000 para $ 10.000, havendo um déficit de $ 40.000?

DEMONSTRAÇÃO DOS FLUXOS DE CAIXA (DFC)	
Entrada de Dinheiro	
Receita Totalmente Recebida	360.000
Saída de Dinheiro	
Salários Pagos ($ 120.000 – $ 60.000 a pagar no Passivo Circulante)	(60.000)
Materiais Pagos ($ compras* 110.000 – $ 40.000 a pagar no Passivo Circulante)	(70.000)
Prestações Pagas (12 × $ 20.000/mês ref. salão + instalações)	(240.000)
Aquisição de Móveis e Utensílios (como não há dívidas, já foi pago)	(30.000)
Déficit no período	(40.000)

* Há $ 30.000 no Ativo a Consumir + $ 80.000 em Despesa Consumidor = $ 110.000.

COMPARAÇÃO – FLUXO ECONÔMICO × FLUXO FINANCEIRO

OPERAÇÕES	DRE – FLUXO ECONÔMICO	DFC – FLUXO FINANCEIRO	VARIAÇÕES
Receita	360.000	360.000	Não houve variação
(–) Salários	(120.000)	(60.000)	60.000 – saiu menos na DFC
(–) Materiais	(80.000)	(70.000)	10.000 – saiu menos na DFC
(–) Depreciação	(60.000)	–	60.000 – não sai do Caixa
Lucro nas Operações	100.000	230.000	130.000 vantagem no Caixa
Saídas do Caixa (–) Pagamentos de Ativo			
• Salão + Instalações	–	(240.000)	(240.000) saiu do Caixa
• Móveis e Utensílios	–	(30.000)	(30.000) saiu do Caixa
Resultado Final	100.000	(40.000)	(140.000) saída do Caixa acima do lucro

As variações mostram que houve uso do Lucro Econômico e mais $ 40.000 como saída do caixa, totalizando $ 140.000.

As aquisições do Ativo (Investimentos) representam saída de caixa, porém, só serão despesas pelo Regime de Competência por ocasião do consumo/uso. Com as aquisições no Não Circulante serão transformadas em despesas a longo prazo (nas depreciações), haverá subtração da receita no futuro pelo Regime de competência. Assim, houve subtração do Caixa (Fluxo Financeiro), mas não houve no Fluxo Econômico.

Nesse caso, numa passada de olhos de forma simplista, poderia parecer que, embora a situação financeira seja péssima, os bens da empresa são relevantes, o lucro econômico é excelente (em relação ao capital investido), concluindo-se que economicamente a situação é positiva.

Todavia, a empresa está próxima da insolvência, não conseguindo honrar seus compromissos; daí atrasar salários e não ter capital de giro para a continuidade. Nesse caso, a empresa fez mais investimentos que a geração de caixa pode suportar.

B. **Empresas que têm Prejuízo, mas têm Caixa para Pagar suas Dívidas**

Imagine a Cia. Viaje Bem, onde o Sr. Ulderico, usando seu FGTS, comprou uma *van*, à vista, por $ 60.000. Se ele usar esse veículo por três anos, a *van* estará praticamente sucateada, não tendo um mercado para venda (praticamente valerá zero daqui a três anos).

O Sr. Ulderico estimou uma receita mensal de $ 4.000, com despesas mensais de $ 3.000 (incluindo seus honorários). Ficou fácil para ele prever um superávit em seu caixa de $ 12.000 no final de ano. Ficou surpreso quando o escritório de Contabilidade avisou que ele teve um prejuízo de $ 8.000.

Como pode isso ser verdade se realmente o Caixa tem uma sobra de $ 12.000?

Como pode ter tido um prejuízo na contabilidade se sua dívida é zero e tem dinheiro no caixa?

Vejamos os relatórios apresentados pela Contabilidade.

DRE

Receita	48.000
(–) Desp. Operac.	(36.000)
(–) Depreciação	(20.000)
Prejuízo	(8.000)

BALANÇO PATRIMONIAL

ATIVO		PASSIVO	
Circulante		**Circulante**	
Caixa	12.000	Dívidas a Pagar	–
Não Circulante		**Patrimônio Líquido**	
Veículos	60.000	Capital	60.000
(–) Depr. Ac.	(20.000)	(–) Prejuízo	(8.000)
	40.000		52.000
Total	52.000	Total	52.000

CAP. 5 ■ Regimes de Contabilidade (Apuração de Resultados) | **79**

COMPARAÇÃO DO FLUXO ECONÔMICO COM O FINANCEIRO

OPERAÇÕES	DRE – FLUXO ECONÔMICO	DFC – FLUXO FINANCEIRO	VARIAÇÕES
Receita	48.000	48.000	Não houve
(–) Despesas Pagas	(36.000)	(36.000)	Não houve
(–) Depreciação	(20.000)	–	(20.000) Caixa não considera depreciação
Lucro/Prejuízo	(8.000)	12.000	(20.000)

O Sr. Ulderico teria que gerar pelo menos $ 20.000 de Caixa por ano para repor, no final de três anos, o bem que está depreciando.

Para fazer as viagens, teria que considerar o custo da *van* que está sendo utilizada, ainda que, no momento, não haja desembolso do caixa.

Se, em vez de comprar a *van*, tivesse alugado (*leasing*), não teria o custo mensal desse aluguel?

O Ativo que no início valia $ 60.000 hoje vale $ 52.000. Seus investimentos valem hoje $ 8.000 a menos que no início do ano. Sua capacidade, seu potencial foi reduzido, e isso é prejuízo.

Ainda que simples, esse exemplo mostra que aparentemente a situação financeira é boa, mas economicamente o patrimônio está perdendo valor.

Esta situação pode ser aplicada a muitos motoristas que trabalham para a Uber nos dias atuais.

RESUMO

A Contabilidade, tanto no âmbito fiscal como no científico, deverá ser efetuada nos moldes do Regime de Competência, que considera a *Receita Ganha* (gerada) em determinado período, no instante da transferência do bem ou serviço (Realização da Receita), e a *Despesa Consumida* nesse período, associando-se (confrontando-se) a Receita para a apuração do resultado, não importando o recebimento (da receita) ou pagamento (da despesa).

Os gastos ativados que não contribuem para a formação da Receita em determinado período não deverão ser contabilizados como Despesa nesse período, mas permanecer como Ativo:

Circulante

Se contribuir para formação de resultado no exercício social seguinte. Exemplo: Material de Escritório, Prêmios de Seguros...

Não Circulante

Se contribuir para a formação de resultado de mais de um exercício. Exemplos:

Depreciação = Parcela de despesa derivada do consumo do Ativo Imobilizado.
Amortização = Parcela de despesa derivada da distribuição do Ativo Intangível.

Por outro lado, há os Adiantamentos ou as Receitas Antecipadas que não podem ser classificadas em Receitas do período, uma vez que ainda não houve a transferência do bem ou serviço. Todavia, essas Receitas menos os Custos correspondentes contribuirão para a formação de resultados futuros. Pelo risco de não concretização da operação (conservadorismo) deverão ser classificadas no Passivo Circulante ou Não Circulante (dependendo do prazo).

AVALIAÇÃO DO APROVEITAMENTO

a) Estes testes deverão ser respondidos em cinco minutos – 30 segundos para cada um.
b) Não responda se tiver dúvidas.
c) Se você acertar menos que 70% (7 questões), não passe para a etapa seguinte: leia novamente o capítulo.
d) As respostas encontram-se no final do livro.

1. Uma característica do Regime de Competência é:
( ) **a)** Receita Recebida.
( ) **b)** Aquisição de Despesa.
( ) **c)** Pagamento de Despesa.
( ) **d)** Consumo de Despesa.

2. Material de escritório *adquirido em X1 consumido em X2, pago em X3*, será despesa em:
( ) **a)** X1.
( ) **b)** X2.
( ) **c)** X3.
( ) **d)** X4.

3. Regime de Competência é aceito:
( ) **a)** Somente pelo Fisco.
( ) **b)** Somente pelos contabilistas.
( ) **c)** Pelo Fisco e pelos contabilistas.
( ) **d)** É optativo.

4. Regime de Caixa como instrumento de decisão:
( ) **a)** É obrigatório.
( ) **b)** É facultativo.
( ) **c)** É dispensável.
( ) **d)** É aceito pelo Imposto de Renda.

5. A empresa vendeu $ 15 milhões, só recebendo $ 5 milhões; teve como despesa do resultado $ 12 milhões, só pagando $ 1 milhão. Os resultados pelos Regimes de Competência e Caixa são, respectivamente:
( ) **a)** 3.000.000 e 4.000.000.
( ) **b)** 4.000.000 e 5.000.000.
( ) **c)** 5.000.000 e 6.000.000.
( ) **d)** 5.000.000 e 1.000.000.

6. O reconhecimento da Receita deverá ser (de acordo com o Princípio de Realização da Receita):
( ) **a)** Na emissão da Nota Fiscal.
( ) **b)** No recebimento do Adiantamento.
( ) **c)** No recebimento da Receita.
( ) **d)** Na transferência do Produto.

7. Devedores Duvidosos são constituídos em virtude do Princípio:
( ) **a)** Realização da Receita.
( ) **b)** Entidade.
( ) **c)** Custo Histórico como Base de Valor.
( ) **d)** Confrontação de Despesa.

8. Gastos que beneficiarão o próximo exercício serão classificados em:
( ) **a)** Ativo Circulante.
( ) **b)** Ativo Realizável a LP.
( ) **c)** Dependendo do caso: Intangível.
( ) **d)** Despesa.

9. Adiantamentos de Receita normalmente são classificados em:
( ) **a)** Receita do Exercício.
( ) **b)** Passivo Circulante.
( ) **c)** Receita Bruta Operacional.
( ) **d)** Apuração do resultado do Exercício.

10. Receita Antecipada é:
( ) **a)** Receita do Exercício.
( ) **b)** Receita Operacional.
( ) **c)** Juros, Aluguéis... Antecipados.
( ) **d)** Receita Não Operacional.

EXERCÍCIOS

1. A Uber é uma plataforma de tecnologia que atrai motoristas parceiros (que têm um carro que se adeque ao padrão Uber), sendo que são conectados aos clientes.
Calcula-se hoje que a Uber tem mais de 100 milhões de usuários.

Muitos motoristas no Brasil aderiram a esta empresa. As tarifas cobradas são inferiores às dos táxis, por isso há muitos clientes.
Apesar das tarifas baixas os motoristas têm lucro financeiro, um vez que consideram despesas apenas os desembolsos (manutenção, combustível e seu "salário").

Porém, se calculássemos o lucro contábil (regime econômico), estes motoristas poderiam estar tendo prejuízo. Por quê?

2. Por que os princípios contábeis concernentes à apuração do resultado do período contribuem para o Regime de Competência?

3. Por que entender a contabilização de Material de Escritório e Prêmio de Seguros, ainda que normalmente sejam valores irrelevantes, é fundamental para entender o Regime de Competência?

4. A Cia. Lucro Certo vende coleção de livros com um lucro exorbitante: o custo dos livros impressos e prontos para venda é de $ 500,00, sendo que o preço de venda é de $ 3.000 parcelado em 20 × $ 150,00.

Considerando que a Cia. Lucro Certo terá que pagar direitos autorais de 20% aos autores (independentemente do recebimento) e mais 10% aos vendedores sobre as parcelas recebidas; os impostos sobre vendas são de 25% sobre o valor recebido e a taxa de inadimplência é de 40% (Provisão para Devedores Duvidosos), qual é o lucro final da empresa?

É um bom negócio sendo que a empresa terá que fazer empréstimos bancários para pagar fornecedores e autores (considere que o parcelamento das vendas é de 30 meses)?

5. O ITG 1000 (CFC) para Microempresa e Empresa de Pequeno Porte trata, entre outros itens, o Imobilizado e a Depreciação. Destaque os conceitos de Depreciação ainda não estudados até este capítulo (estudaremos no Capítulo 14):

Um item do Ativo Imobilizado deve ser inicialmente mensurado pelo seu custo. O custo do Ativo Imobilizado compreende o seu preço de aquisição, incluindo impostos de importação e tributos não recuperáveis, além de quaisquer gastos incorridos diretamente atribuíveis ao esforço de trazê-lo para sua condição de operação. Quaisquer descontos ou abatimentos sobre o valor de aquisição devem ser deduzidos do custo do imobilizado.

O valor depreciável (custo menos valor residual) do Ativo Imobilizado deve ser alocado ao resultado do período de uso, de modo uniforme ao longo de sua vida útil. É recomendável a adoção do método linear para cálculo da depreciação do imobilizado, por ser o método mais simples.

Se um item do Ativo Imobilizado apresentar evidências de desvalorização, passando a ser improvável que gerará benefícios econômicos futuros ao longo de sua vida útil, o seu valor contábil deve ser reduzido ao valor recuperável, mediante o reconhecimento de perda por desvalorização ou por não recuperabilidade (*impairment*).

São exemplos de indicadores da redução do valor recuperável, que requerem o reconhecimento de perda por desvalorização ou por não recuperabilidade:

(a) declínio significativo no valor de mercado;

(b) obsolescência;

(c) quebra.

Terreno geralmente possui vida útil indefinida e, portanto, não deve ser depreciado. Edificação possui vida útil limitada e, portanto, deve ser depreciado.

Demonstração do Resultado do Exercício (DRE) e Demonstração do Resultado Abrangente (DRA)[1]

Após conhecermos as regras que regem a apuração do resultado, passemos a estudar a estrutura da Demonstração do Resultado do Exercício.

OBJETIVOS

Ao completar o estudo deste capítulo, você deverá estar preparado para explicar e exercitar os seguintes conceitos:

- Estruturar e interpretar a DRE.
- Saber o que é Ebitda.
- O que são operações em Continuidade e operações Descontinuadas.
- Calcular o Imposto de Renda e Contribuição Social.
- O que é a DRA.

6.1 APURAÇÃO ANUAL DO RESULTADO

Como já vimos, o exercício social terá duração de um ano e a cada exercício será apurado o resultado do período, isto é, se houve lucro ou prejuízo. Portanto, em cada final de período, todas despesas e receitas são transferidas para a *Demonstração do Resultado do Exercício*, e, no próximo período, apurar-se-ão despesa e receita começando-se do zero, ou seja, não se acumulam despesa e receita de um ano para o outro (Independência Absoluta de Períodos).

Ao fim de cada exercício social, conforme disposição da Lei das Sociedades por Ações, a Contabilidade da empresa elabora, entre outras demonstrações, a Demonstração do Resultado do Exercício, em que observamos o grande indicador global de eficiência: o retorno resultante do investimento dos donos da empresa (lucro ou prejuízo).

Não há dúvida de que o objetivo precípuo de uma entidade econômica é o Lucro, mas o "bom lucro" que remunere condignamente o capital investido pelos proprietários da empresa.

---

[1] Esta demonstração (DRA) apresenta Receitas, Despesas e outras variações que afetam o Patrimônio Líquido não reconhecidas na DRE conforme as Normas Brasileiras de Contabilidade.

Na administração dos recursos escassos disponíveis na empresa, a gerência pode ou não ser eficiente. O sucesso dessa gestão, sem dúvida, será medido comparando-se o resultado do exercício (obtido pela Demonstração do Resultado do Exercício) com o montante aplicado no Ativo e/ou com o capital investido pelos proprietários (Patrimônio Líquido).

A forma de apresentação da Demonstração do Resultado do Exercício é vertical, isto é, subtrai-se e soma-se. Antigamente (antes de 1976), essa demonstração era feita de forma horizontal, apresentando Receita num lado e Despesa/Custo no outro.

Como já vimos, o resultado do exercício pode ser lucro ou prejuízo. Comumente, de forma inadequada, substituímos a terminologia RESULTADO por LUCRO, dado que grande parte das empresas obtém lucro e uma minoria apresenta prejuízo.

O prejuízo é uma situação efêmera, passageira (ninguém sobrevive muito tempo com constantes prejuízos), enquanto o lucro assume característica permanente.

Com o objetivo de trabalharmos com uma linguagem comum e prática, adotaremos a terminologia *Lucro* em substituição a Resultado, ressaltando, entretanto, não se tratar da expressão mais adequada.

O Lucro é uma terminologia bastante ampla. Vamos encontrar pela Contabilidade vários tipos de lucro. São eles:

1. *Lucro Operacional Bruto* ou, simplesmente, Lucro Bruto.
2. *Lucro Operacional Líquido* ou, simplesmente, Lucro Operacional.
3. *Lucro Antes das Receitas e Despesas Financeiras.*
4. *Lucro Antes dos Tributos sobre o Lucro.*
5. *Lucro Líquido das Operações Continuadas.*
6. Lucro Líquido *do Período.*

PAUSA PARA REFLEXÃO

DEMONSTRAÇÃO DO RESULTADO DO EXERCÍCIO
em 31.12.x1 e 31.12.x0
Expresso em R$
(Conforme Anexo 3 da ITG 1000 para Micros e Pequenas Empresas)

	31.12.X1	31.12.X0
VENDAS DE PRODUTOS, MERCADORIAS E SERVIÇOS		
Vendas de Produtos, Mercadorias e Serviços		
(−) Deduções de Tributos, Abatimentos e Devoluções		
= RECEITA		
(−) CUSTO DAS VENDAS		
Custo dos Produtos, Mercadorias e Serviços		

= LUCRO BRUTO		
(–) DESPESAS OPERACIONAIS		
Despesas Administrativas		
Despesas com Vendas		
Outras Despesas Gerais		
= RESULTADO OPERACIONAL ANTES DO RESULTADO FINANCEIRO		
(+/–) RESULTADO FINANCEIRO		
Receitas Financeiras		
(–) Despesas Financeiras		
(+/–) OUTRAS RECEITAS E DESPESAS OPERACIONAIS		
= RESULTADO ANTES DAS DESPESAS COM TRIBUTOS SOBRE O LUCRO		
(–) Despesa com Contribuição Social		
(–) Despesa com Imposto de Renda da Pessoa Jurídica		
= RESULTADO LÍQUIDO DO PERÍODO		

No final deste capítulo deveremos estar aptos a entender este modelo de DRE. É importante, todavia, refletir sobre alguns termos que trataremos à frente. O mais importante é a diferença entre o Operacional e Não Operacional. Como você entende esta diferença?

6.1.1 Lucro Bruto

É a diferença entre a Venda de Mercadorias e o Custo desta Mercadoria Vendida, sem considerar despesas administrativas, de vendas e financeiras. Para uma empresa prestadora de serviços, o raciocínio é o mesmo: é a diferença entre a Receita e o Custo do Serviço Prestado sem considerar as despesas referidas.

Resumindo, subtraímos da RECEITA o quanto custou a mercadoria ou o produto, ou o serviço para ser colocado à disposição do consumidor, não considerando as despesas administrativas, financeiras e de vendas.

O Lucro Bruto, após cobrir o custo da fabricação do produto (ou o custo da mercadoria adquirida para revenda, ou o custo do serviço prestado), será destinado à remuneração das despesas de vendas, administrativas e financeiras, bem como remunerará o governo (Imposto de Renda) e os proprietários da empresa (Lucro Líquido).

Quanto maior for a fatia denominada Lucro Bruto, maior poderá ser a remuneração dos administradores, dos diretores, dos homens de vendas, do governo, dos proprietários da empresa etc.

Por isso, há uma atenção toda especial para a administração e controle dos custos da empresa, dado que, se os custos forem elevados, sobrará pouco para remunerar setores vitais na empresa (diretores, gerentes, proprietários, bancos, governo etc.). Essa preocupação especial com o custo é um dos grandes motivos para existir a *Contabilidade de Custos*. Basicamente, além dos Estoques (que interferem no Lucro Bruto), a Contabilidade de Custos concentra sua atenção nos custos da empresa, voltada para controle e tomada de decisão.

> **PAUSA PARA REFLEXÃO**
>
> Algumas empresas trabalham com o conceito de *mark-up*, que é o montante que a empresa adiciona ao custo do produto/mercadoria, a fim de estabelecer o preço de venda a ser cobrado do cliente. Com o *mark-up*, determina-se a margem do Lucro Bruto. Podemos dizer que o *mark-up* é um poderoso instrumento para dar preço aos produtos?

Deduções (ajustes)

Todavia, a Receita a ser considerada deverá ser encontrada pela fórmula apresentada a seguir:

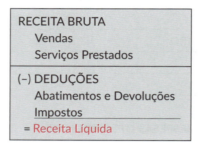

A *Receita Bruta* constitui a venda de produtos e subprodutos (na indústria), de mercadorias (no comércio) e prestações de serviços (empresa prestadora de serviços), incluindo todos os impostos cobrados do comprador e não *excluindo* as devoluções de mercadorias (ou produtos) e os abatimentos concedidos pelas mercadorias (ou serviços) em desacordo com o pedido.

O objetivo em informar a Receita Bruta, incluindo aspectos tais como devoluções, abatimentos etc., é que o usuário das Demonstrações Financeiras terá acesso a esses dados (no item deduções) que, sem dúvida, são valiosos indicadores de eficiência ou ineficiência dos departamentos de produção e venda.

Não apreciaremos apenas se o montante de devolução e abatimento é elevado, mas também sua evolução percentual em relação às Receitas no decorrer de vários exercícios sociais.

No que tange a impostos, em muitos casos, a empresa vendedora ou prestadora de serviços é mera depositária dos tributos cobrados ao comprador. Depois de determinado prazo, ela os recolherá ao governo. Os Impostos sobre Vendas são:

- IPI (Imposto sobre Produtos Industrializados).[2]
- ICMS (Imposto sobre Circulação de Mercadorias e Serviços).
- PIS (Programa de Integração Social).
- COFINS (Contribuição para o Financiamento da Seguridade Social).
- ISSQN (Imposto sobre Serviços de Qualquer Natureza).

Na realidade, esses impostos não constituem uma receita real para a empresa. Todavia, são informações relevantes para análise do usuário (principalmente o analista de balanço), sobretudo se considerarmos que no valor de *Duplicatas a Receber* (decorrente de Receita a prazo) está incluso valor do imposto que a empresa vendedora ou prestadora de serviços cobrou do comprador e receberá no futuro. Dessa forma, pode-se, perfeitamente, na análise das Demonstrações Financeiras, comparar Duplicatas a Receber com Receita, uma vez que ambas possuem a mesma base (incluindo os Impostos sobre Vendas).

Como *deduções* devemos entender os ajustes à própria Receita Bruta e não, obviamente, como despesa. Daremos a seguir exemplos de deduções.

A. Vendas Canceladas (Devolução)

São mercadorias em desacordo com o pedido (preço, qualidade, tipo, avaria, condições de pagamento etc.), cujo comprador, sentindo-se prejudicado, efetua a devolução parcial ou total das mercadorias.

---

[2] Apesar de ser Imposto sobre Vendas, o IPI não deverá ser incluso no total da Receita Bruta. Portanto, não aparecerá como deduções.

B. Abatimentos

Muitas vezes, em situação em que haverá devolução, o vendedor propõe um abatimento no preço, para compensar o prejuízo, ao comprador. Essa situação ocorre, evidentemente, sempre após a entrega do bem ou serviço, evitando, assim, a devolução.

C. Descontos Comerciais

Ocorrem antes da venda (transferência do bem ou serviço) por vários motivos: pela grande quantidade de mercadoria a ser adquirida, por ser um cliente especial, por se tratar de política da empresa etc.

Assim, teríamos descontos comerciais em casos especiais, como a aquisição de mercadorias em grandes quantidades, e não em situações normais, em que o desconto abrange todos os compradores.

A diferença entre Deduções e Despesas (ou Custos) é que a primeira não representa sacrifício, ônus para a empresa, uma vez que é cobrado do comprador e incluído no preço. Por isso, chamamos de ajustes, meros acertos. As Despesas (ou Custos) oneram a empresa e "doem" para a empresa, representando sacrifícios.

Em $ milhões

VENDAS CANCELADAS	ABATIMENTOS	DESC. COMERCIAIS
A Cia. Y adquire $ 100 mil de mercadorias da Cia. X. Metade do lote de mercadorias está com defeito e a Cia. Y devolve à Cia. X.	A Cia. Z adquire $ 800 mil de mercadorias da Cia. W. 20% do lote de mercadorias estão com defeito de fabricação. A Cia. W propõe um abatimento de 10% no preço total para a Cia. Z não devolver a mercadoria. A proposta é aceita.	A Construtora Rio Verde deseja adquirir um lote de 200 milheiros de azulejos da Cia. Azulejista. O preço normal de venda é $ 5.000 por milheiro. Todavia, argumentando sobre a grande quantidade a ser adquirida, o comprador da Rio Verde solicita um desconto de 5%. A proposta é aceita pela Azulejista.
DRE (Cia. X) Vendas Brutas . . . . $ 100.000 (–) Vendas Canceladas . . . . $ (50.000) Vendas Líquidas . . . . $ 50.000 Ocorre após a venda (após a emissão da Nota Fiscal).	**DRE** (Cia. W) Vendas Brutas . . . . $ 800.000 (–) Abatimentos . . . . $ (80.000) Vendas Líquidas . . . . $ 720.000 Ocorre após a Venda.	**DRE** (Cia. Azulejista) Vendas Brutas . . . . $ 1.000.000 (–) Descontos Comerciais . . . . $ (50.000) Vendas Líquidas . . . . $ 950.000 Ocorre antes da emissão da Nota Fiscal.

Importante é ressaltar, aqui, que os *descontos comerciais* não devem ser confundidos com *descontos financeiros*, uma vez que estes (descontos financeiros) ocorrem após a venda, por antecipação de pagamento. Os descontos financeiros são classificados no grupo de Despesas Financeiras (estudadas ainda neste capítulo).

D. Impostos Incidentes sobre Vendas

São dedutíveis todos os Impostos e Taxas que *guardem proporcionalidade* com o preço de venda (aumentam proporcionalmente às vendas). São os mais importantes:

- Imposto sobre Produtos Industrializados (IPI), embora não seja computado.
- Imposto sobre Circulação de Mercadorias e Serviços (ICMS).
- Imposto sobre Serviços de Qualquer Natureza (ISSQN).

- PIS sobre Receita Bruta.
- COFINS sobre Receita Bruta etc.

A Cia. Ludibriada atinge o montante de Vendas Brutas, em determinado período, de $ 99.000 (com IPI). O preço da mercadoria é de $ 66.000, já com a inclusão do ICMS (18%). O IPI que incidirá sobre este valor é de 50%. A DRE da Cia. Ludibriada será:

FORMA INCORRETA		FORMA CORRETA	
Vendas Brutas	99.000	Vendas Brutas	66.000
(–) Deduções		(–) Deduções	
IPI	(33.000)	ICMS	(11.880)
ICMS	(11.880)	Vendas Líquidas	54.120
Vendas Líquidas	54.120		

O artigo 2º da Lei nº 12.973/13 não considera o IPI na Receita Bruta. Assim o IPI deixa de ser Receita Bruta e, portanto, não aparece como dedução.

Deste modo, a *Receita Líquida*, que serve de base para cálculo do Lucro Bruto, é a receita real da empresa, com a exclusão dos impostos (que "engordam" a receita mas são recursos que pertencem ao governo), devoluções, abatimentos e descontos comerciais.

Então, o caminho para se chegar ao Lucro Bruto é:

Lucro: o objetivo maior das empresas com fins econômicos

RECEITA BRUTA (excluindo o IPI)	$$$$
(–) DEDUÇÕES	
• ICMS, PIS, COFINS e ISSQN	($$$$)
• Devoluções e Vendas Canceladas	($$$$)
• Descontos Concedidos Incondicionalmente.	$$$$
RECEITA LÍQUIDA	($$$$)
(–) CUSTO DAS VENDAS	$$$$
LUCRO BRUTO	$$$$

6.1.2 Lucro Operacional

A. Modelo amplo (embora não seja considerado tecnicamente perfeito)

Lucro Operacional é resultante da atividade operacional da empresa.

O objetivo social da empresa (atividade operacional) deverá ser definido no contrato ou estatuto social de modo preciso e completo.

A empresa pode ter por objeto participar de outras sociedades, ainda que não previsto no estatuto (ou contrato); a participação é facultada como meio de realizar o objeto social ou para beneficiar-se de incentivos fiscais.

Assim, se o objeto social da "CIA. DEPAR" for industrializar parafusos e rebites, todo o lucro resultante dessa atividade será operacional. Se essa empresa participar no capital de outra sociedade, mesmo não constando como objeto social, desde que haja uma das finalidades descritas (como meio de realizar o objeto social ou para beneficiar-se de incentivos fiscais), os rendimentos dessa aplicação incorporar-se-ão ao Lucro Operacional.

O Lucro Operacional é obtido por meio da diferença entre o Lucro Bruto e as Despesas Operacionais, ou seja:

CAP. 6 ■ Demonstração do Resultado do Exercício (DRE) e Demonstração do Resultado Abrangente (DRA) | 89

```
RECEITA BRUTA
(–) Deduções
 = Receita líquida
(–) Custo das Vendas (produtos ou serviços)
= LUCRO BRUTO
(–) Despesas Operacionais          ⬅
= LUCRO OPERACIONAL
```

As Despesas Operacionais são as necessárias para vender os produtos, administrar a empresa e financiar as operações. Enfim, são todas as despesas que contribuem para a manutenção da atividade operacional da empresa.

Os principais grupos de Despesas Operacionais são os especificados a seguir.

Despesas de Vendas

Abrangem desde a promoção do produto até sua colocação ao consumidor (comercialização e distribuição).

São despesas com o pessoal da área de venda, comissões sobre vendas, propaganda e publicidade, marketing, estimativa de perdas com duplicatas derivadas de vendas a prazo (provisão para devedores duvidosos) etc.

Despesas Administrativas

São as necessárias para administrar (dirigir) a empresa. De maneira geral, são gastos nos escritórios visando à direção ou à gestão da empresa.

Como exemplos, temos: honorários administrativos, salários e encargos sociais do pessoal administrativo, aluguéis de escritórios, materiais de escritório, seguro de escritório, depreciação de móveis e utensílios, assinaturas de jornais etc.

Despesas Financeiras[3]

São as remunerações aos capitais de terceiros, tais como: juros pagos ou incorridos, comissões bancárias, descontos concedidos, juros de mora pagos etc.

As Despesas Financeiras deverão ser compensadas com as *Receitas Financeiras* (conforme disposição legal), isto é, estas receitas serão deduzidas daquelas despesas.

As receitas de natureza financeira são as derivadas de aplicações financeiras, juros de mora recebidos, descontos obtidos etc.

Pode ocorrer que o montante de Receita Financeira seja maior que a Despesa Financeira. Nesse caso, algebricamente, a Receita Financeira será deduzida de outras Despesas Operacionais.

Em $ mil

DESPESA FINANCEIRA > RECEITA FINANCEIRA		DESPESA FINANCEIRA < RECEITA FINANCEIRA	
Desp. Financeiras	280.000	Desp. Financeiras	280.000
Rec. Financeiras	(80.000)	Rec. Financeiras	(390.000)
Desp./Rec. Financeiras	200.000	Desp./Rec. Financeiras	(110.000)
DESPESAS OPERACIONAIS		DESPESAS OPERACIONAIS	
De Vendas	300.000	De Vendas	300.000
Administrativas	400.000	Administrativas	400.000
Financeiras*	200.000	Financeiras*	(110.000)
	900.000		590.000

* Deveríamos, com o objetivo de apresentar um maior grau de detalhe, indicar o confronto Despesa Financeira × Receita Financeira dentro do grupo de Despesas Operacionais, destacando seus respectivos valores.

---

[3] Como veremos à frente, as Normas Brasileiras de Contabilidade não incluem as Despesas Financeiras e Receitas Financeiras em conjunto com as Despesas de Vendas e Administrativas.

Variações monetárias[4]

Devem ser classificadas num subgrupo de Despesas Operacionais.

A legislação brasileira exemplifica como Variações Monetárias as variações cambiais.

Se uma empresa contrai empréstimo em moeda estrangeira, por exemplo, 100.000 dólares, no início do ano, quando cada dólar está cotado a $ 1,60, sua dívida corresponde a $ 160 mil (100.000 dólares × 1,60).

Todavia, com a desvalorização do Real, um dólar pode estar cotado a $ 1,90 no final do período. Dessa forma, a dívida corresponde a $ 190 mil (100.000 dólares × $ 1,90) no fim do exercício, havendo uma variação cambial de $ 30 mil (esses $ 30 mil são despesa para a empresa).

DESPESAS OPERACIONAIS		Em $ mil
De Vendas		$$$$
Administrativas		$$$$
(±) Financeiras	$$$$	
Variações Monetárias	30.000	$$$$

B. Modelo da ITG 1.000

Este modelo de DRE considera o Lucro (Resultado) Operacional excluindo as Despesas/Receitas Financeiras.

De fato, não é tecnicamente correto considerar Despesas financeiras como Operacionais. Na verdade, estas despesas estão relacionadas com a necessidade de capital, independentemente do ramo de negócio, da atividade operacional da empresa.

As Receitas Financeiras, de maneira geral, não têm nada a ver com atividades operacionais, mas trata-se de ganhos de aplicações no mercado financeiro.

```
  Receita Bruta
(–)  Deduções
=    Receita Líquida
(–)  Custos das Vendas (ou Serviços)
=    Lucro Bruto
(–)  Despesas Operacionais
     (–)  Despesas Administrativas
     (–)  Despesas com Vendas
     (–)  Outras Despesas Gerais
=    Lucro (Resultado) Operacional antes do Resultado Financeiro
(±)  Resultado Financeiro
     (+)  Receitas Financeiras
     (–)  Despesas Financeiras
     (±)  Outras Receitas e Despesas Operacionais
=    Lucro (Resultado) antes das Despesas com Tributos sobre o Lucro
     (–) _____
     (–) _____
```

---

[4] Deverão ser considerados dentro de Despesas e Receitas Financeiras.

> **PAUSA PARA REFLEXÃO**
>
> **A Empresa dos 40 anos**
>
> A PREFERIDA DOS PRESIDENTES
>
> A Rrevista *Exame* ouviu 207 dirigentes das maiores empresas do país para saber qual companhia deveria receber o título de Empresa dos 40 anos.* Eis as mais votadas.
>
>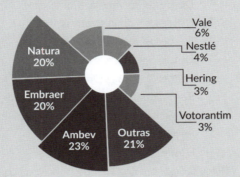
>
> A **Brahma** foi escolhida **Empresa do Ano em 1991**, dois anos depois da aquisição pelos sócios do banco Garantia.
>
> A **Ambev** (ou Brahma, antes da fusão com a Antarctica) foi escolhida como **a melhor empresa de seu setor dez vezes**.
>
> Uma na década de 1970, uma na década de 1980, quatro na década de 1990 e quatro na década de 2000.
>
> A Ambev é a cervejaria mais eficiente do mundo.
>
> Sua margem de lucro é de quase 50%."
>
> Por que cervejaria é tão rentável? Apesar da crise 2014-2018, a cervejaria continua sendo um bom negócio?
>
> * *Exame Melhores e Maiores*/2013.

Outras Despesas/Receitas

Embora seja um título inadequado, pois nada define, é utilizado para despesas operacionais não enquadradas no grupo de vendas, administrativas e financeiras. Exemplos:

Despesas Tributárias (não se incluindo, evidentemente, aquelas que variam proporcionalmente às vendas já subtraídas como deduções, mas sim IPVA, IPTU, Multas Fiscais etc.); prejuízos oriundos das aplicações em outras empresas etc. Nesse grupo, semelhantemente a Despesa × Receitas Financeiras, podemos incluir outras Receitas Operacionais de caráter eventual, ou não, tais como: lucros de participações em outras sociedades, vendas de sucatas etc.

Até 2007, as Doações e Subvenções de Investimentos recebidas pela empresa do governo ou de outras entidades eram contabilizadas diretamente no **Ativo** e como reserva no **Patrimônio Líquido**. Pela Lei nº 11.638/07, essas doações e subvenções deverão constar no Ativo, mas devendo transitar pela DRE. Assim, todas as doações e subvenções para investimentos serão Receitas não Operacionais, aumentando o Lucro Líquido.

Resultado de Investimentos em empresas Coligadas e Controladas também faz parte deste grupo. Este assunto é tratado no Capítulo 14.

C. Modelo do Pronunciamento Técnico CPC 26

Estabelece uma estrutura mínima para a DRE, considerando as determinações legais, não destacando-se o Lucro Operacional.

```
Receita Bruta
(–)   Deduções
=     Receita Líquida de Vendas
(–)   Custos dos Produtos e Serviços Vendidos
=     Lucro Bruto
(±)   Despesas e Receitas Operacionais
      (–)   Despesas de Vendas (Comerciais)
      (–)   Despesas Administrativas
      (–)   Despesas Tributárias
      +     Outras Receitas Operacionais
      (–)   Outras Despesas Operacionais
      (±)   Resultado de Investimentos em Coligadas e Controladas
=     Resultado antes das Despesas e Receitas Financeiras
      (+)   Receitas Financeiras
      (–)   Despesas Financeiras
=     Resultado antes dos Tributos sobre o Lucro
```

PAUSA PARA REFLEXÃO

As empresas têm usado um indicador de lucro que é o **Ebitda** (sigla em inglês de Lucro Antes dos Juros, Impostos, Depreciação e Amortização).

Esse indicador (*Ebitda* ou *Lajida*) mostra o potencial de geração de caixa de um negócio. Assim, ficamos sabendo se a empresa é capaz de gerar caixa, com as atividades operacionais, para investir, pagar o Imposto de Renda, remunerar o capital de terceiros e dos acionistas (dividendos).

Como as formas de contabilizar depreciação, impostos e até mesmo as dívidas são diferentes em diversos países, o **Ebitda** torna-se um indicador de lucro comparável entre empresas de vários países. Qual é a vantagem do Ebitda em relação ao Lucro Operacional?

Despesas e Receitas vistas como perdas e ganhos

As despesas e receitas não relacionadas diretamente com o objetivo do negócio da empresa são classificadas como *Outras Receitas* e *Despesas Operacionais*. Normalmente, trata-se de ganhos ou perdas, isto é, são aleatórias.

São exemplos:

- *Ganhos ou Perdas de Capital*. São os lucros ou prejuízos na venda de itens do ativo permanente: venda de um veículo (imobilizado), com lucro ou prejuízo; venda de máquinas-equipamentos (imobilizado), com lucro ou prejuízo; venda com lucro ou prejuízo de ações (investimentos) etc.
- *Perdas ou Ganhos*. As características de perdas e ganhos são de itens extraordinários, anormais, não orçáveis. Por exemplo, perdas com geadas, chuvas de granizo na agricultura.

6.1.3   Lucro antes dos Tributos

Todas as Despesas e Receitas Operacionais e Não Operacionais, as Despesas e Receitas Financeiras e os ganhos e perdas nas Aplicações em empresas Coligadas e Controladas fazem parte para apuração do Resultado antes dos Tributos sobre o Lucro.

6.1.4   Lucro do Período Proveniente de Operações em Continuidade

```
Lucro Antes dos Tributos
(–) Imposto de Renda e Contribuição Social
  = Lucro Depois do Imposto de Renda
```

O Imposto de Renda incide sobre o lucro da empresa.

Se apurarmos no *exercício social X* um lucro de $ 100 milhões, declararemos e recolheremos aos cofres públicos (Governo Federal), geralmente, 15% (quinze por cento) sobre o lucro ($ 15 milhões = 15% × $ 100 milhões) e mais uma sobretaxa de 10% sobre o que exceder R$ 240.000 anuais. Na verdade, é uma parcela do lucro canalizada para o governo.

O exercício social em que é gerado o lucro (ano X) denomina-se "ano-base". O exercício no qual se paga o Imposto de Renda (ano X+1) denomina-se "exercício financeiro". Hoje, o Imposto de Renda é pago no mesmo ano em que ele é gerado.

Pelo regime de competência, consideramos o Imposto de Renda no período em que foi gerado (ano-base) e não no período de pagamento (exercício financeiro), embora, atualmente, haja a coincidência.

Por ingerência fiscal, houve padronização do período-base de incidência do Imposto de Renda, que passa a ser necessariamente com o ano-calendário (1º-1 a 31-12).

Portanto, calcula-se o valor de Imposto de Renda a pagar e deduz-se do "Lucro Antes do Imposto de Renda".

Ressalte-se que a base de cálculo para o Imposto de Renda não é exatamente o lucro apurado pela Contabilidade, mas o lucro ajustado às disposições da legislação do Imposto de Renda, que será denominado *Lucro Real*.

Método para o cálculo das obrigações tributárias

As empresas fazem a escrituração mercantil, de acordo com as normas contábeis. Em seguida, utilizam um livro auxiliar (denominado de Livro de Apuração do Lucro Real – LALUR) para, de acordo com as Normas do Imposto de Renda, ajustar o "lucro contábil" (obtido na escrituração mercantil) para ser oferecido à tributação numa nova base.

Para fins ilustrativos, utilizaremos este modelo: partindo-se da escrituração com obediência aos preceitos da legislação comercial, da Lei das Sociedades por Ações e aos princípios (normas) de contabilidade para, em seguida, fazer os ajustes tributários.

PAUSA PARA REFLEXÃO

Mudança na Petrobras adia pagamento de impostos de R$ 4 bilhões

Por causa da desvalorização do real, a Petrobras registrou um elevado ganho com essa variação cambial sobre os ativos da empresa no exterior, mas esse ganho não se materializou em entradas no caixa.

Ao simular a adoção do regime de caixa, a diretoria de Finanças da Petrobras verificou que poderia reduzir a base de cálculo do Imposto de Renda e da Contribuição Social sobre o Lucro Líquido (CSLL), expurgando parte dos ganhos decorrentes da variação cambial do lucro tributável.

Essa mudança foi aprovada pelo Conselho de Administração no fim do ano, depois de a empresa já ter recolhido tributos com base no sistema antigo. Por isso, o setor financeiro da empresa levantou um crédito de R$ 4 bilhões, ou seja, uma diferença que a empresa teria pago a mais e, portanto, poderia ser compensada nos pagamentos dos meses seguintes.

Fonte: *O Estado de S. Paulo* em 13-5-09.

Por que a utilização do Regime Caixa pode ser interessante para se pagar menos Imposto de Renda em relação ao Regime de Competência? Com a operação Lava-Jato, qual o prejuízo da Petrobras em 2016? E como ela voltou a ter lucro em 2018?

Apuração do Lucro Real (em livro auxiliar)

Ao lucro contábil ajustado de acordo com as exigências do Imposto de Renda denominamos *Lucro Real* (Lucro Tributável).

O Lucro Real é obtido por meio da seguinte fórmula: Lucro Antes do Imposto de Renda (Lair) + Inclusões (–) Exclusões.

Lair
+ Inclusões
Fórmula (Adições)
- Custos, despesas, perdas e quaisquer outros valores deduzidos na apuração do lucro que, de acordo com a legislação do Imposto de Renda, não são dedutíveis.
- *Exemplos*: Multas fiscais punitivas pagas e contabilizadas como despesas, depreciação acima do permitido etc.

(–) Exclusões
(Subtrações)
= LUCRO REAL
- Deduções permitidas pela legislação e que não foram subtraídas até o momento.
- *Exemplos*: Prejuízos de exercícios anteriores, contribuições para instituições ou fundos de assistência ou previdência de empregados etc.

Portanto, Lucro Real = Lair + Inclusões (–) Exclusões. Então:

> Lucro Real × 15% = Provisão para Imposto de Renda

O Lucro Real é apurado no *LALUR* com o objetivo de separar (primeiro passo) a apuração do resultado fiscal da contabilidade financeira. Portanto, os itens anteriores não serão calculados na DRE, mas naquele livro. Hoje, os livros *Diário* e *Razão* já estão no formato digital, no subprojeto do Sistema Público de Escrituração Digital (SPED), denominado Escrita Contábil Digital (ECD), da mesma forma que o LALUR, apresentado no subprojeto denominado Escrita Contábil Fiscal (ECF). No Capítulo 11, abordaremos com mais profundidade o SPED.

PAUSA PARA REFLEXÃO

A Lei nº 11.941/09 (Lei das S.A.) diz que para fins da escrituração contábil, os registros contábeis que forem necessários para a observância das disposições tributárias relativos à determinação da base de cálculo do Imposto de Renda, quando não devam, por sua natureza fiscal, constar da escrituração contábil, ou forem diferentes dos lançamentos dessa escrituração serão efetuados exclusivamente em livros ou registros contábeis auxiliares, ou livros fiscais.

Seria o caso do LALUR?

Exemplo de Cálculo do Imposto de Renda

Crédito: GlobalP |iStockphoto

DEMONSTRAÇÃO DO RESULTADO DO EXERCÍCIO
Cia. Exemplo — Em $ mil

RECEITA BRUTA	58.000
(–) DEDUÇÕES	
ICMS	(4.000)
Abatimentos	(4.000)
RECEITA LÍQUIDA	50.000
(–) CUSTO DOS PRODUTOS VENDIDOS	(18.000)
LUCRO BRUTO	32.000
(–) DESPESAS OPERACIONAIS	
De Vendas	(14.000)
Administrativas	(12.000)
LUCRO ANTES DAS RECEITAS E DESPESAS FINANCEIRAS	6.000
Despesas Financeiras	(3.000)
Perdas Extraordinárias	– 0 –
LUCRO ANTES DOS TRIBUTOS	3.000
(–) Provisão para Imposto de Renda	?

Considerando que não há participações, vamos calcular a Provisão para o Imposto de Renda, observando as seguintes disposições fiscais:

1. No CPV, a empresa calculou a Depreciação das Máquinas e Equipamentos, tendo como base 15% e não 10%, como determina o Imposto de Renda. O valor de Máquinas e Equipamentos é de $ 60 milhões.
2. Consta em Despesa Administrativa uma multa fiscal no valor de $ 4 milhões.
3. Houve, no exercício anterior, um prejuízo de $ 3 milhões. (*Observação*: o Imposto de Renda permite deduzir prejuízos de exercícios anteriores para cálculo do Lucro Real do exercício atual, embora haja regras específicas).

Livro de Apuração do Lucro Real (Lucro Tributável)

Lucro Contábil (AIR)	3.000.000
Inclusões	
5% de excesso de Depreciação × 60.000.000 =	3.000.000
Multa Fiscal =	4.000.000
	10.000.000
Exclusões	
Prejuízo do Exercício Anterior	(3.000.000)
Lucro Real	7.000.000

$$\text{Provisão para Imposto de Renda} = 15\% \times \text{Lucro Real}$$
$$\text{PIR} = 15\% \times 7.000.000$$
$$\text{PIR} = 1.050.000$$

Obs.: não estamos considerando o adicional de 10%.

Então:

Lair	3.000.000
(–) PIR	(1.050.000)
Lucro Líquido das Operações Continuadas	1.950.000

Observamos que todas as inclusões se referem às cifras que a Contabilidade deduziu como despesas (e que, na verdade, para a empresa, são despesas reais), embora o IR não as aceite como dedutíveis:

- Se a empresa efetuou uma depreciação de 15% (e não 10%), inferimos que o desgaste real da máquina foi nessa base (15%).
- Se houve uma multa fiscal, isso representa desembolso para a empresa.

Todavia, o Imposto de Renda estabelece uma taxa máxima para Depreciação e que as Multas Fiscais representam uma penalização para a empresa, não sendo, portanto, dedutíveis para cálculo do Lucro Real.

Para efeito de distribuição de Dividendos, cálculo da rentabilidade da empresa... é o lucro apurado pela Contabilidade que prevalecerá, sendo irrelevante o Lucro Real (apurado para fins fiscais – IR).

Conforme a legislação brasileira, há outras provisões tributárias para serem calculadas, como a **Contribuição Social sobre o Lucro Líquido (CSLL)**. Desde 1º de fevereiro de 2000 a alíquota é de 9% (nove por cento).[5]

Lair
(–) Imposto de Renda
(–) Contabilidade Social (CSLL)
Lucro Líquido das Operações Continuadas

---

[5]   A base de cálculo para a CSLL também é ajustada extracontabilmente pelas adições, exclusões e compensação semelhante ao cálculo do Lucro Real.

PAUSA PARA REFLEXÃO

A maioria das empresas utiliza medida para avaliação por meio do cálculo do lucro líquido, após a tributação do Imposto de Renda. O jornal *Gazeta Mercantil*, em 24 de setembro de 2001, publicou caderno especial "As Empresas Dinâmicas", com um *ranking* das empresas segundo alguns critérios selecionados: Retorno sobre o Ativo, Valor Econômico Agregado e *Earnings Before Interest, Taxes, Depreciation and Amortization* (**Ebitda**): Resultado Operacional antes dos Juros, Impostos, Depreciação e Amortização. Para fins do cálculo do Retorno sobre o Ativo, foi utilizado o lucro líquido da empresa e isso se justifica pelo fato de se estar avaliando a empresa globalmente.

Por que há empresas que preferem o Ebitda como medida de desempenho?

Há ainda empresas que utilizam o Resultado Antes dos Juros e Impostos (Ebit): Receita Bruta (–) Imposto Vendas = Receita Líquida; Receita Líquida – (Custos dos Produtos Vendidos + Despesas Operacionais) = Ebit.

Por que esse tipo de apuração de lucro é útil? Em 2008/9, a maioria das empresas utilizava o Ebitda. Por quê? Em 2018/9, o Ebitda ainda é o tipo preferido?

6.1.5   Lucro Líquido depois das Operações Descontinuadas

Conforme o Pronunciamento Técnico CPC 31, Operação Descontinuada é o componente da empresa que tenha sido alienado ou esteja classificado como mantido para venda e:

a)   representa uma importante linha separada de negócios ou área geográfica de operações;

b)   é a parte integrante de um único plano coordenado para vender uma importante linha separada de negócios ou área geográfica de operações; ou

c)   é uma controlada adquirida exclusivamente com o objetivo de revenda.

Dessa forma, Operações Descontinuadas são bens do Ativo Não Circulante postos à venda. O resultado desta venda (Receitas ou Despesas) aparecem na DRE como Operações Descontinuadas.

6.1.6   Lucro Líquido

Após a apuração do "Lucro Depois das Operações Descontinuadas", deduziremos as participações, previstas nos estatutos, de debêntures, de empregados e administradores, partes beneficiárias e as contribuições para instituições ou fundos de assistência ou previdência de empregados. Se as participações (empregados e administradores forem na forma de instrumentos financeiros deverão ser destacados neste grupo).

Após essas deduções, encontraremos o *Lucro Líquido*, que é a sobra líquida à disposição dos sócios ou acionistas.

- *Das Debêntures*. As companhias podem solicitar empréstimos ao público em geral, pagando juros periódicos e concedendo amortizações regulares. Para tanto, elas emitirão títulos a longo prazo com garantias: são as debêntures.

- A debênture poderá assegurar a seu titular, além de juros e correção monetária, *participação no lucro da companhia* (dedutível para o Imposto de Renda).

- *De Empregados e Administradores*. É um complemento à remuneração de empregados e administradores. Normalmente, é definido no estatuto ou contrato social um percentual sobre o lucro. Constitucionalmente, a participação de empregados é obrigatória.

- Observamos que a participação aos administradores é desestimulada por nossa legislação, uma vez que não é permitida sua dedução para efeito de cálculo do Imposto de Renda (Lucro Real). A participação aos empregados é dedutível dentro de certos limites.

- *Partes Beneficiárias*. Introduzida pela Lei nº 11.941/09. Normalmente, são concedidas às pessoas que tiveram atuação relevante nos destinos da sociedade (tais como fundadores, reestruturadores etc.). São títulos negociáveis sem valor nominal que a Cia. pode criar a qualquer tempo.

Os titulares destes títulos terão direito a *participação* (prevista em estatutos) *nos lucros anuais* (não dedutível para efeito do Imposto de Renda).

- *Contribuições para Instituições ou Fundos de Assistência ou Previdência de Empregados*. São as doações às constituições de fundações com a finalidade de assistir seu quadro de funcionários, às previdências particulares, no sentido de complementar aposentadoria etc. que, definidas em estatutos, serão calculadas e deduzidas como uma participação nos lucros anuais (são dedutíveis para efeito de Imposto de Renda).

No que tange às participações dedutíveis, para efeito de Imposto de Renda, destacamos que há limite fixado por aquela legislação.

PAUSA PARA REFLEXÃO

A Nestlé usa o lucro líquido ou o operacional?

"Eu só quero chocolate[6]

Segundo um analista do setor, a margem operacional da Nestlé brasileira caiu para a faixa dos 5% a 7%, quando o ideal para uma empresa líder como ela seria que se situasse entre 10% e 15% (a média mundial do grupo suíço é de 12%). 'A Nestlé tinha uma estrutura de custos pesada, e demorou a se adaptar às novas condições do mercado', diz um consultor."

DEMONSTRAÇÃO DO RESULTADO DO EXERCÍCIO (DRE)		
Lucro Depois do Imposto de Renda		1.000.000
(–) Participação de Debêntures	1.000.000 × 10%	(100.000)
		900.000
(–) Participação de Empregados	900.000 × 10%	(90.000)
		810.000
(–) Participação Administração	810.000 × 10%	(81.000)
		729.000
(–) Contribuições e doações		------
Lucro Líquido		------

Após deduzidas do resultado as participações e contribuições, o que remanescer será o *Lucro Líquido*. Se dividirmos o Lucro Líquido pela quantidade de ações em que está dividido o capital da empresa, obteremos o *Lucro Líquido por Ação do Capital Social*.

Nossa legislação estabelece que o Lucro Líquido por Ação do Capital Social deve ser indicado no final da Demonstração do Resultado do Exercício.

Como já foi visto, o Lucro Líquido é a sobra líquida à disposição dos proprietários da empresa. Os proprietários decidem a parcela do lucro que ficará retida na empresa e a parte que será distribuída aos donos do capital (Dividendos). Veremos à frente a *Demonstração de Lucros ou Prejuízos Acumulados* que evidencia a distribuição de dividendos.

Principais termos do BP e DRE em Inglês

---

[6] Artigo publicado na revista *Exame*, em 20-3-2002.

6.2 MODELO IDEAL DA DRE

Até agora, vimos alguns modelos de apresentação da DRE. De forma resumida:

LEGISLAÇÃO SOCIETÁRIA	ITG 1.000	CPC 26
Receita Bruta	Receita Bruta	Receita Bruta
(–) Deduções	(–) Deduções	(–) Deduções
Receita Líquida	Receita Líquida	Receita Líquida
(–) Custo das Vendas	(–) Custo das Vendas	(–) Custo das Vendas
Lucro Bruto	Lucro Bruto	Lucro Bruto
(–) Despesas	(–) Despesas	(–) Despesas
de Vendas	de Vendas	comerciais
Administrativas	Administrativas	Administrativas
Financeiras (+) Rec. Fin.	outras desp. gerais	outras Rec./Desp. Operac.
Result. Operacional	Result. Operac. antes Res. Financeiros	Result. antes Desp./Rec. Financ.
(±) Rec./Desp. Não Operacionais	(±) Rec./Desp. Financeiras	(±) Rec./Desp. Financeiras
(–) I.R. e contribuição social	(±) Rec./Desp. Operacionais	(–) I.R. e C.S.L.L.
(–) Participações/doações	Result. antes Tributos	(±) Operações Descontinuadas
Resultado Líquido	(–) I.R. e contribuição social	Destinação do Resultado
	Resultado Líquido	Resultado Líquido

Modelo de Demonstração do Resultado do Exercício com base na Legislação – Lei nº 6.404/76 com as alterações das Leis nos 11.638/07 e 11.941/09 e as Normas Contábeis CPC 26 e Resolução CFC nº 1.255/09.

RECEITA BRUTA DE VENDAS
(–) DEDUÇÕES DE VENDAS
Vendas Canceladas
Descontos Incondicionais
Devoluções de Vendas
(–) IMPOSTOS SOBRE VENDAS
ICMS sobre Faturamento
RECEITA LÍQUIDA DE VENDAS
(–) Custo dos Produtos e Serviços Vendidos
LUCRO BRUTO
(+/–) DESPESAS E RECEITAS OPERACIONAIS
Despesas Comerciais
Despesas Administrativas
Despesas Tributárias
Outras Receitas Operacionais
Outras Despesas Operacionais
Resultado de Investimentos em Coligadas e Controladas

RESULTADO ANTES DAS DESPESAS E RECEITAS FINANCEIRAS
(+/−) RESULTADO FINANCEIRO LÍQUIDO
Despesas Financeiras
Receitas Financeiras
RESULTADO ANTES DOS TRIBUTOS SOBRE O LUCRO
(−) Provisão para CSLL
(−) Provisão para IRPJ
RESULTADO LÍQUIDO DAS OPERAÇÕES CONTINUADAS
Resultado líquido após os tributos das operações descontinuadas
Resultado líquido de baixas de ativos e mensuração do valor justo
RESULTADO LÍQUIDO DO PERÍODO
Lucro Líquido por ação:

Destinação:
  • Participação de Acionistas ou sócios não controladores
  • Aos proprietários da entidade controladora

Este formato de DRE não conflita com a Lei Societária no Brasil e é o modelo praticado em todo país. Veja que até o Resultado Antes das Despesas e Receitas Financeiras não há alterações relevantes.

6.2.1 Resultado Antes das Despesas e Receitas Financeiras

Sempre existiu polêmica sobre a natureza de Despesas e Receitas Financeiras: operacional ou não operacional?

Neste formato de apresentação da DRE calcula-se o Resultado antes desta despesa e receita (Financeira), podendo-se entender como um Resultado Operacional puro ou apenas uma classificação que facilita a análise da DRE.

6.2.2 Resultado Antes dos Tributos sobre o Lucro

Praticamente o Resultado é o mesmo do modelo tradicional da DRE tratada neste capítulo. Porém, os itens seguintes são novidades.

6.2.3 Resultado Líquido das Operações Continuadas

É o resultado apresentado depois de deduzidas as despesas (receitas) financeiras e as despesas sobre o lucro.

Até esta linha da DRE, não deverão ser apresentados os resultados de operações descontinuadas da entidade.

6.2.4 Resultado Líquido do Período

Para chegar a este resultado final, temos:

6.2.4.1 *Resultado Líquido após os tributos das operações descontinuadas*

Operação descontinuada, como já vimos, é o componente da entidade que tenha sido alienado ou esteja classificado com mantido para venda e:

- represente uma importante linha separada de negócios ou área geográfica de operações;
- seja parte integrante de um único plano coordenado para vender uma importante linha separada de negócios ou área geográfica de operações;
- seja uma controlada adquirida exclusivamente com o objetivo de revenda;
- um componente de uma entidade compreenda operações e fluxos de caixa que possam ser operacionalmente distinguidos do resto da entidade;
- entenda-se também como unidade geradora de caixa ou grupo de unidades geradoras de caixa.

Em conformidade com o *CPC 31 – Ativo não circulante mantido para venda e operação descontinuada*, aprovado pela Deliberação CVM 598 de 15/09/2009, a entidade deve apresentar os respectivos resultados do período numa única linha na DRE, separadamente das receitas e despesas operacionais continuadas, normalmente ao final da demonstração, líquidas dos efeitos tributários.

Nessa mesma linha, deve estar também somado o resultado líquido dos efeitos tributários decorrentes da operação de venda. Todos os detalhes relativos a essa linha devem ser divulgados preferencialmente em nota explicativa.

Ajustes nas demonstrações financeiras do período anterior devem ser efetuados para manter a comparabilidade das demonstrações financeiras e para que o usuário das demonstrações financeiras possa identificar os efeitos das operações que tenham sido descontinuadas à data do balanço do último período apresentado.

6.2.4.2 Resultado líquido de baixas de ativos e mensuração do valor justo

Nesta linha deverão ser demonstrados os ativos classificados como ativos mantidos para venda (*CPC 31*), como também os ativos imobilizados baixados por ocasião de sua alienação ou quando o item não apresentar expectativa de benefícios econômicos futuros, sendo permanentemente retirado de uso. Um ativo não circulante mantido para venda é um ativo, ou um grupo de ativos, a ser alienado, por venda ou de outra forma, que pode estar associado com passivos diretamente relacionados a ele, que serão juntamente transferidos na transação.

O ativo, ou o grupo de ativos, não circulante mantido para venda deve ser mensurado pelo menor valor entre o contábil e o líquido de venda (valor justo menos as despesas de venda).

Quando se espera que a venda ocorra após um ano, a entidade deve mensurar as despesas de venda ajustando-as pelo seu valor presente. Qualquer aumento no valor presente das despesas de venda que resulte da passagem do tempo deve ser apresentado nos resultados como despesa financeira, aplicando-se as disposições do Pronunciamento Técnico *CPC 12 – Ajuste a Valor Presente*.

Quando identificada uma perda em seu valor recuperável, o valor do ativo, ou grupo de ativos, não circulante mantido para venda, já líquido das despesas de venda, deve ser ajustado tão logo os indicadores dessa perda sejam identificados e razoavelmente mensurados.

*Acesse o **QR Code** e assista ao vídeo sobre Demonstração do Resultado do Exercício (DRE) e Demonstração do Resultado Abrangente (DRA).*

Informações Complementares

Demonstração do Resultado Abrangente – DRA

Normas Contábeis no Brasil como a Resolução do CFC nº 1.185/09 e o CPC 26 exigem que a entidade apresente a DRE e a DRA. Assim, a DRA passa a ser obrigatória mesmo não sendo prevista na Lei das Sociedades Anônimas. A Resolução CFC nº 1.255/09 diz:

A entidade deve apresentar seu resultado abrangente para o período em duas demonstrações – a demonstração do resultado do exercício (DRE) e a demonstração do resultado abrangente (DRA) – sendo que nesse caso a demonstração do resultado do exercício apresenta todos os itens de receita e despesa reconhecidos no período, exceto aqueles que são reconhecidos no resultado abrangente.

A demonstração do resultado abrangente deve começar com a última linha da demonstração do resultado; em sequência devem constar todos os itens de outros resultados abrangentes. Esta Norma fornece tratamento distinto para as seguintes circunstâncias:

5.4

(a) os efeitos de correção de erros e mudanças de políticas contábeis são apresentados como ajustes retrospectivos de períodos anteriores ao invés de como parte do resultado no período em que surgiram; e

(b) quatro tipos de outros resultados abrangentes são reconhecidos como parte do resultado abrangente, fora da demonstração do resultado, quando ocorrem:

    (i) alguns ganhos e perdas provenientes da conversão de demonstrações contábeis de operação no exterior;

    (ii) alguns ganhos e perdas atuariais (Benefícios a Empregados);

    (iii) algumas mudanças nos valores justos de instrumentos de *hedge* (Tópicos sobre Instrumentos Financeiros);

    (iv) mudanças dos ganhos de reavaliação para imobilizado mensuradas de acordo com o método de reavaliação, se permitidas por lei.

A entidade deve divulgar separadamente na demonstração do resultado abrangente os seguintes itens, como alocações para o período:

(a) resultado do período, atribuível:

    (i) à participação de acionistas ou sócios não controladores;

    (ii) aos proprietários da entidade controladora;

(b) resultado abrangente total do período, atribuível:

    (i) à participação de acionistas ou sócios não controladores;

    (ii) aos proprietários da entidade controladora.

Abordagem de duas demonstrações

Dentro dessa abordagem de duas demonstrações, a demonstração do resultado do exercício deve apresentar, no mínimo, e obedecendo à legislação vigente, as contas a seguir enunciadas que apresentem valores, com o lucro líquido ou prejuízo como última linha.

1) Demonstração do Resultado do Exercício (DRE)

(a) receitas;

(b) custo dos produtos, das mercadorias ou dos serviços vendidos;

(c) lucro bruto;

(d) despesas com vendas, gerais, administrativas e outras despesas e receitas operacionais;

(e) parcela do resultado de investimento em coligadas (Investimento em Controlada e em Coligada) e empreendimentos controlados em conjunto (Investimento em Empreendimento Controlado em Conjunto (*Joint Venture*)), contabilizada pelo método de equivalência patrimonial;

(f) resultado antes das receitas e despesas financeiras;

(g) despesas e receitas financeiras;

(h) resultado antes dos tributos sobre o lucro;

(i) despesa com tributos sobre o lucro;

(j) resultado líquido das operações continuadas;

(k) valor líquido dos seguintes itens:

    (i) resultado líquido após tributos das operações descontinuadas;

    (ii) resultado após os tributos atribuíveis à redução ao valor recuperável, ou reversão de redução ao valor recuperável, dos ativos na operação descontinuada;

(l) resultado líquido do período.

2) Demonstração do Resultado Abrangente (DRE)

A demonstração do resultado abrangente deve começar com o resultado do período como primeira linha, transposto da demonstração do resultado, e evidenciar, no mínimo, as contas que apresentem valores nos itens a seguir:

(a) cada item de outros resultados abrangentes classificado por natureza (excluindo os valores da alínea k). Esses itens devem ser agrupados naqueles que, de acordo com esta norma:

    (i) não serão reclassificados subsequentemente para o resultado, ou seja, aqueles no item 5.4(b) (i) e (ii) e (iv); e

    (ii) serão reclassificados subsequentemente para o resultado quando condições específicas forem atendidas, ou seja, aquelas no item 5.4(b) (iii).

(b) parcela dos outros resultados abrangentes de coligadas, controladas e controladas em conjunto, contabilizada pelo método de equivalência patrimonial;

(c) resultado abrangente total.

De acordo com esta Norma, os efeitos de correção de erros e mudanças de práticas contábeis são apresentados como ajustes retrospectivos de períodos anteriores ao invés de como parte do resultado do período em que surgiram.

A entidade deve apresentar contas adicionais, cabeçalhos e subtotais na demonstração do resultado abrangente e na demonstração do resultado do exercício, quando essa apresentação for relevante para o entendimento do desempenho financeiro da entidade.

A entidade não deve apresentar ou descrever qualquer item de receita ou despesa como "item extraordinário" na demonstração do resultado ou na demonstração do resultado abrangente, ou em notas explicativas.

3) Apresentação da DRA

A DRA pode ser apresentada de três maneiras:

a) como continuidade da DRE;

b) na Demonstração das Mutações do Patrimônio Líquido (DMPL); ou

c) como um relatório próprio.

O CPC sugere como ideal a DMPL. Porém, quando apresentada como um relatório próprio o valor inicial deveria ser o resultado apurado na DRE (última linha).

De acordo com as Normas Internacionais, o modelo ideal seria como continuidade da DRE (veja exemplo no Resumo deste capítulo).

RESUMO

Modelo completo considerando pronunciamento do CPC 26 e a DRA

DRE	Receita Bruta	25.420.000
	(–) Impostos sobre Vendas	(1.300.000)
	Receita Líquida	24.120.000
	(–) Custo do Produto Vendido	(12.020.000)
	Lucro Bruto	12.100.000
	(–) Despesas de Vendas	(3.100.000)
	(–) Despesas Administrativas	(3.400.000)
	Lucro Antes Desp. Rec. Financeiras	(5.600.000)
	Receitas Financeiras	1.200.000
	(–) Despesas Financeiras	(2.400.000)
	Lucro Antes Tributos s/Lucro	4.400.000
	(–) I. Renda e CSLL	(1.900.000)
	Lucro Líquido do Período	**2.500.000**
DRA	(–) Ajustes de Instrumentos Financ.	(320.000)
	Tributos s/Ajustes Financeiros	20.000
	Resultado Abrangente Total	**2.200.000**

EXERCÍCIO RESOLVIDO

Apresentamos a seguir os dados da DRE da Cia. de Tecidos Curiat, em $ milhões, referente ao exercício de 20X0.

Vamos ordenar esses dados apresentando a DRE do exercício:

Programa de Integração Social (PIS) sobre faturamento	21.308
Lucro Operacional	138.474
Despesas de Vendas	334.042
Lucro Líquido por Ação	0,115
Lucro Bruto	764.789
Vendas Brutas (incluindo do IPI)	2.970.514*
Provisão para Imposto de Renda	24.449
Despesas Financeiras I	52.065
Participação dos Administradores	300
Despesas Financeiras II	10.704
Vendas Líquidas	2.442.569
Participações dos Empregados	2.000
Lucro Antes do Imposto de Renda	75.705
Outras Despesas	151.598
Custo dos Produtos Vendidos	1.677.780
Imposto sobre Produtos Industrializados*	149.448

Lucro Líquido	48.256
Participações de Debêntures	700
Lucro Depois do Imposto de Renda	51.256
Despesas Administrativas	140.675
Imposto sobre Circulação de Mercadorias e Serviços	357.189

DEMONSTRAÇÃO DO RESULTADO DO EXERCÍCIO

Cia. de Tecidos Curiat

Exercício de 20X0 Em $ milhões

VENDAS BRUTAS	2.970.514*
Deduções:	
Imposto sobre Produtos Industrializados	(149.448)*
Imposto sobre Circulação de Mercadorias e Serviços	(357.189)
Programa de Integração Social	(21.308)
VENDAS LÍQUIDAS	2.442.569
CUSTO DOS PRODUTOS VENDIDOS	(1.677.780)
LUCRO BRUTO	764.789
DESPESAS OPERACIONAIS:	
De Vendas	(334.042)
Administrativas	(140.675)
Outras Despesas	(151.598)
LUCRO ANTES DAS DESPESAS FINANCEIRAS	138.474
DESPESAS FINANCEIRAS	62.769
LUCRO ANTES DOS TRIBUTOS	75.705
Provisão para Imposto de Renda	(24.449)
LUCRO LÍQUIDO OPERAÇÕES CONTINUADAS	51.256
(–) Participações:	
Debêntures	(700)
Empregados	(2.000)
Administradores	(300)
LUCRO LÍQUIDO	48.256
Lucro Líquido por Ação	0,115

* A partir de 2013, não é mais correto incluir o IPI como Receita Bruta e nem Deduções.

AVALIAÇÃO DO APROVEITAMENTO

a) Estes testes deverão ser respondidos em cinco minutos – 30 segundos para cada um.

b) Não responda, se tiver dúvidas.

c) Se você acertar menos que 70% (sete questões), não passe para a etapa seguinte: leia novamente o capítulo.

d) As respostas encontram-se no final do livro.

1. A forma adequada de apresentação da DRE é:
( ) **a)** Horizontal.
( ) **b)** Vertical.
( ) **c)** Optativa.
( ) **d)** Diagonal.

2. Deduções são:
( ) **a)** Ajustes.

- ( ) **b)** Despesas.
- ( ) **c)** Perdas.
- ( ) **d)** Custos.

3. Os impostos dedutíveis da Receita Bruta são identificáveis:
   - ( ) **a)** Por serem de âmbito federal e estadual.
   - ( ) **b)** Por incidirem sobre a fabricação do produto.
   - ( ) **c)** Por incidirem sobre a circulação do produto.
   - ( ) **d)** Pela proporcionalidade com vendas.

4. Como despesas Administrativas temos:
   - ( ) **a)** Pessoal de fábrica, encargos sociais, comissão bancária...
   - ( ) **b)** Pessoal de vendas, comissões, aluguel...
   - ( ) **c)** Pessoal de escritório, aluguel, assinaturas de revistas...
   - ( ) **d)** Pessoal da administração, juros, depreciação de móveis e utensílios...

5. Variações Monetárias são:
   - ( ) **a)** Correção Monetária de Poupança.
   - ( ) **b)** Cambial.
   - ( ) **c)** Variações do Disponível.
   - ( ) **d)** Variações da Conta Bancos.

6. A Taxa Normal de Imposto de Renda que incide sobre o Lucro Real é:
   - ( ) **a)** 5%.
   - ( ) **b)** 25%.
   - ( ) **c)** 15%.
   - ( ) **d)** 45%.

7. Lucro Real é:
   - ( ) **a)** Lucro Líquido.
   - ( ) **b)** Lucro Tributável.
   - ( ) **c)** Lucro Verdadeiro.
   - ( ) **d)** Lucro Econômico.

8. Como Participações no Lucro, temos:
   - ( ) **a)** Empregados, Administradores e Debêntures.
   - ( ) **b)** Administradores e Vendedores.
   - ( ) **c)** Debêntures e Secretarias.
   - ( ) **d)** Prefeitura e Administradores.

9. Resultado Não Operacional:
   - ( ) **a)** Perdas Previstas.
   - ( ) **b)** Perdas com a Inflação.
   - ( ) **c)** Perdas ou Ganhos Extraordinários.
   - ( ) **d)** Correção Monetária de Poupança.

10. Exercício Financeiro é:
    - ( ) **a)** Ano-base.
    - ( ) **b)** Ano do pagamento do Imposto.
    - ( ) **c)** Ano sobre o qual incide o Imposto de Renda.
    - ( ) **d)** Ano de boas finanças.

EXERCÍCIOS

1.

Cia. Sucesso I
DEMONSTRAÇÃO DO RESULTADO DO EXERCÍCIO
Em 31.12.x1 e 31.12.x0
Expresso em R$ 1.000

	31.12.x1	31.12.x0
VENDAS DE PRODUTOS, MERCADORIAS E SERVIÇOS		
Vendas de Produtos, Mercadorias e Serviços	2.000	1.000
(–) Deduções de Tributos, Abatimentos e Devoluções	(200)	(100)
= RECEITA	1.800	900
(–) CUSTO DAS VENDAS		
Custo dos Produtos, Mercadorias e Serviços	(900)	(400)

= LUCRO BRUTO	900	500
(–) DESPESAS OPERACIONAIS		
Despesas Administrativas	(100)	(80)
Despesas com Vendas	(50)	(10)
Outras Despesas Gerais	(50)	(10)
= RESULTADO OPERACIONAL ANTES DO RESULTADO FINANCEIRO	700	400
(+/–) RESULTADO FINANCEIRO		
Receitas Financeiras	200	200
(–) Despesas Financeiras	(100)	(100)
(+/–) OUTRAS RECEITAS E DESPESAS OPERACIONAIS	–.–	–.–
= RESULTADO ANTES DAS DESPESAS COM TRIBUTOS SOBRE O LUCRO	600	500
(–) Despesa com Contribuição Social	(50)	(30)
(–) Despesa com Imposto de Renda da Pessoa Jurídica	(150)	(70)
= RESULTADO LÍQUIDO DO PERÍODO	400	400

Como podemos explicar o fato de a Cia. Sucesso vender o dobro em X1 em relação a X0 e, no final, ter o mesmo Lucro Liquido?

2. Quais as parcelas que não são consideradas para a obtenção de Ebitda.

3. Por que Dividendos não aparecem na DRE?

CAP. 6 ■ Demonstração do Resultado do Exercício (DRE) e Demonstração do Resultado Abrangente (DRA) | 107

4. Preencha as linhas pontilhadas no lado do Passivo e PL.

Cia. Sucesso II
BALANÇO PATRIMONIAL
Em 31.12.x1 e 31.12.x0
Expresso em R$ 1.000

ATIVO	31.12.X1	31.12.X0	PASSIVO E PATRIMÔNIO LÍQUIDO	31.12.X1	31.12.X0
CIRCULANTE			CIRCULANTE		
Caixa e Equivalentes de Caixa	100	1.000	Fornecedores	400	500
Contas a Receber	200	2.500	Empréstimos e Financiamentos	100	1.000
Estoques	300	2.000	Obrigações Fiscais	–.–	....
Outros Créditos	100	250	Obrigações Trabalhistas e Sociais	–.–	....
Subtotal	700	5.750	Contas a Pagar	100	100
			Provisões para Imposto de Renda	–.–	....
			Subtotal	600	2.450
NÃO CIRCULANTE			NÃO CIRCULANTE		
Contas a Receber	400	400	Financiamentos	1.000	1.000
Investimentos	1.600	2.600			
Imobilizado	3.000	3.000	PATRIMÔNIO LÍQUIDO		
Intangível	2.500	2.500	Capital Social	5.000	5.000
(–) Depreciação e Amortização Acumuladas	(300)	(300)	Reservas de Capital	–.–	–.–
Subtotal	7.200	5.700	Reservas de Lucros	–.–	–.–
			Lucros Acumulados	1.300	....
			(–) Prejuízos Acumulados	–.–	–.–
			Subtotal	5.300	8.000
TOTAL	7.900	11.450	TOTAL	7.900	11.450

DRE em 20x1 da Cia. Sucesso II (Parcial) em R$ 1.000

Receita Bruta	5.000
(–) Custos	2.000*
Lucro Bruto	3.000
(–) Despesas Adm.	(500)
(–) Despesas Fiscais Não Pagas	(200)
(–) Outras Despesas	(100)
Resultado Operacional	2.200
(–) Prov. I. Renda	(500)
L. Líquido	1.700

* Os custos contêm Obrigações Trabalhistas não pagas de R$ 150.

Análise dos Relatórios Financeiros como Instrumento para a Tomada de Decisão

7

Este capítulo terá uma abordagem decisorial, apresentando como podemos extrair dos relatórios contábeis, vistos nos capítulos anteriores, indicadores e informações essenciais para a tomada de decisão visando à qualidade na gestão dos negócios.

OBJETIVOS

Ao completar o estudo deste capítulo, você deverá estar preparado para explicar e exercitar os seguintes conceitos:

- Conhecer o tripé decisorial para análise dos relatórios financeiros.
- Conhecer os principais indicadores da Situação Financeira (Liquidez).
- Conhecer os principais indicadores da Estrutura de Capital (Endividamento).
- Conhecer os principais indicadores da Situação Econômica (Rentabilidade).
- Compreender o processo de análise dos relatórios financeiros e sua importância para a gestão e a tomada de decisão.

7.1 INTRODUÇÃO

O surgimento da Análise dos Relatórios Financeiros (contábeis) de forma mais sólida ocorre no final do século XIX, com banqueiros americanos solicitando das empresas que queriam crédito suas demonstrações contábeis, em princípio, basicamente, o Balanço. Daí que surge a expressão "Análise de Balanços", ainda utilizada.

A análise das Demonstrações Contábeis, também conhecida como análise das Demonstrações Financeiras, desenvolve-se ainda mais com o surgimento dos bancos governamentais, que tinham muito interesse na situação econômico-financeira das empresas tomadoras de financiamentos.

Com a abertura de capital por parte de grandes empresas (sociedades anônimas), possibilitando a participação de pequenos e grandes investidores como acionistas, a escolha de empresas mais bem-sucedidas para se investir se tornou essencial, o que levou a análise das Demonstrações Contábeis a se tornar um instrumento de grande importância e utilidade para se tomar decisão de qual empresa investir.

Soma-se a isso a necessidade gerencial das empresas em tomar decisões, por exemplo, o que comprar, quanto comprar, quanto dar de desconto, de prazo de pagamento, tomar dinheiro emprestado, investir etc. Para que isso seja possível, elas necessitam de informações precisas para realizar um bom julgamento e tomar a decisão do que fazer. A avaliação da eficácia administrativa e a preocupação com o desempenho de seus concorrentes, dos funcionários etc., na expectativa de identificarem a melhor situação econômico-financeira, consolidam a necessidade imperiosa da Análise dos Relatórios Financeiros.

A seguir, partiremos para o universo da Análise dos Relatórios Financeiros. Neste capítulo, abordaremos o que denominamos de nível introdutório da análise, que estuda o tripé Situação Financeira (Liquidez), Situação Econômica (Rentabilidade) e Estrutura de Capital (Endividamento), que tem por base o Balanço Patrimonial e a Demonstração do Resultado do Exercício, já vistos nos capítulos anteriores. Os níveis de análise intermediário e avançado envolvendo outros demonstrativos, como a Demonstração dos Fluxos de Caixa, a Demonstração do Valor Adicionado e outros elementos, serão apresentados juntamente com os respectivos capítulos, nas Partes III e IV deste livro.

7.2 SITUAÇÃO FINANCEIRA

Observamos, até o momento, que o Balanço Patrimonial evidencia a situação patrimonial (Bens, Direitos e Obrigações) da empresa. Poderíamos, ainda, numa abordagem mais específica, atribuir ao Balanço Patrimonial a função (entre outras) de indicador da *Situação Financeira* (SF) da Entidade, ou seja, a capacidade de pagamento da empresa.

A simples comparação entre o *Ativo Circulante* e o *Passivo Circulante* propicia ao usuário do Balanço Patrimonial uma visão panorâmica da Situação Financeira da empresa a curto prazo (para o exercício social seguinte ao encerramento do Balanço).

O *Ativo Circulante* é constituído de dinheiro (Disponível), de quase dinheiro (Duplicatas a Receber) e de futuro dinheiro (Estoque).

Na verdade, os recursos financeiros (dinheiro) utilizados para fazer frente às dívidas da empresa (Passivo Circulante) são retirados do Ativo Circulante. Dessa forma, normalmente, se o Ativo Circulante for *menor*[1] que o Passivo Circulante, a empresa comercial ou industrial terá dificuldade em solver seus compromissos; portanto, sua Situação Financeira não é boa.

A SF poderá, também, ser objeto de análise para situações a Longo Prazo. Nesse caso, incluiríamos ao Circulante, na comparação, o Realizável e o Passivo Não Circulante (*Ativo Circulante + Realizável a Longo Prazo ÷ Passivo Circulante + Passivo Não Circulante*).

A análise da SF mede a capacidade de pagamento da empresa e pode ser vista como análise de *Liquidez* (avaliar a capacidade de a empresa liquidar seus compromissos).

Vamos trabalhar com as empresas *A* e *B*:

BP – EMPRESA A				BP – EMPRESA B			
ATIVO		PASSIVO		ATIVO		PASSIVO	
Circulante	280	Circulante	200	Circulante	300	Circulante	390
Não Circulante		Não Circulante		Não Circulante		Não Circulante	
Real. LP	020	(ELP)	370	Real. LP	–	(ELP)	10
Imobilizado	700	P. Líq.	430	Imobilizado	700	P. Líq.	600
Total	1.000	Total	1.000	Total	1.000	Total	1.000

	Empresa A	Empresa B
Situação Financeira de curto prazo :	AC > PC → SF Favorável	AC < PC → SF Desfavorável

---

[1] Da relação do Ativo Circulante com o Passivo Circulante obteremos o índice de Liquidez Corrente (potencial de pagamento a curto prazo da empresa).

$$\frac{\text{(AC) Ativo Circulante}}{\text{(PC) Passivo Circulante}} = \text{Liquidez Corrente (geralmente, o ideal é que seja} > 1, \text{ isto é, AC} > \text{PC)}$$

A *empresa B*, ainda que esteja pouco endividada, terá dificuldades em pagar suas contas.

Indicadores: para conhecermos com mais exatidão a SF da empresa, calculamos índices (indicadores, quocientes de liquidez).

Por exemplo, a *SF de curto prazo* pode ser medida:

$$\text{a) Liquidez Corrente (Circulante)} = \frac{\text{Ativo Circulante}}{\text{Passivo Circulante}}$$

Espera-se, no caso de Indústria e Comércio,[2] que esse índice seja superior a 1,0 para que a SF seja possível. Entretanto, o ideal seria comparar com o desempenho de outras empresas do mesmo ramo de atividade. Se estivermos analisando uma Indústria de Plástico e a Liquidez Corrente (LC) for igual a 1,20, ainda que a SF seja favorável (acima de 1,00), esse índice não seria bom se na média as Indústrias de Plásticos tivessem índice igual a 1,58.

Assim, um indicador será avaliado quando compararmos com empresas do mesmo ramo de atividade.

Por outro lado, podemos conhecer também a Situação Financeira de longo prazo:

$$\text{b) Liquidez Geral (ou Financeira)} = \frac{\text{Ativo Circulante + Realizável a Longo Prazo}}{\text{Passivo Circulante + Exigível a Longo Prazo (PÑC)}}$$

Esse índice ser menor que a LC não significa que a empresa não irá pagar suas contas no longo prazo, pois as dívidas do Exigível a Longo Prazo (ELP) demorarão mais de um ano para vencer e o Ativo Circulante poderá crescer o suficiente para honrar os compromissos.

Se quisermos calcular *índices especiais*, poderemos criar outros indicadores. Por exemplo, o *banqueiro*, para emprestar dinheiro às empresas, gostaria de saber se elas conseguirão pagar suas contas excluindo os estoques (os estoques demoram mais para se transformarem em dinheiro):

$$\text{c) Liquidez Seca (excluindo estoques)} = \frac{\text{Ativo Circulante (–) Estoques}}{\text{Passivo Circulante}}$$

É lógico que o banqueiro gostaria que esse índice fosse maior que 1,00. Todavia, se for um supermercado, em que praticamente só há estoque, esse índice vai ser bem inferior a 1,00.

Assim como os demais índices, haveria necessidade de comparar com outras empresas do mesmo ramo de atividade para avaliar o desempenho.

Ainda em casos especiais, vamos admitir o tesoureiro da empresa.

$$\text{d) Liquidez Imediata (Absoluta)} = \frac{\text{Disponível (Caixa e Bancos)}}{\text{Passivo Circulante}}$$

Quanto mais alto esse índice, mais dinheiro disponível o tesoureiro terá para pagar as dívidas de curto prazo. Dessa forma, sua margem de segurança será maior.

Por outro lado, o bom Administrador Financeiro quer que esse índice seja apertado, assim ele tem mais recursos para aplicar em ativos mais rentáveis do que deixar dinheiro em Caixa ou Bancos conta movimento.

---

[2] No caso de empresa prestadora de serviços, a LC poderá ser menor que 1,00 e, ainda assim, ser um SF favorável. É comum prestação de serviços ter liquidez menor, pois não há o item Estoque (comum para indústria e comércio) no Ativo Circulante.

7.3 ESTRUTURA DE CAPITAL

Sabemos que o Ativo (aplicação de recursos) é financiado por capitais de terceiros (Passivo Circulante + Passivo Não Circulante) e por capitais próprios (Patrimônio Líquido – PL). Portanto, capitais de terceiros e capitais próprios são fontes (origens) de recursos. É por meio desses indicadores que apreciaremos o nível de endividamento da empresa.

Também são esses indicadores de endividamento que nos informam se a empresa utiliza mais recursos de terceiros ou recursos dos proprietários. Saberemos se os recursos de terceiros têm seu vencimento em maior parte a curto (Circulante) ou a longo prazo (Não Circulante).

Evidentemente, a opção por parte da empresa para contrair dívidas a longo prazo é mais confortável, uma vez que terá mais tempo para pagar a obrigação e, consequentemente, terá mais tempo para gerar recursos financeiros (para saldar a dívida). Todavia, nem sempre é fácil obter empréstimos a longo prazo, principalmente para Capital de Giro (Ativo Circulante).

É tradicional no mercado financeiro conseguir empréstimos a longo prazo para aquisição de bens do Imobilizado. A lógica é que a aplicação no Imobilizado gera recursos mais lentamente que as aplicações no Ativo Circulante, e que os montantes necessários para aquisição de itens do Imobilizado são maiores (Prédios, Máquinas e Equipamentos Modernos, Novas Instalações para expansão etc.) que os do Circulante.

Entretanto, sempre que possível, é interessante que a empresa concentre mais sua dívida a longo prazo que a curto prazo, embora nem sempre seja tarefa fácil. É claro, também, que a forma de cálculo dos encargos deve ser considerada. Por exemplo, em épocas de inflação decrescente, não é interessante contrair empréstimos a longo prazo, com taxas de juros da dívida fixos (prefixados).

ATIVO (APLICAÇÃO)	PASSIVO E PL (ORIGENS)
Circulante	**Circulante**
Não Circulante	**Não Circulante**
RLP	Exigíveis a L.P.
Investimentos	
Imobilizado	**Patrimônio Líquido**
Intangível	

II. NÃO CIRCULANTE	378.399.905	429.779.805	II. NÃO CIRCULANTE	282.175.928	352.459.375
Contas a receber	32.132	32.132	Contas a Pagar	110.346.071	131.090.745
Depósitos Judiciais	10.941.684	11.012.463	Obrigações Tributárias	61.715.980	61.509.557
Investimentos	702.498	710.845	Provisão para Contingências	34.280.560	34.280.560
Imobilizado Líquido	197.291.147	198.270.165	Receitas a Realizar	75.833.317	125.578.513
Intangível Líquido	169.432.444	219.754.200			
			III. PATRIMÔNIO LÍQUIDO	(28.051.306)	(27.588.299)
			Patrimônio Social	(117.644.274)	(28.051.306)
			Resultado do Período	89.592.968	463.007
III. TOTAL DO ATIVO (I + II)	475.924.456	570.656.985	IV. TOTAL DO PASSIVO (I + II + III)	475.924.456	570.656.985

Por que o Balanço Patrimonial deste clube mostra PL negativo?
Procure comparar este Balanço Patrimonial com o do seu time para verificar se a situação do PL está melhor.

Para uma correta análise do endividamento da empresa (estrutura de capital), é necessário que analisemos dois pontos: a participação do capital de terceiros na empresa (quantidade de endividamento) e a composição desse endividamento, se em maioria de curto ou de longo prazo (qualidade do endividamento).

7.3.1   Participação de capitais de terceiros

Podemos utilizar um indicador bastante simples para medirmos o quanto terceiros (bancos, financiadores, fornecedores etc.) participam do capital total da empresa:

$$\frac{\text{Capital de terceiros}}{\text{Capital de terceiros + Capital próprio}} = \frac{\text{Exigível total}}{\text{Exigível total + PL}} = \frac{\text{PC + ELP}}{\text{PC + ELP + PL}}$$

Sem endividamento, ninguém cresce. Dívida significa origem de recursos. O ideal seria crescer com recursos dos proprietários. Sabemos que, no Brasil, não há uma vocação de injeção de recursos pelos proprietários e que o mercado de capitais (venda de ações das empresas na Bolsa de Valores), embora tenha crescido nos últimos anos, ainda é incipiente. Daí as empresas precisarem recorrer a capitais de terceiros.

7.3.2   Composição do endividamento

A análise da composição do endividamento é bastante significativa:

a)   Endividamento a curto prazo: normalmente utilizado para financiar o Ativo Circulante.
b)   Endividamento a longo prazo: normalmente utilizado para financiar o Ativo Fixo.

A proporção favorável seria aquela com maior participação de dívidas a longo prazo, propiciando à empresa tempo maior para gerar recursos que saldarão os compromissos. Expansão e modernização devem ser financiadas com recursos a longo prazo, e não com o Passivo Circulante, pois os recursos a serem gerados pela expansão e pela modernização virão a longo prazo.

Se a composição do endividamento apresentar uma significativa concentração no Passivo Circulante (curto prazo), a empresa poderá ter reais dificuldades em um momento de reversão de mercado (o que não aconteceria se as dívidas estivessem concentradas no longo prazo). Na crise, ela terá poucas alternativas: vender seus estoques na base de uma "liquidação forçada" (a qualquer preço); e assumir novas dívidas a curto prazo, que, certamente, terão juros altos, o que aumentará as despesas financeiras.

Se a concentração fosse a longo prazo, a empresa, em um momento de revés, teria mais tempo para replanejar a sua situação, sem necessidade de desfazer-se dos estoques a qualquer preço.

Ao analisarmos a composição, estamos analisando a *Qualidade da Dívida*. É uma dívida de qualidade boa ou ruim? Qual é o perfil da dívida? Como ela se compõe?

Para cálculo do endividamento a curto prazo, podemos utilizar a seguinte fórmula:

$$\frac{PC}{Capital\ de\ terceiros} = \frac{PC}{Exigível\ total} = \frac{PC}{PC + ELP}$$

O percentual resultante será a parte da dívida de curto prazo.

Por exemplo, uma pessoa pode ter uma dívida de R$ 4.000,00 e, em termos de *quantidade*, entender que o montante é pequeno. Todavia, se a dívida for em cheque especial, ainda que a quantidade seja pequena, a *qualidade* será péssima (terá que pagar a curtíssimo prazo e os juros podem chegar a 10% ao mês).

Assim, analisar a qualidade da dívida é avaliar o *prazo de pagamento* (dívida de Longo Prazo é melhor, tem-se mais tempo para pagar) e o *custo do dinheiro* (dívida com juros altos é ruim. Por exemplo, empréstimos de curto prazo normalmente são mais onerosos que os de longo prazo).

Vamos trabalhar novamente com as empresas A e B:

BP – EMPRESA A				BP – EMPRESA B			
ATIVO		**PASSIVO**		**ATIVO**		**PASSIVO**	
		Circulante	200			Circulante	390
		ELP (Não Circul.)	370			ELP (Não Circul.)	10
		P. Líquido	430			P. Líquido	600
Total	1.000	Total	1.000	Total	1.000	Total	1.000

Quantidade da dívida CT/P = $\frac{570}{1.000}$ = 57% (alta)

Qualidade da dívida PC/CT = $\frac{200}{570}$ = 35% (boa)

CT/P = $\frac{400}{1.000}$ = 40% (baixa)

PC/CT = $\frac{390}{400}$ = 97,5% (ruim)

Enquanto a empresa *A* tem uma dívida alta (embora esteja na média aceitável), a qualidade da dívida é boa, pois bem mais da metade (65%) é de longo prazo (mais tempo para pagar e menos onerosa).

A empresa *B* tem uma dívida baixa (40%), porém toda concentrada no curto prazo (97,5% – vai vencer rapidamente e os juros são mais altos).

7.4 SITUAÇÃO ECONÔMICA

Por outro lado, podemos também identificar, pelo Balanço Patrimonial, a *situação econômica* da empresa.

Uma forma de avaliar a situação econômica é observar o PL da empresa e sua variação. Evidentemente, o crescimento real do PL vem fortalecer sua situação econômica.

O fortalecimento do Capital Próprio (PL) em relação ao Capital de Terceiros propicia à empresa uma posição mais sólida, não ficando vulnerável a qualquer revés que possa ocorrer no dia a dia.

A principal fonte de fortalecimento do PL é o "bom lucro". Assim, a constante obtenção de resultado positivo (lucro) vem contribuir para uma situação econômica mais sólida.

O oposto também é uma realidade, isto é, o prejuízo (resultado negativo) vem enfraquecer a situação econômica da empresa.

> Como já tivemos oportunidade de observar, todo lucro obtido pela empresa pertence a seus proprietários. Por isso, o lucro não distribuído aos donos do Capital é contabilizado no PL como Lucros Acumulados (Lucro Retido).[3]

---

[3] No momento oportuno, normalmente, o Lucro Retido é canalizado para aumento de Capital e/ou Reservas de Lucro.

A parcela do lucro não distribuída aos proprietários (mas retida na empresa) é que, na verdade, fortalece a situação econômica. Repare que essa parcela se incorpora ao Capital Próprio que numa situação de continuidade pertence à empresa, uma vez que os proprietários não poderão exigir (não exigível) o reembolso desses recursos. Assim, a empresa utiliza esses recursos como se fossem dela, até ela entrar em dissolução (descontinuidade).

O PL poderá ser acrescido, também, com novos aumentos de capital: os proprietários fazem novos investimentos, normalmente, com o objetivo de expandir a empresa. Todavia, há ocasiões em que a situação econômica (e mesmo a situação financeira) é tão precária que os proprietários da empresa contribuem com um aumento de capital (reforço) para tentar equilibrar essa situação. Note que esses aumentos não serão contínuos, pois a situação seria desestimulante para os proprietários.

Não há dúvida de que o bom e constante lucro, desde que uma boa parcela seja retida (não distribuída integralmente aos proprietários), será o fator de equilíbrio e fortalecimento da situação econômica da empresa (e, por consequência, da situação financeira).

Ressaltamos, entretanto, que, se o PL (Capital Próprio) apresenta crescimento durante vários períodos, em proporção menor que o Capital de Terceiros, a situação econômica da empresa tende a enfraquecer.

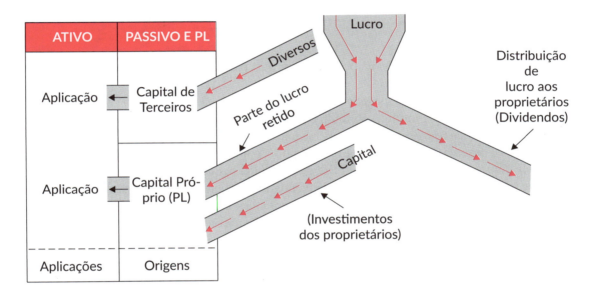

PAUSA PARA REFLEXÃO

Grandes empresas que faliram:

EMPRESA	
Matarazzo	O grupo, que já fora o maior do país, entrou em concordata em 1983. Mas só ruiu em 1992.
Mappin, Mesbla, Lojas Brasileiras, Casas Centro	Em 1999, uma série de redes de varejo desaparece devido à má gestão, à concorrência e à obsolescência do modelo.
Encol	A maior construtora do país quebrou em 1997 e deixou 42 mil clientes lesados.
Vasp, Transbrasil e BRA	Grandes empresas aéreas brasileiras do século XXI.

Essas empresas tiveram prejuízos elevados. Poderíamos pensar que os sucessivos prejuízos enfraqueceram economicamente essas empresas e assim, não resistindo, houve a falência?

Melhorar a rentabilidade da empresa é, e sempre será, a meta de todo gestor. É preciso otimizar o lucro, minimizar os investimentos sem que isso implique em perda do volume de produção.

Nosso objetivo nessa parte é mostrar a Contabilidade como instrumento decisorial. A Demonstração do Resultado do Exercício (DRE) é extremamente relevante para avaliar o desempenho da empresa e a eficiência dos gestores em obter resultado positivo. O lucro é o objetivo principal das empresas. Há um tripé decisorial (Situação Financeira, Endividamento e Situação Econômica). Vamos verificar agora os principias indicadores da situação econômica.

Numa *primeira etapa*, queremos medir a *Lucratividade* da empresa, ou seja, quanto a empresa ganha a cada real vendido. Lucratividade significa medir a margem de Lucro:

a) Margem Bruta de Lucro $= \dfrac{\text{Lucro Bruto}}{\text{Vendas}} = \dfrac{5.500}{10.000} = 55\%$

b) Margem Operacional de Lucro $= \dfrac{\text{Lucro Operacional}}{\text{Vendas}} = \dfrac{3.100}{10.000} = 31\%$

c) Margem Líquida de Lucro $= \dfrac{\text{Lucro Líquido}}{\text{Vendas}} = \dfrac{1.700}{10.000} = 17\%$

Em termos de *Margem Bruta*, pode-se dizer que, para cada $ 1,00 vendido, $ 0,45 é custo e $ 0,55 é lucro.

Em termos de *Margem Operacional*, pode-se dizer que, para cada $ 1,00 vendido, $ 0,69 é gasto para produzir e distribuir o produto, sobrando como lucro nas operações $ 0,31.

Em termos de *Margem Líquida*, o principal indicador, deduz-se que, a cada $ 1,00 vendido, $ 0,83 são custos e despesas gerais e $ 0,17 é lucro líquido, o que sobra para os proprietários.

Há empresas que trabalham com Margem Líquida pequena (supermercado, restaurante por quilo, pacote turístico, entre outras, pois ganham na quantidade vendida) e empresas que trabalham com Margem Líquida alta (joalheria, hotéis, loja de conveniências etc., pois vendem menor quantidade).

Numa *segunda etapa*, podemos medir a *Rentabilidade* da empresa, isto é, quanto ela foi eficiente em seus investimentos em termos de retorno, de lucro, quantos centavos a empresa obteve de lucro (retorno) a cada $ 1,00 investido:

a) Rentabilidade da Empresa $= \dfrac{\text{L. Líquido}}{\text{Ativo}} = \dfrac{1.700}{16.980} = 10\%$ Taxa de Retorno sobre Investimento

b) Rentabilidade dos Empresários $= \dfrac{\text{L. Líquido}}{\text{P. Líquido}} = \dfrac{1.700}{8.500} = 20\%$ Taxa de Retorno sobre Líquido

Do ponto de vista da empresa, cada $ 1,00 aplicado no Ativo, em média, traz um retorno de $ 0,10. Dessa forma, haveria a necessidade de 10 anos (*payback* = tempo de retorno do investimento) para recuperar o investimento (Ativo).

Do ponto de vista dos proprietários, para cada $ 1,00 aplicado por eles, há um retorno (lucro) de $ 0,20. O *payback* seria de quase 5 anos (8.500/1.700).

ROI × ROE: na literatura contábil, é comum encontrar os termos *Return on Investment* (ROI), que é a mesma coisa que Taxa de Retorno sobre Investimento (TRI), e *Return on Equity* (ROE), que é a mesma coisa que Taxa de Retorno sobre Patrimônio Líquido (TRPL).

Numa *terceira etapa*, podemos ainda medir a Produtividade da empresa, ou seja, quanto seus investimentos (Ativo) geram em vendas. O indicador é chamado também de *Giro (ou Rotação) de Ativo*.

c) Produtividade (Giro do Ativo) $= \dfrac{\text{Vendas}}{\text{Ativo}} = \dfrac{10.000}{16.980} = 0,58$

Vamos admitir que se a empresa tivesse vendido $ 17.000; isso equivaleria a uma vez seu Ativo. O mesmo Ativo provocou mais venda, ainda, numa economia competitiva. Sem poder aumentar os preços, admita que a empresa venda $ 25.500, passando seu Giro do Ativo para 1,50. Nesse caso, a empresa mais que duplicou suas vendas com o mesmo Ativo (ou aumentou vendas numa proporção maior que os investimentos – Ativo). Seu Ativo se tornou mais eficiente, mais produtivo.

Na *quarta etapa*, vamos integrar na rentabilidade a lucratividade e a produtividade, numa mesma base, numa mesma fórmula; vamos observar que a rentabilidade é obtida maximizando a lucratividade e a produtividade.

Vimos que o ROI (TRI) é o indicador de rentabilidade, comparando o investimento (Ativo) com o retorno do investimento (Lucro).

$$TRI = \frac{Lucro\ Líquido}{Ativo}$$

Para o sucesso da empresa, quanto maior o preço de seu produto (ou menor o custo), mais ganho haverá nas unidades vendidas. Daí o esforço para se ganhar na lucratividade:

$$Margem\ de\ Lucro = \frac{L.\ Líquido}{Vendas}$$

Por outro lado, há necessidade de vender muitas unidades, ou seja, ganhar na *quantidade*. Isso acontece com um Ativo produtivo, eficiente, bem administrado. Daí o esforço para se ganhar na produtividade:

$$Giro\ do\ Ativo = \frac{Vendas}{Ativo}$$

Em outras palavras, ter bons lucros significa ganhar no preço (lucratividade) e na quantidade (produtividade).

Objetivo × Ganhar o máximo:	Preço × Quantidade
Ganhar no *Preço* e *Quantidade*:	$\frac{L.\ Líquido}{Vendas} \times \frac{Vendas}{Ativo}$
Multiplicando *Margem* × *Giro*:	$\frac{L.\ Líquido}{Vendas} \times \frac{Vendas}{Ativo}$
Chegamos exatamente no TRI:	$\frac{L.\ Líquido}{Ativo}$

Assim, concluímos que $TRI = \dfrac{Lucro\ Líquido}{Ativo}$ ou Margem de Lucro × Giro Ativo.

Um modelo bastante interessante que é utilizado para analisar os itens que compõem a TRI é o modelo DuPont. Em um único quadro, teremos todos os componentes que formam a Taxa de Retorno.

Devemos analisar item por item. Qual item está contribuindo em proporção maior, por exemplo, para a queda da Taxa de Retorno? E assim por diante. Vejamos:

PAUSA PARA REFLEXÃO

Em 2017, o professor Stephen Kanitz apresentou o seguinte artigo em seu "Blog para se PENSAR": Rentabilidade da Empresa Brasileira de 1974 Até Hoje

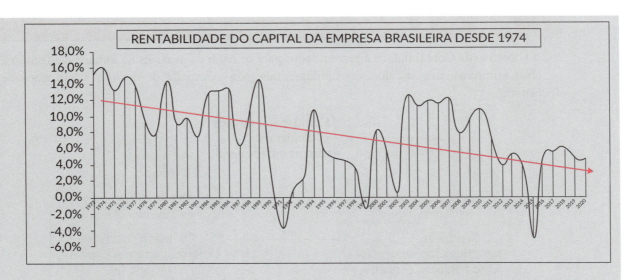

Um dos indicadores mais importantes para saber se um país está dando certo é a rentabilidade das empresas do país.

Mostra nossa capacidade de inovação, eficiência, se as empresas estão satisfazendo as exigências dos consumidores em termos de quantidade e qualidade, e muito mais.

Há 45 anos nossas empresas estão deteriorando, e o mais importante, ninguém parece se preocupar.

Esse indicador sequer é utilizado pelo Banco Central para determinar a taxa de juros.

Os sites dos IBGE, IPEA, FIESP, sequer divulgam esse gráfico, talvez nem a calculem.

O site do Ministério da Indústria e Comércio, Banco Central, Ministério da Fazenda, Ministério do Planejamento também não a divulgam, por não a acharem relevante.

Mas fica claro que há mais de 45 anos, nossas empresas são mal administradas, indo de mal a pior.

Desde 1978, vinha alertando esse fato nas edições de Melhores e Maiores, mas nem os empresários parecem que se incomodavam.

Até hoje, Paulo Skaf está mais interessado em ser Governador de São Paulo, do que salvar a indústria brasileira.

E essas são as 500 maiores de cada ano, e por isso esses valores são superestimados. As empresas que falem e fecham são substituídas por outras bem-sucedidas.

E nesta estatística, não há como excluir os substancias subsídios dados pelo BNDES, que aumentam a essa pífia rentabilidade.

E se as 500 maiores estão indo de mal a pior, imaginem as pequenas e médias empresas.

Esse é o único estudo existente que abrange mais de 45 anos, fruto da minha preocupação pessoal de criar *benchmarks* para a economia brasileira em 1974.

Quem tiver dados anteriores a 1973, favor me informar.

Grato.

O que pode estar acontecendo para essa queda significativa na rentabilidade das empresas de 1974 até os dias atuais?

ILUSTRAÇÃO

O objetivo da Contabilidade é prover dados para orientar os usuários na tomada de decisão.

Nas empresas, três ângulos são fundamentais para a tomada de decisão. Chamamos de tripé decisorial:

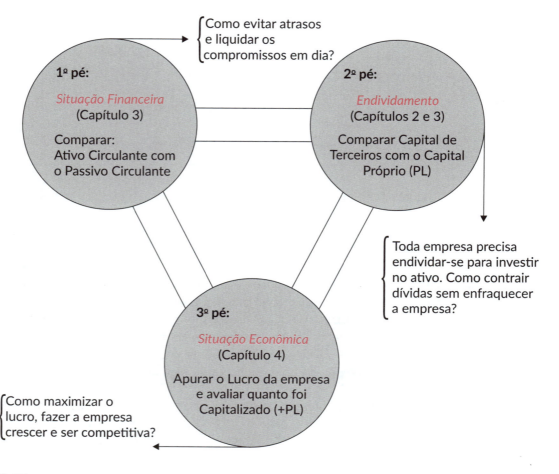

1º Pé:

Situação Financeira – O ideal seria, para o comércio e a indústria, que AC > PC, ou seja, os valores a receber fossem maiores que os valores a pagar.

2º Pé:

Endividamento – Um equilíbrio entre Capital de Terceiros (Passivo Exigível) e Capital Próprio (PL) normalmente é recomendável. Boa parte da dívida de Longo Prazo também é interessante.

3º Pé:

Situação Econômica – Na apuração de resultado, espera-se bom lucro.

Se a parte retida (não distribuída) aumentar o PL numa proporção igual ou superior ao crescimento de dívidas (capital de terceiros), teremos uma situação favorável.

*Acesse o **QR Code** e assista ao vídeo Análise dos Relatórios Financeiros como Instrumento para a Tomada de Decisão.*

RESUMO

A Análise dos Relatórios Financeiros surgiu para atender a demanda de credores que emprestam dinheiro para as empresas e precisavam verificar a saúde financeira da empresa para determinar se emprestariam e em que quantidade.

Nos dias atuais, a Análise dos Relatórios Financeiros é vital para qualquer organização, para que esta possa extrair dos relatórios informações, por meio de indicadores, que a auxiliem na compreensão de suas situações financeira, de endividamento e econômica, e que proporcionem tomadas de decisão, das mais diversas, de forma assertiva.

Verificamos o tripé que envolve a análise, sendo: *Situação Financeira (Liquidez)*, ou seja, se a empresa tem condições financeiras para honrar seus compromissos. Utiliza-se de diversos índices de liquidez para, cada qual com seu objetivo, fazer essa verificação; *Estrutura de Capital (Endividamento)*, em que se verifica: a) a participação de capitais de terceiros, ou seja, do capital (origem) que circula na empresa, quanto veio de terceiros e quanto é próprio, podendo assim identificar o grau de endividamento da empresa; e b) a composição do endividamento, que analisa como essa dívida está estruturada: se mais a curto prazo, o que pode levar a juros mais altos e a um sufoco maior para pagamento, ou se mais a longo prazo, geralmente com juros menores e com mais tempo para quitação. Dessa forma, medimos a qualidade da dívida; *Situação Econômica (Rentabilidade)*, ou seja, como a empresa está operando, se está sendo eficaz, obtendo retorno dos investimentos para os sócios, se está mantendo margens de lucratividade adequadas com seu setor de atuação etc.

Importante frisar que uma boa análise envolve o estudo dessas três situações em conjunto, formando um grande painel de indicadores para que o analista e o tomador de decisões possam pensar e refletir, formando uma opinião sobre as situações e planejando estratégias para o futuro.

AVALIAÇÃO DO APROVEITAMENTO

a) Estes testes deverão ser respondidos em cinco minutos – 30 segundos para cada um.

b) Não responda se tiver dúvidas.

c) Se você acertar menos que 70% (sete questões), não passe para a etapa seguinte; leia novamente o capítulo.

d) As respostas encontram-se no final do livro.

1. Identifica-se Situação Financeira com:
   - ( ) **a)** Liquidez.
   - ( ) **b)** Lucro.
   - ( ) **c)** Receita.
   - ( ) **d)** Duplicatas a Receber.

2. Identifica-se Situação Econômica com:
   - ( ) **a)** Liquidez.
   - ( ) **b)** Lucro.
   - ( ) **c)** Receita.
   - ( ) **d)** Duplicatas a Receber.

3. Qual indicador mede a qualidade da dívida?
   - ( ) **a)** Liquidez.
   - ( ) **b)** Participação de Capitais de Terceiros.
   - ( ) **c)** Composição do Endividamento.
   - ( ) **d)** Giro do Ativo.

4. Qual indicador mede a velocidade com que os estoques são renovados?
   - ( ) **a)** Giro do Ativo.
   - ( ) **b)** Margem Operacional.
   - ( ) **c)** Liquidez.
   - ( ) **d)** Giro dos Estoques.

5. Qual indicador mede o lucro que sobra para os proprietários?
   - ( ) **a)** Margem Operacional.
   - ( ) **b)** Margem Líquida.
   - ( ) **c)** Margem Bruta.
   - ( ) **d)** Giro dos Estoques.

6. Como é formado o tripé decisorial?
   - ( ) **a)** Situação Econômica, Situação Plena e Endividamento.
   - ( ) **b)** Endividamento, Situação Crítica e Situação Econômica.
   - ( ) **c)** Situação Financeira, Endividamento e Situação Econômica.
   - ( ) **d)** Situação Financeira, Situação Econômica e DuPont.

CONTABILIDADE EMPRESARIAL E GERENCIAL ■ *José Carlos Marion*

7. Qual o nome de um importante modelo de análise de retorno sobre investimentos?
   - ( ) **a)** Modelo DuPont.
   - ( ) **b)** Modelo de Kanitz.
   - ( ) **c)** Modelo de Liquidez.
   - ( ) **d)** Modelo de Análise Crítica.

8. Qual desses não é um indicador de rentabilidade?
   - ( ) **a)** Giro do Ativo.
   - ( ) **b)** Giro do Estoque.
   - ( ) **c)** Participação de Capitais de Terceiros.
   - ( ) **d)** Margem Operacional Líquida.

9. Qual desses não é um indicador da Situação Financeira?
   - ( ) **a)** Liquidez Seca.
   - ( ) **b)** Giro dos Estoques.
   - ( ) **c)** Liquidez Corrente.
   - ( ) **d)** Liquidez Geral.

10. Qual dessas afirmativas está correta?
    - ( ) **a)** Se tivermos um índice de liquidez corrente de 1,5, nossa empresa estará com dificuldades financeiras no curto prazo.
    - ( ) **b)** Se o índice de composição do endividamento for de 85%, a qualidade da dívida é ótima.
    - ( ) **c)** Se o índice de liquidez corrente for 1,5 e o de liquidez seca 0,67, os estoques não afetarão o poder de pagamento de dívidas de curto prazo da empresa.
    - ( ) **d)** Se o índice de liquidez geral for de 0,78, a longo prazo a empresa poderá ter problemas financeiros para honrar seus compromissos.

EXERCÍCIOS

1. Coloque a sigla (DRE, BP ou DFC) na linha, em cada circunferência, que melhor se ajuste a cada objetivo de análise do tripé decisorial:

Situação financeira ____

Endividamento ____

Situação econômica ____

2. Observe as informações e, em seguida, responda.

Cia. Sucesso I
DEMONSTRAÇÃO DO RESULTADO DO EXERCÍCIO
Em 31.12.x1 e 31.12.x0
Expresso em R$ 1.000

	31.12.X1	31.12.X0
VENDAS DE PRODUTOS, MERCADORIAS E SERVIÇOS		
Vendas de Produtos, Mercadorias e Serviços	2.000	1.000
(–) Deduções de Tributos, Abatimentos e Devoluções	(200)	(100)
= RECEITA	1.800	900
(–) CUSTO DAS VENDAS		
Custo dos Produtos, Mercadorias e Serviços	(900)	(400)

	X₁	X₀
= LUCRO BRUTO	900	500
(–) DESPESAS OPERACIONAIS		
Despesas Administrativas	(100)	(80)
Despesas com Vendas	(50)	(10)
Outras Despesas Gerais	(50)	(10)
= RESULTADO OPERACIONAL ANTES DO RESULTADO FINANCEIRO	700	400
(+/–) RESULTADO FINANCEIRO		
Receitas Financeiras	200	200
(–) Despesas Financeiras	(100)	(100)
(+/–) OUTRAS RECEITAS E DESPESAS OPERACIONAIS	–.–	–.–
= RESULTADO ANTES DAS DESPESAS COM TRIBUTOS SOBRE O LUCRO	600	500
(–) Despesa com Contribuição Social	(50)	(30)
(–) Despesa com Imposto de Renda da Pessoa Jurídica	(150)	(70)
= RESULTADO LÍQUIDO DO PERÍODO	400	400

Em relação à Cia. Sucesso, calcule:

	X_1	X_0
Margem Bruta		
Margem Líquida		

3. Por que as empresas precisam se endividar?

4. Por que é melhor trabalhar com dívidas de longo prazo?

5. Se o capital de terceiros for de R$ 1.000,00, sendo R$ 800,00 de PC e R$ 200,00 de ELP, quais seriam o índice e o percentual da qualidade do endividamento?

Demonstração dos Fluxos de Caixa e Demonstração dos Lucros ou Prejuízos Acumulados

(Integração das Demonstrações)

Após conhecer melhor o Balanço Patrimonial e a Demonstração do Resultado do Exercício, vamos analisar a integração do Balanço Patrimonial com a Demonstração do Resultado do Exercício, bem como observar um Plano de Contas que dá origem ao Balanço Patrimonial e à Demonstração do Resultado do Exercício.

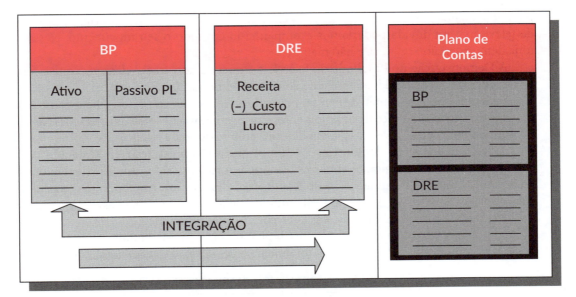

OBJETIVOS

Ao completar o estudo deste capítulo, você deverá estar preparado para explicar e exercitar os seguintes conceitos:

- Saber elaborar as Demonstrações dos Fluxos de Caixa: Modelos 1 Direto e 2 Indireto.
- Entender como a Demonstração de Lucros ou Prejuízos Acumulados integra o BP e a DRE.
- Compreender as variações entre Fluxos Econômicos (DRE) e Fluxos Financeiros (DFC).
- O que é um Plano de Contas e como funciona.

8.1 INTEGRAÇÃO

Pudemos constatar que o Balanço Patrimonial é uma demonstração *estática* do Ativo, do Passivo e do Patrimônio Líquido em determinada data. É como se tirássemos uma fotografia da situação patrimonial da empresa numa data fixa, onde observamos o saldo do Caixa, das Duplicatas a Receber, das Ações, das Máquinas, de Contas a Pagar, do Capital etc., em determinado ponto do ano. Isto é, não acompanhamos, por meio do Balanço, a evolução dessas contas *pari-passu*, mas observamos, por meio dele, o saldo no início do período e o saldo no final do período. É focalizado determinado ponto no tempo.

Em nosso exemplo, a seguir constatamos que a empresa tinha, no início do período, $ 200 mil de Caixa e, no final, $ 300 mil. Portanto, não sabemos as razões da variação de $ 100 mil, pois o Balanço indica, simplesmente, o saldo em duas determinadas datas. Essa variação é explicada pela Demonstração dos Fluxos de Caixa.

BALANÇO PATRIMONIAL   Em $ mil

ATIVO			PASSIVO E PL		
	31-12-X	31-12-X + 1		31-12-X	31-12-X + 1
Circulante			**Circulante**		
Caixa	200	300	Contas a Pagar	500	800
Duplicatas a Receber	1.000	1.800	....	.....	....
....	.....	....	....	.....	....
....	.....	....	....	.....	....
....	.....	....	....	.....	....

É a mesma coisa se fotografássemos um atleta corredor numa pista de corrida. Poderíamos contemplá-lo em alguns pontos da pista, mas não em todo o seu percurso. Se, todavia, tivéssemos uma câmera de televisão, sem dúvida poderíamos acompanhá-lo em todo o seu movimento. Nesse caso, teríamos uma demonstração dinâmica e não mais estática.

A Demonstração do Resultado do Exercício é uma demonstração *dinâmica* que informa os resultados das operações ocorridas ao longo de determinado período.

Podemos observar o total de vendas ocorrido ao longo de um período, bem como o total de despesas. Não é a situação estática de um momento, mas a somatória de todas as operações (Receita e Despesa) no período em análise. Mostra ação em determinado período de tempo.

A verdade é que são demonstrações afins e que a Demonstração do Resultado do Exercício está contida no Balanço Patrimonial, uma vez que este informa os saldos inicial e final (situação estática em duas datas) e aquela (Demonstração do Resultado do Exercício), em conjunto com outras Demonstrações, explica as razões da variação do Patrimônio Líquido, como também as variações de outros itens do Balanço Patrimonial: Caixa, Duplicatas a Receber, Fornecedores etc.

Se, por exemplo, de maneira bastante simples, observarmos a seguinte situação em um Balanço Patrimonial (admitindo que a Receita foi totalmente recebida e a Despesa, totalmente paga):

BALANÇO PATRIMONIAL   Em $ milhões

ATIVO			PASSIVO e PL		
	31-12-X	31-12-X+1		31-12-X	31-12-X+1
Circulante			**Circulante**		
Caixa	200	300	**Não Circulante**		
Duplicatas a Receber	....	....			
....	....	....			
....	....	....			
Não Circulante			**Patrimônio Líquido**		
			Capital	100	100
			Lucro	50	150
			Total PL	150	250
Total	–	–	Total	–	–

Poderemos, por meio da DRE, analisar a evolução de $ 100 milhões no Patrimônio Líquido e a evolução no Caixa pelo mesmo valor:

VARIAÇÕES NO CAIXA	
Caixa (Início)	200
+ Receita	270
(–) Despesas	(170)
Saldo (Final)	300

DRE	Em $ milhões	
RECEITA (à vista)	270	
(–)		
DESPESA (à vista)	(170)	(50 + 100)
LUCRO	100	

PAUSA PARA REFLEXÃO

A mortalidade de empresas no Brasil, primeira década do século XXI, era de um terço no primeiro ano de existência, chegando à metade no segundo ano.

Todavia, se abrir uma empresa franqueada a mortalidade não passa de 20% em 5 anos.

O Brasil era o quarto país em 2007 em números de redes de franquia e o sexto em unidades franqueadas (62.584 empresas). O primeiro lugar no *ranking* são os EUA, seguido pela China e Canadá. Em 2008 há uma crise econômica mundial.

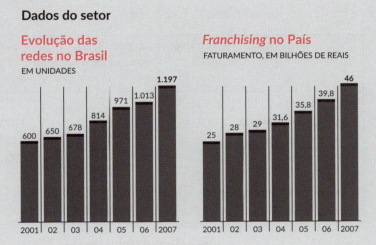

Dados do setor

Por que há menos falência para as empresas franqueadas?
O que a Contabilidade pode fazer para reduzir a mortalidade de empresas não franqueadas?
Verifique como ficou essa situação após a crise de 2014-2020.

8.1.1 Outro Exemplo de Integração

Vamos admitir outro exemplo, que envolve mais itens.

BALANÇO PATRIMONIAL ENCERRADO EM 31-12-X5
Cia. Toledo – Prestadora de Serviços

Em $ mil

ATIVO		PASSIVO E PL	
Circulante		**Circulante**	
Caixa	1.800	Empréstimos a Pagar	2.000
Duplicatas a Receber	2.200	**Patrimônio Líquido**	
Total do Circulante	4.000	Capital	3.000
Não Circulante		Lucros Acumulados	1.000
Imobilizado		Total do PL	4.000
Imóvel	2.000		
Total	6.000	Total	6.000

Como já vimos pelo princípio da Independência absoluta de exercícios (conclusão do Capítulo 5), começaremos o ano de 20X6 com novos registros de Despesas e Receitas, partindo do zero. As Despesas e Receitas de 20X5 *nada têm que ver* com as de 20X6.

Em 20X6, ocorreram as seguintes operações referentes às Despesas e Receitas:

a) Houve prestação de serviços, a prazo, no valor de $ 5.000 mil.
b) Houve Despesas pagas nas seguintes bases:

128 | CONTABILIDADE EMPRESARIAL E GERENCIAL ■ *José Carlos Marion*

Administrativas $ 1.000 mil
De Vendas $ 800
Financeiras $ 200

c) Ainda, em 20X6, a empresa recebeu $ 2.000 mil das Duplicatas a Receber de 20X5, e recebeu $ 2.500 mil das Duplicatas a Receber geradas em 20X6.
d) Pagou $ 1.500 mil dos Empréstimos a Pagar.
e) Provisão para Imposto de Renda é de 25% (15% + 10%).

A. Demonstração do Resultado do Exercício

Período Contábil – 20X6 *Cia. Toledo – Prestadora de Serviços*		
		Em $ mil
RECEITA		5.000
(–) Despesas de Venda	(800)	
Administrativas	(1.000)	
Financeiras	(200)	(2.000)
LUCRO ANTES DOS TRIBUTOS		3.000
(–) Provisão IR (25% × 3.000)		(750)
Lucro Líquido		2.250

BALANÇO PATRIMONIAL

ATIVO			PASSIVO E PATRIMÔNIO LÍQUIDO		
Circulante	31-12-X5	31-12-X6	**Circulante**	31-12-X5	31-12-X6
Caixa*	1.800	2.800	Empréstimo a Pagar	2.000	500
Dupl. a Receber	2.200	2.700	IR a Pagar	. . . . . .	750
	4.000	5.500		2.000	1.250
Não Circulante			**Patrimônio Líquido**		
Imobilizado	2.000	2.000	Capital	3.000	3.000
			Lucro Acumulado	1.000	3.250
				4.000	6.250
Total	6.000	7.500	Total	6.000	7.500

* Veja à frente a explicação desta variação.

B. Demonstração dos Fluxos de Caixa (DFC)

B.1 MODELO DIRETO

A Demonstração dos Fluxos de Caixa, *modelo direto*, explicita exatamente quanto *entrou* de dinheiro no Caixa e quanto *saiu* de dinheiro, reduzindo o Caixa.[1] Assim, a Demonstração do Fluxo de Caixa é:

---

[1] O CPC 04 – Demonstração dos Fluxos de Caixa determina que sejam considerados como caixa, além do dinheiro, os seus equivalentes (bancos e aplicações financeiras de curto prazo). Portanto, caso no exercício houvesse essas contas, deveriam ser somadas ao caixa para análise de sua variação. No Capítulo 18, abordaremos essa questão.

Saldo no final de 20X5 (ou início de 20X6)		1.800
+ *Entrada de recursos*		
Recebimento de Duplicatas (X5 + X6: $ 2000 + 2.500)		<u>4.500</u>
Saldo inicial + Recebimento		6.300
(–) *Saídas*		
Pagamentos de empréstimos	(1.500)	
Despesas pagas	(2.000)	<u>(3.500)</u>
Saldo no final de 20X6		2.800

Explicação da DFC (Modelo Direto)

Repare que no Balanço Patrimonial o Caixa possui um saldo no início do ano X6 (que é a mesma coisa que o final de X5) de $ 1.800 mil e um saldo no final de X6 de $ 2.800. Houve, portanto, um aumento de $ 1.000.

Pelo Balanço Patrimonial conhecemos, então, o saldo inicial e o saldo final de 20X6 (situação estática), não sabendo, porém, os motivos da alteração do Caixa.

Duas alterações na conta Caixa não afetaram a Demonstração do Resultado do Exercício: o pagamento parcial do empréstimo ($ 1.500 mil) – veja explicação em Empréstimos a Pagar – e o recebimento parcial de duplicatas ($ 4.500) – veja explicação no item Duplicatas a Receber. Todavia, o pagamento de *Despesas* com Vendas, Administrativas e Financeiras afetou a Demonstração do Resultado do Exercício, diminuindo o Caixa pelo desembolso.

Duplicatas a Receber. Iniciamos o ano com $ 2.200 mil e terminamos com $ 2.700 mil de Duplicatas a Receber. Essa é uma situação estática.

A movimentação dessa conta deve-se às vendas de serviços a prazo no total de $ 5.000 mil, aumentando, por esse mesmo montante, o valor de Duplicatas a Receber.

Outra movimentação refere-se a contas de Balanço: o total de Duplicatas a Receber é diminuído de $ 4.500 mil, uma vez que a empresa recebe as duplicatas e dá baixa nas mesmas; observe que se a empresa não tivesse recebido nada das vendas a prazo, o total acumulado de Duplicatas a Receber deveria ser $ 7.200 (2.200 + 5.000). Como o saldo real no final de X6 é $ 2.700, significa que $ 4.500 foi recebido (7.200 – 2.700). O total do Caixa é aumentado em $ 4.500, uma vez que entrou dinheiro no Caixa pelo recebimento das duplicatas ($ 2.000 de X5 $ 2.500 de X6).

Imobilizado. Não houve alteração.

Empréstimos a Pagar. Houve uma única alteração de Balanço Patrimonial. O Caixa foi diminuído pelo pagamento do empréstimo no valor de $ 1.500 mil; a dívida foi diminuída (de $ 2.000 para $ 500), uma vez que se pagou parte dela ($ 1.500 mil).

Imposto de Renda a Pagar. Observamos uma perfeita Integração entre Balanço Patrimonial e Demonstração do Resultado do Exercício. O lucro de $ 3.000 mil (ano-base) gera um Imposto a Pagar (de $ 750 mil) em 20X7 (exercício financeiro). Por isso, a dívida a pagar, no próximo exercício, foi lançada no Passivo Circulante, não havendo saída de caixa.

Capital. Não houve alteração.

Lucros Acumulados. A empresa inicia o período com um Lucro de $ 1.000. No referido exercício, o Lucro foi de $ 2.250. Como não houve distribuição do Lucro, o mesmo será acumulado (somado) ao já existente, não havendo saída de Caixa.

A conta Lucros Acumulados não poderá ser evidenciada pelas empresas sujeitas à Lei nº 11.638/07 (S.A. e Ltda. de grande porte). Para estas empresas a conta Lucros Acumulados será transitória, devendo ter o saldo zero no final do período, uma vez que todo o lucro deverá ser destinado a reservas, aumento de capital etc.

Assim, concluindo, temos as Integrações Demonstração do Resultado do Exercício × Balanço Patrimonial:

130 | CONTABILIDADE EMPRESARIAL E GERENCIAL ■ *José Carlos Marion*

a) Receita × Duplicatas a Receber (poderia ser Caixa, se fosse à vista).
b) Despesas × Caixa (poderia ser Contas a Pagar, se fosse Despesa a Prazo).
c) Provisão para Imposto de Renda × Imposto de Renda a Pagar.
d) Lucro Líquido × Lucros Acumulados.

PAUSA PARA REFLEXÃO

Até pouco tempo atrás, na falta de capital próprio, o empreendedor dependia quase exclusivamente dos empréstimos bancários tradicionais, cujos juros, hoje de pelo menos 20% ao ano, são capazes de jogar qualquer empresa na lona, principalmente se o negócio estiver apenas começando. Atualmente, é cada vez mais comum ver empreendedores recorrendo ao chamado *venture capital* (novos sócios empreendedores), em vez de apelar aos empréstimos bancários, para tentar viabilizar seu negócio. A vantagem é que, nas operações de *venture capital*, o empreendedor pode escapar do veneno dos juros. Em troca do dinheiro, ele cede uma participação na sociedade ao investidor ou grupo de investidores que acreditam no sucesso do empreendimento.

A Demonstração dos Fluxos de Caixa é um instrumento eficiente para nortear a captação de recursos, seja de terceiros, seja de parceiros?

B.2 MODELO INDIRETO

A Demonstração dos Fluxos de Caixa, modelo indireto, mostra quais foram as alterações no giro (Ativo Circulante e Passivo Circulante) que provocaram aumento ou diminuição no Caixa, sem explicitar diretamente as entradas e saídas de dinheiro.

O modelo indireto responde objetivamente a uma pergunta que todo empresário faria nesse caso: "por que o lucro da empresa foi de $ 2.250 e o Caixa aumentou apenas $ 1.000? Ou por que o resultado econômico foi de $ 2.250 e o resultado financeiro de $ 1.000?"

Um *primeiro passo* seria comparar as duas demonstrações e analisar as variações:

OPERAÇÕES	DRE	DFC (MODELO DIRETO)
Receita	5.000	4.500
(–) Despesas de Vendas	(800)	(800)
(–) Despesas Administrativas	(1.000)	(1.000)
(–) Despesas Financeiras	(200)	(200)
Resultado Antes dos Tributos	3.000	2.500
(–) Imposto de Renda	(750)	–
(–) Empréstimos Pagos	–	(1.500)
Resultado Final	2.250	1.000

Neste caso observa-se que o *pagamento de empréstimos* (não considerado como despesa na DRE) reduziu substancialmente o Caixa.

Um *segundo passo* seria analisar a Demonstração dos Fluxos de Caixa por meio do modelo indireto. O caminho seria iniciar pelo Lucro Econômico que é de $ 2.250 e, em seguida, analisar as variações do Ativo e Passivo Circulante. No Ativo Circulante será excluído o caixa, que é o objeto de análise.

ATIVO CIRCULANTE	20X5	20X6	VARIAÇÕES
Duplicatas a Receber	2.200	2.700	500 ↓
Estoques	–	–	–

Para o Caixa, o acréscimo de $ 500 de Duplicatas a Receber é bom? Não. Significa retardar recebimento de dinheiro que vai para o Caixa, tendo que sacrificar recursos financeiros que teriam outro destino.

Embora não haja Estoques, para fins de análise do Circulante, sempre que aumenta estoque de um período para outro, há redução no Caixa, pois se usa mais dinheiro na compra de novas mercadorias.

Por outro lado, reduções nos montantes de Estoques e Duplicatas a Receber significam mais recursos no Caixa. Quando os clientes, por exemplo, antecipam pagamento, reduz o montante de Duplicatas a Receber e, consequentemente, aumenta o caixa. Quando a empresa liquida Estoques (reduz o Saldo de Estoque) também aumenta o Caixa.

No lado do Passivo Circulante, um aumento de Fornecedores significa mais crédito, evitando saída do Caixa neste momento, podendo-se utilizar o dinheiro para outras finalidades. A recíproca é verdadeira.

PASSIVO CIRCULANTE	20X5	20X6	VARIAÇÃO NO CAIXA
Empréstimos a Pagar	2.000	500	1.500 ↓
Imposto de Renda a Pagar	–	750	750 ↑
Fornecedores	–	–	–

As reduções do Passivo Circulante, no caso, Empréstimos a Pagar, significam que o pagamento foi feito, reduzindo o Caixa. O aumento, por outro lado, do Passivo Circulante evita saída, no momento, de mais dinheiro, aumentando o Caixa.

Assim, podemos dizer que o Lucro no Período, não tendo parcela econômica (como a depreciação), mais cedo ou mais tarde afetará o Caixa. O lucro de $ 2.250 sofrerá ajustes para ver quanto dele entrou no Caixa.

Lucro do período		$ 2.250
Ajustes por mudança no Capital de Giro:		---------
Ativo Circulante		
Duplicatas a Receber – aumento (reduz o Caixa)	($ 500)	
Passivo Circulante		
Empréstimos a Pagar – diminui (reduziu o Caixa)	($ 1.500)	
Imposto de Renda a Pagar – aumentou (melhora o Caixa)	$ 750	
Redução do Caixa no Período	($ 1.250)	($ 1.250)
Resultado do Caixa no período		$ 1.000

Integração das Demonstrações Financeiras

8.2 DEMONSTRAÇÃO DOS LUCROS OU PREJUÍZOS ACUMULADOS

(O Instrumento de Integração entre o Balanço Patrimonial e a Demonstração do Resultado do Exercício)

Normalmente, uma parte do Lucro Líquido é distribuída para os proprietários da empresa em forma de dividendos. A maior parcela, geralmente, é retida na empresa e reinvestida no negócio.

A destinação (canalização) do Lucro Líquido para os proprietários (distribuição de dividendos) ou o reinvestimento na própria empresa (retenção do lucro) serão evidenciados na Demonstração dos Lucros ou Prejuízos Acumulados, antes de serem indicados no Balanço Patrimonial.

Encerramos a Demonstração do Resultado do Exercício com a apuração do Lucro Líquido. Em seguida, transportamos este Lucro Líquido para a Demonstração dos Lucros ou Prejuízos Acumulados, para que seja efetuada sua distribuição.

Após a destinação do Lucro Líquido, o que fica retido é transportado para o Balanço Patrimonial no grupo Patrimônio Líquido (recursos dos proprietários), havendo assim mais uma origem de recursos para a empresa, que é aplicada no Ativo.

Representação Gráfica:

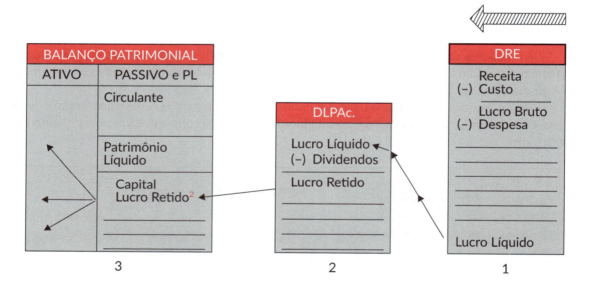

O lucro retido na empresa pode ser utilizado de várias maneiras. Pode ser utilizado para aumentar o Capital da empresa. Pode, ainda, ser destinado a algum fim específico e, nesse caso, será tratado em forma de Reserva: Reserva Legal (uma parte de Lucro Líquido – 5% – para manter a integridade do capital); Reserva para Expansão da Empresa; Reserva Estatutária (para renovação de equipamentos, para pesquisa de novos produtos etc.) – tal reserva é prevista pelo estatuto da empresa.

A parte do lucro não distribuída aos proprietários e *não* utilizada para aumento de Capital, Reservas e outros fins será acumulada em uma conta denominada *Lucros Acumulados*. Esta atitude não é recomendável pela Lei nº 11.638/07 para as S.A. e Ltda. de grande porte. Na verdade, todo lucro deverá ser canalizado (destinado).

Lucros Acumulados para as médias e pequenas empresas limitadas são remanescentes de lucro sem fim específico, sem destino certo, em suspenso. Lucros Acumulados serão adicionados ao Lucro Líquido do próximo exercício social, para, em conjunto com aquele, participar de uma nova distribuição (destinação). Daí a expressão *Demonstração de Lucros Acumulados*, que significa o Lucro Líquido do Exercício mais o remanescente de lucro não especificado de ano(s) anterior(es).

---

[2] Lucros Acumulados (neste caso para as empresas não abrangidas pela Lei nº 11.638/07).

No caso da Cia. Toledo, admitindo-se ser uma pequena limitada, a conta Lucros Acumulados no Patrimônio Líquido cresceu de $ 1.000 para $ 3.250. Esse crescimento seria assim explicado pela Demonstração de Lucros ou Prejuízos Acumulados.

Saldo de Lucros Acumulados em 31-12-X5	$ 1.000
+ Lucro Líquido (DRE) no período de X6	$ 2.250
Saldo de Lucros Acumulados em 31-12-X6	$ 3.250

a) **Exemplo da DLPAc quando houver distribuição de dividendos (uma pequena limitada)**

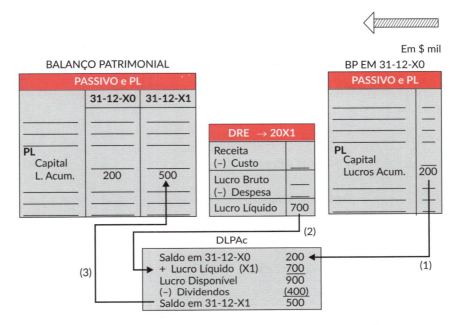

Se a empresa, em vez de lucro, estiver apresentando prejuízos, tais prejuízos serão acumulados (Prejuízos Acumulados) e serão mostrados na Demonstração de Lucros ou Prejuízos Acumulados.

Essa demonstração (Lucros ou Prejuízos Acumulados) poderá ser substituída pela Demonstração das Mutações do Patrimônio Líquido. Ambas as demonstrações são abordadas detalhadamente no Capítulo 17.

b) **Exemplo da DLPAc quando se tratar de S.A. ou Limitada de Grande Porte**

Imagine a Natan Joias S.A. com o seguinte Balanço Patrimonial em 31-12-X8, considerando apenas o Patrimônio Líquido:

BALANÇO PATRIMONIAL			
ATIVO		PASSIVO	
–	–	Circulante	31/12/20X8
–	–	–	–
–	–	–	–
–	–	–	–
–	–	**Patrimônio Líquido**	
–	–	– Capital	1.000
–	–	– Reserva Legal	50
–	–	– Reserva Estatutária	80
–	–	Total PL	1.130

No ano de 20X9 a empresa teve um lucro na DRE de $ 300. Deste lucro 5% é destinado à Reserva Legal*; 10% à Reserva Estatutária*; 30% a Dividendos; o restante será destinado a Lucros Retidos (também chamado Reserva de Lucros para expansão).

* Estas reservas serão estudadas no Capítulo 16 – Patrimônio Líquido.

DEMONSTRAÇÃO DOS LUCROS OU PREJUÍZOS ACUMULADOS	
Saldo em 31-12-X8	---
+ Lucro Período (20X9)	300
(–) **Destinação do Lucro**	
(–) Res. Legal (5% × 300)	(15)
(–) Res. Estatutária (10% × 300)	(30)
(–) Res. de Lucro para Expansão	(165)
(–) Dividendos (30% × 300)	(90)
Saldo em 31-12-X9	---

PASSIVO E PL DA NATAN JOIAS S.A.		
	31-12-X8	31-12-X9
Circulante		
–	–	–
–	–	–
–	–	–
Dividendos a Pagar	–	90
–	–	–
Patrimônio Líquido		
Capital	1.000	1.000
Reserva p/ Expansão	–	165
Reserva Legal	50	65
Reserva Estatutária	80	110
Total do PL	1.130	1.340

c) Exemplo da DLPAc quando se tratar de S.A. ou Limitada de Grande Porte

Conforme a Lei nº 11.638/07, a conta Lucros Acumulados no final do ano deverá ter saldo zero. Entretanto, durante o ano, nesta conta serão reconhecidos o lucro do período, as distribuições de dividendos, as apropriações e reversões de reservas. Portanto, esta demonstração poderá ser elaborada e será informativa. Entretanto, a Demonstração das Mutações do Patrimônio Líquido (DMPL) (Capítulo 17) é muito mais rica e deve ver priorizada.

c.1) Planilha de cálculos do lucro que afeta o Patrimônio Líquido

É exatamente esta planilha que denominamos de Demonstração das Mutações do Patrimônio Líquido (DMPL). Muito mais ilustrativa e informativa que a DLPAc (a ser estudada no Capítulo 17).

PATRIMÔNIO LÍQUIDO	CAPITAL	RESERVAS DE LUCRO			LUCROS ACUMULADOS	TOTAL
		EXPANSÃO	LEGAL	ESTATUTÁRIA		
Saldo em 31-12-X8	1.000	–	50	80	–	1.130
+ Lucro Período	–	–	–	–	300	300
Reserva Expansão	–	165	–	–	(165)	–
Reserva Legal	–	–	15	–	(15)	–
Reserva Estatutária	–	–	–	30	(30)	–
Dividendos	–	–	–	–	(90)	(90)
Saldo em 31-12-X9	1.000	165	65	110	–	1.340

CAP. 8 ■ Demonstração dos Fluxos de Caixa e Demonstração dos Lucros ou Prejuízos Acumulados (Integração das Demonstrações) | 135

8.3 INTEGRAÇÃO DAS DEMONSTRAÇÕES CONTÁBEIS

Admita que a *Eronite Ltda.* (média empresa) apresentou a Demonstração de Resultado do Exercício e o Balanço Patrimonial, conforme a seguir:

DEMONSTRAÇÃO DO RESULTADO DO EXERCÍCIO

	Ano 2
Receita	3.000
(–) CMV	(1.600)
Lucro Bruto	1.400
(–) Despesas Vendas	(300)
Despesas Administrativas	(200)
Despesas Financeiras	(400)
Lucro Antes dos Tributos	500
(–) Imposto de Renda	(200)
Lucro Líquido	300

BALANÇO PATRIMONIAL (Eronite Ltda.)

ATIVO	Ano 1	Ano 2	PASSIVO	Ano 1	Ano 2
Circulante			**Circulante**		
Caixa	150	100	Fornecedores	300	600
Dupl. Rec.	600	900	Emprést. Banc.	400	600
Estoque	550	700	Imposto de Renda a Pg.	200	400
Total Circul.	1.300	1.700	Dividendos a Pg.	-.-	90
			Total Circulante	900	1.690
Não Circulante			**Não Circulante**		
Realizável LP	100	100	Financ. a Pagar (ELP)	500	100
Investimento	400	600	**Patrimônio Líquido**		
Imobilizado	600	600	Capital	1.000	1.000
Intangível	100	100	Lucros Acumulados	100	310
	1.200	1.400		1.100	1.310
Total	2.500	3.100	Total	2.500	3.100

Notas explicativas:

a) A empresa calculou Dividendos à base de 30% do Lucro Líquido.

b) O Imposto de Renda a Pagar também está no Passivo Circulante.

Analisando essas demonstrações observamos que a empresa teve lucro em seu fluxo econômico (Demonstração do Resultado do Exercício) de $ 300. Entretanto, seu fluxo financeiro foi ruim, já que o Caixa reduziu de $ 150 para $ 100 (déficit de $ 50).

Considerando que dívidas originadas do lucro econômico como Imposto de Renda e Dividendos não foram pagas, aumentando o Passivo Circulante, o potencial do Caixa piora ainda mais.

A empresa deu lucro, mas a Situação Financeira piorou tremendamente. Veja que no ano 1 havia $ 1.300 de Ativo Circulante para pagar $ 900 de Passivo Circulante. Havia uma folga muito boa. No ano 2, os valores do Ativo Circulante e do Passivo Circulante praticamente se igualaram.

Quais são as variáveis que afetaram a empresa para piorar sua Situação Financeira?

A elaboração da Demonstração dos Fluxos de Caixa (modelos direto e indireto) e da Demonstração de Lucros ou Prejuízos Acumulados ajuda a interpretar as variações da Situação Econômica e Financeira da empresa, bem como mostra a integração dessas demonstrações com o Balanço Patrimonial e Demonstração do Resultado do Exercício.

8.3.1 Demonstração dos Lucros e Prejuízos Acumulados (Eronite Ltda. – Média empresa)

PATRIMÔNIO LÍQUIDO	ANO 1	ANO 2
Lucros Acumulados	100	310

Lucros Acumulados no final do Ano 1	$ 100
+ Lucro Líquido do Exercício do Ano 2	$ 300
Subtotal	$ 400
(–) Dividendos a serem pagos no Ano 3 (30% × $ 300)	($ 90)
Lucros Acumulados no final do Ano 2	$ 310

8.3.2 Demonstração dos Fluxos de Caixa – Modelo Direto

Fluxo de Caixa ⟶ Tratado pela maioria como:

Crédito: Melpomenem | iStockphoto

ATIVO CIRCULANTE	ANO 1	ANO 2
Caixa	150	100

Saldo no final do Ano 1		$ 150
Entradas		
a Recebimento de Duplicatas (Vendas)	$ 2.700	
b Novos Empréstimos Bancários	$ 200	$ 2.900
Saídas		
c Pagamentos de Fornecedores (Compras)	($ 1.450)	
d Despesas Operacionais Pagas (Vendas, Adm. e Fin.)	($ 900)	
e Novos Investimentos Adquiridos	($ 200)	
f Amortização de Financiamentos	($ 400)	($ 2.950)
Saldo no Final do Ano 2		$ 100

Explicações da montagem da Demonstração dos Fluxos de Caixa – Modelo Direto:

a)

Saldo de Duplicatas a Receber no final do Ano 1	$ 600
+ Total de Vendas no Ano 2	$ 3.000
Valor Total de D. Rec. se a empresa nada tivesse recebido	$ 3.600
(–) Saldo de Duplicatas a Receber no final do Ano 2	($ 900)
Valor efetivamente recebido	$ 2.700

CAP. 8 ■ Demonstração dos Fluxos de Caixa e Demonstração dos Lucros ou Prejuízos Acumulados (Integração das Demonstrações) | **137**

b)

Saldo de Empréstimos a Pagar no final do Ano 1	$ 400
Saldo do Empréstimo Bancário a Pagar no final do Ano 2	$ 600
Aumento do Empréstimo Bancário (novos empréstimos)	$ 200

c) Determinação do Valor de Compras:
CMV = Estoque Inicial + Compras – Estoque Final
1.600 = 550 + Compras – 700
1.750 = Compras

Saldo de Fornecedores no final do Ano 1	$ 300
+ Compras no período X2	$ 1.750
Valor Total de Fornecedores se a empresa nada tivesse pago	$ 2.050
(–) Saldo de Fornecedores no final do Ano X2	($ 600)
Valor efetivamente pago	1.450

d) Partimos da hipótese de que todas as despesas operacionais de Vendas, Administrativas e Financeiras foram pagas, já que não há dívidas correspondentes no Passivo Circulante. Temos contas a pagar que aumentou $ 200, correspondentes a Imposto de Renda. Neste caso, então, não houve pagamento de Imposto de Renda.

e)

Saldo de Investimentos no final do Ano 1	$ 400
Saldo de Investimentos no final do Ano 2	$ 600
Acréscimo (novas aquisições de Investimentos)	$ 200

f)

Saldo da dívida de Financiamento no final do Ano 1	$ 500
Dívida de Financiamento (ELP) no final do Ano 2	$ 100
A redução da dívida (deduz-se que foi pago)	$ 400

8.3.2.1 *Estruturação mais apropriada da demonstração dos fluxos de caixa – modelo direto*

Normalmente, as Demonstrações dos Fluxos de Caixa são segregadas em:

– Fluxos das Operações (atividade operacional da empresa).
– Fluxos dos Financiamentos (financiamentos, empréstimos, aumento de capital).
– Fluxos dos Investimentos (acréscimos no permanente, coligadas etc.).

Operações		
Receita Recebida	$ 2.700	
(–) Caixa Despendido nas Compras	(1.450)	1.250
(–) Despesas Pagas (Vendas, Adm. e Financ.)		(900)
Caixa Gerado no Negócio		350
Financiamentos		
Novos Empréstimos Bancários	200	
(–) Amortização de Financiamentos	(400)	(200)
Caixa após Financiamento		150
Investimentos		
Aquisição de novos Investimentos		(200)
Resultado de Caixa no período		(50)

8.3.2.2 Comparação do fluxo econômico (demonstração do resultado do exercício) com o financeiro (demonstração dos fluxos de caixa)

CONTAS	DRE	DFC
Receita	3.000	2.700
(–) CMV	(1.600)	(1.450)
Resultado Bruto	1.400	1.250
(–) Despesas Operacionais	(900)	(900)
Resultado Operacional	500	350
(–) Imposto de Renda	(200)	–
Resultado Líquido	300	350
+ Novos Empréstimos Bancários	–	200
(–) Amortização de Financiamentos	–	(400)
Resultado após Financiamentos	300	150
(–) Aquisição de Novos Investimentos	–	(200)
Resultado Final	300	(50)

Até o Resultado Líquido, o Caixa é Favorável. A Liquidação de Financiamentos e a Aquisição de Novos Investimentos ($ 200) provocaram o déficit no Caixa da empresa.

PAUSA PARA REFLEXÃO

No *blog* – http://ecarvalho.typepad.com/ você vai encontrar 30 dicas para montar um novo negócio.

A sexta dica diz: Fluxo de Caixa é muito mais importante que o *business plan*: você não morre se não seguir o planejamento estratégico – às vezes cresce mais rápido. Mas errar no fluxo de caixa pode te matar, ou pior, deixar você numa situação de tensão permanente, que impede que você pense no fundamental: equipe, desenvolvimento de produto e vendas.

Você concorda com essa afirmação?

8.3.3 Demonstração dos Fluxos de Caixa – Modelo Indireto

Lucro obtido na DRE		300
Ajustes por mudanças no Capital de Giro		
Ativo Circulante		
Duplicatas a Receber (aumento – adia Recebimento, piora o Caixa)	(300)	
Estoque (Aumento – mais dinheiro saindo do Caixa)	(150)	(450)
Passivo Circulante		
Fornecedores (aumento – melhora o Caixa)	300	
I. R. a Pagar (aumento – melhora o Caixa)	200	500
Fluxo de Caixa das Atividades Operacionais		350
Financiamentos		
Novos Empréstimos Bancários	200	
(–) Amortização de Financiamentos	(400)	(200)
Investimentos		
Aquisição de novos Financiamentos		(200)
Resultado do Fluxo de Caixa		(50)

Obs.: Para considerarmos Dividendos a Pagar ($ 90) como aumento do Passivo Circulante, teríamos que considerar o Lucro Líquido em $ 210 ($ 300 – $ 90), chegando ao mesmo resultado. Antigamente, dividendos eram subtraídos na própria DRE.

8.3.3.1 Modelo indireto e depreciação

Vamos admitir que na Demonstração do Resultado do Exercício constatássemos que dentro de Despesas Administrativas ($ 200) houvesse uma depreciação igual a $ 50. Nesse caso, $ 150 afetam o Caixa e $ 50 não afetam o Caixa, não havendo uma saída de dinheiro propriamente dito. Assim, a Demonstração dos Fluxos de Caixa Modelo Indireto seria:

Lucro obtido na DRE (resultado econômico)	$ 300
+ Depreciação (que não afeta o Caixa)	$ 50
Resultado Financeiro (que afeta o Caixa)	$ 350

Se a empresa não fizesse depreciação, o resultado seria $ 350. A depreciação é um fato econômico que reduz o lucro e o Imobilizado sem transitar pelo Caixa. Como estamos tratando de resultado financeiro, neutralizamos o valor da depreciação ou outras contas que não representam ingressos ou desembolsos para o Caixa.

A pergunta neste momento poderia ser: *neste exemplo, como fecharia a Demonstração dos Fluxos de Caixa*?

Pelo fato de as Despesas Operacionais terem $ 50 de depreciação, temos que considerar que a contrapartida seria a redução do Imobilizado:

DRE (Ano 2)

Receita	3.000
(–) CMV	(1.600)
L. Bruto	1.400
(–) D. Vendas	(300)
(–) D. Admin.	(150)
(–) Depreciação	(50)
(–) D. Financ.	(400)
L. Operacional	500
(–) I. Renda	(200)
L. Líquido	300

BALANÇO PATRIMONIAL (Eronite Ltda.)

ATIVO	Ano 1	Ano 2	PASSIVO	Ano 1	Ano 2
Circulante			Circulante		
Não Circulante			Não Circulante		
			Patrimônio Líquido		
Imobilizado	600	600			
(–) Depr. Acumul.	–	(50)			
Imob. Líquido	600	550			
Total			Total		

Como no Balanço Patrimonial o valor destacado é $ 600 (ver item 8.3) e não $ 550, podemos partir do pressuposto de que a empresa comprou mais $ 50 do Imobilizado, talvez para repor sua depreciação. Nesse caso, a nova aquisição de $ 50 afeta o item Investimentos na Demonstração dos Fluxos de Caixa.

DEMONSTRAÇÃO DOS FLUXOS DE CAIXA

MODELO DIRETO			MODELO INDIRETO		
A) **Operações**			A) **Operações**		
Receita Recebida	2.700		Lucro Líquido (DRE)	300	
(–) Caixa Despendido nas Compras	(1.450)	1.250	+ Depreciações (ajuste	50	350
(–) Despesas Operacionais Pagas		(850)	econômico)		
Caixa Gerado no Negócio		400	Variações nos Circulantes		
B) **Financiamentos**			**Ativo**		
Novos Empréstimos Bancários	200		Duplicatas a Receber	(300)	
(–) Amortização de Financ.	(400)	(200)	Estoque	(150)	(450)
Caixa após Financiamento		200	**Passivo**		
C) **Investimentos**			Fornecedores	300	
Aquisição Novos Investimentos	(200)		Contas a Pagar	200	500
Aquisição Novos Imobilizados	(50)	(250)	Caixa Gerado nas Atividades		
Resultado do Fluxo de Caixa		(50)	Operacionais		400
			B) **Financiamentos**		
			Novos Empréstimos	200	
			(–) Amortização	(400)	(200)
			C) **Investimentos**		
			Aquisição de Investimentos	(200)	
			Aquisição de Imobilizado	(50)	(250)
			Resultado do Fluxo de Caixa		(50)

8.3.3.2 Demonstração dos Fluxos de Caixa – modelo indireto

(Modelo-padrão)

A. **Atividades operacionais**

Lucro Líquido Contábil (LLC)

Ajustes para conciliar o Lucro Líquido Contábil com o caixa líquido operacional:

Depreciação e amortização

Provisão para devedores duvidosos

Ganhos/Perdas na venda de ativo imobilizado

Variações nos ativos e passivos operacionais (circulantes)

Aumento/diminuições nas contas a receber

Aumento/diminuições nos estoques e nas despesas pagas antecipadamente

Aumento/diminuições nas contas a pagar e provisões passivas

B. **Atividades de financiamento**

Empréstimos efetuados

Pagamento de empréstimos (amortização)

Venda de ações

Pagamento de dividendos

C. **Atividades de investimento**

Aquisições de imobilizado

Investimento em outras empresas

Renda pela venda de ativos permanentes

8.3.3.3 Explicações sobre a Demonstração dos Fluxos de Caixa – modelo indireto

Atividades operacionais

A. Ajuste do Lucro Líquido no Circulante

B. O aumento do estoque, novos estoques, faz-se com dinheiro, o que leva à redução do caixa.

Maior número de duplicatas a receber significa retardar o recebimento do dinheiro que iria para o caixa e teria algum destino.

Reduções nos montantes de estoque e duplicatas a receber significam mais recursos no caixa.

Quando os clientes, por exemplo, antecipam pagamento, reduz-se o montante de duplicatas a receber e, consequentemente, aumenta-se o caixa.

C. Por outro lado, se há aumento de fornecedores no Passivo Circulante, há mais crédito, evita-se a saída do caixa e pode-se utilizar o dinheiro para outras finalidades. A recíproca é verdadeira.

D. Se há redução de imposto a recolher, o dinheiro que seria usado para essa finalidade pode sê-lo para outros pagamentos.

E. No caso de Dividendos a Pagar no Passivo Circulante, só será feita sua variação se os Dividendos subtraídos na Demonstração de Lucros ou Prejuízos Acumulados forem ajustados ao Lucro Contábil da Demonstração do Resultado do Exercício.

Como regra geral, temos:

- os *aumentos* no Ativo Circulante provocam uso de dinheiro (redução de caixa); as *reduções* do Ativo Circulante produzem caixa (origem de caixa);
- os *aumentos* do Passivo Circulante evitam saída de mais dinheiro, aumentando o caixa; as *reduções* do Passivo Circulante significam que o pagamento foi feito, reduzindo o caixa (uso de caixa);
- para calcular as variações líquidas, basta subtrair o saldo anterior do saldo atual das contas do Circulante (Ativo e Passivo).

Atividades de Investimentos

Referem-se ao Não Circulante da empresa. Quando uma empresa compra máquinas, ações, prédios etc., reduz o caixa. Quando a empresa vende esses itens, aumenta o caixa.

Atividades de Financiamentos

Os financiamentos poderão vir dos *proprietários* (aumento de Capital em dinheiro) ou de *terceiros* (financiamentos, bancos etc.).

*Acesse o **QR Code** e assista ao vídeo sobre Demonstração dos Fluxos de Caixa e Lucros ou Prejuízos Acumulados.*

Informações Complementares

PLANO DE CONTAS

É o agrupamento ordenado de todas as contas que serão utilizadas pela Contabilidade dentro de determinada empresa. Portanto, o elenco de contas considerado é indispensável para os registros de todos os fatos contábeis.

O plano de Contas nada mais é que um resumo das demonstrações estudadas e uma ponte importante para a contabilização a ser introduzida na Parte II deste livro.

Cada empresa, de acordo com sua atividade e seu tamanho (micro, pequena, média ou grande), terá seu próprio Plano de Contas. Não há razão, por exemplo, para uma empresa prestadora de serviços ter uma conta de Estoque em seu Ativo Circulante, pois, normalmente, ela não realizará operações com mercadorias.

Assim, também, não há necessidade de uma pequena empresa ter no Realizável a Longo Prazo a conta Empréstimos Concedidos a Empresas Coligadas, se não existir nenhuma coligada.

Portanto, na formulação do Plano de Contas, deverão constar as contas que serão movimentadas pela Contabilidade em decorrência das operações da empresa ou, ainda, contas que, embora não movimentadas no presente, possuem boa perspectiva de serem utilizadas no futuro.

Quando, por exemplo, um contador planeja o agrupamento de contas de uma indústria de eletrodomésticos, no que tange a impostos, ele incluirá as contas ICMS a Recolher (haverá circulação de mercadorias), IPI a Recolher (haverá industrialização de bens) e, se houver perspectiva de, num futuro bem próximo, a empresa prestar serviços referentes a assistência técnica, incluirá, ainda, ISS a Recolher.

Infelizmente, grande número de empresas "importa" (copia) de outras o Plano de Contas. Ainda que seja "importado" de uma empresa do mesmo ramo de atividade, o tamanho e as características normalmente diferem. O nível do pessoal da Contabilidade, o fluxo de papéis, o sistema de pagamentos e recebimentos etc. diferem de uma empresa para outra.

O ideal seria que cada empresa implantasse, dentro dos moldes estabelecidos por nossa legislação e tradição contábil, seu próprio Plano de Contas, mesmo que, no decorrer do tempo, fizesse algumas alterações no sentido de aperfeiçoá-lo.

Quando uma empresa efetua vendas a prazo, dá origem a uma conta a receber no futuro. Esse valor a receber no futuro é conhecido como Clientes (são os clientes da empresa que adquirem seus produtos), ou Duplicatas a Receber (o comprovante da dívida emitido após a venda), ou Contas a Receber (são valores a receber), ou...

Assim como esse exemplo, poderíamos citar muitos outros em que, para uma mesma operação, se conhecem diversas nomenclaturas ou títulos de contas que querem dizer a mesma coisa.

Portanto, o Plano de Contas que evidencia um único título de conta para determinada operação evita que diversas pessoas, ligadas ao setor contábil (lançadores), registrem, com nomenclaturas diferentes, um mesmo fato contábil ou uma mesma operação. Dessa forma, temos a padronização dos registros contábeis, podendo, inclusive, haver rotação de profissionais contábeis sem prejuízo da uniformidade das nomenclaturas das contas.

Na prática, o Plano de Contas é numerado ou codificado de forma racional, facilitando, assim, a Contabilidade desenvolvida por meio de processos mecânicos e, muito mais, processos eletrônicos. Ressalta-se que, atualmente, a Contabilidade manuscrita é praticada em raríssimas situações.

Existem "Planos de Contas Manualizados", isto é, a cada título de conta relacionado e codificado, encontramos uma explicação sucinta sobre quando e como movimentar essa conta. Ele é recomendado quando os responsáveis pelo lançamento não dominam com exatidão a técnica dos registros contábeis.

Para que tenhamos rápida ideia de um Plano de Contas todo, evitando, em alguns casos, a leitura de outro Plano mais detalhado, que apresentaremos após este, ou para simplificar o entendimento daquele, apresentamos um "miniplano".

Plano de Contas e Usuários da Contabilidade

Como já vimos, o número de contas disposto num Plano de Contas depende do volume e da natureza dos negócios de uma empresa. Todavia, na estruturação do Plano de Contas (Planificação Contábil), deverão ser considerados os interesses dos usuários (gerentes, investidores, fisco etc.). Para uma grande metalúrgica, pode ser necessário (e normalmente é), para a tomada de decisões, o destaque no Plano de Contas de Salários e Encargos Sociais para pessoal da fábrica, pessoal de vendas, pessoal administrativo, honorários da diretoria etc. Todavia, para uma grande loja de aparelhos de som, para seus usuários, o destaque de uma única conta de Despesas de Salários pode ser suficiente.

Disponibilizamos, de forma *on-line*, um apêndice a este capítulo com modelo de Plano de Contas.

RESUMO

BALANÇO PATRIMONIAL	DEMONSTRAÇÃO DO RESULTADO DO EXERCÍCIO
• Relata a situação financeira/econômica no início e no final do período em apreciação. • Exemplo: o Saldo de Duplicatas a Receber em 1º-1-X8 era de 200 mil e em 31-12-X8 era de $ 420 mil.	• Relata o Resultado econômico de um período, acumulando todo o movimento de resultado daquele período: Receita e Despesa. • Exemplo: a empresa vendeu em 20X8 o total de $ 1.800 mil.
• É uma demonstração estática. É uma fotografia da empresa batida em certa data, em certo momento.	• É uma demonstração dinâmica. É uma câmara de televisão gravando ininterruptamente as contas de Resultado da empresa.
• Abarca o resultado obtido na Demonstração do Resultado do Exercício.	• Está contida no Balanço Patrimonial.

A Demonstração de Lucros ou Prejuízos Acumulados (DLPAc) é o instrumento de integração entre a Demonstração do Resultado do Exercício e o Balanço Patrimonial. O lucro obtido na Demonstração do Resultado do Exercício será canalizado via Demonstração de Lucros e Prejuízos Acumulados e, a seguir, classificado (conforme seu destino) no Balanço Patrimonial. Pela Lei das S.A., o saldo da conta Lucros Acumulados deverá ser zero no final do período.

Na implantação de uma Contabilidade, algumas providências iniciais deverão ser tomadas no sentido de planificá-la. Aspectos como ramo de atividade, tamanho, tipos de transações, peculiaridades da empresa etc. deverão ser decisivos para uma boa planificação contábil.

Independentemente do processo de escrituração[3] a ser colocado em prática, o contador elaborará um *Plano de Contas*, agrupando todas as contas que deverão ser utilizadas nos registros contábeis, o qual, obrigatoriamente, será observado pela empresa.

O Plano de Contas será adequado ao processo de escrituração a ser adotado e será aperfeiçoado no decorrer do tempo.

O Plano de Contas apresentado é bastante simples, de uma pequena ou média empresa, mas é fundamental que se tenha uma "boa ideia" sobre ele para melhor entender a escrituração contábil a ser desenvolvida nos próximos capítulos.

EXERCÍCIO RESOLVIDO

A Fundação Iudiboni tem como objetivo elaborar pesquisa na área contábil. O Sr. Castelo, responsável pela área financeira da empresa, deverá estruturar o Plano de Contas para a mesma.

A seguir, relacionamos os tipos de operações possíveis e imagináveis, que serão realizadas pela Fundação Iudiboni.

Vamos ajudar o Sr. Castelo na estruturação do Plano de Contas, sem a preocupação de codificá-lo. Todavia, na frente de cada conta destacada no Plano de Contas, colocaremos o número correspondente da operação (a seguir relacionada) que gerou aquela conta destacada. Para facilitar, o Sr. Castelo irá separar as Receitas das Despesas nas Contas de Resultado.

Operações

(1) O Capital será formado pelos sócios fundadores. A princípio, uma pequena parte ficará no Caixa, outra em Bancos, em Aplicações Financeiras (Fundo de Aplicação Financeira), bem como

---

[3] Veja Capítulo 11 – Escrituração (Livros Contábeis e Sistemas Contábeis).

em quadros de Picasso, para ornamentação da sede, cujo prédio de Aluguel é na Av. Paulista, 1760 – 48º andar – São Paulo.

(2) Os Auxílios e Subvenções concedidos pelo governo estadual serão aplicados no Imobilizado: Móveis e Utensílios, Instalações, Aparelhos Diversos.

(3) A Receita-base da fundação será sobre Pesquisas. Todavia, haverá outras Receitas referentes a Cursos e Conferências sobre os assuntos pesquisados, e Direitos Autorais das pesquisas editadas. Algumas Receitas serão a prazo. Há pesquisas com duração superior a dois anos. Em alguns casos, serão solicitados Adiantamentos a Clientes.

(4) Os custos serão distribuídos em forma de: Honorários de Pesquisa e Coordenação, Honorários da Docência e Coordenação, Viagens e Estadas, Aluguéis de Equipamentos, Encargos Sociais, Materiais Didáticos e Serviços de Secretaria.

(5) A princípio, o financiamento solicitado ao Banco do Brasil S.A. será aplicado em Títulos, com prazos superiores a um ano.

(6) O pessoal administrativo será constituído de um secretário executivo, duas secretárias, dois assessores e dois *office-boys*. Haverá também, além do Material de Expediente, Serviços de Terceiros.

(7) O Diretor de Marketing terá uma comissão de 10% sobre cada projeto vendido. Ele deverá viajar constantemente a Brasília. Foi liberada uma verba orçamentária para publicidade em jornais, no sentido de tornar a Iudiboni mais conhecida.

(8) A fundação fará seguros e dará adiantamentos (se for o caso) a fornecedores de materiais didáticos.

(9) O Resultado do Exercício será incorporado ao Patrimônio Líquido. A Fundação não pagará Imposto de Renda e Imposto Sobre Serviço.

ATIVO CIRCULANTE	PASSIVO CIRCULANTE
(1) Caixa	(2) Aluguel a Pagar
(1) Bancos Conta Movimento	(4) Honorários a Pagar
(1) Aplicações Financeiras	(4 a 7) Encargos Sociais a Recolher
(3) Contas a Receber	(4 a 7) Contas a Pagar
(8) Adiantamentos a Fornecedores	(6) Salários a Pagar
(6) Material de Expediente	(7) Comissões a Pagar
(4 e 8) Estoque de Mat. Didáticos	(3) Adiantamento de Clientes
(8) Prêmios de Seguros	(6) Serviços de Terceiros a Pagar
	(8) Seguros a Pagar
	(8) Fornecedores de Mat. Didático

ATIVO NÃO CIRCULANTE	Não Circulante
Realizável a Longo Prazo	(5) Financiamentos (ELP)
(3) Contas a Receber (RLP)	**PATRIMÔNIO LÍQUIDO**
(5) Títulos a Longo Prazo (RLP)	
Investimentos	(1) Capital
(1) Obras de Arte	(2) Auxílios e Subvenções (para SA o correto seria transitar pelo resultado – DRE)
Imobilizado	(9) Resultados:
(2) Móveis e Utensílios	+ Superávit
(2) Instalações	(–) Déficit
(2) Aparelhos Diversos	
(2) (–) Depreciação Acumulada	
Intangível	
Marcas	
(–) Amortização Acumulada	

RECEITA BRUTA OPERACIONAL

(3) Pesquisas
(3) Cursos e Conferências
(3) Direitos Autorais
Outras Receitas
(1) Receita Financeira
Receitas Não operacionais
(2) Resultado da Venda do Ativo Permanente
(9) Resultado

DESPESAS/CUSTOS

Custos dos Serviços
(4) Honorários de Pesquisa e Coordenação
(4) Honorários da Docência e Coordenação
(4) Viagens e Estadas
(4) Encargos Sociais
(4) Aluguel de Equipamentos
(4) Materiais Didáticos
(4) Serviços de Secretaria
Despesas Administrativas
(1) Aluguel
(2) Depreciações
(6) Salários
(6) Encargos Sociais
(6) Material de Expediente
(6) Serviços de Terceiros
(8) Seguros
(8) Amortização de Gastos – Pré-operacionais

DESPESAS FINANCEIRAS

(5) Juros
(5) Descontos Concedidos
Variações Monetárias
(5) Variação Cambial

DESPESAS DE VENDAS

(7) Comissão de Vendedores
(7) Encargos Sociais
(7) Viagens e Estadas
(7) Propaganda e Publicidade

DESPESAS NÃO OPERACIONAIS

(2) Resultado da Venda do Ativo Permanente
(9) Resultado

AVALIAÇÃO DO APROVEITAMENTO

a) Estes testes deverão ser respondidos em cinco minutos – 30 segundos para cada um.

b) Não responda, se tiver dúvidas.

c) Se você acertar menos que 70% (sete questões), não passe para a etapa seguinte: leia novamente o capítulo.

d) As respostas encontram-se no final do livro.

1. Como Demonstração Estática, temos:
   (   ) **a)** Demonstração do Resultado do Exercício.
   (   ) **b)** Balanço Patrimonial.
   (   ) **c)** Plano de Contas.
   (   ) **d)** Demonstração dos Fluxos de Caixa.

2. Como Demonstração Dinâmica, temos:
   (   ) **a)** Demonstração do Resultado do Exercício.
   (   ) **b)** Balanço Patrimonial.
   (   ) **c)** Plano de Contas.
   (   ) **d)** Saldos da Conta Caixa.

3. Receita a Prazo integra-se no Balanço Patrimonial com:
   (   ) **a)** Bancos Conta Movimento.
   (   ) **b)** Caixa.
   (   ) **c)** Duplicatas a Pagar.
   (   ) **d)** Duplicatas a Receber.

4. Despesas a Prazo integra-se no Balanço Patrimonial com:
   (   ) **a)** Fornecedores.
   (   ) **b)** Financiamentos.
   (   ) **c)** Empréstimos a Pagar.
   (   ) **d)** Contas a Pagar.

5. O Lucro Líquido deverá integrar no Balanço Patrimonial:
   (   ) **a)** Resultado de Exercícios Futuros.
   (   ) **b)** Patrimônio Líquido.
   (   ) **c)** Passivo.
   (   ) **d)** Ativo.

6. Plano de Contas pode ser:
   (   ) **a)** Único para empresa do mesmo ramo.
   (   ) **b)** Adaptado para cada tipo de empresa.
   (   ) **c)** Único para empresa do mesmo tamanho.
   (   ) **d)** Adaptado para cada setor de atividade.

7. Uma empresa que possui ISSQN a Recolher tem características de:
   (   ) **a)** Empresa Comercial.
   (   ) **b)** Empresa Industrial.
   (   ) **c)** Prestadora de serviços.
   (   ) **d)** Agropecuária.

8. Uma codificação 1.2.12 pode ser:
   (   ) **a)** Ativo Circulante – Estoque.
   (   ) **b)** Passivo Circulante – Fornecedores.
   (   ) **c)** Ativo Não Circulante – Equipamentos.
   (   ) **d)** Passivo Exigível a Longo Prazo – Financiamentos.

9. Uma empresa com o item Variação Cambial em seu Plano de Contas:
   (   ) **a)** Trabalha com financiamentos em moeda estrangeira.
   (   ) **b)** Trabalha com financiamentos do BNDE.
   (   ) **c)** Trabalha com empréstimos a Longo Prazo.
   (   ) **d)** É fabricante de câmbios para automóveis.

10. Numa empresa comercial, teremos em seu Plano de Contas:
    (   ) **a)** Custos de Serviços Prestados.
    (   ) **b)** Custos dos Produtos Vendidos.
    (   ) **c)** Custos das Mercadorias Vendidas.
    (   ) **d)** Custo de Produção.

EXERCÍCIOS

1. O ITG 1000 para microempresa e empresa de pequeno porte diz:

   O Plano de Contas, mesmo que simplificado, deve ser elaborado considerando-se as especificidades e natureza das operações realizadas, bem como deve contemplar as necessidades de controle de informações no que se refere aos aspectos fiscais e gerenciais.

CAP. 8 ■ Demonstração dos Fluxos de Caixa e Demonstração dos Lucros ou Prejuízos Acumulados (Integração das Demonstrações) | 147

O Plano de Contas Simplificado deve conter, no mínimo, 4 (quatro) níveis, conforme segue:

Nível 1: Ativo;
Passivo e Patrimônio Líquido; e
Receitas, Custos e Despesas (Contas de Resultado).

Nível 2: Ativo Circulante e Ativo Não Circulante.
Passivo Circulante, Passivo Não Circulante e Patrimônio Líquido.
Receitas de Venda, Outras Receitas Operacionais, Custos e Despesas Operacionais.

Nível 3: Contas sintéticas que representam o somatório das contas analíticas que recebem os lançamentos contábeis, como, por exemplo, Caixa e Equivalentes de Caixa.

Nível 4: Contas analíticas que recebem os lançamentos contábeis, como, por exemplo, Bancos Conta Movimento

Uma exemplificação dos 4 (quatro) níveis descritos é a seguinte:

Nível 1 – Ativo

Nível 2 – Ativo Circulante

Nível 3 – Caixa e Equivalentes de Caixa

Nível 4 – Bancos Conta Movimento

Como seriam estes mesmos quatro níveis para o Passivo, destacando os grupos de Contas?

2. No mesmo raciocínio da questão 1, como ficariam os grupos da Receita e Despesas na DRE?

3. Qual das alternativas é correta na sequência e elaboração das Demonstrações Contábeis?

( ) **a)** BP, DRE e DLPAc.

( ) **b)** DRE, DLPAc e BP.

( ) **c)** DRE, BP e DLPAc.

( ) **d)** DLPAc, DRE e BP.

4. Estrutura da DRE e DLPAc da Cia. Esplendor no ano 20X9, considerando os dados do BP e DFC:

Balanço Patrimonial em 31-12					
ATIVO			**P + PL**		
Circulante	X8	X9	**Circulante**	X8	X9
Caixa	100	150	Forneced.	200	300
Estoque	500	600	Contas Pg.	120	50
Não Circul.			**P. Líquido**		
Imobilizado	1.100	1.100	Capital	1.000	1.000
(–) Depr. Ac.	(100)	(200)	L. Acumul.	280	300
Total	1.600	1.650	Total	1.600	1.650

DFC	
Saldo em 01/01/x9	100
+ **Entrada**	
Receita Recebida	1.000
(–) **Saídas**	
Compras Pagas	(300)
Desp. de Vendas	(240)
Desp. Admin.	(270)
Dividendos	(140)

5. O Plano de Contas sugerido pelo ITG 1000 para a DRE de micro e pequenas empresas está descrito abaixo.

Olhando para o Plano de Contas sugerido neste livro – em apêndice disponibilizado *on-line* –, observe pelo menos duas contas que não constam neste plano sugerido.

3	RECEITAS, CUSTOS E DESPESAS (CONTAS DE RESULTADO)
3.1	RECEITAS
3.1.1	Receitas de Venda
3.1.1.01	Venda de Produtos
3.1.1.02	Venda de Mercadorias
3.1.1.03	Venda de Serviços
3.1.1.04	(–) Deduções de Tributos, Abatimentos e Devoluções
3.1.2	Receitas Financeiras
3.1.2.01	Receitas de Aplicações Financeiras
3.1.2.02	Juros Ativos
3.1.3	Outras Receitas Operacionais
3.1.3.01	Receitas de Venda de Imobilizado
3.1.3.02	Receitas de Venda de Investimentos
3.1.3.03	Outras Receitas
3.2	CUSTOS E DESPESAS
3.2.1	Custos dos Produtos, Mercadorias e Serviços Vendidos
3.2.1.01	Custos dos Insumos
3.2.1.02	Custos da Mão de Obra
3.2.1.03	Outros Custos
3.2.2	Despesas Operacionais
3.2.2.01	Despesas Administrativas
3.2.2.02	Despesas com Vendas
3.2.2.03	Outras Despesas Gerais
3.2.3	Despesas Financeiras
3.2.3.01	Juros Passivos
3.2.3.02	Outras Despesas Financeiras
3.2.4	Outras Despesas Operacionais
3.2.4.01	Despesas com Baixa de Imobilizado
3.2.4.02	Despesas com Baixa de Investimentos
3.2.4.03	Outras Despesas

O apêndice a este capítulo está disponível *on-line* no Ambiente de aprendizagem da editora.

Parte II

ENSINO FOCADO EM COMO FAZER A CONTABILIDADE

ENSINO FOCADO NO USUÁRIO

Os Capítulos 9, 10, 11 são exclusivos para os futuros contadores, que, ao exercer a profissão, deverão conhecer o Processo Contábil.

Objetivo: **Revelar os mecanismos contábeis: desde a captura dos dados que deverão ser registrados pela Contabilidade, o processo e tratamento desses dados, até o levantamento dos Relatórios Contábeis.**

CAPÍTULOS	CONTEÚDO	APRENDENDO A TOMAR DECISÕES
9	*Contabilidade por balanços sucessivos,* contas de Ativo, Passivo, Patrimônio Líquido e Resultado.	Entender o mecanismo de Débito e Crédito e o Método das Partidas Dobradas.
10	*Balancete – Apuração de Resultado e Levantamento do Balanço.* Partidas de encerramento. Ajustes.	Fazer os ajustes conforme o regime de competência e apuração contábil do lucro.
11	*Escrituração (Livros Contábeis e Sistemas Contábeis).* Diário. Razão. Processamento eletrônico da contabilidade.	Conhecer os Livros contábeis e os sistemas usados para os registros contábeis.

Contabilidade por Balanços Sucessivos – Uma Metodologia mais Prática para Entender os Registros Contábeis

Em primeiro lugar, examinamos as duas Demonstrações Financeiras mais importantes: Balanço Patrimonial e Demonstração do Resultado do Exercício. Agora, averiguaremos os Registros Contábeis que dão origem a essas demonstrações. O método para explicar isso será a Contabilidade por Balanços Sucessivos.

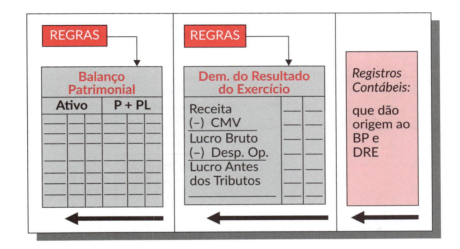

OBJETIVOS

Ao completar o estudo deste capítulo, você deverá estar preparado para explicar e exercitar os seguintes conceitos:

- Entender como o Método de Balanços Sucessivos simplificará a compreensão de Lançamentos Contábeis.
- Como os termos Origens e Aplicações também contribuem para entender os Registros Contábeis.
- Que não se conceituam os termos "Débito" e "Crédito", mas que são meras convenções.
- Que, a rigor, há apenas duas regras para debitar e creditar: aumentos e diminuições de Ativos e Passivos (e Patrimônio Líquido).

9.1 DOMÍNIO DA CLASSIFICAÇÃO CONTÁBIL

O bom domínio da matéria estudada até aqui é fundamental para o prosseguimento do curso. É necessário que, no mínimo, o estudante conheça bem onde classificar as contas: no Ativo, no Passivo, no Patrimônio Líquido e no Resultado (Despesas e Receitas).

Em várias situações abordamos as terminologias *Escrita Contábil*, *Registros Contábeis*, *Lançamentos* etc. Seria possível, com nossa aprendizagem até o momento, realizar escrituração ou registrar fatos contábeis? Sim, por meio de uma metodologia, para fins didáticos, introduzida pela Escola Contábil Americana, que denominamos de Contabilidade por Balanços Sucessivos.

Essa metodologia tem como base, em primeiro lugar, uma visão conjunta das Demonstrações Financeiras, principalmente o Balanço Patrimonial e a Demonstração do Resultado do Exercício e, em segundo plano, as origens dos lançamentos que resultam essas demonstrações.

A princípio, o leitor poderá até estranhar. Mas não nos devemos esquecer de que assim evoluiu historicamente a Contabilidade: primeiro, faziam-se os Inventários (contagem da riqueza) em momentos distintos e, em seguida, analisava-se a variação da riqueza. Só com o tempo é que se estudaram formas de registrar os fatos contábeis.

Observe que, no fundo, o Balanço Patrimonial nada mais é do que o Inventário de todos os Bens, Direitos e Obrigações em determinado momento. Nesse Inventário, somando-se Bens mais Direitos e subtraindo-se as Obrigações, vamos encontrar a Riqueza Líquida da Entidade (Patrimônio Líquido).

Se levantarmos (Inventário) um Balanço Patrimonial no início de 20X1 e outro Balanço Patrimonial no final de 20X1, vamos observar a variação da riqueza de 20X1.

Essa variação de riqueza é explicada[1] pela Demonstração do Resultado do Exercício ("primeiro se faziam os Inventários em momentos distintos e, em seguida, se analisava a variação da riqueza").

O objetivo deste capítulo é expor a forma de registro contábil que dá origem aos valores encontrados no Balanço Patrimonial e na Demonstração do Resultado do Exercício ("só com o tempo é que se estudaram formas de registrar os fatos contábeis").

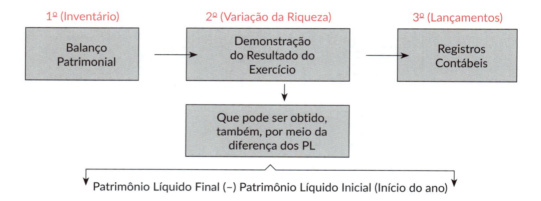

Vamos retornar a nossa empresa, "O Rei dos Encanadores Ltda.", onde o Sr. Amadeu, responsável pela Contabilidade da empresa, após conhecer os princípios básicos da Contabilidade, o Balanço Patrimonial e a DRE, efetua seu primeiro registro.

Operações

1 Depósito inicial de $ 300.000 por sócio no Banco do Brasil S.A., em 2-12-X1 (A empresa é formada por três sócios).

Vimos que o Investimento Inicial realizado pelos sócios é denominado de *Capital*; que o Capital é uma *origem* de recursos derivada dos próprios sócios ou acionistas (Capital Próprio); que toda *origem* de Recursos deverá ser classificada no lado do Passivo e Patrimônio Líquido (obrigações exigíveis e não exigíveis, respectivamente); que toda *aplicação* de recursos deverá ser classificada no lado do Ativo (Bens + Direitos). Portanto, temos dois bons motivos para classificar *Capital* no Patrimônio Líquido:

1. é uma origem de Recursos;
2. é uma obrigação da empresa para com seus proprietários, embora "Não Exigível."

---

[1] Veja Capítulo 8, Demonstração dos Fluxos de Caixa e Demonstração dos Lucros ou Prejuízos Acumulados (*Integração das Demonstrações*).

Temos também dois bons motivos para classificar *Bancos Conta Movimento* no Ativo:

1. é uma aplicação de recursos;
2. é um Direito que a empresa adquire: o de sacar o dinheiro no momento que assim o desejar.

Por outro lado, vimos que, nas Demonstrações Financeiras (Balanço Patrimonial), Capital é uma conta de Patrimônio Líquido, e Bancos, de Ativo Circulante.

Então:

BALANÇO PATRIMONIAL EM 2-12-X1

O Rei dos Encanadores Ltda.

ATIVO (B + D) (APLICAÇÃO)		PASSIVO E PL (OBRIGAÇÕES) (ORIGEM)	
Circulante		**Patrimônio Líquido**	
Bancos c/ Movimento	900.000	Capital	900.000
Total	900.000	Total	900.000

Tivemos, nessa operação, um *aumento* do Patrimônio Líquido (que era zero) e um *aumento* do Ativo e, por nosso plano de contas,[2] utilizamos as contas 1.1.2 e 3.1.1:

ATIVO	PASSIVO E PL
(+) 900.000	(+) 900.000

2. Em 10-12-X1 a empresa adquire, à vista (em cheque), um prédio para estabelecer-se por $ 800.000.

BALANÇO PATRIMONIAL EM 10-12-X1

O Rei dos Encanadores Ltda.

ATIVO (APLICAÇÃO)		PASSIVO E PL (ORIGEM)	
Circulante		**Patrimônio Líquido**	900.000
Bancos c/ Movimento	100.000	Capital	
Não Circulante			
Imobilizado			
Imóveis	800.000		
Total	900.000	Total	900.000

Observe que o Imóvel adquirido foi pago (à vista) e o dinheiro, obviamente, foi tirado de Bancos, por isso seu novo saldo passou para $ 100.000 (900.000 – 800.000).

Por outro lado, *Imóveis* é uma aplicação, é um bem, por isso o classificamos no Ativo.

É importante lembrar que o conceito de Balanço origina-se de balança – equilíbrio nos dois lados (devemos pensar, evidentemente, em balança de dois pratos). De fato, os totais são $ 900 mil, tanto no Ativo como no Passivo + Patrimônio Líquido.

Temos, então, $ 900 mil de origem e $ 900 mil de Aplicação: a Aplicação será sempre igual à Origem, uma vez que a empresa não pode aplicar o que não tem origem.

---

[2] *Vide* apêndice *on-line* ao Capítulo 8.

Observe ainda que o valor do Capital não alterou com a compra de Imóveis, pois o Capital representa o valor nominal aplicado pelos proprietários, ou seja, o valor da dívida (não exigível) da empresa para os sócios.

Tivemos, nessa operação, *aumento* de uma conta do *Ativo – Imóveis* e *diminuição* de outra conta do *Ativo → Bancos*, pelo mesmo valor. Portanto, houve apenas uma permuta entre duas contas do Ativo. Por nosso plano de contas, utilizamos as contas 1.1.2 e 1.3.6 (Edifícios): a conta Imóveis engloba, no balanço, Edifícios e Terrenos.

ATIVO	PASSIVO E PL
(–) 800.000	. . . .
(+) 800.000	. . . .

3. **Em 12-12-X1, a empresa adquire Móveis e Utensílios (Microcomputadores, Calculadoras, Escrivaninhas etc.) a prazo, para pagamento em seis parcelas iguais, por $ 120.000, mediante a emissão de uma Nota Promissória.**

BALANÇO PATRIMONIAL EM 12-12-X1

O Rei dos Encanadores Ltda.

ATIVO		PASSIVO E PL	
Circulante		**Circulante**	
Bancos c/ Movimento	100.000	Títulos a Pagar	120.000
Não Circulante		**Patrimônio Líquido**	
Imobilizado		Capital	900.000
Imóveis	800.000		
Móveis e Utensílios	120.000		
Total do Não Circulante	920.000		
Total do Ativo	1.020.000	Total do Passivo e PL	1.020.000

Na aquisição de *Móveis e Utensílios*, houve a entrada de mais um bem (Aplicação de Recursos) na empresa. Por outro lado, quem originou a aplicação foi uma dívida contraída com o fornecedor[3] de Móveis e Utensílios. Como a dívida terá o prazo de pagamento de seis meses, classificamo-la no Passivo Circulante (Curto Prazo: até 360 dias).

Observe que, embora não houvesse ainda pagamento, Móveis e Utensílios já é propriedade da empresa e, na Contabilidade, registramos por seu custo total de aquisição. Se, por exemplo, tivéssemos pago metade dessa aquisição, mesmo assim registraríamos pelo valor total da aquisição a conta Móveis e Utensílios.

É importante salientar que, por ocasião do pagamento das parcelas restantes, *não mais se movimentará* a conta Móveis e Utensílios. No pagamento, por exemplo, da primeira parcela de $ 20.000, o saldo da dívida ficará $ 100.000 (120 – 20) e o Caixa ou Bancos diminuirá $ 20.000. Portanto, haverá uma redução no Ativo e Passivo em $ 20.000, mas o valor de Móveis e Utensílios continuará sendo $ 120.

Um aspecto relevante no Balanço Patrimonial é sua estética. Note que os valores estão destacados em uma coluna cuja casa de milhar fica na mesma linha em todas as contas

	100.000
_____	800.000
_____	120.000

---

[3] Não devemos utilizar a conta *Fornecedores* de nosso plano de contas, pois esta refere-se a Fornecedores de Matéria-prima ou Insumos (e não Imobilizado). Utilizamos a Títulos a Pagar por ser a única que se adequava a esse caso.

CAP. 9 ■ Contabilidade por Balanços Sucessivos – Uma Metodologia mais Prática para Entender os Registros Contábeis | 155

e os totais do Ativo e Passivo estão num mesmo plano horizontal:

Total do Ativo 1.020.000	Total do Passivo e PL 1.020.000

Nessa operação de aquisição de Móveis e Utensílios *aumentamos* uma conta de Passivo e *aumentamos* uma conta de Ativo. Em nosso plano de contas, utilizamos as contas 1.3.9 e 2.1.9.

ATIVO	PASSIVO e PL
(+) 120.000	(+) 120.000

4. Em 15-12-X1, a empresa adquire um financiamento, por três anos, no valor de $ 200.000, com juros mensais de 5%, sendo que o encargo financeiro respectivo será pago no final de cada ano.

BALANÇO PATRIMONIAL EM 15-12-X1
O Rei dos Encanadores Ltda.

ATIVO		PASSIVO E PL	
Circulante		**Circulante**	
Bancos c/ Movimento	300.000	Títulos a Pagar	120.000
Não Circulante		**Não Circulante**	
Imobilizado		Financiamentos (ELP)	200.000
Imóveis	800.000		
Móveis e Utensílios	120.000	**Patrimônio Líquido**	
Total do Não Circulante	920.000	Capital	900.000
Total do Ativo	1.220.000	Total do Passivo e PL	1.220.000

Normalmente, Empréstimos Bancários e Financiamentos obtidos pela empresa são depositados em sua conta bancária. Nessa operação, tivemos uma *aplicação* de $ 200 mil (Ativo) e uma *origem* de idêntico valor. A origem (dívida) de recursos foi classificada no Não Circulante (Exigível a Longo Prazo), pois se trata de uma obrigação cujo vencimento supera 360 dias.

> Como consta no enunciado dessa transação, anualmente haverá pagamento de juros. Essa despesa financeira deverá ser destacada, pelo regime de competência, no final de cada período: se a apuração do resultado for mensal, serão registrados *Juros Incorridos* no final de cada mês (mesmo que ainda não tenham sido pagos); se a apuração do resultado for anual, serão registrados *Juros Incorridos ou Pagos* no final de cada ano.[3]

Nesta altura, podemos constatar que, em qualquer transação, no registro contábil, pelo menos duas contas são afetadas. Não há caso em que apenas uma conta é alterada, mas, como foi visto até aqui, pelo menos duas contas têm seus valores modificados. Isso é explicado pelo fato de, em qualquer operação, sempre haver uma *origem* (fonte) e uma *aplicação* de recursos.

Observe que uma origem de recursos não significa, necessariamente, apenas aumento de Passivo ou Patrimônio Líquido, como pudemos identificar nas operações *1* (um) (Capital), *3* (três) (Títulos a Pagar) e *4* (quatro) (Financiamentos). Tivemos, na operação *2*, uma aplicação em Imóveis, cuja fonte de recursos (origem) foi Bancos Conta Movimento. É verdade que Bancos Conta Movimento foi originada por Capital e Financiamentos e, nessas ocasiões, houve os acréscimos de Patrimônio Líquido e Passivo, respectivamente. Portanto, a conta Bancos, que é típica de Aplicação, torna-se fonte de recursos quando são efetuados os pagamentos com cheques.

---

[4]   Escrituração das Contas de Resultado (ainda neste capítulo).

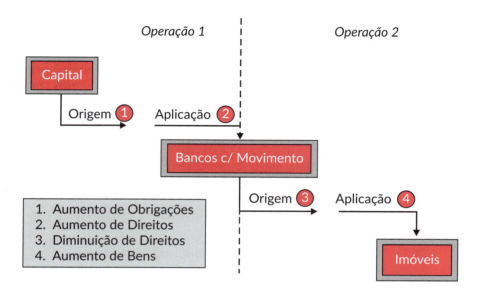

Em nosso próximo exemplo, teremos uma situação em que três contas serão movimentadas numa mesma transação.

Ainda referente à operação nº 4, tivemos o aumento de uma conta do Passivo no valor de $ 200.000 e o acréscimo, pelo mesmo valor, de uma conta do Ativo. Conforme o Plano de Contas, movimentamos a 1.1.2 e a 2.2.1.

ATIVO	PASSIVO e PL
(+) 200.000	(+) 200.000

5. **Em 31-12-X1, a empresa adquiriu Materiais de Escritório (Lápis, clipes, grampeadores e outros) por $ 50.000. Metade desse material foi paga à vista (em cheque) e metade será paga em 60 dias.**

BALANÇO PATRIMONIAL EM 31-12-X1
O Rei dos Encanadores Ltda.

ATIVO		PASSIVO E PL	
Circulante		**Circulante**	
Bancos c/ Movimento	275.000	Fornecedores	25.000
Desp. Exercício Seguinte		Títulos a Pagar	120.000
Materiais de Escritório	50.000	Total do Circulante	145.000
Total do Ativo Circulante	325.000	**Não Circulante**	
		Financiamentos (ELP)	200.000
Não Circulante		**Patrimônio Líquido**	
Imobilizado		Capital	900.000
Imóveis	800.000		
Móveis e Utensílios	120.000		
Total do Ativo Não Circulante	920.000		
Total do Ativo	**1.245.000**	**Total do Passivo e PL**	**1.245.000**

Com o pagamento de $ 25.000 (metade do valor da aquisição de Materiais para Escritório), o depósito em Bancos é diminuído por essa quantia. A outra metade refere-se à promessa de pagamento no futuro. A conta de dívida escolhida foi Fornecedores (nesse caso, não há aquisição de Matéria-prima – como na Indústria – nem de Mercadoria – como no comércio). Poderia ser Contas a Pagar.

Uma dúvida que poderia surgir é onde classificar Materiais para Escritório. Como podemos observar, são *bens* adquiridos, que deverão ser consumidos durante o período seguinte, isto é, são Ativos que se tornarão Despesas no momento de seu consumo (Regime de Competência).

Não poderíamos classificar tal aquisição como Imobilizado – Permanente[5] (pois não tem vida longa na empresa) e muito menos como Despesa (pois não foi ainda consumida), só restando o *Circulante*, em que o subgrupo de Despesa do Exercício Seguinte (Despesas Antecipadas) compreende os gastos com bens e serviços que ainda não foram consumidos, mas deverão sê-lo no próximo exercício. Observe que o fato de ter pago apenas a metade é indiferente (não o seria para a Contabilidade pelo regime caixa), por isso escrituramos o gasto pelo total que será alocado (transferido, distribuído) para despesa no momento de seu consumo.

Nessa operação, movimentamos três contas:

pela aquisição (aplicação):	pelo pagamento e dívida (origem):
$ 50.000 **Materiais p/ Escritório**	$ 25.000 **Bancos C/ Movimento**
(1.1.14)	(1.1.2)
	$ 25.000 **Fornecedores** (2.1.1)

ATIVO	PASSIVO e PL
(+) 50.000	(+) 25.000
(–) 25.000	

9.2 EFICIÊNCIA DA CONTABILIDADE POR BALANÇOS SUCESSIVOS

A Contabilidade por balanços sucessivos é bastante simples: a cada operação realizada pela empresa, faz-se a alteração em um novo balanço.

Bastante simples, também, é averiguar se as modificações evidenciadas no balanço estão corretas ou não:

- Observamos se o total do lado do Ativo é igual ao total do lado do Passivo + Patrimônio Líquido.
- Observamos se o valor da operação inserido no balanço no lado do Ativo é igual ao do lado do Passivo + Patrimônio Líquido.

Na operação 1, inserimos + $ 900.000 no Ativo, assim como inserimos esse valor no Passivo + Patrimônio Líquido.

Na operação 2, não inserimos valores adicionais no Ativo nem no Passivo e Patrimônio Líquido. Houve apenas uma permuta no Ativo.

Na operação 3, inserimos + $ 130.000 nos dois lados.

Na operação 4, ...

> *Todavia, surge uma pergunta do Sr. Amadeu.* "Se minha empresa realizar mil operações por dia, terei de fazer mil balanços sucessivos?"

Realmente seria impraticável. Operacionalmente, a metodologia apresentada é inconveniente, pois seria demasiadamente exaustiva para o operador contábil e demasiadamente onerosa para a empresa (grande consumo de papel, livros, fichas etc., além de consumir muitas horas de operador contábil). Embora, atualmente, tudo isso seja feito eletronicamente, de forma digital.

> O Sr. Amadeu, que a princípio estava jubiloso por ter entendido toda a mecânica contábil, fica um pouco acabrunhado, pois descobre que esse método de Contabilidade por balanços sucessivos, embora correto, não é o mais eficiente.

---

[5] Permanente equivale ao Não Circulante: Investimentos, Imobilizado e Intangível.

> Vamos, portanto, ajudar o Sr. Amadeu a desenvolver um critério de escrituração que seja mais eficiente e em que seja utilizada toda teoria estudada até aqui, inclusive a mecânica de balanços sucessivos.

A dificuldade toda está em fazer para cada operação um balanço.

Se fizéssemos um lançamento (Registro) *mais prático (menos trabalhoso e menos oneroso) para cada operação* (sem inseri-lo no balanço), de forma ordenada, *de maneira tal que no final de um período* (ou semana, ou mês, ou semestre, ou ano) *transportássemos para o balanço, seria uma solução.*

Não há necessidade de apresentar balanços diários, pois os usuários (acionistas, administradores, bancos, governo etc.) aceitam balanços periódicos.

Poderíamos realizar um controle individual de item por item e, no final do período escolhido para apresentação do balanço, transportaríamos cada item, com seu respectivo valor, para aquele demonstrativo (balanço).

Portanto, teríamos os registros de cada operação sem estruturar o balanço. No final de cada período (pelo menos uma vez por ano), pegaríamos o resultado e disporíamos no Balanço Patrimonial.

Assim, teríamos as seguintes movimentações nas operações registradas na forma de balanços sucessivos (neste exemplo, utilizaremos apenas as movimentações referentes a Bancos Conta Movimento).

1ª Operação: Depósito bancário de $ 900.000, pelos sócios, como capital.

No lado Ativo temos o item:		*No lado Passivo e PL temos o item:*	
Bancos c/ Movimento	$ 900.000	Capital	$ 900.000

Portanto, a título de exemplo, vamos trabalhar somente com o item Bancos Conta Movimento.

2ª Operação: A empresa emite um cheque de $ 800.000 para adquirir um Imóvel.

Bancos c/ Movimento	$ 900.000
(–) Retirada – saque	$ (800.000)
Saldo	$ 100.000

3ª Operação:[6] Não afeta a conta "Bancos".

4ª Operação: Depósito na conta da empresa de um financiamento de $ 200.000 liberado nesta data.

Bancos c/ Movimento	$ 100.000
+ Depósito	$ 200.000
Saldo	$ 300.000

5ª Operação: Pagamento de $ 25.000 de Material para Escritório.

Bancos c/ Movimento	$ 300.000
(–) Pagamento – saque	$ (25.000)
Saldo	$ 275.000

Observe que a data da 5ª Operação é 31-12-X1. Se nessa data quiséssemos apresentar um balanço, utilizaríamos o saldo apurado no item Bancos Conta Movimento, que é de $ 275.000. Dessa maneira,

---

[6] A título de exemplo, estamos trabalhando com operações que alteram a Conta "Bancos". Como a 3ª operação não alterou bancos, estamos excluindo-a.

pegaríamos o saldo de todos os outros itens (Imóveis, Capital, Financiamentos etc.), que, para fins de exemplo, foram dispensados.

BALANÇO PATRIMONIAL EM 31-12-X1
O Rei dos Encanadores Ltda.

ATIVO		PASSIVO E PL	
Circulante		**Circulante**	
Bancos c/Movimento	275.000		

9.3 UMA SIMPLIFICAÇÃO DO PROCESSO

Todavia, poderemos simplificar (tornar mais prático) ainda mais a apuração do saldo do item "Bancos Conta Movimento" (bem como as outras contas).

Iniciamos o item Bancos Conta Movimento com um depósito de $ 900.000. Em seguida, houve um pagamento de $ 800.000, ou seja, a conta bancária foi diminuída, restando um saldo de $ 100.000.

Destacaremos, em primeiro lugar, em uma folha de papel qualquer, o primeiro depósito:

$$900.000$$

Em segundo lugar, traçaremos uma reta vertical ao lado do valor destacado:

$$900.000 \mid$$

Ao lado esquerdo dessa reta vertical colocaremos os valores que serão adicionados (novos depósitos) aos $ 900.000 com uma simples operação de soma:

$$
\begin{array}{l}
900.000 \\
+ \text{-----} \\
+ \text{-----} \\
+ \text{-----}
\end{array}
\Big|
$$

Ao lado direito da reta vertical colocaremos os valores que serão subtraídos dos $ 900.000, como é o caso dos $ 800.000 que foram utilizados como pagamento:

$$(+)\ 900.000 \mid 800.000\ (-)$$

Dessa forma, teremos facilidade em obter o saldo do dinheiro em banco a qualquer momento. Passaremos uma reta horizontal embaixo dos valores e puxaremos o saldo:

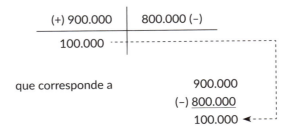

Observamos que os 100.000 permanecem no lado do maior valor ($ 900.000), que é o que sobra de saldo *positivo*.

Todavia, poderíamos continuar efetuando os registros sem apurar o saldo. Na 4ª operação, tivemos uma entrada de dinheiro na conta Bancos na ordem de $ 200.000. Como essa entrada é adicionada ao valor já existente nessa conta, lançaremos no lado esquerdo:

900.000	800.000
200.000	

Saldo

Se, nesse momento, quiséssemos apurar qual é nosso saldo nessa conta bancária, teríamos:

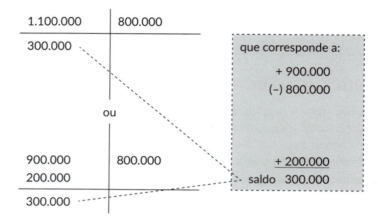

Na 5ª operação, vamos registrar uma diminuição (saída) de dinheiro da conta bancária; portanto, lançaremos no lado direito da reta vertical:

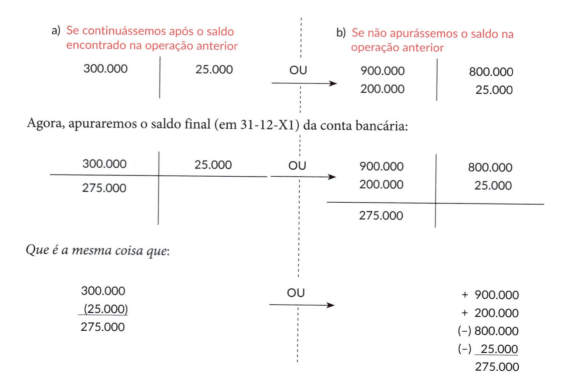

Portanto, se fôssemos apresentar o balanço, nesse momento (31-12-X1) utilizaríamos o saldo apurado no item Bancos Conta Movimento, no valor de $ 275.000, ou seja:

CAP. 9 ■ Contabilidade por Balanços Sucessivos – Uma Metodologia mais Prática para Entender os Registros Contábeis | **161**

BALANÇO PATRIMONIAL EM 31-12-X1
O Rei dos Encanadores Ltda.

ATIVO		PASSIVO E PL	
Circulante		**Circulante**	
Bancos c/ Mov.	275.000		
Não Circulante		**Não Circulante**	
		Patrimônio Líquido	

(275.000 Saldo)

Como já observamos, deveríamos fazer esses lançamentos para todas as contas existentes, apurando o saldo de cada um, e esses saldos seriam transportados para o balanço.

Para que não haja confusão, no momento de apurar os saldos das contas, é necessário que se identifique cada conta, colocando sua denominação na parte de cima da linha vertical traçada:

A) Sem identificação da conta		B) Com identificação da conta	
		Bancos Conta Movimento	
900.000	800.000	900.000	800.000
200.000	25.000	200.000	25.000

Dessa maneira, estamos dando origem a uma representação gráfica em forma de "T" bastante utilizada pela Contabilidade. Essa representação gráfica (T) é conhecida nos meios contábeis como *Razonete*.

Para cada conta (Bancos Conta Movimento, Imóveis, Financiamentos, Títulos a Pagar, Capital...) abriremos Razonete, e o saldo desse Razonete será transportado para o balanço no final do período escolhido:

Bancos Conta Movimento	Materiais para Escritório	Imóveis	etc.

Resumindo, até o momento, vimos que da necessidade de apresentar o saldo por item (conta) traçamos uma reta vertical em que do lado do saldo já existente colocamos os valores que serão somados a esse saldo e, do outro lado, os valores que serão subtraídos.

Vimos, ainda, que da necessidade de identificar a que conta referem-se as movimentações à direita e à esquerda do traço vertical, descrevemos a denominação da conta na parte superior do traço vertical:

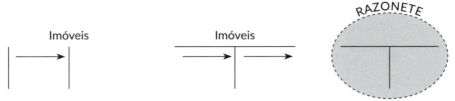

Assim, chegamos ao Razonete, que é uma representação gráfica para apurar os saldos de *todas as contas* movimentadas pela empresa. Os saldos das contas de Ativo, Passivo e Patrimônio Líquido serão transportados para o balanço por ocasião de seu levantamento.

9.4 MOVIMENTAÇÕES DO ATIVO E DO PASSIVO

Agora, vamo-nos aprofundar não só na apuração dos saldos dos Razonetes, como também nas movimentações que aumentam e diminuem os saldos.

9.4.1 Contas de Ativo

1. *Lançamento Inicial*

   Constatamos que o Ativo está no lado esquerdo do Balanço Patrimonial:

   BALANÇO PATRIMONIAL

ATIVO	PASSIVO E PL

   lado esquerdo

   Assim, por uma questão de coerência, as contas que pertencem ao Ativo serão inicialmente lançadas no lado esquerdo do Razonete (T).

   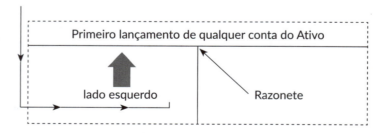

   Por conseguinte, temos como exemplos:

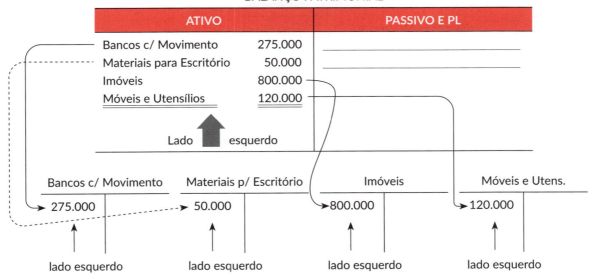

2. *Aumento das Contas de Ativo*

Se aumentarmos as contas do Ativo, aumentará o lado esquerdo do Balanço Patrimonial. Assim, se o item Bancos Conta Movimento for acrescido em $ 100.000 (passando para $ 375.000), haverá um acréscimo no Ativo. Vamos admitir que as demais contas do Ativo (Materiais para Escritório, Imóveis e Móveis e Utensílios) também sejam acrescidas de $ 100.000.

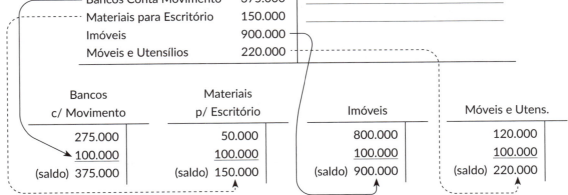

Como constatamos, os acréscimos também serão lançados no lado esquerdo do Razonete, adicionando-se, portanto, ao saldo já existente.

1ª Regra: Acréscimos nas contas do Ativo são lançados no lado esquerdo do Razonete (T).

3. *Diminuições das Contas de Ativo*

Para diminuirmos qualquer conta do Ativo, é necessário que lancemos no lado direito do Razonete. Dessa forma, se diminuirmos $ 75.000 do item Bancos Conta Movimento (ficaremos com um saldo de 300.000), lançaremos $ 75.000 no lado direito do Razonete.

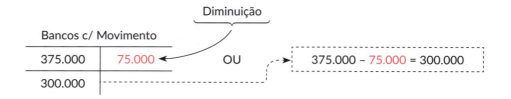

> *2ª Regra*: Diminuição nas contas de Ativo é lançada no lado direito do Razonete (T).

Portanto, os aumentos nas contas de Ativo são lançados no lado esquerdo do Razonete (T), para ser coerente com a disposição das contas do Ativo (lado esquerdo do Balanço Patrimonial). Consequentemente, as diminuições são lançadas no lado direito.

9.4.2 Contas de Passivo e Patrimônio Líquido

1. *Lançamento Inicial*

Constatamos que o Passivo e o Patrimônio Líquido estão no lado direito do **Balanço Patrimonial**:

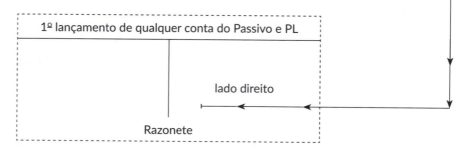

Assim, por uma questão de coerência, as contas que pertencem a Passivo e Patrimônio Líquido serão inicialmente lançadas no lado direito do Razonete (T).

Por conseguinte, temos como exemplo:

2. *Aumento das Contas do Passivo e Patrimônio Líquido*

Se aumentarmos as contas do Passivo e do Patrimônio Líquido, aumentará o lado direito do Balanço Patrimonial. Assim, se o item Fornecedores for acrescido em $ 100.000 (passando para $ 125.000), haverá um acréscimo no Passivo. Vamos admitir que a conta Capital foi aumentada em $ 600.000.

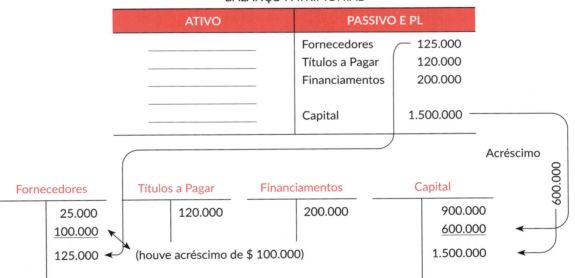

Como podemos constatar, os acréscimos também serão lançados no lado direito do Razonete, adicionando-se, portanto, ao saldo já existente.

> *3ª Regra*: Acréscimos nas contas de Passivo e Patrimônio Líquido são lançados no lado direito do Razonete (T).

3. *Diminuições das Contas de Passivo e Patrimônio Líquido*

Ao contrário dos acréscimos, para diminuirmos as contas de Passivo e Patrimônio Líquido, lançaremos no lado esquerdo do Razonete. Assim, se a empresa pagar $ 50.000 de seu Financiamento, passará a dever $ 150.000, uma vez que lançamos os $ 50.000 no lado esquerdo do Razonete:

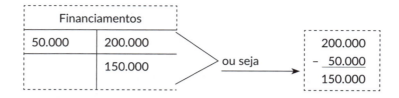

> **4ª Regra**: Diminuições nas contas de Passivo e Patrimônio Líquido são lançadas no lado esquerdo do Razonete (T).

Portanto, os aumentos nas contas de Passivo e Patrimônio Líquido são lançados no lado direito do Razonete (T) para ser coerente com a disposição das contas do Passivo e do Patrimônio Líquido (lado direito do Balanço Patrimonial). Consequentemente, as diminuições são lançadas no lado esquerdo.

```
              CONTAS DO PASSIVO E PL
        lado esquerdo    |    lado direito
             (–)         |         +
           diminui       |      aumenta
                     Razonete
```

Por fim, observamos que a regra para as contas de Passivo e Patrimônio Líquido é exatamente o inverso das contas de Ativo.

Por conseguinte, quem memoriza a regra para as contas de Ativo automaticamente saberá fazê-lo para as do Passivo e Patrimônio Líquido.

9.5 O "FANTASMA" DO DÉBITO E DO CRÉDITO

Por muito tempo, no Brasil, conceitos de débito e crédito foram dados aos estudantes de Contabilidade de maneira complexa, de forma tal que contadores deixavam a faculdade sem saber debitar e creditar, corretamente.

A tentativa de conceituar débito e crédito encontrava séria resistência no iniciante em Contabilidade, pois era levado a pensar que débito significava coisa desfavorável, e crédito significava coisa favorável.

Com o advento da "escola americana contábil" no Brasil, basicamente introduzida pelo livro *Contabilidade introdutória* por uma equipe de professores da FEA/USP, houve uma notável simplificação para o estudante de Contabilidade, uma vez que essa escola dispõe que tais denominações (débito e crédito), "hoje em dia, são simplesmente convenções contábeis".

Dessa forma, em vez de chamarmos "lado esquerdo do Razonete", denominamos de *débito* (portanto, débito é como chamamos o lado esquerdo de uma conta).

```
              Débito
        Lado esquerdo    |
                         |
```

e crédito é como chamamos o lado direito de uma conta

```
              Crédito
                         |    Lado direito
                         |
```

CAP. 9 ■ Contabilidade por Balanços Sucessivos – Uma Metodologia mais Prática para Entender os Registros Contábeis | **167**

Poderíamos chamar o lado esquerdo de "sol" e o lado direito de "lua", ou outra denominação qualquer. Todavia, dada a tradição contábil, convencionamos denominar o lado esquerdo do Razonete (uma conta qualquer) de débito e o lado direito (uma conta qualquer) de crédito.

Poderíamos chamar Débito-Crédito de adição-subtração.

Em decorrência dessas denominações, concluímos que lançar qualquer valor no lado esquerdo de uma conta é debitar. Lançar qualquer valor no lado direito de uma conta é creditar. Daí a conjugação dos verbos *debitar* e *creditar*.

D	Caixa	C
200.000	50.000	

Nesse exemplo, debitamos $ 200.000 à conta Caixa e creditamos $ 50.000 à conta Caixa. Ou seja, lançamos $ 200.000 no lado esquerdo da conta Caixa (Debitamos) e lançamos $ 50.000 no lado direito da conta Caixa (Creditamos).

Se apurarmos o saldo da Conta Caixa, chegaremos a $ 150.000.

D	Caixa	C		
200.000	50.000		200.000	
150.000			(–) 50.000	
			150.000	

Esse saldo de $ 150.000 (constante no lado esquerdo de uma conta) chamaremos de "saldo devedor", pois a sobra (o saldo) está no lado do débito (lado esquerdo). Normalmente, as contas com saldo devedor são classificáveis no Ativo, pois saldo devedor é o excesso no lado esquerdo de uma conta e Ativo é o lado esquerdo do balanço.

> Então, sempre que o Débito for maior que o Crédito teremos saldo devedor: Débito > Crédito = Saldo Devedor.

Se o Crédito for maior que o Débito, teremos "saldo credor":

D	Contas a Pagar	C
120.000	280.000	
	160.000	

Contas a Pagar apresenta um saldo no lado do Crédito (lado direito), portanto, "saldo credor" de $ 160.000. Normalmente, as contas com saldo credor são classificáveis no Passivo e Patrimônio Líquido (lado direito).

Como já observamos, os aumentos de uma conta são registrados em um lado e as diminuições, no outro. Se for uma conta de *Ativo*, os aumentos são lançados no lado esquerdo (débito) e as diminuições, no lado direito (crédito). Se for uma conta de *Passivo ou Patrimônio Líquido*, os aumentos são lançados no lado direito (crédito) e as diminuições, no lado esquerdo (débito).

Qualquer conta de Ativo		Qualquer conta Passivo e PL	
Débito	Crédito	Débito	Crédito
$ Aumentos	$ Diminuições	$ Diminuições	$ Aumentos

Esse método, desenvolvido pelo Frei Luca Pacioli, na Itália, século XV, hoje universalmente aceito, dá início a uma nova fase para Contabilidade como disciplina adulta, além de desabrochar a "escola contábil italiana", que iria dominar o cenário contábil até o início do século XX.

168 | **CONTABILIDADE EMPRESARIAL E GERENCIAL** ■ *José Carlos Marion*

O método consiste em, para qualquer operação, haver um débito e um crédito de igual valor *ou* um débito (ou mais débitos) de valor idêntico a um crédito (ou mais créditos). Portanto, "não há débito(s) sem crédito(s) correspondente(s)".

Exemplos

Alguns exemplos de aplicação do método das partidas dobradas (com itens do Balanço Patrimonial):

Vamos admitir que a Cia. Ângelo tenha em seu Patrimônio Líquido um capital de $ 1.500.000 totalmente aplicado no Caixa.

BALANÇO PATRIMONIAL

ATIVO		PASSIVO E PL	
Circulante		**PL**	
Caixa	1.500.000	Capital	1.500.000

D	Caixa	C		D	Capital	C
1.500.000						1.500.000

Compra de Máquinas e Equipamentos, à vista, por $ 900.000

Nessa operação, teremos uma nova conta Máquinas e Equipamentos (aumenta[7] uma conta de Ativo) e uma redução do Caixa pelo pagamento à vista (diminui uma conta de Ativo).

Pela regra, quando aumenta uma conta de Ativo, *debitamos* a conta aumentada (Máquinas e Equipamentos), e quando diminui uma conta de Ativo, *creditamos* a conta diminuída (Caixa).

D	Caixa	C		D	Máquinas e Equipamentos	C
1.500.000	900.000			900.000		

Portanto, debitamos a conta Máquinas e Equipamentos por $ 900.000 e creditamos a conta Caixa por idêntico valor (Partidas dobradas: haver um débito e um crédito de igual valor).

Observação: O saldo do Caixa é de $ 600.000, a maior no lado do débito, portanto "saldo devedor".

Compra de Mercadorias para Revenda (Estoque), a prazo, por $ 500.000

Nessa operação estaremos aumentando[7] a conta Estoque (pela mercadoria adquirida) – uma conta de Ativo, e estaremos aumentando[7] a conta Fornecedores (que significa dívida com os fornecedores de mercadoria) – uma conta do Passivo.

- Aumenta conta do Ativo: Débito.
- Aumenta conta de Passivo: Crédito.

D	Estoque	C		D	Fornecedores	C
500.000						500.000

Portanto, debitamos Estoque em $ 500.000 e creditamos Fornecedores, também, por $ 500.000 (Partidas dobradas: haver um débito e um crédito de igual valor).

Observações:
1. O saldo da conta Estoque é devedor.
2. O saldo de Fornecedores é credor.

---

[7] O saldo anterior existente era zero.

Aquisição de dois veículos, a $ 800.000 cada um, sendo que foram dados $ 500.000 de entrada e o restante será pago em 11 notas promissórias de $ 100.000

Nessa operação, a conta Veículos foi aumentada em $ 1.600.000 (conta de Ativo); a conta Caixa foi diminuída em $ 500.000 pelo pagamento da entrada (conta de Ativo) e houve a origem de uma dívida "Títulos a Pagar" pelo valor de $ 1.100.000 (conta de Passivo).

Assim, tivemos:

Veículos	– aumenta o Ativo	– Débito
Caixa	– diminui o Ativo	– Crédito
Título a Pagar	– aumenta o Passivo	– Crédito

```
    D    Veículos    C           D    Caixa    C           D   Tít. a Pagar   C
(3) 1.600.000                    1.500.000 | 900.000                    | 1.100.000 (3)
                                           | 500.000 (3)
```

Portanto, debitamos Veículos
creditamos Caixa →
creditamos Títulos a Pagar →

1.600.000 e	- · -
- · -	500.000 e
- · -	1.100.000
1.600.000	1.600.000

(Partidas dobradas: um débito de $ 1.600.000 e créditos que somam $ 1.600.000)

Se nesse instante quiséssemos apresentar o Balanço Patrimonial, teríamos:

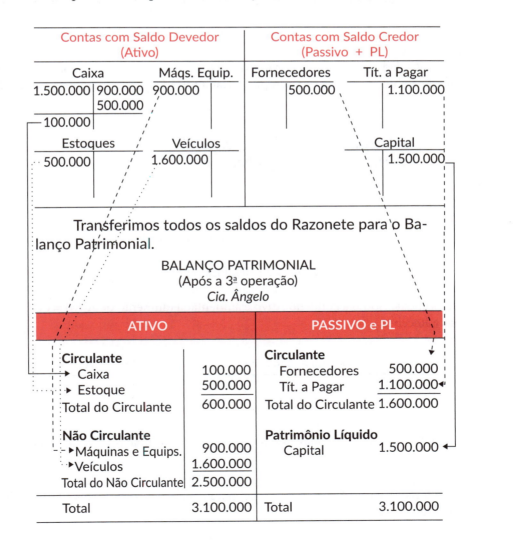

Um Subsídio Metodológico

A esta altura, poderia surgir uma pergunta: "muito bem, a coisa parece muito simples. Mas se em certas operações eu não souber se é conta de Ativo ou Passivo?"

Basta consultar o Plano de Contas (Anexo *on-line* do Capítulo 8). Assim, se você fizer um Empréstimo Bancário e estiver em dúvida se essa conta é de Passivo ou Ativo, verifique, no Plano de Contas, onde ela está classificada. Evidentemente, é uma conta de Passivo. Na frente da conta "Empréstimos Bancários" (Passivo) você encontrará as páginas onde está abordado esse assunto no livro. Para confirmar se essa conta "enquadra-se mesmo" na operação que você está contabilizando, procure as páginas indicadas e examine o funcionamento da conta.

9.6 ESCRITURAÇÃO DAS CONTAS DE RESULTADO

Na verdade, até o momento, abordamos itens exclusivamente do Balanço Patrimonial. Cabe-nos, agora, estabelecer uma regra para escriturar as operações que movimentam as contas de Resultado: Receita, Despesa, Custo, Perdas e Ganhos.

Sabemos que o resultado apurado na Demonstração do Resultado do Exercício poderá aumentar ou diminuir o Patrimônio Líquido, uma vez que o resultado obtido e não distribuído será incorporado ao Patrimônio Líquido (conta dos proprietários da empresa).

Se a empresa tiver lucro, aumenta o Patrimônio Líquido. Sabemos que a Receita da empresa aumenta (ou propicia) o lucro da empresa. Por conseguinte, a Receita tende a aumentar o Patrimônio Líquido.

Quando estudamos Passivo e Patrimônio Líquido, detectamos que os aumentos do Passivo e do Patrimônio Líquido seriam lançados no lado direito (crédito) e as diminuições seriam lançadas no lado esquerdo (débito).

Portanto, como a Receita aumenta o Patrimônio Líquido, ela será sempre lançada no lado direito do Razonete: creditada.

Por outro lado, a Despesa (idem custo e perdas) diminui o lucro e, consequentemente, o Patrimônio Líquido. Portanto, a despesa será sempre lançada no lado esquerdo do Razonete: debitada.

Assim:

> a) Receita será sempre creditada.
> b) Despesa será sempre debitada.

Exemplos:

Operação 1. Venda de $ 890.400, a prazo, de mercadoria.

Note que, além da receita de $ 890.400, foram geradas contas a receber (venda a prazo), que é uma conta de Ativo. Assim, como toda a Receita é creditada (pois aumenta o Patrimônio Líquido), vamos creditar Vendas. Como a conta do Ativo é aumentada (aumento de Ativo = debita-se), debitaremos Duplicatas a Receber.

Operação 2. Pagamento de Salários dos funcionários no último dia do mês. Total da Folha de Pagamento $ 2.800.000

Nessa operação, temos o pagamento de uma Despesa. Portanto, há uma saída de dinheiro do Caixa (diminui uma conta de Ativo – credita-se) para pagamento de Salários (despesa diminui o Patrimônio Líquido – debita-se).

CAP. 9 ■ Contabilidade por Balanços Sucessivos – Uma Metodologia mais Prática para Entender os Registros Contábeis | **171**

D Caixa C	D Desp. de Salários C
há saldo suficiente | 2.800.000	2.800.000 |

Operação 3. Aquisição de Material de Escritório, totalmente utilizado no mês, a prazo, por $ 180.000.

Nesse caso, criamos uma conta a pagar, pois compramos material a prazo (Contas a Pagar aumenta Passivo: credita-se) e temos uma despesa pelo consumo do Material de Escritório (Despesa com Material de Escritório diminui o lucro e, consequentemente, o Patrimônio Líquido: debita-se).

D Desp. Mat. Escritório C	D Contas a Pagar C
180.000 |	| 180.000

Observação: Os saldos das contas de Resultados (Vendas, Despesa com Salários e Despesa com Material de Escritório) serão transferidos para a Demonstração do Resultado do Exercício (DRE). O resultado do Exercício (Lucro ou Prejuízo), que será desenvolvido no Capítulo 10, irá para o Balanço Patrimonial.

RESUMO

Para entender escrituração, é necessário ter um bom domínio sobre as Demonstrações Financeiras estudadas até o momento.

A contabilidade por Balanços Sucessivos, embora válida (principalmente para conhecer a mecânica contábil), não é utilizada na prática, pois é demasiadamente exaustiva e onerosa. Podemos chegar aos mesmos resultados utilizando registros em contas individualizadas, somando-se ou subtraindo-se as novas operações.

Esse mecanismo se dá por meio dos Razonetes (T), em que se coloca o título da conta na parte superior; em um lado da conta, registram-se os aumentos, e no outro lado, as diminuições.

A natureza da conta é que irá determinar qual lado deverá ser utilizado para aumento e qual lado ser utilizado para diminuições.

Se for uma conta de Ativo, por coerência de sua disposição no Balanço Patrimonial (figurando no lado esquerdo), todos os aumentos serão lançados no lado esquerdo do Razonete. Por convenção, chamaremos o lado esquerdo de uma conta de *débito*.

Se for uma conta de Passivo e Patrimônio Líquido, por configurarem no lado direito do Balanço Patrimonial, registraremos todos os aumentos no lado direito do Razonete. Por convenção, chamaremos o lado direito de uma conta de *crédito*.

Num Razonete, quando o débito for maior que o crédito, a diferença entre o débito e o crédito [Débito (–) Crédito] será denominada de saldo devedor. (Evidentemente, o saldo devedor será destacado no lado do débito.) Ao contrário, teremos saldo credor, que será destacado no lado de crédito.

O método das partidas dobradas significa que, para cada operação, haverá débito(s) com crédito(s) correspondente(s) de idêntico valor.

Quadro Sintético do Mecanismo de Débito e Crédito

CONTAS DE	Lançamos a:	
	Débito	Crédito
Ativo	pelo Aumento	pela Diminuição
Passivo	pela Diminuição	pelo Aumento
Patrimônio Líquido	pela Diminuição	pelo Aumento
(válido para contas de Resultado)		

*Acesse o **QR Code** e assista ao vídeo sobre Contabilidade por Balanços Sucessivos – Uma Metodologia mais Prática para Entender os Registros Contábeis.*

Informações Complementares

Como Ensinar Contabilidade à Criança

O livro *Pai rico, pai pobre* revolucionou a importância da Contabilidade. Os autores, Robert T. Kiyosaki e Sharon L. Lechter, dizem que para ficar rico é importante conhecer a Contabilidade. Mostram que é possível ensinar Contabilidade para crianças de 12 anos de idade, como aconteceu com eles. Vejamos um trecho do livro:

"Agora vejamos, a contabilidade é possivelmente um dos assuntos mais áridos do mundo. E pode também ser o mais confuso. Mas se você quiser ser rico, pode ser o assunto mais importante. A questão é, como pegar um tema entediante e confuso e ensiná-lo a crianças? A resposta é, simplifique. Comece por ensiná-lo por meio de figuras.

Meu pai rico construiu um sólido alicerce financeiro para Mike e para mim. Já que éramos apenas crianças, ele criou uma forma muito simples de ensinar. Durante anos ele apenas fazia desenhos e usava palavras. Mike e eu entendíamos os desenhos simples, o jargão, o movimento do dinheiro e então, anos mais tarde, pai rico começou a incluir números. Hoje, Mike domina uma análise contábil muito mais complexa e sofisticada porque precisa disso. Ele tem que controlar um império de um bilhão de dólares. Eu não sou tão sofisticado porque meu império é menor; contudo, ambos partimos do mesmo alicerce simplificado. Nas páginas que se seguem apresentarei as mesmas figuras simples que o pai de Mike criou para nós. Embora simples, esses desenhos ajudaram a orientar dois garotos na construção de uma grande riqueza embasada em fundamentos sólidos e profundos.

Regra Número Um. Você tem que conhecer a diferença entre um ativo e um passivo e comprar ativos. Se você deseja ser rico, isso é tudo o que você precisa conhecer. É a Regra Número Um e é a única regra. Isto pode parecer absurdamente simples, porque não se tem ideia do quanto é profunda. A maioria das pessoas tem dificuldades financeiras porque não conhece a diferença entre um ativo e um passivo.

– As pessoas ricas adquirem ativos. Os pobres e a classe média adquirem obrigações pensando que são ativos.

Quando pai rico explicou isso a Mike e para mim, pensamos que ele estava brincando. Aí estávamos, quase adolescentes, esperando pelo segredo do enriquecimento e essa era a resposta. Era tão simples que precisamos parar um longo tempo para pensar a respeito.

– O que é um ativo? – perguntou Mike.

– Não se preocupe agora – disse pai rico. – Deixe a ideia amadurecer. Se você puder entender a simplicidade, sua vida terá um rumo e será fácil do ponto de vista financeiro. É simples, por isso é que não se presta atenção.

– O senhor quer dizer que tudo o que precisamos conhecer é o que é um ativo, comprá-lo e ficaremos ricos? – perguntei.

Pai rico balançou a cabeça afirmativamente.

– É tão simples assim.

– Se é tão simples, por que é que todos não ficam ricos? – perguntei.

Pai rico sorriu:

– Por que as pessoas não sabem distinguir um ativo de um passivo.

Lembro de ter perguntado 'Como é que os adultos podem ser tão ignorantes. Se é tão simples, tão importante, por que todo mundo não procura descobrir a diferença?'

Pai rico levou apenas alguns minutos para explicar o que eram ativos e passivos.

Já adulto tive dificuldade em explicar isso a outros adultos. Por quê? Porque os adultos são mais espertos. Na maioria dos casos, a simplicidade da ideia escapa aos adultos porque eles foram educados de maneira diferente. Eles foram educados por outros profissionais instruídos, como banqueiros, contadores, agentes imobiliários, planejadores financeiros e assim por diante. A dificuldade está em levar os adultos a desaprender, ou a tornar-se outra vez criança. Um adulto inteligente frequentemente se sente diminuído ao prestar atenção em definições simplistas.

Pai rico acreditava no princípio SE – 'Simplifique, Estúpido' – de modo que ele simplificou as coisas para os dois garotos e lhes deu uma sólida base financeira.

O que provoca a confusão? Ou como algo tão simples pode parecer tão enrolado? Por que alguém compraria um ativo que na verdade era uma obrigação? A resposta está nos conhecimentos básicos. Pensamos em 'alfabetização' e não em 'alfabetização financeira'. O que define se algo é um ativo, ou é um passivo, não são as palavras. De fato, se você quer ficar realmente confuso, procure as palavras 'ativo' e 'passivo' no dicionário. Sei que um contador pode achar boa a definição, mas para a pessoa média não faz sentido. Mas nós adultos muitas vezes somos orgulhosos demais para admitir que algo não faz sentido.

Quando éramos garotos, pai rico falava: 'O que define um ativo não são as palavras mas os números. E se você não puder ler os números, você não pode distinguir um ativo de um buraco no chão.' Na contabilidade, dizia pai rico, 'não importam os números mas o que os números contam. É como as palavras. Não são as palavras. Mas as histórias que elas nos contam'.

Muitas pessoas leem, mas não entendem muita coisa. É a chamada compreensão da leitura. E todos temos habilidades diferentes no que se refere à compreensão da leitura. Por exemplo, recentemente comprei um novo aparelho de vídeo. Junto vinha o manual que explicava como fazer gravações. Tudo o que eu queria era gravar meu programa preferido numa sexta-feira à noite. Quase fiquei maluco tentando ler o manual. Nada no meu mundo é tão complexo quanto programar a gravação do vídeo. Eu li as palavras, mas não entendi nada. Eu tiro '10' no reconhecimento das palavras, mas tiro '0' na compreensão. E o mesmo acontece com a maioria das pessoas quando se trata de demonstrações financeiras. 'Se você quer ficar rico, você tem que ler e entender os números.' Ouvi meu pai rico repetir isso mil vezes. E também aprendi: 'Os ricos adquirem ativos e os pobres e a classe média adquirem obrigações.' Aqui está a maneira de distinguir ativos de passivos. A maioria dos contadores e profissionais das finanças não concorda com as definições, mas estes desenhos simples foram o início de uma base financeira sólida para dois garotos.

Para ensinar a pré-adolescentes, pai rico simplificou tudo, durante anos, usando tantos diagramas quanto possível, o menor número de palavras possível e nenhum número.

'Este é o padrão de fluxo de caixa de um ativo'

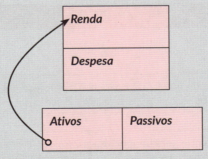

O retângulo de cima é uma Demonstração de Renda, muitas vezes chamada de Demonstração de Lucros e Perdas (no Brasil, Demonstração de Resultado). Mede renda (receita) e despesas. Dinheiro que entra e dinheiro que sai. O diagrama inferior é um Balanço. É chamado de Balanço porque representa o equilíbrio entre ativos e passivos. Muitos novatos nas finanças não conhecem a relação entre a Demonstração de Resultado e o Balanço. O entendimento desta relação é vital.

A principal causa da dificuldade financeira está simplesmente no desconhecimento da diferença entre um ativo e um passivo. E a confusão decorre da definição das duas palavras. Se você quer uma lição de confusão busque no dicionário as palavras 'ativo' e 'passivo'.

Isso pode fazer sentido para contadores formados, mas para as pessoas comuns parece estar escrito em mandarim. Você lê as palavras da definição, mas o entendimento verdadeiro é difícil.

Como disse anteriormente, meu pai rico dizia para dois garotos que 'ativos põem dinheiro no seu bolso', simpático, simples e útil.

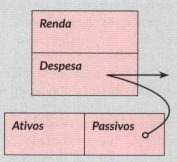

'Este é o padrão de fluxo de caixa de um passivo'

Agora que ativos e passivos foram definidos em diagramas, pode ficar mais fácil o entendimento das palavras.

Um ativo é algo que põe dinheiro no meu bolso.

Um passivo é algo que tira dinheiro do meu bolso.

Isso é o que você realmente precisa saber. Se quer ser rico, simplesmente passe sua vida comprando ativos. Se quer ser pobre ou pertencer à classe média, passe a vida comprando passivos. É o desconhecimento dessa diferença que provoca a maior parte das dificuldades financeiras na vida real.

Analfabetismo, tanto de palavras quanto de números, é a base das dificuldades financeiras. Se as pessoas têm problemas com as finanças, existem dados que elas não podem ler, sejam palavras, sejam números. Alguma coisa não está sendo compreendida. Os ricos são ricos porque eles possuem nível de alfabetização superior ao das pessoas com dificuldades financeiras. Se você quer ficar rico e conservar sua fortuna, é importante ser alfabetizado no ponto de vista financeiro, tanto em palavras quanto em números.

As setas nos diagramas representam o movimento do dinheiro ou 'fluxo de caixa'. Números apenas dizem pouco. Do mesmo modo como palavras apenas dizem pouco. É a história que conta. Nas demonstrações financeiras, a leitura dos números é a busca pelo enredo, pela história. A história de para onde o dinheiro está indo. Em 80% das famílias, a história financeira é um percurso de trabalho árduo na tentativa de progredir. Não porque não ganhem dinheiro. Mas porque passam suas vidas comprando passivos no lugar de ativos."

ILUSTRAÇÃO

Balanço Patrimonial

É uma fotografia de todos os recursos que financiam a empresa em determinado momento e onde estes recursos estão aplicados

Ativo: é o recurso econômico que gera benefícios para a empresa. Em geral, são os bens à disposição da empresa.	Passivo: Representa as dívidas com terceiros (credores). Por serem financiadores, estes terceiros têm direitos sobre o Ativo.
Qualquer Conta de Ativo	Qualquer Conta de Passivo ou PL
Aumentos + Débito	Diminuições (−) Crédito	Diminuições (−) Débito	Aumentos + Crédito
Saldo			Saldo

Ativo = Passivo + PL	**Patrimônio Líquido**: Representa os valores que os proprietários investiram na empresa. Os donos têm direitos sobre o Ativo no Montante Aplicado.
{ **Aplicação de Recursos** = Fontes de Recursos	
Investimento = Financiamentos	**Lucros Acumulados**: São lucros que os donos da empresa não sacaram, permitindo que os administradores invistam no Ativo em benefício dos próprios donos (sócios ou acionistas).
Aplicações = Origens	
Recursos = Direitos sobre Recursos	
{ **Bens + Direitos** = Obrigações	
Total do Ativo será o *mesmo* total do Passivo + PL.	

EXERCÍCIO RESOLVIDO

Efeitos das operações da gestão empresarial no Balanço, sob a forma da Equação Contábil.

Um Balanço é meramente a expressão detalhada da Equação Contábil: *Ativo = Passivo Exigível + Patrimônio Líquido*, ou seja, A = P + PL. Para enfatizar o efeito das operações da gestão empresarial no Balanço, forneceremos 7 transações iniciais de uma empresa imaginária (a Cia. Realeza de Imóveis) e os Balanços Sucessivos de cada operação na forma da equação contábil A = P + PL.

Dezembro de 20..
Dias

1. Início das operações: depósito no Banco do Brasil S.A. da integralização do capital: $ 18.000.000.
3. Compra de terras à vista: $ 6.300.000, para futura revenda.
5. Compra de um edifício (para sede), por $ 10.800.000, tendo pago $ 4.500.000 à vista e assumindo uma dívida de $ 6.300.000.
10. Venda de parte das terras por $ 1.800.000, ao preço de custo para receber em 3 meses. (Nesse caso, ainda não utilizaremos a conta vendas.)
14. Compra de móveis de escritório, a crédito, por $ 1.620.000.
20. Recebimento de $ 450.000, como parte de pagamento inicial, da venda do dia 10.
30. Pagamento de $ 900.000, como parte das compras a crédito.

No quadro adiante, cada transação está indicada pela data; seu efeito na equação contábil e o novo balanço após cada transação está demonstrado. Cada uma das linhas denominada balanço contém os mesmos itens indicados na operação. A linha final corresponde ao Balanço Patrimonial no final de dezembro. Repare que a igualdade dos dois lados do Balanço é mantida desde a primeira até o efeito da última operação no último Balanço.

Cia. Realeza de Imóveis

Em $ mil

Datas e Referências	ATIVO					=	PASSIVO +	PATRIMÔNIO LÍQUIDO
	Disponível +	Terrenos à Venda +	Contas a Receber +	Edifícios +	Móveis e Utensílios	=	Contas a Pagar +	Capital
01	+ 18.000	—	—	—	—		—	+ 18.000
03	(–) 6.300	+ 6.300	—	—	—		—	—
1º Bal.	11.700	6.300	—	—	—		—	18.000
05	(–) 4.500	—	—	+ 10.800	—		+ 6.300	—
2º Bal.	7.200	6.300	—	10.800	—		6.300	18.000
10	—	(–) 1.800	+ 1.800	—	—		—	—
3º Bal.	7.200	4.500	1.800	10.800	—		6.300	18.000
14	—	—	—	—	+ 1.620		+ 1.620	—
4º Bal.	7.200	4.500	1.800	10.800	1.620		7.920	18.000
20	+ 450	—	(–) 450	—	—		—	—
5º Bal.	7.650	4.500	1.350	10.800	1.620		7.920	18.000
30	(–) 900	—	—	—	—		(–) 900	—
6º Bal.	6.750	4.500	1.350	10.800	1.620		7.020	18.000

25.020 = 25.020

Por meio de exame cuidadoso do Balanço de qualquer empresa é possível, para um experiente analista contábil, obter uma visão completa e compreensível da posição financeira e das transações que estão por trás das mudanças na posição financeira. Guarde na lembrança que as Demonstrações Financeiras apenas podem mostrar as transações que possam ser traduzidas em termos monetários. Fatos importantes, tais como instalação ou ampliação de importantes concorrentes, mudança de gosto em função da moda, não podem ser registrados contabilmente.

Os banqueiros e outros credores dão grande importância às Demonstrações Financeiras, mas o(s) principal(is) interessado(s) deve(m) ser o(s) proprietário(s), não só para controlar a empresa, mas também para apoiar suas decisões em elementos econômicos e financeiros demonstrados contabilmente. *Dentro do mundo dos negócios, não surgiu ainda melhor antídoto contra a má administração do que o exame cuidadoso e regular das Demonstrações Financeiras.*

A função principal da Contabilidade é a de propiciar tomada de decisões, fornecendo dados válidos, pois são do próprio empreendimento, para escolher entre as diversas alternativas a que oferece maiores probabilidades de êxito na gestão empresarial.

Solução do Exercício por meio de Razonetes

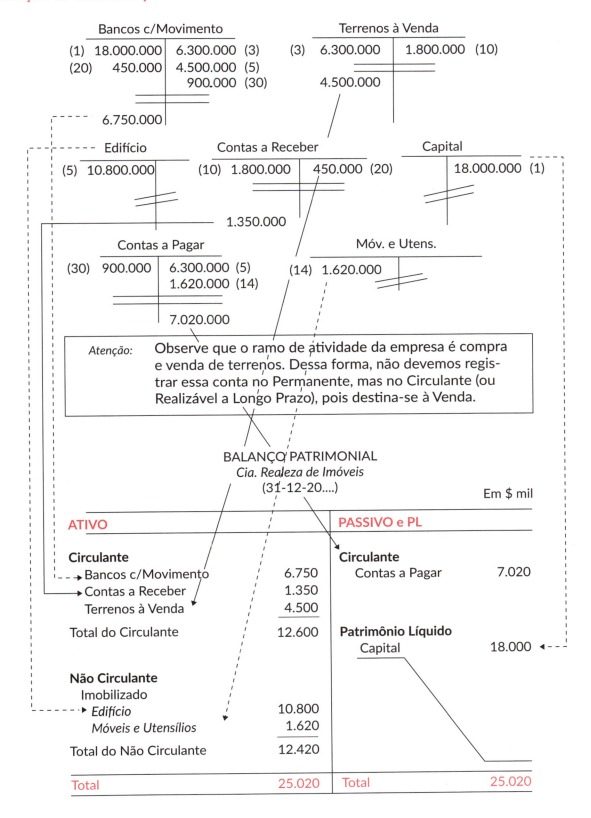

AVALIAÇÃO DO APROVEITAMENTO

a) Estes testes deverão ser respondidos em cinco minutos – 30 segundos para cada um.

b) Não responda, se tiver dúvidas.

c) Se você acertar menos que 70% (sete questões), não passe para a etapa seguinte; leia novamente o capítulo.

d) As respostas encontram-se no final do livro.

1. A compra de um veículo por $ 800 mil, sendo 50% de entrada e o restante em 10 prestações:
   ( ) **a)** Aumenta $ 800 mil o Ativo e $ 800 mil o Passivo.
   ( ) **b)** Aumenta $ 400 mil o Ativo e $ 400 mil o Passivo.
   ( ) **c)** Aumenta $ 800 mil o Ativo e $ 400 mil o Passivo.
   ( ) **d)** Aumenta $ 400 mil o Ativo e $ 800 mil o Passivo.

2. O Método Contabilidade por Balanços Sucessivos tem como origem a:
   ( ) **a)** Escola italiana.
   ( ) **b)** Escola alemã.
   ( ) **c)** Escola norte-americana.
   ( ) **d)** Escola brasileira.

3. No Controle Individual por Conta utilizamos:
   ( ) **a)** Balanços Sucessivos.
   ( ) **b)** Razonetes.
   ( ) **c)** Plano de Contas Explicado.
   ( ) **d)** Balanço Patrimonial.

4. O Ativo está evidenciado no lado esquerdo (lado do débito); portanto:
   ( ) **a)** Aumenta o Ativo: credita-se.
   ( ) **b)** Diminui o Ativo: debita-se:
   ( ) **c)** Aumenta o Ativo: debita-se.
   ( ) **d)** Aumenta o Passivo: debita-se.

5. Débito significa, em Contabilidade:
   ( ) **a)** Lado esquerdo de uma conta.
   ( ) **b)** Lado direito de uma conta.
   ( ) **c)** Coisa desfavorável.
   ( ) **d)** Coisa favorável.

6. Saldo credor significa:
   ( ) **a)** Crédito < Débito.
   ( ) **b)** Débito > Crédito.
   ( ) **c)** Débito ≥ Crédito.
   ( ) **d)** Crédito > Débito.

7. Método das Partidas Dobradas significa:
   ( ) **a)** Há dois débitos e dois créditos em cada lançamento.
   ( ) **b)** O débito + o crédito serão iguais.
   ( ) **c)** Não há débito(s) sem crédito(s) correspondente(s).
   ( ) **d)** Haverá sempre um débito e um crédito de valores diferentes.

8. Toda despesa será debitada, pois:
   ( ) **a)** Aumenta o Passivo.
   ( ) **b)** Aumenta o Ativo.
   ( ) **c)** Diminui o Patrimônio Líquido.
   ( ) **d)** Diminui o Passivo.

9. Toda conta de Passivo será:
   ( ) **a)** Debitada pelo aumento e creditada pela diminuição.
   ( ) **b)** Debitada pela diminuição e creditada pelo aumento.
   ( ) **c)** Sempre debitada, pois é uma situação desfavorável.
   ( ) **d)** Sempre creditada, pois é uma situação favorável.

10. Podemos dizer que o melhor antídoto contra a má administração é:
    ( ) **a)** O exame cuidadoso das Demonstrações Financeiras.
    ( ) **b)** Pagar elevados salários aos Administradores.
    ( ) **c)** Demitir os atuais Administradores.
    ( ) **d)** Contratar Administradores Profissionais.

EXERCÍCIOS

1. No Balanço Patrimonial, descreva as operações realizadas

ATIVO		PASSIVO E PL	
Circulante		Circulante	
Bancos	20.000	Bancos a pg.	490.000
Estoques	100.000		
	120.000	Patrimônio Líquido	
Não Circulante		Capital	350.000
Veículos	350.000		
Móveis	190.000		
Instalações	180.000		
	720.000		
Total	840.000	Total do Passivo e PL	840.000

2. No Balanço da Operação 1, complete os razonetes, destacando a conta Bancos no Ativo:

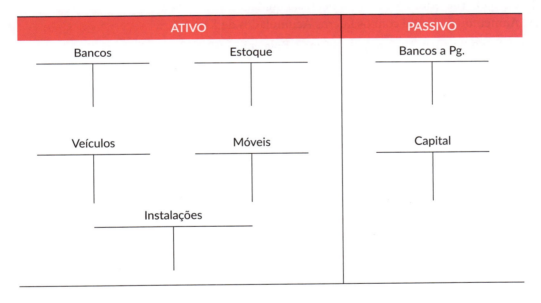

3. Por que a maioria dos estudantes de Contabilidade tem dificuldade de entender o Débito e o Crédito?

4. Assinale com "X" as afirmações verdadeiras:
   - ( ) Aumento de Ativo, debita
   - ( ) Aumento do Passivo, credita
   - ( ) Aumento de Receita, credita
   - ( ) Aumento de P. Líquido, credita
   - ( ) Diminuição do Ativo, credita
   - ( ) Diminuição do Passivo, debita
   - ( ) Aumento de Despesa, debita
   - ( ) Diminuição de P. Líquido, debita

5. BALANÇO PATRIMONIAL

Cia. C. Bola   Em $ mil

ATIVO	31-12-X0	31-12-X1	PASSIVO E PL	31-12-X0	31-12-X1
Circulante			**Circulante**		
Caixa	150.000	150.000	Fornecedores	250.000	250.000
Estoques	250.000	150.000	**Não Circulante**		
Dupl. a Receber	– 0 –	140.000	Financiamento (ELP)	150.000	150.000
			Patrimônio Líquido		
Total do Circulante	400.000	440.000			
Não Circulante			Capital	100.000	100.000
Imobilizado			Lucro Acumul.	- - - -	40.000
Equipamentos	100.000	100.000	Total do PL	100.000	140.000
Total do Ativo	500.000	540.000	Total do Passivo e PL	500.000	540.000

No Ano X2 a empresa C. Bola

a) Recebeu Duplicatas a Receber do Ano X1.

b) Vendeu todo seu Estoque à vista, por $ 210.000.

c) Pagou Fornecedores e Financiamentos, liquidando suas dívidas.

d) Aumentou o Capital com os Lucros Acumulados de X1 e X2.

Como fica o Balanço Patrimonial da Cia C. Bola em 31/12/X2?

Balancete – Apuração de Resultado e Levantamento do Balanço (Aspectos Contábeis)

Já estudamos o Balanço e a Demonstração de Resultado do Exercício. Vamos ver agora como chegamos a eles pelo processo contábil.

OBJETIVOS

Ao completar o estudo deste capítulo, você deverá estar preparado para explicar e exercitar os seguintes conceitos:

- Apurar Resultado (Lucro ou Prejuízo) contabilmente.
- Fazer ajustes decorrentes do Regime de Competência.
- Verificar se os lançamentos contábeis estão corretos, através dos Balancetes.
- Entender erros que o Balancete de Verificação não detecta.

10.1 BALANCETE DE VERIFICAÇÃO

Periodicamente (diariamente, semanalmente, quinzenalmente, mensalmente...), podemos verificar se os lançamentos contábeis realizados no período estão corretos.

Uma técnica bastante utilizada para atingir tal objetivo é o "Balancete de Verificação". Esse instrumento, embora de muita utilidade, não detectará, entretanto, toda amplitude de erros que possam existir nos lançamentos contábeis, como veremos mais à frente.

O Balancete de Verificação tem como base o método das partidas dobradas: "não haverá débito(s) sem crédito(s) correspondente(s)". Portanto, se, por um lado, somarmos todos os débitos e, por outro, todos os créditos, deveremos ter o mesmo total. Assim, "verificamos" se os lançamentos a débito e a crédito foram realizados adequadamente.

Para simplificar o processo, em vez de utilizarmos todos os débitos e créditos, trabalharemos apenas com os saldos (devedores ou credores) de cada conta. Podemos identificar pelo exemplo a seguir que é indiferente estruturar balancete com todas as operações ou pelos saldos (método simplificado).

Exemplo de Balancete de Verificação

A Cia. Universal apresenta os seguintes lançamentos no mês de janeiro de 20X1 (dados iniciais: Caixa e Capital $ 1.500.000).

Caixa		Capital	
(SI) 1.500.000	500.000		1.500.000 (SI)
	300.000		

Móveis e Utensílios		Estoques	
300.000		500.000	

BALANCETE DE VERIFICAÇÃO EM 31-1-X1
Cia. Universal

CONTAS	LANÇAMENTOS DE DÉBITO	LANÇAMENTOS DE CRÉDITO
Caixa	1.500.000	800.000
Capital	—	1.500.000
Móveis e Utensílios	300.000	—
Estoques	500.000	—
Total	2.300.000	2.300.000

Balancete de duas colunas

Poderíamos apresentar o Balancete pelo método simplificado, isto é, utilizando os saldos:

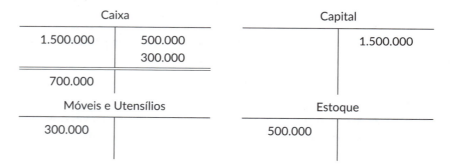

BALANCETE DE VERIFICAÇÃO EM 31-1-X1
Cia. Universal

CONTAS	SALDOS	
	DEVEDOR	CREDOR
Caixa	700.000	–
Capital	–	1.500.000
Móveis e Utensílios	300.000	–
Estoques	500.000	–
Total	1.500.000	1.500.000

Tanto pelo primeiro balancete (analítico) como pelo segundo (simplificado), identificamos que os lançamentos estão corretos (o mesmo total). Todavia, em uma quantidade muito grande de operações, seria inviável trabalhar pelo método analítico. Portanto, desenvolveremos, daqui para frente, o balancete pelos saldos das contas (simplificado).

Como é fácil entender, se a soma dos débitos (ou saldos devedores) não for igual à soma dos créditos (ou saldos credores), há indícios claros de que os registros contábeis não estão corretos (primeiro devemos verificar com atenção se não houve erro na soma das colunas do balancete).

O contador, por sua vez, irá averiguar onde está o erro. Nem sempre é uma tarefa fácil.[1] Muito pelo contrário: é um trabalho de pesquisa dos lançamentos contábeis já realizados. É importante destacar que, havendo diferenças no balancete, não se deve prosseguir o trabalho contábil.

Podemos depreender, também, que quanto menor for o período de abrangência do balancete, mais eficiente será a contabilidade. Os bancos, por exemplo, levantam balancetes diários em razão da grande quantidade de lançamentos, não passando erros de um dia para o outro dia. Grande parte das empresas verificam sua Contabilidade por meio do balancete mensal. O que não podemos recomendar são os balancetes anuais, uma vez que, na constatação de erros, precisaríamos pesquisar a Contabilidade do ano todo (o que se torna inviável).

Erros que o Balancete não Detecta

Se, no exemplo anterior, a conta de Móveis e Utensílios correspondesse à compra de microcomputadores, mas o contador, na contabilização, debitasse indevidamente a conta de "Máquinas e Equipamentos", teríamos as seguintes contas:

Caixa		Capital	
1.500.000	500.000		1.500.000
	300.000		
700.000			

Máquinas e Equipamentos		Estoque	
300.000		500.000	

BALANCETE DE VERIFICAÇÃO EM 31-1-X1
Cia. Universal

CONTAS	SALDOS	
	DEVEDOR	CREDOR
Caixa	700.000	–
Capital	–	1.500.000
Máquinas e Equipamentos	300.000	–
Estoques	500.000	–
Total	1.500.000	1.500.000

Os totais do balancete são idênticos. A princípio, poderíamos concluir que os lançamentos estão corretos. Dessa forma, *o balancete não evidenciou o débito em conta errada*.

Outro tipo de erro que o balancete não evidenciará é a inversão num lançamento, de *débito* por *crédito* e de *crédito* por débito, simultaneamente. Numa operação onde o contador deveria debitar Caixa e creditar Receita, ele inverte: credita Caixa e debita Receita. Os totais do Balancete serão os mesmos, mas o lançamento está invertido.

---

[1] Atualmente, com os sistemas eletrônicos e digitais, há maior facilidade em identificar estes erros.

Podemos, portanto, concluir que o Balancete de Verificação nem sempre detectará os erros nos registros contábeis. Embora de grande utilidade, o Balancete de Verificação é bastante limitado no que tange à identificação de erros nos lançamentos.

O balancete, dependendo da necessidade da empresa, pode ter forma simples de duas colunas (como estudamos até o momento), de quatro colunas, seis e até oito colunas.

Quanto mais colunas existirem, maior será a quantidade de dados oferecida ao usuário do balancete.

Por exemplo, o Balancete de seis colunas apresenta os saldos do Balancete anterior, os movimentos de débitos e créditos do período em análise e os saldos atuais:

Balancete de Verificação Cia. J   mês . . . . / . . . .

DISCRIMINAÇÃO DAS CONTAS	SALDOS DO MÊS ANTERIOR		MOVIMENTOS DO MÊS		SALDOS DO FINAL DO MÊS	
	DEVEDOR	CREDOR	DÉBITO	CRÉDITO	DEVEDOR	CREDOR
Caixa	100.000		200.000	50.000	250.000	

A Apresentação do Balancete

É interessante apresentarmos os balancetes, destacando as Contas de Balanço das Contas de Resultados.

Conforme já foi visto, no início deste capítulo, o Balancete comporta todas as contas movimentadas no período que possuem saldo no final de um período qualquer. Essas contas podem ser patrimoniais (de balanço) ou de Resultados[2] (Receita/Despesa).

A apresentação do balancete separando esses dois grupos de contas distintas (sem, com isso, querer separá-los em dois relatórios), e, de preferência, concentrá-los em forma de grupo de contas puxando o subtotal (circulante, não circulante, despesas operacionais, despesas não operacionais...), vem contribuir sensivelmente como um instrumento para a tomada de decisão (veja seção 10.2).

BALANCETE DE VERIFICAÇÃO DA "BARBEARIA DO ISMAIL LTDA."
Janeiro/20X1

CONTAS	SALDOS	
	DEVEDORES	CREDORES
Caixa	200.000	
Equipamentos	200.000	
Capital		400.000
Instalações	150.000	
Contas a Pagar		100.000
Receita		200.000
Despesas de Salários	50.000	
Despesas de Aluguel	100.000	
Total	700.000	700.000

---

[2] Nesse caso ainda não houve apuração de resultado do exercício, pois, quando houver, as contas de resultado não terão mais saldo (saldo zero), não aparecendo, portanto, no Balancete.

CAP. 10 ■ Balancete – Apuração de Resultado e Levantamento do Balanço (Aspectos Contábeis) | 185

O mesmo balancete, apresentado de forma mais adequada – "Barbearia do Ismail Ltda."

CONTAS	SALDOS	
	DEVEDORES	CREDORES
Ativo		
Caixa	200.000	———
Equipamentos	200.000	———
Instalações	150.000	———
	550.000	———
Passivo e PL		
Contas a Pagar	———	100.000
Capital	———	400.000
	550.000	500.000
Receita	———	200.000
Despesas Operacionais	50.000	———
Salários	100.000	———
Aluguel	150.000	———
Total	700.000	700.000

Observamos que, embora não se tenha apurado o resultado (lucro) do mês, torna-se fácil calcular o resultado das operações.

O Balancete de Verificação é bastante útil na preparação da Demonstração do Resultado do Exercício e do Balanço Patrimonial. Ele tem característica de um papel de trabalho para a preparação dessas demonstrações, como veremos na parte "B" deste capítulo.

Dada a inconveniência de levantar Balanço em períodos mais curtos (normalmente se levanta Balanço uma vez por ano), o Balancete tem-se tornado um instrumento de base para decisões. Assim, por meio de Balancetes mensais, por exemplo, a administração da empresa terá um resumo de todas as operações, bem como de todos os saldos existentes no final do período.

Dessa forma, o "poder decisório" conhecerá o resultado financeiro e econômico da empresa no final de determinado período, sem a necessidade de estruturar um Balanço. Esses dados, sem dúvida, são fundamentais para a tomada de decisão.

Ressalte-se, entretanto, que, quanto maior for o grau de detalhamento (sofisticação) do Balancete, mais subsídios haverá para as tomadas de decisão. Assim, um Balancete com duas colunas não terá o mesmo grau de utilidade para as tomadas de decisão que um Balancete de seis colunas.

10.2 APURAÇÃO DO RESULTADO DO EXERCÍCIO

1. Vamos partir de um Balanço de uma empresa comercial

BALANÇO PATRIMONIAL EM 31-12-X1
Cia. Laranjada – Comércio de Máquinas Especiais

ATIVO		PASSIVO E PL	
Circulante		**Circulante**	
Caixa	1.100.000	Fornecedores	500.000
Estoques (10 máquinas)*	900.000		
Total circulante	2.000.000	**Patrimônio Líquido**	
Não Circulante		Capital	1.800.000
Imobilizado		Lucros Acumulados	200.000
Instalações	500.000	Total do PL	2.000.000
Total	2.500.000	Total	2.500.000

* 10 máquinas especiais que se destinam a venda: 10 máquinas × $ 90.000 cada uma (custo) = $ 900.000.

CONTABILIDADE EMPRESARIAL E GERENCIAL ■ José Carlos Marion

2. *Operações durante o período: X2*

a) Venda de 50% de Estoques (5 máquinas especiais), a prazo, por $ 1.800.000.
b) Pagamento de Salários no valor de $ 200.000.
c) Pagamento de $ 400.000 de aluguel.
d) Pagamento de $ 300.000 a Fornecedores de mercadorias.

Passo I – Escrituração

Caixa	
(SI) 1.100.000	200.000 (b)
	400.000 (c)
	300.000 (d)
200.000	

Estoques	
(SI) 900.000	450.000 (al)
450.000	

Instalações	
(SI) 500.000	
500.000	

Fornecedores	
(d) 300.000	500.000 (SI)
	200.000

Capital	
	1.800.000 (SI)
	1.800.000

Lucros Acumulados	
	200.000 (SI)
	200.000

Receita (Vendas)	
	1.800.000 (a)
	1.800.000

Duplicatas a Receber	
(a) 1.800.000	
1.800.000	

CMV	
(al) 450.000	
450.000	

Despesas de Salários	
(b) 200.000	
200.000	

Despesas de Aluguel	
(c) 400.000	
400.000	

Legenda

SI = Saldo Inicial;
CMV = Custo da Mercadoria Vendida;
a, b, c e d = Referem-se a cada operação do *período X2*;
al = Refere-se a um segundo lançamento decorrente da operação *a*.

Explicação do Lançamento Contábil da "Operação a"

A primeira parte do lançamento já é conhecida: na operação de vendas a prazo temos a formação de uma *Receita* (aumenta receita, aumenta patrimônio líquido: credita-se) e a formação de direitos a receber – *Duplicatas a Receber* (aumenta ativo: debita-se).

Note, todavia, que, com essa venda, há a saída de mercadorias em estoque e, com isso, a conta *Estoques* diminui pela metade (uma vez que foram vendidas 5 máquinas especiais das 10 existentes). E estas 5 unidades vendidas têm um custo de aquisição que deverá ser lançado para apuração do Lucro Bruto. Tradicionalmente, essa conta de custo, no momento da venda, é conhecida como "Custo da Mercadoria Vendida" (CMV).

Tivemos, portanto, a diminuição da conta Estoques (diminui ativo: credita-se) e o aumento de uma conta de custo (aumenta custo/despesa, diminui o patrimônio líquido: debita-se).

Observações:

1. O fato de tratar-se de uma atividade comercial cujo ramo de negócio envolve unidade de valor elevado e de fácil identificação do "custo de aquisição" da unidade vendida, propicia a contabilização dessa forma. Há outros casos, como os supermercados, em que a quantidade vendida e a diversificação são extremamente grandes, sendo dificílimo, para alguns produtos, fazer esse tipo de contabilização. Esses casos estão desenvolvidos detalhadamente no Capítulo 13, Estoques, nos itens: Inventários Permanentes e Periódicos.

2. Há outras maneiras mais detalhadas de contabilizar o Custo de Mercadoria Vendida (CMV) por meio da apuração do Lucro Bruto (Resultado com Mercadorias). Para nossa finalidade, no presente capítulo, julgamos prescindíveis tais métodos. No Capítulo 13, Estoques, todavia, esse assunto é abordado de maneira mais profunda.

Passo II – Verificar se os lançamentos estão corretos

BALANCETE DE VERIFICAÇÃO EM 31-12-X2
Cia. Laranjada – Comércio de Máquinas Especiais

CONTAS	SALDOS	
	DEVEDOR	CREDOR
Caixa	200.000	
Estoques	450.000	
Instalações	500.000	
Fornecedores		200.000
Capital		1.800.000
Lucros Acumulados		200.000
Receita		1.800.000
Duplicatas a Receber	1.800.000	
CMV	450.000	
Despesas de Salários	200.000	
Despesas de Aluguel	400.000	
Total	**4.000.000**	**4.000.000**

Passo III – Ajustes

Como já estudamos no Capítulo 5, há necessidade de fazer alguns ajustes no final de cada período contábil. Alguns casos de ajustes vistos nesse capítulo foram:

A. Material para Escritório

O simples fato de adquirirmos Material de Escritório (clipes, papel, grampeadores...) não implica uma despesa. A despesa só ocorrerá no momento do *consumo* desse material. Assim, no momento da aquisição, classificaremos essa conta no Ativo (Despesa do Exercício Seguinte) e, à medida que houver o consumo, daremos baixa (pelo valor consumido) no Ativo e lançaremos Despesa de Material de Escritório como despesa (DRE).

Dada a imaterialidade do valor do consumo de Material de Escritório, a prática contábil recomenda um ajuste dessa conta apenas no final do período (e não à medida que vai sendo consumido). Assim, se compramos $ 800.000 de Material de Escritório (que será ativado), e no final do período constatamos (inventário) que ainda há $ 200.000 em estoque, faremos o seguinte ajuste:

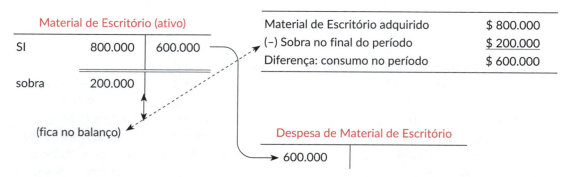

Observe que o ajuste foi feito debitando uma conta e creditando outra pelo mesmo valor, sem, assim, ferir o método das partidas dobradas.

B. Prêmios de Seguros ou Seguros a Vencer

Denominamos a despesa com um contrato de seguro (desembolsada ou a desembolsar) pela empresa de Prêmios de Seguro. O total dessa despesa antecipada pode ser classificado como Ativo (Despesa do Exercício Seguinte), e no final do período seria lançado como despesa o valor proporcional aos meses cobertos pelo contrato de seguro (no período).

Assim, se a empresa fizer um contrato de seguro por um ano, a partir de 1º-8-X1, desembolsando, para tanto, $ 240.000 (e classificando Prêmio de Seguro no ativo), em 31-12-X1 teremos o seguinte ajuste:

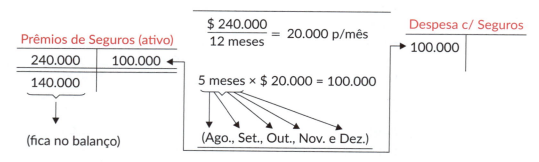

Sem dúvida, em uma Contabilidade mais acurada, faríamos esse ajuste mensalmente (no balancete), isto é, a cada mês lançaríamos $ 20.000 como despesa e daríamos baixa, por esse valor, na conta de Ativo (Prêmios de Seguros).

C. Depreciação

São diminuições do valor de bens do Ativo Imobilizado resultantes, normalmente, dos desgastes pelo uso. A Depreciação, conforme nossa legislação, pode ser feita mensal, trimestral ou anualmente. Por conseguinte, o ajuste será feito mensal, trimestral ou anualmente.

Se adquirirmos uma Máquina ou Equipamento que contribuirá com obtenção de Receita para empresa por um longo período (vamos admitir 10 anos), por $ 900.000, não poderemos classificá-la como despesa, mas como Ativo/Permanente Imobilizado. À medida que a máquina for se desgastando, lançaremos como despesa o desgaste (consumo) do período contábil

(nesse caso, 10% ao ano = $\dfrac{100\%}{10 \text{ anos}}$).

Por um lado, teremos uma despesa de Depreciação de $ 90.000 (10% × 900.000). Por outro lado, diminuiremos a Depreciação Acumulada do item Máquina ou Equipamento em $ 90.000. Como a vida útil do bem depreciado é longa (10 anos) e, portanto, permanecerá no Ativo Imobilizado por muito tempo, não iremos deduzir os $ 90.000 diretamente do bem, mas assim deixaremos indicado em conta à parte. Dessa forma, teremos um controle de quanto já depreciou o referido bem, uma vez que vamos acumulando a Depreciação a ser subtraída do Imobilizado.

Ajuste no primeiro ano

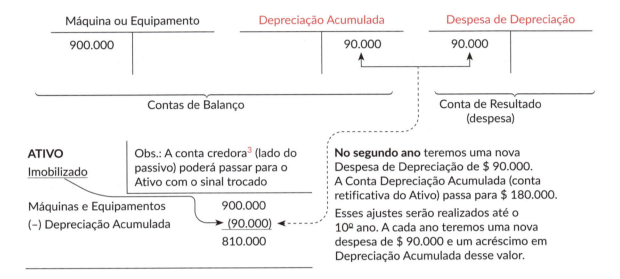

Depreciação do Imobilizado da Cia. Laranjada

Em nosso balancete podemos notar como único Imobilizado o item *Instalações*. Além das prateleiras, balcões..., temos as instalações elétricas, hidráulicas, sanitárias, contra incêndio...

Faremos uma estimativa de vida útil dessas Instalações em 10 anos (conforme o Imposto de Renda): $\frac{100\%}{10 \text{ anos}}$ = depreciação de 10% ao ano; 10% × $ 500.000 = 50.000

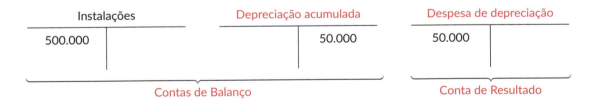

D. Outros Ajustes a Serem Estudados[4]

d1) **Amortização**. São diminuições do valor de bens intangíveis (incorpóreos: não se pode pegar, apalpar) em decorrência, normalmente, do exercício do direito de uso. Assim, se uma empresa adquire uma patente de uma invenção para utilizá-la por 10 anos (a partir desse prazo cairá no domínio público), a cada ano que ela utiliza essa patente fará uma amortização de 10% (1/10). A mecânica de escrituração será idêntica à depreciação. Todavia, nesse caso, dar-se-á baixa em Patente e em Amortização Acumulada no final do 10º ano, pois, a partir daí, não será mais de propriedade da empresa.

---

[3] Algebricamente, $x = y + z$ ou $x - y = z$.

[4] Todos esses tópicos estão desenvolvidos detalhadamente em capítulos adequados.

d2) **Exaustão**. São diminuições de recursos naturais (floresta, jazidas, petróleo...) em decorrência da exploração desses recursos. A mecânica de escrituração é idêntica à da depreciação.

d3) **Despesas de Juros, Despesas de Salários e outras**. Se no final de um período contábil houver financiamento com juros incorridos, mesmo que não tenha havido o desembolso (pagamento) desses juros, faremos a contabilização dos juros devidos: por um lado, lançaremos Despesas de Juros (Resultado) e, por outro, a dívida Juros a Pagar (Passivo).

Com salários, encargos sociais, impostos, aluguéis... ocorre a mesma coisa: no final do período (mês, ano etc.) temos a despesa incorrida (consumida), mas ainda não paga.

A respeito de folha de pagamento sabemos que a empresa, protegida pela legislação, pode pagar até o 5º dia útil do mês seguinte. Todavia, no último dia do mês, devemos reconhecer a Despesa com Salários do mês em competência e lançar como uma obrigação (Passivo) o total de Salários a Pagar.

Faremos esse mesmo lançamento para todas as despesas incorridas e ainda não pagas.

d4) **Provisão para Devedores Duvidosos**. Uma parte da Receita, contida em Duplicatas a Receber, auferida em determinado período, ainda não foi recebida. Pelos princípios básicos (veja Realização da Receita e Confrontação da Despesa) é perfeitamente aceitável estimar as perdas com duplicatas que não serão recebidas (Devedores Duvidosos).

Note que é fundamental o reconhecimento dessa despesa no período referente à obtenção da receita e não no momento da perda. Assim, teremos o confronto da Receita obtida com a despesa (embora estimada) decorrente dessa Receita.

Admite-se que a empresa auferiu uma Receita de $ 5,0 milhões até 31-12-X1, constando, nessa data, um saldo de Duplicatas a Receber de $ 2,0 milhões. Estima-se, conforme o ocorrido no passado, que pelo menos 10% de Duplicatas a Receber não serão recebidos em 20X2 (Perdas).

ATIVO CIRCULANTE	
Duplicatas a Receber	2.000.000
(–) Provisão p/ Devedores Duvidosos	(200.000)
	1.800.000

DRE	
Receita	5.000.000
(–) Custo	(- - - - - -)
Lucro Bruto	
(–) Desp. Operacional	
Devedores Duvidosos	(200.000)
Lucro Operacional	

Observação: Os ajustes no final de 20X2 referentes à provisão de $ 200.000 poderão ser estudados no Capítulo 12 sobre Ativo Circulante – Duplicatas a Receber – Provisão para Devedores Duvidosos.

d5) **Receitas a Receber ainda não Contabilizadas**. As empresas também aplicam no mercado financeiro e, com isso, ganham (fazem jus a) juros que, algumas vezes, no final do exercício social, ainda não receberam. Dessa forma, lança-se uma Receita Financeira (resultado) e Juros a Receber (Ativo Circulante), como ajuste, no final do período ou no decorrer do tempo, à medida que a empresa adquire o direito aos juros.

Essa mesma situação pode ocorrer com Aluguéis a Receber, serviços prestados pela empresa a terceiros (não faturado) etc.

Passo IV – Balancete de Verificação após os Ajustes e Separação das contas de Balanço e Resultado

É sempre interessante verificar, por meio de um segundo Balancete, se os lançamentos contábeis nos ajustes estão corretos.

Em nossos Ajustes, utilizamos apenas uma situação para nosso problema, que é a Depreciação de Instalação (por questão de ordem prática, não estamos fazendo provisão para Devedores Duvidosos):

Vamos, então, incluir mais essas duas contas no Balancete e vamos separar as contas de Resultado das Contas de Balanço. Lembre-se de que as contas de Resultado são as *despesas* e receitas que, confrontadas, evidenciarão o Resultado do período (lucro ou prejuízo). As contas de Balanço são os Bens, Direitos, Obrigações e o Patrimônio Líquido.

2º BALANCETE DE VERIFICAÇÃO EM 31-12-X2
Cia. Laranjada – Comércio de Máquinas Especiais

CONTAS	SALDOS DEVEDOR	SALDOS CREDOR
Contas de Balanço		
Caixa	200.000	
Duplicatas a Receber	1.800.000	
Estoques	450.000	
Instalações	500.000	
Depreciação Acumulada	(50.000)	
Fornecedores		200.000
Capital		1.800.000
Lucros Acumulados		200.000
Contas de Resultado		
Receita		1.800.000
CMV	450.000	
Despesas de Salários	200.000	
Despesas de Aluguel	400.000	
Despesas de Depreciação	50.000	
Total	**4.000.000**	**4.000.000**

Passo V – Encerramento das Contas de Resultado

Conforme exigência legal, pelo menos uma vez por ano as empresas estão obrigadas a encerrar todas as contas de resultado. Esse encerramento ocorre no momento do confronto das *despesas* com as *receitas* para apurar o resultado (lucro ou prejuízo).

Com o encerramento das contas de receita e despesa, todas as contas de resultado ficarão com saldo zero para o início do próximo período contábil. Assim, começa-se a acumular receita e despesa do próximo período até o final desse período, onde novamente encerraremos as contas de Resultado, apurando o lucro ou prejuízo. E assim sucessivamente.

Lançamentos de encerramento

A técnica é bastante simples:

a) abre-se uma conta transitória com o título de Apuração do Resultado do Exercício (ARE), onde realizaremos o confronto receita × despesa;

b) transfere-se o saldo das contas de receitas e despesas para a conta de resultados (ARE). Note que nessa transferência *encerram-se* as contas de Receita e Despesa.

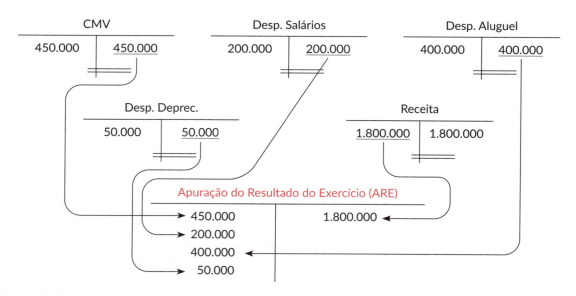

Observe que, para encerrar as contas de despesas, é necessário creditá-las. A contrapartida será a débito de Resultado (ARE). Com receita é exatamente o inverso: debitamos a conta de Receita e creditamos a conta de Resultado (ARE).

A partir do encerramento das contas de resultado no final do exercício social, todas as contas de despesas e receitas passam para saldo zero.

Se o total de receita for maior que o total de despesa, haverá lucro. Se a receita for menor que a despesa, haverá prejuízo. Em nosso exemplo tivemos $ 1.800.000 de receita e $ 1.100.000 de despesa, portanto, houve um lucro de $ 700.000 ($ 1.800.000 – 1.100.000).

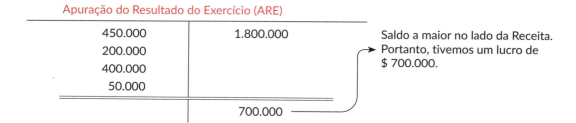

> Observação: Antes da apuração do lucro deveríamos calcular o Imposto de Renda a Pagar (veja Capítulo 15). Deixamos de fazê-lo, pois, didaticamente, não julgamos adequado, neste momento.

Passo VI – Contabilização do Resultado

Como já estudamos, todo lucro acresce o Patrimônio Líquido. O lucro é a remuneração aos proprietários da empresa pelo capital investido. Os recursos dos proprietários aplicados na empresa são evidenciados no Patrimônio Líquido (capital próprio). Dessa forma, a participação dos proprietários na empresa será maior com o acúmulo do lucro no Patrimônio Líquido.

Por conseguinte, partindo da hipótese de que não há, por enquanto, distribuição do lucro em dinheiro (dividendos) aos proprietários, o Patrimônio Líquido será acrescido de $ 700.000. A conta que receberá os $ 700.000 é Lucros Acumulados.[5] Aumentando o Patrimônio Líquido, teremos um crédito:

---

[5] Demonstração de Lucros ou Prejuízos Acumulados.

Lucros Acumulados[6]

	200.000 +
	700.000
	900.000

a partir desse momento, Lucros Acumulados estará com um saldo de $ 900.000.

Pelo método das partidas dobradas sabemos que, se *creditamos* uma conta por $ 700.000, deveremos *debitar* outra(s) conta(s) pelo total de $ 700.000. A conta a ser debitada será a de Resultados (ARE) pois, como dissemos, é uma conta transitória, servindo única e exclusivamente para apuração do resultado do exercício. Com esse lançamento a débito encerraremos a conta Resultados (ARE), uma vez que já cumpriu sua missão: confrontar receita com despesa e apurar o resultado (Lucro ou Prejuízo).

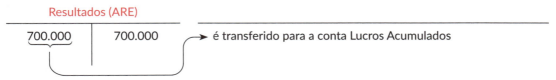

Se houvesse distribuição de lucro, em dinheiro (dividendos), para os proprietários da empresa, daríamos baixa da conta Lucros Acumulados pelo valor dos dividendos distribuídos.

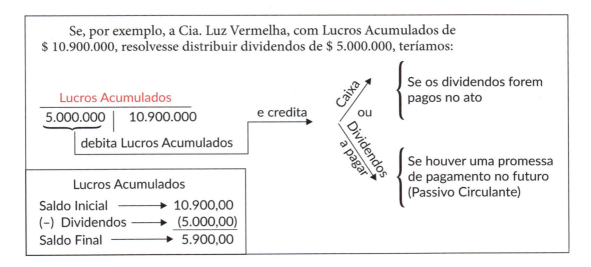

Esse assunto poderá ser detalhadamente estudado no Capítulo 17, Lucros ou Prejuízos Acumulados. No caso de obter prejuízo como resultado (Despesa > Receita), a contabilização será ao contrário do Lucro:

- credita-se a ARE (Apuração do Resultado do Exercício);
- debita-se a conta Prejuízos Acumulados.

A conta Prejuízos Acumulados será classificada no *Patrimônio Líquido* com sinal invertido, isto é, subtraindo-se de Lucros e Reservas já existentes ou, ainda, não havendo Lucros ou Reservas, do Capital.

Passo VII – Estruturação da DRE

Não obstante todas as contas de Resultados tenham sido encerradas, não significa que não devemos mostrar aos usuários da Contabilidade, de forma detalhada, como se chegou ao lucro de $ 700.000. Por

---

[6] Com a Lei nº 11.638/07, as sociedades anônimas não poderão mais evidenciar a conta Lucros Acumulados no Patrimônio Líquido, devendo-se dar um destino para este lucro.

isso, apresentamos a Demonstração de Resultado do Exercício, que é derivada da conta de Resultados (ARE).

BALANÇO PATRIMONIAL
Cia. Laranjada – Com. de Máquinas Especiais

ATIVO	31-12-X1	31-12-X2	PASSIVO E PL	31-12-X1	31-12-X2
Circulante			**Circulante**		
Caixa	1.100.000	200.000	Fornecedores	500.000	200.000
Dupl. a Receber		1.800.000			
Estoques	900.000	450.000	**Patrimônio Líquido**		
Total do Circulante	2.000.000	2.450.000	Capital	1.800.000	1.800.000
			Lucros Acumulados	200.000	900.000
Não Circulante			Total do PL	2.000.000	2.700.000
Imobilizado					
Instalações	500.000	500.000			
(–) *Deprec.*					
Acumulada		(50.000)			
Total Não Circul.	500.000	450.000			
Total	**2.500.000**	**2.900.000**	**Total**	**2.500.000**	**2.900.000**

10.3 LEVANTAMENTO DO BALANÇO PATRIMONIAL

Passo VIII – Levantamento do Balanço Patrimonial

Notamos que as contas que não foram encerradas são as de Balanço.

Caixa	Estoques	Instalações
200.000	450.000	500.000

Dupl. a Receber	Depreciação Acumulada
1.800.000	50.000

Fornecedores	Capital	Lucros Acumulados
200.000	1.800.000	200.000
		700.000
		900.000

BALANÇO PATRIMONIAL EM 31-12-X2
Cia. Laranjada – Com. de Máquinas Especiais

ATIVO		PASSIVO E PL	
Circulante		**Circulante**	
Caixa	200.000	Fornecedores	200.000
Dupl. a Receber	1.800.000		
Estoques	450.000	**Patrimônio Líquido**	
Total do Circulante	2.450.000	Capital	1.800.000
		Lucros Acumulados	900.000
		Total do PL	2.700.000
Não Circulante			
Imobilizado			
Instalações	500.000		
(–) *Deprec.*			
Acumulada	(50.000)		
Total do Não Circul.	450.000		
Total	**2.900.000**	**Total**	**2.900.000**

Poderíamos ter apresentado o Balanço Patrimonial em duas colunas, conforme exigência da Lei das Sociedades por Ações.

*Acesse o **QR Code** e assista ao vídeo sobre Apuração de Resultado e Levantamento do Balanço (Aspectos Contábeis).*

uqr.to/15ugi

Informações Complementares

Como Ficar Rico Administrando eficientemente o Ativo

Ainda, em relação ao livro *Pai rico, pai pobre*, que revolucionou a importância da Contabilidade, os autores, Robert T. Kiyosaki e Sharon L. Lechter, dizem que saber administrar o Ativo é o segredo do sucesso. O pobre e a classe média, segundo esses autores, são péssimos nessa área. Vejamos um trecho do livro:

"Uma vez que você decidiu cuidar de seus próprios problemas, como determinar seus objetivos? É necessário, em geral, dedicar-se à sua profissão e usar os salários recebidos para financiar a aquisição de ativos.

À medida que os ativos crescem, como medir a extensão de seu sucesso: quando alguém percebe que está rico, que tem fortuna? Da mesma maneira que tenho minhas definições de ativos e passivos, também tenho minha própria definição para riqueza. Na verdade, eu a tomei emprestada de alguém chamado *Buckminster Fuller*. Alguns o consideram um charlatão e outros um gênio vivo. Anos atrás ele criou um auê entre os arquitetos ao solicitar a patente para algo chamado um 'domo geodésico'. Mas, ao fazer isso, ele também falou algo sobre a riqueza. Parecia à primeira vista muito confuso, mas depois de relê-lo algumas vezes começou a fazer sentido: a riqueza é a capacidade de uma pessoa sobreviver tantos dias a mais ... ou se eu parar de trabalhar hoje, por quanto tempo poderei sobreviver?

Ao contrário do patrimônio líquido – a diferença entre ativos e passivos, que frequentemente está repleta com o lixo caro e as opiniões de pessoas sobre o valor das coisas – esta definição cria a possibilidade de desenvolver uma mensuração verdadeiramente acurada. Poderia assim medir e saber realmente em que pé estou em termos de meu objetivo de tornar-me financeiramente independente.

Embora o patrimônio líquido frequentemente inclua ativos que não geram dinheiro, como objetos comprados e agora abandonados num canto da garagem, a riqueza mede quanto dinheiro seu dinheiro está gerando e, portanto, sua sobrevivência financeira.

A riqueza é a medida do fluxo de caixa gerado pela coluna dos ativos em comparação com a coluna das despesas.

Vejamos um exemplo. Digamos que o fluxo de caixa da minha coluna de ativos gere US$ 1 mil por mês, e que eu tenha despesas mensais de US$ 2 mil. Qual é a minha riqueza?

Voltemos à definição de Buckminster Fuller. Usando essa definição, quantos dias para a frente posso sobreviver? Consideremos um mês de trinta dias. Por essa definição, eu tenho um fluxo de caixa suficiente para meio mês.

Quando eu tiver alcançado um fluxo de caixa gerado por meus ativos de US$ 2 mil, então eu serei abastado.

Ainda não estou rico, mas sou abastado. Agora eu tenho uma renda gerada por ativos, a cada mês, que cobre totalmente minhas despesas mensais. Se eu desejo aumentar essas despesas, preciso primeiro aumentar o fluxo de caixa gerado por meus ativos para manter esse nível de vida. Observe que nesse ponto eu não dependo mais de meu salário. Eu me concentro com sucesso em construir uma coluna de ativos que me tornou financeiramente independente. Se eu largar meu emprego hoje, eu poderei cobrir minhas despesas mensais com o fluxo de caixa gerado por meus ativos.

Meu próximo objetivo poderia ser empregar o excedente de meu fluxo de caixa no reinvestimento, em mais ativos. Quanto mais dinheiro for destinado para a coluna dos ativos, mais esta crescerá. Quanto mais meus ativos crescerem, mais aumentará meu fluxo de caixa. E enquanto eu mantiver minhas despesas menores do que o fluxo de caixa gerado por esses ativos, eu me tornarei mais rico, com mais e mais fontes de renda além de meu trabalho físico.

Enquanto este processo de reinvestimento continuar, estarei no caminho do enriquecimento. A verdadeira definição de riqueza depende de quem a define, você nunca poderá ser rico demais.

Lembre desta observação simples:

Os ricos compram ativos.

Os pobres só têm despesas.

A classe média compra passivos pensando que são ativos.

Este é o padrão de fluxo de caixa de uma pessoa pobre:

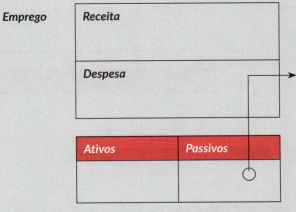

Este é o padrão de fluxo de caixa da classe média:

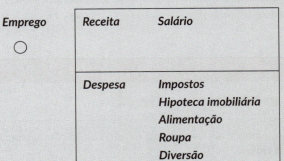

Este é o padrão de fluxo de caixa de uma pessoa rica:

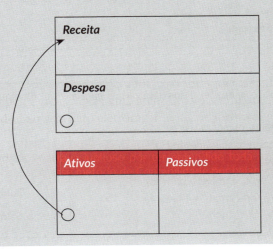

Receita	
	Dividendos
	Juros
	Renda imobiliária
	Royalties
Despesa	

Ativos	*Passivos*
Ações	
Títulos	
Promissórias	
Imóveis	
Propriedade intelectual	

Todos esses diagramas estão obviamente bastante simplificados. Todos têm despesas de subsistência, necessidade de alimentação e vestimentas."

ILUSTRAÇÃO

Demonstração do Resultado do Exercício

Mostra o sucesso (ou insucesso) da empresa em suas operações (compra e venda) em determinado período: lucro ou prejuízo.

Receita – Venda de bens (indústria ou comércio) ou prestações de serviços (no caso de empresa prestadora de serviços):

– Receita Bruta (inclui impostos s/ vendas)

– Receita Líquida (menos impostos, devoluções)

– Outras Receitas:

- Financeiras (juros ganhos . . . .)
- Outras Cias. (dividendos . . . .)
- Não operacionais (excepcional, anormal . . . . .)

Qualquer Conta de Receita	
	Aumento
	+
	Crédito
	Saldo

(–) → Menos

Despesa – Sacrifício (esforços) despendidos (realizados) para a obtenção da Receita:

– Custo do Produto Vendido ou serviço prestado

– Despesas de Vendas (comercial, marketing...)

– Despesas Administrativas (para administrar)

– Despesas Financeiras (juros, comissão bancos)

– Outras Despesas (não operacionais, I. Renda...)

Qualquer Conta de Despesa	
Aumento	
+	
Débito	
Saldo	

CAP. 10 ■ Balancete – Apuração de Resultado e Levantamento do Balanço (Aspectos Contábeis) | **199**

= → Resultado

Lucro	→	quando a Receita > Despesa
Prejuízo	→	quando a Receita < Despesa

RESUMO

A verificação periódica da igualdade dos débitos e créditos dá origem ao Balancete.

A desigualdade do total de débito com o total de crédito (ou saldos devedores com saldos credores) significa que há erro(s) nos lançamentos contábeis. O trabalho contábil não deverá ter prosseguimento enquanto não houver a localização do erro.

O Balancete de Verificação, todavia, não é apenas útil para detectação do erro, mas também na preparação da Demonstração do Resultado do Exercício e Balanço Patrimonial. Sua utilidade estende-se como uma peça contábil importantíssima para base de tomadas de decisões, uma vez que o mesmo evidencia a situação econômico-financeira da empresa.

A apuração do resultado do exercício resume-se em sete passos:

1. Escrituração de operações ainda não contabilizadas.
2. Verificação da exatidão dos lançamentos contábeis – Balancete de Verificação I.
3. Ajustes de:
   - Material de Escritório.
   - Prêmios de Seguros.
   - Depreciação, Amortização e Exaustão.
   - Despesas de Juros, Salários, Aluguel, Encargos etc.
   - Provisão para Devedores Duvidosos.
4. Verificação da exatidão dos lançamentos contábeis após os ajustes – Balancete de Verificação II.
5. Encerramento das contas de resultado (Receita e Despesa).
6. Contabilização do Resultado.
7. Estruturação da DRE.

Em seguida será estruturado o Balanço Patrimonial.

EXERCÍCIO RESOLVIDO

A Cia. Luar do Sertão, prestadora de serviços de cabeleireiros, apresenta o seguinte balancete em 30-11-X0.

CONTAS	SALDOS	
	DEVEDOR	**CREDOR**
Caixa	1.000.000	——
Instalações	500.000	——
Salários (de cabeleireiros)	300.000	——
Aluguel	55.000	——
Prêmios de Seguros	60.000	——
Material p/ cabeleireiros	200.000	——
Receita de Serviços	——	1.115.000
Capital	——	1.000.000
Total	2.115.000	2.115.000

No mês de dezembro de 20X0, a companhia paga $ 60.000 de salários para os cabeleireiros e compra mais $ 50.000 de material de tintura, xampu e outros, a serem utilizados no trabalho. O material é totalmente consumido e pago em 12-20X0.

O aluguel do salão de cabeleireiros do mês, $ 5.000, será pago até 10-1-X1.

Houve uma receita à vista de $ 85.000, no mês de dezembro.

Dados para os Ajustes

– O contrato de seguro contra incêndio, do salão de cabeleireiro, cobre o período de 1º-10-X0 a 30-9-X1.

– A Taxa de Depreciação e Instalações (secador, lavatório etc.) no primeiro ano será de 10% a.a.

Observe, neste exemplo, que todos os gastos se referem ao serviço prestado,[7] não havendo, portanto, despesas administrativas (honorários da diretoria etc.), de vendas (propaganda etc.) e financeiras (juros pagos etc.).

Pede-se: Apurar o Resultado e estruturar a DRE e o Balanço Patrimonial.

Passo I – Escrituração

Caixa		Instalações		Salários (Desp.)	
(SI) 1.000.000	60.000 (1)	(SI) 500.000		(SI) 300.000	
(3) 85.000	50.000 (2)			(1) 60.000	

Aluguel (Desp.)		Prêmios de Seguros	
(SI) 55.000		(SI) 60.000	

Material de Serviço		Receita		Capital	
(SI) 200.000			1.115.000 (SI)		1.000.000 (SI)
(2) 50.000			85.000 (3)		

1. Pagamentos de $ 60.000 de Salários.
2. Material de Serviço consumido e pago no mês.
3. Receita recebida no mês $ 85.000.

Passo II – Balancete de Verificação após os Lançamentos do Mês de Dezembro

Apuração dos saldos:

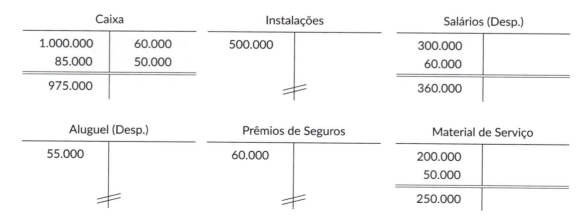

---
[7] São custos referentes a Mão de obra, Material e Consumo de Bens para a realização do serviço. O aluguel refere-se ao local onde o serviço é prestado, o que equivale ao prédio da fábrica para uma indústria. O Seguro refere-se ao prédio onde os serviços são prestados.

Receita		Capital	
	1.115.000		1.000.000
	85.000		
	1.200.000		

BALANCETE DE VERIFICAÇÃO EM 31-12-X0

Cia. Luar do Sertão

CONTAS	SALDO DEVEDOR	SALDO CREDOR
Caixa	975.000	
Instalações	500.000	
Salários	360.000	
Aluguel	55.000	
Prêmios de Seguros	60.000	
Material de Serviços	250.000	
Receita de Serviços		1.200.000
Capital		1.000.000
Total	2.200.000	2.200.000

Passo III – Ajustes

1. Aluguel a pagar: $ 5.000
2. Despesa de Seguro: out./nov./dez./X0 (3 meses) $ 60.000 ÷ 12 meses = $ 5.000 p/mês = $ 15.000
3. Depreciação de Instalações: $ 500.000 × 10% = $ 50.000

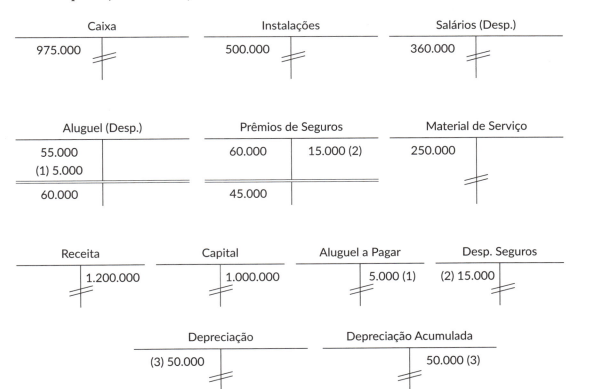

Passo IV – Balancete de Verificação após os Ajustes

2º BALANCETE DE VERIFICAÇÃO EM 31-12-X0
Cia. Luar do Sertão

CONTAS	SALDO DEVEDOR	SALDO CREDOR
Caixa	975.000	
Instalações	500.000	
Salários	360.000	
Aluguel	60.000	
Prêmios de Seguros	45.000	
Material de Serviços	250.000	
Receita		1.200.000
Capital		1.000.000
Aluguel a Pagar		5.000
Desp. Seguros	15.000	
Depreciação Acumulada		50.000
Depreciação	50.000	
Total	**2.255.000**	**2.255.000**

Passo V – Encerramento das Contas de Resultado

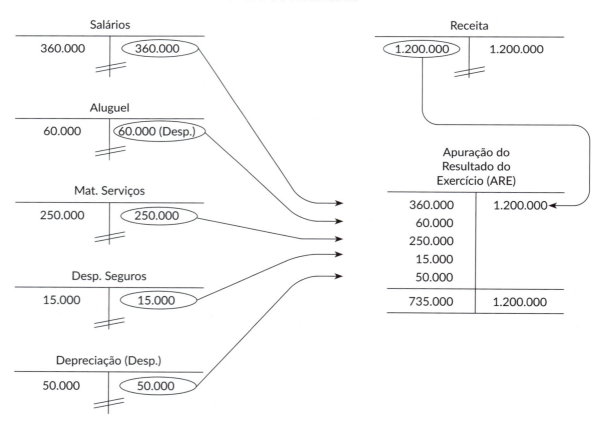

Passo VI – Contabilização do Resultado

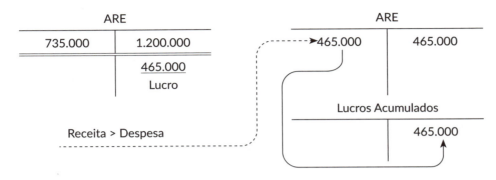

Passo VII – Estruturação da DRE

Cia. Luar do Sertão
Exercício 19X0

Receita	1.200.000
(–) Custo do Serviço Prestado	(735.000)
Lucro do período	465.000

Observe que, nesse caso, todos os gastos referem-se à prestação de serviços, não havendo despesas de administração, despesas de vendas e financeiras (situação inaceitável na prática).

BALANÇO PATRIMONIAL ENCERRADO EM 31-12-X0
Cia. Luar do Sertão

ATIVO		PASSIVO E PL	
Circulante		**Circulante**	
Caixa	975.000	Aluguel a Pagar	5.000
Desp. Exerc. Seguinte	45.000	**Patrimônio Líquido**	
Total Circulante	1.020.000	Capital	1.000.000
Não Circulante		Lucros Acumulados	465.000
Imobilizado		Total do PL	1.465.000
Instalações	500.000		
(–) Deprec. Acumulada	(50.000)		
Total Não Circulante	450.000		
Total	**1.470.000**	**Total**	**1.470.000**

AVALIAÇÃO DO APROVEITAMENTO

a) Esses testes deverão ser respondidos em cinco minutos – 30 segundos para cada um.
b) Não responda se tiver dúvidas.
c) Se você acertar menos que 70% (sete questões), não passe para a etapa seguinte; leia novamente o capítulo.
d) As respostas encontram-se no final do livro.

1. O Balancete de Verificação:
   ( ) a) Apura qualquer erro de escrituração.
   ( ) b) Deve ser apresentado em duas colunas.
   ( ) c) Não identifica todos os erros de escrituração.
   ( ) d) Deve ser levantado diariamente.

2. Além de indicar erros de escrituração, o Balancete:

( ) **a)** Substitui qualquer Demonstração Financeira.

( ) **b)** Serve como instrumento de decisão.

( ) **c)** É tido como Demonstração Financeira.

( ) **d)** Não tem outras utilidades.

3. O período de tempo mais comum nas empresas, para levantar o Balancete, é:

( ) **a)** 10 dias.

( ) **b)** Diário.

( ) **c)** 360 dias.

( ) **d)** 30 dias.

4. Há quem apresente Balancete diário, dado o grande volume de lançamento:

( ) **a)** Multinacionais.

( ) **b)** Bancos.

( ) **c)** Economia Mista.

( ) **d)** Empresas estatais.

5. A conta Custo da Mercadoria Vendida (CMV) é debitada:

( ) **a)** Na ocasião da venda de mercadoria.

( ) **b)** Na ocasião da compra de mercadoria.

( ) **c)** Na ocasião da estruturação da DRE.

( ) **d)** Na ocasião dos ajustes.

6. Exemplos de Contabilização que são entendidos como ajuste:

( ) **a)** Amortização, Caixa e Contas a Pagar.

( ) **b)** Amortização, Depreciação e Exaustão.

( ) **c)** Amortização, Material de Escritório e Capital.

( ) **d)** Amortização, Prêmios de Seguros e Bancos c/ Movimento.

7. Aquisição de Material de Escritório em 20X1 → $ 800 mil; pagamento em 20X2; estoque em 31-12-X1 de Material para Escritório → $ 500 mil. Despesa de Material de Escritório em 20X1:

( ) **a)** $ 800 mil.

( ) **b)** $ 500 mil.

( ) **c)** $ 300 mil.

( ) **d)** – 0 –.

8. Nos lançamentos de encerramento, as contas de Receita e Despesa:

( ) **a)** Não serão tocadas.

( ) **b)** Normalmente ficam com saldo devedor ou credor.

( ) **c)** Não são encerradas.

( ) **d)** Terão saldos zero.

9. Na Apuração do Resultado, o saldo positivo (lucro) será incorporado à conta de:

( ) **a)** Lucro Suspenso.

( ) **b)** Lucros Acumulados.

( ) **c)** Lucro a Distribuir.

( ) **d)** Lucro Líquido.

10. As contas que sobram com saldo credor ou devedor (não são encerradas) são contas de:

( ) **a)** Balanço Patrimonial.

( ) **b)** Balancete de Verificação.

( ) **c)** Demonstração do Resultados do Exercício.

( ) **d)** Resultado.

EXERCÍCIOS

1. Balancete para fins decisoriais

Balancete do Primeiro Trimestre de 20X7

CONTAS	SALDO DEVEDOR	SALDO CREDOR
Caixa e Bancos	180.000	_____
Estoques	520.000	_____
Duplicatas a receber	400.000	_____
Imobilizado	800.000	_____
Despesas	900.000	_____
Fornecedores	_____	650.000
Bancos a Pagar	_____	750.000
Receitas	_____	600.000
Financiamentos a Pg.	_____	800.000
Total	2.800.000	2.800.000

Como explicar ao gestor deste negócio que a situação financeira dessa empresa é péssima e que a empresa está deficitária (prejuízo)?

2. Em que situação o Balancete de Verificação tem finalidade decisorial?

3. Os sistemas digitais modernos na Contabilidade dispensam o Balancete?

4. Qual a diferença entre Depreciação, Amortização e Exaustão?

5. Estruturar o Balanço Patrimonial e a DRE.

BALANCETE DE VERIFICAÇÃO EM 31-12-X2
Cia. Laranjada – Comércio de Máquinas Especiais

CONTAS	SALDOS	
	DEVEDOR	CREDOR
Contas de Balanço		
Caixa	200.000	_____
Duplicatas a Receber	1.800.000	_____
Estoques	450.000	_____
Instalações	500.000	_____
Depreciação Acumulada	(50.000)	_____
Fornecedores		200.000
Capital	_____	1.800.000
Lucros Acumulados	_____	200.000
Contas de Resultado		
Receita	_____	1.800.000
CMV	450.000	_____
Despesas de Salários	200.000	_____
Despesas de Aluguel	400.000	_____
Despesas de Depreciação	50.000	_____
Total	4.000.000	4.000.000

Escrituração (Livros Contábeis e Sistemas Contábeis)

OBJETIVOS

Ao completar o estudo deste capítulo, você deverá estar preparado para explicar e exercitar os seguintes conceitos:

- Livros contábeis obrigatórios, na forma tradicional.
- Lançamentos contábeis e a forma de escrituração desses livros.
- Sistema de Contabilidade.
- Escrituração contábil, em forma digital, o Sistema Público de Escrituração Digital (SPED) e seus principais projetos.

INTRODUÇÃO

Após o exame das Demonstrações Financeiras (BP e DRE) e a compreensão dos Razonetes, de Débito e do Crédito, passemos à Escrituração dos Lançamentos Contábeis.

Até o momento, estudamos os efeitos dos lançamentos contábeis sem a preocupação de escriturá-los em Livros Contábeis. Daqui para frente, procuraremos transportar o que fizemos em Razonetes para os Livros Contábeis. Observe que o perfeito domínio dos Capítulos 9 e 10 é imprescindível para a aprendizagem deste capítulo.

Dividimos este capítulo em duas seções, na primeira abordaremos os livros, os lançamentos e os sistemas contábeis tradicionais, resgatando também seu contexto histórico, e na segunda abordaremos as regras para a escrituração contábil em forma digital, o Sistema Público de Escrituração Digital (SPED) e seus impactos nos processos e rotinas e também as novidades tecnológicas que influenciarão o futuro da escrituração contábil.

SEÇÃO 1 – ESCRITURAÇÃO CONTÁBIL

Como já foi abordado, estamos caminhando de acordo com o desenvolvimento histórico da Contabilidade: primeiro, os relatórios, depois, como observar os efeitos nos lançamentos contábeis e, por fim, a escrituração (partidas dobradas), nos livros contábeis, que basicamente são dois: razão e diário.

As formalidades da escrituração contábil desses livros, de forma não digital, estão disciplinadas na Instrução Técnica Geral – ITG (2000) do Conselho Federal de Contabilidade.

11.1 LIVROS CONTÁBEIS

Os livros contábeis obrigatórios são: (a) o Livro Diário e (b) o Livro Razão, tanto para a escrituração tradicional quanto para a escrituração digital. A seguir passaremos a explicá-los, na modalidade tradicional.

11.1.1 Razão

Por muito tempo foi facultativo. Hoje é obrigatório. É indispensável em qualquer tipo de empresa: é o instrumento mais valioso para o desempenho da Contabilidade.

Consiste no agrupamento de valores em contas de mesma natureza e de forma racional. Em outras palavras, o registro no Razão é realizado em contas individualizadas; assim, teremos um controle por conta. Por exemplo, abrimos uma conta Caixa e registramos nela todas as operações que, evidentemente, afetam o Caixa físico, debitando ou creditando e, a qualquer momento, apuramos o saldo.

Pela descrição apresentada podemos concluir que o Razão e o Razonete são a mesma coisa. Na realidade, o Razonete deriva do Razão; o Razonete é uma forma simplificada, uma forma didática do Razão.

A princípio, o Razão só existia em forma de Livros, em que, para cada página, se atribuía o título de uma conta. Tínhamos, então, uma página para o *Caixa*, outra para *Bancos Conta Movimento*, outra para *Duplicatas a Receber*, outra para *Estoque* e assim sucessivamente. Com o passar do tempo, as folhas avulsas foram substituindo as páginas do livro. O uso das folhas Razão foi muito comum, dado o aspecto prático exigido pela Contabilidade informatizada. Para cada conta, deverá haver pelo menos uma folha Razão. De acordo com a ITG 2000, caso seja adotado esse sistema, as folhas devem ser numeradas mecânica ou tipograficamente e encadernadas em forma de livro.

Vamos, a partir de um Razonete (já nosso conhecido), observar o que é e como funciona uma ficha Razão. A Cia. K. Nova tem $ 1,0 milhão em Caixa e compra, à vista, em 20-2-X5, Equipamentos por $ 800 mil.

O Razão, portanto, engloba as contas *Patrimoniais* (as contas de Balanço – também conhecidas como contas integrais) e as contas de *Resultados* (as contas de Receitas e Despesas – também conhecidas como contas diferenciais).

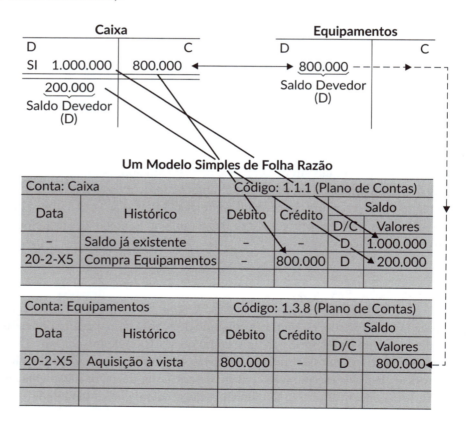

No passado era comum utilizar folhas coloridas do Razão: determinada cor para as contas integrais e outra para as diferenciais; ou, ainda, atribuir cores de acordo com grupo de contas, ou seja, Ativo, Passivo, Receita, Despesa etc. Essas cores, que eram identificadas por uma tarja colorida na parte superior da folha, permitiam melhor visualização do grupo a que pertenciam a folha, ordenando, assim, o sistema de arquivo.

Quando a folha Razão abrangia a conta em sua totalidade, denominava-se *Razão Sintético*. Todavia, quando havia o desdobramento de conta para melhor controle, denominava-se *Razão Analítico*.

Razão Sintético (conta Sintética)	**Razão Analítico** (conta Analítica)
Estoques	Estoque de Mercadorias Estoque de Produtos Acabados Estoque de Produtos em Elaboração Estoque de Matérias-primas
Duplicatas a Receber	Cia. Nacional de Adubos Cia. Real de Inseticidas ....
Bancos Conta Movimento	Banco do Brasil S.A. Banco Itaú S.A. Banco Santander S.A. ....
Fornecedores	João Alves & Cia. Ltda. Pedreira Mateus Ltda. ....
Empréstimos a Pagar	Banco Bradesco S.A. Banco do Brasil S.A. ....

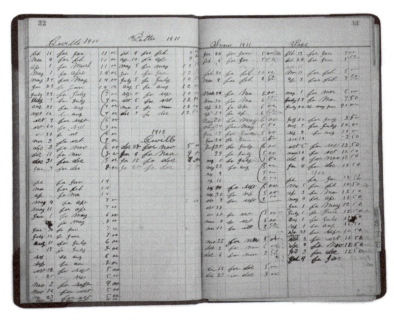

Crédito: arenadesign | iStockphoto

11.1.2 Diário

É um livro obrigatório (exigido por lei) em todas as empresas. Registra os fatos contábeis em partidas dobradas na ordem rigorosamente cronológica do dia, mês e ano.

O livro Diário deve ser encadernado, com termo de abertura e encerramento, com folhas numeradas seguidamente, sendo que os registros devem ser feitos diariamente.

Voltando ao nosso exemplo, veja como fica a escrituração no livro Diário em papel.

Exemplo de ficha de lançamento contábil:

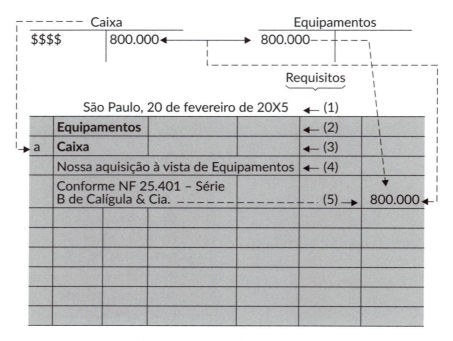

Equipamentos $ 800.000; Caixa $ 800.000.

Exemplo de livro Diário em papel:

DATA		TÍTULOS DAS CONTAS E HISTÓRICOS	CÓDIGO DA CONTA	DÉBITO	CRÉDITO
20X5 fev.	20	Equipamentos Caixa N.F. 25.451 – Série B de Calígula & Cia.		800.000	800.000
	26	Bancos c/ Movimento Caixa Depósito no Banco do Brasil S.A.		900.000	900.000
	28				

Ordem da Escrituração

Classicamente, a ordem de escrituração é a seguinte:

1. *Borrador do Diário* (rascunho do Diário elaborado mediante a análise dos comprovantes).
2. *Razão* (com base no Borrador).[1]
3. *Balancete de Verificação* (extraído do Razão – conferido e analisado).
4. *Diário* (com base no Borrador, depois de aferida sua exatidão por meio do Balancete de Verificação).

Por meio da sequência apresentada neste livro, podemos, entre diversas existentes, desenvolver a seguinte ordem de escrituração:

---

[1] Evidentemente, com o uso do computador já não se fala em Borrador.

CAP. 11 ■ Escrituração (Livros Contábeis e Sistemas Contábeis) | **211**

1. *Razonete* (o raciocínio contábil).
2. *Balancete de Verificação* (a exatidão dos lançamentos nos Razonetes).
3. *Razão* (com base nos Razonetes e na documentação).
4. *Diário* (com base no Razão).
5. *Balancete de Verificação* (exatidão dos lançamentos no Razão).

No Diário também são registrados outros elementos que, sem serem fatos contábeis, são de extrema importância e relevância na escrituração contábil:

- Termos de abertura, encerramento e alteração.
- Plano de Contas utilizado pela empresa.
- Demonstrações Financeiras no final de cada exercício.

O Razão, embora com seus objetivos definidos (extracontábil), pode ser visto como um livro auxiliar do Diário. Além do Razão, são livros auxiliares do Diário os Diários Auxiliares e os correspondentes Razões Auxiliares. Estes, quando adotados, devem obedecer aos preceitos gerais da escrituração contábil.

O *Razão* a ser escolhido, entre os diversos possíveis modelos, deve ser compatível com o Diário utilizado, pois é seu auxiliar e, por uma questão de racionalização de trabalho, essa compatibilidade é desejável.

Algumas razões para o uso de registros auxiliares:

- Quando o volume de pagamentos e recebimentos no Caixa é muito grande, pode ser instituído um livro *Diário Auxiliar de Caixa*.
- Quando o volume é maior ainda, pode ser instituído um *Diário Auxiliar de Recebimentos* e outro de *Pagamentos*.
- Quando ocorre muita movimentação bancária, pode-se ter um *Diário Auxiliar de Bancos*.
- Quando a quantidade de fornecedores é muito numerosa e os fornecimentos constantes, pode-se ter um *Diário Auxiliar de Fornecedores*.
- Quando isso ocorre com clientes, então convém que seja usado um *Diário Auxiliar de Clientes*, que também pode ser desdobrado em *Diário Auxiliar de Vendas* e *Diário Auxiliar de Recebimentos*.

11.2 LANÇAMENTOS CONTÁBEIS

Fórmulas de Lançamentos no Diário

Tradicionalmente, existe a classificação dos lançamentos de Diário em fórmulas. Assim, encontramos na literatura contábil as seguintes convenções referentes ao aspecto formal do lançamento (exemplo por diários de uma coluna).

$\boxed{\text{1ª Fórmula}} \rightarrow$ Há uma única conta de Débito e uma única de Crédito.

Vamos admitir que a Cia. Simples deposita $ 800 mil, que estava no Caixa, no Banco Comercial S.A.

Caixa		Bancos c/ Movimento
$$$$	800.000 ———→	$$$$
		→800.000

```
São Paulo, ... de ...... de 20 ...
    Bancos c/ Movimento
a  Caixa
    Nosso depósito no Banco Comercial S.A.
    conforme recibo nº 16.421 .........
                    $ 800.000
```

Esse lançamento poderia ser detalhado com a criação de subcontas:

```
Bancos c/ Movimento
Banco Comercial S.A.
a   Caixa
    – histórico ........... 800.000
```

Nesse caso, poderíamos ter um controle contábil por Banco (admitindo-se que a empresa opere com diversos Bancos: Diário Auxiliar de Bancos). Entretanto, o importante é identificar que há uma conta de Débito (Bancos c/ Movimento) e uma de Crédito (Caixa).

| 2ª Fórmula | → Uma conta de Débito e duas ou mais de Créditos num mesmo lançamento.

Vamos admitir que a Cia. Composta I recebeu uma duplicata de $ 1.800 mil; nessa data, o cliente paga 10% de juros de mora, uma vez que liquidou a duplicata com atraso.

			Juros Recebidos		Caixa	
Dupl. a Receber			(conta de Receita)			
$$$$	1.800.000			180.000	$$$$	
					1.800.000	
					180.000	

Movimentamos, nesse lançamento, duas contas de Créditos (Dupl. a Receber e Juros Recebidos) e uma conta de Débito (Caixa). Nesta circunstância introduziremos o termo *Diversos,* que substitui diversas contas de Créditos (dispensaremos o histórico):

```
São Paulo, ... de ...... de 20X1

    Caixa
a   Diversos
a   Duplicatas a Receber ..... 1.800.000
a   Juros Ativos           180.000    1.980.000
```

Aqui, simplificamos o lançamento (evitamos fazer dois lançamentos isolados) sem desviarmos dos requisitos do livro Diário:

1. Data
2. Conta de Débito: Caixa
3. Conta de Crédito precedida de *a: Diversos* (que se divide em Dupl. a Receber e Juros Recebidos)
4. Histórico (neste caso excluímos)
5. Valor: 1.980.000 (1.800.000 + 180.000)

3ª Fórmula → Diversas contas (duas ou mais) de Débito e uma conta de Crédito num mesmo lançamento.

Vamos admitir que a *Cia. Composta II* adquire, à vista, com pagamento em cheque, Ferramentas ($ 500 mil), Máquinas ($ 800 mil) e Móveis e Utensílios ($ 900 mil).

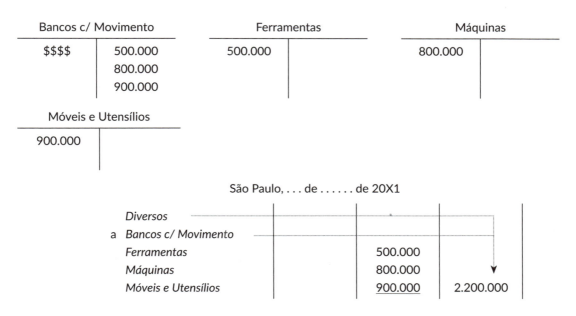

Também, nesse lançamento, além de simplificá-lo (não precisamos fazer três lançamentos isolados), não fugimos aos requisitos do livro Diário.

Os lançamentos das 2ª e 3ª fórmulas são ainda bastante utilizados nas *partidas de encerramentos*, onde encerramos as contas de Despesa e Receita (Capítulo 10. Aliás, para entendimento deste capítulo, repetimos, há necessidade de dominar muito bem os Capítulos 9 e 10).

Encerramentos das Despesas (2ª fórmula)		Encerramentos das Receitas (3ª fórmula)	
São Paulo, 31 de dezembro de 20X1		São Paulo, 31 de dezembro de 20X1	
Apuração do Resultado do Exercício (ARE)		Diversos	
a *Diversos*		a *Apuração do Resultado do Exercício (ARE)*	
a Despesa de Salários	$$$$	Receita Bruta	$$$$
a Despesa de Material de Escritório	$$$$	Receita de Juros	$$$$
a Despesa de Juros	$$$$	Receitas Diversas	$$$$
a Despesa de Manutenção	$$$$	_____	$$$$
a Depreciação	$$$$	_____	$$$$
a _____	$$$$	_____	$$$$
a _____	$$$$	_____	$$$$
a _____	$$$$	_____	$$$$

Nas empresas, encontramos vários outros livros que não são propriamente contábeis e, sim, fiscais, sociais e, ainda, por necessidade administrativa. Às vezes, pode ocorrer a conjugação, para efeito de racionalização de livro fiscal com um livro contábil, mas isso não é regra e, sim, exceção. Os livros que são mais comuns e que apenas vamos mencionar, antes de tratarmos dos Sistemas de Contabilidade, são os seguintes:

Como *Livros Sociais*, exigidos para as Sociedades Anônimas conforme a Lei nº 6.404/1976, destacamos:

- Registro de Atas de Assembleias Gerais.
- Registro de Presença de Acionistas.
- Registro de Atas de Reuniões da Diretoria.
- Registro de Ações Nominativas.
- Registro de Transferência de Ações Nominativas.
- Registro de Partes Beneficiárias Nominativas.
- Registro de Debêntures etc.

Como *Livros Fiscais* obrigatórios exigidos pela legislação do IR, do IPI, do ICMS e do ISS destacamos:

- Inventário.
- Apuração do Lucro Real.
- Razão Auxiliar.
- Registro de Entrada de Mercadorias.
- Registro de Saída de Mercadorias.
- Registro de Controle de Produção e do Estoque.
- Registro de Apuração do ICMS.
- Registro de Apuração de IPI.
- Registro de Apuração do ISSQN.
- Caixa.
- Controles Bancários.
- Registro de Duplicatas.
- Registro de Empregados etc.

Exemplo de Contabilização pelo Processo Clássico

Vamos admitir uma compra a prazo de mercadorias por uma empresa comercial. Essa empresa comercial paga 15%[2] de ICMS contido no preço da mercadoria. Contudo, por ocasião da venda da mercadoria ora em aquisição, nossa empresa irá receber o ICMS cobrado na venda, recuperando, assim, o ICMS pago na compra. Por isso iremos destacar (separar) o ICMS já na compra, para, na ocasião da venda, comparar com o ICMS recebido do consumidor e apurar se nossa empresa fica devendo ou em haver com o governo estadual.

Admitamos ainda que nossa empresa não tenha um controle permanente em Estoque, isto é, quando entra mercadoria, contabilmente, ela não atualiza os Estoques; quando sai a mercadoria, ela não dá baixa nos Estoques. Esses controles a empresa só faz no final do ano, por ocasião do Inventário (levantamento dos bens em Estoques). Por esse motivo, não contabilizaremos a conta Estoque na compra, mas trabalharemos com uma conta Compras de Mercadorias para indicar a aquisição de mercadorias. Ressaltamos que esse método não é o mais indicado para exercer um bom controle de estoque, embora, muitas vezes, não haja outra saída.

Compra:

Nota Fiscal nº 543		Data 3-X-X1	
	Valor		
Detalhes	Unitário		Total
ICMS 15% = 15.000 (incluso no preço)			100.000

---

[2] Atualmente, em São Paulo, o ICMS é de 18%.

Diversos	3			
a Fornecedores				
Compras de Mercadorias			85.000	
ICMS a Recuperar			<u>15.000</u>	100.000

Conta: Fornecedores	Débito	Crédito	Saldo	D/C
3		100.000	100.000	C

Conta: Compras de Mercadorias	Débito	Crédito	Saldo	D/C
3	85.000		85.000	D

Conta: ICMS a Recuperar	Débito	Crédito	Saldo	D/C
3	15.000		15.000	D

Contas	Saldos	
	Devedores	Credores
Fornecedores	–	100.000
Compras de Mercadorias	85.000	–
ICMS a Recuperar	<u>15.000</u>	–
Totais	100.000	100.000

	Diversos	3		
a	Fornecedores			
	Compras de Mercadorias		85.000	
	ICMS a Recuperar		15.000	100.000

Repare que o Razão não está na forma de Razonete; este é apenas uma simplificação para fins de estudo.

PAUSA PARA REFLEXÃO

Com a informatização da escrituração contábil, a interface entre o profissional da Contabilidade e o sistema de computador não nos permite mais visualizar os lançamentos contábeis da forma como víamos antes. Não precisamos mais preparar os demonstrativos contábeis, que saem prontos com o clicar de um botão. Dessa maneira, o processo de informatização da Contabilidade, embora necessário para agilização e melhoria dos serviços prestados, pode fazer com que o profissional da Contabilidade fique "robotizado", apenas imputando dados de data, histórico, débito e crédito e valor, sem visualizar todo processo de escrituração, encerramento e apuração do resultado?

11.3   SISTEMA DE CONTABILIDADE

Entendemos por sistema de Contabilidade o conjunto de atividades contábeis compatíveis que vai desde a compreensão da atividade empresarial (necessária para elaborar um plano de contas adequado), passando pela análise e interpretação de cada fato contábil isoladamente, sua contabilização, até a elaboração das demonstrações financeiras, sua análise, interpretação e recomendações para aperfeiçoar o desempenho da empresa.

Muitas alternativas poderiam surgir na escolha de um sistema:

- Sua procedência: norte-americano (USGAAP), europeu (IFRS) etc.
- Sua abordagem principal: sistema estruturalista, custo por absorção, custeio direto, custo-padrão etc.
- Forma de processamento: eletrônico integrado, eletrônico com interfaces sistêmicas, híbrido ou terceirizado. Diante das inúmeras alternativas que encontramos, procuraremos combinar as variáveis que melhor se adaptam às características da empresa, compondo, assim, um sistema apropriado à entidade.

Seriam consideradas as necessidades administrativas em primeiro plano e, em segundo plano, de outros usuários da Contabilidade: governo, instituições financeiras, funcionários, fornecedores etc.

É preciso considerar, e isso é fundamental, os recursos disponíveis, sejam eles humanos, técnicos ou monetários.

O importante é salientar que é desaconselhável a "importação" de sistema de outras empresas, mesmo que haja semelhança em seu tamanho e atividade operacional, pois, dificilmente, coincidiriam os interesses dos usuários da Contabilidade. Também é desaconselhável a adoção do sistema da matriz quando esta ficar no exterior, principalmente no que tange ao plano de contas corporativo, muitas vezes escrito em língua estrangeira.

O *software* contábil é a unidade que deve merecer a maior atenção na opção do sistema eletrônico.

As principais diferenças entre o sistema mecanizado e o computadorizado são: (1ª) o aspecto visual – o mecanizado é composto de máquinas de Contabilidade e calculadoras elétricas que são demasiadamente lentas em comparação com o computador, que é acionado por impulsos elétricos velocíssimos por meio de circuitos eletrônicos; (2ª) a possibilidade de o equipamento de computação ser interligado – existe a possibilidade de uma ou várias unidades periféricas de entrada ou saída estarem ligadas à Unidade Central, que efetua o processamento mediante a entrada dos dados e envia de volta a resposta, já programada, para as unidades de saída.

As aplicações de computador em Contabilidade podem ser:

- No processamento de Contas a Pagar, até a emissão dos cheques para liquidação.
- No processamento da Folha do Pessoal, com emissão de cheque ou depósito em conta-corrente bancária.
- No processamento das Vendas, pedidos, notas fiscais, posição de estoque e de Contas a Receber.
- Na elaboração de relatórios exigidos pelas várias áreas do governo, sejam referentes ao IPI, ao ICMS, à Legislação Previdenciária e Trabalhista etc. Hoje, praticamente, toda atividade contábil pode ser informatizada.
- Dentro do sistema eletrônico temos o SPED – Sistema Público de Escrituração Digital, tratado no item seguinte.
- *Digital*

O *Digital* não deixa de ser um Sistema Eletrônico. Apenas para fins didáticos decidimos tratar individualmente.

O poder público brasileiro implantou o Sistema Público de Escrituração Digital (SPED), tendo como objetivo integrar os contribuintes dos fiscos municipais, estaduais e federal, através do compartilhamento das informações contábeis e fiscais. Falaremos mais sobre este item a seguir.

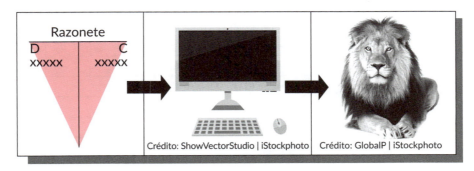

SEÇÃO 2 – ESCRITURAÇÃO CONTÁBIL EM FORMA DIGITAL

Nesta seção apresentaremos a evolução da escrituração contábil para a digital. Abordaremos o Sistema Público de Escrituração Digital (SPED) e seus projetos e como eles influenciam a geração e a gestão de informações fiscais e contábeis.

11.4 SISTEMA PÚBLICO DE ESCRITURAÇÃO DIGITAL (SPED)

O Sistema Público de Escrituração Digital (SPED) foi instituído em 2007 por meio do Decreto nº 6.022 e é parte do Programa de Aceleração do Crescimento do Governo Federal (PAC). O referido ato foi resultado de uma série de estudos e tratativas que datam do ano de 2000, desde a publicação da Lei nº 9.989/2000 que, além do plano plurianual do Governo Federal, continha o Programa de Modernização das Administrações Tributárias e Aduaneiras. Em 2003, foi aprovada a Emenda Constitucional nº 42, necessária para dar permissão às administrações tributárias da União, dos Estados, do Distrito Federal e dos Municípios de atuarem de forma integrada e com compartilhamento de dados cadastrais e informações fiscais. A partir de 2004, começaram a ser realizados Encontros Nacionais de Administradores Tributários (ENAT), que reuniram o secretário da Receita Federal, os secretários de Fazenda dos Estados e do Distrito Federal e secretários de finanças de Municípios, com o objetivo de realizar estudo e criar mecanismos necessários à implantação do SPED.

A definição do SPED está no artigo 2º do Decreto nº 6.022/2007:

> Art. 2º O SPED é instrumento que unifica as atividades de recepção, validação, armazenamento e autenticação de livros e documentos que integram a escrituração comercial e fiscal dos empresários e das sociedades empresárias, mediante fluxo único, computadorizado, de informações.

Dentre os principais objetivos do Sistema estão: (a) promover a integração dos fiscos; (b) racionalizar e uniformizar as obrigações acessórias para os contribuintes; e (c) tornar mais célere a identificação de ilícitos tributários.

Dentre os benefícios apregoados pelo SPED, destacam-se os principais como sendo: (a) redução do custo de papel e consequente preservação do meio ambiente; (b) cruzamento de dados contábeis e fiscais; (c) aperfeiçoamento no combate à sonegação; e (d) redução do chamado "Custo Brasil".

O SPED nasce, portanto, com natureza fiscal, mudando radicalmente a forma de prestação de informações para o fisco, que passa a ter praticamente todas as transações da empresa em seu poder e de forma digital, o que permite o cruzamento dessas informações com grande agilidade e precisão.

Todo o processo de escrituração que era manual, mecanizado ou por processamento eletrônico é substituído pelo conceito digital.

Diversos projetos formam o Sistema Público de Escrituração Digital. Na tabela a seguir, temos uma clara visão do SPED.

NF-e / NFS-e / CT-E
EFD – IPI/ICMS
EFD – CONTRIBUIÇÕES
ECD – ESCRITA CONTÁBIL DIGITAL
ECF – ESCRITA CONTÁBIL FISCAL
e-SOCIAL
E-FINANCEIRA
EFD-REINF

A seguir, vamos passar pelos principais projetos do SPED que afetam diretamente a Contabilidade.

11.4.1 Nota Fiscal eletrônica (NF-e) / Conhecimento de Transporte eletrônico (CT-e)

Projeto que substitui a emissão de documentos fiscais em papel por um processo digital adotado em âmbito nacional. Hoje bem difundido por todo o país teve seu início em 2006 com apenas algumas empresas que participaram do projeto. A obrigatoriedade para grande parte das empresas veio em 2008, e depende do ramo de atividade e do Código Nacional de Atividade Econômica (CNAE).

A grande mudança e novidade trazida pela NF-e é que a autorização para emissão é feita a cada nota fiscal e de maneira digital, utilizando-se apenas de uma representação gráfica denominada Documento Auxiliar da Nota Fiscal Eletrônica (DANFE) para circular com a mercadoria até o destino final. Dessa maneira, o fisco tem o controle em tempo real das operações realizadas pelas empresas. Em operação interestadual, o fisco de destino recebe imediatamente o arquivo da nota fiscal, sabendo assim, toda a operação realizada entre empresas de fora e de dentro do Estado, o que facilita a fiscalização de barreira.

Além da Nota Fiscal para mercadorias, também já funcionam com bastante amplitude os outros modais, como a Nota Fiscal de Serviços Eletrônica (NFS-e) e o Conhecimento de Transporte Eletrônico (CT-e), neste último caso, o fisco terá controle da nota e do frete, vinculando um ao outro.

Ainda existe dificuldade de implantação da Nota Fiscal Eletrônica em Municípios mais afastados e com problemas de recepção de sinal de internet.

PONTO DE ATENÇÃO

Com a emissão da nota fiscal de maneira eletrônica, as empresas passaram a ter que melhorar seus sistemas de informação. Isso porque, anteriormente, na emissão em papel, o nível de detalhes era consideravelmente menor. Com a nova modalidade, a informação da nota é feita item por item, e toda a tributação deve ser detalhada tributo a tributo. O que significa que os cadastros dos itens das empresas devem estar conservados de forma atualizada e impecável, caso contrário, poderão gerar diferenças tributárias relevantes.

11.4.2 Escrita Fiscal Digital (EFD) – IPI/ICMS

A Escrita Fiscal Digital (EFD) foi instituída com o objetivo de substituir a emissão de livros fiscais em papel pelo meio digital. Os livros substituídos são:

a) Registro de Entradas;

b) Registro de Saídas;

c) Registro de Apuração do ICMS;

d) Registro de Apuração do IPI;

e) Registro de Inventário; e

f) Registro de Controle da Produção e do Estoque.

Uma mudança significativa na escrituração digital é que os lançamentos são feitos item por item de mercadorias e/ou serviços e não mais pelos valores totais da nota fiscal. Dessa forma, o arquivo da escrituração é alimentado por itens de entrada e saída. São lançados também outros documentos como conta de energia elétrica, fretes, telefone etc.

Os dados são apresentados em blocos de informação, cada um para determinada finalidade. O inventário físico faz parte da escrituração e é enviado em um desses blocos.

Todo controle fiscal realizado pelas empresas para apuração e recolhimento de impostos está contemplado no projeto de Escrita Fiscal Digital, cuja periodicidade de apresentação é mensal. O projeto está vigorando desde 2009. A obrigatoriedade de apresentação é para contribuintes do Imposto sobre Circulação de Mercadorias e Serviços (ICMS) e do Imposto sobre Produtos Industrializados (IPI). No entanto, cada contribuinte deverá aguardar ser notificado pela Fazenda Estadual para ingressar no projeto, o que não impede o ingresso como voluntário para os que desejarem.

Quadro 11.1   Estrutura do arquivo padrão XML da Escrita Fiscal Digital – IPI/ICMS

BLOCO	DESCRIÇÃO
0	Abertura, identificação e referências
C	Documentos fiscais I – Mercadorias (ICMS/IPI)
D	Documentos fiscais II – Serviços (ICMS)
E	Apuração do ICMS e do IPI
G	Controle do Crédito de ICMS do Ativo Permanente (CIAP)
H	Inventário físico
K	Controle da produção e do estoque
1	Outras informações
9	Controle e encerramento do arquivo digital

PONTO DE ATENÇÃO

Um ponto de atenção importante para as empresas é a forma de envio das informações fiscais para o fisco. Isso porque, muitas empresas utilizam escritórios contábeis para esse fim. O problema pode aparecer na "conversa" entre o *software* da empresa e o *software* do escritório de Contabilidade. Conversões precisam ser feitas para que as informações prestadas ao fisco representem fielmente as transações realizadas pela empresa. Um exemplo que ocorre com frequência é que os *softwares* contábeis permitem a importação das notas fiscais de entrada, com a leitura do código de barras. É uma ótima solução, mas, ao fazer isso a leitora capta os dados que o fornecedor da mercadoria colocou na nota e estes em muitos casos divergem das informações da empresa. Exemplo: código do produto, ao ler a nota fiscal de compra o código é o do fornecedor, que pode ser diferente do código interno utilizado pela empresa.

11.4.3   Escrita Fiscal Digital (EFD) – contribuições

Surgiu para tornar digital a apuração do PIS e da COFINS das empresas optantes pelo Lucro Real e pelo Lucro Presumido. Sua entrega é mensal.

No caso do regime não cumulativo[3] de apuração do PIS e da COFINS, todo crédito deverá ser informado de forma detalhada. Isso permite ao fisco a correta verificação desse crédito que antes não era evidenciado.

Com o passar do tempo, passou a incorporar também a contribuição previdenciária sobre a receita bruta para as empresas que estão enquadradas na desoneração da folha de pagamento.

As entidades imunes e isentas também devem apresentar a EFD-Contribuições se a somatória do PIS e da COFINS recolhidos mensalmente for igual ou superior ao valor de R$ 10.000,00 (dez mil reais).

Quadro 11.2   Estrutura do arquivo padrão XML da Escrita Fiscal Digital – Contribuições

BLOCO	DESCRIÇÃO
0	Abertura, identificação e referências
A	Documentos Fiscais – Serviços (ISS)
C	Documentos Fiscais I – Mercadorias (ICMS/IPI)
D	Documentos Fiscais II – Serviços (ICMS)
F	Demais documentos e operações
I	Operações de pessoas jurídicas componentes do sistema financeiro, seguradoras, previdência privada e planos de assistência à saúde
M	Apuração da contribuição e créditos de PIS/PASEP e COFINS
P	Apuração da Contribuição Previdenciária sobre a Receita Bruta
1	Complemento da Escrituração
9	Controle e encerramento do arquivo digital

11.4.4   e-Social

Projeto que faltava para fechar o sistema público, o e-Social fornece informações trabalhistas, previdenciárias, tributárias, fiscais e do FGTS, relativas à contratação de mão de obra, com vínculo empregatício ou não.

A obrigatoriedade teve início em janeiro de 2018 para empresas com faturamento anual igual ou superior a R$ 78.000.000,00 (setenta e oito milhões de reais). As demais empresas foram entrando de forma escalonada e, hoje, todas já estão no e-Social, inclusive os órgãos públicos.

O e-Social apresenta informações por eventos, que são separados em periódicos (como a folha de pagamento, cadastros como de funcionários, verbas ou rubricas, dados cadastrais da empresa etc.) e não periódicos (comunicação de férias, acidente de trabalho, admissão, afastamento, demissão etc.).

As multas por não entrega das informações no prazo adequado são altas e podem ocorrer por fatos como, por exemplo, a falta do arquivo de admissão de um funcionário, que terá que ser enviado um dia antes do início dele na empresa, para que dê validade jurídica ao contrato de trabalho.

Diversas informações que são prestadas ao fisco serão substituídas pelo e-Social:

---

[3] Regime que permite para as empresas do Lucro Real, na apuração dos débitos de PIS e da COFINS, abater créditos, tal qual corre nas apurações do ICMS e do IPI.

CAP. 11 ■ Escrituração (Livros Contábeis e Sistemas Contábeis) | **221**

Quadro 11.3   Obrigações que serão substituídas pelo e-Social

- Livro registro de empregados
- GFIP/SEFIP
- CAGED
- RAIS
- DIRF
- Comunicado de acidente do trabalho (CAT)
- Perfil profissiográfico previdenciário (PPP)
- FGTS

PONTO DE ATENÇÃO

As empresas precisam estar atentas aos cadastros. O saneamento cadastral é fundamental para garantir a recepção dos arquivos pelo ambiente SPED. Por exemplo: Se uma trabalhadora se casa e altera seus dados cadastrais no Cadastro de Pessoas Físicas (CPF), mas não o faz junto Cadastro Nacional de Informações Sociais (CNIS), haverá divergência de dados e o arquivo não será recebido, podendo gerar multa.

11.4.5   EFD-REINF

Com prazo de obrigatoriedade igual ao do e-Social, o REINF é o projeto de informações sobre retenções de impostos, entre eles, o INSS – no caso de empresas que prestam ou contratam serviços de cessão de mão de obra ou empreitada e de pessoas jurídicas optantes pela desoneração da folha de pagamento –, o PIS, a COFINS, o IRPJ e a CSLL.

A periodicidade de entrega é mensal.

Além dessas informações, outras também devem ser prestadas, praticamente substituindo as informações da DIRF que eram apresentadas de forma anual.

A estrutura de informações da REINF é a seguinte:

REGISTRO
R-1000 – INFORMAÇÕES DO CONTRIBUINTE
R-1070 – TABELA DE PROCESSOS ADMINISTRATIVOS/JUDICIAIS
R-2010 – RETENÇÃO DE CONTRIBUIÇÃO PREVIDENCIÁRIA – PRESTADORES DE SERVIÇOS
R-2020 – RETENÇÃO DE CONTRIBUIÇÃO PREVIDENCIÁRIA – TOMADORES DE SERVIÇOS
R-2030 – RECURSOS RECEBIDO POR ASSOCIAÇÃO DESPORTIVA
R-2040 – RECURSOS REPASSADOS PARA ASSOCIAÇÃO DESPORTIVA
R-2050 – COMERCIALIZAÇÃO DA PRODUÇÃO POR PRODUTOR RURAL PJ/AGROINDÚSTRIA
R-2060 – CONTRIBUIÇÃO PREVIDENCIÁRIA SOBRE A RECEITA BRUTA
R-2070 – RETENÇÕES NA FONTE – IR, CSLL, COFINS, PIS/PASEP – PAGAMENTOS DIVERSOS
R-2098 – REABERTURA DE EVENTOS PERIÓDICOS
R-2099 – FECHAMENTO DE EVENTOS PERIÓDICOS
R-3010 – RECEITA DE ESPETÁCULO DESPORTIVO
R-5001 – INFORMAÇÕES DAS BASES E DOS TRIBUTOS CONSOLIDADOS POR CONTRIBUINTE
R-9000 – EXCLUSÃO DE EVENTOS

> ## PONTO DE ATENÇÃO
>
> Na REINF, as informações sobre retenções previdenciárias são prestadas nota a nota e não mais por valor total como na SEFIP.

11.4.6 Escrita Contábil Digital (ECD)

Após conhecermos os principais projetos do SPED em âmbito da escrituração fiscal e trabalhista, vamos ao nosso foco que é a escrituração contábil.

A Escrita Contábil Digital estabelece o fim da era do papel na escrituração contábil. Embora esta já fosse feita, conforme já vimos anteriormente, em sua grande maioria, de forma eletrônica por meio de sistemas de processamento de dados, ainda havia a necessidade da impressão dos livros em papel para que fossem registrados nos órgãos competentes, como as juntas comerciais e cartórios, e depois guardados pelo prazo de cinco anos pelas empresas. Isso chega ao fim, já que os livros passam a existir apenas de maneira digital, ou seja, são arquivos eletrônicos, assinados com certificação digital e transmitidos, via internet, à Receita Federal do Brasil. O registro dos livros também ocorre de forma digital, garantindo, assim, que estejam nos padrões estabelecidos pelo Departamento Nacional de Registro do Comércio (DNRC). A guarda do arquivo obedece às mesmas regras anteriores, ou seja, o prazo de cinco anos.

Estão obrigadas à escrituração contábil digital:

- Pessoas jurídicas optantes pelo lucro real.
- Pessoas jurídicas optantes pelo lucro presumido, somente se distribuíram parcela de lucros ou dividendos, sem retenção de imposto de renda na fonte, superior à base de cálculo do imposto, diminuída dos impostos e contribuições a que estiver sujeita.
- Pessoa jurídica imune ou isenta que esteja obrigada, no ano anterior, à entrega da EFD-Contribuições.
- Sociedades em conta de participação (SCP) – como livros auxiliares do sócio ostensivo.

Embora a obrigatoriedade ainda seja apenas para os mencionados acima, em um futuro próximo a tendência é de que todas as empresas entreguem sua Contabilidade de forma digital. Os não obrigados, que desejarem, podem adotar de forma facultativa.

Não existe um *software* para escrituração contábil fornecido pelo Governo, portanto, os escritórios de Contabilidade e as empresas devem manter sua estrutura atual apenas adaptando-a às novas configurações necessárias para a entrega da Contabilidade digital. Para isso, o *software* contábil deve gerar a escrituração e as demonstrações contábeis em arquivo texto ("txt"), de acordo com o *layout* fornecido pela Receita Federal do Brasil. O arquivo deve ser importado por um programa disponível, no sítio da Receita Federal, chamado Programa Validador e Autenticador (PVA). Por meio desse programa, a Contabilidade será assinada digitalmente, encaminhada à junta comercial e transmitida para o SPED. Ao final desse processo será gerado um protocolo. Os termos de abertura e encerramento lavrados pela junta comercial também serão transmitidos à empresa.

Os livros contábeis substituídos pela entrega do arquivo digital são: (a) Livro Diário (e seus auxiliares, se houver); (b) Livro Razão (e seus auxiliares, se houver); (c) Livro Balancetes diários e balanços e (d) Fichas de lançamentos comprobatórios dos assentamentos neles transcritos.

A Escrita Contábil Digital deve ser entregue anualmente, sempre no último dia útil do mês de junho. A exceção à esse prazo ocorre apenas quando houver fusão, cisão total ou parcial, incorporação e extinção; nesses casos, o prazo de entrega é o último dia útil do mês seguinte à ocorrência do fato.

Em razão de sua implementação, o Conselho Federal de Contabilidade publicou o Comunicado Técnico Geral (CTG) 2001, que define as formalidades da escrituração contábil em forma digital para fins de atendimento ao Sistema Público de Escrituração Digital (SPED).

O comunicado estabelece o detalhamento dos procedimentos a serem observados na escrituração contábil em forma digital, permanecendo os preceitos gerais de escrituração contidos na Interpretação Técnica Geral (ITG 2000), que trata da escrituração contábil.

De maneira geral, as regras são as mesmas, destacamos a seguir os pontos que possuem diferenciações.

11.4.6.1 Lançamento contábil

O Lançamento contábil deve ter como origem um único fato contábil e conter:

a) um registro a débito e um registro a crédito; ou
b) um registro a débito e vários registros a crédito; ou
c) vários registros a débito e um registro a crédito; ou
d) vários registros a débito e vários a crédito, quando relativos ao mesmo fato contábil.

11.4.6.2 Plano de contas

A Receita Federal divulgou um Plano de Contas Referencial que tem por finalidade servir de "padrão" para que as empresas o adotem. Caso não queiram adotar, haverá necessidade de fazer um "De – Para" do plano da empresa para o plano referencial da Receita.

O CTG 2001 determina que o plano deve conter quatro níveis, seguir a estrutura patrimonial prevista nos artigos 177 a 182 da Lei das Sociedades por Ações (nº 6.404/1976) e que ele é parte integrante da escrituração contábil da entidade.

DEMONSTRAÇÕES CONTÁBEIS

O Balanço Patrimonial e as demais demonstrações contábeis de encerramento de exercício devem ser inseridos no Livro Diário, devendo ser assinados de forma digital, pela entidade e pelo contabilista habilitado com registro ativo no Conselho Regional de Contabilidade.

LIVRO DIÁRIO E LIVRO RAZÃO

Na escrituração contábil digital o Livro Diário e o Livro Razão são constituídos de um conjunto único de informações das quais eles se originam. São registros permanentes da entidade.

Dentro do livro eletrônico e a depender dos sistemas utilizados pela empresa, o livro Razão só será necessário caso os lançamentos contábeis não estejam no nível atômico transacional, ou seja, caso os lançamentos contábeis agrupem transações, será necessário escriturar um Razão para descrever o detalhe das transações agrupadas. Conheça os tipos de escrituração eletrônica disponíveis no ECD:

G – Livro Diário (completo sem escrituração auxiliar);
R – Livro Diário com Escrituração Resumida (com escrituração auxiliar);
A – Livro Diário Auxiliar ao Diário com Escrituração Resumida;
B – Livro Balancetes Diários e Balanços;
Z – Razão Auxiliar (Livro Contábil Auxiliar conforme leiaute definido nos registros I500 a I555).

A grande maioria das empresas atualmente opta pela escrituração tipo G (livro Diário completo).

Os livros devem ser armazenados de forma digital, devidamente assinados, com vistas à sua apresentação de forma integral, nos termos estritos das respectivas leis especiais, ou em juízo, quando previsto em lei.

Caso existam erros que não possam ser corrigidos de forma extemporânea, por meio de retificação de lançamento contábil, a escrituração contábil poderá ser substituída. Nesse caso, é necessário apresentar um termo de verificação para fins de substituição que os justifique, o qual deve integrar a escrituração substituta e conter o detalhamento dos erros que motivaram a substituição e:

a) a identificação da escrituração substituída;
b) a descrição pormenorizada dos erros;
c) a identificação clara e precisa dos registros que contenham os erros, exceto quando estes decorrerem de outro erro já discriminado;
d) a autorização expressa para acesso do Conselho Federal de Contabilidade a informações pertinentes às modificações; e

e) a descrição dos procedimentos pré-acordados adotados pelo profissional da Contabilidade e, caso tenha sido auditada, pelo auditor independente.

A escrituração substituta é de responsabilidade do profissional da Contabilidade que a assinou e o termo de verificação deve ser assinado por ele e pelo auditor independente, caso seja cabível.

O prazo para apresentar a escrituração substituta é o final do prazo de entrega relativo ao ano-calendário subsequente.

PAUSA PARA REFLEXÃO

Com o advento da ECD o profissional da Contabilidade deve ser um gestor da informação, e zelar para que todos os projetos do SPED integrem-se de forma coesa.

Dessa maneira, haverá espaço para que o profissional da Contabilidade ainda use digitação manual de dados?

11.4.7 Escrita Contábil Fiscal (ECF)

Com a harmonização das normas contábeis brasileiras às normas internacionais, processo que ocorreu em 2008 para as grandes empresas e em 2010 para as demais, uma questão importante surgiu: muitas dessas normas exigem um certo grau de subjetivismo e, consequentemente, afetam o resultado das empresas, diante disso, como fica a questão tributária? Para as empresas optantes pelo regime do lucro real, o impacto é direto no pagamento de impostos e contribuições, mas para as demais há também impacto na distribuição de lucros e dividendos.

A solução veio com a Medida Provisória nº 449/2008, que foi convertida na Lei nº 11.941/2009 e instituiu o Regime Tributário de Transição – RTT, que inicialmente era opcional e a partir de 2010 tornou-se obrigatório para as empresas optantes pelo lucro real. O RTT é uma espécie de "blindagem" fiscal, ou seja, uma segregação clara entre Contabilidade societária e fiscal. As empresas podem aplicar em sua Contabilidade societária todas as novas normas contábeis, desde que façam ajustes eliminando os efeitos dessa aplicação no resultado que servirá para apuração do lucro real.

Em suma, a Contabilidade societária segue as regras da Lei nº 11.638/2007 e dos pronunciamentos contábeis e, para a apuração de impostos, aplicam-se as regras vigentes em 31/12/2007, antes do início da Lei.

Para essa segregação a Receita Federal lançou um programa denominado FCONT (Controle Fiscal Contábil de Transição), que importava os dados da escrita contábil digital e, posteriormente, os profissionais da Contabilidade tinham que efetuar lançamentos em partidas dobradas para tornar nulos os efeitos da aplicação das novas normas, chegando, assim, ao resultado fiscal. O conceito, portanto, era de ajuste contábil.

Em 2013, foi editada a Medida Provisória nº 627, que depois transformou-se na Lei nº 12.973/2014, que revogou o RTT e estabeleceu uma nova forma de apuração do IRPJ e da CSLL, a partir de ajustes que devem ser efetuados em livro fiscal.

Inicialmente, a intenção era a implantação de duas contabilidades, uma societária e uma fiscal (*two books of account*), o que representaria um grande atraso e o aumento do custo Brasil para as empresas. Diante disso a comunidade empresarial brasileira, reunida por representantes de vários seguimentos, conseguiu impedir que a ideia fosse adiante.

Como resultado, ficou definida apenas uma escrituração para fins societários e que esta é ajustada para fins fiscais. Esse ajuste é feito na Escrita Contábil Fiscal (ECF), que foi instituída pela Instrução Normativa nº 1.422/2013.

Muda, portanto, o conceito de ajuste contábil, que havia no FCONT, para o conceito de ajuste fiscal. O FCONT e a DIPJ foram extintos.

A ECF engloba os dados da escrituração contábil digital, os ajustes fiscais com o e-LALUR e a e-LACS[4] e os dados que antes eram informados na DIPJ:

---

[4] e-LALUR: Livro de Apuração do Lucro Real, e-LACS: Livro de Apuração da Contribuição Social sobre o Lucro Líquido, ambos digitais.

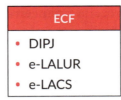

Sua estrutura é a seguinte:

ECF
• ECF anterior – saldo inicial
• Dados da ECD
• Ajustes (LALUR e LACS)
• Saldos finais

O resultado encontrado na ECF será o Lucro Real ou Lucro Fiscal. A distribuição de lucros será feita pelo lucro fiscal, se este não for superior ao lucro contábil (ECD).

Se o lucro contábil for superior ao lucro fiscal, o excesso poderá ser distribuído, porém será tributado com base na tabela de imposto de renda da pessoa física.

Vamos a um exemplo prático:

Determinada empresa, fabricante de máquinas industriais, vende a prazo uma máquina, nas seguintes condições:

Preço à vista	200.000,00
Preço a prazo (três anos)	252.000,00

Vamos aos lançamentos contábeis:

a) **Venda**

Lançamento	Valor	
Débito: Clientes	252.000	
Crédito: Receita com Vendas		252.000

b) **Ajuste a Valor Presente**

Lançamento	Valor	
Débito: Receita com Vendas (AVP)	52.000	
Crédito: Clientes (AVP)		52.000

Pelas novas normas de Contabilidade, os ativos e passivos de longo prazo ou de curto prazo com taxa de desconto relevante devem ser trazidos a valor presente.

Esse lançamento constará da escrituração contábil (ECD), porém deverá ser ajustado na ECF, por meio de uma adição.

A segregação de contas é exigência da Lei nº 12.973/2014, para garantir a clara evidenciação da aplicação das normas contábeis e dos ajustes que serão realizados.

c) Apropriação anual da receita financeira:

Lançamento	Valor
Débito: Clientes (AVP)	17.333
Crédito: Receita Financeira	17.333

Da mesma maneira que retiramos os efeitos do ajuste a valor presente, devemos excluir os efeitos da receita financeira.

Dessa forma teremos a seguinte apuração:

	DRE	Resultado Fiscal (ECF)
Receita Bruta	252.000	252.000
(–) AVP	52.000	
(=) Receita Líquida	200.000	252.000
(+) Receita Financeira	17.333	
(=) Lucro Líquido	**217.333**	**252.000**

Na ECF teremos:

	$
Resultado Contábil	217.333
+ Adições – (AVP Receita)	52.000
(–) Exclusões – (Receita Financeira)	(17.333)
(=) Resultado Fiscal	**252.000**

Neste exemplo, o Imposto de Renda e a Contribuição Social (no lucro real) incidirão sobre o **resultado fiscal**. Já a distribuição de lucros (em qualquer regime tributário) deverá ser feita pelo **resultado contábil** porque, embora o resultado fiscal seja maior, não se pode distribuir mais lucro do que a Contabilidade de fato apurou.

A ECF é obrigatória para todas as pessoas jurídicas, inclusive equiparadas, e deve ser entregue de forma centralizada pela matriz. No caso de pessoas jurídicas que foram sócias ostensivas de Sociedades em Conta de Participação (SCP), a ECF deverá ser transmitida separadamente, para cada SCP, além da transmissão da ECF da sócia ostensiva.

Estão dispensadas da apresentação as empresas optantes pelo Simples Nacional, as empresas inativas[5], os órgãos públicos, as autarquias e as fundações públicas.

O prazo de envio da ECF é o último dia útil do mês de julho do ano seguinte ao ano-calendário a que se refira. Nos casos de eventos especiais como cisão, fusão e incorporação, o último dia útil do 3º (terceiro) mês subsequente ao do evento. Caso esses eventos especiais ocorram de janeiro a abril do ano-calendário, o prazo será o último dia útil do mês de julho do referido ano.

PAUSA PARA REFLEXÃO

Com a obrigatoriedade de entrega da ECF, os profissionais da Contabilidade terão que manter controles paralelos para a correta realização dos ajustes de adições e exclusões dos efeitos das novas normas de Contabilidade? Se isso ocorrer, de certa maneira não estaremos quase preparando duas Contabilidades?

---

[5] Consideram-se **inativas** aquelas que não tenham efetuado qualquer atividade operacional, não operacional, patrimonial ou financeira, inclusive aplicação no mercado financeiro ou de capitais, durante todo o ano-calendário.

11.4.8 Certificação digital

Não poderíamos deixar de comentar sobre a certificação digital, que é obrigatória e fundamental para dar validade jurídica a todas as transmissões de arquivos digitais.

O certificado digital é uma assinatura digital, que garante a identificação da autoria nas operações realizadas eletronicamente, tornando os dados mais confiáveis e protegidos contra a leitura por pessoas não autorizadas.

A assinatura digital não é passível de contestação, tal qual ocorre com a assinatura em papel. Tem validade jurídica em todo país e para qualquer ato.

O padrão utilizado pela certificação digital é o ICP-BRASIL, que foi criado pela Medida Provisória nº 2.200-2/2001. As normas técnicas e diretrizes foram estabelecidas por um comitê gestor. Somente as transações efetuadas com certificados envolvendo autoridades credenciadas pelo ICP-BRASIL são consideradas verdadeiras em relação aos signatários, o que dá validade jurídica aos documentos assinados digitalmente.

Para as empresas, o certificado é denominado e-PJ ou e-CNPJ, enquanto que, para as pessoas físicas, a denominação é e-PF ou e-CPF.

As empresas certificadoras funcionam como um cartório, sendo necessária a presença física do sócio (responsável perante a Receita Federal do Brasil) da empresa para a emissão do e-PJ ou e-CNPJ, e no caso de e-PF ou e-CPF, a presença física do titular do certificado.

*Acesse o **QR Code** e assista ao vídeo sobre Escrituração (livros contábeis e sistemas contábeis).*

Informações complementares

O futuro da escrituração contábil

A evolução da tecnologia teve um grande impacto para a Contabilidade, em especial para o processo de escrituração dos livros e elaboração das Demonstrações Contábeis. Hoje o profissional da Contabilidade tem um tempo maior para atender o seu cliente, tempo este que antes era dispendido com a escrituração. O profissional da Contabilidade pode capacitar-se melhor e teve uma mudança significativa no seu perfil, qual seja, passa a poder exercer de fato o seu papel, que é o de prover uma informação com qualidade para auxiliar os processos decisórios das organizações.

Crédito: ipopba | iStockphoto

Nesse sentido, o futuro da escrituração contábil passará pela eliminação completa do processo de digitação. Isso já ocorre em alguns países como Estados Unidos, Canadá e Austrália, que aderiram à computação nas "nuvens". No Brasil, ainda um país burocrático, essa migração é lenta. Em um futuro próximo, as informações confidenciais das empresas estarão nas "nuvens", como se diz na linguagem da computação.

Os profissionais da Contabilidade terão que utilizar as tecnologias que estão sendo denominadas de *cloud accounting* e que mudarão definitivamente as relações com seus clientes. O mundo todo caminha para a *cloud*, que reduz custos e o tempo com o processamento e a classificação dos dados.

Essa mudança de relação com o cliente, no tocante à recepção e ao processamento dos dados, fará com que os profissionais tenham mais tempo ainda para dedicar-se à gestão do conhecimento, ou seja, auxiliar as empresas na busca por melhores resultados e na gestão das informações que são prestadas ao fisco por meio do Sistema Público de Escrituração Digital (SPED).

Por outro lado, também deverá haver uma mudança cultural nas empresas, especialmente as pequenas, para esta nova realidade.

Já existem plataformas no Brasil que fazem uma excelente interação de dados entre empresa e Contabilidade, eliminando quase totalmente o processo de digitação. Além disso, a inteligência artificial avança a passos largos, transformando e facilitando as atividades e os processos de diversas profissões, e com a Contabilidade não é diferente!

RESUMO

Os livros contábeis, basicamente, são dois: Diário e Razão.

O livro Razão é atualmente obrigatório. Dada sua eficiência à Contabilidade, é praticamente utilizado por todas as empresas. Divide-se em Sintético e Analítico. A Escrituração é realizada em ordem racional.

O livro Diário é exigido por lei, por isso se reveste de uma série de exigências legais. Dado o volume de operações (transações) que podem ocorrer respectivamente, é interessante criar Diários Auxiliares (subsidiários). A Escrituração é realizada em ordem cronológica.

Classicamente, a ordem de Escrituração é: 1. Borrador do Diário (Rascunho do Diário); 2. Razão (com base no Borrador); 3. Balancete de Verificação (extraído do Razão); 4. Diário (com base no Borrador depois de aferida sua exatidão por meio do Balancete). Todavia, a ordem deste trabalho é outra, considerando a sequência do livro: Razonete, Balancete de Verificação (exatidão dos Razonetes), Razão, Diário e Balancete de Verificação (exatidão final).

Além dos Livros Contábeis, temos os Livros Sociais, Fiscais e outros por necessidades administrativas.

Com a criação do Sistema Público de Escrituração Digital pelo fisco, surge também a Contabilidade digital, que está dividida em Escrita Contábil Digital (ECD), que representa a Contabilidade societária das empresas, e a Escrita Fiscal Digital (ECF), que são os ajustes necessários para apuração do Lucro Real (Fiscal). As exigências para a elaboração da Escrita Contábil Digital estão dispostas no Comunicado Técnico Geral 2001 do Conselho Federal de Contabilidade que, entre outras regras, estabelece que os Livros Diário e Razão são constituídos de um conjunto único de informações.

EXERCÍCIO RESOLVIDO

Faça um esquema de contabilização para a Nossa Empresa.

Dados numéricos:

1. Compra a prazo de Matéria-prima: $ 1.000.000 + 100.000 (IPI). Há o ICMS contido no preço pago: $ 155.000 (15,5%). Atualmente, 18%.
2. Venda (a prazo) da metade da Matéria-prima industrializada: $ 1.800.000 + 360.000 (IPI). Há ICMS nos $ 1.800.000: $ 279.000 (15,5%). Atualmente, 18%.
3. Devolução de Mercadorias Vendidas com defeito: $ 200.000 + 40.000 (IPI). Há ICMS nos $ 200.000: $ 31.000.
4. Houve um Desconto Financeiro Concedido de 10% para o Cliente X, que pagou com 30 dias de antecedência uma duplicata de $ 500.000.
5. Houve um Desconto Financeiro obtido por nossa empresa de 8% sobre uma duplicata de $ 400.000, paga antecipadamente.
6. Nossa empresa recebe uma duplicata de $ 1.200.000 com atraso, cobrando juros de mora de 5%.

Nossa Empresa (Industrial) — Em $ mil

RESULTADO DO EXERCÍCIO

Contas Utilizadas — Debitar ou Creditar	Caixa ou Bancos D	Caixa ou Bancos C	Dupl. a Receber D	Dupl. a Receber C	Estoque D	Estoque C	IPI a Recuperar D	IPI a Recuperar C	ICMS a Recuperar D	ICMS a Recuperar C	Forne-cedores D	Forne-cedores C	IPI a Recolher D	IPI a Recolher C	ICMS a Recolher D	ICMS a Recolher C	Vendas Brutas D	Vendas Brutas C	IPI D	IPI C	ICMS D	ICMS C	Devol. s/ Vendas D	Devol. s/ Vendas C	CPV D	CPV C	Desconto Fin. Conc. D	Desconto Fin. Conc. C	Desc. Financ. Obtido D	Desc. Financ. Obtido C	Juros Ativos D	Juros Ativos C
1.1. Compra de Matéria-prima					845		100		155			1.100																				
2.1. Vendas Brutas			2.160															2.160														
2.2. Baixa 1/2 do Estoque Vendido ③						422,5																			422,5							
2.3. Contab. do IPI da Venda														360					360													
2.4. Transf. IPI a Recuperar								100					100																			
2.5. Contab. do ICMS a Venda																279					279											
2.6. Transf. do ICMS a Recuperar										155					155																	
3.1. Dev. Parcial Prod. Vendido				240																			240									
3.2. Baixa no Estoque e CPV					46,94																					46,94						
3.3. Estorno do IPI p/ devol.													40							40												
3.4. Estorno do ICMS pela devol.															31							31										
Rec. da Dupl. Antecipada ②	450			500																							50					
4.1. Desc. Financ. Concedido Pagto. de Dupl. Antec.		368									400																			32		
5.1. Desconto Financ. Obtido																																
6.1. Receb. de Dupl. c/ Atraso	1.260			1.200																												60
Total	1.710	368	2.160	1.940	891,94	422,5	100	100	155	155	400	1.100	140	360	186	279	—	2.160	360	40	279	31	240	—	422,5	46,94	50	—	—	32	—	60
Saldo das Contas	1.342	—	220	—	469,44	—	—	—	—	—	—	700	—	220	—	93	—	2.160	320	—	248	—	240	—	375,56	—	50	—	—	32	—	60

Balancete de Verificação

Contas	Saldo	
	Débito	Crédito
Caixa ou Bancos	1.342	–
Dupl. a Receber	220	–
Estoque	469	–
Fornecedores	–	700
IPI a Recolher	–	220
ICMS a Recolher	–	93
Vendas Brutas	–	2.160
IPI	320	–
ICMS	248	–
Devol. sobre Vendas	240	–
CPV	375	–
Desc. Fin. Conced.	50	–
Desc. Fin. Obtidos	–	32
Juros Ativos	–	60
Total	3.265	3.265

Demonstração do Resultado do Exercício

VENDAS BRUTAS		2.160
(–) Deduções		
IPI	320	
ICMS	248	
Devoluções	240	(808)
VENDAS LÍQUIDAS		1.352
(–) CPV		(376)
LUCRO BRUTO		976
(–) DESPESAS OPERAC.		(..............)
De Vendas		(..............)
Administrativas		(..............)
Financeiras	50	
(–) Receitas Finan.	(92)	42
LUCRO OPERACIONAL		1.018
LUCRO LÍQUIDO		1.018

BALANÇO PATRIMONIAL

ATIVO		PASSIVO e PL	
Circulante		**Circulante**	
Caixa ou Bancos	1.342	Fornecedores	700
Dupl. a Receber	220	IPI a Recolher	220
Estoque	469	ICMS a Recolher	93
Total Circulante	2.031,44	Total Circulante	1.013
		Não Circulante	
Não Circulante		**Patr. Líq.**	
Investimento			
Imobilizado			
Intangível		Lucro Exercício	1.018
Total	2.031	Total	2.031

CAP. 11 ■ Escrituração (Livros Contábeis e Sistemas Contábeis) | **231**

Observações:

1. Na verdade, por se tratar de uma indústria, a conta Estoque deveria conter os gastos referentes à fabricação. Não o fizemos, pois foge à nossa finalidade.
2. A baixa no estoque (3.2) 11,11% foi encontrada dividindo-se 200.000 por $ 1.800.000.
3. O Regime de Contabilização de Estoque é permanente, isto é, nas saídas de Mercadorias dá-se baixa no Estoque e na entrada de Mercadorias soma-se ao Estoque.

AVALIAÇÃO DO APROVEITAMENTO

a) Estes testes deverão ser respondidos em cinco minutos – 30 segundos para cada um.
b) Não responda se tiver dúvidas.
c) Se você acertar menos que 70% (sete questões), não passe para a etapa seguinte; leia novamente o capítulo.
d) As respostas encontram-se no final do livro.

1. O Razão é um livro:
( ) **a)** Recentemente obrigatório.
( ) **b)** Que sempre foi exigido por lei.
( ) **c)** Ineficiente.
( ) **d)** De pouco valor.

2. Um Controle Individualizado para o Banco Financial S.A. é:
( ) **a)** Razão sintético.
( ) **b)** Razão analítico.
( ) **c)** Razão geral.
( ) **d)** Razão especial.

3. Todos os requisitos para lançamento do livro Diário:
( ) **a)** Em qualquer situação são obrigatórios.
( ) **b)** São obrigatórios para o Diário Bicolunado.
( ) **c)** A preposição *a* é dispensável no Bicolunado.
( ) **d)** Nunca são obrigatórios.

4. O contador lançou $ 500.00 em vez de $ 5.000.000. Caso o ECD ainda não tenha sido transmitido e autenticado, o correto é:
( ) **a)** Fazer um estorno.
( ) **b)** Fazer uma complementação.
( ) **c)** Apagar e fazer de novo.
( ) **d)** Informar o erro no rodapé do Diário.

5. Um lançamento de 2ª fórmula significa:
( ) **a)** Um débito e um crédito.
( ) **b)** Dois ou mais débitos e dois ou mais créditos.
( ) **c)** Um crédito e dois ou mais débitos.
( ) **d)** Um débito e dois ou mais créditos.

6. Registro de Debêntures é um livro:
( ) **a)** Contábil.
( ) **b)** Fiscal.
( ) **c)** Social.
( ) **d)** Administrativo.

7. A sigla ECD significa:
( ) **a)** Esporte Clube Diadema.
( ) **b)** Exercício contábil definitivo.
( ) **c)** Escrituração contábil digital.
( ) **d)** Estorno contábil devido.

8. Os tipos de lançamento N/E, significam respectivamente:
( ) **a)** Neutro e elétron.
( ) **b)** Natural e estorno.
( ) **c)** Normal e estorno.
( ) **d)** Normal e encerramento.

9. O processamento eletrônico de dados decorre de:
( ) **a)** Lançamentos com valores elevados.
( ) **b)** Lançamentos complexos para a Contabilidade.
( ) **c)** Aceleramento do tempo de contabilização, independentemente da quantidade de lançamentos.
( ) **d)** Grandes empresas.

10. No processamento de Folha de Pagamento, com emissão de cheque ou do depósito em conta-corrente bancária, pode-se utilizar, com eficiência:
( ) **a)** As máquinas contábeis.
( ) **b)** O processamento eletrônico da Contabilidade.
( ) **c)** Exclusivamente as máquinas com saldadoras e somadores.
( ) **d)** A Contabilidade maquinizada.

EXERCÍCIOS

1. Para que o SPED possa funcionar, como foi idealizado, servindo como instrumento de fiscalização, que medida foi necessária?

2. Associe os números:
   - (1) EFD
   - (2) E-Social
   - (3) ECF
   - (4) ECD
   - (5) E-Financeira

   ( ) Substitui a Escrita Fiscal em Papel
   ( ) Substitui a Escrita Contábil em Papel
   ( ) Apresenta Informações Bancárias
   ( ) Presta Informações de Natureza Trabalhista
   ( ) Contabilidade Fiscal

3. Que cuidado a empresa deve ter na implantação e na manutenção do E-Social?

4. A empresa "Nova Tecnologia" realiza depreciação de suas máquinas com a taxa de 25% a.a., sabendo-se que para fins fiscais essa taxa não é admitida, pois pela legislação do Imposto de Renda a taxa é de no máximo 10% a.a., desenvolva: (a) um comparativo de resultados contábil e fiscal; (b) faça o ajuste na ECF; c) aponte o valor do lucro que servirá para fins de distribuição. Para realização do exercício considere o período de um ano e as seguintes informações:

VALOR DAS MÁQUINAS	$ 500.000
RECEITAS	$ 2.000.000
DESPESAS	$ 1.200.000

5. Considerando as evoluções nos processos de escrituração contábil, qual será o papel do profissional da Contabilidade no futuro?

Parte III

FOCO NO APROFUNDAMENTO DO BALANÇO PATRIMONIAL

FOCO NO APROFUNDAMENTO DO BALANÇO PATRIMONIAL

Até o Capítulo 11, abrangemos a Contabilidade Introdutória.

Do Capítulo 12 em diante, iniciamos aprofundamentos nos relatórios contábeis, dando início à Contabilidade Intermediária.

Objetivo: **conhecer melhor as contas e a estrutura do Balanço Patrimonial, visando a uma análise mais profunda deste relatório, considerado o mais importante na Contabilidade.**

CAPÍTULOS	CONTEÚDO	APRENDENDO A TOMAR DECISÕES
12	Ativo Circulante (e Realizável a Longo Prazo). Disponível. Contas a Receber. Despesas Antecipadas. Provisão para Devedores Duvidosos.	Conhecer o conteúdo do Ativo Circulante e Realizável a Longo Prazo. Fazer cálculos de Provisão para Devedores Duvidosos, Despesas Antecipadas etc. Entender o conceito de Ciclo Operacional.
13	Estoques. Inventários: Permanente e Periódico, Imposto nos Estoques. Política de Estoques.	Calcular e avaliar Estoques. Entender como os Estoques influenciam as Demonstrações Financeiras. Entender os efeitos dos Estoques no lucro e imposto.
14	Ativo Não Circulante (Ativo Permanente). Investimentos. Imobilizado. Tangível. Intangível. Depreciação. Amortização. Reavaliação. Exaustão. Equivalência Patrimonial.	Identificar o Tangível e o Intangível no Permanente. Avaliar e Depreciar os itens de vida útil longa. Avaliar investimentos.
15	Passivo Exigível (Circulante e Não Circulante). Provisões. Financiamentos. Diversas classificações de Passivo.	Entender como se constitui o Passivo. Fazer as provisões. Refletir sobre as divergências do Passivo. Entender o conceito de Ciclo Financeiro.
16	Patrimônio Líquido. Capital Social. Reservas. Lucros ou Prejuízos Acumulados. Ações em Tesouraria. Valor Patrimonial da Ação.	Estruturar o Patrimônio Líquido. Avaliar alguns indicadores do Patrimônio Líquido. Interpretar o Patrimônio Líquido.

Ativo Circulante e Realizável a Longo Prazo

OBJETIVOS

Ao completar o estudo deste capítulo, você deverá estar preparado para explicar e exercitar os seguintes conceitos:

- Diferença de classificação entre Ativo Circulante e Ativo Não Circulante.
- Componentes do Ativo Circulante.
- Critérios de avaliação do Ativo Circulante.
- Significado dos principais termos contábeis aplicados.
- Ativo Realizável a Longo Prazo e os critérios de avaliação a "Valor Presente".

INTRODUÇÃO

Vamos iniciar a Parte III dando um enfoque mais aprofundado no Balanço Patrimonial. Estudaremos, agora, os dois grupos do Ativo: Circulante e Não Circulante (incluindo apenas o Realizável a Longo Prazo).

Ativo	Passivo e PL
Circulante	Circulante
Não Circulante • Relizável a LP • _____ • _____ • _____	Não Circulante
	Patrimônio Líquido

12.1 ATIVO CIRCULANTE

O Ativo Circulante é o primeiro grupo de contas do Ativo. A recomendação legal de que os bens e direitos sejam classificados no Ativo na ordem do grau de liquidez decrescente faz com que, no Ativo Circulante, estejam posicionados, após o disponível, os itens que se converterão em dinheiro mais rapidamente (até 12 meses da data do balanço). O Ativo Circulante é o grupo de maior liquidez no Ativo da empresa.

12.1.1 Outras Denominações do Ativo Circulante

Os sinônimos encontrados para *Ativo Circulante* na literatura contábil definem, de certa forma, o que ele representa, senão vejamos:

- *Capital de Trabalho.* É com o Ativo Circulante que o administrador trabalha para produzir riquezas, atendendo ao objeto social da empresa.
- *Capital de Giro.* É o Ativo Circulante que o administrador movimenta, procurando girar mais rapidamente possível, com o objetivo de melhorar a rentabilidade.
- *Ativo Corrente.* É o Ativo Circulante que corre, gira e trabalha para trazer benefícios à empresa.
- *Capital Circulante.* É o Ativo Circulante que assume dentro de um ciclo diversas formas, iniciando-se como dinheiro, transformando-se em mercadorias, posteriormente em duplicatas e, novamente, em dinheiro (no resgate das duplicatas).

12.1.2 Componentes do Ativo Circulante

Os valores classificáveis no Ativo Circulante são:

1. Disponíveis:
   - Caixa.
   - Depósito Bancário à Vista (Bancos Conta Movimento).
   - Equivalentes de Caixa – Aplicações Financeiras de alta Liquidez, prontamente conversíveis em montante conhecido de Caixa.
2. Bens e Direitos Realizáveis a Curto Prazo (até 12 meses da data do balanço):
   - Duplicatas a Receber (Clientes e Transações Operacionais).
   - Perdas estimadas em crédito de Liquidação Duvidosa (conta credora).
   - Estoques.
   - Investimentos Temporários (Aplicações Financeiras).
   - Derivativos.
   - Outros Valores.
3. Aplicação de Recursos em Despesas do Exercício Seguinte (Despesas pagas Antecipadamente):
   - Prêmios de Seguros a Apropriar.
   - Assinaturas e Anuidades.
   - Material de Escritório etc.

12.1.3 Ciclo Operacional e sua Influência na Determinação do Curto e do Longo Prazo

Ciclo Operacional é o decurso de tempo necessário para a empresa realizar uma operação de seu ramo de negócio, operação (no caso de uma indústria) que vai desde o início da produção, venda do produto, financiamento da venda até o recebimento dos recursos financeiros referentes à venda. Assim, a empresa vai obtendo o retorno sobre seu investimento. Exemplo (retorno de 30% para uma empresa comercial):

Investimento

Inicial	Mercadoria		Duplicatas a Receber	Dinheiro
$ ×	$ ×		$ 1,30 ×	$ 1,30 ×
Capital →	Compra → Estoque → Venda →		Direito com lucro →	Resgate do Direito
Linha do Tempo →	1º mês	2º mês	3º mês 4º mês	

Ciclo operacional de uma empresa comercial

Nesse exemplo, o ciclo operacional de uma empresa comercial foi de quatro meses. Há empresas, porém, cuja atividade demanda períodos mais longos que, em alguns casos, ultrapassam um ano. Temos casos esporádicos de fabricantes de bens de grande porte (navios, turbinas, grandes transformadores), como também outras situações especiais:

- *Vinho, uísque*: desde sua produção, envelhecimento até a realização em dinheiro (há casos de bebidas especiais que ultrapassam muitos anos de envelhecimento).
- *Gado*: desde o nascimento, crescimento até sua venda.
- *Construção civil*: desde o início da construção até a entrega do prédio e a realização em dinheiro.

Quando ocorrem situações em que a empresa tenha um ciclo superior à duração do exercício social (um ano), ela poderá adotar critérios de classificação de curto e longo prazo de acordo com sua ciclagem. Esse critério, porém, deverá ser destacado em Notas Explicativas (Demonstrações Financeiras). Assim, se o ciclo operacional for de três anos, *Curto Prazo* será o período de até três anos.

12.1.4 Critérios de Avaliação do Ativo Circulante ("Custo ou Mercado",[1] o mais baixo – CPC 16)

A avaliação do Ativo Circulante, assim como a dos outros Ativos, está sujeita aos preceitos estabelecidos na Lei das Sociedades por Ações, como também aos Princípios Básicos de Contabilidade.

No Ativo Circulante, o critério exposto tanto pela Lei como pela Teoria da Contabilidade é "Custo ou Mercado, o mais baixo". Vamos, nesta seção, concentrar nossa atenção para o *Estoque*. No item 12.1.5.4, abordaremos os critérios de Avaliação em Instrumentos Financeiros Derivativos.

Como já tivemos oportunidade de abordar, no Capítulo 7, todos os itens do Ativo são registrados inicialmente por seu valor de custo, seja ele custo de aquisição ou custo de fabricação (no caso de indústria) → *Custo Histórico Como Base de Valor*.

Se o valor de Mercado (Realizável Líquido), todavia, for *menor* que o preço de custo, deverá prevalecer o preço de mercado.

Essa regra encontra respaldo no Conservadorismo, onde está contida a premissa de que a Contabilidade nunca deve antecipar lucro, e sim prejuízo (sempre que possível).

De maneira bastante simples, sem levar em consideração aspectos relevantes em seu conteúdo, vamos admitir, a título de exemplo, uma situação bastante extrema na opção *"Custo ou Mercado, o Menor"*, relacionando-a com o Conservadorismo.

A Madeireira São Jorge S.A., entusiasmada com o lucro obtido na venda de um grande lote de madeira no final do último ano, adquire um novo lote por $ 198.460. Seus acionistas estão muito satisfeitos, pois, além de receberem "gordos" dividendos referentes ao inesperado lucro da madeireira, o preço da ação sobe dia a dia na expectativa de novos "bons" negócios. O lucro previsto, sem negociar o último lote adquirido, é de $ 45.000.

Todavia, antes do fechamento do Balanço Patrimonial, constata-se que o preço da madeira cai violentamente, em virtude da chegada de madeira em condições de preços favoráveis. Após uma pesquisa desenvolvida pelo Depto. Comercial, chega-se à conclusão de que o lote de madeira adquirido será vendido a, no máximo, $ 150.000, e que não há perspectiva de subida de preços nos próximos meses.

Estes $ 150.000 correspondem ao montante líquido que a entidade espera realizar, isto é, o Valor de Mercado deduzido dos gastos para vendas.

Observe que, se a empresa não considerar essa queda de preço, seu lucro será de $ 45 mil, dado que a madeira não foi vendida. Os acionistas entrariam em uma euforia graças ao "bom" lucro.

Todavia, se a empresa for conservadora, antecipará o prejuízo para não iludir os acionistas. O prejuízo será de $ 48,46 milhões (150 – 198,46) nessa operação. Repare que o prejuízo ultrapassa o lucro esperado de $ 45 mil, restando, ainda, um déficit de $ 3,46 mil ($ 45 – 48,46), obtido por meio da diferença do lucro esperado com prejuízo iminente.

Dessa forma, a avaliação da conta Estoque, no Balanço Patrimonial, deverá ser pelo menor (Valor Realizável Líquido) e o prejuízo deverá ser reconhecido na Demonstração do Resultado do Exercício.

---

[1] Valor de Custo ou Realizável Líquido, dos dois o menor.

Constituiremos uma conta retificativa do Ativo, reduzindo a conta original até atingir o montante do menor valor. A contrapartida (não se esqueça do método das partidas dobradas) será uma conta de resultado (despesa).

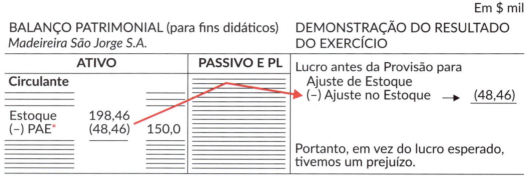

* Provisão para Ajuste de Estoque

Observe que estamos antecipando prejuízo com o objetivo de levar ao conhecimento do acionista, com alguma antecedência, uma situação adversa que, mais cedo ou mais tarde, iria ocorrer: Prudência. A conta de ajuste no Estoque da DRE deverá constar dentro do grupo de Despesas Operacionais.

PONTOS DE ATENÇÃO

Muito importante salientarmos que o uso do conservadorismo deve ser feito quando uma determinada norma, como esta que vimos do Estoque (CPC 16), determinar. A Estrutura Conceitual – CPC 00 (R2) nos apresenta uma das características qualitativas fundamentais: a representação fidedigna, apoiada em três características: ser completa, **neutra** e isenta de erros.

Grifamos a palavra "neutra". A própria norma nos diz que a representação neutra não pode ser tendenciosa:

A representação neutra não é tendenciosa na seleção ou na apresentação de informações financeiras. A representação neutra não possui inclinações, não é parcial, não é enfatizada ou deixa de ser enfatizada, nem é, de outro modo, manipulada para aumentar a probabilidade de que as informações financeiras serão recebidas de forma favorável ou desfavorável pelos usuários. Informações neutras não significam informações sem nenhum propósito ou sem nenhuma influência sobre o comportamento. Ao contrário, informações financeiras relevantes são, por definição, capazes de fazer diferença nas decisões dos usuários.

Logo, percebemos total incompatibilidade entre neutralidade e conservadorismo. Por isso, reforçamos que somente devemos aplicar o princípio da neutralidade quando exigido por norma específica, como é o caso do CPC 16.

É importante destacar – e não se pode confundir – que a prudência deve ser utilizada não no sentido de tendência para um lado ou outro, mas no sentido de exercício de julgamento sob condições de incerteza. Vejamos o que diz o CPC 00 (R2):

A neutralidade é apoiada pelo exercício da prudência. Prudência é o exercício de cautela ao fazer julgamentos sob condições de incerteza. O exercício de prudência significa que ativos e receitas não estão superavaliados e passivos e despesas não estão subavaliados. Da mesma forma, o exercício de prudência não permite a subavaliação de ativos ou receitas ou a superavaliação de passivos ou despesas. Essas divulgações distorcidas podem levar à superavaliação ou subavaliação de receitas ou despesas em períodos futuros.

Portanto, é preciso diferenciar com clareza conservadorismo e prudência (esta no sentido de cautela no julgamento).

12.1.5 Significados dos Termos Contábeis
12.1.5.1 Disponível

São recursos da empresa para fazer frente a seus compromissos imediatos ou para qualquer outra aplicação relativa à sua atividade. Sua principal característica é a de serem "à vista", isto é, trata-se de dinheiro em mãos, ou de depósito bancário sacável à vista, ou de outras aplicações consideradas à vista.

O disponível é composto dos itens: Caixa, Bancos Conta Movimento e Aplicações Financeiras de Liquidez Imediata (CPC 03) – Equivalentes de Caixa, como segue:

A. Caixa

Representa dinheiro à disposição da empresa. Esse item pode incluir, também, "cheques em mãos", não depositados ainda, porém *recebíveis imediatamente*. Outros valores, como cheques a receber, vales a receber etc., devem ser classificados em Contas a Receber ou Adiantamentos e não figurar indevidamente no saldo de Caixa.

Keynes identificou três motivos para se manter o Caixa:

- *Motivo Transacional*: para atender às necessidades normais das operações da empresa.
- *Motivo Preocupação*: para atender às situações inesperadas.
- *Motivo Especulação*: para aproveitar as oportunidades de Negócios que surgem no decorrer do tempo, proporcionando altas remunerações em investimentos a Curto Prazo.

O controle de Caixa pode ser feito de duas formas: Fundo Fixo ou Caixa Flutuante.

- *Fundo Fixo*: Uma quantia prefixada é fornecida ao responsável pelo Fundo. Este, por sua vez, paga pequenas despesas ou pequenas aquisições. Periodicamente, há a prestação de contas, na qual o responsável pelo fundo apresenta a relação dos pagamentos (com comprovantes) e é reembolsado, por cheque, no montante dos desembolsos, voltando o fundo a ficar com a quantia fixada inicialmente. Esse processo se repete sucessivamente. Fundo Fixo também é conhecido como Caixa Pequeno.
- *Caixa Flutuante*: O Caixa é movimentado por todas as entradas e saídas de dinheiro, isto é, passa por todos os recebimentos e pagamentos da empresa. Em algumas empresas, por determinação da auditoria, é exigido o lançamento dos cheques recebidos como entrada no Caixa (nesse caso, os pagamentos em cheques figuram também como saídas do Caixa). A conferência do controle é feita por contagem do numerário, que deve coincidir com o saldo contábil.

B. Depósitos Bancários à Vista (Bancos Conta Movimento)

São depósitos efetuados em conta bancária na qual a empresa pode, geralmente com cheque, movimentar livremente o dinheiro depositado.

A conta Banco Conta Movimento, em nossos dias, é primordial, pois as instituições financeiras exigem das empresas certa reciprocidade para conceder crédito. Essa reciprocidade é, fundamentalmente, manter uma conta-corrente com um "razoável" saldo no Banco comercial. Assim, temos o propalado saldo médio, ou seja, a média aritmética dos saldos diários mantida no Banco comercial pela empresa, sua cliente.

O *controle* dos depósitos em Bancos pode ser feito, extracontabilmente, de muitas maneiras. Uma delas, usada mais por pessoa física, é o controle no canhoto dos cheques. Tal controle é precário e tende a tumultuar-se quando o volume de movimentação cresce.

O controle contábil é feito por meio da conta Bancos. Esse controle é dos mais perfeitos e, mantido atualizado, dispensa qualquer controle extracontábil. A conferência, sempre necessária, é feita por meio de *conciliações bancárias*.

A conciliação bancária consiste na comparação das movimentações bancárias evidenciadas nos extratos fornecidos pelo Banco com as mesmas movimentações registradas na Contabilidade. Só assim é que se adquire a certeza da exatidão do controle e de sua fiel correspondência pelo Banco (*vide* exemplo sobre conciliação bancária no final deste capítulo).

Neste item se enquadram ainda os equivalentes de Caixa, que são os investimentos de curto prazo que têm alta liquidez e são facilmente conversíveis em Caixa e estão sujeitos a um risco insignificante de mudança no valor de conversão.

C. Aplicações Financeiras de Liquidez Imediata (CPC 03)

São aplicações de liquidez imediata, ou seja, aplicações em títulos, para poucos dias, que podem ser vendidos (transformados em dinheiro) a qualquer momento. Normalmente, são feitas por meio de Bancos, mas há várias opções.

O *controle* pode ser feito pelos comprovantes fornecidos pelos corretores, e devidamente contabilizados: são as notas de corretagem e recibos (de recebimento ou de pagamento). Posteriormente, esse controle pode ser conferido com os extratos fornecidos pelos corretores, à semelhança do que ocorre com a conciliação bancária.

Crédito: IconicBestiary | iStockphoto

PAUSA PARA REFLEXÃO

Um analista financeiro alerta sobre o DI:

"DI é a abreviação de depósito interfinanceiro – a taxa de juro cobrada pelos bancos para emprestar dinheiro uns aos outros. Essa taxa oscila pouco, e os fundos classificados como DI têm, por lei, de acompanhá-la de perto, preservando o capital do investidor. No entanto, mesmo esses pacíficos fundos têm risco. Os sustos são raros – não precisa sair correndo para resgatar seu dinheiro e colocá-lo na caderneta de poupança –, mas não é por investir neles que você está totalmente a salvo de um prejuízo repentino e inesperado."

O DI poderia ser classificado em Aplicações Financeiras de Liquidez Imediata?

12.1.5.2 Duplicatas a receber (Clientes)

Originárias de vendas de mercadorias/produtos ou prestação de serviços a prazo para seus clientes (por isso alguns contadores denominam esta conta de Clientes). A duplicata é um comprovante de dívida do cliente com a empresa. Dá o direito à empresa de cobrar seus clientes no vencimento do prazo de faturamento. A conta Duplicatas a Receber corresponde às duplicatas emitidas e ainda não liquidadas.

Provisão para Devedores Duvidosos[2]

O recebimento da duplicata não é líquido e certo, uma vez que a empresa está sujeita aos riscos de crédito. Se a empresa tiver perdas com seus clientes (os não bons pagadores), o saldo de Duplicatas a Receber será reduzido, isto é, a empresa não receberá o montante registrado, mas aquele montante menos as possíveis perdas. Dessa forma, defrontamo-nos com dois valores referentes a Duplicatas a Receber: aquele registrado como contrapartida de vendas a prazo e aquele que efetivamente a empresa irá receber (deduzidas as possíveis perdas).

No momento em que reconhecemos a receita, depreendemos que essa receita não está totalmente recebida, mas que há uma parte a receber contida na conta de Duplicatas a Receber. No fechamento do Balanço Patrimonial, constatamos que essas duplicatas serão recebidas no próximo ano (Exercício Social). Identificamos que parte dessas duplicatas não será recebida (devedores duvidosos), transformando-se em perdas (despesas) para a empresa. Essa despesa, entretanto, deverá ser confrontada (associada)

---

[2] Perdas estimadas em Créditos da Liquidação Duvidosa (CPC 48).

com a receita que deu origem às duplicatas, ou seja, a receita reconhecida no período em que estamos fechando o Balanço Patrimonial.

O quadro a seguir ilustra o processo da constituição para Devedores Duvidosos.

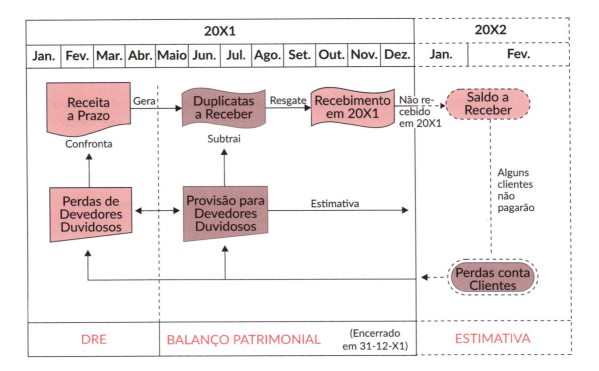

Efeitos de Provisão para Devedores Duvidosos no Balanço Patrimonial e na Demonstração do Resultado do Exercício

(No primeiro exercício de constituição)

Por ocasião do levantamento do Balanço, deduz-se de Duplicatas a Receber um montante estimado de perdas com clientes duvidosos. Esse montante também é deduzido como despesa do exercício e aparece como uma despesa de vendas na Demonstração do Resultado do Exercício.

BALANÇO PATRIMONIAL

ATIVO	PASSIVO e PL
Circulante	
Disponível	
Duplicatas a Receber	286.800
(–) Provisão para Deved. Duvidosos	(10.600)
	276.200
Não Circulante	

DEMONSTRAÇÃO DO RESULTADO DO EXERCÍCIO

RECEITA	– – – –
(–) CMV	– – – –
LUCRO BRUTO	
(–) Despesas Operacionais	
de Vendas	
Devedores Duvidosos	10.600
Comissão	– – – –
Administrativa	– – – –
LUCRO LÍQUIDO	– – – –

Cálculo da Provisão para Devedores Duvidosos

Um parâmetro tornou-se necessário, uma vez que o índice de perda com duplicatas varia de empresa para empresa, dependendo da política de crédito, do ramo de atividade etc.

A legislação do Imposto de Renda não aceita a Provisão para Devedores Duvidosos como despesa dedutível. Todavia, para melhorar a qualidade da informação, todas as empresas que têm perda com duplicatas deverão fazê-la.

Um parâmetro aceito é a percentagem obtida, nos últimos três anos, entre duplicatas não liquidadas e o total das Duplicatas a Receber no final desses três anos.

Assim, em nosso exemplo, temos um saldo de Duplicatas a Receber de $ 286.800 no final do *Ano 4*. Qual a percentagem que será multiplicada por esse valor para o cálculo da Provisão?

DEMONSTRAÇÃO DO CÁLCULO DA PROVISÃO
(Retrospecto histórico)

Exercícios	Duplicata a Receber Saldo em 31-12	Perda efetivamente observada
Ano 1	200.000	7.000
Ano 2	250.000	10.000
Ano 3	300.000	10.750
Total	750.000	27.750

$$\frac{\sum \text{Perda} \times 100}{\sum \text{Saldos}} = \frac{27.750}{750.000} = 3,7\%$$

Constituição da Provisão em 31-12-ano 4:

Saldo em 31-12-ano 4 × Percentagem média dos últimos três anos

$$\$ 286.800 \times 3,7\% = 10.611,60 \cong 10.600$$

Na constituição da nova Provisão, devem ser excluídas do saldo de Duplicatas a Receber as duplicatas com garantia real (provenientes de vendas com reserva de domínio e de alienação fiduciária).

Além dessa média dos três últimos anos de duplicatas não liquidadas, costumavam-se ser acrescentados à Provisão de Devedores Duvidosos os seguintes valores:

- A diferença entre o montante de Duplicatas a Receber dos concordatários e a proposta de liquidação pelo concordatário, nos casos de concordata, desde o momento em que esta for requerida.
- Até 50% do crédito, nos casos de falência do devedor, desde o momento de sua decretação.

PAUSA PARA REFLEXÃO

Em 13-5-2002, *The Wall Street Journal*, em Nova York, disse que:

"O Citigroup Inc. tem como símbolo um guarda-chuva vermelho, mas algumas pessoas começam a achar que o maior conglomerado financeiro dos Estados Unidos talvez não esteja preparado para uma tempestade.

Proporcionalmente, o Citigroup contava com menos provisões para cobrir créditos de liquidação duvidosa ou em atraso do que qualquer outro grande banco dos EUA, de acordo com uma análise da CreditSights, uma firma de pesquisa independente. Mas o grupo tinha o maior portfólio de cartões de

> crédito do mundo e uma enorme operação de financiamento a consumidores sem bom histórico de crédito – dois negócios arriscados –, além de uma grande carteira de empréstimos a empresas."
>
> Poderíamos entender que Provisão para Devedores Duvidosos para Bancos é mais importante que para outros tipos de empresa?

Reversão da Provisão para Devedores Duvidosos

Terminando o ano para o qual foi feita a provisão (em nosso exemplo – ano 4), duas situações poderão ocorrer:

- A perda ocorrida ser maior que a Provisão feita no início do ano: nesse caso, a diferença a maior será jogada como despesa (perda) do ano (período).
- A perda ocorrida ser menor que a Provisão feita no início do ano (ou final do ano anterior): nesse caso, o excesso de Provisão será revertido como receita (ganho) do ano (período).

Duplicatas Descontadas[3]

Outro fato que deve ser considerado como conta retificativa (subtrativa de Duplicatas a Receber) é o desconto de duplicatas.

A duplicata é cedida ao Banco (ou a outra Instituição Financeira) pela empresa por meio de um endosso no verso da duplicata. O Banco, por sua vez, antecipa à empresa o valor registrado na duplicata menos os juros. Portanto, a quantia em dinheiro que a empresa recebe na negociação da duplicata já sofreu desconto dos juros (por isso denomina-se Duplicatas Descontadas).

Poderia surgir uma questão natural: mas se eu vendi (negociei) uma duplicata recebendo dinheiro em troca, por que essa duplicata deve aparecer no Balanço Patrimonial?

A empresa que desconta a duplicata é corresponsável do Banco, se seu cliente não liquidar, no vencimento, a duplicata junto ao Banco. Em outras palavras, a empresa reembolsa ao Banco o montante da duplicata no caso de inadimplemento de seu cliente.

Vamos admitir que nossa empresa desconte uma duplicata de $ 120.000, sendo cobrado como juros e outros encargos $ 20.000. Dessa forma, a empresa recebe $ 100.000 e fica corresponsável por $ 120.000.

Efeito do Desconto de Duplicatas no BP e no DRE

DEMONSTRAÇÃO DO RESULTADO DO EXERCÍCIO		BALANÇO PATRIMONIAL			
		ATIVO		**PASSIVO e PL**	
		Circulante		Circulante	
Receita	– – – – –				
(–) CMV	(– – – – –)				
Lucro Bruto	– – – – –				
(–) Despesas de					
Vendas	(10.600)	Bancos C/M	100.000	Bancos a Pg.	– – – – –
Administrativas	– – – – –	Dupl. a Receber	286.800	Dupl. Desc.	120.000
Financeiras		(–) PDD	(10.600)		
• Juros e Enc.	(20.000)	(–) Dupl. Desc.	(120.000)		
Outras	– – – – –		156.200		– – – – –
	– – – – –				
Lucro Líquido	– – – – –	Não Circulante		Não Circulante	

---

[3] O ideal é considerar Duplicatas Descontadas como Passivo Circulante. Para fins didáticos trataremos aqui.

12.1.5.3 Estoques[4]

Para uma empresa comercial, Estoques significa o conjunto de mercadorias à disposição de vendas.

Para uma empresa industrial, Estoques significa a Matéria-prima adquirida, estando ela em transformação (está à disposição para acabamento) ou já acabada (transformada).

Para uma empresa de serviços, Estoques significa o material de consumo disponível e necessário para o desempenho eficaz de sua atividade. Portanto, esses estoques não se destinam à venda, mas são consumidos na prestação de serviços.

Não se trata, também, no caso de Estoques de uma empresa de serviços, do material, cujo uso seja de exclusiva possibilidade da entidade, como é o caso de Notas Fiscais, Faturas, Talões de Cheques, que estão impressos com o logotipo da empresa e outras peculiaridades legais que tornam impossível seu uso por outra entidade jurídica. Nesse caso, classificação correta é em Despesas Antecipadas (Despesa do Exercício Seguinte), pois esses bens estão fadados irrecorrivelmente a serem despesas da entidade que os possui, pois são personalizados.

Em razão da multiplicidade de tipos de empresas e do objetivo e especialização de cada uma, é natural que os Estoques passem a ser denominados de muitas maneiras diferentes. Para uma empresa fabricante de parafusos, ele é um produto; o mesmo parafuso é mercadoria para um comerciante que o adquire para revenda; e esse mesmo parafuso pode ser matéria-prima para um fabricante de bicicletas, ou, ainda, pode ser simplesmente despesa de manutenção, se for usado em conserto de qualquer aparelho de qualquer empresa. Procuraremos fornecer a noção contábil de categorias de Estoques.

- **Matéria-prima**

É o material bruto que a empresa fabricante adquire para sua transformação; ou o material que uma montadora adquire para compor a montagem de seu produto, que se destinará à venda. Exemplo: indústria automobilística.

- **Produtos em Fabricação**

São os materiais particularmente processados, mas que dependem de serem completados, acabados ou montados.

- **Produtos Acabados**

São os produtos prontos no ponto em que a empresa, como unidade de transformação, comercializa seu produto.

- **Mercadoria**

É a denominação mais ampla e que engloba todos os materiais, porém, é comum sua utilização em empresas comerciais, pois é essencial à existência da intenção habitual de revenda.

Existem outras categorias contábeis de estoque que são usadas mais raramente, tais como: Mercadorias em Trânsito, Material Importado, Material Direto, Material Indireto, Material de Manutenção, Mercadorias ou Importação, Minérios Extraídos, Material de Consumo etc. Existem também sinônimos de algumas expressões, tais como: Produção em Andamento, Importação em Andamento etc.

12.1.5.4 Instrumentos Financeiros (CPCs 14, 39, 40, 46 e 48)

Instrumento Financeiro é qualquer contrato que dê origem a um Ativo Financeiro para a entidade e a um Passivo Financeiro (ou Instrumento Patrimonial) para outra entidade.

Assim um Instrumento Financeiro é Caixa (ou equivalente de Caixa – Alta Liquidez) ou um Valor a Receber (com base num contrato) em data futura.

Dessa forma o conceito de Instrumento Financeiro é bastante amplo, desde o Caixa, o Contas a Receber e os Investimentos em geral. Todos os "papéis" negociados no mercado financeiro: títulos públicos e privados, ações, contratos (futuros e a termo), Opções, CDB, Debêntures, Fundos de Aplicações etc.

Normalmente não entram como Ativos Financeiros os estoques, os imóveis, os veículos e os bens de uso em geral.

---

[4] Este assunto é desenvolvido detalhadamente no Capítulo 13.

PAUSA PARA REFLEXÃO

Instrumentos Financeiros (Derivativo)

Em Contabilidade avançada, estudam-se derivativos. Como o nome indica, derivam, dependem de outros ativos. São instrumentos financeiros, contratos que dão origem a um ativo financeiro. Aqui entram as *commodities*, os contratos futuros, os contratos a termos, *swaps* etc. Esses derivativos deveriam constar no Ativo Circulante? Por quê?

Instrumentos Financeiros (Derivativos)

As aplicações em Instrumentos Financeiros Derivativos são aquelas que derivam ou dependem do valor do outro ativo.

Derivativo é um contrato definido entre duas partes no qual se definem pagamentos futuros baseados no comportamento dos preços de um ativo de mercado (normalmente as chamadas *commodities*). Em resumo, podemos dizer que um derivativo é um contrato cujo valor deriva de um outro ativo. O que se denomina por derivativo pode ser negociado em uma série de mercados, quais sejam: Mercado a Termo, Mercado Futuro e Mercado de Opções.

Alguns exemplos de Derivativos mais praticados são: *Hedge* de Risco de Mercado, *Hedge* de Fluxo de Caixa, Contratos a Termo, Contratos Futuros, Contratos de Opções, Contratos de *Swap* etc.

No início do desenvolvimento dos mercados financeiros, os derivativos foram criados como forma de proteger os agentes econômicos contra os riscos das oscilações de preços. Estes ativos recebem esta denominação porque seus preços dependem do valor do outro ativo, denominado ativo-objeto.

A ideia de derivativos é reduzir os riscos. Dois exemplos que trazem problemas para as empresas é a variação cambial e as oscilações nas taxas de juros, muito comuns no Brasil. Assim, busca-se um ganho numa operação para compensar perdas em outras operações.

Hedge é exatamente a designação dos Instrumentos Financeiros Derivativos com o propósito de compensar os riscos decorrentes das variações do Fluxo de Caixa relativo a compromissos ou transações futuras.

Os "Fundos Derivativos" abrangem aplicações em renda fixa pré ou pós-fixadas e tendem a investir de forma agressiva em mercado como futuros, opções e *swaps* com o objetivo de maximizar o retorno.

a) Avaliação de mercado (valor justo)

A Lei nº 11.638/2007 determina que as aplicações em Instrumentos Financeiros, inclusive derivativos, e em direitos e títulos de créditos, classificados no Ativo Circulante ou no Realizável a Longo Prazo deverão ser avaliados pelo seu valor de mercado (a Lei nº 11.941/2009 denomina de "valor justo")[5] ou valor equivalente, quando se tratar de aplicações destinadas a negociações ou disponíveis para venda.

Assim, os Instrumentos Financeiros Derivativos deverão ser avaliados pelo valor que se pode obter em um mercado ativo, decorrente de transação compulsória realizada entre partes independentes.

Valor de mercado (valor justo[5]) é a importância que se pode obter com a venda de um investimento em um mercado ativo.

Ao ajustar um Derivativo a valor de mercado no Ativo, a contrapartida (aumento ou diminuição) será classificada como Ajustes de Avaliação Patrimonial (enquanto não computada no resultado do exercício em obediência ao Regime de Competência) no Patrimônio Líquido (veja Capítulo 16).

Imagine que a Empresa A fez um contrato com a Empresa B em julho de 20X0 para a venda em 20X1 de 15.000 toneladas de uma *commodity* (matéria-prima negociada no Mercado Internacional) com preço de cotação na venda (20X1). Para reduzir riscos, a Empresa A fez um derivativo de proteção do preço de venda futura por $ 20,00 por tonelada. Admita que em 31-12-20X0 o valor da cotação de mercado (valor

---

[5] Veja conceito de "valor justo" no Capítulo 21.

justo) da *commodity* fosse de $ 18,00. Neste caso, a Empresa A teria o direito de recebimento de $ 2,00 por tonelada ($ 20,00 – $ 18,00), totalizando $ 30.000 (15.000 toneladas × $ 2,00).

IF Derivativos (AC)		Ajustes de Avaliação Patrimonial (PL)	
30.000			30.000

b) Avaliação pelo valor de custo

Como vimos, os Instrumentos Financeiros Derivativos serão avaliados ao valor de mercado quando se tratar de aplicações destinadas à negociação ou disponíveis para venda. Esta regra também é válida para aplicações em Instrumentos Financeiros em direitos e títulos de créditos (Títulos Governamentais com data para venda).

Por outro lado, serão avaliados pelo valor de custo de aquisição ou valor de emissão, atualizado conforme disposições legais ou contratuais, ajustado ao valor provável de realização, quando este for inferior (custo ou mercado = justo, o menor), no caso das demais aplicações e os direitos e títulos de crédito.

O custo de aquisição é o valor despendido para aquisição do direito. O valor de emissão é aquele estipulado para a aquisição de uma ação.

Outros Valores a Receber

São Valores a Receber, oriundos de aplicações necessárias, e não classificáveis nos outros grupos, do Ativo Circulante, mas Realizáveis em Curto Prazo.

Este grupo pode conter: Adiantamento para Empregados (para Férias, Empréstimos etc.), Adiantamentos para Viagens, Adiantamentos para Fornecedores etc.

12.1.5.5   Despesa do exercício seguinte (Despesas Antecipadas)

São aplicações de recursos em despesas que permitirão desfrutar de um benefício no próximo exercício e que, pelo princípio da confrontação, devem ser apropriadas no exercício do benefício, independentemente da época do pagamento. O grupo de Despesas Antecipadas apresenta como componentes usuais os seguintes: seguros, juros, aluguéis, impressos e materiais de uso personalizados.

Despesa Antecipada com Seguros

Este item representa o valor pago antecipadamente à companhia de seguro para desfrutar de uma cobertura securitária no próximo exercício.

Despesa Antecipada com Juros

É o valor geralmente descontado do financiamento e que corresponde ao custo do capital de terceiros que estará à disposição da empresa no próximo exercício ou será liquidado no próximo exercício.

Despesa Antecipada com Aluguéis

É o valor do aluguel pago antecipadamente por força contratual para se utilizar um imóvel no próximo exercício.

Impressos e Materiais de Uso Personalizado

São os impressos e materiais de uso fiscal, institucional, ou promocional que, em razão de suas finalidades, precisam ser personalizados e, muitas vezes, devem ser feitos em grande quantidade, e seu uso irá exceder o exercício atual, beneficiando o próximo exercício. Daí, nada mais justo que transferir para o próximo exercício o valor proporcional às quantidades remanescentes existentes no fim do exercício e devidamente inventariadas.

Efeito da Despesa Antecipada no BP e no DRE

A Despesa Antecipada contabilizada no Ativo Circulante provoca o efeito de não inclusão de seu valor na Demonstração do Resultado do Exercício atual, transferindo-o para a próxima Demonstração do Resultado do Exercício (próximo exercício).

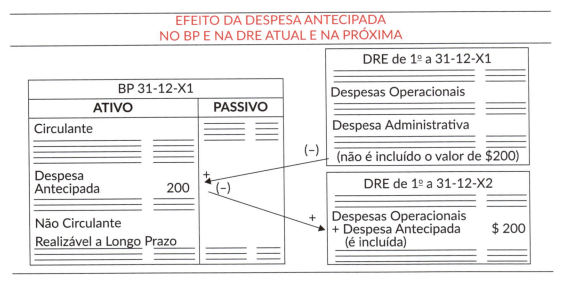

Controle da Despesa Antecipada

Conforme o tipo da Despesa, assim deverá ser o controle, ou seja:

- *Seguros*: pelo estudo analítico da apólice poderá ser elaborado um plano de apropriação do prêmio.
- *Juros*: pelo estudo analítico do Contrato de Financiamento pode ser feito o "Mapa de Apropriação do Custo Financeiro", utilizando-se dos cálculos financeiros apropriados.
- *Aluguéis*: pelo contrato de locação pode-se preparar, previamente, os lançamentos de transferência para apropriação mensal, ou no período mais conveniente (se não houver apuração mensal de resultado).
- *Personalizados*: por fichas de estoque, se for considerado necessário um controle permanente, ou por inventários periódicos (esporádicos), o que é mais aconselhável considerando-se a materialidade. Esses controles estão pormenorizados em capítulo próprio deste livro (veja Estoques no Capítulo 13).

Cálculo das Despesas Antecipadas

Os parágrafos anteriores fornecem o suporte teórico para que se efetue o cálculo das Despesas Antecipadas. Para fixar esses conceitos, nada pode substituir a eficiência didática dos exercícios. Para facilitar, apresentamos a seguir alguns exercícios resolvidos.

Cálculo do Seguro

Apólice de seguros contra incêndio
Valor do prêmio e custas: $ 2.000.000
Prazo de cobertura de 8-11-X1 a 7-11-X2:
  Pagamentos: 1º pagamento: 500.000, em 5-11-X1
                2º pagamento: 500.000, em 5-12-X1
                3º pagamento: 500.000, em 5-1-X2
                4º pagamento: 500.000, em 5-2-X2
Valor da cobertura: $ 500.000.000.

Explicação: o cálculo das Despesas Antecipadas independe do sistema de pagamento. Teremos, então, o seguinte resultado:

1º Passo

$$\text{Total da despesa: despesa diária} = \frac{2.000.000}{360} = 5.555,55$$

360 dias.

2º Passo

Despesa de novembro de X1
Dias de cobertura × despesa diária
Dias de cobertura: 30 − 7 = 23 dias.
23 × 5.555,55 = 127.777,78.

3º Passo

Despesa de dezembro de X1 (considerando o mês de 30 dias)
Dias de cobertura × despesa diária
30 × 5.555,55 = 166.666,67.

4º Passo

Despesa de X1
Despesa de novembro + despesa de dezembro = despesa de X1
127.777,78 + 166.666,67 = 294.444,45.

5º Passo

Despesa de X2
Despesa total − despesa de X1 = despesa de X2
2.000.000 − 294.444,45 = 1.705.555,55.

6º Passo

Despesa de novembro de X2
Dias de cobertura × despesa diária = despesa de novembro de X2
7 × 5.555,55 = 38.888,85.

7º Passo

Elaboração de Tabela Mensal de Apropriação.

TABELA DE APROPRIAÇÃO DA DESPESA COM SEGUROS CONTRA FOGO – CIA. SEGURADORA PAPI			
Apólice nº . . . . de . . . . / . . . . /			
Mês e Ano	**Valor da Apropriação Mensal**	**Contabilização Efetuada por:**	**Em: (Data)**
Nov./X1	127.777,78	Despesa de 20X1	
Dez./X1	166.666,67		
Total/X1	294.444,45		
Jan./X2	166.666,67	Despesa de 20X2 (aparece como Despesa Antecipada no Balanço Patrimonial em 31-12-X1)	
Fev./X2	166.666,67		
Mar./X2	166.666,67		
Abr./X2	166.666,67		
Maio/X2	166.666,67		
Jun./X2	166.666,67		
Jul./X2	166.666,67		
Ago./X2	166.666,67		
Set./X2	166.666,67		
Out./X2	166.666,67		
Nov./X2	38.888,85		
Total/X2	1.705.555,55		

Observação: Para cada apólice deve ser feita uma tabela como essa, e deve ser incluído na rotina de fim de mês o ajuste correspondente para apuração do resultado (se a apuração for mensal).

Cálculo dos Juros

Contrato de financiamento, com desconto antecipado dos encargos financeiros:

Valor do empréstimo:	$ 5.000.000
Encargos:	$ 500.000
Prazo de 1º-11-X1 a 30-10-X2	
Data do contrato: 1º-11-X1	
Crédito em conta em 1º-11-X1 =	4.500.000

1º Passo

Cálculo da despesa mensal:

$$\frac{\text{Total Despesa}}{\text{nº de meses}} = \frac{500.000}{12} = 41.666,67$$

2º Passo

Elaboração de Tabela Mensal de Apropriação:

TABELA DE APROPRIAÇÃO DA DESPESA COM JUROS DE FINANCIAMENTO – BANCO DA PROVIDÊNCIA S.A.

Contrato nº . . . . de . . . . / . . . . / . . . . .

Mês e Ano	Valor da Apropriação Mensal	Contabilização Efetuada por:	Em: (Data)
Nov./X1	41.666,67	Despesa de 20X1	
Dez./X1	41.666,67		
Total/X1	83.333,34		
Jan./X2	41.666,67	Despesa de 20X2 (aparece como Despesa Antecipada no Balanço Patrimonial de 31-12-X1)	
Fev./X2	41.666,67		
Mar./X2	41.666,67		
Abr./X2	41.666,67		
Maio/X2	41.666,67		
Jun./X2	41.666,67		
Jul./X2	41.666,67		
Ago./X2	41.666,67		
Set./X2	41.666,67		
Out./X2	41.666,67		
Total/X2	416.666,66		
Total Geral	500.000,00		

Cálculo do Aluguel

Contratos de aluguel de Armazém para Depósito de Mercadorias:

Valor do aluguel total: $ 1.200.000
Prazo de locação: seis meses
Período de 16-11-X1 a 15-5-X2
Data do Pagamento: 8-11-X1

1º Passo

Cálculo da despesa mensal:

$$\frac{\text{Total da Despesa}}{\text{nº de meses}} = \frac{1.200.000}{12} = 200.000$$

2º Passo

Cálculo da despesa quinzenal:

$$\frac{\text{Despesa Mensal}}{2} = \frac{200.000}{2} = 100.000.$$

3º Passo

Elaboração da Tabela Mensal de Apropriação:

TABELA DE APROPRIAÇÃO DA DESPESA COM ALUGUEL			
Locador: Sr. João da Costa Larga (Contrato de 8-11-X1)			
Mês e Ano	Valor da Apropriação Mensal	Contabilização Efetuada por:	Em: (Data)
Nov./X1	100.000	Despesa de 20X1	
Dez./X1	200.000		
Total/X1	300.000		
Jan./X2	200.000	Despesa de 20X2 (aparece como Despesa Antecipada no BP de 31-12-X1)	
Fev./X2	200.000		
Mar./X2	200.000		
Abr./X2	200.000		
Maio/X2	100.000		
Total/X2	900.000		
Total Geral	1.200.000		

Cálculos dos personalizados (Impressos)

Aquisição de Nota Fiscal e Faturas, no montante de 50.000 unidades, por $ 2.000.000, adquiridas em 5-11-X1.

1º Passo

Cálculo do valor unitário:

$$\frac{\text{Valor}}{\text{Quantidade}} = \frac{2.000.000}{50.000} = 40$$

2º Passo

Elaboração da Tabela Mensal de Apropriação e Controle de Consumo:

TABELA MENSAL DE APROPRIAÇÃO E CONTROLE DE CONSUMO – NOTA FISCAL E FATURA ADQUIRIDA EM 5-11-X1 DA GRÁFICA MEC S.A.						
Mês e Ano	**Numeração**		**Quantidade Consumida**	**Valor a Apropriar**	**Contabilização Efetuada por:**	**Em: (Data)**
	De	**A**				
Nov./X1	001	1.833	1.833	73.320	Despesa de 20X1	
Dez./X1	1.833	5.900	4.067	162.680		
Total/X1				236.000		
Jan./X2	5.900	10.300	4.400	176.000	Despesa de 20X2 (aparece como Despesa Antecipada no BP de 31-12-X1)	
Fev./X2	10.300	20.000	9.700	388.000		
Mar./X2	20.000	35.000	15.000	600.000		
Abr./X2	35.000	40.000	5.000	200.000		
Maio/X2	40.000	45.000	5.000	200.000		
Jun./X2	45.000	50.000	5.000	200.000		
Total/X2				1.760.400		
Total Geral				2.000.000		

12.2 NÃO CIRCULANTE (REALIZÁVEL A LONGO PRAZO)

Conforme a Lei nº 11.941/2009 o grupo Realizável a Longo Prazo deixa de existir, fazendo parte do Ativo Não Circulante. Assim, o Não Circulante é dividido em: Realizável a Longo Prazo, Investimentos, Imobilizado e Intangível. Os subgrupos Investimentos, Imobilizado e Intangível serão tratados posteriormente, no Capítulo 14.

O Realizável a Longo Prazo caracteriza-se por distinguir-se do Circulante em dois aspectos:

- *Prazo*: superior a 12 meses da data do balanço.
- Independentemente do prazo, por determinação legal, devem ser classificados neste grupo os valores a receber, oriundos de vendas, adiantamentos, empréstimos a sociedades coligadas ou controladas, a diretores, a acionistas ou participantes no lucro da companhia, que não constituírem negócios usuais na exploração do objeto da empresa.

Os componentes do Realizável a Longo Prazo (RLP) são:

1. **Contas a Receber**
   Contas a Receber a Longo Prazo (qualquer das especificadas no Curto Prazo).
   Sócios ou Acionistas .... Conta-Corrente.
   Diretores .... Conta-Corrente.
   Coligadas .... Conta-Corrente.
   Controladas .... Conta-Corrente.
   Contas a Receber Oriundas de Transações Não Operacionais.
2. **Investimentos Voluntários a Longo Prazo**
   (Qualquer dos especificados no Curto Prazo)
3. **Aplicações em Incentivos Fiscais**
4. **Despesas Antecipadas a Longo Prazo**
   (Qualquer das especificadas no Curto Prazo)

O significado dos termos contábeis:

- *Sociedade coligada*: sociedade na qual a investidora tenha influência significativa, ou seja, detenha ou exerça o poder de participar nas decisões das políticas financeiras ou operacional, sem controlá-la. É presumida influência significativa quando a investidora for titular de 20% ou mais do capital votante da investida sem controlá-la.

- *Sociedade controlada*: essa denominação é apropriada quando a sociedade controladora, direta ou indiretamente, for titular de direitos acionários que assegurem, de modo permanente, o poder de eleger a maioria dos administradores (conselho de administração e diretores).
- *Transações não operacionais*: são transações tais como venda de imóveis efetuada por uma fábrica de bicicletas, ou venda de equipamentos de terraplenagem por uma imobiliária, ou venda de avião por uma fábrica de fogões. Enfim, são transações não habituais e que não estão caracterizadas como sendo o objeto da companhia.

12.3 CRITÉRIOS DE AVALIAÇÃO A "VALOR PRESENTE"

A Lei nº 11.638/2007 determina que os elementos do Ativo decorrente de operações de Longo Prazo serão ajustados a valor presente, sendo os demais ajustados somente quando houver efeito relevante.

O Valor Presente (Valor Atual), bastante utilizado em Matemática Financeira, é a determinação do valor de um recebimento futuro em moeda atual (hoje).

Toma-se o montante a receber no futuro, descontado a uma taxa de juros apropriada. Assim, consideramos o conceito de valor do dinheiro no tempo: por exemplo, $ 500 mil hoje não valerá $ 500 mil daqui a dois anos. O que eu compro com $ 500 mil hoje, não comprarei com este mesmo valor daqui a dois anos.

Vamos admitir então que uma empresa efetuou uma venda a prazo por $ 500 mil para receber daqui a dois anos (este mesmo exemplo valeria para curto prazo, desde que haja um efeito relevante nos resultados).

Se a empresa vendesse à vista, o valor a ser cobrado seria de $ 400 mil. Assim, pressupõe que o $ 100 mil acrescidos referem-se a juros (encargos financeiros futuros) pelo período de espera (se aplicássemos $ 400 mil hoje, em dois anos teríamos os $ 500 mil = custo de oportunidade). Neste caso, não precisaríamos fazer um desconto a uma taxa de juros, já que se conhece que o valor à vista seria $ 400 mil.

Para ilustração, vamos admitir que a **Empresa C** efetuou uma venda a prazo para receber em 30 dias por $ 500 mil. Se fosse vender à vista, seria $ 470 mil. Faremos ajuste a valor presente por considerar que houve um efeito relevante.

a) No Ato da Venda – **Empresa C**

Duplicatas a Receber	
(1) 500.000	

Receita Bruta	
	500.000 (1)

Despesa com Ajuste a Valor Presente	
(2) 30.000	

Provisão para Ajuste a Valor Presente	
	30.000 (2)

BALANÇO PATRIMONIAL		DEMONSTRAÇÃO RESULTADO EXERCÍCIO	
Ativo			
CIRCULANTE ou NÃO CIRCULANTE	500.000	Receita Bruta	500.000
	(30.000)	(–) Despesa Ajuste V.P.	(30.000)
Duplicatas a Receber	470.000		470.000
(–) Provisão Ajuste V.P.			

O Registro do Ajuste a Valor Presente é uma forma contábil de adequar os rendimentos financeiros das vendas a prazo ao Regime de Competência.

b) Passado o prazo concedido, a empresa registrará um acréscimo no seu recebível de $ 30.000 e uma Receita Financeira nesse mesmo montante, equivalente ao custo do dinheiro do tempo transcorrido em que o cliente foi financiado.

CAP. 12 ■ Ativo Circulante e Realizável a Longo Prazo | 253

Duplicatas a Receber	
(1) 500.000	30.000 (3)
	470.000 (4)

Caixa/Bancos	
(4) 500.000	

Provisão para Ajuste V.P.	
	30.000 (2)
(3) 30.000	

Receita Financeira	
	30.000 (4)

Se fosse um recebimento de duplicatas no Longo Prazo, teríamos que ir reconhecendo como Receita Financeira paulatinamente, conforme o prazo de recebimento das duplicatas (Regime de Competência).

Tanto o Ativo, decorrente de operações de longo prazo, como o Passivo (obrigações, encargos e riscos classificados no Passivo Não Circulante – ELP) serão ajustados ao seu valor presente. Dessa forma, comentamos este mesmo assunto, dando mais exemplos, no Capítulo 15 deste livro (Passivo).

Exemplo de reconciliação bancária

Reconciliação Bancária

Obtiveram-se as informações a seguir para a elaboração da Reconciliação Bancária precedente ao Balanço Geral da Cia. Bem Capaz (CBC), em 31-12-X2:

1. A conta do Banco Popy, na Contabilidade, no último dia, evidenciava a existência de $ 19.416.600, incluindo um fundo fixo de Caixa de $ 250.000. O saldo do Caixa pequeno deveria ser transferido para uma conta separada. O extrato bancário indicava um saldo de $ 24.336.750.

2. Os recebimentos do dia 31-12-X2 no valor de $ 14.615.500 foram depositados no Banco, mas não figuram no extrato da conta de dezembro. Os recebimentos incluíam um cheque de $ 10.000.000 procedente da venda de ações da Cia. Navio Azul e que haviam custado $ 15.675.000. Nem o valor procedente da venda de ações, nem os valores dos recebimentos de contas a receber ($ 4.615.500) foram registrados na Contabilidade da Cia. Bem Capaz (CBC).

3. Anexo ao extrato de dezembro, veio a devolução de um cheque de $ 550.000, emitido pelo cliente Ciro Coro. Esta importância havia sido acrescida à conta do Banco em novembro.

4. Dos cheques emitidos em dezembro, não foram incluídos como cheques pagos pelo Banco os seguintes:

Cheque nº	Valor	Cheque nº	Valor
489	340.600	493	237.500
490	262.500	494	1.790.400
491	28.650	495	150.000
492	2.066.750		

5. Um aviso de despesa no valor de $ 850.000 foi emitido indevidamente pelo Banco contra a CBC.

6. Uma duplicata no valor de $ 1.725.000, em cobrança no Banco, por solicitação da CBC, foi recebida conforme aviso de crédito; porém, foi abatida uma despesa de cobrança no valor de $ 12.500. Essa operação não estava contabilizada.

7. Um aviso de débito de $ 18.750 foi inserido entre os cheques relacionados como pagos no extrato bancário. Esse débito corresponde ao valor dos talões de cheques personalizados retirados pela CBC.

254 | CONTABILIDADE EMPRESARIAL E GERENCIAL ■ *José Carlos Marion*

A seguir:

Preparemos uma reconciliação bancária em 31-12-X2.

Relacionemos os ajustes a serem feitos na Contabilidade da CBC para que ela represente a situação existente em 31-12-X2.

a)   Reconciliação:

Cia. Bem Capaz (CBC)

Reconciliação bancária

31-12-X2

Nº das Questões

(1) Saldo conforme registros contábeis em 31-12-X2	19.416.600	
mais		
(2) Valor procedente da venda de ações	10.000.000	
(2) Recebimento de duplicatas	4.615.500	
(6) Recebimento líquido de duplicatas cobrança bancária	<u>1.712.500</u>	<u>16.328.000</u>
		35.744.600
menos		
(1) Valor do Caixa Pequeno (a ser separado)	250.000	
(7) Despesa bancária (referente a talões de cheques)	18.750	
(3) Cheques a Receber (Devolução do cheque de Ciro Coro)	<u>550.000</u>	<u>818.750</u>
Saldo contábil ajustado		34.925.850
(1) Saldo conforme extrato bancário em 31-12-X2		24.336.750
mais		
(2) Depósito em 31-12-X2 não considerado no extrato bancário	14.615.500	
(5) Aviso de despesa indevidamente lançado no extrato	<u>850.000</u>	<u>15.465.500</u>
		39.802.250
menos		
Cheques emitidos e não pagos em 31-12-X2		
489	340.600	
490	262.500	
491	28.650	
492	2.066.750	
493	237.500	
494	1.790.400	
495	<u>150.000</u>	<u>4.876.400</u>
		34.925.850

b) Relação dos ajustes na Contabilidade da CBC em 31-12-X2:

b-1) Ajustes relacionados com o aumento na Conta do Banco Popy conforme indicado pela reconciliação bancária.

Detalhes	Aumentos	Diminuições
Conta do Banco Popy	16.328.000	–
Perda na venda de ações	5.675.000	–
Despesas de cobrança	12.500	–
Investimento em ações	–	15.675.000
Duplicatas a receber em Bancos	–	1.725.000
Duplicatas a receber em carteira	<u>–</u>	<u>4.615.500</u>
	22.015.500	22.015.500

b-2) Ajustes relacionados com a diminuição na Conta do Banco Popy conforme indicado pela reconciliação bancária.

Detalhes	Aumentos	Diminuições
Separação do Caixa Pequeno	250.000	–
Despesas diversas (talões de cheque)	18.750	–
Cheques a receber (Ciro Coro)	550.000	–
Conta do Banco Popy	–	818.750
	818.750	818.750

*Acesse o **QR Code** e assista ao vídeo sobre Ativo Circulante.*

Informações Complementares

A seguir, apresentamos parte de dois artigos, o primeiro "Xerox revisa seus balanços", publicado no jornal *The Wall Street Journal Americas*, em edição de 1º de junho de 2001, no jornal *O Estado de S. Paulo*. E o segundo "PanAmericano, a novela de uma fraude contábil", publicado no jornal *O Globo* de 12 de março de 2011 (grifos nossos).

"**Xerox revisa seus balanços**

A Xerox Corp., depois de meses defendendo sua contabilidade como sólida, reformulou suas demonstrações financeiras dos últimos três anos depois que investigações feitas pelo seu conselho de administração e auditores externos concluíram que a empresa '*usou erroneamente*' normas contábeis de várias formas.

Mas os ajustes contábeis foram relativamente pequenos, e a gigante do mercado de copiadoras também revisou seu *lucro líquido* do ano passado e primeiro trimestre deste ano para cima, animando Wall Street, onde os problemas contábeis da Xerox ajudaram a afundar suas ações nos últimos meses.

A empresa, que não entregou à SEC, comissão de valores mobiliários dos EUA, seu balanço anual no início de abril por causa de uma *divergência com a firma de auditoria externa KPMG LLP* sobre suas práticas contábeis, afirmou que a KPMG certificou os resultados revisados. A Xerox disse que entregaria seu balanço anual 'muito em breve'.

Embora tenha recebido um certo alívio, os problemas contábeis da Xerox não devem ter terminado. A contabilidade da empresa permanece sob investigação da SEC, a qual abriu um processo no ano passado depois que a empresa admitiu inúmeras irregularidades na contabilidade de sua divisão no México. A SEC desde então ampliou a investigação para incluir uma série de atividades contábeis da Xerox.

Em um documento enviado à SEC ontem, a companhia revelou pela primeira vez que vem mudando gradativamente a maneira pela qual *registra receitas provenientes de copiadoras em* leasing *para clientes, contratos que tipicamente envolvem comprometimento de três a cinco anos*.

A companhia disse que a mudança, que teve como resultado impulsionar as receitas registradas no momento que o contrato de *leasing* era assinado, *adicionou US$ 253 milhões ao lucro antes de impostos nos últimos três anos*, mas não foi um dos itens incluídos na *reapresentação do balanço*.

A SEC quer saber se a Xerox mudou suas suposições contábeis relacionadas aos *leasings*, especialmente na América Latina e possivelmente em outras regiões, para conseguir aumentar receitas e lucros, de acordo com fontes.

Executivos na sede da Xerox em Stamford, no Estado americano de Connecticut, ordenaram funcionários da subsidiária do México a adotar essas suposições mais favoráveis no fim da década de 90, de acordo com um trecho de um relatório confidencial recolhido pelo comitê de auditoria do conselho da Xerox. O relatório, elaborado por advogados do escritório Akin, Gump, Strauss, Hauer & Feld e auditores da PricewaterhouseCoopers, não dizia se a mudança nos procedimentos tinha sido apropriada, mas dizia que ela tinha sido aprovada pelos auditores externos, a KPMG LLP.

Uma porta-voz da Xerox disse que a empresa havia usado suposições contábeis adequadas, e que apenas incluiu a nota explicativa adicional no documento apresentado ontem para dar aos acionistas mais informação numa época em que a contabilidade da empresa está sendo escrutinada. A Xerox disse anteriormente que a SEC está investigando sua contabilidade. No ano passado, a Xerox informou que sua subsidiária mexicana *contabilizou incorretamente receitas e escondeu créditos de liquidação duvidosa*, e *assumiu uma despesa de US$ 120 milhões* depois dos impostos para cobrir os problemas, mas isso não estava relacionado à questão separada das suposições contábeis para os contratos de *leasing*."

"PanAmericano, a novela de uma fraude contábil

SÃO PAULO – Na tarde de 31 de janeiro, o empresário Silvio Santos foi ao nono andar do edifício onde funciona o escritório do BTG Pactual em São Paulo, na Avenida Brigadeiro Faria Lima, e, em meio à tietagem de alguns funcionários, assinou a venda do PanAmericano para o maior banco de investimentos do país. Acabava mais um capítulo da novela da megafraude de R$ 4,3 bilhões descoberta pelo Banco Central (BC) na contabilidade do banco de Silvio Santos, que se arrastava desde o início de 2010. Para muitos analistas, as irregularidades vinham desde 2007.

Nesse meio-tempo, o PanAmericano sobreviveu claudicante numa UTI contábil, apesar do patrimônio negativo. A situação era tão grave que, em dezembro de 2010, o Índice de Basileia do banco ficou negativo em 4,74%, quando o BC exige um mínimo de 11% – positivos. O Índice de Basileia é um indicador internacional que mede o quanto um banco pode emprestar em relação a seu capital.

Silvio Santos não embolsou um centavo dos R$ 450 milhões que o BTG pagou à vista pelas carteiras de financiamento do PanAmericano.

No caso do PanAmericano, Silvio fez jus à fama de bom negociador. Segundo executivos ligados à operação de salvamento, ele usou com habilidade o risco de quebra do banco e o trunfo de ter como sócio a Caixa Econômica Federal para sair da história com o menor prejuízo possível. O empresário perdeu o banco, mas não suas empresas. E o governo comemorou 'uma solução de mercado' (sem uso de dinheiro público) que preservou a reputação da Caixa após esta ter comprado, em 2009, 49% do capital votante do PanAmericano, por R$ 739,2 milhões.

Manipulação era feita em valores pequenos

A origem dos problemas estava na prática, comum no mercado financeiro, da venda de carteiras de empréstimos entre bancos. **As normas determinam que esses financiamentos sejam retirados da lista de ativos e colocados em uma conta de compensação à parte, sendo abatidos à medida que são pagos. Mas o sofisticado esquema de fraude gerenciado por um programa de computador devolvia os empréstimos vendidos à conta original, o que inflava ativos e receitas e reduzia despesas.**

– Essas manipulações eram feitas mês a mês, em valores pequenos, de forma a enganar quem olhava as contas – diz um especialista com acesso aos números do banco.

Os computadores do PanAmericano processavam na época cerca de 90 milhões de prestações de financiamentos, de dois milhões de clientes, sendo a maior parte de operações inferiores a R$ 5 mil. Com isso, o banco não era obrigado a informar ao BC os CPFs dos devedores. Sem esses dados, o BC não podia ver que o financiamento de um cliente do PanAmericano aparecia na carteira de outro banco, ao qual o crédito fora vendido. O esquema era uma 'obra de inteligência', nas palavras do atual superintendente do PanAmericano, Celso Antunes da Costa.

– Os sistemas de controle interno do banco foram corrompidos de forma a produzir dados paralelos para enganar reguladores, auditores ou qualquer um que se aproximasse das demonstrações financeiras. Isso foi arquitetado pela alta administração do banco com suporte dos funcionários. Nesse típico conluio é praticamente impossível desvendar uma fraude – afirma Maurício Pires Resende, auditor da

> Deloitte, responsável pelos balanços do PanAmericano desde 2002 e que foi duramente criticada por não ter identificado as manipulações.
>
> Para muitos, incluindo as autoridades que investigam o caso – a Comissão de Valores Mobiliários (CVM), a Delegacia de Repressão a Crimes Financeiros da Polícia Federal e o Ministério Público Federal em São Paulo –, as irregularidades teriam começado em 2007, quando o PanAmericano preparava sua operação de abertura de capital na Bolsa de Valores, coordenada por BTG Pactual (então UBS Pactual), Bradesco BBI e Itaú BBA. Na venda ao mercado de 27,9% de suas ações, foram captados R$ 679 milhões."

RESUMO

As contas classificadas no Ativo Circulante são:

1. Disponibilidade (Caixa e Equivalentes de Caixa)
   - Caixa e Bancos Conta Movimento
   - Aplicações financeiras conta liquidez imediata

2. Direitos realizáveis
   (até 12 meses da data do balanço)
   - Duplicatas a receber
   - Estoques
   - Instrumentos Financeiros
   - Derivativos
   - Outros créditos

3. Aplicações de recursos em despesas do exercício seguinte
   - Despesas Antecipadas
   - Despesas de seguros
   - Despesas de juros
   - Despesas de aluguéis

São contas retificativas do Ativo Circulante (subtrativa) as seguintes:

a) *Duplicatas Descontadas.* Registra os valores recebíveis de cliente e que foram recebidos antecipadamente mediante desconto bancário.[6]

b) *Provisão para Devedores Duvidosos.* Registra as perdas estimadas com créditos de liquidação duvidosa.

c) *Provisão para Ajuste de Títulos Mobiliários.* É constituída para registrar perdas com investimentos temporários.

d) *Provisão para Ajuste de Estoques.* Registra o ajuste do estoque ao valor de mercado, quando este for inferior.

O critério para determinação de Curto (Ativo Circulante) e Longo (Realizável a Longo Prazo) Prazo é o seguinte:

- *Curto Prazo*: até 12 meses da data do balanço ou o tempo do ciclo operacional da empresa se este for maior.
- *Longo Prazo*: acima de 12 meses da data do balanço acima do ciclo operacional da empresa, se este for maior.

As contas classificadas no Ativo Não Circulante – Realizável a Longo Prazo (Ajustado ao Valor Presente quando necessário) são:

- Contas a Receber a Longo Prazo.
- Conta-Corrente de Sócios ou Acionistas.
- Conta-Corrente de Diretores.

---

6   Normalmente é classificado no Passivo Circulante.

- Valores em Coligadas e Controladas.
- Investimentos Temporários a Longo Prazo.
- Incentivos Fiscais.
- Despesas Antecipadas a Longo Prazo.

ILUSTRAÇÃO

Quando estudamos os Circulantes (Ativo e Passivo), detectamos a situação financeira da empresa. Nos casos de empresas comerciais e industriais, se o AC > PC, normalmente a situação financeira é favorável. A recíproca também é verdadeira.

As atividades operacionais (compras e vendas de mercadorias) afetam a situação financeira da empresa, exigindo do administrador financeiro muita competência para a gestão do capital de giro (AC e PC).

No Capítulo 12, o item estudado que mais é afetado pelas atividades operacionais são as Duplicatas a Receber resultante de *Vendas* a Prazo.

Outra seção afetada no Ativo Circulante é o *Estoque*, consequência das *Compras*. No Capítulo 13, trataremos especificamente dessa seção.

As *Compras*, por sua vez, geram *Fornecedores* (no Passivo Circulante, quando se tratar de compras a prazo). No Capítulo 15, trataremos especificamente de Fornecedores.

Por meio das Duplicatas a Receber, calculamos quantos dias, em média, a empresa espera para receber suas vendas (Prazo Médio de Recebimento de Vendas – PMRV).

Por meio dos Estoques, calculamos quantos dias, em média, a empresa demora para vender (girar) seus estoques (Prazo Médio de Rotação dos Estoques – PMRE).

Por meio dos Fornecedores, calculamos quantos dias, em média, a empresa leva para pagar suas compras (Prazo Médio de Pagamento das Compras – PMPC).

Assim, em primeiro lugar, calculamos quantos dias a empresa demora para produzir, vender e receber suas vendas:

$$PMRE + PMRV$$

Imagine que a empresa demora 35 dias para produzir e vender seus estoques e mais 30 dias para receber suas vendas:

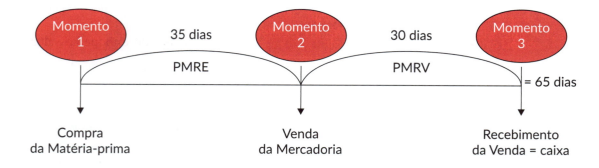

A soma do PMRE e PMRV é conhecida como Ciclo Operacional, ou seja, o período que a empresa toma para produzir, vender e receber.

O cálculo do Prazo Médio de Recebimento das Vendas é:

$$PMRV = \frac{\text{Duplicatas a Receber} \times 360 \text{ dias}}{\text{Vendas Brutas}}$$

Se as empresas forem irregulares (com muitas oscilações) ou existir inflação acima de um dígito, é interessante trabalhar com Duplicatas a Receber Média:

$$DR\ Média = \frac{Dupl.\ Rec.\ do\ Balanço\ Anterior + Dupl.\ Rec.\ Balanço\ Atual}{2}$$

AVALIAÇÃO DO APROVEITAMENTO

a) Estes testes deverão ser respondidos em cinco minutos – 30 segundos para cada um.

b) Não responda se tiver dúvidas.

c) Se você acertar menos que 70% (sete questões), não passe para a etapa seguinte; leia novamente o capítulo.

d) As respostas encontram-se no final do livro.

1. Como sinônimo do Ativo Circulante temos:
   ( ) **a)** Capital Permanente.
   ( ) **b)** Capital Próprio.
   ( ) **c)** Capital de Giro.
   ( ) **d)** Capital de Terceiros.

2. Quando o Ciclo Operacional for maior que 12 meses da data do balanço:
   ( ) **a)** O Circulante será até 12 meses da data do balanço.
   ( ) **b)** O Circulante será inferior ou igual ao Ciclo Operacional.
   ( ) **c)** O Circulante será superior ao Ciclo Operacional.
   ( ) **d)** O Circulante será sempre até 12 meses da data do balanço.

3. Como critério de avaliação do Ativo Circulante, temos:
   ( ) **a)** Custo ou Mercado[7] (Valor Justo), o maior.
   ( ) **b)** Custo ou Mercado (Valor Justo), é indiferente.
   ( ) **c)** Custo ou Mercado (Valor Justo), o melhor.
   ( ) **d)** Custo ou Mercado (Valor Justo), o mais baixo.

4. O Disponível é constituído de:
   ( ) **a)** Caixa, Bancos e aplicações de resgate automático.
   ( ) **b)** Caixa e Bancos.
   ( ) **c)** Caixa, Bancos e Títulos a Receber nos próximos dias.
   ( ) **d)** Caixa, Bancos e Cheques a Receber.

5. Aplicações diárias:
   ( ) **a)** Aplicações de resgate automático.
   ( ) **b)** Valores Mobiliários.
   ( ) **c)** Ações.
   ( ) **d)** *Closed Market*.

6. Como valores retificativos de Duplicatas a Receber, temos:
   ( ) **a)** Provisão para Devedores Duvidosos e Provisão para Ajuste de Estoque.
   ( ) **b)** Títulos a Longo Prazo e Desconto de Duplicatas.
   ( ) **c)** Desconto de Duplicatas e Provisão para Redução de Títulos Temporários.
   ( ) **d)** Ajustes ao Valor Presente e Provisão para Devedores Duvidosos.

7. Provisão para Devedores Duvidosos é calculada, racionalmente:
   ( ) **a)** 1,5% sobre o saldo de Duplicatas a Receber.
   ( ) **b)** A média de perdas nos últimos três anos.
   ( ) **c)** Convidando-se um perito no assunto.
   ( ) **d)** A 10% sobre o saldo de Duplicatas a Receber.

8. Instrumentos Financeiros (exemplo):
   ( ) **a)** Aquisição de Prédio para sede.
   ( ) **b)** Letras de Câmbio.
   ( ) **c)** Adiantamento.
   ( ) **d)** Empréstimos a Terceiros.

9. Despesa do Exercício Seguinte:
   ( ) **a)** Ativo Imobilizado.
   ( ) **b)** Despesa Antecipada.
   ( ) **c)** Resultado de Exercícios Futuros.
   ( ) **d)** Depreciação.

10. Um exemplo de Não Circulante – Realizável a Longo Prazo:
    ( ) **a)** *Open Market*.
    ( ) **b)** Mercado Aberto.
    ( ) **c)** Empréstimos Recebidos.
    ( ) **d)** Empréstimos a Coligadas.

---

[7] Valor Realizável Líquido.

EXERCÍCIOS

1. A empresa Moderna contratou uma apólice de seguro, com vigência de 12 meses. O valor do contrato é de $ 5.000, pagos de imediato e o período de cobertura é de 01/05/X1 a 30/04/X2. Efetue os lançamentos do seguro e demonstre onde classificar no Balanço.

2. O CPC 16 determina, como critérios de avaliação de estoques, utilizar o custo ou o mercado, dos dois o menor. Contudo, sabemos que o CPC 00 (R2) Estrutura Conceitual para Relatório Financeiro determina que, para que haja representação fidedigna nos relatórios contábeis, não se deve usar nada que distorça a avaliação de ativos e passivos e, portanto, tenha neutralidade. Dessa forma, não podemos mais utilizar o conservadorismo. Como fica este conflito entre as duas normas?

3. Em relação ao valor justo, podemos dizer que ele corresponde ao valor de mercado de um ativo?

4. Por que nos ativos de longo prazo e nos de curto prazo com taxa de desconto relevante devemos apresentá-lo ao seu valor presente no Balanço?

5. Por que o Ativo Circulante também é chamado de Ativo Corrente?

Estoques

OBJETIVOS

Ao completar o estudo deste capítulo, você deverá estar preparado para explicar e exercitar os seguintes conceitos:

- Características e importância dos Estoques.
- Operações de compra e venda de mercadorias.
- Influência do Estoque nas Demonstrações Financeiras.
- Tipos de Inventários.
- Controle Permanente e Periódico de Estoques e Inventários.
- Critérios de atribuição de preço e avaliação de Estoques.

INTRODUÇÃO

Dentro do Ativo Circulante, há um subgrupo de contas que requer uma atenção especial: *Estoques*.

13.1 CARACTERÍSTICAS

Como já vimos no capítulo anterior, os estoques assumem diferentes significados conforme o tipo de empresa onde sejam considerados, mas sempre trazem a conotação de algo à disposição, seja de *vendas* (como as mercadorias nas empresas comerciais ou os produtos acabados nas empresas industriais), seja de *transformação* (como as matérias-primas ou materiais em processo), seja de *consumo* (o estoque de material de consumo pode acontecer tanto em empresa comercial, industrial, como na de serviço).

13.1.1 Critério de Curto ou Longo Prazo

Antigamente, os estoques podiam ser classificados no Curto ou no Longo Prazo, dependendo do prazo provável de sua realização. Hoje, se o ciclo operacional for longo, de duração superior ao exercício social (um ano), o critério de curto ou longo deverá ser estabelecido de acordo com o tempo do Ciclo Operacional. Assim, mesmo que o giro dos estoques seja lento, não ultrapassará o Ciclo Operacional, sendo, portanto, classificado no Curto Prazo (Ativo Circulante).

O Ciclo Operacional varia de empresa para empresa e conforme a maneira como é gerida. Muitas vezes, o maior desafio administrativo é diminuir o ciclo para viabilizar o retorno do investimento. Veja que, no exemplo a seguir, o estoque permaneceu menos de um mês na empresa. Se, por exemplo, o estoque permanecesse 13 meses, aumentaria o Ciclo Operacional, certamente, para um período superior a 13 meses (considerando o recebimento das vendas). Ora, se Curto Prazo é até o término do Ciclo Operacional (que é maior que 13 meses, neste caso), o estoque estaria dentro do Ciclo Operacional, por isso seria Ativo Circulante.

Exemplo de Ciclo Operacional (empresa comercial)

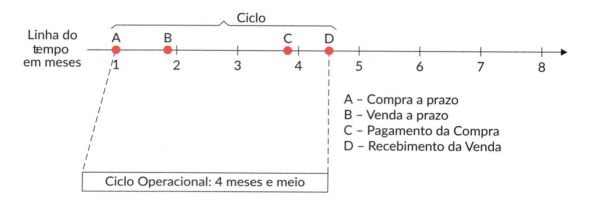

13.2 IMPORTÂNCIA DOS ESTOQUES

O grupo de contas Estoques assume grande importância no contexto do Balanço Patrimonial (BP) e seus efeitos são imediatamente sentidos no Patrimônio Líquido. Daí a necessidade de demonstrar sua movimentação na Demonstração do Resultado do Exercício (DRE), principalmente nos Balanços Patrimoniais das empresas comerciais em que o estoque tende a ser o item de maior valor e de intensa movimentação (isso não quer dizer que não seja importante também nas empresas industriais ou mesmo em outras empresas).

Nosso estudo de Estoque refere-se principalmente às empresas comerciais, porém os conceitos são perfeitamente válidos em quaisquer entidades que movimentem materiais, matérias-primas, produtos, enfim, quaisquer tipos de mercadorias, seja para uso próprio, transformação ou revenda.

> **PAUSA PARA REFLEXÃO**
>
> Por que alguns autores dizem que o estoque é o item mais manipulável nas empresas? Por que se fala que o estoque é um ativo sujeito ao obsoletismo e é perecível? Por que sempre é conveniente na contagem de estoque ter um auditor externo examinando?

13.3 EXEMPLO COM OPERAÇÕES DE COMPRA E VENDA DE MERCADORIAS

A Cia. Revendedora de importados de luxo inicia o mês de fevereiro com dois veículos em estoque para revenda. Cada veículo custou à companhia $ 150.000, *portanto*:

CAP. 13 ■ Estoques | **263**

> Estoque Inicial: 2 × 150.000 = 300.000
> (Fevereiro)

Durante o mês de fevereiro, a companhia compra mais três veículos, para revenda, por $ 150.000 cada um. Portanto, a companhia dispõe dos seguintes veículos para negociar:

> Estoque Inicial: 2 veículos × 150.000 = 300.000
> Compra no mês: 3 veículos × 150.000 = 450.000
> Veículos à disposição
> para comercialização: 5 veículos → = 750.000
> (mercadoria à disposição de venda ⇒ MDV)

Nesse mesmo mês, a companhia revende quatro veículos por $ 200.000 cada um. Vamos apurar o Resultado Bruto (Lucro Bruto) desse mês:

> Vendas: 4 veículos × 200.000 = 800.000
> (−) Custo da Mercadoria Vendida: 4 veículos × 150.000 = (600.000)
> Lucro Bruto   200.000

O CMV foi obtido diretamente pela multiplicação da quantidade vendida pelo custo unitário.

Apreciação do Resultado

Como podemos deduzir, o custo refere-se apenas à mercadoria vendida. Portanto, a mercadoria não vendida não entrará, evidentemente, como Custo da Mercadoria Vendida.

Nesse nosso exemplo, apenas um veículo não foi vendido. Sobrou, portanto, no final do mês um veículo que custou à empresa $ 150.000. Esta sobra no final do mês, ou do ano, ou de qualquer período denomina-se *Estoque Final*. Assim, nosso Estoque Final será de $ 150.000.

Assim, resumindo as operações, temos:

> Estoque Inicial: 2 veículos   (EI)   → 300.000
> Compras no período   3 veículos   (5)   (C)   → 450.000
> Veículos Disponíveis para Venda   (MDV)   → 750.000
> Estoque Final: 1 veículo   (EF)   → 150.000

Observe que tivemos $ 750.000 de veículos disponíveis e que, no final do período, temos $ 150.000. Ora, se o total à disposição era de $ 750.000 e sobraram $ 150.000, a diferença refere-se exatamente às unidades vendidas. Assim:

> EI + C   → Veículos à disposição para comercialização (MDV) $ 750.000 → C + EI
> (−) EF   → (−) Sobra no final do período $ (150.000) → EF
> = CMV   → Veículos Vendidos no período (Custo)   600.000 → CMV

O CMV foi obtido indiretamente sem a necessidade de multiplicar a quantidade vendida pelo custo unitário.

Conclusões

Dessa forma, concluímos que Custo de Mercadoria Vendida, para uma empresa comercial, poderá ser também calculado com a seguinte fórmula:

> CMV = EI + C − EF[1]

---

[1] Se fosse uma industria, teriamos o CPV = Custo do Produto Vendido. Veja que, na empresa industrial, todos os gastos na fabrica sao considerados custos. Nesse caso, portanto, acrescentaremos ao custo o GGF = Gastos Gerais de Fabricacao: *CPV = EI + C + GGF − EF*

Na apresentação das Demonstrações Financeiras, teríamos a seguinte estrutura:

BALANÇO PATRIMONIAL CIA. REVENDEDORA				DEMONSTRAÇÃO DO RESULTADO DO MÊS DE FEVEREIRO
ATIVO			PASSIVO e PL	
Circulante	Final de Janeiro	Final de Fevereiro	————	
Disponível	————	————	————	Vendas 800.000
Dupl. a Receber	————	————	————	(–) CMV: (600.000)
Estoque	300.000	150.000	————	Lucro Bruto 200.000
Total do Circulante	————	————		

Observe que o Estoque Final de $ 300.000, no mês de janeiro, é exatamente o Estoque disponível para se iniciar o mês de fevereiro. Portanto, os $ 300.000 são Estoque Final para o mês de janeiro; porém, são Estoque Inicial para fevereiro. Dessa maneira, os $ 150.000 serão Estoque Final de fevereiro; no entanto, serão Estoque Inicial do mês de março.

O CMV foi calculado pela fórmula:

EI + C – EF. Assim:

CMV = 300.000 + 450.000 – 150.000

CMV = 750.000 – 150.000

CMV = 600.000

Não há necessidade de destacar a fórmula detalhada na DR do mês de fevereiro.

13.4 INFLUÊNCIA DO ESTOQUE NAS DEMONSTRAÇÕES FINANCEIRAS

13.4.1 Influência do Estoque na Demonstração de Resultado do Exercício (DRE) de uma Empresa Comercial

Basicamente, a DRE de uma empresa comercial é composta de três partes:

1. A parte das Receitas.
2. A parte do Custo das Mercadorias Vendidas.
3. A parte das Despesas Operacionais.

Ilustraremos adiante este estudo com uma DRE hipotética de uma empresa comercial varejista de roupas, que adquire dos fabricantes e vende para donas de casa, operários, jovens, estudantes e outros (Mulher de Verdade S.A. – Cia. de Roupas para Todos).

Já explicamos o que vem a ser uma DRE; agora, pretendemos aprofundar-nos na parte da DRE que demonstra o Custo das Mercadorias Vendidas (CMV). O Custo das Mercadorias Vendidas, comparado com as Receitas, proporciona o montante do *Lucro Bruto*. Nas publicações de Demonstrações Financeiras de empresas comerciais, os valores desta parte geralmente são bem mais elevados que de outras partes das demonstrações. Outro aspecto interessante é que desse grupo podemos calcular qual é a margem unitária de lucro bruto com que a empresa opera. Quanto é o custo das mercadorias vendidas para cada real de venda? Se as vendas forem no montante de $ 200.000 e o CMV $ 120.000, isso significa que o custo é 60% e que para cada real de venda ela tem um custo de $ 0,60. Portanto, a empresa obtém um lucro bruto de $ 0,40 para cada real de venda e com esse lucro a empresa deve remunerar suas despesas operacionais no montante de $ 50.000. Estas representam 25% das vendas. Finalmente, com o lucro bruto de 0,40, ele deve pagar 0,25 de despesas operacionais por real de vendas e obterá um lucro líquido de $ 0,15 por real de vendas.

DEMONSTRAÇÃO DE RESULTADO DO EXERCÍCIO PARA O 10º ANO
Mulher de Verdade S.A. – Cia. de Roupas para Todos

Em $ mil

VENDAS		200.000
(–) CUSTO DAS MERCADORIAS VENDIDAS (CMV)		
Estoque Inicial em 1º-1-X10	25.000	
(+) Compras	125.000	
(=) Mercadorias à Disposição		
de Vendas (MDV)	150.000	
(–) Estoque Final (em 31-12-X10)	(30.000)	120.000
LUCRO BRUTO		80.000
DESPESAS OPERACIONAIS		
De Vendas	39.000	
Administrativas	11.000	50.000
LUCRO LÍQUIDO		30.000

Neste exemplo, apresentamos o CMV analítico. É comum apresentá-lo de forma sintética.

O lucro bruto de $ 0,40 por real de venda apurado na DRE não é verdadeiro para todas as vendas da Mulher de Verdade S.A., porém é um indicador importante e, de certa forma, podemos afirmar que a maior parte dos negócios foi feita em torno dessa margem. Tal indicador é muito usado e é um dos principais para contadores, banqueiros, investidores e homens de negócio que costumam reter na memória alguns indicadores "padrão" para efeito de comparação com as concorrentes.

13.4.2   Influência do Estoque no Balanço Patrimonial

A comprovação do CMV na DRE do 10º ano, que gerou um lucro líquido de $ 30.000 mil da Mulher de Verdade S.A., exige dois Balanços Patrimoniais: o primeiro é o levantado no último dia do exercício anterior e que corresponde ao Balanço Inicial; o segundo é o levantado no último dia do exercício correspondente ao 10º ano. Os Balanços apresentam-se da seguinte forma:

1º BP – Comprovação do Estoque Inicial		2º BP – Comprovação do Estoque Inicial	
	Em $ mil		Em $ mil
ATIVO	**PASSIVO e PL**	**ATIVO**	**PASSIVO e PL**
Circulante		**Circulante**	
Estoque 25.000		Estoque 30.000	
			Patrimônio Líquido Capital
Não Circul.		**Não Circul.**	Lucro Líquido* 30.000

---
* Lucros Acumulados.

Qualquer alteração em um dos Estoques não compensada no outro repercute diretamente no PL por meio do Lucro. A alteração pode ocorrer por erro ou má-fé. O erro pode ser no cálculo, na escolha de critérios de avaliação ou muitos outros. A má-fé pode ser para apresentar resultados convenientes, mas ilegais e puníveis tanto pela Legislação Tributária como pela Comercial e Penal.

266 | CONTABILIDADE EMPRESARIAL E GERENCIAL ■ *José Carlos Marion*

Vejamos o que acontece se o *estoque inicial* for alterado para mais $ 10.000 mil na Mulher de Verdade S.A.

	1º BP		Em $ mil
	ATIVO	**PASSIVO E PL**	
Circulante			
Estoque	35.000		
Não Circul.			

(+ 10.000 mil)

	2º BP		Em $ mil
	ATIVO	**PASSIVO E PL**	
Circulante			
Estoque	30.000	**Patrimônio Líquido (PL)**	
		Capital	
		Lucro Líquido	?
Não Circul.			

(nada alterou)

Repare agora como a alteração de estoque altera a DRE do 10º ano da Mulher de Verdade S.A.

Em $ mil

DEMONSTRAÇÃO DO RESULTADO DO EXERCÍCIO

Vendas		200.000
CMV		
EI	35.000	
+ Compras	125.000	
MDV	160.000	
(–) EF	(30.000)	(130.000)
LUCRO BRUTO		70.000
(–) DESPESAS OPERACIONAIS		(50.000)
= LUCRO LÍQUIDO		20.000

Portanto, apenas os $ 20.000 irão para o Patrimônio Líquido.

O resultado da alteração foi exatamente de $ 10.000 a menos no Lucro Líquido. Daí, dá para se concluir, sem demonstrar, que qualquer alteração para menos no estoque inicial influirá para mais no lucro líquido. O montante da alteração no lucro será sempre exatamente igual ao montante alterado no estoque inicial, porém de maneira inversa.

Agora, vamos supor que fosse feita uma alteração de $ 10.000 mil no *estoque final* para mais (mantendo os $ 25.000 no estoque inicial). Como já vimos no Capítulo 2, o Balanço Patrimonial de cada exercício deve apresentar os saldos do exercício atual e do anterior. Então, temos o seguinte Balanço Patrimonial alterado:

Mulher de Verdade S.A.   Em $ mil

ATIVO			PASSIVO		
Circulante	**31-12-X10**	**31-12-X9**	**Circulante**	**31-12-X10**	**31-12-X9**
	2º BP	1º BP		2º BP	1º BP
Estoque	40.000	25.000	**Patrimônio Líquido** Capital Lucro Líquido	?	

+ 10.000 mil / nada alterou

Veja a DRE do 10º ano da Mulher de Verdade S.A.

Em $ mil

DEMONSTRAÇÃO DO RESULTADO DO EXERCÍCIO

Vendas		200.000
CMV		
EI	25.000	
+ Compras	125.000	
= MDV	150.000	
(–) EF	(40.000)	(110.000)
= LUCRO BRUTO		90.000
(–) DESPESAS OPERACIONAIS		(50.000)
= LUCRO LÍQUIDO		40.000

Verificamos que a alteração **para mais** no **estoque final** provocou uma alteração **para mais de igual valor no lucro líquido**. Isso permite fazer as seguintes afirmações: **qualquer alteração no Estoque Final repercute no lucro do período de maneira direta**, isto é, sendo **alterado para mais aumenta o lucro** e **para menos diminui o lucro**, enquanto **qualquer alteração no Estoque Inicial repercute de maneira inversa no lucro do período** e, consequentemente, no Patrimônio Líquido.

PAUSA PARA REFLEXÃO

Se uma empresa, na hora de contar seu estoque, cometeu um erro de um dígito a menos (isto é, em vez de R$ 475.680, contabilizou R$ 47.568), qual será a repercussão no lucro e no Imposto de Renda a pagar?

13.5 INVENTÁRIOS

Inventário, no sentido contábil amplo da palavra, é o processo de verificação de existências na empresa. As existências podem ser: Mercadorias, Materiais, Produtos (estes são os mais comuns de serem inventariados) ou outros bens, como do Imobilizado, e até mesmo Contas a Receber ou a Pagar, bem como outros que se julguem necessários ou convenientes.

Inventário, no sentido restrito, refere-se ao processo de verificação das existências dos estoques; portanto, faz parte do Controle de Estoque. Dessa forma, a verificação e a contagem física do bem, *in loco*, caracterizam o inventário.

13.5.1 Inventário Permanente

Desde que o Controle de Estoque forneça permanentemente o valor dos estoques com certeza da existência das quantidades correspondentes, diz-se que o regime de Controle de Estoque é Permanente; e o Inventário é permanentemente conhecido por meio do controle. Dessa forma, em qualquer momento eu conheço meu estoque; basta observar a "Ficha de Estoque".

Exemplo de Inventário Permanente

Uma loja que opere com iates e seus respectivos motores, cuja área permite, no máximo, cinco iates e por razões de *marketing* não possa ter menos de quatro iates, poderia controlar graficamente seus estoques da seguinte forma:

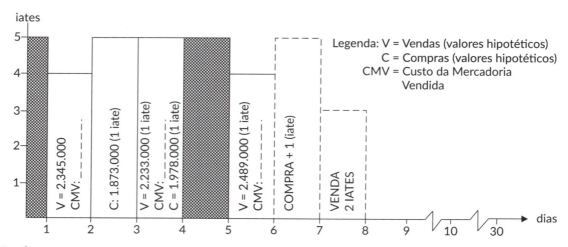

Facilmente, temos o estoque e as operações de venda ou compra lançadas no gráfico e, por serem poucas, é fácil determinar o CMV de cada unidade vendida, consultando o custo de compra anteriormente registrado.

13.5.2 Inventário Periódico

É o inventário levantado no fim de cada período contábil, geralmente adotado quando o Permanente é inviável. Por isso, é comum observar em empresas comerciais uma placa ou faixa, colocada na fachada da loja, em fim de ano: "Fechada para Inventário."

Exemplo de Inventário Periódico

Um supermercado que registre suas vendas em Caixa Registradora (sem possibilidade de discriminar a mercadoria vendida) terá a seguinte situação:

Inventário Inicial – 31-12-X0

Relação com 35.832 itens de mercadorias no estoque que, multiplicados e somados um a um, proporcionaram o montante de
$ 138.232,84

Compras

Montante controlado das compras do período, em que cada item do inventário inicial foi movimentado, pelo menos, 40 vezes e, no máximo, 200 vezes no período $ 9.848.978,52

Vendas

Montante registrado pelas Caixas Registradoras no mesmo período $ 14.533.898,53

Inventário Final – 31-12-X1

Relação com 36.988 itens de mercadorias no estoque que, multiplicados e somados um a um, proporcionaram o montante de $ 232.848,91

Graficamente, o estoque é conhecido somente em dois momentos do período, ou seja:

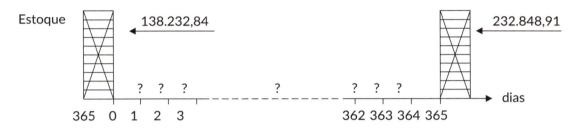

O CMV não é conhecido diretamente, mas mediante a fórmula já demonstrada CMV = MDV – EF e MDV = EI + C; substituindo os símbolos por valores, temos:

MDV = 138.232,84 + 9.848.978,52 = 9.987.211,36
CMV = 9.987.211,36 – 232.848,91 = 9.754.362,45

Se desejarmos conhecer o Resultado da Conta de Mercadorias (RCM), basta subtrair o CMV do valor das Vendas:

Lucro Bruto

RCM[2] = 14.533.898,53 – 9.754.362,45 = 4.779.536,08

13.6 CONTROLE PERMANENTE DE ESTOQUE E DE INVENTÁRIOS

As empresas que operam com mercadorias de elevado valor unitário, tais como automóveis, televisores e outras máquinas e aparelhos valiosos, utilizam o Controle de Estoque Permanente ou Inventário Permanente dos Estoques, mesmo porque o número de operações é reduzido, tanto de compra como de vendas. Isso permite examinar as Notas Fiscais, elaborar o registro nas fichas, calcular o custo da venda (CMV) de cada unidade. O CMV é facilmente acumulado após o cálculo direto. Esse processo baseia-se em um conjunto de fichas sob controle que evidencia o custo de artigo que permanece no estoque. Daí a denominação de *Inventário Permanente*. Toda movimentação de entrada ou saída é registrada diariamente, o que justifica também o nome de *Controle Permanente*. Esse sistema está definitivamente consagrado para as empresas que operam com alto valor unitário. No entanto, é impraticável[3] para supermercados, farmácias varejistas, confeitarias, padarias e outras casas de comércio varejistas que lidam com miudezas, onde o número de operações é elevado e exige o uso de Caixas Registradoras ou Notas Fiscais Simplificadas, sem descrição da mercadoria (para agilizar a operação). Nesses casos, portanto, não se faz o registro de cada operação, pois se utiliza do controle periódico de estoque.

---

[2] RCM = Resultado da Conta Mercadorias; Resultado Bruto é a mesma coisa que Lucro Bruto. Tecnicamente, é melhor denominar Resultado (e não Lucro), pois pode haver Prejuízo Bruto.

[3] Com a Tecnologia da Informação atual e a escrituração digital, em diversos casos de comércio é possível ter Controle Permanente.

Existe também o caso de empresas que exigem um controle misto, em que se faz uma classificação ABC dos estoques e os itens A e B são controlados permanentemente e os itens C só são controlados periodicamente.

Existem ainda empresas que adotam políticas de aquisição de alguns materiais de uso e consumo raro (não repetitivo), que não compensa codificar, chamados de *Apropriação Direta*, isto é, são comprados na quantidade exata para o consumo e imediatamente consumidos para não permanecerem em estoque. Portanto, são apropriados diretamente em custo ou despesas. Por exemplo, uma padaria que adquire cimento para reformar o prédio.

Exemplo de Fichas de Estoque (atualmente substituídas por processos eletrônicos)

O controle permanente de estoque exige a utilização de uma "Ficha de Estoque de Quantidade e de Valores". Para efeito de demonstração, apresentaremos uma ficha cujo aspecto é dos mais comumente encontrados para lançamentos da Cia. Revendedora, usados como exemplo no início deste assunto:

Dados da Cia. Revendedora:

Estoque Inicial (dois veículos).........................2 × 150.000 = 300.000
Compra no mês (três veículos).......................3 × 150.000 = 450.000
Venda no mês (quatro veículos)....................4 × 200.000 = 800.000

Veículos -					- - - - - - - - - - - - -		- - - - - - - - - - - - -	
Material ↑					Localização ↑		Código ↑	
Cia. Revendedora		Ficha do Estoque Por Quant. e Valor			- - - - - - - - - - - - -		- - - - - - - - - - - - -	
					Máximo ↑		Mínimo ↑	
					Estoque			
Data	Docto.	Quantidade			Preço de Estoque (unitário)	Valor		
		Entrada	Saída	Saldo		Entrada	Saída	Saldo
1º-2-XX	Inv. Inicial	–	–	2	150.000	300.000	–	300.000
4-2-XX	NF nº	3	–	5	150.000	450.000	–	750.000
15-2-XX	NF nº	–	4	1	150.000	–	600.000	150.000

Apreciação do Exemplo

Repare que, a qualquer momento, durante o mês de fevereiro a Ficha de Estoque fornece o valor do estoque de "Veículos". O caso da "Cia. Revendedora", no princípio deste capítulo, é um exemplo bem simples com apenas um item e poucas operações. Existe, na prática, nas empresas, quando são várias fichas, uma Ficha Sintética cujo valor engloba as fichas analíticas por material (ou produto). Em outras palavras, onde a quantidade de fichas e de operações se justifica, adota-se um sistema mecanizado ou mesmo computadorizado.

A propósito, não estamos discutindo os critérios de valorização dos estoques que serão contemplados como uma parte especial deste livro. Estamos nos atendo apenas aos regimes de controle.

Repare na Ficha de Estoque: o lançamento da venda de quatro unidades está valorizado pelo custo, obtido diretamente da multiplicação das unidades vendidas pelo custo unitário que resulta no Custo das Mercadorias Vendidas (CMV), que pode ser comparado com o valor total das vendas para obter o lucro bruto, ou seja: 800.000 – 600.000 = 200.000.

A ficha não está lançada pelo valor de venda (nem deveria), pois, enquanto a unidade seria positiva, o saldo seria negativo em $ 50.000, o que é um absurdo, pois não pode existir estoque negativo, a não ser por erro.

Uma alternativa, muito usada para reduzir o trabalho sem prejuízo do bom andamento do serviço, é englobar as saídas ou entradas de um período e efetuar o lançamento pelo total.

13.6.1 Duplo Controle de Estoque

Em algumas empresas que usam o Controle Permanente, nota-se a existência do duplo controle de estoque: um quantitativo junto à existência física do estoque no almoxarifado ou armazém e outro por quantidade e valores no escritório. Para manter um elo entre os dois, utiliza-se a indicação pelo estoquista do armazém nos comprovantes do "Último Saldo" (ou seja, o estoque que foi apurado na ficha após o lançamento), e essa indicação é conferida no escritório.

13.6.2 Inventário Rotativo

Outro procedimento recomendável para manter o controle sempre coincidente com a existência física e também para examinar as diferenças que ocorrem com devido cuidado é o procedimento do Inventário Rotativo que, se for praticado eficientemente, eliminará a necessidade do Inventário Físico anual. O Inventário Rotativo é registrado em formulário próprio e deve ser planejada uma quantidade diária de contagens que proporcione de duas a quatro contagens em cada item de estoque no ano. Esse cálculo é efetuado levando em conta a quantidade de itens em estoque, multiplicada pelo número médio de contagens que se pretenda (se for de duas a quatro, então se fará $\frac{2+4}{2} = 3$) e o resultado será dividido pelo número de dias úteis que serão dedicados a esta obra.

Exemplo de Cálculo de Contagem Rotativa de Estoques

Considerando a Mulher de Verdade S.A. com aproximadamente 900 itens de estoque, desejando-se um número médio de contagens igual a três, durante um ano, e dispondo-se de tempo a partir de maio, sendo o encerramento do exercício em dezembro, e considerando que o encarregado irá trabalhar nesse serviço um dia por semana, ou seja, toda segunda-feira (por ser o dia de menor movimento), contando-se no calendário obtiveram-se 40 dias úteis. Com esses dados o cálculo terá a seguinte indicação:

$$\frac{\text{itens} \times \text{contagens}}{\text{dias úteis}} = \frac{900 \times 3}{40} = 67,5 \text{ itens por dia.}$$

O número obtido é um indicador para ser comparado com as futuras contagens e avaliar se o desempenho almejado vai ser obtido.

Exemplo de Formulário de Inventário Rotativo

O formulário a ser usado poderá ter o seguinte desenho:

Mulher de Verdade S.A.		Inventário Rotativo nº			___/___/___ Data			

Código	Mercadoria	Contagem Física	Ficha de Estoque	Acerto da Ficha		Preço	Acerto Valor	
				+	–		+	–
	25 linhas 3 formulários cada vez							

Feito por	Conferido por	Lançado por		Contador	Gerente
		Quantidade	Valor		

A razão conhecida das diferenças poderá ser registrada no verso do formulário.

13.7 CONTROLE PERIÓDICO DE ESTOQUES E DE INVENTÁRIOS

São muitas as empresas que adotam o "Controle Periódico de Estoques ou Inventários" no todo ou em parte. Muitas vezes, por ser inviável o permanente e, outras vezes, por ser dispensável.

13.7.1 Característica do Periódico

Concisamente, vamos fornecer todas as características do "Periódico":

1. A necessidade de um Inventário Físico das mercadorias existentes em cada fim de período.
2. A valorização do Inventário Físico por um preço de custo aceitável para cada item inventariado, multiplicado pela quantidade encontrada. A somatória dos valores para obter o Valor Total do Inventário.
3. O Custo das Mercadorias à Disposição de Vendas (MDV) é obtido pela soma do Estoque Inicial (EI) mais as Compras (C); portanto: MDV = EI + C.
4. O Custo das Mercadorias Vendidas (CMV) é obtido indiretamente pela subtração do Estoque Final (EF) do MDV; portanto, CMV = MDV – EF. Exemplificando com os números da Cia. Revendedora do exemplo inicial, temos o seguinte paralelo entre a fórmula e os números:

$$EI + C = MDV – EF = CMV$$
$$300.000 + 450.000 = 750.000 – 150.000 = 600.000$$

Veja que, naquele exemplo (Cia. Revendedora), o controle poderá ser permanente, se a cada venda e a cada compra computarmos na Ficha de Estoque. Todavia, caso não desejemos um controle constante, poderemos, no final do período, efetuar um Inventário (Estoque Final) e, a partir daí, calcular o CMV. Nesse caso, o controle será periódico.

13.7.2 Importância do Inventário Físico no Regime Periódico

Nesse regime periódico são muito importantes o Inventário Físico e sua valorização para determinar o CMV, mesmo porque não existe possibilidade de nenhum controle cruzado. Por isso, vamos detalhar mais o processo para obtenção do Inventário Físico e sua valorização.

13.7.3 Limitações do Regime Periódico para a Gestão Empresarial

Quando adotamos o regime periódico, não dispomos do Custo das Mercadorias Vendidas (CMV), nem diariamente e muito menos a cada operação. Também não podemos contar que a Contabilidade forneça o estoque de mercadorias não vendidas, nem diariamente e muito menos a cada operação. Se essas informações são indispensáveis para a gestão da empresa, não poderemos adotar o Periódico, pois essas informações referentes ao CMV e Estoques somente são obtidas mediante Inventário Físico do total do Estoque, o CMV obtido é do total das mercadorias não encontradas, e é impossível determinar o CMV de cada item.

13.7.4 Preparação do Inventário Físico

Para realização do Inventário Físico, é costume uma preparação prévia do corte de compras e de vendas. A proibição de qualquer entrada e saída de mercadoria e a escolha de uma data com tempo necessário para efetivar a contagem sem o atendimento de clientes (nem de qualquer outro elemento estranho ao Inventário) são requisitos indispensáveis. A data escolhida geralmente deve recair em domingos, se possível, senão em período noturno (o que não é muito recomendável). A data deve coincidir com o último dia do período contábil.

13.7.5 O Corte para o Inventário Físico

O corte de compras e vendas consiste na escolha criteriosa de qual é a última nota fiscal de compra e qual é a última nota fiscal de venda a ser considerada nos Registros Fiscais e Contábeis, cuidando-se para que a mercadoria correspondente à compra seja considerada e as correspondentes às vendas sejam retiradas antes do início da contagem.

13.7.6 Arrumação Física

Além do corte, efetua-se uma minuciosa arrumação física corrigindo-se erros comuns na movimentação de mercadorias, como, por exemplo, o mesmo tipo de mercadoria em mais de um lugar por falta de espaço adequado e outros.

13.7.7 Registro do Preço

Após a contagem deve ser registrado o preço para cada item, de acordo com um dos critérios de atribuição de preços de modo consistente. Os critérios de atribuição de preços serão estudados em seguida em tópico especial deste capítulo.

13.7.8 Apuração do CMV

Finalmente, os preços serão multiplicados pelas quantidades e obtidos os valores de cada item. Estes deverão ser somados para efetuar a contabilização do valor total do Inventário e para obter na Contabilidade o CMV do período.

13.7.9 Limitações do Regime Periódico para Controle dos Estoques

Neste processo, é muito difícil e realmente não é de esperar que detectemos eventuais faltas de estoque, por roubo ou descuido na conferência de entradas de mercadorias a menor ou saídas a maior indevidamente. Quando adotamos esse critério, é porque esperamos que eventuais faltas ou desvios sejam difíceis de ocorrer devido ao esquema de segurança. Se ocorrerem, serão de pouca monta, o que não justifica o custo de manutenção de um controle mais perfeito como o Permanente.

Exemplo de Formulário para Levantamento de Inventário Físico

É comum e usual elaborar também um formulário para registrar os resultados da contagem do Inventário e de sua valorização. Existem muitos modelos que variam de empresa para empresa. Em algumas multinacionais de origem alemã, utiliza-se um formulário individual por item em várias vias, denominado *Tag*, às vezes emitido previamente por computador, cabendo ao inventariante apenas a conferência e a indicação de eventuais diferenças ou omissões. Em outras, de origem norte-americana, muda a denominação para *Slip* e os procedimentos também assumem peculiaridades próprias, se bem que o objetivo é o mesmo, ou seja: exatidão no levantamento do inventário e eficácia para que não haja desperdício de horas de operação da empresa. Um formulário de uso comum nas empresas comerciais como a Mulher de Verdade S.A. teria o seguinte aspecto:

Mulher de Verdade S.A.			Relação de Inventário em _____ /_____ /_____		
Número de Ordem	Código	Denominação	Quantidade	Valor	
				Unitário	Total

Preenchido por	Contado por	Conferido por	Valorizado por	Conferido por

13.8 CRITÉRIOS DE ATRIBUIÇÃO DE PREÇOS AO ESTOQUE

Atualmente, prevalece o critério principal estabelecido no CPC 16, ou seja: "Custo ou Mercado,[4] dos dois o Menor". Portanto, é necessário estabelecer os dois para escolher o menor. Começaremos por

---

[4] Valor de Mercado, deduzidos os gastos estimados para Vendas.

estudar o Custo para depois estudarmos o preço de Mercado[4] (item 13.11 neste capítulo). O CPC 16 substitui o termo "Valor de Mercado" pelo termo "Valor Realizável Líquido".[5]

13.8.1 O Custo e os Impostos (IPI, ICMS etc.)

Como dissemos no princípio, este livro se dirige principalmente às empresas comerciais, se bem que os princípios básicos são aplicáveis nas empresas industriais cuja estruturação de custos é mais complexa, e não teria sentido pretender analisá-la nesta obra.

Uma primeira consideração necessária é com relação ao custo de aquisição e às implicações fiscais e hábitos operacionais com embalagens, vasilhames, descontos, despesas de seguro e transporte.

A legislação fiscal determina os tributos a serem cobrados nas operações de comercialização. Os tributos mais evidentes são o IPI, o ICMS e o Imposto Sobre Serviço de Qualquer Natureza (ISSQN). A incidência dos tributos é diferenciada de empresa industrial para empresa comercial e diferenciada também para empresa prestadora de serviço. Portanto, existe uma diferenciação de uma empresa adquirente para outra, mas essa diferenciação ocorre também de uma empresa fornecedora para outra, exigindo muita atenção no estudo da legislação pertinente às operações da empresa especificada, bem como no estudo da legislação pertinente aos fornecedores.

No caso da hipotética Mulher de Verdade S.A. – Cia. de Roupas Para Todos, que vende para *consumidor* e compra de *fabricantes*, o IPI deve ser incluído no custo da mercadoria (apesar de separado na nota fiscal) e o ICMS[6] deve ser excluído, apesar de fazer parte do preço.

Para uma indústria que adquire matéria-prima pagando IPI e ICMS, nenhum desses impostos representará custo, uma vez que, ao vender o produto final a empresa cobrará (recuperará) do cliente os impostos sobre vendas.

Esses impostos, que não significam custos para a empresa (haverá sua recuperação), seja ela comercial, seja industrial, deverão ser destacados na ocasião da escrituração da mercadoria ou matéria-prima adquirida. Dessa forma, teremos o estoque contabilizado por seu custo real, depurado do ICMS e do IPI (este último, no caso de indústria).

Assim, numa aquisição de material por $ 1.200.000, sendo o preço da mercadoria $ 1.000.000 (estando aqui inclusos 15,5%[7] de ICMS) e $ 200.000 de IPI, teríamos os seguintes valores contabilizados como *Estoques*:

Para uma Indústria que irá recuperar o IPI e ICMS	Para o Comércio que irá recuperar o ICMS	Para uma Prestadora de Serviço que não terá recuperação do IPI nem do ICMS
$ 845.000	**$ 1.045.000**	**$ 1.200.000**
Exclui do Custo o IPI e o ICMS	Exclui do Custo o ICMS	Tanto o IPI como o ICMS tornam-se Custos

Exemplo de exclusão de IPI e ICMS no estoque e seus efeitos na DRE e Balanço Patrimonial

Vamos considerar uma *indústria* com os dados do item anterior, ou seja, uma compra de matéria-prima por $ 1.000.000, com o ICMS incluso no preço e uma incidência de IPI de 20%.

Essa mesma empresa vende essa matéria-prima, agora industrializada, por $ 1.400.000, com o ICMS incluso no preço e incidência de IPI também de 20%. Para industrialização da matéria-prima, houve um custo de mão de obra e outros gastos de fabricação de $ 200.000.

O ICMS será considerado à base de 15,5%, embora atualmente seja de 18% no Estado de São Paulo.

---

[5] Valor de Mercado, deduzidos os gastos estimados para Vendas.

[6] No caso de empresa comercial, ela sempre recupera o ICMS na revenda da mercadoria. Todavia, o IPI será custo, uma vez que esse imposto não será cobrado (recuperado) por ocasião da revenda da mercadoria pela empresa comercial.

[7] A alíquota do ICMS é de 18% no Estado de São Paulo, podendo ter outros percentuais devido à essencialidade dos produtos. Há variações em outros Estados.

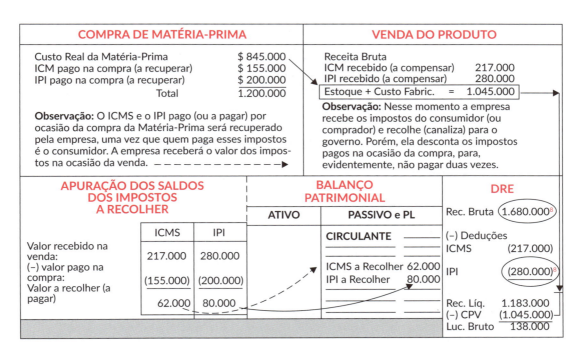

PAUSA PARA REFLEXÃO

O cidadão paga nada menos do que 41 impostos e contribuições, além de inúmeras taxas. São valores cobrados pela União, pelos Estados e pelos municípios, alguns em cascata, num número crescente.

Quando comparada ao PIB, a carga tributária do Brasil supera a de países como Estados Unidos (29% do PIB), Japão (28%) e Portugal e Espanha (30%). A média brasileira só perde para a da União Europeia, de 35%, mas ultrapassa a de todos os países em desenvolvimento – México, Argentina, Uruguai e Paraguai, que apresentam, por exemplo, 22%, 20%, 16% e 11% do PIB respectivamente.

A grande maioria dos impostos é sobre vendas.

Significa que todos os impostos sobre vendas acrescem os produtos.

Os estoques, então, são sempre acrescidos pelos impostos?

13.8.2 O Custo e as Embalagens, Despesas de Seguro e Transportes

As embalagens cobradas à parte pelos fornecedores e não restituíveis nem vendáveis também devem ser incluídas no custo, juntamente com as despesas de seguro e transporte que forem por conta do adquirente.

13.8.3 O Custo e os Descontos Comerciais, Abatimentos e Devoluções

Estes itens também devem ser considerados na atribuição de valores ao estoque sob pena de o valor ficar incorreto (este assunto e os três itens subsequentes foram discutidos no Capítulo 6, DRE).

13.8.4 O Custo e os Descontos Financeiros

Os descontos financeiros concedidos em função do prazo de pagamento não devem ser abatidos do custo, pois são entendidos como uma despesa financeira, e assim devem ser contabilizados.

13.9 CRITÉRIOS DE CUSTEIO DO CMV E SUA CONSEQUÊNCIA NO VALOR DO ESTOQUE

> Custeio significa a forma de apropriação, de Contabilização de Custo.
> Os critérios de custeio catalogados na literatura são os seguintes:

---

[8] Atualmente, não se considera o IPI dentro da Receita Bruta. Assim também não é destacado como dedução da Receita Bruta.

CUSTO ESPECÍFICO

Refere-se ao processo de custo usado para mercadoria (geralmente de elevado valor unitário), que possa controlá-la por unidade vendida e unidade comprada, determinando o preço específico de cada unidade estocada e dando baixa, em cada venda, por unidade. Dessa forma, cada artigo terá seu preço específico e, por esse preço, será dada baixa no momento da venda. É o caso de máquinas operatrizes, veículos, prensas hidráulicas etc.

Vamos admitir que a Cia. Comercial Tratores São Jorge possua no estoque três tratores:

Preço Aquisição
Trator LM – 2008 – $ 5.900.000
Trator PC – 2050 – $ 8.300.000
Trator KV – 2100 – $ 9.800.000

Vendendo o Trator PC-2050 por 10 milhões, daríamos baixa na respectiva ficha de Estoque desse trator: $ 8.300.000. Então:

LB = Vendas – CMV
LB = 10.000.000 – 8.300.000 = 1.700.000

PEPS ou FIFO

Sigla tirada da expressão Primeiro que Entra, Primeiro que Sai, traduzida do inglês *First In, First Out*. Refere-se ao critério de considerar o CMV como o correspondente ao Custo de Compra da Mercadoria mais antiga remanescente no estoque.

Em outras palavras, vamos dando baixa nas primeiras compras à medida que as mercadorias são vendidas.

O raciocínio é que vendemos primeiro as mercadorias mais antigas.

UEPS ou LIFO

Sigla tirada da expressão Último que Entra, Primeiro que Sai, traduzida do inglês *Last In, First Out*. Refere-se ao critério de considerar o CMV como o correspondente ao Custo de Compra da Mercadoria mais recente remanescente no estoque. Esse critério se aproxima do custo de reposição, mas é considerado ilegal na legislação brasileira.

MÉDIO

É o critério de considerar como CMV a média ponderada das diversas compras do mesmo item.

Resumo das Consequências

As consequências para o valor do estoque e do uso desses critérios são, respectivamente, as seguintes:

CUSTEIO DO CMV	VALOR DO ESTOQUE
a) Custo Específico	O Estoque fica valorizado ao Custo Específico.
b) PEPS	O Estoque fica valorizado pelas últimas entradas remanescentes.
c) UEPS	O Estoque fica valorizado pelas primeiras entradas remanescentes.
d) Médio	O Estoque fica valorizado pelo preço médio ponderado.

Apreciação Crítica do Custeio do CMV e das Consequências no Estoque

Repare que no PEPS e no UEPS ocorre uma inversão do critério do CMV para o critério do Estoque (esta noção é importante). Essa noção assume particular relevância quando a empresa opera no regime de controle periódico e, em vez de valorizar o CMV diretamente, é preciso antes valorizar o estoque para depois obter o CMV indiretamente. É de se notar também que, no regime periódico, o valor do estoque pela média ponderada é *impossível*, ou, em outras palavras, só se tornará possível reconstituindo o registro da movimentação permanente dos estoques, o que descaracteriza o regime como periódico, passando a ser um permanente extemporâneo.

Exemplo Comparativo dos Critérios: PEPS, UEPS e Médio em Ambos os Regimes

Tomando-se os seguintes dados, iremos desenvolver os três processos e apreciá-los com relação aos dois regimes. O regime permanente em fichas é o que apresentamos em primeiro lugar para efeito de melhor entendimento:

Dados:

1/1 Estoque Inicial	10 unidades a $ 10	= 100,00
2/1 Compra de	10 unidades a $ 15	= 150,00
3/1 Venda de	5 unidades a $ 20	= 100,00
4/1 Venda de	10 unidades a $ 25	= 250,00
5/1 Compra de	15 unidades a $ 18	= 270,00
6/1 Venda de	5 unidades a $ 22	= 110,00

Exemplo do Critério PEPS

a) Regime Permanente

Parafuso							P – 008/6		
Material							Código		
Data	Entrada			Saída			Saldo		
	Quantidade	Valor		Quantidade	Valor		Quantidade	Valor	
		Unit.	Total		Unit.	Total		Unit.	Total
1/1	10	10,00	100,00				10	10,00	100,00
2/1	10	15,00	150,00	–	–	–	10 / 10 / 20	10,00 / 15,00	100,00 / 150,00 / 250,00
3/1	–	–	–	5	10,00	50,00	5 / 10 / 15	10,00 / 15,00	50,00 / 150,00 / 200,00
4/1				5 / 5 / 10	10,00 / 15,00	50,00 / 75,00 / 125,00	5	15,00	75,00
5/1	15	18,00	270,00				5 / 15 / 20	15,00 / 18,00	75,00 / 270,00 / 345,00
6/1				5	15,00	75,00	15	18,00	270,00
Resul.	35	–	520,00	20	–	250,00	15	-	270,00

Apreciação do Exemplo:

$$Ei = 100,00$$
$$\underline{+\ C\ = 420,00}$$
$$MDV = 520,00$$

$$MDV = 520$$
$$(-)\ CMV = \underline{250}$$
$$=\ EF = 270$$

278 | CONTABILIDADE EMPRESARIAL E GERENCIAL ■ *José Carlos Marion*

b) Regime Periódico

Inventário Inicial $\rightarrow$ 10 × 10,00 = 100,00.

Inventário Final $\rightarrow$ encontramos 15 unidades e, mediante pesquisa no arquivo, verificamos que as 15 remanescentes correspondem à última compra; então, valorizando ao preço unitário de cada uma delas, teremos:

15 × 18,00 = 270,00

Compras $\rightarrow$ levantamos o valor das compras e encontramos o montante de $ 420,00 sem nos preocuparmos com as quantidades.

CMV $\rightarrow$ vamos apurar o CMV indiretamente, usando apenas os valores:

EI + C = MDV $\therefore$ 100,00 + 420,00 = 520,00

MDV – EF = CMV $\therefore$ 520,00 – 270,00 = 250,00

Conclusão: Chegamos exatamente ao mesmo resultado sem que necessitássemos controlar as quantidades de compras ou vendas. Evidentemente, alguns dados não podem ser levantados no periódico e são facilmente levantados no permanente, por exemplo, o lucro bruto de cada uma das vendas.

Exemplo do Critério UEPS

a) Regime Permanente

Parafuso								PP – 008/6		
Material								Código		
Data	Entrada			Saída			Saldo			
	Quantidade	Valor		Quantidade	Valor		Quantidade	Valor		
		Unit.	Total		Unit.	Total		Unit.	Total	
1/1	10	10,00	100,00				10	10,00	100,00	
2/1	10	15,00	150,00				10	10,00	100,00	
							10	15,00	150,00	
							20		250,00	
3/1				5	15,00	75,00	10	10,00	100,00	
							5	15,00	75,00	
							15		175,00	
4/1				5	15,00	75,00				
				5	10,00	50,00	5	10,00	50,00	
				10	10,00	125,00				
5/1	15	18,00	270,00				5	10,00	50,00	
							15	18,00	270,00	
							20		320,00	
6/1				5	18,00	90,00	5	10,00	10,00	
							10	18,00	180,00	
							15		230,00	
Resul.	35	–	520,00	20		290,00	15	–	230,00	

Ei = 100,00
+ C = 420,00
MDV = 520,00

MDV = 520,00
(–) CMV = 290,00
= EF = 230,00

Repare que o MDV é igual tanto no PEPS como no UEPS.

O CMV e o EF apresentam resultados diferentes.

b) Regime Periódico

Inventário Inicial $\rightarrow 10 \times 10,00 = 100,00$.

Inventário Final $\rightarrow$ encontramos 15 unidades mediante pesquisa dupla no arquivo, pois precisamos dos dados de venda e de compra para determinar se as 15 remanescentes são correspondentes à última compra. Verificamos que não, pois cinco unidades da última compra foram vendidas. Apenas 10 unidades já estão determinadas e as outras cinco remanescentes não são da compra anterior, pois todas foram vendidas. E, então, concluímos no final da pesquisa que as cinco unidades são do Inventário Inicial. Temos a seguinte composição:

$$10 \times 18,00 = 180,00$$
$$5 \times 10,00 = \underline{50,00}$$
$$230,00$$

Compras $\rightarrow 420,00$

CMV indireto:

EI + C = MDV $\therefore$ 100,00 + 420,00 = 520,00

MDV – EF = CMV $\therefore$ 520,00 – 230,00 = 290,00

Conclusão: O resultado, seja no periódico, seja no permanente, é o mesmo em valores, mas o conteúdo é muito diferente. Mesmo a dificuldade prática de trabalhar com UEPS no periódico só é superável em condições muito especiais. São válidas as considerações feitas no PEPS quanto à impossibilidade de apurar o lucro bruto de cada operação de venda no regime periódico. Esse critério é válido apenas para estudo, pois legalmente, *no Brasil, não é permitido* (normalmente, reduz o lucro, fazendo com que a empresa pague menos Imposto de Renda). O CPC 16 também não admite a contabilização do estoque por este método.

Exemplo do Critério de Preço Médio

a) Regime Permanente

Parafuso							PP – 008/6		
Material							Código		
Data	Entrada			Saída			Saldo		
	Quant.	Valor		Quant.	Valor		Quant.	Valor	
		Unit.	Total		Unit.	Total		Unit.	Total
1/1	10	10,00	100,00				10	10,00	100,00
2/1	10	15,00	150,00				20	12,50	250,00
3/1				5	12,50	62,50	15	12,50	187,50
4/1				10	12,50	125,00	5	12,50	62,50
5/1	15	18,00	270,00				20	16,625	332,50
6/1				5	16,625	83,13	15	16,625	249,37
Resultados	35	–	520,00	20	–	270,63	15	–	249,37

$$
\begin{aligned}
Ei &= 100,00 \\
+ \ C &= \underline{420,00} \\
MDV &= 520,00
\end{aligned}
\qquad
\begin{aligned}
MDV &= 520,00 \\
(-) \ CMV &= \underline{270,63} \\
= \ EF &= 249,37
\end{aligned}
$$

Como nos critérios anteriores, o MDV é imutável; onde acontece a diferença é no CMV e no EF.

b) Regime Periódico

É inviável o Regime Periódico com esse critério.

Quadro Sintético da Conclusão Conceitual

CRITÉRIOS	REGIMES	VIABILIDADE	LEGALIDADE	USO PRÁTICO
PEPS	Permanente	Sim	Sim	Não
	Periódico	Sim	Sim	Sim
UEPS	Permanente	Sim	Não	Não
	Periódico	Difícil	Não	Não
Médio	Permanente	Sim	Sim	Sim
	Periódico	Não	Sim	Não

Demonstração Comparada da Apuração do Lucro nos Diferentes Critérios

Detalhes	PEPS	UEPS	Médio
– Venda	460,00	460,00	460,00
= CMV	250,00	290,00	270,63
Lucro Bruto	210,00	170,00	199,37
Estoque Final	270,00	230,00	249,37

Veja que a UEPS (LIFO) é a que apresenta o menor lucro.[9]

13.10 AVALIAÇÃO DE ESTOQUE A CUSTO DE REPOSIÇÃO (NIFO)

Como já vimos, o método UEPS (LIFO) é o que mais se aproxima ao preço de mercado, pois toma como base o preço da última compra. Esse método não é aceito pela legislação, embora, em épocas inflacionárias, é o que se aproxima mais de nossa realidade.

É o custo de reposição, todavia, o ideal, sobretudo em economias inflacionárias como a nossa. Muito melhor que o LIFO, o custo a valores de reposição é conhecido como NIFO (*Next In, First Out*), ou seja, o valor do próximo produto a ser adquirido é o que servirá de base para avaliação de Estoques. Esse método também não é aceito por nossa legislação, pois, normalmente, reduz o Lucro Real (Lucro Tributável).

A avaliação baseada em Custo de Reposição seria calcada no seguinte:

"Quanto custaria se eu adquirisse a mercadoria hoje?"

Assim, se a empresa industrial tiver um estoque a preço de fabricação na ordem de $ 5.800,00, avaliaria esse mesmo estoque pelo preço que custaria para fabricá-lo hoje (o preço da matéria-prima hoje, a mão de obra hoje etc.).

Nesse tipo de avaliação, considera-se o Estoque por seu valor corrente de mercado, importando sua reposição e não o quanto foi gasto para adquiri-lo ou fabricá-lo.

Na verdade, o estoque a valores de reposição é indispensável para as tomadas de decisões. Observamos, hoje, muitas empresas, as pequenas, em situação cruciante, grande número de falências, em recuperação... Há uma série de fatores que contribuem para esses insucessos; entretanto, um deles é o empresário sem dados adequados para a tomada de decisão.

Por outro lado, ganha corpo no Brasil a Contabilidade Gerencial, cujo objetivo é fomentar os tomadores de decisões (gerentes, administradores etc.) com dados reais, sem se preocupar com o governo

---

[9] Nesse caso, a empresa pagaria menos Imposto de Renda se adotasse o UEPS.

(Contabilidade Fiscal) e com as Normas de Contabilidade. Muitas empresas já estão desenvolvendo essa contabilidade paralela com excelentes resultados.

O estoque a valores de reposição, no campo operacional, foi largamente utilizado nos supermercados e em grandes empresas comerciais que remarcavam as mercadorias no momento em que os fabricantes anunciam o aumento de preços. Essa prática não ocorre, com frequência, em relação aos pequenos comerciantes, principalmente com os postos de gasolina, onde o proprietário (do posto) vende o combustível com base no custo histórico e no dia seguinte repõe ao novo preço, absorvendo a margem de lucro do dia anterior. Com a queda da inflação no Brasil este método perdeu vigor.

13.11 CUSTO OU VALOR LÍQUIDO REALIZÁVEL

Apuração do Valor Justo de Mercadorias e Produtos Acabados (artigo 183, § 1º, letra b)

Quando o inventário for de Mercadorias ou Produtos Acabados, o procedimento é diferente, pois o conceito implícito é o de Valor Líquido Realizável de cada item. Esse valor é estimado e obtido da seguinte composição de expectativa de valores:

		item "B" – Valor Líquido Realizável
Venda (expectativa de preço)		1.000,00
Menos:	200,00	(330,00)
Impostos para Vendas	80,00	670,00
Despesas para Vendas a Cobrar	50,00	930,6
Margem de Lucro		0,72
= Preço Líquido de Realização		
÷ Quantidade em Estoque		
= Valor Unitário Justo		

Se o custo for de 0,81, teremos uma provisão diminutiva do estoque cujo valor será obtido:

MERCADORIA	QUANTIDADE	VALOR UNITÁRIO QUE PREVALECE	TOTAL	VALOR CONTÁBIL	DIFERENÇA (VALOR DA PROVISÃO)
B	930,6	0,72	670,00	754,00	84,00

É evidente que será necessário considerar o princípio básico da materialidade antes de empreender essa tarefa.

PAUSA PARA REFLEXÃO

"A indústria está trazendo os fornecedores para dentro de suas linhas de produção. A fórmula da 'fábrica dentro da fábrica', comum no setor automotivo, agora se populariza em outros segmentos de consumo não duráveis, como alimentos, bebidas e material de higiene. O objetivo é o mesmo: reduzir tempo de reposição de estoques e desperdício de materiais, ter maior controle e dar mais agilidade ao processo industrial."

Fábricas dentro de fábricas resolvem um problema logístico. Podemos dizer que, além de economizar custo de transporte, essa prática reduz o estoque?

Acesse o QR Code e assista ao vídeo sobre Estoques.

Informações Complementares

Transcrevemos o artigo "Uma questão de valor", referindo-nos à empresa Alcoa nas questões de Estoques e Produção. O artigo, de Lidia Rebouças, foi publicado pela revista *Exame*, em 9 de janeiro de 2002.

"Desde o final da Segunda Grande Guerra, o modelo de gestão e de produção da japonesa Toyota tem sido uma referência para empresas de todo o mundo. Seu sistema – baseado em qualidade total, *just-in-time*, planejamento e responsabilidade de cada funcionário na melhoria contínua – foi imitado por milhares de corporações nos últimos 50 anos. Poucas, porém, conseguiram chegar perto dos resultados e do desempenho da montadora criada pela família Toyota.

Há quatro anos, a americana Alcoa, maior produtora mundial de alumínio, liderada pelo brasileiro Alain Belda, decidiu seguir o velho caminho da Toyota, mesmo correndo o risco de ser mais uma a fracassar. Não é o que está acontecendo – pelo menos, não até agora. Nesse período, o chamado Alcoa Business System (ABS) resultou numa economia mundial de 1 bilhão de dólares. Outro bilhão em corte de *custos* deve ser conseguido até 2003. Em muitas de suas 228 fábricas, a empresa *reduziu estoques*, sem comprometer sua capacidade anual de produção, de 4,5 milhões de toneladas. Na América Latina, onde a Alcoa faturou 1,5 bilhão de dólares em 2001, a redução de *custos* totalizou cerca de 86 milhões de dólares.

Por que sistemas como o da Toyota e o da Alcoa são bem-sucedidos enquanto outros caem no limbo? Talvez a melhor resposta para essa questão esteja na forma como as duas empresas – e mais especificamente a Alcoa – encaram a questão dos *custos*. Ele não é um problema pontual, que deve ser resolvido com o uso de uma ou duas ferramentas de gestão. Produzir apenas o que será vendido, eliminar *desperdícios* e engajar as pessoas nesse processo formam o tripé de sustentação do ABS e estão sendo incorporados aos valores da corporação. 'Nosso maior desafio foi criar a cultura de eliminação do *desperdício*', diz o paulista Adijarma Azevedo, presidente da Alcoa América Latina. 'Não tínhamos sequer noção precisa dos *custos*. Desligávamos os fornos industriais durante dias para fazer alterações na produção sem ter a menor ideia de quanto isso *custava*.'

A empresa buscou um modelo de gestão que, de uma só vez, reduzisse os *custos* de produção, garantisse 100% de qualidade aos produtos e encurtasse o tempo entre a entrada do pedido e o faturamento da *mercadoria*. Para chegar a esse ponto, foi preciso criar um modelo único de planejamento e produção, seguido por cerca de 300 unidades de negócios da Alcoa espalhadas em 36 países. Durante um ano e meio, uma comitiva de executivos da Alcoa, comandada por Alain Belda e Paul O'Neill (ex-presidente da companhia e atual secretário do Tesouro americano), percorreu várias fábricas no mundo para diagnosticar os pontos de mudança. Depois, em parceria com a Universidade Harvard e com a consultoria britânica Yomo Consulting, o sistema da Toyota foi adaptado à realidade da Alcoa. 'Nesse processo, o mais difícil foi dar a partida inicial', diz Azevedo. Foi preciso convencer o *chão de fábrica* de que havia uma forma diferente de fazer as coisas e explicar aos gerentes de fábricas que tanto as *matérias-primas* como as informações gerenciais deveriam seguir um roteiro determinado para garantir *ciclos reduzidos*. Enfim, especificar minuciosamente todas as tarefas, explicando o que fazer, em qual sequência, em quanto tempo, para atingir o resultado estabelecido.

'Ao seguir tais regras, a empresa foi obrigada a redesenhar as linhas de produção de todas as suas fábricas para que os materiais e os serviços seguissem um fluxo simples', diz o engenheiro maranhense João Alberto Bayma, responsável pela implantação do sistema ABS na América Latina. Das 14 fábricas que a empresa possui na região, 13 estão passando por mudanças que vão desde reformas no *layout* – como a transferência de áreas para lugares mais estratégicos em relação às necessidades da produção – até o fechamento de galpões e a desativação de unidades. A meta é criar uma operação flexível, capaz de fabricar variações de um produto de maneira eficiente e no menor *custo* possível.

Esse é um processo que exige liderança em todos os níveis. Dos mais de 8 mil funcionários da Alcoa na América Latina, 70% já passaram por treinamentos focados no ABS. Desses, 800 são considerados líderes. No início do processo, a remuneração variável esteve vinculada ao sucesso da implantação do novo modelo de produção e gestão. 'Foi uma maneira de estimular as equipes', diz Bayma. 'Mas depois de algum tempo o ABS foi incorporado aos valores da empresa.'

Analise a experiência vivida pelos 890 funcionários da AFL do Brasil, fábrica de chicotes elétricos automotivos da Alcoa localizada em Itajubá, Minas Gerais. No ano passado, eles foram responsáveis por 11 mil sugestões de melhorias no processo de gestão. Até outubro, 70% delas tinham sido implementadas. 'As pessoas têm liberdade de pensar e fazer algo que acreditam que possa melhorar ainda mais a rotina de trabalho', diz o paulista Edson Schiavotelo, gerente-geral da AFL do Brasil.

Os principais ajustes feitos pela AFL ocorreram no *layout* da fábrica. A área de cortes dos circuitos elétricos, que ficava no meio da produção, foi deslocada para o início do carrossel de montagem. 'Isso fez a fábrica ganhar 30% em produtividade, além de eliminar o desperdício de tempo dos funcionários que carregavam os circuitos da área de *estoque* para a área de montagem', diz Schiavotelo. Apesar de a montagem do circuito ser um processo em série, como a de carros, não havia fluxo contínuo de *materiais* dentro da fábrica. Depois que ele foi implementado, o ciclo que vai da ordem de pedido à entrega da *mercadoria*, que antes levava uma semana, passou a ser feito em quatro horas. Os *estoques foram reduzidos a 50%, gerando uma economia de mais de 10 milhões de dólares nos últimos três anos.*

O maior ganho da AFL, porém, foi o fim da obsolescência do *produto acabado*, que em 1999 chegou a representar uma *perda de 1 milhão* de dólares. 'Não cometemos mais o erro de *estocar* autopeças que talvez o cliente nunca mais compre', diz Schiavotelo. A fábrica também ganhou flexibilidade. Antes, se um cliente quisesse um chicote de um modelo diferente do *planejado*, era preciso parar a linha durante uma hora. Isso só poderia acontecer uma vez por dia. Atualmente, a empresa pode mudar os modelos dos chicotes quantas vezes for necessário sem parar uma única máquina. O exemplo da AFL deixa expostos os três pilares do Alcoa Business System: a produção vinculada à demanda do mercado, a busca pela eliminação dos *desperdícios* e o envolvimento dos funcionários.

A mesma lógica pode ser replicada em toda a organização. Vale para as áreas administrativas e para uma complexa fábrica de alumínio. Deve ser seguida por profissionais como José Carlos Danza Érrico, gerente de serviços financeiros para a América Latina. Ou pelos funcionários de *chão de fábrica* da Alumar, fábrica de alumínio localizada em São Luís, no Maranhão.

Vamos começar com o caso de Érrico, responsável pelo fechamento das contas de 35 unidades da empresa. Até algum tempo atrás, ele consumia pelo menos 50 horas de trabalho antes de enviar a Pittsburgh, sede mundial da Alcoa, o balanço mensal no terceiro dia útil após o encerramento de cada mês. Hoje são necessárias apenas oito horas para fazer o mesmo trabalho. 'Se você enxerga uma cadeia de valor, onde existem clientes e *fornecedores*, você consegue usar esse modelo na área administrativa', diz Érrico.

Passemos, agora, à experiência da Alumar, dona de um faturamento de 500 milhões de dólares no ano passado. A empresa sofria com um grande desperdício de *matéria-prima*, e alguns de seus lingotes de alumínio eram fabricados fora do padrão de qualidade, depreciando o produto em até 15%. O processo de fabricação era caro e demorado. Após a introdução do ABS, o padrão mundial para esse tipo de atividade foi introduzido. Desde então, a Alumar diminuiu seus *custos* em 35 milhões de dólares.

O conceito de produção sob demanda – algo que vem sendo perseguido em setores tão distintos como o de *jeans* e o de automóveis – revolucionou o funcionamento da fábrica de *embalagem* PET e de tampas para garrafas de bebidas, em Alphaville, na Grande São Paulo. Até 1998, a unidade era incapaz de, por exemplo, trocar rapidamente a cor de uma tampinha. Um pedido como esse poderia levar até um mês para ser atendido. 'Trabalhávamos com um módulo de cor fechado ao longo de todo o mês. Se o pedido do cliente chegasse fora do dia programado para usar a cor que ele desejava, ele era obrigado a esperar', diz Elvis Eduardo Gimenes, gerente da divisão de *embalagens* da Alcoa. Isso já não acontece mais. Hoje, a unidade atende a esse tipo de pedido em apenas um dia. A troca de pigmento que antes levava meia hora é feita hoje na metade do tempo. O número de trocas de cores feitas por mês também aumentou 20 vezes. Resultado: o investimento nos *estoques* de pigmentos passou de 400 mil para 28 mil dólares. 'Mudamos nossa mentalidade. Hoje é o pedido do cliente que aciona a linha de produção. Ele define o modelo do produto, a cor, o tamanho do lote e a data de entrega', diz Azevedo. A obsessão em eliminar o *desperdício* e em melhorar a qualidade e a eficiência é um trabalho que nunca acaba. Por trás dela há um objetivo que aproxima empresas como Alcoa e Toyota: querer se tornar a melhor companhia do mundo é algo tão especial que nenhum concorrente possa copiar" (grifos nossos).

ILUSTRAÇÃO

Quando estudamos os Circulantes (Ativo e Passivo) detectamos a situação financeira da empresa. Nos casos de empresas comerciais e industriais, se AC > PC, normalmente a situação financeira é favorável. A recíproca também é verdadeira.

As atividades operacionais (compras e vendas de mercadorias) afetam a situação financeira da empresa, exigindo do administrador financeiro muita competência para a gestão do capital de giro (AC e PC).

No Capítulo 12, o item estudado que mais é afetado pelas atividades operacionais são as *Duplicatas a Receber* resultantes de *Vendas* a Prazo.

Outro item afetado no Ativo Circulante é o *Estoque*, consequência das *Compras*. No Capítulo 13, tratamos especificamente de Estoques.

As *Compras*, por sua vez, geram *Fornecedores* (no Passivo Circulante, quando se tratar de compras a prazo). No Capítulo 15 trataremos especificamente de Fornecedores.

Por meio das Duplicatas a Receber, calculamos quantos dias, em média, a empresa espera para receber suas vendas (Prazo Médio de Recebimento de Vendas – PMRV).

Por meio dos Estoques, calculamos quantos dias, em média, a empresa demora para vender (girar) seus Estoques (Prazo Médio de Rotação dos Estoques – PMRE).

Mediante os Fornecedores, calculamos quantos dias, em média, a empresa leva para pagar suas compras (Prazo Médio de Pagamento das Compras – PMPC).

No Capítulo 12, identificamos o cálculo do Ciclo Operacional, ou seja:

$$\text{Ciclo Operacional} = \text{PMRE} + \text{PMRV}$$

Vimos o cálculo do Recebimento das Vendas	$\text{PMRV} = \dfrac{\text{Duplicata a Receber} \times 360 \text{ dias}}{\text{Vendas Brutas}}$

Agora, vamos calcular a Rotação do Estoque	$\text{PMRE} = \dfrac{\text{Estoque Final}^{10} \times 360 \text{ dias}}{\text{Custo das Vendas}}$

O Custo das Vendas das empresas comerciais é o Custo da Mercadoria Vendida:

$$\text{CMV} = \text{Estoque Inicial} + \text{Compras} - \text{Estoque Final}$$

O Custo das Vendas das empresas industriais é o Custo do Produto Vendido:

$$\text{CPV} = \text{Est. Inicial} + \text{Compras} + \text{Gasto Fabricação} - \text{Est. Final}$$

Considerando o exemplo de que o PMRE é de 35 dias e o PMRV é de 30 dias, o Ciclo Operacional é de 65 dias.

A empresa melhora sua situação de Capital de Giro quando reduz o Ciclo Operacional, ou seja, gira o estoque com mais velocidade e recebe suas vendas mais rápido.

Assim, surgem, para melhorar a situação financeira, política de administração de estoque, política de crédito, política de cobrança etc.

RESUMO

A avaliação a menor ou a maior do Estoque interfere diretamente no lucro do exercício. Por exemplo, se superavaliarmos o Estoque Final, o Lucro Líquido ficará superavaliado; se o subavaliarmos, o Lucro Líquido também ficará subavaliado.

---

[10] Estoque Médio se as compras forem oscilantes (irregulares) ou se houver inflação de dois dígitos.

Dos Regimes de Controle de Estoque e Inventários temos o Periódico (inventário levantado no fim de cada período contábil) e o Permanente (conhecemos permanentemente a quantidade e o valor dos estoques).

Os Critérios de Atribuição de Preços ao Estoque são os seguintes:

CRITÉRIOS	CARACTERÍSTICAS	ESTOQUE	I. RENDA	LUCRO	PARA FINS GERENCIAIS[11]
Preço Específico	Controle por Unidade	Valorizado a Custo Específico	Aceita	Lucro Histórico Real	É pouquíssimo usado na prática
PEPS ou FIFO	Primeiro que entra, primeiro que sai	Valorizado pelas últimas entradas remanescentes	Aceita	Normalmente, dá maior Lucro	Inadequado
UEPS ou LIFO	O último que entra, o primeiro que sai	Valorizado pelas primeiras entradas remanescentes	Não Aceita	Normalmente o Lucro é menor que o PEPS e o PM	Satisfatório
Preço Médio	A média ponderada de diversas compras	Valorizado pelo preço médio de mercado	Aceita	Normalmente o Lucro é entre o UEPS e o PEPS	Inadequado
Reposição ou NIFO	Preço corrente de mercado para repor o Estoque	Valorizado pelo preço corrente de Mercado	Não Aceita	Normalmente, dá Menor Lucro	O mais adequado

A regra "Custo ou Mercado,[12] dos dois o menor" (o preço de mercado é pouco aplicado em nosso país, uma vez que os preços estão sempre em alta).

AVALIAÇÃO DO APROVEITAMENTO

a) Estes testes deverão ser respondidos em cinco minutos – 30 segundos para cada um.

b) Não responda se tiver dúvidas.

c) Se você acertar menos que 70% (sete questões), não passe para a etapa seguinte; leia novamente o capítulo.

d) As respostas encontram-se no final do livro.

1. Se o Estoque Final foi superavaliado, o Lucro da empresa:
   ( ) **a)** Permanecerá o mesmo.
   ( ) **b)** Será aumentado.
   ( ) **c)** Será diminuído.
   ( ) **d)** É imprevisível.

2. Como Regimes de Inventários, temos:
   ( ) **a)** Específicos.
   ( ) **b)** Permanente e Periódico.
   ( ) **c)** Quantitativo e Qualitativo.
   ( ) **d)** LIFO, FIFO e Preço Médio.

3. Para o Comércio, que irá recuperar o ICMS, podemos dizer que:
   ( ) **a)** O IPI é Custo.
   ( ) **b)** O IPI não é Custo.
   ( ) **c)** O ICMS é Custo.
   ( ) **d)** O IPI normalmente é recuperado.

4. O inventário periódico é comum em:
   ( ) **a)** Supermercados.
   ( ) **b)** Revendedores de veículos.
   ( ) **c)** Revendedores de iates.
   ( ) **d)** Comércio de eletrodomésticos.

5. Em termos de Critério de Atribuição de Preços aos Estoques, podemos dizer:
   ( ) **a)** O FIFO não é permitido pela legislação.
   ( ) **b)** O LIFO não é recomendável em época inflacionária.

[11] Numa economia inflacionária.

[12] Valor Realizável Líquido.

286 | CONTABILIDADE EMPRESARIAL E GERENCIAL ■ *José Carlos Marion*

( ) **c)** O Preço Médio se adequa ao Controle Permanente.

( ) **d)** O NIFO é aceito pela nossa legislação.

6. No que tange ao valor do Estoque:

( ) **a)** Custo Específico: o Estoque fica valorizado pelo Preço Médio.

( ) **b)** PEPS: o Estoque fica valorizado pelas primeiras entradas remanescentes.

( ) **c)** UEPS: o Estoque fica valorizado pelas últimas entradas remanescentes.

( ) **d)** Médio: o Estoque fica valorizado pelo preço médio ponderado.

7. A avaliação do Estoque a Custo de Reposição é conhecida por:

( ) **a)** FIFO.

( ) **b)** LIFO.

( ) **c)** NIFO.

( ) **d)** Preço Médio.

8. "Custo ou Mercado (Valor Justo), dos dois o Menor", está ligado a:

( ) **a)** Objetividade.

( ) **b)** Materialidade.

( ) **c)** Consistência.

( ) **d)** Apenas uma exigência da norma CPC 16.

9. Para tomadas de decisão recomenda-se como critério de avaliação de Estoque:

( ) **a)** Custo Histórico.

( ) **b)** Custo Histórico Corrigido.

( ) **c)** Custo de Reposição.

( ) **d)** Custo Histórico Médio.

10. O Imposto de Renda não aceita como critérios de avaliação de Estoque os seguintes:

( ) **a)** LIFO e NIFO.

( ) **b)** LIFO e FIFO.

( ) **c)** LIFO e Preço Médio.

( ) **d)** LIFO e Preço Específico.

EXERCÍCIOS

1. A empresa Vende Tudo possuía em seus estoques no início do período 25 unidades do produto X. O valor do estoque, ao custo, é de $ 50.000. Durante o exercício a empresa comprou mais 150 unidades do produto X, ao valor de $ 2.500 cada. Em seu estoque no final do exercício apurou que haviam 12 unidades do produto, com valor de $ 30.000. Com base nas informações, e desconsiderando possíveis tributos incidentes, determine o Custo da Mercadoria Vendida (CMV).

2. Se o estoque final de uma determinada empresa for manipulado em suas demonstrações contábeis, para menos, quais serão as consequências?

3. A empresa Empresarial utiliza como critério de baixa de estoque o método do Primeiro que Entra, Primeiro que Sai (PEPS). Durante o exercício ela apresentou os seguintes dados: (a) Estoque inicial do produto A de 500 unidades ao custo unitário de $ 20. (b) Comprou em 01/02 150 unidades do produto A ao preço de $ 22. (c) Em 15/02 vendeu 400 unidades. (d) Em 18/02 comprou mais 500 unidades ao custo de $ 25 e, em 27/02, vendeu 700 unidades. Elabore a ficha de apuração do estoque.

4. Uma empresa comprou uma determinada matéria-prima, à vista, pelo valor de $ 250, com ICMS de 18% e IPI de 20%, no valor de $ 50, totalizando $ 300. Efetue os lançamentos contábeis.

5. No valor do custo dos estoques, é possível a inclusão do valor pago em embalagens?

Ativo Não Circulante 14

OBJETIVOS

Ao completar o estudo deste capítulo, você deverá estar preparado para explicar e exercitar os seguintes conceitos:

- Grupos que são classificados no Ativo Não Circulante.
- Ativo Imobilizado, como mensurá-lo e os principais critérios de tratamento.
- Subtrações do Ativo Imobilizado (Depreciação, Amortização, Exaustão e Redução ao valor recuperável de ativos).
- Ativo Intangível.
- Investimento de natureza permanente e seus critérios de classificação e avaliação.
- Propriedades para Investimentos.

INTRODUÇÃO

Este grupo – Ativo Não Circulante – foi introduzido por meio da Lei nº 11.941/2009.

ATIVO	PASSIVO E PL
Circulante	Circulante
Não Circulante	Não Circulante
• ————	Patrimônio Líquido
• Investimentos	
• Imobilizado	
• Intangível	

O Ativo Não Circulante divide-se em quatro grupos: Realizável a Longo Prazo, Investimentos, Imobilizado e Intangível. Analisaremos cada um na ordem natural de importância, *sendo que o Realizável a Longo Prazo foi estudado no Capítulo 12.*

14.1 IMOBILIZADO

14.1.1 Natureza do Ativo Imobilizado

Entende-se por Ativo Imobilizado todo ativo de natureza relativamente permanente que se utiliza na operação dos negócios de uma empresa e que não se destina à venda. Podemos diferenciar, no conceito dado, três afirmações importantes que devem coexistir para que possamos classificar um Ativo Não Circulante Imobilizado. Isso quer dizer que não basta que tenhamos apenas uma ou duas características: são necessárias três características, concomitantemente:

a) Natureza relativamente permanente.
b) Ser utilizado na operação dos negócios.
c) Não se destinar à venda.

Dizemos que é de natureza *relativamente* permanente porque praticamente nenhum bem (exceto Terrenos) possui vida ilimitada dentro da empresa, sofrendo desgaste com o uso e, com o passar do tempo, obsolescência. Isso tanto é verdade que a própria lei reconhece e autoriza as empresas a contabilizarem tais desgastes, como teremos oportunidade de estudar quando discutirmos Depreciação.

Assim, o edifício da fábrica, por exemplo, constitui-se num Ativo Não Circulante Imobilizado, pois possui, concomitantemente, as três características mencionadas: é uma propriedade relativamente permanente, é utilizada na operação dos negócios e não se destina à venda.

Um bem pode ser considerado como Ativo Não Circulante Imobilizado em uma empresa e não ser assim considerado em outra, cujas características de negócios sejam diferentes. Por exemplo:

- Edifícios são considerados Imobilizado para uma indústria que os utiliza como sede, fábrica, escritório. Porém, os de propriedade de uma companhia imobiliária ou de uma incorporadora *não* são considerados Ativos Não Circulante quando se destinam à venda.
- Veículos, em uma companhia de transportes, são considerados Ativos Não Circulante Imobilizados, enquanto na empresa automobilística os veículos destinados à venda são considerados Ativo Circulante.
- Do mesmo modo, as máquinas e grandes prensas utilizadas nas companhias automobilísticas, de estamparia e outras são consideradas Imobilizado, não o sendo, entretanto, para as indústrias que as produzem.

De maneira geral, o Ativo Imobilizado, até 2007, podia ser classificado em Tangível e Intangível. Com a Lei nº 11.638/2007, o Intangível passou a ser um grupo de contas separado no Não Circulante.

A. Tangíveis (Corpóreos)

São aqueles que têm uma substância concreta e que podem ser tocados, palpados. Exemplos:

- *Sujeitos a depreciação*: Edifícios e Equipamentos.
- *Não sujeitos a depreciação*: Terrenos e Obras de Arte.
- *Sujeitos a exaustão*: Reservas Minerais e Florestais.

Observação: Conceitos de Depreciação, Amortização e Exaustão serão vistos à frente.

B. Intangíveis (Incorpóreos)

O Ativo Intangível ou Incorpóreo ou Ativo Invisível é o bem que não se pode tocar, pegar, que passou a ter grande relevância com base nas ondas de fusões e incorporações na Europa e nos Estados Unidos e será estudado no grupo Intangível (14.3).

14.1.2 Itens que Compõem o Ativo Imobilizado

- Terrenos (realmente utilizados pela empresa em suas atividades operacionais).
- Edifícios (realmente utilizados pela empresa em suas atividades operacionais).
- Instalações (integradas aos Edifícios: hidráulicas, contra incêndios, elétricas, sanitárias etc.).
- Máquinas e Equipamentos (para realizar a atividade da empresa).
- Móveis e Utensílios (mesas, cadeiras, microcomputadores, impressoras, fax, arquivos etc.).
- Veículos (de utilização para cargas, para vendas, para administração etc.).

- Ferramentas (com vida útil superior a um ano).
- Benfeitorias em Propriedades Arrendadas (construções, instalações etc. em prédios de terceiros).
- Direitos sobre Recursos Naturais (aquisição de direitos para exploração de jazidas de minérios etc.).

14.1.3   Mensuração no Reconhecimento

No momento inicial, ou seja, no reconhecimento de um Ativo Imobilizado, este deve ser mensurado pelo seu custo.

A composição do custo de um Ativo Imobilizado pode compreender:

a)   O preço de aquisição, acrescido de impostos não recuperáveis, deduzidos os descontos comerciais e abatimentos.

b)   Qualquer custo necessário para colocar o ativo no local e nas condições necessárias para que este seja capaz de funcionar da forma como foi projetada pela administração.

c)   Estimativas de custos de desmontagem e remoção do ativo e de restauração do local, caso representem uma obrigação assumida.

14.1.4   Mensuração após o Reconhecimento

Existem dois métodos que podem ser utilizados para mensuração de um Ativo Imobilizado após o seu reconhecimento:

a)   **Método do Custo**: O valor do ativo é apresentado ao custo menos depreciação e perda por redução ao valor recuperável (*impairment*) acumuladas.

b)   **Método da Reavaliação**: O ativo pode ser apresentado ao seu valor justo, na data da reavaliação (caso este possa ser mensurado confiavelmente), menos qualquer depreciação e perda por redução ao valor recuperável acumuladas subsequentes. A reavaliação deve ser realizada com regularidade para garantir que o valor contábil do ativo não apresente divergência relevante em relação ao valor justo na data do balanço.

Contudo, a Lei nº 11.638/2007 proíbe a reavaliação de ativos. Dessa forma, a aplicação do Método da Reavaliação prevista no CPC 27 – Ativo Imobilizado, somente poderá ser realizada quando houver alteração e consequente permissão legal.

14.1.5   Manutenção e Reparos no Ativo Imobilizado

A princípio, observamos que uma característica do Ativo Imobilizado é vida relativamente longa. Pode-se entender como longa uma vida útil superior, pelo menos, a um ano. Assim, se adquirirmos uma ferramenta (normalmente Imobilizado), cuja vida útil seja inferior (por exemplo, quatro meses) a um ano, a contabilizaremos como *despesa do período* (DRE), pois só beneficiará a empresa por um exercício, não sendo, portanto, classificada no Imobilizado.

Para os bens classificados no Imobilizado (vida útil superior a um ano), temos que incorrer em certos gastos para mantê-los ou recolocá-los em condições normais de uso. Esses gastos são denominados Manutenção e Reparos.

Gastos de Manutenção e Reparos normalmente não aumentam a vida útil do bem ou a capacidade de produção. Por isso, é comum contabilizar tais gastos como despesas do período.

14.1.6   Melhorias no Ativo Imobilizado

Por meio de uma reforma ou substituição de partes do bem que contribua para o aumento da vida útil ou da capacidade produtiva, há a ocorrência de Melhoria no Ativo Imobilizado.

Nesse caso, adicionaremos o custo da melhoria ao valor do bem.

14.1.7 Imobilizações em Andamento

Deverão constar do Imobilizado certas Imobilizações que se encontram em formação (andamento) e no futuro entrarão em uso para a empresa: construções de prédios em andamento; construções de máquinas (para uso da empresa) em andamento; importações em andamento de bens imobilizados; adiantamento a fornecedores de bens imobilizados etc.

14.2 SUBTRAÇÕES DO IMOBILIZADO

14.2.1 Depreciação

A maior parte dos Ativos Imobilizados (exceção feita praticamente a Terrenos) tem vida útil limitada, ou seja, será útil à empresa por um conjunto de períodos finitos, também chamados Períodos Contábeis. À medida que esses períodos forem decorrendo, dar-se-á o desgaste dos bens, que representam o custo a ser registrado.

O custo do Ativo Imobilizado é destacado como uma despesa nos períodos contábeis em que o Ativo é utilizado pela empresa. O processo contábil para essa conversão gradativa do Ativo Imobilizado em Despesa chama-se *Depreciação*. A depreciação é uma despesa porque todos os bens e serviços consumidos por uma empresa são Despesas.

> *Poderá ser computada como Custos (Despesas), em cada exercício, a importância correspondente à diminuição do valor dos bens do Ativo Imobilizado resultante dos desgastes pelo Uso, Ação da Natureza e Obsolescência.*[1]

Depreciação perante o Imposto de Renda

Para efeito de Imposto de Renda, a depreciação não é obrigatória; todavia, é interessante que a empresa a faça para apuração do Lucro Real do exercício (pagando menos Imposto de Renda), apresentando um lucro mais próximo da realidade. Contudo, se o contribuinte deixar de depreciar num exercício, não poderá, no exercício seguinte, fazê-lo acumuladamente, em virtude do "princípio legal da independência dos exercícios (ou competência de exercícios)". A depreciação efetuada fora do exercício em que ocorreu a utilização dos bens do ativo, bem como a depreciação calculada a maior que as taxas permitidas, não é dedutível como custos, ou encargos, para fins do Imposto de Renda. Porém, pela Contabilidade, a depreciação é obrigatória.

Taxa Anual da Depreciação

Para cálculo da Taxa de Depreciação Anual é necessário estimar a vida útil do bem, isto é, quanto ele vai durar, levando em consideração as *Causas Físicas* (o uso, o desgaste natural e a ação dos elementos da natureza) e as *Causas Funcionais* (a inadequação e o obsoletismo, considerando o aparecimento de substitutos mais aperfeiçoados).

Então, a Taxa de Depreciação Anual é estabelecida em função do prazo de vida útil do bem a depreciar. Assim, se um bem pode ter a duração de cinco anos, admite-se uma taxa anual de 20%, isso porque a taxa anual corresponde à divisão de 100% pelo número de anos do prazo de vida útil do bem. Também a Depreciação pode ser calculada por unidade produzida e outros métodos.

---

[1] *Obsolescência*: Determinado equipamento está obsoleto quando perde a competitividade, pois está superado por outro equipamento que produz o mesmo produto ou similar, com tantas vantagens ou com custos inferiores; tais vantagens tornam inviável a operação do equipamento obsoleto.

TAXAS DE DEPRECIAÇÃO ANUAL FIXADAS PELA LEGISLAÇÃO DO IMPOSTO DE RENDA[2]	
Grupos de Bens do Imobilizado	% a.a.
Bens Móveis em geral	10
Edifícios e Construções	4
Biblioteca	10
Ferramentas	20
Máquinas e Instalações Industriais	10
Veículos em geral	20
Tratores	25
Computadores e Periféricos (*hardware*)	20

Depreciação Acelerada (para fins fiscais)

As taxas de depreciação fixadas pela Legislação do Imposto de Renda são para uma jornada normal de trabalho (turno de oito horas). Portanto, quando ocorre a adoção de dois ou três turnos de oito horas, quanto aos bens móveis comprovadamente utilizados, poderão ser adotados os coeficientes de aceleração de 1,5, quando são dois turnos, e de 2,0, quando são três turnos. Isso porque é admissível que o uso intensivo do bem reduzirá sua vida útil.

Assim, se a empresa está trabalhando em dois turnos, a Taxa de Depreciação será:

	TAXA NORMAL		COEFICIENTE	TAXA ACELERADA
Máquinas:	10%	×	1,5	15%
Ferramentas:	20%	×	1,5	30%
. . . .	. . .	×	1,5	. . .
. . . .	. . .	×	1,5	. . .
Para três turnos:				
Máquinas:	10%	×	2,0	20%
. . . .	. . .	×	2,0	. . .
. . . .	. . .	×	2,0	. . .

Depreciação

Os encargos de depreciação, amortização e exaustão podem ser computados mensalmente, observado o seguinte critério:

Registro de 1/12 do encargo anual, em cada mês-calendário, se a empresa permanecer no regime mensal de apuração do lucro real.

Efeitos da Depreciação (DRE e BP)

O item Despesas de Depreciação é uma conta que deve figurar na Demonstração de Resultados do Exercício (DRE).

No Balanço Patrimonial, a Depreciação aparece deduzindo o Imobilizado (conta retificativa).

Assim, como podemos observar no exemplo a seguir, a Cia. Moeda Estável faz a *primeira depreciação* de um veículo que lhe custou $ 200.000. Dessa forma, após a Depreciação (20%), teremos uma despesa (DRE) de $ 40.000 (o lucro será reduzido em $ 40.000) e uma diminuição no valor do Veículo (BP) de $ 40.000, que passa a $ 160.000 ($ 200.000 (–) $ 40.000).

---

[2] Estas taxas não são ideais para se praticar. A taxa correta é aquela que reflete a análise feita pela administração da vida útil de cada bem.

Moeda Estável S.A. – Cia. Comercial Anti-inflação

1º Ano de Depreciação

Custo de Aquisição de Veículo: $ 200.000,00
Taxa = 20%
Data da Aquisição: 2-1-X1
Depreciação Anual: $ 40.000

DEMONSTRAÇÃO DO RESULTADO DO EXERCÍCIO

Moeda Estável S.A. – Cia. Comercial Anti-inflação

De 1º-1-X1 a 31-12-X1

Receita	____
– CMV	
Lucro Bruto	Despesa
(–) Despesas Operacionais	
Administrativas	____
Depreciação	40.000
Financeiras	____
Lucro Operacional	____

BALANÇO PATRIMONIAL

Moeda Estável S.A. – Cia. Comercial Anti-inflação

Em 31-12-X1

ATIVO		P e PL
		____
		____
Não Circulante		____
Imobilizado		____
Veículo	200.000	____
(–) Depreciação Acumulada	(40.000)	____
	160.000	____

Subtração

No segundo ano, faremos nova Depreciação no item Veículo. Teremos, então, uma nova despesa de $ 40.000 ($ 200.000 × 20%) na DRE, diminuindo o lucro do exercício. Assim como no primeiro ano, os $ 40.000 de Depreciação também irão reduzir o item Veículo no Imobilizado (BP). Só que, agora, não são apenas os $ 40.000 do segundo ano que reduzirão a conta de balanço, mas estes serão adicionados (acumulados) aos $ 40.000 do primeiro ano. Portanto, teremos uma Depreciação Acumulada de $ 80.000, reduzindo o Imobilizado, como vemos no exemplo a seguir.

2º Ano de Depreciação

Custo de Aquisição do Veículo = $ 200.000,00
Taxa 20% Data de aquisição: – 2-1-X1
Depreciação Anual – $ 40.000

DEMONSTRAÇÃO DO RESULTADO DO EXERCÍCIO

Moeda Estável S.A. – Cia Comercial Anti-inflação
De 1º-1-X2 a 31-12-X2

Receita	———
(–) CMV	———
Lucro Bruto	———
(–) Despesas Operacionais de Vendas	———
———	Despesa
———	———
Administrativas	———
———	———
Depreciação	40.000
———	———
Financeiras	———
———	———
Lucro Operacional	———

BALANÇO PATRIMONIAL COMPARADO

Moeda Estável S.A. – Cia Comercial Anti-inflação
De 31-12-X2

ATIVO	31-12		P + PL
	X2	X1	
———			———
Acúmulo na Depreciação			
Não Circulante Imobilizado		Balanço Anterior	
Veículo	200.000	200.000	
(–) *Depreciação Acumulada*	(80.000)	(40.000)	
	120.000	160.000	

Neste exercício, estamos alocando a despesa de Depreciação para o grupo Despesas Operacionais. Se a depreciação, entretanto, decorrer de bens da fábrica de uma indústria, esta será alocada no item Custo do Produto Vendido (primeiramente no Estoque).

No terceiro ano, faremos nova Depreciação no item Veículo. Teremos, então, uma nova despesa de $ 40.000 ($ 200.000 × 20%), que irá reduzir o lucro na DRE.

A Depreciação Acumulada (conta retificativa do item Veículo) passará, agora, para $ 120.000:

1º ano	40.000
2º ano	40.000
3º ano	40.000
	120.000

Por conseguinte, teremos, no Balanço Patrimonial:

Não Circulante
   Imobilizado
      • Veículo   200.000
      (–) Depr. Acum.   (120.000)
                   80.000

Como podemos entender facilmente, o Veículo será totalmente depreciado no 5º ano (pois a vida útil dele é de cinco anos):

Não Circulante
   Imobilizado
      • Veículo   200.000
      (–) Depr. Acum.   (200.000)
                     0

No final do 5º ano, portanto, teríamos saldo zero. O saldo seria igualmente zero no final da vida útil do bem, ainda que sobre ele incidisse reavaliação. Pelo fato de encontrarmos saldo zero, não significa que devamos dar baixa em Veículo. Daqui para a frente, este bem, se continuar funcionando, não se tornará despesa para a empresa, pois já está totalmente depreciado.

Só daremos baixa no momento em que o Veículo for tirado de circulação. Qualquer preço que a empresa conseguir na alienação desse bem (mesmo como sucata) será considerado lucro, uma vez que seu custo é zero.

Métodos de Cálculo de Depreciação

Encontram-se, na literatura contábil, muitos métodos de depreciação, dos quais podemos mencionar os seguintes:

a) Método da Linha Reta (quotas constantes).
b) Método das Taxas Fixas.
c) Método das Taxas Variáveis.
d) Método de Cole.
e) Método de Horas Trabalhadas.
f) Método de Unidades Produzidas.
g) Método da Depreciação Decrescente.
h) Métodos Especiais.

O Método da Linha Reta, que é um dos mais simples, oferece a vantagem da aceitação fiscal. Ele consiste no cálculo exemplificado a seguir:

Exemplo: *Veículo adquirido ao custo de $ 600.000, com vida útil estimada de cinco anos.*

Fórmula do Método da Linha Reta:

Depreciação do Período = Custo do Bem ÷ Vida Útil Provável

Demonstração: $\dfrac{600.000}{5 \text{ anos}} = 120.000$

ANOS	DESPESA DE DEPRECIAÇÃO	DEPRECIAÇÃO ACUMULADA	SALDO CONTÁBIL
1	120.000	120.000	480.000
2	120.000	240.000	360.000
3	120.000	360.000	240.000
4	120.000	480.000	120.000
5	120.000	600.000	-0-
Total	600.000		

Na verdade, a maioria esmagadora das empresas utiliza-se do Método da Linha Reta, considerando sua aceitação pelo Imposto de Renda. Ressalta-se, porém, que é um método que normalmente não reflete a realidade econômica do negócio.

Saldo Contábil

No exemplo anterior, o valor residual foi igual a zero; no entanto, algumas empresas estimam um valor residual representando a quantia que será recebida pela venda do bem, quando ele não for mais útil. Esse saldo é conhecido como "valor residual contábil".

Admitindo a existência de um valor residual estimado de $ 20.000, no exemplo dado, teremos as seguintes modificações:

1. Na fórmula:

$$\text{Depreciação do Período} = \frac{\text{Custo do Bem} - \text{Valor Residual}}{\text{Vida Útil Provável}}$$

2. No cálculo da Depreciação do Período:

$$\frac{600.000 - 20.000}{5} = 116.000 \text{ por ano}$$

A utilização do Valor Residual diminui a despesa de depreciação; portanto, aumenta o lucro do período. Também, deixa o Ativo com avaliação mais próxima da realidade.

Há certas situações em que o valor residual é imprescindível. O touro, para uma fazenda, é Imobilizado até o momento em que deixar de ser eficiente como reprodutor. O fato de ele não ser mais utilizado como reprodutor não significa que não valha mais nada, pois poderá ser vendido a um frigorífico, para abate. O valor residual será a estimativa de seu valor para abate no final de sua vida útil como reprodutor.

14.2.2   Amortização

Conceito

A Amortização corresponde à perda do valor do capital aplicado em Ativos Intangíveis (veja item 14.3). Assim, são amortizáveis os Ativos Não Circulante Intangíveis de duração limitada, ou seja: os Direitos Autorais, as Patentes e o Direito de Exploração etc.

Cálculo da Amortização

A amortização do período é calculada de acordo com a seguinte fórmula:

$$\text{Amortização do Período} = \frac{\text{Valor do Direito}}{\text{n}^{\underline{o}} \text{ de Períodos de Duração}}$$

Efeitos da Amortização

Os efeitos são semelhantes aos da Depreciação, porém, são usadas contas próprias. Exemplos: "Despesa de Amortização" e "Amortização Acumulada". Cabem, aqui, as mesmas considerações que foram feitas a respeito da Depreciação Acumulada referente a uma conta retificativa do Ativo, diminuindo o saldo do valor original até seu limite, ou mesmo reavaliado.

Não confundir Amortização de Intangível (a perda do valor do Ativo Intangível, contabilizada como despesa) com Amortização de Financiamento (pagamentos de parcelas de dívidas).

14.2.3   Exaustão

Conceito

"A Exaustão corresponde à perda do valor, decorrente da exploração de direitos cujo objeto sejam recursos minerais ou florestais, ou bens aplicados nessa exploração."

Aplicação do Conceito

Ao contrário das propriedades que se deterioram física ou economicamente, os Recursos Naturais se esgotam. O esgotamento é a extinção dos recursos naturais e a exaustão é a extinção do custo ou do valor desses recursos naturais (mina, floresta, poço petrolífero etc.).

Assim, à medida que se extingue o Recurso Natural, registra-se a Exaustão do valor desse recurso.

Cálculo da Exaustão

A exaustão do período é calculada de modo semelhante à Amortização, assim como seus efeitos e demais considerações também aqui se aplicam. Se for previsto algum valor residual, esse fato deve ser considerado, como já foi explicado no caso da depreciação. O cálculo do montante deve levar em conta:

a) Os princípios de depreciação, com base no custo de aquisição ou na proporção dos recursos minerais.

b) O volume da produção no ano.

c)   A razão entre o potencial conhecido da mina e o volume de produção do período.

d)   O prazo de duração do contrato, se preferida pela empresa essa base.

Ressalte-se que valor residual é bastante comum para o cálculo de exaustão quando se adquire o terreno onde se encontram os recursos naturais a serem explorados. Assim, por exemplo, se a Cia. W adquire uma pedreira, o terreno onde está localizada a pedreira deverá, no cálculo da exaustão, ser destacado, dado que, no final da exploração da pedreira, continuará como propriedade da Cia. W.

Preço pago pela Cia. W pela pedreira, com o terreno:	$ 12.900.000
Valor estimado do terreno por ocasião da compra:	$ 2.500.000
Prazo estimado para esgotamento total da pedreira:	7 anos

$$\text{Exaustão anual} = \frac{12.900.000 - 2.500.000}{7 \text{ anos}} = \$ 1.485.714$$

14.2.4   Redução ao Valor Recuperável de Ativos (*Impairment*)
Conceito

Todos os ativos devem ser avaliados, periodicamente, para que seja verificado se o valor registrado na Contabilidade é, de fato, recuperável, ou seja, se este reflete economicamente seu valor real. Para tanto, é necessário a realização de um teste em que são avaliados o valor de venda do ativo, menos os custos para vendê-lo e o valor de uso do ativo, utilizando-se o maior destes dois para a comparação com o valor contábil líquido. No Brasil, a reavaliação de ativos está proibida pela Lei nº 11.638/2007, portanto, somente podemos modificar o valor do ativo para menos caso o resultado do teste aponte que seu valor não é recuperável.

O pronunciamento CPC 01, determina que a aplicação do teste deve ser feita nos ativos imobilizados e nos ativos intangíveis. No entanto, os demais ativos acabam também sofrendo testes que podem reduzir o seu valor, como é o caso, por exemplo, da conta "clientes", onde frequentemente as entidades constituem provisão para perdas como a "PDD", também podemos citar como exemplo os estoques e a provisão para redução a valor de mercado etc.

Não Aplicabilidade

As regras dispostas no CPC 01 não se aplicam a:

a)   estoques;

b)   ativos de contrato e ativos resultantes de custos para obter ou cumprir contratos que devem ser reconhecidos de acordo com o CPC 47 – Receita de Contrato com Cliente;

c)   ativos fiscais diferidos;

d)   ativos advindos de planos de benefícios a empregados;

e)   ativos financeiros que estejam dentro do alcance do CPC 48 – Instrumentos Financeiros;

f)   propriedade para investimento que seja mensurada ao valor justo;

g)   ativos biológicos relacionados à atividade agrícola dentro do alcance do Pronunciamento Técnico CPC 29 – Ativo Biológico e Produto Agrícola que sejam mensurados ao valor justo líquido de despesas de vender;

h)   custos de aquisição diferidos e ativos intangíveis advindos de direitos contratuais de companhia de seguros contidos em contrato de seguro dentro do alcance do Pronunciamento Técnico CPC 11 – Contratos de Seguro; e

i)   ativos não circulantes (ou grupos de ativos disponíveis para venda) classificados como mantidos para venda em consonância com o Pronunciamento Técnico CPC 31 – Ativo Não Circulante Mantido para Venda e Operação Descontinuada.

A não aplicação a esses tipos de ativos deve-se pelo fato de que o ajuste ao seu valor recuperável está disposto em outros pronunciamentos e são realizados de outras maneiras.

Ativos Financeiros

O teste deverá ser aplicado também em ativos financeiros classificados como:

a) Controladas, conforme definido no Pronunciamento Técnico CPC 36 – Demonstrações Consolidadas;

b) Coligadas, conforme definido no Pronunciamento Técnico CPC 18 – Investimento em Coligada, em Controlada e em Empreendimento Controlado em Conjunto; e

c) Empreendimento controlado em conjunto, conforme definido no Pronunciamento Técnico CPC 19 – Negócios em Conjunto.

Teste de Recuperabilidade

Devemos realizar o teste de recuperabilidade em ativos, quando houver algum indicador, interno ou externo, que seu valor não é recuperável.

Como indicadores internos podemos citar: evidência de obsolescência ou de dano físico; mudanças significativas atuais ou futuras que tenham efeito adverso na entidade, na maneira como o ativo será utilizado, como exemplos: planos de descontinuidade ou reestruturação da operação, planos para baixa antes da data esperada; evidência proveniente de relatório interno que indique que o desempenho econômico de um ativo é ou será pior que o esperado etc.

Como indicadores externos temos: indicações observáveis de que o valor do ativo diminui significativamente durante o período, mais do que seria de se esperar como resultado da passagem do tempo ou do uso normal; mudanças atuais ou futuras no ambiente tecnológico, de mercado, econômico ou legal, no qual a entidade opera ou no mercado para o qual o ativo é utilizado; aumento de taxas de juros de mercado ou outras taxas de mercado; o valor contábil do patrimônio líquido da entidade é maior do que o valor de suas ações no mercado etc.

Portanto, constatada a existência de um ou mais indicadores, parte-se para a realização do teste.

Algumas etapas devem ser seguidas para a realização do teste:

1ª Etapa:

A primeira etapa é encontrar o valor de venda do ativo, menos os custos para vendê-lo (também denominado Valor Justo Líquido de Despesas de um Ativo), para isso é necessário que seja realizada uma pesquisa em um mercado ativo desse item e depois estimar possíveis despesas para vendê-lo como comissões, transporte, impostos etc.

Caso não haja um mercado ativo, então o valor justo líquido deve se basear na melhor informação disponível para refletir o valor que a entidade poderá obter para a baixa do ativo, deduzindo as despesas de venda.

2ª Etapa:

A segunda etapa consiste em encontrar o chamado valor em uso, que é o valor presente de fluxos de caixa futuros esperados para um ativo.

Essa etapa é a mais complexa do teste, porque envolve diversas estimativas e julgamentos.

Para calcular o valor em uso é necessário levar em conta o seguinte:

a) estimar fluxos de caixa futuros que a entidade espera obter com o ativo;

b) refletir sobre expectativas em relação a variações possíveis tanto no montante como no período dos fluxos de caixa;

c) considerar o valor do dinheiro no tempo, considerado pela taxa de juros livre de riscos;

d) avaliar o preço por assumir o risco da incerteza (prêmio);

e) outros fatores, como falta de liquidez etc.

Portanto, devemos estimar um fluxo de entradas e saídas futuras de caixa, provenientes do uso contínuo do ativo até o final de sua vida útil e aplicar uma taxa de desconto apropriada para trazer esse fluxo a valor presente.

Contudo, estimar fluxos de caixa futuros não é uma tarefa fácil em razão do grau de incerteza sobre eventos futuros, por isso, o CPC 01 descreve algumas recomendações ao projetar um fluxo de caixa:

a) Utilizar premissas razoáveis e embasadas que representem a melhor estimativa, por parte da administração, do conjunto de condições econômicas que existirão ao longo da vida útil remanescente do ativo.

b) Basear as projeções nos orçamentos financeiros mais recentes aprovados pela administração, excluindo qualquer estimativa de fluxo de caixa que se espera surgir das reestruturações futuras ou da melhoria ou aprimoramento do desempenho do ativo. Essas projeções devem abranger normalmente o período máximo de cinco anos, salvo se forem apresentadas justificativas fundamentadas para um período mais longo.

c) Estimar as projeções de fluxo de caixa para além do período abrangido pelas previsões ou orçamentos mais recentes pela extrapolação das projeções baseadas em orçamentos ou previsões usando uma taxa de crescimento estável ou decrescente para anos subsequentes, a menos que uma taxa crescente possa ser devidamente justificada. Essa taxa de crescimento não deve exceder a taxa média de crescimento, de longo prazo, para os produtos, setores de indústria ou país ou países nos quais a entidade opera ou para o mercado no qual o ativo é utilizado, a menos que se justifique, fundamentadamente, uma taxa mais elevada.

Outro problema é a escolha da taxa de desconto que deve ser aplicada, que em muitos casos pode ser de difícil determinação. A taxa de desconto a ser utilizada é aquela normalmente aplicada pelo mercado para ativos semelhantes, ou não sendo possível determinar esta, pode utilizar-se o custo médio ponderado de capital.

3ª Etapa:

A terceira etapa consiste em verificar qual o maior valor entre os dois apurados nas etapas anteriores e utilizar este para compará-lo com o valor contábil líquido (valor original menos a depreciação ou amortização) do ativo.

Caso o valor contábil líquido do ativo seja superior ao valor encontrado no teste, então deve-se reduzir o valor contábil desse ativo reconhecendo em contrapartida uma perda no resultado do exercício.

Lembrando que a legislação brasileira não permite a reavaliação de ativos, portanto, se o resultado encontrado no teste for superior ao valor contábil líquido do ativo, nada deverá ser feito.

Exemplo prático:

Vamos a um exemplo prático de aplicação do teste de recuperabilidade.

A indústria ABC possui um único item em seu Ativo Imobilizado, uma máquina fabril. Seu valor contábil é de $ 300.000 e sua depreciação acumulada é de $ 60.000. Há indicadores internos de desvalorização apontados pela administração. Diante disso faz-se necessária a realização do teste de recuperabilidade.

Após realização do teste chegou-se ao valor justo líquido de $ 150.000 e ao valor em uso de $ 170.000. Dessa forma, deveremos utilizar como base o maior valor entre os dois, ou seja, $ 170.000.

Agora, para sabermos se deveremos reconhecer uma perda por desvalorização deveremos encontrar o valor contábil líquido.

Para determinação do valor contábil líquido teremos:

Valor Contábil	$ 300.000
(–) Depreciação Acumulada	$ 60.000
(=) **Valor Contábil Líquido**	**$ 240.000**

Devemos agora compará-lo com o valor recuperável encontrado no teste:

Valor Contábil Líquido	$ 240.000
Valor Recuperável	$ 170.000
Diferença	**$ 70.000**

Verifica-se que o valor recuperável é menor do que o valor contábil líquido, a diferença é de $ 70.000. Dessa forma, deveremos reconhecer uma perda por desvalorização nesse valor. O lançamento contábil ficará:

LANÇAMENTO	VALOR $
Perda por desvalorização de Ativo (resultado do exercício)	70.000
a (–) Perdas estimadas por valor não recuperável (redutora do Ativo Imobilizado)	70.000

Dessa forma, o balanço da indústria ABC ficaria da seguinte maneira:

ATIVO		PASSIVO E PL
Circulante		Circulante
Não Circulante		Não Circulante
[...]		Patrimônio Líquido
Imobilizado		
Máquina	300.000	
(–) Depreciação	(60.000)	
(–) Perdas Estimadas por valor não recuperável	(70.000)	
	170.000	

Importante salientar que após reconhecida a perda por valor recuperável é necessário que sejam refeitos os cálculos de depreciação de maneira prospectiva, considerando como base o novo valor recuperável.

Unidade Geradora de Caixa

Unidade Geradora de Caixa é o menor grupo identificável de ativos, cujas entradas de caixa sejam altamente independentes dos demais ativos. A Unidade Geradora de Caixa pode ser um único ativo ou até mesmo um segmento operacional todo.

O teste de recuperabilidade pode ser aplicado em uma Unidade Geradora de Caixa, caso não seja possível aplicá-lo em um ativo individualmente.

Como exemplo, vamos imaginar que para a produção de um determinado produto, uma empresa possui um conjunto de máquinas, esse conjunto forma o que chamamos de linha de produção. Embora as máquinas possam ser tratadas de forma separada contabilmente, o conjunto delas é que, de fato, produz o produto e, portanto, gera benefícios econômicos para a entidade. Nesse caso, a aplicação do teste será feita nesta Unidade Geradora de Caixa.

Periodicidade do Teste

Uma vez realizado o teste de recuperabilidade este deverá ser feito anualmente, sempre no mesmo período que foi realizado da primeira vez.

Reversão da Perda por Desvalorização

É possível que ao realizar um teste, em um período futuro, este aponte uma valorização de um determinado ativo, que havia sido reduzido ao seu valor recuperável. Nesse caso, a perda constituída anteriormente poderá ser revertida, porém, limitada ao valor contábil líquido anterior à sua constituição.

É necessária muita atenção nesse caso, porque se for revertido um valor maior do que a provisão para perdas, constituídas em períodos anteriores, isso se caracterizará um aumento do ativo, ou seja, uma reavaliação, que atualmente está proibida, no Brasil, pela Lei nº 11.638/2007.

14.3 INTANGÍVEL

A legislação diz que devem ser classificados no grupo Intangível os direitos que tenham por objeto bens incorpóreos destinados à manutenção da companhia ou exercido com esta finalidade, inclusive o fundo de comércio adquirido. Sem dúvida, o item mais importante do Intangível é a marca.

A palavra Intangível vem do latim *tangere*, ou "tocar". Os bens intangíveis, portanto, são bens que não podem ser tocados, porque não têm corpo. Na linguagem contábil um termo que se aproxima do Intangível é *Goodwill*. No final deste capítulo, em "Ilustração", fazemos uma abordagem diferenciando Intangível × *Goodwill* × Capital Intelectual.

A expressão *Goodwill* é comumente traduzida para o português como Fundo de Comércio,[3] embora não sejam tecnicamente sinônimos. Outra expressão usada para identificar *Goodwill* é Capital Intelectual.

Goodwill é comumente definido, de forma não perfeita, como um Ativo Intangível que pode ser identificado pela diferença entre o valor contábil e o valor de mercado de uma empresa. Mas, propriamente, é a diferença entre Valor de Mercado dos Ativos e Passivos e o Valor de Mercado da Empresa.

Em outras palavras, diz-se que *Goodwill* é uma espécie de ágio, de um valor agregado que tem a empresa em função da lealdade dos clientes, da imagem, da reputação, do nome da empresa, da marca de seus produtos, do ponto comercial, de patentes registradas, de direitos autorais, de direitos exclusivos de comercialização, de treinamento e habilidade de funcionários etc.

Todos esses exemplos são reais, mas difíceis de ser avaliados, já que muitas vezes são subjetivos. Por exemplo, a marca Marlboro pode ter valor para muitos e ser odiada por aqueles que não gostam de cigarros. Em função desse subjetivismo, normalmente fica difícil de ser destacado pela Contabilidade.

Podem existir diversos tipos e categorias de ativos intangíveis como, por exemplo: *softwares*, patentes, direitos autorais, direitos sobre filmes cinematográficos, listas de clientes, direitos sobre hipotecas, licenças de pesca, quotas de importação, franquias, relacionamentos com clientes ou fornecedores, fidelidade de clientes, participação no mercado e direitos de comercialização.

PAUSA PARA REFLEXÃO

O grupo Skandia FS foi a primeira empresa no mundo a divulgar um relatório contendo informações sobre a avaliação de seu capital intelectual. Elaborou uma fórmula para mensurar o valor do capital intelectual dessa organização, onde verificou o valor da empresa no mercado de ações, subtraiu seu capital financeiro; o que sobrou foi considerado o capital intelectual. A partir daí, desencadeou todo um processo para estabelecer o valor do capital intelectual dessa organização.

Alguns autores definem o valor do capital intelectual como a diferença entre o valor dos ativos tangíveis e o valor de mercado da empresa, ou seja, se uma empresa estiver sendo vendida por R$ 12.000.000 (valor de mercado), mas seu ativo tangível vale R$ 5.500.000, a diferença (R$ 6.500.000) é respectivamente o valor do capital intelectual, segundo vários autores. Diante do conceito abordado de *Goodwill*, por que podemos falar que o exemplo dado aqui não está rigorosamente correto?

14.3.1 Um ativo intangível deve ser reconhecido no balanço se, e apenas se:

a) for provável que os benefícios econômicos futuros esperados atribuíveis ao ativo sejam gerados em favor da entidade;

b) o custo do ativo puder ser mensurado com segurança; e

c) for identificável e separável, ou seja, puder ser separado da entidade e vendido, transferido, licenciado, alugado ou trocado, seja individualmente ou em conjunto com um contrato, ativo ou passivo relacionado.

O Pronunciamento Técnico CPC 04 aborda o Ativo Intangível.

---

[3] Veja o conceito de Fundo de Comércio no Capítulo 3.

14.3.2 Mensuração Inicial

O ativo intangível deve ser reconhecido inicialmente pelo custo. Esse custo pode ser determinado por diversas origens, como:

a) Aquisição em separado: Quando um ativo intangível é adquirido de forma clara e seu custo é mensurado com confiabilidade. Podem compor o custo, além do preço pago, os impostos não recuperáveis, depois de deduzidos os descontos comerciais e abatimentos e quaisquer outros custos atribuíveis à preparação do ativo intangível para que este atenda à finalidade proposta. Como exemplo podemos citar: a aquisição de uma determinada marca, onde fique claro por contrato o valor pago por este ativo, a aquisição de uma carteira de clientes, com as mesmas características já mencionadas.

b) Aquisição como parte de combinação de negócios: Ocorre quando o ativo intangível for adquirido em uma combinação de negócios,[4] ou seja, fazia parte de uma outra companhia e veio para a adquirente. Nesse caso o custo deve ser o valor justo na data da aquisição.

c) Aquisição por meio de subvenção ou assistência governamentais: Quando um governo transfere ou destina a uma entidade ativos intangíveis como, por exemplo: concessão de estações de rádio, televisão, direitos de exploração de aeroportos etc. Nesse caso, seu custo inicial deve ser reconhecido ao valor justo ou, quando este não for possível, ao valor nominal, acrescidos de gastos diretamente atribuídos à preparação do ativo para o uso.

d) Permuta de Ativos: Pode haver a aquisição de ativos intangíveis por meio de permuta por ativo ou ativos não monetários, ou as duas coisas em conjunto. O custo será mensurado pelo valor justo, salvo se: (a) a operação de permuta não tenha natureza comercial; ou (b) o valor justo do ativo recebido e do ativo cedido não possa ser mensurado com confiabilidade.

14.3.3 Ativo Intangível Gerado Internamente

É possível o reconhecimento de ativos intangíveis gerados internamente, mas, para que isso ocorra, é preciso que ele se qualifique como tal, ou seja: (a) haja perspectiva de geração de benefícios econômicos futuros esperados; e (b) seu custo possa ser confiavelmente mensurado.

Os ativos intangíveis gerados internamente devem ser classificados em duas fases:

a) Fase de Pesquisa: É a fase em que estão sendo feitas sondagens, pesquisas, avaliações de viabilidade de projetos etc. Como há incerteza sobre se essa fase se concretizará em um ativo intangível e também como não há como determinar se há perspectiva de geração de benefícios futuros, **nenhum** ativo intangível deve ser reconhecido, dessa forma, os gastos incorridos devem ser reconhecidos como despesa.

b) Fase de Desenvolvimento: É a fase seguinte, onde as pesquisas e estudos já foram concluídos e o desenvolvimento do ativo intangível começa. Contudo, só deve ser realizado o reconhecimento dos gastos de desenvolvimento como ativo intangível se todos os seguintes itens, relacionados no CPC 04, puderem ser atendidos:

    a) viabilidade técnica para concluir o ativo intangível de forma que ele seja disponibilizado para uso ou venda;

    b) intenção de concluir o ativo intangível e de usá-lo ou vendê-lo;

    c) capacidade para usar ou vender o ativo intangível;

    d) forma como o ativo intangível deve gerar benefícios econômicos futuros. Entre outros aspectos, a entidade deve demonstrar a existência de mercado para os produtos do ativo intangível ou para o próprio ativo intangível ou, caso este se destine ao uso interno, a sua utilidade;

    e) disponibilidade de recursos técnicos, financeiros e outros recursos adequados para concluir seu desenvolvimento e usar ou vender o ativo intangível; e

---

[4] **Combinação de negócios** é o termo utilizado para operações como fusões, aquisições e incorporações em que haja mudança de controle acionário da(s) companhia(s) e seu tratamento está disposto no CPC 15 – Combinação de Negócios.

f) capacidade de mensurar com confiabilidade os gastos atribuíveis ao ativo intangível durante seu desenvolvimento.

14.3.4 Mensuração após o Reconhecimento

É permitida a utilização de dois métodos nas mensurações subsequentes de ativos intangíveis. O método do custo e o Método da Reavaliação, quando esta for permitida por lei, que no caso do Brasil não o é.

O método do custo consiste na apresentação do ativo intangível ao seu custo, menos a eventual amortização acumulada e a perda acumulada (valor recuperável de ativos).

A amortização e a redução ao valor recuperável de ativos foram tratadas nos itens 14.2.2 e 14.2.4, respectivamente.

14.3.5 Vida Útil

Os ativos intangíveis podem ter vida útil definida ou indefinida (quando não se pode precisar o período em que o ativo gerará fluxos de caixa para a entidade).

Se o ativo tiver vida útil definida, este deverá sofrer amortização, de forma sistemática ao longo da sua vida útil estimada, a partir do momento em que estiver disponível para o uso, conforme tratamos no item 14.2.2.

Já os ativos intangíveis com vida útil não determinada ou indefinida não devem ser amortizados e estão sujeitos ao teste de recuperabilidade de ativos que deve ser realizado anualmente e sempre que existam indícios de que o ativo intangível possa ter perdido valor, conforme explicamos no item 14.2.4.

14.4 INVESTIMENTOS

São aplicações relativamente permanentes, com propensão a produzir renda para a empresa. São participações voluntárias ou incentivadas, em empresas e direitos de propriedade, não enquadráveis no Ativo Circulante, nem no Realizável a Longo Prazo, nem mesmo no Imobilizado, *pois não se destinam à atividade operacional da empresa*. Como exemplos de aplicações neste grupo citamos as *participações voluntárias, as participações incentivadas e outros* direitos que não se destinam à manutenção da atividade da empresa.

A. Participações Voluntárias

São ações e quotas adquiridas pela empresa como investimento, com caráter de continuidade, devido a algum tipo de interdependência. Verificam-se principalmente em Sociedades Coligadas e Controladas.

B. Participações Incentivadas

São as participações efetuadas por meio dos Incentivos Fiscais em determinadas áreas, e em atividades (setores) tais como Reflorestamento, Turismo (Embratur) e Pesca (Sudepe), mediante dedução de parte do Imposto de Renda devido. Essas aplicações foram comuns principalmente nas décadas de 70 e 80, desaparecendo nos últimos anos.

C. Outros Investimentos (Não Circulante)

Finalmente, os outros Ativos classificáveis no Não Circulante com características de Permanente são: "os direitos de qualquer natureza, e que não se destinem à manutenção da atividade da companhia ou empresa".

Os exemplos existentes, enquadráveis nessa classificação, são:

- Os Imóveis Alugados a Terceiros (Propriedades para Investimento).
- Os Terrenos para futura expansão (não utilizados, no momento, pela empresa).
- Os Quadros e Obras de Arte.

14.5 AVALIAÇÃO DOS INVESTIMENTOS

São dois os métodos de avaliação:

- Método pelo Valor Justo – CPC 48 (ou Custo).
- Método da Equivalência Patrimonial (MEP).

A avaliação pelo valor justo

A avaliação pelo Valor Justo será substituída pelo Custo quando inexistir o preço de cotação em Mercado Ativo e não for possível uma mensuração confiável a Valor Justo.

O Método Equivalência Patrimonial ocorre em três situações:

- Investimentos em Coligadas.
- Investimentos em Controladas.
- Investimentos em entidades controladas em conjunto.

Observação: os conceitos de Coligadas e Controladas serão vistos no item 14.6.

14.5.1 Métodos de Avaliação de Aplicações no grupo Investimentos

14.5.1.1 Método de custo (quando não for possível o Valor Justo)

Os Investimentos são avaliados pelo Custo de aquisição.

Como vimos, o correto seria o Valor Justo. Todavia, em função das dificuldades de se obter cotação no mercado acaba-se avaliando pelo Custo.

Embora apresentemos um exemplo pelo Valor de Custo[5] (abaixo), ressaltamos que o Conselho Federal de Contabilidade (CFC) aprovou o Pronunciamento Técnico CPC 48, levando a obrigatoriedade do Valor Justo para todos os tipos societários.

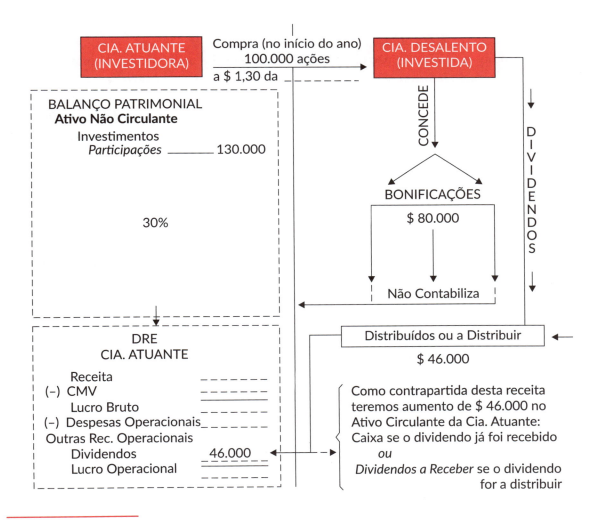

---

[5] Valor de Custo: exclusivamente para os casos de impossibilidade ou não confiabilidade do Valor Justo.

> *Bonificações* consistem no recebimento gratuito da Cia. Atuante de um número de ações proporcional à quantia já possuída em virtude de aumento do capital da Cia. Desalento por incorporação de reservas ou lucros, sem alteração do valor nominal. Era uma prática constante no Brasil.
>
> *Dividendo* é parte do Lucro Líquido da Cia. Desalento distribuído a seus acionistas.
>
> A Cia. Atuante, uma de suas acionistas, recebe o Dividendo proporcional ao número de ações.

Provisões para perdas

Deverá ser deduzida de Investimentos uma provisão para perdas prováveis na realização de seu valor, quando essa perda estiver comprovada como permanente, assim entendida a de impossível ou improvável recuperação. Essa provisão deverá ser realizada no caso de Investimentos em participação no Capital Social de outras sociedades, bem como nos demais Investimentos.

Ressaltamos que na avaliação dos demais Investimentos prevalecerá o custo de aquisição ou o valor de mercado (de venda), quando este for menor (conservadorismo).

Exemplo de Provisão para Perdas

> A Cia. Orangotango investiu na Empresa Indecisa há cinco anos.
>
> A decisão de investir nesta empresa foi tomada baseando-se em constantes lucros observados na Indecisa. Todavia, nos últimos três anos, a Indecisa vem apresentando prejuízos, e seu Patrimônio Líquido, no último balanço, apresenta uma redução em 40% em relação aos demonstrativos apresentados no último período em que a empresa obteve lucro.
>
> Constatou-se, ainda, que não há perspectiva de a Indecisa melhorar a curto prazo, uma vez que sua situação decorre de fatores conjunturais, alheios à sua vontade. Há dúvidas se a Indecisa superará essa crise.
>
> O Balanço Patrimonial da Orangotango apresenta Investimentos avaliados pelo método de custo. A participação da Indecisa está contabilizada em $ 1.500.000, valor esse mantido no balanço desde o último ano em que a Indecisa apurou lucro.

Este é um caso típico de Provisão para Perdas:

a) Houve queda do valor patrimonial das ações.

b) Os prejuízos são sucessivos e não há perspectivas de melhora.

c) Podemos comprovar as perdas como permanentes, ou seja, entendidas como impossíveis ou improváveis de recuperação.

d) A legislação do Imposto sobre a Renda só aceita a perda como dedutível desde que seja constituída depois de três anos da aquisição do Investimento (embora, se necessária, a provisão para perdas deva ser realizada, mesmo que não dedutível).

e) A provisão poderá ser realizada à base de 40% sobre a participação, que é exatamente o correspondente à redução do Patrimônio Líquido da Indecisa.

Como podemos observar, a Provisão para Perdas reduz Investimentos e, em contrapartida, reduz o lucro pelo mesmo valor.

No caso de ser utilizado o Valor Justo, consideramos o valor pelo qual um ativo pode ser negociado entre partes interessadas. Se utilizado o Valor Justo, as variações deste Valor Justo são reconhecidas diretamente no resultado de cada período.

BALANÇO PATRIMONIAL
(*Antes* da Provisão para Perdas)
Cia. Orangotango

ATIVO		PASSIVO E PL
Não Circulante		
Investimentos	1.500.000	

Provisão p/ Perdas

Investimento × Índice
1.500.000,00 × 40%

Prov. p/ Perdas = 600.000

Após a Provisão

BALANÇO PATRIMONIAL
(*Após* a Provisão para Perdas)
Cia. Orangotango

ATIVO		PASSIVO E PL
Não Circulante		
Investimentos	1.500.000	
(–) Prov. p/ Perdas	(600.000)	
	900.000	

Demostração do resultado do exercício

Cia. Orangotango

Receita	
(–) CMV	
Lucro Bruto	
(–) Desp. Oper.	
Lucro Oper.	
(–) Desp. não Operacionais	
Provisão p/ Perdas	
Invest.	(600.000)
Lucros antes IR	

14.5.1.2 *Método da equivalência patrimonial (equity)*

As empresas obrigadas a utilizar o Método da Equivalência Patrimonial reconhecem os resultados de suas participações em outras empresas no momento em que tais resultados são gerados nessas empresas.

Este método traz uma notável contribuição à avaliação de Investimentos Permanentes, no item Participações em outras Companhias. Note que, pelo método de Custo ou pela sistemática anterior, o resultado das aplicações em outras empresas só é reconhecido no momento em que são distribuídos os Dividendos. Dessa forma, o princípio básico de "Competência dos Exercícios" não era e não é (no método de custo) rigorosamente colocado em prática.

O método consiste, em primeiro lugar, em determinar o percentual de participação no capital da Investida.

Em segundo lugar, multiplica-se este percentual pelo Patrimônio Líquido da Investida e o resultado será o valor do Investimento da Investidora.

A diferença entre o valor do Investimento, obtido no item anterior, e o custo de aquisição será registrada como Demonstração do Resultado do Exercício (DRE).

14.5.2 Exemplo de Equivalência Patrimonial

Vamos apresentar um exemplo de uma situação prática, onde a Empresa Cavalgadura (Investidora), obrigada a utilizar o Método da Equivalência Patrimonial (veremos à frente quando as empresas estão obrigadas a utilizar esse método), contabiliza os resultados e quaisquer variações patrimoniais no momento em que estas são geradas na Empresa Lusitana (Investida), mesmo que os resultados não sejam distribuídos.

DADOS:

Em 10-1-X1, a Empresa Cavalgadura adquire 40% das ações da Empresa Lusitana.

O Patrimônio Líquido da Empresa Lusitana é constituído apenas pelo Capital de $ 32,5 milhões (32,5 milhões de ações ao valor nominal de $ 1,00 cada uma).

Após intensa negociação, a Empresa Cavalgadura adquire o lote de ações por $ 13 milhões (40% × 32,5 milhões), ou seja, 13 milhões de ações a $ 1,00 cada uma.

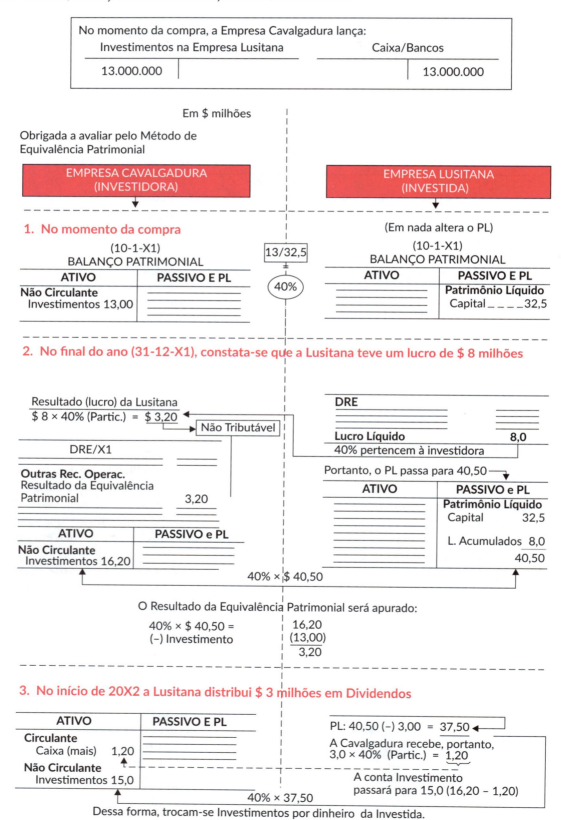

A conta Investimento na Empresa Cavalgadura tem o saldo de $ 15 milhões

Investimentos na Empresa Lusitana	
1) 13.000.000 2) 3.200.000	3) 1.200.000
15.000.000	

---

4. Em meados de 20X2, a Lusitana altera seu ativo em mais 4,0 milhões na conta Ajuste de Avaliação Patrimonial (AAP)

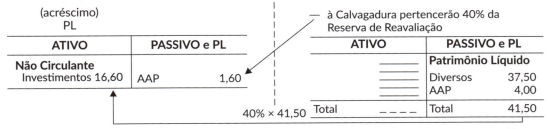

O Ajuste de Avaliação Patrimonial na Investida será modificado conforme informação de mudanças na investidora. (Veja o conceito de AAP no Capítulo 16, item 16.4)

---

5. Variação na porcentagem de participação da sociedade Investidora

5.1 Perda de Capital por não exercer o direito de subscrição

No final do ano de 20X2, a Lusitana aumenta seu capital, em dinheiro, em 100%, emitindo mais de 32,5 milhões de ações a $1,00 cada uma, vendendo-as sem ágio (Lucro). A Cavalgadura nada subscreve.
A nova participação da Cavalgadura no Capital da Lusitana passou a ser de 20%, ou seja,

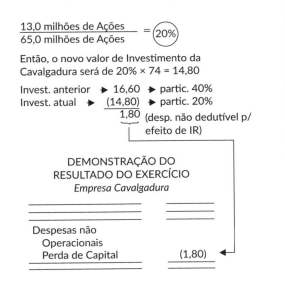

BALANÇO PATRIMONIAL
Empresa Lusitana

ATIVO	PASSIVO e PL
Circulante Disponível (+) 32,5	**Patrimônio Líquido** Capital 65,00 L. Acumulados 5,00 Aj. Av. Patr. 4,00 74,00

Veja que as ações são vendidas por um valor abaixo do Valor Patrimonial; por isso, a Cavalgadura perdeu em não subscrever. Observe que neste caso teremos uma **Despesa Não Operacional** na Cavalgadura

5.2 Ganho de Capital por diluição na participação de outros acionistas (outros acionistas não exercem o direito de subscrição). Outras empresas:

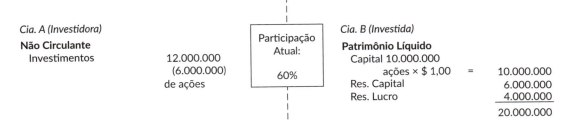

A Cia. B (Investida) aumentou o capital de $ 10.000.000 para $ 20.000.000 em dinheiro, sendo que a Cia. A (Investidora) faz integralmente a subscrição, já que os demais acionistas desistem. Neste caso, observe que a participação de 60% vai passar para 80%:

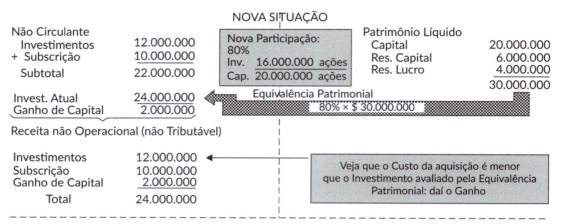

6. Novas aquisições societárias – novamente a Cavalgadura

A Empresa Cavalgadura adquire à vista 30% das ações da Cia. Espertinha, por $ 5,0 milhões, sendo que o Patrimônio Líquido da Cia. Espertinha é de $ 15 milhões.

Nesta operação, a Cavalgadura pagou ágio de 0,5 milhão.

30% × 15,0 = $ 4,5 milhões
Ágio _ _ _ = $ 0,5 milhão
Total _ _ _ = $ 5,5 milhões

ATIVO	PASSIVO e PL
Não Circulante Investimento 19,80	

Notas Explicativas da Cavalgadura
Participações
{ Invest. na Lusitana → 14,80
{ Invest. na Espertinha → 4,50
{ Ágio[6] na Espertinha → 0,50
Total → 19,80

Se, por exemplo, a Cavalgadura pagasse $ 3,0 milhões (em vez de $ 5,0 milhões), teríamos a seguinte composição em seu grupo de Investimentos:

Participações
   Investimento na Lusitana → 14,80
   Investimento na Espertinha → 4,50
   Deságio[7] → (1,50)
Total → 17,80

Observações:

6.1 Notas Explicativas: Conforme determinação legal, os Investimentos relevantes em outras sociedades deverão ser evidenciados em Notas Explicativas.

6.2 O valor dos Ágios ou Deságios será baixado (amortizado) à medida que efetivamente ocorrerem suas realizações

Os ágios e deságios poderão existir com fundamentos econômicos:

- Diferença entre o valor contábil e o valor de mercado dos bens.
- Por expectativa de Lucros futuros baseados em projeção.
- Por Fundo de Comércio, Intangível (neste caso, deverá ser classificado no grupo Intangível).

---

[6] Ágio = 0,50 (se identificar Intangível neste Ágio, a parcela identificada deverá ser classificada do grupo Intangível).
[7] Deságio = (1,50).

7. Mudança de Critério de Avaliação

Se em determinado momento a empresa for obrigada a avaliar seu Investimento pelo Método da Equivalência Patrimonial, em vez de utilizar-se de Custo, a situação será a seguinte:

- Se o saldo de Investimentos contabilizado pelo Custo for maior que o avaliado pela Equivalência Patrimonial, a diferença será contabilizada como ágio.
- Se o saldo pelo método de Custo for menor que a avaliação pela equivalência, a diferença será deságio.

A mudança do Método de Equivalência Patrimonial para o Método de Custo não propiciará ajustes.

Provisão para Perdas em Investimentos

No Método da Equivalência Patrimonial, os Investimentos também estarão sujeitos à Provisão para Perdas. Veja o caso de um incêndio (na Investida) subsequente à data do encerramento do Balanço, ou de qualquer contingência etc. O sistema de Provisão será o mesmo do utilizado no Método de Custo.

14.6 EMPRESAS QUE APLICARÃO O MÉTODO DE EQUIVALÊNCIA PATRIMONIAL

Serão avaliados pelo Método de Equivalência Patrimonial quando no Balanço Patrimonial da companhia, os investimentos em coligadas ou em controladas e em outras sociedades façam parte de um mesmo grupo ou estejam sob controle comum.

- *Sociedades Coligadas.* São coligadas as sociedades nas quais a investidora tenha influência significativa.[8] É presumida influência significativa quando a investidora for titular de 20% (vinte por cento) ou mais do capital votante da investida, sem controlá-la.
- *Sociedades Controladas.* Considera-se controlada a sociedade na qual a controladora, diretamente ou por meio de outras controladas, é titular de direitos de sócios que lhe assegurem, de modo permanente, o poder de eleger a maioria dos administradores (preponderância nas deliberações sociais).

Controle Direto ou Indireto em Controladas

O controle direto existe de uma sociedade para outra. Assim, se a *Cia. A* participa em 90% do capital da *Cia. B*, há um controle direto.

Todavia, a *Cia. B*, por sua vez, pode ter um Investimento na *Cia. C*, digamos, de 80% desse capital. Dessa forma, a *Cia. C* seria uma controlada da *Cia. A*, só que agora indiretamente, ou seja, por meio da *Cia. B*.

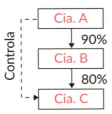

Podemos generalizar, então:

Empresas Controladas

Serão controladas as sociedades nas quais a controladora, diretamente ou por meio de outras controladas, é titular de direitos de sócios que lhe assegurem, de modo permanente, o poder de eleger a maioria dos administradores (preponderância nas deliberações sociais).

As ações, conforme a natureza dos direitos ou vantagens, podem ser Ordinárias (dão direito a voto) e Preferenciais (normalmente não têm direito a voto).

---

[8] Considera-se que há influência significativa quando a investidora detém ou exerce o poder de participar nas decisões das políticas financeira ou operacional da investida, sem controlá-la.

CONTABILIDADE EMPRESARIAL E GERENCIAL ■ José Carlos Marion

Conforme a Lei nº 10.303/2001, as ações preferenciais (sem direito a voto) não poderão ultrapassar 50% do total de ações.

Primeiro Exemplo de Investimentos em Coligadas e Controladas

Cia. Albatroz (Investidora)	
ATIVO	**PASSIVO e PL**
Não Circulante	**Patrimônio Líquido**
Investimentos	Capital 8.000.000
Cia. A 1.600.000	Reservas 2.000.000
Cia. B 1.350.000	L. Acum. 5.000.000
2.950.000	15.000.000

Cia. A (Investida)	
ATIVO	**PASSIVO e PL**
	Patrimônio Líquido

A participação da Cia. Albatroz no Capital da Cia. A é de

$$\frac{1.600.000}{8.000.000} \quad = \quad 20\%$$

Portanto, a Cia. A é Coligada considera-se que haja influência significativa na Administração da Cia. A pela Albatroz).

Cia. B (Investida)	
ATIVO	**PASSIVO e PL**
	Patrimônio Líquido
	Capital 2.000.000

A participação da Cia. Albatroz no capital da Cia. B é de

$$\frac{1.350.000}{2.000.000} = 67.5\%$$

Portanto, a Cia. B é controlada pela Albatroz.

Dessa forma, a Cia. Albatroz avaliará os Investimentos na Cia. A e na Cia. B, pelo Método de Equivalência Patrimonial, pois são Coligadas e Controladas.

Segundo Exemplo de Investimentos em Coligadas e Controladas (sem presunção de influência significativa)

Investimentos da Cia. Teresina (Investidora), cujo Patrimônio Líquido é de $ 80.000.000.

INVESTIDAS	VALOR CONTÁBIL[9] DO INVESTIMENTO	CAPITAL DAS INVESTIDAS	PARTICIPAÇÃO NO CAPITAL	CATEGORIA DA INVESTIDA
Cia. Manaus	2.000.000	8.000.000	25% →	Coligada ou Controlada
Cia. Cuiabá	4.500.000	50.000.000	9% →	Não Coligada, não Controlada
Cia. Aracaju	450.000	500.000	90% →	Controlada
Cia. Curitiba	1.050.000	150.000.000	0,7% →	Não Coligada, não Controlada
Cia. Goiânia	10.000.000	80.000.000	12,5% →	Não Coligada, não Controlada
Total	18.000.000	–0–	–0–	

---

[9] Admitimos, ainda, que as ações possuem o valor nominal de $ 1,00 cada uma.

Neste caso, faríamos o Método de Equivalência Patrimonial em relação aos Investimentos nas Cias. Manaus, Aracaju e Goiâna.

> *Conclusão*: Podemos concluir que a Avaliação de Investimentos pelo Método de Equivalência Patrimonial será aplicada em empresas coligadas cuja participação seja de 20% ou mais sobre o Capital Social (dessa empresa).
>
> Sobraria, ainda, a decisão dos Investimentos em empresas cuja participação é de até 20%. Se fizerem parte do mesmo grupo ou estiverem sob controle comum serão avaliados pelo Método Equivalência Patrimonial. É preciso verificar a influência significativa.

Ainda devemos fazer o Método de Equivalência Patrimonial para as Cias. Cuiabá e Curitiba se elas fizerem parte do mesmo grupo ou estiverem sobre controle comum.

14.7 PROPRIEDADE PARA INVESTIMENTO

De acordo com o CPC 28, pode-se definir propriedade para investimento como sendo:

> "[...] a propriedade (terreno ou edifício – ou parte de edifício – ou ambos) mantida (pelo proprietário ou pelo arrendatário em arrendamento financeiro) para auferir aluguel ou para valorização do capital ou para ambas, e não para:
> (a) uso na produção ou fornecimento de bens ou serviços ou para finalidades administrativas; ou
> (b) venda no curso ordinário do negócio."

Vale ressaltar que terrenos que a entidade adquiriu e que ela ainda não determinou o uso futuro poderão ser classificados como propriedade para investimento.

A classificação de propriedades para investimento deve ser feita no grupo de Investimentos do Ativo Não Circulante.

Inicialmente, devem ser reconhecidas pelo valor de custo, incluindo-se todos os custos de transação como, por exemplo: custos de transferência da propriedade, serviços legais etc.

Posteriormente, nos levantamentos de balanços subsequentes a entidade poderá manter o valor de custo ou – e o que é mais recomendado – ajustar a valor justo, dependendo da política contábil adotada por ela.

Em suma, propriedades para investimento têm o intuito de trazer lucro para a entidade, seja por aluguéis, arrendamento operacional ou até mesmo mantidas apenas para valorização.

Podemos citar como alguns exemplos de propriedades para investimento:

a) terrenos mantidos para valorização de capital a longo prazo;
b) terrenos mantidos para um uso futuro ainda indeterminado;
c) edifício que seja propriedade da entidade e que seja arrendado sob um ou mais arrendamentos operacionais;
d) edifício que esteja desocupado, mas mantido para ser arrendado sob um ou mais arrendamentos operacionais;
e) propriedade que esteja sendo construída ou desenvolvida para futura utilização como propriedade para investimento.

Não poderão ser classificados como propriedades para investimento itens como:

a) propriedade destinada à venda no decurso ordinário das atividades ou em vias de construção ou desenvolvimento para venda;
b) propriedade em construção ou desenvolvimento por conta de terceiros;
c) propriedade ocupada pelo proprietário, por empregados (pagando ou não aluguéis) e propriedade ocupada pelo proprietário no aguardo de alienação;
d) propriedade que é arrendada a outra entidade sob arrendamento financeiro.

Pode ocorrer também de a entidade possuir uma propriedade que em parte é utilizada para suas operações e a outra parte utilizada, por exemplo, para locação. Nesse caso, se as partes puderem ser vendidas separadamente então a contabilização pode ser feita de forma separada, ou seja, mantendo a parte operacional no imobilizado e a parte para locação no grupo de investimentos. Porém, se a separação não for possível, só poderá ser classificada como propriedades para investimento se a parte que é utilizada para o operacional for insignificante, caso contrário, deverá ser mantida no imobilizado.

Como podemos ver, o uso que se fará da propriedade é que determinará sua classificação. É possível que com o passar do tempo uma propriedade possa mudar de classificação no balanço caso seu uso mude. Por exemplo, um imóvel de propriedade da entidade utilizado por ela e classificado no imobilizado, pode, no futuro, vir a ser desocupado e alugado para terceiros, nesse caso, a classificação mudará para investimentos e vice-versa.

PAUSA PARA REFLEXÃO

De 1994 a 2000, os gastos de empresas, agências governamentais, organizações sem fins lucrativos e universidades nos EUA com pesquisa e desenvolvimento (P&D) cresceram 56% para mais de $ 264 bilhões, segundo a National Science Foundation, uma agência do governo. A produção por empregado por hora trabalhada começou a crescer rapidamente mais ou menos na mesma época. A produtividade cresceu em média 2,5% por ano de 1996 a 2000, em comparação com ganhos anuais de 1,4% nos 20 anos anteriores. Esses gastos com P&D, que têm crescido em todo o mundo, poderiam ser contabilizados como Ativo Intangível ou o certo seria Despesas?

*Acesse o **QR Code** e assista ao vídeo sobre Ativo Não Circulante.*

ILUSTRAÇÃO

INTANGÍVEL: CAPITAL INTELECTUAL × *GOODWILL*

Algumas tentativas de definir ou explicar Capital Intelectual têm sido alvo de diversos pensadores.

A princípio se falava muito em capacidade intelectual humana. Com o tempo, adicionaram-se à inteligência, ao conhecimento existente dentro da empresa, outras variáveis, tais como: marcas, patentes, *designs*, liderança tecnológica, clientes, lealdade de clientes, tecnologia de informação, treinamento de funcionários, indicadores de qualidade, relacionamento com fornecedores, desenvolvimento de novos produtos.

A própria definição de Capital Intelectual ainda não está consolidada, quanto mais sua mensuração no campo objetivo da Contabilidade.

A ênfase dos relatórios contábeis tem sido o passado, a avaliação objetiva; a ideia de Capital Intelectual é futuro, ou seja, fatores dinâmicos ocultos que afetam o destino da organização, nem sempre possíveis de ser avaliados. O exemplo da árvore explica como é muito mais simples avaliar o patrimônio visível das entidades. Mostra ainda que, pelo fato de não se avaliar a parte invisível (raízes da árvore), pode-se deixar de prever o futuro da árvore. As raízes podem, com muitos nutrientes, melhorar a produção e produtividade da árvore, como também qualquer doença poderia provocar problemas sérios no futuro. Assim, o capital intelectual de uma empresa, hoje, vai definir seu futuro.

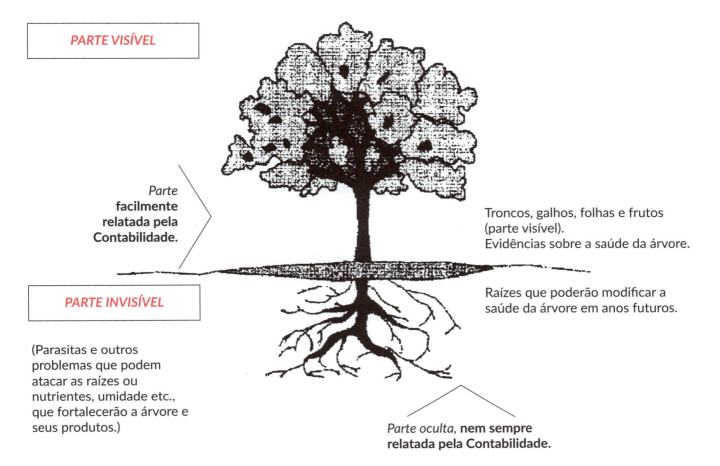

Segundo Leif Edvinsson e Michael S. Malone, autores do livro *Capital intelectual*, o Capital Intelectual (definido como um capital não financeiro que representa a lacuna oculta entre o valor de mercado e o valor contábil) e o *Goodwill* são valores idênticos num determinado momento. Todavia, a visão contábil do *Goodwill* é temporal e limitada, enquanto que a de Capital Intelectual é progressiva em constante renovação.

O conceito correto de *Goodwill* é a diferença entre o valor da empresa e o valor de mercado dos Ativos e Passivos.

A diferença entre o valor da empresa e o valor contábil dos Ativos e Passivos é denominado, nos meios contábeis, de **Ágio**, e não *Goodwill*.

Admita um processo de privatização em que *experts* em avaliação calculam o valor da empresa no mercado à razão de $ 5.000. Todavia, um comprador, examinando a perspectiva de lucros futuros excepcionais, sua projeção pessoal em termos de *status* e poder, em virtude dessa aquisição, a melhoria de seus negócios em termos sinérgicos etc., paga $ 8.200 por essa empresa. Nesse caso, temos um *Goodwill* **Objetivo** (adquirido) de $ 3.200 (valor pago na aquisição da empresa (–) Valor de Mercado dos Ativos e Passivos Adquiridos).

Em situação em que não ocorrem negociações das empresas, pode-se calcular o *Goodwill* Subjetivo, que é a diferença entre o Valor Presente dos Fluxos Futuros de Caixa menos o Valor de Mercado dos Ativos e Passivos.

Por outro lado, é verdade que o *Goodwill* tem uma previsão de vida útil. Por efeitos econômicos, contratuais, pela obsolescência ou pela natureza do negócio, o *Goodwill* desaparecerá, ao longo dos anos, do Ativo da empresa, devendo, portanto, existir a amortização, ou seja, a transformação do Ativo, que deixa de trazer benefícios futuros em despesa.

Dessa forma, o conceito de *Goodwill* não é o mesmo que Capital Intelectual e também não é exatamente a expressão legal muito usada no Brasil Fundo de Comércio.

ATUALIDADES

A seguir, apresentamos trechos de um artigo, da UOL, publicado em 14 de dezembro de 2017, sobre a compra da Fox, feita pela Disney, em um negócio bilionário que ilustra bem nossos tópicos de investimentos e de ativos intangíveis (grifos nosso).

"Agora é oficial: a Walt Disney Company comprou as divisões de entretenimento da companhia 21st Century Fox por US$ 52,4 bilhões. O negócio histórico, que marca a união de dois dos maiores conglomerados de Hollywood, foi anunciado formalmente nesta quinta-feira (14).

O valor total da transação é ainda mais alto: **US$ 66,1 bilhões**, já que a Disney assumiu US$ 13,7 bilhões em dívidas da Fox.

Na compra, a empresa do Mickey leva o estúdio de cinema 20th Century Fox, a distribuidora Fox Searchlight Pictures, a produtora Fox 2000 e uma rede de televisão que inclui o grupo FX e o National Geographic, assim como mais de 300 canais internacionais.

Em declaração oficial, o CEO da Disney, Bob Iger, afirmou que a aquisição 'reflete a demanda crescente dos consumidores por uma maior diversidade de experiências de entretenimento, que sejam mais atraentes, acessíveis e convenientes.

O acordo também irá expandir substancialmente o nosso alcance internacional, permitindo a nós oferecer conteúdo de primeira qualidade e plataformas de distribuição inovadoras a mais consumidores em mercados estratégicos ao redor do mundo'.

Com o negócio, a Disney passar a **ter o direito de explorar** heróis como Deadpool, Quarteto Fantástico e os X-Men, cujos direitos haviam sido negociados para a Fox antes que os estúdios Marvel fossem comprados pela gigante, em 2009. A Fox também controlava os direitos de um único filme da saga 'Star Wars': o primeiro da franquia, 'Uma Nova Esperança', que agora passa a ser abrigado pela mesma casa da LucasFilm (vendida para a Disney em 2012).

A empresa também se torna proprietária de outras grandes **franquias** do cinema, como 'Avatar' e 'Planeta dos Macacos', e de produções menores, mas prestigiadas, como 'Estrelas Além do Tempo', 'Garota Exemplar' e 'A Forma da Água'.

Com essas **marcas**, a Disney promete ser uma rival à altura de Netflix e Amazon em serviço de *streaming*.

Há especulações de que os **bens da Fox sejam combinados**, novamente, com os da News Corp., o braço do império de Murdoch dedicado a conteúdo impresso. As duas empresas haviam sido separadas em 2013."

RESUMO

O Ativo Não Circulante é integrado por recebíveis de longo prazo, investimentos, imobilizações técnicas e ativos intangíveis.

CAP. 14 ■ Ativo Não Circulante | **315**

Hoje, o principal item em muitas empresas passa a ser o Ativo Intangível. Aqui entram os conceitos de *Goodwill* e Capital Intelectual.

O grupo de Investimentos pode ser avaliado pelo Método de Custo (preço pago na aquisição), ou pelo Método da Equivalência Patrimonial (a conta Investimento varia proporcionalmente ao Patrimônio Líquido da Investida).

Os itens do Ativo Não Circulante são diminuídos pelas seguintes contas retificativas:

Depreciação	Diminui o Imobilizado Tangível (exceto Terrenos), pelo uso, ação da natureza e obsolescência.
Amortização	Diminui as aplicações em Ativos Permanentes Intangíveis e as aplicações em Ativos Diferidos.
Exaustão	Diminui as aplicações realizadas em recursos naturais e florestais pelo esgotamento desses recursos.
Provisão p/ Perdas	Diminui os Investimentos avaliados pelo Método de Custo, considerando as perdas prováveis nos investimentos realizados.
Provisão p/ Perdas por recuperabilidade	Diminui os valores de ativos imobilizados e intangíveis, caso estes não sejam recuperáveis pelo uso ou pela venda deduzidos os custos para vender.

AVALIAÇÃO DO APROVEITAMENTO

a) Estes testes deverão ser respondidos em cinco minutos – 30 segundos para cada um.

b) Não responda se tiver dúvidas.

c) Se você acertar menos que 70% (sete questões), não passe para a etapa seguinte; leia novamente o capítulo.

d) As respostas encontram-se no final do livro.

1. O Ativo Imobilizado tem três características fundamentais:
   ( ) **a)** Natureza relativamente permanente, não se destina à venda, não é utilizado no negócio.
   ( ) **b)** Natureza relativamente permanente, destina-se à venda, não é utilizado no negócio.
   ( ) **c)** Natureza relativamente permanente, não se destina à venda, é utilizado no negócio.
   ( ) **d)** Natureza relativamente permanente, destina-se à venda, é utilizado no negócio.

2. Tangíveis:
   ( ) **a)** Fundo de Comércio, Marcas e Patentes.
   ( ) **b)** Fundo de Comércio, Marcas e Obras de Arte.
   ( ) **c)** Fundo de Comércio, Edifícios e Terrenos.
   ( ) **d)** Obras de Arte, Edifícios e Terrenos.

3. A Depreciação perante o Imposto de Renda é:
   ( ) **a)** Obrigatória.
   ( ) **b)** Facultativa.
   ( ) **c)** Indispensável.
   ( ) **d)** Imprescindível.

4. Pelo Imposto de Renda, aumentando em três os turnos de trabalho, a Taxa de Depreciação Normal será multiplicada por:
   ( ) **a)** 1,0.
   ( ) **b)** 1,5.
   ( ) **c)** 2,0.
   ( ) **d)** 3,0.

5. A Amortização do Não Circulante, normalmente, refere-se a:
   ( ) **a)** Bens Tangíveis.
   ( ) **b)** Bens Intangíveis.
   ( ) **c)** Dívida a Curto Prazo.
   ( ) **d)** Dívida a Longo Prazo.

6. Um item que não compõe o Imobilizado é:
   ( ) **a)** Estoques.
   ( ) **b)** Imóveis.
   ( ) **c)** Veículos.
   ( ) **d)** Máquinas.

7. O Método *Equity* de Avaliação de Investimentos significa:
   ( ) **a)** Custos.
   ( ) **b)** Equilíbrio.

CONTABILIDADE EMPRESARIAL E GERENCIAL ■ José Carlos Marion

( ) **c)** Igualdade.

( ) **d)** Equivalência Patrimonial.

8. A exaustão perante o Imposto de Renda, para as Pessoas Jurídicas, de maneira geral é:

( ) **a)** Facultativa.

( ) **b)** Obrigatória.

( ) **c)** Recomendável.

( ) **d)** Indispensável.

9. A Exaustão ocorre normalmente com:

( ) **a)** Todos os Bens Tangíveis.

( ) **b)** Os Bens Intangíveis.

( ) **c)** Os Recursos Naturais.

( ) **d)** Os Bens Móveis.

10. Pelo Imposto de Renda, um Veículo será, normalmente, depreciado em:

( ) **a)** Dois anos.

( ) **b)** Cinco anos.

( ) **c)** Dez anos.

( ) **d)** Vinte anos.

EXERCÍCIOS

1. Por que não é permitida no Brasil a utilização do método da reavaliação em ativos imobilizados?

2. O que compõe o custo de um Ativo Imobilizado?

3. Qual taxa de depreciação devemos utilizar para máquinas?

4. A empresa Feliz possui em seus ativos uma máquina que apresenta indícios de não ter o seu valor recuperável. Para confirmar o indício, contratou a empresa *Impairment Ltda.* para realização do teste de recuperabilidade. Ao realizar o teste a empresa apurou os seguintes dados: Valor contábil líquido: $ 800.000; Valor justo líquido: $ 750.000 e Valor em uso (utilizando fluxo de caixa descontado): $ 730.000. Com base nos dados apresentados, analise o que dever ser feito, se for o caso realize os lançamentos.

5. A empresa Generosa adquiriu 30% de participação na empresa Boa Esperança, e pagou por isso o valor de $ 300.000. No final do exercício a empresa Boa Esperança apresentou um Patrimônio Líquido no valor de $ 1.800.000 e anunciou que irá distribuir dividendos no valor de $ 300.000. Diante dessas informações, verifique se a empresa Generosa está sujeita à avaliação desse investimento pelo Método da Equivalência Patrimonial ou pelo Método do Custo. Realize os lançamentos necessário na empresa Generosa.

Passivo Exigível (Circulante e Não Circulante)

OBJETIVOS

Ao completar o estudo deste capítulo, você deverá estar preparado para explicar e exercitar os seguintes conceitos:

- Passivo Exigível e suas características.
- Critérios de avaliação do Passivo.
- Passivo Circulante e suas principais contas.
- Passivo Não Circulante e suas principais contas.

INTRODUÇÃO

Já estudamos todo o Ativo. Agora, passaremos para o lado do Passivo e do Patrimônio Líquido, iniciando pelo *Passivo* (Passivo Exigível).

ATIVO	PASSIVO E PL
Circulante	Circulante
Não Circulante • Realizável a LP • Investimentos • Imobilizado • Intangível	Não Circulante • Exigível a LP
	Patrimônio Líq. • Capital • Reservas

15.1 PASSIVO EXIGÍVEL

O Passivo Exigível divide-se em Passivo Circulante e Não Circulante.

A Lei das Sociedades por Ações[1] define que as obrigações da companhia, os financiamentos, sejam classificados no Passivo Circulante, quando vencerem no exercício seguinte (ano vindouro); e no Passivo Não Circulante, se tiverem vencimento em prazo maior. O CPC 26 utiliza como critério para classificação no Passivo Circulante, valores cuja liquidação ocorrerá em até 12 meses após a data do balanço.

---

[1] Artigo 180 da Lei nº 6.404/1976, alterada pela Lei nº 11.941/2009.

Diz ainda essa lei[2] que, na companhia em que o ciclo operacional da empresa tiver duração maior que o exercício social (um ano), a classificação no Circulante ou Não Circulante terá por base o prazo desse ciclo.

Ciclo Operacional é o período de tempo que vai desde o início da industrialização até o recebimento da venda do produto industrializado. Como, normalmente, o Ciclo Operacional das empresas é inferior a um ano, a maioria das empresas adotará como exercício social esse prazo. Casos excepcionais têm Ciclo Operacional superior a um ano: estaleiros navais, edifícios, grandes equipamentos, pecuária de corte, reflorestamento etc.

15.1.1   Critérios de Avaliação do Passivo

A Lei das Sociedades por Ações determina que, no balanço, os elementos do Passivo Exigível serão avaliados de acordo com os seguintes critérios:

- As obrigações, encargos e riscos, reconhecidos ou calculáveis, inclusive Imposto de Renda a Pagar, com base no resultado do exercício, serão computados pelo valor atualizado até a data do balanço.
- As obrigações em moeda estrangeira, com cláusula de paridade cambial, serão convertidas em moeda nacional à taxa de câmbio em vigor na data do balanço.
- As obrigações, encargos e riscos classificados no Passivo Não Circulante serão ajustados ao seu valor presente, sendo os demais ajustados quando houver efeito relevante.

15.1.2   Características do Passivo Exigível

Normalmente, o Passivo Exigível deverá atender a quatro características:

1. Um exigível requer um desembolso de dinheiro no futuro.
2. Um exigível é o resultado de uma transação do passado e não de uma transação futura.
3. Um exigível tem de ser passível de mensuração ou de aproximação razoável.
4. Um exigível deverá ter uma contrapartida no ativo ou nas despesas.

15.2   PASSIVO CIRCULANTE

São as obrigações a Curto Prazo, ou seja, as que deverão ser liquidadas dentro do exercício social seguinte (próximo ano), ou conforme o ciclo operacional da empresa, se este for superior a um ano.

O Passivo Circulante compõe-se basicamente das seguintes contas:

a) Fornecedores.
b) Salários e Benefícios a Pagar.
c) Encargos Sociais.
d) Obrigações Fiscais.
e) Imposto de Renda e Contribuição Social a Pagar.
f) Provisões.
g) Empréstimos e Financiamentos.
h) Outras Obrigações.

15.2.1   Fornecedores

São as compras a prazo de matérias-primas a serem utilizadas no processo produtivo (Indústrias), ou mercadorias a serem destinadas a revenda (Comércio). A empresa Comprometedora S.A. adquire $ 900.000 de matéria-prima, no presente mês, da Cia. Arriscatudo:

---

[2]   Artigo 179 da Lei nº 6.404/1976, alterada pela Lei nº 11.941/2009.

ATIVO		PASSIVO E PL	
Circulante		Circulante	
Estoques	900.000	Fornecedores	900.000

15.2.2 Salários e Benefícios a Pagar

(Ou Folha de Pagamento a Pagar)

Este grupo engloba a folha de pagamento (salários, ordenados) que a empresa deverá pagar até o 5º dia útil do mês seguinte.

A folha de pagamento da empresa Comprometedora S.A. atinge o montante de $ 1.500.000 no mês de dezembro do presente ano. Como sabemos, ela poderá pagar sua folha até o 5º dia útil de janeiro. Nesse caso, teremos uma despesa incorrida nas operações da empresa, no mês de dezembro, e ainda não paga:

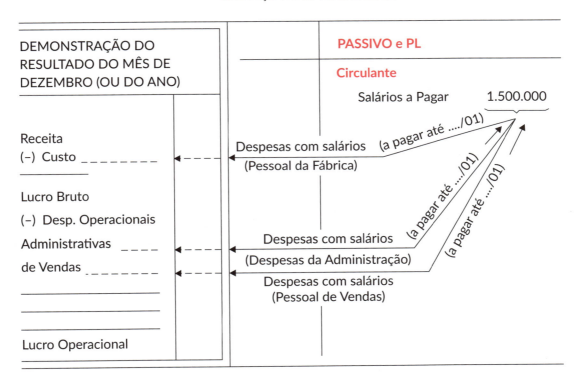

15.2.3 Encargos Sociais

São as despesas decorrentes da folha de pagamento (INSS, FGTS, 13º Salário etc.) ainda não pagas.

Assim, como o grupo de Salários a Pagar, os encargos sociais serão registrados como despesas no mês em que incorreu a Folha de Pagamento e, por outro lado, serão registrados como uma obrigação a pagar no Passivo Circulante.

15.2.4 Obrigações Fiscais (Impostos a Recolher)

São impostos em que o fato gerador já ocorreu por ocasião da venda do produto ou da prestação de serviços, porém ainda não foi recolhido aos cofres públicos.

Dos Impostos sobre Vendas, os mais comuns são o Imposto sobre Circulação de Mercadorias e Serviços (ICMS) e o Imposto sobre Produtos Industrializados (IPI).

Ressaltemos, todavia, que não é o total de imposto (no caso do IPI, ICMS e outros impostos não cumulativos) calculado por ocasião das vendas que será recolhido ao governo. Quando a empresa adquire matéria-prima ou mercadoria, ela paga a seu fornecedor o imposto incidente sobre essa aquisição. Seu fornecedor, por sua vez, recolhe ao governo.

Por ocasião da venda da matéria-prima transformada ou mercadoria adquirida, a empresa recebe de seu cliente (ou consumidor) o imposto incidente sobre o preço total cobrado pela venda. Se a empresa recolhesse ao governo o total dos impostos recebidos na venda, estaria pagando os impostos cumulativamente, uma vez que uma parte já pagou a seu fornecedor que recolheu ao governo.

Para não haver a bitributação de um produto, a empresa subtrai do total dos impostos recebidos na venda os impostos pagos a seu fornecedor no momento da compra da matéria-prima ou mercadoria. Assim, teremos uma tributação não cumulativa.

Se a empresa Comprometedora S.A. adquirisse $ 500.000 de matéria-prima em junho/X4, sendo adicionados a esse valor 20% de IPI, ela pagaria a seu fornecedor $ 600.000 (500.000 *MP* + 100.000 *IPI*).

Em agosto/X4, essa mesma matéria-prima é transformada em produto acabado e vendida por $ 1.000.000, sendo cobrado do cliente, nessa ocasião, um IPI também de 20%. O preço total da venda será de $ 1.200.000 (1.000.000 Produto + 200.000 IPI). Quanto a Comprometedora recolherá ao governo federal em IPI? Recolherá $ 100.000, ou seja:

$ 200.000 recebido ou a receber na ocasião da venda
(**$ 100.000**) pago (ou a pagar) por ocasião da compra – IPI a recuperar
$ 100.000 saldo que falta ser recolhido ao governo

Nesse exemplo, as Demonstrações Financeiras seriam apresentadas da seguinte maneira:

DEMONSTRAÇÃO DO RESULTADO DE AGOSTO/X4	
Receita Bruta	1.200.000[3]
(–) Deduções IPI	(200.000)
Receita Líquida	1.000.000
(–) Custo do Prod. Vendido	(500.000)
Lucro Bruto	500.000
(–) Desp. Operacionais	————

BALANÇO PATRIMONIAL EM AGOSTO/X4

ATIVO		PASSIVO	
Circulante			
		IPI a recolher	100.000

Observações:

1. O mesmo raciocínio será para o ICMS e outros impostos não cumulativos.
2. O ISSQN, por sua vez, é um imposto cumulativo. Portanto, o total a ser discriminado como deduções, a princípio, será destacado como obrigações.

15.2.5 Imposto de Renda e Contribuição Social a Pagar

É a parte do lucro apurado no exercício (ano-base) que será recolhida ao governo federal no ano seguinte (exercício financeiro). Veremos um exemplo apenas com o Imposto de Renda:

---

[3] Atualmente, o IPI não deve fazer parte da Receita Bruta. O exemplo é para fins didáticos.

CAP. 15 ■ Passivo Exigível (Circulante e Não Circulante) | **321**

DEMONSTRAÇÕES DO RESULTADO DO EXERCÍCIO REFERENTE AO PERÍODO DE X4	
Receita	- - - - - -
(–) CPV	- - - - - -
Lucro Bruto	- - - - - -
(–) Desp. Operacionais	- - - - - -
Lucro Operacional	- - - - - -
(±) Correção Monetária	- - - - - -
Lucro antes do Imp. de Renda	- - - - - -
(–) Imp. Renda	(800.000)
Lucro depois do Imp. Renda	- - - - - -
(–) Participações	- - - - - -
Lucro Líquido	- - - - - -

BALANÇO PATRIMONIAL
31-12-X4

ATIVO	PASSIVO
	Circulante
	IR a Pagar (800.000)

PAUSA PARA REFLEXÃO

AS MICRO E PEQUENAS EMPRESAS *empregam quase 62% da mão de obra dos setores de indústria, comércio e serviços, contribuem com cerca de 20% do Produto Interno Bruto (PIB) dessas áreas e pagam 54% dos salários.* Por apresentarem números tão expressivos, cada vez mais estes empreendedores têm recebido a atenção do governo. Estes dados se referem ao primeiro decênio do século XXI.

O SEBRAE busca estimular e dar mais apoio aos *pequenos negócios*. O empréstimo, chamado de microcrédito, e sem burocracia, é destinado ao *sapateiro*, *à costureira*, ao *encanador*, ao *mecânico*, *à cozinheira*, ao *vendedor de cachorro-quente*.

Em que conta do Passivo das micro e pequenas empresas será contabilizado este financiamento?

15.2.6 Provisões

1ª Provisão para férias

A empresa poderá deduzir como custo ou despesa operacional, em cada exercício social, a importância destinada a constituir provisão para pagamento de remuneração correspondente a férias de seus empregados.

O limite do saldo de provisão será determinado com base na remuneração mensal do empregado e no número de dias de férias a que já tiver direito na época do balanço.

BALANÇO PATRIMONIAL

ATIVO	PASSIVO E PL	
	Circulante	
	Provisão p/ Férias	400.000

DEMONSTRAÇÃO DO RESULTADO DO EXERCÍCIO

Receita	
(–) Desp. Operacionais Férias	400.000

2ª Provisão para gratificação a empregados

A empresa poderá deduzir, como custo ou despesa operacional, a provisão formada, por ocasião do balanço, para pagamento de gratificação a empregados, desde que não exceda os limites fixados pelo Imposto de Renda. O excesso do limite não será dedutível para fins de Imposto de Renda.

A dedução é condicionada ao pagamento das gratificações provisionadas, pagas até a data prevista para entrega da declaração de rendimentos (normalmente, abril/maio) que tiver por base o balanço em que a provisão foi formada.

BALANÇO PATRIMONIAL

ATIVO		PASSIVO E PL	
		Circulante	
_____	_____	_____	_____
_____	_____	_____	_____
_____	_____	_____	_____
_____	_____	Provisão p/	
_____	_____	gratificação a	
_____	_____	empregados	150.000
_____	_____	_____	
_____	_____	_____	
_____	_____		

DEMONSTRAÇÃO DO RESULTADO DO EXERCÍCIO

Receita	- - - - -
(–) CMV	- - - - -
Lucro Bruto	- - - - -
(–) Desp. Operacionais	- - - - -
Lucro Operacional	- - - - -
Lucro Antes do IR	- - - - -
(–) Provisão p/ IR	- - - - -
Lucro Depois do IR	- - - - -
(–) Participações	
Administradores	- - - - -
Empregados	(150.000)
	- - - - -
	- - - - -
Lucro Líquido	- - - - -

Esta provisão poderá ser feita também para Administradores; no entanto, não é dedutível para Imposto de Renda.

3ª Provisão para 13º Salário

A empresa poderá deduzir, como custo ou despesa operacional, a provisão formada mensalmente na base de 1/12 da folha de pagamento. Dessa forma, a empresa irá apurar o resultado mensal (se o resultado for apurado mensalmente) de maneira mais adequada, pois, como sabemos, a cada mês trabalhado o empregado adquire o direito de 1/12 de 13º salário, embora este seja pago normalmente no final do ano. Assim, em 31-10 a empresa tem provisionado na Contabilidade 10/12 da folha de pagamento como 13º salário.

Para as empresas que encerram suas demonstrações em 31/12 e pagam o 13º salário sem atraso, não existirá saldo nesta conta na data do balanço, uma vez que o 13º salário estará totalmente quitado.

4ª Provisão para Contingências

Em certas situações, a empresa poderá ter perdas no futuro. No momento, existe certo grau de incerteza quanto à efetivação dessa perda. São os casos de ações trabalhistas contra a empresa com boa probabilidade de derrota (para a empresa); multas previstas por quebra de contratos; autuações fiscais previstas etc.

Não confundir *Provisões para Contingências* com *Reserva para Contingência*. Veja o item Reserva de Contingência nos Capítulos 16, Patrimônio Líquido, e 17, Lucros ou Prejuízos Acumulados. É importante salientar, neste momento, que Provisão para Contingência é caracterizada pelo *fato gerador já ocorrido* e pela perspectiva quase certa de um desembolso, enquanto na Reserva de Contingência o fato gerador ainda não ocorreu. Para efeito de Imposto de Renda, a parcela originada da Provisão para Contingência, deduzida como despesa ou custo, não é considerada como despesa dedutível.

O Pronunciamento CPC 25 difere o que é Provisões para Contingência e Passivos Contingentes (não são contabilizados).

CAP. 15 ■ Passivo Exigível (Circulante e Não Circulante) | **323**

A Provisão para Contingência terá que atender:

a) A entidade tem uma obrigação legal ou não formalizada presente como consequência de um evento passado.

b) É provável a saída de recursos para liquidar a obrigação.

c) Pode ser feita estimativa confiável do montante da obrigação.

15.2.7 Empréstimos e Financiamentos

São os empréstimos realizados em instituições financeiras que serão pagos dentro de um ano (data-base: encerramento do balanço). Exemplo: empréstimos com garantias (Duplicatas a Receber ou Estoques); Desconto de Notas Promissórias etc.

Os juros e outros encargos financeiros a pagar poderão ser incorporados na própria conta de empréstimos. A principal fonte de recursos a Curto Prazo é o Banco Comercial.

15.2.8 Outras Obrigações

Adiantamentos de Clientes

As empresas que produzem bens por encomenda (normalmente equipamentos pesados), ou fornecem serviços (como empreiteiros em construção civil), recebem usualmente, após a celebração do contrato com o cliente, um adiantamento por conta do bem ou serviço a ser entregue no futuro.

Tem havido muitas dúvidas se tais adiantamentos devem ser classificados no Não Circulante ou no Passivo Exigível. Desde que haja *risco* de devolução em hipóteses em que o contrato não seja cumprido, a classificação adequada será no Passivo Exigível (veja um estudo mais detalhado sobre esta conta ainda neste capítulo, Resultados de Exercícios Futuros).

Num contrato para a fabricação de um equipamento pesado, Nossa Empresa recebe um adiantamento de 20% do total de $ 52.600.000 para entrega em 10 meses, conforme veremos a seguir.

BALANÇO PATRIMONIAL
Nossa Empresa

ATIVO	PASSIVO e PL
Circulante	**Circulante**
Caixa e Bancos + 10.520.000	
	Adiantamentos 10.520.000

Contas a Pagar

São pequenas contas a serem pagas pela empresa: água, telefone, energia elétrica, honorários etc.

Dividendos a Pagar

São os dividendos propostos pela Assembleia Geral Ordinária.

15.3 PASSIVO NÃO CIRCULANTE

São as obrigações que deverão ser liquidadas após o próximo exercício social (ano) – este critério é da Lei das Sociedades por Ações; o CPC 26 utiliza o critério de 12 meses após a data do balanço – ou conforme o Ciclo Operacional da empresa se este for superior a um ano.

O Não Circulante é constituído basicamente de:

a) Financiamentos.
b) Debêntures.
c) Provisão para Resgate de Partes Beneficiárias.
d) Outras Obrigações a Longo Prazo.

15.3.1 Financiamentos

São empréstimos realizados nas instituições financeiras (nacionais ou internacionais) que serão pagos a longo prazo. Os financiamentos são mais comuns para aplicação no Ativo Imobilizado, não obstante haja para o Circulante (Capital de Giro).

Variações Monetárias

Tanto os empréstimos a longo prazo pagáveis em moeda estrangeira, como os empréstimos pagáveis em reais deverão ser atualizados, pelo menos na data do encerramento de cada balanço.

Os empréstimos em moeda estrangeira serão atualizados pela taxa de câmbio vigente na data do balanço. A variação cambial (a diferença entre o valor da dívida no início do período e o valor da dívida no final do período) será lançada como despesa operacional no subgrupo Despesas Financeiras. Assim, trataremos essa variação cambial como uma variação monetária.

Exemplo de variação monetária

1. **Um contrato com uma instituição financeira no exterior para financiamento de Capital Fixo, em U$ 100.000 dólares, contraído em 3-3-X3, cuja taxa de Câmbio na época era de R$ 2,00 (dois reais) por dólar. No encerramento do ano, a taxa de câmbio era de R$ 2,10 (dois reais e dez centavos) por dólar.**

Valor da dívida em reais em 3-3-X3 U$ 100.000 × R$ 2,00 = $ 200.000
Valor da dívida em reais em 31-12-X3 U$ 100.000 × R$ 2,10 = $ 210.000
Variação cambial (variação monetária) ⟶ R$ 10.000

BALANÇO PATRIMONIAL

	PASSIVO e PL		
		3-3-X3	31-12-X3
	Circulante		
	Não Circulante		
	– Exigível a Longo Prazo Financiamento (em moeda estrangeira)	200.000	210.000
	Patrimônio Líquido		

DEMONSTRAÇÃO DO RESULTADO DO EXERCÍCIO

(–) DESPESAS OPERACIONAIS
  – De Vendas
  – Administrativas
  – Financeiras
  Variações Monetárias
  Variação Cambial — 10.000

Juros

Os juros devem ser destacados com observância do Regime de Competência, de acordo com o tempo transcorrido, e não conforme seu pagamento.

Vamos admitir que a empresa pagará os juros do financiamento de $ 6.140.000 em moeda estrangeira (1% mensal) até 31-12-X3 (período de carência). Todavia, os juros acumulados no período X3 e não pagos deverão ser liquidados em X4.

Admitamos ainda que a base de cálculo seja $ 6.140.000 (a média do ano). Assim, teremos:

$$\$ 6.140.000 \times 1\% \times 11 \text{ meses} = 675.400$$

BALANÇO PATRIMONIAL		Em $ mil		DRE	Em $ mil
PASSIVO e PL					
	4-2-X3	31-12-X3			
Circulante				Despesas Financeiras	675,4
				– Variações Monetárias	
Juros a Pagar		675,4		Variação Cambial*	----------
Não Circulante					
Financiamento	6.140	6.140,0		* Se for em moeda.	

Observe que, como a dívida com juros deverá ser paga no próximo exercício, classificamo-la a Curto Prazo (Passivo Circulante). Observe ainda que, embora não fosse realizado o pagamento, os Juros já representavam despesas pelo Regime de Competência.

Deverão ser notificadas, em Notas Explicativas, a taxa de juros, as datas de vencimento e as garantias das obrigações a longo prazo.

Debêntures

São títulos (negociáveis) a longo prazo, emitidos pelas companhias, dando a seus titulares (proprietários dos títulos) direito de crédito contra a empresa. Dessa forma, a companhia tem uma dívida com os proprietários das debêntures (debenturistas).

A emissão de debêntures pela companhia é uma forma de captar recursos financeiros com o público. A companhia emite a debênture com um valor nominal (por exemplo: $ 1.000 cada uma).

Os $ 1.000 que deverão ser devolvidos ao titular da debênture (comprador) serão contabilizados como uma dívida a longo prazo (no caso de o resgate ocorrer após o próximo exercício social).

Como vantagens, a companhia poderá assegurar ao titular da debênture:

- Juros fixos ou variáveis.
- Correção.
- Participação no lucro.
- Prêmio de reembolso.
- Cláusula de conversibilidade em ações.

A época do vencimento da debênture deverá constar da escritura da emissão e do certificado, podendo a companhia estipular amortizações parciais, criar fundos de amortização e reservar-se o direito de resgate antecipado, parcial ou total.

A debênture poderá ter garantia de propriedades, bens ou aval da empresa.

PAUSA PARA REFLEXÃO

A **Petrobras** tem chances de estrear as emissões locais atreladas ao dólar com prêmios abaixo dos garantidos pelo governo. A oferta global, a ser apreciada pelos acionistas na assembleia de 10 de junho de 2002, prevê a venda de R$ 2,5 bilhões em debêntures e outros títulos no mercado nacional e externo. Tanto a *tranche* doméstica quanto a internacional podem ser modeladas numa mesma operação, com a alternativa de transformar os títulos em ações caso o papel preferencial negociado em bolsa atinja determinado preço.

Por que a Petrobras lançou debêntures atreladas ao dólar?

Com a crise da Petrobras em 2014 seria possível a Petrobras lançar novas Debêntures?

Quando o Passivo Não Circulante passa a ser a Curto Prazo (Circulante)

Na data do balanço, todas as parcelas contidas no Não Circulante que serão liquidadas (pagas) no próximo exercício social deverão ser classificadas no Passivo Circulante, dando-se baixa no Não

Circulante. Assim, se em 31-12-X0 tivermos um financiamento que será amortizado em 60 prestações de $ 100.000 cada, a partir de 1º-1-X1 a classificação no Passivo Exigível será:

BALANÇO PATRIMONIAL 31-12-X0

ATIVO		PASSIVO E PL	
		Circulante	
		Financiamento (12 prestações)	1.200.000
		Não Circulante	
		Financiamento (48 prestações)	4.800.000

15.4 DÍVIDAS AJUSTADAS A VALOR PRESENTE

A Lei nº 11.638/2007 inova a Avaliação do Passivo (também valendo para o Ativo, considerando o Realizável a Longo Prazo) dizendo que as obrigações, os encargos e os riscos classificados no Passivo a Longo Prazo serão ajustados ao seu Valor Presente.

Esta regra vale também para Passivo Circulante (idem Ativo Circulante) quando houver efeito relevante. No Capítulo 12, trouxemos exatamente um exemplo de uma operação de curto prazo sendo ajustada a Valor Presente.

Esta prática de trazer a Valor Presente já havia sido introduzida pela Comissão de Valores Mobiliários (CVM), através da Instrução nº 192, de 15 de julho de 1992, para as companhias abertas. Todavia, no ano seguinte esta Instrução foi revogada.

Vamos admitir que a **Empresa D** adquire mercadorias a prazo por $ 1.000.000 para pagar daqui a dois anos, calculando-se que $ 200.000 referem-se a juros (encargos financeiros). A contabilização seria considerando o valor à vista de mercadorias:

Mercadorias		Fornecedores	
(1) 800.000			1.000.000 (1)

Provisão para Ajuste a Valor Presente	
(1) 200.000	

ATIVO		PASSIVO	
Circulante		**Não Circulante**	
Mercadorias	800.000	Fornecedores	1.000.000
		(−) Prov. Aj. V.P.	(200.000)
			800.000

CAP. 15 ■ Passivo Exigível (Circulante e Não Circulante) | **327**

No final do primeiro ano, constata-se através dos cálculos financeiros que o Ajuste a Valor Presente seria de $ 110.000 (e não mais $ 200.000). Neste caso vamos contabilizar os encargos financeiros pelo tempo transcorrido de $ 90.000, ainda que não tenha sido liquidado nada da dívida. Porém, pelo Regime de Competência deveríamos apropriar este encargo:

Provisão para Ajuste a V. Presente	
(1) 200.000	90.000 (2)
110.000	

Despesa Financeira	
(2) 90.000	

No final do 1º ano			
Ativo		**Passivo**	
Circulante		**Circulante e/ou NC**	
Mercadorias	xxxx	Fornecedores	1.000.000
		(–) Prov. Aj. V.P.	(110.000)
			890.000

No final do 1º ano	
DRE	
Receita	xxxx
(–) Custos/ Despesas	xxxx
Despesa Financeira	(90.000)

O encargo relacionado à obrigação (fornecedores) será contabilizado como Despesa Financeira (Financiamento da Compra) na DRE, numa base *pro rata temporis*.

Optamos em classificar as Despesas Financeiras decorrentes do Ajuste a Valor Presente como Despesas Operacionais (no caso de Vendas a Prazo, no Capítulo 12, optamos em classificar a Receita Financeira também no grupo Despesas Operacionais).

Porém, estas Despesas Financeiras, bem como a Provisão para Ajuste a Valor Presente poderiam ser distribuídas diretamente às Contas de Mercadorias (BP) e Conta de Mercadoria Vendida (Resultado). O mesmo raciocínio poderia ser nas vendas a prazo, atingindo vendas e contas a receber.

Na Liquidação, por fim, desta conta Fornecedores, teríamos:

Caixa	
xxxx	1.000.000 (3)

Fornecedores	
(3) 1.000.000	1.000.000

Provisão p/ Ajuste V.P.	
110.000	110.000 (3)

Despesas Financeiras	
(3) 110.000	

15.5 OUTROS COMENTÁRIOS SOBRE O PASSIVO EXIGÍVEL

O Passivo Exigível poderá ser dividido em:

A. Exigíveis Onerosos e Não Onerosos

Exigíveis Onerosos são os que estão custando à empresa, mensalmente, Juros e encargos bancários: Financiamentos, Empréstimos Bancários etc.

Obrigações com as quais a empresa não paga encargos financeiros são denominadas de Não Onerosas: Salários, Fornecedores etc.

B. Exigíveis Fixos e Exigíveis Variáveis

Os Fixos são os que não variam com o volume de vendas da empresa: Aluguéis, Imposto de Renda etc.

Os Variáveis são os que guardam certa relação com o volume de vendas: ICMS e IPI a Recolher, Fornecedores, Salários etc.

C. Exigíveis de Coligadas e Exigíveis de Terceiros

As obrigações com coligadas são as contraídas em outras empresas do grupo. São dívidas de menor responsabilidade, dando maior flexibilidade financeira e menor risco de falência.

As obrigações com terceiros são as contraídas em empresas que não possuem qualquer vínculo com a tomadora do empréstimo. São dívidas de maior responsabilidade com risco de falência: Fornecedores, Empréstimos Bancários etc.

D. Exigíveis Preferenciais e Exigíveis Quirografários

Num caso de falência, preferenciais são as dívidas que serão liquidadas em primeiro lugar:

1) despesas com falência (recuperação de empresas);
2) empregados e encargos sociais;
3) dívidas com garantias reais (hipotecas, penhor mercantil);
4) governo (impostos) e outros créditos;
5) *exigível quirografário* – os que não se enquadram nos preferenciais: fornecedores, dividendos etc.

Atualmente, prevalece a Lei de Recuperação de Empresas, em que são introduzidos mecanismos para garantir a continuidade do negócio, os empregos e os ativos mais importantes, ainda que dificuldades financeiras tenham levado a empresa a uma crise muito séria.

Há outras classificações, a nosso ver, não fundamentais como Exigíveis em moeda nacional e em moeda estrangeira; Exigíveis por Impostos e Exigíveis Comerciais (Fornecedores, Salários, Empréstimos...).

PAUSA PARA REFLEXÃO

O passivo ambiental das empresas é uma informação que vem ganhando cada vez mais relevância no mercado. Apesar disso, as companhias abertas brasileiras não abrem em seus balanços o tamanho de suas dívidas referentes a problemas ambientais.

Quais são os problemas ambientais e como deveriam aparecer no Passivo?

15.6 EXEMPLO DE CONSTITUIÇÃO DE PASSIVO

A Cia. Alegria apresenta no final de 31-12-X5 o Passivo Exigível (PE) e a Demonstração do Resultado do Exercício (DRE) da seguinte forma:

Em $ mil

Passivo Circulante (31-12-X5)	
Fornecedores:	526.000
ICMS a Recolher:	16.420
Contas a Pagar:	22.000
	564.420

Passivo Não Circulante	
Financiamentos	900.000
Debêntures a Pagar	200.000
	1.100.000
Total (Cap. de Terc.)	1.664.420

Em $ mil

DRE (20X5)	
Vendas Brutas	3.280.000
(–) ICMS	(121.000)
Vendas Líquidas	3.159.000
(–) CPV	(930.000)
Lucro Bruto	2.229.000
(–) Despesas Operacionais	(429.000)
Lucro Operacional	1.800.000
(–) Despesas Não Operacionais	(110.000)
Lucro Líquido	1.690.000

CAP. 15 ■ Passivo Exigível (Circulante e Não Circulante) | 329

O Sr. Comercindo Barranqueiro, auditor independente, constata os seguintes fatos no Passivo da Cia. Alegria (em $ mil):

a) A Folha de Pagamento da Administração no valor de $ 280.000, referente a dezembro, a ser paga no dia 10-1-X6, não foi lançada nem como Passivo, nem como Despesa.

b) Segundo cálculo do auditor, 22% da Folha de Pagamento já são devidos como férias para o pessoal da Administração. Nada foi considerado pela empresa.

c) A empresa não contabilizou o Imposto de Renda.

d) A empresa distribuirá $ 10.800 como gratificação aos empregados e $ 56.900 como gratificação aos administradores. Não foi excedido o limite fixado pelo Imposto de Renda no que tange à gratificação aos empregados.

e) O 13º Salário correspondente a $ 250.000 foi totalmente pago em 20-12-X5.

f) O financiamento da empresa refere-se aos US$ 90.000, contraído em 5-1-X5, quando 1 dólar equivalia a $ 10,00. Em 31-12-X5, 1 dólar estava cotado a $ 22,00.

g) O juro incidente sobre o financiamento (não computado), embora nada fosse pago em 20X5, é de 2,1% ao ano.

h) Não foi computado no saldo de "ICMS a Recolher" o imposto gerado de uma venda em novembro de 20X5. O ICMS desta operação foi de $ 2.380. Este total também não consta como deduções de Vendas Brutas.

i) Os Encargos Sociais a Recolher referentes ao salário Administrativo de dezembro serão na ordem de $ 162.000.

j) Não há inclusão e nem exclusão para o cálculo do Lucro Real.

Preparamos uma nova Demonstração do Resultado do Exercício e um novo Passivo Exigível com os dados anteriores a seguir.

Em $ mil

OPERAÇÕES	IMPLICAÇÕES NO PASSIVO EXIGÍVEL	IMPLICAÇÕES NA DRE
a) Folha de Pagamento Não Contabilizada	adicionar ao Circulante Salários a Pagar $ 280.000	deduzir (como Despesas Operacionais) mais Despesas c/ Salários $ 280.000
b) Provisão p/ Férias: 22% da Folha de Pagamento	adicionar ao Circulante Provisão p/ Férias $ 61.600	deduzir (como Despesas Operacionais) mais Despesas c/ Férias $ 61.600
c) Provisão p/ Imposto de Renda	Será realizado após a apuração	do novo Lucro Real
d1) Gratificação aos Empregados	adicionar ao Circulante Provisão p/ Gratificação a Empregados $ 10.800	subtrair como Participação de empregados $ 10.800
d2) Gratificação aos Administradores	adicionar ao Circulante Provisão p/ Gratif. Adm. $ 56.900	subtrair como[4] Participação de Administradores $ 56.900
e) 13º salário	Não haverá provisão, pois	já foi totalmente pago
f) Financiamento US$ 90.000 × $ 22,00	(atualizar o Não Circulante) Financiamento Atualizado 1.980	subtrair (Despesas Operacionais) mais Variação Cambial (1980-90) $ 1.080.000
g) Juros sobre Financiamentos 2,1% × US$ 90.000 = US$ 1.890,00 US$ 1.890,00 × $ 22,00	adicionar ao Circulante Juros a Pagar 41.580	subtrair Despesas de Juros Incorridos $ 41.580

---

[4] Não dedutível para fins de Imposto de Renda.

OPERAÇÕES	IMPLICAÇÕES NO PASSIVO EXIGÍVEL	IMPLICAÇÕES NA DRE
h) ICMS	adicionar ao ICMS a Recolher $ 16.420 + 2.380 = 18.800	ICMS (adicionar o não computado) 121.000 + 2.380 = 123.380
i) Encargos Sociais	adicionar ao Circulante Encargos Sociais a Recolher 162.000	subtrair Despesas c/ Encargos Sociais 162.000
j) Cálculo do Lucro Real	Não há Inclusão	Não há Exclusão (veja a seguir).

Cálculo do Lucro Real para fins de Imposto de Renda:

	Em $ mil
Lucro Apurado pela empresa	1.690.000
(–) Despesa com Salários	(280.000)
(–) Provisão para Férias	(61.600)
(–) Gratificação aos Empregados	(10.800)
(–) Variação Cambial	(1.080.000)
(–) Despesas de Juros	(41.580)
(–) ICMS (deduzido de Receitas Brutas)	(2.380)
(–) Despesas c/ Encargos Sociais	(162.000)
Lucro Real	51.640

Cálculo do Imposto de Renda:

Em $ mil

$$51.640 \times 35\%[5] = 18.074$$

	NOVA DRE (20X5)
	Cia. Alegria Em $ mil
Vendas Brutas	$ 3.280.000
(–) ICMS	(123.380)
Vendas Líquidas	3.156.620
(–) CPV	(930.000)
Lucro Bruto	2.226.620
(–) Despesas Operacionais	(2.054.180)
Lucro Operacional	172.440
(–) Desp. Não Operacionais	(110.000)
Lucro Antes do IR	62.440
(–) I. Renda	(18.074)
Lucro Depois do IR	44.366
(–) Participações	(10.800)
Empregados	
Administradores	(56.900)
Lucro Líquido (Prejuízo)	(23.334)

Saldo Inicial	$ 429.000
+ Salários	280.000
+ Provisão p/ Férias	61.600
+ Variação Cambial	1.080.000
+ Despesas de Juros	41.580
+ Encargos Sociais	162.000
Total	$ 2.054.180

[5] Atualmente 15% + 10% de adicional.

NOVO PASSIVO EXIGÍVEL (31-12-X5) Cia. Alegria	Em $ mil
Circulante	
Fornecedores	526.000
ICMS a Recolher	18.800
Contas a Pagar	22.000
Salários a Pagar	280.000
Provisão p/ Férias	61.600
Imposto de Renda a Pagar	18.074
Provisão p/ Gratificação Empregados	10.800
Provisão p/ Gratificação Administradores	56.900
Juros a Pagar	41.580
Encargos Sociais a Recolher	162.000
Total do Circulante	1.197.754
Não Circulante	1.980.000
Financiamentos	200.000
Debêntures	2.180.000
Total do Não Circulante	
Total do Passivo (Capital de Terceiros)	3.377.754

*Acesse o **QR Code** e assista ao vídeo sobre Passivo Circulante e Passivo Não Circulante.*

Informações Complementares

"Besouro na sopa

(Como um Passivo tão alto não foi declarado?)

A fraude bilionária e a solução dada ao caso do Banco PanAmericano levantam inúmeras dúvidas, todas de interesse público.

Difícil entender como um rombo contábil gigantesco de R$ 2,5 bilhões permanece meses e meses sem ser detectado e vai passando por tanta gente que está ali para farejar anomalias.

Passou pelos auditores e pelos analistas responsáveis pelo IPO (oferta pública de ações) de R$ 679 milhões, em novembro de 2007. Passou pelos auditores da Caixa Econômica, que no final do ano passado se dedicaram a uma 'due diligence' no patrimônio do banco para adquirir 49% de seu controle, e pelos da KPMG (a mesma que auditava os livros maquiados do falecido Banco Nacional), que acompanharam o negócio. Pelos da Deloitte, que deram atestado de que o balanço do PanAmericano estava lindo. E passou pelo crivo das agências de classificação de risco, conhecidas pela sua cegueira, que só agora estão rebaixando a qualidade de seu passivo.

Falta saber, também, por que o Banco Central só foi identificar o besouro na sopa há pouco mais de um mês. Desde setembro de 2008, quando quebrou o Lehman Brothers, o presidente do Banco Central, Henrique Meirelles, vinha afirmando que não há banco brasileiro com problemas. Agora se toma conhecimento de que havia pelo menos um. Ou seja, o organismo encarregado da supervisão e da fiscalização não sabia de nada.

Uma segunda enorme dúvida está na cobertura do rombo de R$ 2,5 bilhões com as propriedades do Grupo Silvio Santos. Afirma o presidente do conselho do Fundo Garantidor de Crédito (FGC), Gabriel Jorge Ferreira, que as garantias apresentadas perfazem R$ 2,7 bilhões sendo, portanto, suficientes para enfrentar 'as inconsistências contábeis'.

Boa pergunta está em saber como, em pouco menos de 15 dias, as autoridades do FGC conseguiram fazer a avaliação dessas garantias. Além disso, qualquer um sabe que uma coisa é o valor de mercado de cada uma dessas propriedades antes do acontecido e, outra, bem diferente, depois da deterioração dos fluxos de caixa.

Os acionistas minoritários aparentemente não acreditam em que o patrimônio do banco esteja a salvo. Tanto não acreditam que boa parte deles se livrou de suas ações com um deságio que, em dois dias, chega a quase 35% do que era.

Gabriel Ferreira avisa que o PanAmericano tem neste momento um bolo de R$ 3,8 bilhões (os R$ 2,5 bilhões do empréstimo mais R$ 1,3 bilhão em caixa), suficiente para enfrentar a agora inevitável onda de saques. Em todo o caso, como banco é um negócio em que confiança é quase tudo, é difícil vê-lo de novo em pé, sem transferência do seu controle ou sem fatiamento dos seus ativos.

O provável fim do Grupo Silvio Santos, que foi entregue em garantia do empréstimo feito pelo FGC, pode inviabilizar o SBT, a rede de TV aberta por ele controlada. A Rede Globo absorve cerca de 80% do faturamento do setor. Isso significa que sobram apenas 20% do todo a ser disputado pelas demais redes de TV. O SBT deverá a partir de agora enfrentar dificuldades extras para investir em programação, uma vez que perde parte da sustentação que tinha dos demais negócios do grupo.

O desfecho terá consequências políticas de difícil avaliação. Ontem, a Comissão de Constituição, Justiça e Cidadania do Senado já tomou os primeiros passos para ouvir auditores e outros responsáveis pelas omissões ocorridas no caso."

Artigo Besouro na Sopa – Celso Ming – Jornal *O Estado de S. Paulo* em 11-11-10.

RESUMO

O Passivo Exigível divide-se em:

- *Passivo Circulante.* São as obrigações que vencerão no exercício seguinte ou conforme o Ciclo Operacional da empresa, se este for superior a um ano.

    As principais contas que compõem o Passivo Circulante são: Fornecedores, Salários a Pagar, Encargos Sociais a Recolher, Impostos a Recolher, Imposto de Renda a Pagar, Provisão de Férias, Provisão para Contingências, Provisão para Gratificação a Empregados, Provisão para 13º Salário, Empréstimos Bancários, Adiantamentos de Clientes, Contas a Pagar etc.
- *Passivo Não Circulante.* São as obrigações que vencerão após o próximo exercício, ou conforme o Ciclo Operacional da empresa, se este for superior a um ano.

    As principais contas que compõem o Não Circulante são: Financiamentos, Debêntures e outras obrigações a Longo Prazo.

ILUSTRAÇÃO

Quando estudamos os Circulantes (Ativo e Passivo), detectamos a Situação Financeira da empresa. Nos casos de empresas comerciais e industriais, se o Ativo Circulante > Passivo Circulante, normalmente a Situação Financeira é Favorável. A recíproca também é verdadeira.

As atividades operacionais (compras e vendas de mercadorias) afetam a Situação Financeira da empresa, exigindo do Administrador Financeiro muita competência para a gestão do Capital de Giro (Ativo Circulante e Passivo Circulante).

No Capítulo 12, o item estudado que mais é afetado pelas atividades operacionais são as *Duplicatas a Receber* resultantes de *Vendas* a Prazo.

Outro item afetado no Ativo Circulante é o estoque, consequência das *Compras*. Já tratamos esse item no Capítulo 13.

As *Compras*, por sua vez, geram *Fornecedores* (no Passivo Circulante, quando se tratar de compras a prazo). Agora, vamos tratar especificamente da Conta Fornecedores.

Por meio das Duplicatas a Receber, calculamos quantos dias, em média, a empresa espera para receber suas vendas (Prazo Médio de Recebimento de Vendas – PMRV).

Pelos Estoques, calculamos quantos dias, em média, a empresa demora para vender (girar) seus Estoques (prazo Médio de Rotação dos Estoques – PMRE).

Por meio dos Fornecedores, calculamos quantos dias, em média, a empresa leva para pagar suas compras (Prazo Médio de Pagamento das Compras – PMPC).

Nos Capítulos 12 e 13, foi estudado o Ciclo Operacional, que é o PMRE + PMRV.

Neste capítulo, estudamos a conta Fornecedores, que é contrapartida de Compras a Prazo. Assim calculamos o Prazo Médio de Pagamento das Compras:

$$PMPC = \frac{Fornecedores \times 360 \text{ dias}}{Compras}$$

Nas Ilustrações do Capítulo 13, vimos como encontrar o Valor de Compras.

Resta-nos agora comparar o Ciclo Operacional com o Prazo Médio de Pagamentos das Compras.

Normalmente, um supermercado tem o Ciclo Operacional (PMRE + PMRV) menor que PMPC. Essa situação é favorável, pois o supermercado vende e recebe antes de pagar os fornecedores.

Todavia, de maneira geral, na indústria a situação é desfavorável. Em nosso exemplo, em que o Prazo Médio da Rotação dos Estoques é de 35 dias, e o Prazo Médio de Recebimento de Vendas é de 30 dias, imaginemos que o Prazo Médio de Pagamento de Compras seja de 40 dias.

Num gráfico, podemos analisar melhor:

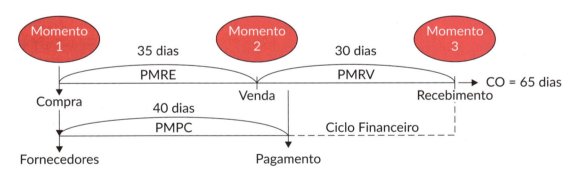

O Ciclo Financeiro é o Ciclo Operacional (Prazo Médio de Pagamento de Compras). Quanto maior o Ciclo Financeiro, pior. Há mais necessidade de Financiamento de Capital de Giro.

AVALIAÇÃO DO APROVEITAMENTO

a) Estes testes deverão ser respondidos em cinco minutos – 30 segundos para cada um.
b) Não responda se tiver dúvidas.
c) Se você acertar menos que 70% (sete questões), não passe para a etapa seguinte, leia novamente o capítulo.
d) As respostas encontram-se no final do livro.

1. Normalmente, o critério para classificação no Passivo Circulante é:
   ( ) **a)** Vencimento da Obrigação no próximo exercício.
   ( ) **b)** Contas oriundas de Financiamento para Capital de Giro.
   ( ) **c)** De acordo com o tipo de dívida.
   ( ) **d)** Varia de empresa para empresa.

2. As Obrigações em moeda estrangeira serão convertidas em moeda nacional:
( ) **a)** Segundo critério adotado pela empresa que tomou o financiamento.
( ) **b)** Na data do encerramento do Balanço.
( ) **c)** Na data da liquidação da dívida.
( ) **d)** Em todas as variações de câmbio.

3. Contas comumente a Curto Prazo (Circulante):
( ) **a)** Fornecedores, Salários a Pagar, Debêntures.
( ) **b)** Salários a Pagar, Impostos a Recolher, Financiamentos.
( ) **c)** Impostos a Recolher, Fornecedores, Empréstimos Bancários.
( ) **d)** Empréstimos Bancários, Impostos a Recolher, Empréstimos de Coligadas.

4. Salários a Pagar aparecerão como dívida:
( ) **a)** Quando a empresa pagar até o dia 30 do mês trabalhado.
( ) **b)** Quando a empresa pagar após o dia 30 do mês trabalhado.
( ) **c)** Para empresas que só atrasam pagamento.
( ) **d)** Para qualquer empresa que tenha Folha de Pagamento.

5. Uma empresa que adquire $ 1.000.000 de mercadoria, vendendo a metade por 1.500.000, com uma alíquota de 18% de ICMS incluída no preço, na venda e na compra, terá $ . . . . de ICMS a Recolher:
( ) **a)** $ 300.000.
( ) **b)** $ 225.000.
( ) **c)** $ 180.000.
( ) **d)** $ 75.000.

6. Apurou-se o Lucro Real de $ 26.800 milhões. O Imposto de Renda será:
( ) **a)** $ 8.280 mil.
( ) **b)** $ 9.380 mil.
( ) **c)** Não podemos calcular. Não sabemos o total de inclusão e de exclusão.
( ) **d)** Não podemos calcular. Não sabemos a alíquota.

7. A alíquota atual do Imposto de Renda é:
( ) **a)** 35%.
( ) **b)** 30%.
( ) **c)** 20%.
( ) **d)** 15% + 10%.

8. Indique qual provisão não é dedutível para efeito de Imposto de Renda:
( ) **a)** Férias.
( ) **b)** Empregados.
( ) **c)** Administradores.
( ) **d)** 13º Salário.

9. Indique qual fonte não tem característica de Longo Prazo:
( ) **a)** Financiamentos para Imobilizado (Ativo Não Circulante).
( ) **b)** Debêntures.
( ) **c)** Financiamentos do BNDES.
( ) **d)** Desconto de duplicatas.

10. Adiantamentos por conta de Serviço ou Bens a serem entregues no futuro têm característica de:
( ) **a)** Passivo Exigível (Lei nº 11.941/2009).
( ) **b)** Passivo Exigível ou Patrimônio Líquido.
( ) **c)** Patrimônio Líquido.
( ) **d)** Realizável a Longo Prazo.

EXERCÍCIOS

1. A empresa Moleza realiza uma operação de compra de uma máquina industrial, por meio de um financiamento. A máquina à vista custa $ 500.000. Por não ter caixa suficiente para a aquisição, a empresa a adquiriu em 60 parcelas de $ 13.500. Como devemos contabilizar essa operação? Realize os lançamentos contábeis.

2. Por que, em determinados casos de passivo, denominamos provisão?

3. A empresa Grandes Ideias recebeu uma grande encomenda. Ela deverá entregar em um prazo de seis meses 5.000 unidades do seu produto principal. Para garantir a entrega o cliente lhe deu em adiantamento 80% do valor do pedido que é de $ 5.000.000. Como ela deve contabilizar essa operação?

4. Resultados de Exercícios Futuros (REF) foram extintos pela Lei nº 11.941/2009. Dessa forma, como deveremos tratar as receitas que pertencem a exercícios futuros?

Patrimônio Líquido 16

OBJETIVOS

Ao completar o estudo deste capítulo, você deverá estar preparado para explicar e exercitar os seguintes conceitos:

- Patrimônio Líquido.
- Todas as contas componentes do Patrimônio Líquido.

INTRODUÇÃO

Vamos agora estudar o último grupo de contas do Balanço Patrimonial: *Patrimônio Líquido*.

ATIVO	PASSIVO E PL
Circulante	Circulante
Não Circulante	Não Circulante
	Patrimônio Líquido

16.1 CONSIDERAÇÕES PRELIMINARES

Como tivemos oportunidade de estudar no Capítulo 2, o Patrimônio Líquido pode ser encontrado no Balanço Patrimonial por meio da diferença entre Ativo e Passivo Exigível.

Na verdade, pela Lei das Sociedades por Ações, entende-se como Passivo todo o lado direito do Balanço Patrimonial, incluindo o Patrimônio Líquido.

Portanto, o lado direito do Balanço Patrimonial que reflete todas as fontes de recursos é constituído de Passivo Exigível e Patrimônio Líquido. Dessa forma, a fórmula mais adequada para encontrar o Patrimônio Líquido é:

$$PL = ATIVO (-) PASSIVO EXIGÍVEL$$

Dissemos também, naquela oportunidade, para fins didáticos, que o Patrimônio Líquido pode ser visto como uma obrigação da empresa com seus proprietários, embora estes não reclamem o reembolso de sua aplicação.[1] Dessa forma, temos, no lado da origem (fontes) de recursos (lado direito do Balanço), dois tipos de obrigações:

---

[1] Há outros enfoques diferentes deste para conceituar o Patrimônio Líquido.

336 | CONTABILIDADE EMPRESARIAL E GERENCIAL ■ *José Carlos Marion*

- Obrigações *exigíveis*: capital de terceiros (Passivo Circulante e Passivo Não Circulante) – que serão reclamadas no momento do vencimento.
- Obrigações *não exigíveis*: capital próprio – que não serão reclamadas pelos proprietários, porém, como compensação, todo lucro será direcionado para eles em forma de dividendos (lucro distribuído) ou em forma de Lucros Retidos, aumentando o valor de seus investimentos.

Há, entretanto, outras teorias que abordam de maneira diferente o Patrimônio Líquido. A mais comum é a teoria da *Entidade Contábil*, a qual dispõe que o Patrimônio Líquido em uma empresa em andamento pertence à empresa e não aos proprietários, exceto a parte do lucro que é distribuída (dividendos). Essa teoria pressupõe, evidentemente, uma entidade em continuidade, pois, na hipótese de descontinuidade, o Patrimônio Líquido pertenceria aos sócios.

Acreditamos, para o fim a que nos propomos, não interessar, sobremaneira, ao leitor discutir as diversas teorias existentes, bem como analisá-las. Somos favoráveis, considerando o público-alvo que propomos atingir, a uma contabilidade objetiva e revestida de aspectos legais relevantes às estruturações das demonstrações financeiras.

Constituição do Patrimônio Líquido

De acordo com a Lei das Sociedades por Ações,[2] o Patrimônio Líquido é assim constituído:

- *Capital Social.*
- *Reservas de Capital.*
- *Ajustes de Avaliação Patrimonial.*
- *Reservas de Lucros.*
- *(Lucros ou) Prejuízos Acumulados.*[3]
- *Reserva de Incentivos Fiscais.*
- *Ações em Tesouraria.*

16.2 CAPITAL SOCIAL

Representa todo o investimento realizado na empresa por seus proprietários (em nosso caso, acionistas, pois estamos pressupondo uma Sociedade por Ações). Observe que o investimento não se refere somente às integralizações realizadas pelos acionistas, mas também à parte do lucro e outras reservas não distribuídas e incorporadas ao Capital.

A conta do Capital Social discriminará o montante subscrito e, por dedução, a parcela ainda não realizada.

Capital subscrito é aquele comprometido (assinado) pelos acionistas. No momento em que os acionistas entregam à empresa as parcelas comprometidas na subscrição em recursos financeiros (dinheiro) ou recursos materiais (outros bens), teremos a realização ou integralização do capital. A integralização (realização) do capital em direitos (ações, títulos a receber etc.) também pode ocorrer, embora seja pouco comum.

Na constituição da Cia. Mordomia, tivemos a subscrição de todas as ações em que se divide o Capital Social fixado em $ 4.000.000. Conforme disposição legal, houve a realização (integralização), com entrada, de 10%, em dinheiro, depositada no Banco do Brasil S.A. Então teríamos:

PATRIMÔNIO LÍQUIDO	
Capital Social	
Capital Social Subscrito	4.000.000
(–) Capital a Integralizar	(3.600.000)
= Capital Realizado	400.000

---

[2] Lei nº 6.404/1976, com redação modificada pelas Leis nº 11.638/2007 e nº 11.941/2009.

[3] Para as empresas sujeitas à Lei nº 11.638/2007 (Sociedades Anônimas e Limitadas de Grande Porte) foi abolida a conta "Lucros Acumulados" (já que esta não pode permanecer com saldo – lucro sem destino), ficando apenas "Prejuízos Acumulados". Para as demais empresas continua a conta "Lucros ou Prejuízos Acumulados".

16.2.1 Sociedade por Ações de Capital Autorizado

O estatuto pode conter autorização para aumento do capital social, por sucessivas subscrições, independentemente da reforma estatutária necessária a cada aumento de capital. Assim, é fixado um limite de Capital Social (Capital Autorizado) no estatuto da companhia e os órgãos de administração deliberam sucessivos aumentos de capital até atingir aquele limite (sem precisar reformar o estatuto por aumentos de capital). A partir daí, estabelece-se um novo limite e, assim, sucessivamente.

Observe que, pelo fato de haver Capital Autorizado, não significa que o capital esteja totalmente subscrito. Se tivéssemos um Capital Autorizado de $ 6.000.000 e uma subscrição de $ 4.000.000, o Patrimônio teria a seguinte estrutura:

PATRIMÔNIO LÍQUIDO	
• Capital Autorizado	6.000.000
• (–) Capital a Subscrever	(2.000.000)
Capital Subscrito	4.000.000

Dessa forma, admitindo-se que a Cia. Mordomia seja uma Sociedade por Ações de Capital Autorizado, teríamos o seguinte Patrimônio Líquido:

PATRIMÔNIO LÍQUIDO	
Capital Social	
• Capital Autorizado	6.000.000
• (–) Capital a Subscrever	2.000.000
• Capital Subscrito	4.000.000
• (–) Capital a Integralizar	3.600.000
• CAPITAL REALIZADO	400.000

16.2.2 Divisão do Capital Social

O Capital Social divide-se em *quotas* nas Sociedades por Responsabilidade Ltda. e em todas as sociedades de pessoas, e em *ações* nas Sociedades por Ações (S.A.) e em todas as sociedades de capital.

A ação é a menor parcela do capital social, sendo vedada a emissão por preço inferior a seu valor nominal (quando existir o valor nominal). A Lei das Sociedades por Ações admite a emissão de ações sem valor nominal e estabelece que o preço deve ser fixado em dois momentos: na constituição e no aumento do Capital Social.

A quantidade de ações é determinada pela divisão do valor total do Capital Social pelo Valor Nominal. Exemplo:

$$\frac{\text{Capital Social}}{\text{Valor Nominal}} = \frac{\$\ 50.000.000}{\$\ 50} = 1.000.000 \text{ de ações.}$$

Temos, assim, a quantidade de 1.000.000 de ações que constituem o Capital Social.

Todas as vezes em que se modifica o Capital Social, com a incorporação de Lucros ou Reservas, haverá modificação no valor nominal ou na quantidade de ações, ou, ainda, em ambos. Essa modificação implica alterar os estatutos na Junta Comercial.

Como a dinâmica empresarial inclui a necessidade de obter lucros, em cada operação lucrativa a composição do Patrimônio Líquido é afetada e, em consequência, também o é o valor real da ação. Essa alteração é acompanhada pelos *experts* em investimentos para a realização de bons negócios no Mercado de Ações, mediante análise das demonstrações publicadas e divulgadas pelas companhias.

PAUSA PARA REFLEXÃO

Os fundos de capital de risco, ou *venture capital*, são um instrumento cada vez mais usado, em todo o mundo, para apoiar novos empreendimentos, sobretudo projetos inovadores na área de tecnologia de ponta. No Brasil, esse é um campo ainda pouco explorado, sobretudo quando se fala de pequenas empresas. Os poucos *equity funds* existentes no setor privado têm como alvo, na sua maioria, grandes empresas, visando diminuir riscos. Esse capital de risco tem como objetivo oferecer novas alternativas de financiamento de longo prazo às empresas de pequeno porte.

É um Passivo ou Patrimônio Líquido?

16.3 RESERVAS DE CAPITAL

Reservas de Capital são aquelas que não se originam do resultado do exercício, isto é, não são apuradas (portanto, não transitam) pela Demonstração do Resultado do Exercício.

Diferença entre Reservas e Provisão

Antes de continuarmos com o estudo de Reservas de Capital, daremos uma sucinta abordagem das diferenças existentes entre Reservas e Provisão para não haver confusão por parte do leitor.

I – *Provisão*

Há, basicamente, dois tipos de provisão:

- *Reduções do Ativo*. São expectativas de perdas de Ativos. O exemplo mais conhecido é a Provisão para Devedores Duvidosos, na qual se estima o não recebimento de uma parte das Duplicatas a Receber. A expectativa de perda de valor de Investimentos dá margem para a Provisão de Perdas de Investimentos etc.
- *Aumentos de Passivo* (exigibilidade). São desembolsos que certamente ocorrerão no futuro, uma vez que o fato gerador já ocorreu. A cada mês de trabalho, o funcionário adquire 1/12 de direito a férias e ao 13º salário. A Contabilidade deve registrar essa despesa incorrida, mas ainda não paga. Temos então, por um lado, de acordo com o regime de competência, o registro de uma despesa no mês ou no período (diminuindo o lucro e, consequentemente, o Patrimônio Líquido), e, por outro lado, o aumento de uma exigibilidade (Passivo), Provisão para Férias e Provisão para 13º Salário.

II – *Reservas*

São acréscimos ao Patrimônio Líquido que, quase sempre, são utilizados para aumento de Capital.

As reservas não têm qualquer característica de Passivo, ou seja, não há nenhum indício de que se tornem exigibilidades, pois, se assim fosse, deveríamos classificá-las como Passivo. Normalmente, as reservas originam-se de contribuições dos acionistas, de doações, de lucros não distribuídos aos proprietários etc.

A seguir, faremos uma exposição detalhada de reservas que poderão ser mais bem compreendidas após serem estudadas.

16.3.1 Origem das Reservas de Capital

As Reservas de Capital, portanto, não se originam do Lucro da Companhia. O caso mais comum é:

Ágio na Emissão de Ações

Quando uma companhia aumenta seu capital, emitindo novas ações, ela pode vendê-las ao público por seu valor nominal (ou pelo preço fixado na emissão), ou com um lucro, isto é, com um excedente. A esse lucro, ou excedente, denominamos Ágio.

A contribuição do subscritor de ações que ultrapassar o valor nominal (ou o preço fixado na emissão para ações sem valor nominal) será considerada como uma Reserva de Capital, com o título de *Ágio na Emissão de Ações.*

A Cia. Vale Salgado, conforme deliberação de sua administração, aumentará seu capital de $ 50 para $ 70 milhões, com a emissão de 20 milhões de ações, cujo valor nominal será de $ 1,00 por ação. Dado o interesse do público pelas ações, foi resolvido que se cobraria um Ágio de $ 0,20 por ação. Dessa maneira, cada ação foi colocada à venda por $ 1,20. A Contabilidade registraria da seguinte forma:

CAPITAL. Haverá um acréscimo de 20 milhões de ações × $ 1,00 cada uma = $ 20 milhões.

Portanto, o novo capital passará para $ 70 milhões.

RESERVA DE CAPITAL.

Ágio na emissão de ações.

20 milhões de ações a $ 0,20 cada uma = $ 4 milhões.

A Lei nº 11.638/2007 admite ainda como Reservas de Capital o "produto da alienação de partes beneficiárias e bônus de subscrição". A CVM em suas Instruções nº 319/1999 e nº 349/2001 admite a Reserva Especial de Ágio na Incorporação.

PAUSA PARA REFLEXÃO

O tipo societário mais comumente utilizado até hoje sempre foi a sociedade limitada, em função de seus baixos custos e de sua legislação relativamente simples que, entre outras vantagens, dava aos sócios maior liberdade de impor seus interesses. A nova legislação, conforme o Código Civil em 2002, no entanto, mudou um pouco esse contexto, criando quóruns mínimos para determinadas deliberações, obrigatoriedade de realização de assembleias e necessidade de publicação de certos atos. Destacam-se a seguir alguns pontos importantes quanto à nova regulamentação da sociedade limitada:

"A designação de administradores não sócios no contrato social dependerá da aprovação da unanimidade dos sócios, enquanto o capital não estiver integralizado, e de dois terços, no mínimo, após a sua integralização. Se a administração for atribuída a todos os sócios no contrato social, esta atribuição não se estenderá de pleno direito aos que posteriormente se tornarem sócios, salvo se assim for expressamente estipulado no contrato social."

Isto altera a conta Capital Social no Patrimônio Líquido?

16.3.2   Destinação das Reservas de Capital

As Reservas de Capital somente poderão ser utilizadas para:

I –   *Absorver prejuízos*. Todavia, na existência de prejuízo este será absorvido em primeiro lugar por Lucros Retidos (Acumulados) e Reservas de Lucro. Se ainda assim persistir saldo na conta Prejuízo, aí então serão utilizadas as Reservas de Capital.

II – *Incorporação ao Capital*. Uma situação bastante comum é as Reservas de Capital serem utilizadas para aumento de capital. Nesse caso, implica alterar o valor nominal das ações, ou a distribuição de ações novas.

Há outras possibilidades em que podem ser utilizadas as Reservas de Capital. As duas alternativas anteriores são, entretanto, as mais comuns. Deixaremos, portanto, de abordar outras alternativas por julgarmos insólitas.

16.4   AJUSTES DE AVALIAÇÃO PATRIMONIAL

Com o advento da Lei nº 11.638/2007, deixa de existir na prática contábil brasileira a Reserva de Reavaliação. Reservas de Reavaliação eram as contrapartidas de aumentos de valor atribuídos a elementos do

Ativo (Imobilizado) em virtude de novas avaliações. A reavaliação era a nova avaliação de itens do ativo por seu valor de mercado. Era esporádica. Ocorria, normalmente, quando o item do ativo estava registrado por um valor defasado do real (o custo é menor que o preço do mercado). Abandonava-se o custo histórico e atribuía-se um novo valor econômico. Frequentemente, a Reavaliação ocorria sobre itens do imobilizado por ser, neste grupo, mais comum a defasagem do preço de custo com o preço do mercado.

Todavia, essa prática, que durou até 2007, deixa de existir, por força legal, por não ser uma norma comum internacional. Ou seja, grande parte dos países não tem essa prática. A Lei nº 11.638/2007 visa conduzir a Contabilidade Brasileira às Normas Internacionais de Contabilidade.

No lugar de Reserva de Reavaliação surgem Ajustes de Avaliação Patrimonial, definida como: serão classificadas como ajustes de avaliação patrimonial, enquanto não computadas no resultado do exercício em obediência ao Regime de Competência, as contrapartidas de aumentos ou diminuições de valor atribuído a elementos do Ativo e do Passivo, em decorrência da sua avaliação a preço de mercado.[4]

Os elementos do Ativo que terão variações na avaliação (cuja contrapartida será "Ajustes de Avaliação Patrimonial" no Patrimônio Líquido) são:

a) As aplicações em instrumentos financeiros (inclusive derivativos) e direitos e títulos de créditos (classificados no Ativo Circulante ou Realizável a Longo Prazo), quando se tratar de aplicações destinadas a negociações (ou disponíveis para venda), serão avaliadas pelo seu valor de mercado (ou valor equivalente). Assim, em função do valor de mercado terão variações na avaliação.

b) As operações de incorporação, fusão e cisão, realizadas entre partes independentes e vinculadas à efetiva transferência de controle, terão os ativos e passivos da sociedade (a ser incorporada, ou fusão, ou cisão) contabilizados pelo seu valor de mercado. Da mesma forma que o item "a", as variações na avaliação irão para "Ajustes de Avaliação Patrimonial".

Exemplo Ilustrativo de Ajustes de Avaliação Patrimonial

Imagine uma empresa que adquiriu um Título disponível para venda por $ 150.000. Na data do encerramento do Balanço houve um rendimento de $ 20.000. Porém, o valor de mercado deste Título é de $ 185.000.

Assim, no momento da compra há um Ativo Financeiro contabilizado por $ 150.000.

No encerramento do Balanço, o Ativo Financeiro estará contabilizado por $ 170.000, sendo que os $ 20.000 foram contabilizados como Receita Financeira na DRE.

Porém, um outro lançamento deverá ser feito: o preço de mercado do Título. Neste caso, o Ativo Financeiro é contabilizado por $ 185.000, sendo que a variação de $ 15.000 será considerada como "Ajustes de Avaliação Patrimonial":

BALANÇO PATRIMONIAL					
Ativo			Passivo e PL		
Circulante	No ato da compra	No final do exercício	– –	No ato da compra	No final do exercício
–	–	–	Patrimônio Líquido	–	–
–	–	–	Capital	–	–
–	–	–	Reserva capital	–	–
–	–	–	Ajustes Aval. Patrimonial	–	–
Aplicação Financeira	150.000	185.000	–	–	15.000
–	–	–			

---

[4] A Lei nº 11.941/2009 troca a expressão "Valor de Mercado" por "Valor Justo". Veja o conceito de "Valor Justo" no Capítulo 21.

DRE NO FINAL DO EXERCÍCIO SOCIAL	
Receita	xxxx
(–) Custo	(xxxx)
Lucro Bruto	xxxx
(–) Desp. Operac.	
–	(xxxx)
–	(xxxx)
–	(xxxx)
+ Rec. Financ.	20.000
–	xxxx
Lucro Operacional	xxxx

16.5 RESERVAS DE LUCROS

Serão classificadas como Reservas de Lucros as contas constituídas pela apropriação de lucros da companhia (conforme Lei das Sociedades por Ações), como veremos a seguir:

A. Reserva Legal

Do lucro líquido do exercício, 5% serão aplicados, antes de qualquer outra destinação, na constituição de Reserva Legal, que não excederá 20% do Capital Social.

A companhia poderá deixar de constituir a Reserva Legal no exercício em que o saldo dessa reserva, acrescido do montante das Reservas de Capital, abordadas neste capítulo, exceder 30% do Capital Social.

A Reserva Legal tem por fim assegurar a integridade do Capital Social e somente poderá ser utilizada para compensar prejuízos ou aumentar o capital.

Se a Cia. Acumulada tiver um lucro de $ 260.000.000, sua Reserva Legal será de $ 13.000.000 (5% × 260.000.000), desde que não ultrapasse os limites descritos.

B. Reservas Estatutárias

O estatuto poderá criar reservas desde que, para cada uma:

 I – indique, de modo preciso e completo, a sua finalidade;
 II – fixe os critérios para determinar a parcela anual dos lucros líquidos que serão destinados a sua constituição; e
 III – estabeleça o limite máximo da reserva.

A Cia. Acumulada tem em seu estatuto a fixação de uma reserva para renovação de equipamentos à base de 10% (dez por cento) sobre o lucro líquido. Portanto, a Reserva Estatutária será de $ 26.000.000 (10% × 260.000.000).

C. Reservas para Contingências

A assembleia geral poderá, por proposta dos órgãos da administração, destinar parte do lucro líquido à formação de reserva com a finalidade de compensar, em exercício futuro, a diminuição do lucro decorrente de perda julgada provável, cujo valor possa ser estimado.

A proposta dos órgãos da administração deverá indicar a causa da perda prevista e justificar, com as razões de prudência que a recomendem, a constituição da reserva.

A reserva será revertida no exercício em que deixarem de existir as razões que justificaram sua constituição ou em que ocorrer a perda.

É importante observar que na constituição dessa reserva o fato gerador ainda não ocorreu (*o que a distingue de Provisão para Contingências*).

Essa reserva tem como objetivo fundamental o disciplinamento da distribuição de dividendos. Se o lucro líquido do exercício for considerável num exercício e há previsão estimável de uma redução no lucro do próximo exercício em virtude de uma possível perda, o resultado será distribuir "gordos" dividendos agora e no ano que vem escasseá-los. Essas oscilações não são recomendáveis, mas como seria possível evitar essas flutuações?

Poder-se-ia destacar uma parcela a título de Reserva para Contingências no período em que houve bom lucro. Essa parcela seria deduzida do lucro que servirá de base para o cálculo de dividendos a distribuir (portanto, será distribuído um menor dividendo que o real). Para o próximo exercício (em que se pressupõe diminuição do lucro em virtude de possíveis perdas), far-se-ia a Reversão de Reserva para Contingências, que seria adicionada ao lucro que servirá de base para o cálculo de dividendos a distribuir (portanto, será distribuído um maior dividendo que o real). Assim, reduz a distribuição de dividendos em épocas de "vacas gordas" para complementar a distribuição em épocas de "vacas magras", havendo um equilíbrio maior.

As Reservas para Contingências poderão ser mais frequentes nas empresas agrícolas para fazer frente a possíveis perdas como geadas, granizos, pragas, secas, cheias, inundações etc.

Também outras empresas (não agrícolas) estarão sujeitas a essas intempéries: empresas comerciais ou industriais que dependam dos produtos agrícolas como matéria-prima; empresas que estão sediadas em locais de enchentes, inundações etc.

É bem difícil, todavia, prever tais perdas e, pior ainda, estimá-las. Quando tais perdas ocorrem de maneira cíclica, há maiores possibilidades de formar Reserva para Contingências.

As Reservas para Contingências poderão ser constituídas, ainda, nos casos de paralisação temporária por motivos previsíveis (reforma, troca de equipamentos, manutenção geral...) quando há perspectivas de greves de funcionários, de falta de matérias-primas etc.

Veja um exemplo de cálculo de Reservas para Contingências, no item de mesma denominação, no Capítulo 17, *Lucros ou Prejuízos Acumulados*.

D. Reserva de Lucros para Expansão (Retenção de Lucro)

A assembleia geral poderá, por proposta dos órgãos da administração, deliberar a retenção de parcela do lucro líquido do exercício prevista em orçamento de capital por ela previamente aprovado.

O orçamento, submetido pelos órgãos da administração com a justificação de retenção de lucros, deverá compreender todas as fontes de recursos e aplicações de capital, fixo ou circulante, e poderá ter a duração de até cinco exercícios, salvo no caso de execução, por prazo maior, de projeto de investimento. Quando houver duração superior a um exercício social, deverá ser revisado anualmente.

Para execução de seu projeto Cataú, a Cia. Acumulada fará uma reserva de 8% anuais conforme deliberação da assembleia geral. Assim, a Reserva de Lucros para Expansão será de $ 20.800.000 (8% × 260.000.000).

E. Reserva de Lucros a Realizar

A constituição de Reservas de Lucros a Realizar é facultativa. Essa reserva evidencia a parcela de lucro não realizada financeiramente. O objetivo é evitar a distribuição de dividendos sobre essa parcela e, até mesmo, o pagamento do Imposto de Renda.

Na nova Lei nº 11.638/2007 fica assegurado cálculo da Reserva de Lucros a Realizar apenas para pagamento de dividendo obrigatório.

Na verdade, nem sempre o lucro apurado pela Contabilidade é realizado. Haveria necessidade de o Lucro a Realizar, para efeito de distribuição de dividendos, ser transformado financeiramente (isto é, transformar-se em dinheiro) ou, ainda, existirem fortes indícios de, num futuro bem próximo (curto prazo), haver a realização.

Não significa que o lucro deva estar segregado no Caixa. Sabemos que, na realidade, isso não ocorre porquanto, normalmente, o lucro é reinvestido em novos ativos. Portanto, diríamos que o Caixa (ou Bancos Conta Movimento) é passagem obrigatória para a realização financeira do lucro, embora não signifique que o lucro deva estar disponível.

Não seria justo para o acionista, porém, receber dividendos apenas sobre o lucro já realizado financeiramente. Há a parcela do lucro que se realizará brevemente. Dentro dos moldes legais, consideramos, para efeito de base de cálculos de dividendos, além do lucro já realizado financeiramente, a parcela que se realizará até o término do exercício seguinte.

Assim, para empresas que vendem a longo prazo, por exemplo, três anos, consideraremos como Lucros a Realizar o lucro que será realizado financeiramente após o término do exercício seguinte. Se estivermos em dezembro de X1, evidenciaremos como Lucros a Realizar a parcela do lucro originada do recebimento da receita após 31-12-X2.

A realização desse lucro para as empresas que vendem a longo prazo (reversão da Reserva de Lucros a Realizar) é bastante simples: no momento em que as contas a receber classificadas no Realizável a Longo Prazo forem, com o decorrer do tempo, sendo transferidas para o Circulante (Curto Prazo), reconhecemos a realização do lucro.

A Reserva de Lucros a Realizar poderá ser constituída no exercício em que o montante do dividendo obrigatório ultrapassar a parcela realizada do Lucro Líquido do exercício. Assim, o excesso (que ultrapassar a parcela realizada) será destinado a Reservas de Lucros a Realizar.

Ressaltamos ainda que a distribuição de Reservas de Lucros a Realizar trará à empresa transtornos financeiros; haverá necessidade, normalmente, de recorrer a Capitais de Terceiros para cobrir essa distribuição, ou reduzirá seu capital de giro.

Outro caso de Lucros a Realizar (Resultado Líquido da Equivalência Patrimonial)

A Lei nº 11.638/2007, além do lucro, rendimento ou ganho líquido em operações cujo prazo de realização financeira ocorra após o término do exercício social (sendo considerada também a contabilização de Ativo e Passivo pelo valor de mercado nestas condições), considera o Resultado Líquido da Equivalência Patrimonial sujeito à constituição de Reserva de Lucros a Realizar.

Vamos admitir que a Cia. Investidora adquiriu 30% das ações da Cia. Investida por $ 120 milhões. O Patrimônio Líquido da Cia. Investida é de $ 400 milhões. Portanto, teremos no Não Circulante (Investimentos) da Investidora $ 120 milhões.

Situação Inicial:

Cia. Investidora	Em $ milhões	Cia. Investida	Em $ milhões
ATIVO	**PASSIVO e PL**	**ATIVO**	**PASSIVO e PL**
Circulante	Circulante	Circulante	Circulante
Não Circulante	Patrimônio Líquido	Não Circulante	Patrimônio Líquido
Investim. 120			Total 400

Adquire 30%

No final do ano, constata-se que a Cia. Investida teve um lucro de $ 120 milhões.

A conta Investimentos da Cia. Investidora passará a:

$ 120 (Lucro da Investida) × 30% = $ 36 milhões (Proporção Lucro da Investida)

Houve um acréscimo em Investimento da Cia. Investidora, resultante da equivalência patrimonial, obtido de maneira proporcional em relação ao acréscimo do Patrimônio Líquido da Cia. Investida, no valor de $ 36 milhões, ou seja, 30% (participação no Patrimônio Líquido da Investida) multiplicado por $ 120 milhões (lucro da Investida).

Este acréscimo de $ 36 milhões será adicionado ao Lucro da Cia. Investidora; porém, como podemos notar, não houve ainda sua realização financeira, que ocorrerá (reversão de Reservas de Lucros a Realizar) quando forem recebidos dividendos ou forem alienados (venda) esses Investimentos.

Cia. Investidora

Em $ milhões

DRE	
Receita	1.200
(–) CMV	(400)
Lucro Bruto	800
(–) Desp. Operac.	(366)
+ Equiv. Patrimonial	36
Lucro Operacional	470
(–) Outras Despesas/IR/Participações	(390)
Lucro Líquido	80

Cálculo das Reservas de Lucros a Realizar

Admita que esta empresa (Cia. Investidora) tenha que pagar dividendos obrigatórios de $ 60.000. Considerando que neste caso não houve lucro cujo prazo de realização financeira ocorra após o término do exercício social, levaremos em conta apenas a parcela não realizada de $ 36.000, considerando o resultado líquido positivo da Equivalência Patrimonial.

Cálculo da Reserva de Lucros a Realizar	
Dividendo Obrigatório (Lei nº 11.638/2007 – artigo 202)	$ 60.000
Lucro Líquido do Exercício	$ 80.000
Lucros a Realizar (itens econômicos):	
Equivalência Patrimonial	$ (36.000)
Lucros decorrentes de operações de longo prazo	–
Ajustes de Ativos e Passivo a Valor Mercado (LP)	–
Total de Lucros a Realizar	$ (36.000)
Lucro Líquido do Exercício	$ 80.000
Parcela Realizada do L. Líquido	$ 44.000
Dividendos Obrigatórios	$ (60.000)
Parcela não realizada contida nos dividendos	$ (16.000)

Neste exemplo, a Reserva de Lucros a Realizar é $ 16.000 e o Dividendo a ser pago será de $ 44.000.

Assim, a parcela destinada à Reserva de Lucros a Realizar corresponde ao dividendo obrigatório que ultrapassar a parcela realizada do lucro líquido do exercício.

O pagamento do dividendo determinado poderá, então, ser limitado ao montante do Lucro Líquido do Exercício que tiver sido realizado.

A diferença registrada como Reserva de Lucros a Realizar, quando realizada (se não tiverem sido absorvidas por prejuízos em exercícios subsequentes) deverá ser acrescida ao primeiro dividendo declarado após a realização.

16.6 OUTRAS RESERVAS DE LUCRO

- Reserva de Incentivos Fiscais (veja exemplo no item 16.8)

  A assembleia geral poderá, por proposta dos órgãos de administração, destinar para Reserva de Incentivos Fiscais a parcela do Lucro Líquido decorrente de doações ou subvenções governamentais para Investimentos, que poderá ser excluída da base de cálculo do dividendo obrigatório.

- Reserva Especial para Dividendo Obrigatório Não Distribuído

  Quando a companhia não tiver condições financeiras para pagar Dividendo Obrigatório, deverá constituir esta reserva.

16.7 LUCROS OU PREJUÍZOS ACUMULADOS

O artigo 178, no item "d" (Lei nº 11.638/2007), diz que o Patrimônio Líquido é composto de Capital Social, Reservas de Capital, Ajustes de Avaliação Patrimonial, Reservas de Lucros, Ações em Tesouraria e **Prejuízos Acumulados**. Portanto, fica zerada a conta Lucros Acumulados, por não evidenciar uma definição do destino do lucro. Assim, neste item, abordaremos com foco nas empresas que não estão sujeitas à Lei das Sociedades por Ações.

Após a destinação do lucro para reservas ou dividendos, sempre fica um remanescente. Tal remanescente poderá ser utilizado total ou parcialmente para aumento de Capital. No caso de, no final do exercício, ainda permanecer (total ou parcialmente) este remanescente, será adicionado ao novo lucro (Lucro Líquido), ou seja, o lucro do exercício seguinte. E assim sucessivamente.

Defrontamo-nos, então, com Lucros Acumulados (válido p/ micros, pequenas e médias empresas).

Como geralmente há remanescente após a distribuição dos Lucros Acumulados, essa conta permanece constantemente aberta. Observe que não é comum utilizar totalmente o saldo dessa conta para Aumento de Capital, porquanto quase sempre esse saldo é fracionado, e é praxe que o Capital apresente números redondos.

Uma exceção seria utilizar tal remanescente para absorver eventual prejuízo; se o prejuízo for maior (absorvendo, portanto, todo Lucro Acumulado e ainda outras reservas), teremos a conta *Prejuízos Acumulados*. Por isso, denomina-se a conta de *Lucros ou Prejuízos Acumulados*, que poderá ser estudada mais detalhadamente no Capítulo 17.

PAUSA PARA REFLEXÃO

Na virada do milênio, fomos surpreendidos por notícias assim:

"Parece absurdo que a Yahoo!, um dos principais *sites* de busca, criado há apenas cinco anos, tenha um valor de mercado de 47,8 bilhões de dólares, quase 8 bilhões acima do valor da General Motors, maior montadora de automóveis do planeta. Ou que a America Online, maior provedor de acesso à Internet, esteja avaliada em 121 bilhões de dólares, contra os 20,2 bilhões do centenário banco de investimento J. P. Morgan. Ou ainda que a Amazon.com tenha um valor de mercado de 22,2 bilhões de dólares sem nunca ter dado lucro."

Significa que o Patrimônio Líquido não é um bom medidor da Riqueza Líquida? Atualmente, como está o PL da Amazon.com? Na virada do milênio a Google passou todas estas empresas tendo o valor de mercado mais alto do mundo?

16.8 RESERVAS DE INCENTIVOS FISCAIS

Até o advento da Lei nº 11.638/2007, as "doações e subvenções" para investimentos eram tratadas como Reservas de Capital no Patrimônio Líquido.

Pela nova sistemática as doações e subvenções para investimento deverão passar pela Demonstração do Resultado do Exercício.

Este acréscimo ao lucro (doações e subvenções para investimentos) poderá ser destinado para uma reserva específica de lucros, denominada de "Reservas de Incentivos Fiscais".

Vamos admitir que a Cia. Oportunista receba uma doação de um terreno de $ 850.000 para a instalação de uma nova fábrica. O registro contábil pela nova sistemática será:

DRE

Receita	xxxx
(–) Custo	(xxxx)
Lucro Bruto	xxxx
(–) Desp. Operac.	(xxxx)
L. Operacional	xxxx
+ Receita Doação	850.000
L. Líquido	+ 850.000

Balanço Patrimonial

ATIVO		PASSIVO	
Não Circulante		P. Líquido	
Terrenos	850.000	Res. Incentivo Fiscal	850.000

O acréscimo no lucro de $ 850.000 será excluído da base de cálculo para dividendos obrigatórios.

O artigo 199 da legislação em análise diz que a Reserva de Incentivos Fiscais será tratada como Reserva de Lucro, não integrando a base de cálculo que diz que a soma das Reservas de Lucro não poderá ultrapassar o Capital Social. Aliás, as Reservas de Contingências e de Lucros a Realizar também não são incluídas neste cálculo.

16.9 AÇÕES EM TESOURARIA

Só em condições excepcionais as companhias podem adquirir suas próprias Ações.

Quando isso ocorrer, deveremos destacá-las no Balanço Patrimonial como dedução da conta Patrimônio Líquido que registrar a origem dos recursos aplicados na sua aquisição.

Vamos admitir que a Cia. Desanimada resolva diminuir seu Capital Social de $ 2.800.000 p/ $ 2.000.000, adquirindo 800.000 ações de volta a seu valor nominal de $ 1,00 cada uma. Enquanto não houver a reforma estatutária, teremos:

Patrimônio Líquido

Capital Social	2.800.000 ações × $ 1,00 =	2.800.000
(–) Ações em Tesouraria	800.000 ações × $ 1,00 =	(800.000)
Capital Líquido		2.000.000

16.10 VALOR PATRIMONIAL DA AÇÃO (OU QUOTA)

Uma preocupação básica do proprietário da empresa (sócio ou acionista) é saber se, no decorrer do tempo, o valor patrimonial de seu Investimento está crescendo ou não. Ou, ainda, se está crescendo significativamente ou não.

Pelo cálculo do Valor Patrimonial da Ação (ou Quota), podemos informar ao acionista ou quotista a evolução de seu Investimento, a evolução de sua riqueza aplicada na empresa. E ninguém pode negar que não há informação mais importante que essa para os proprietários de ações ou quotas.

O Valor Patrimonial da Ação (ou Quota) é calculado por meio do seguinte quociente.

$$\text{Valor Patrimonial (Ação ou Quota)} = \frac{\text{Patrimônio Líquido}}{\text{n}^{\text{o}}\text{ de Ações (ou Quotas)}}$$

O resultado desse quociente é também de real importância para o investidor, quando pretender retirar-se da sociedade, ou ainda em casos de fusão, incorporação etc. No exercício resolvido, apresentaremos exemplos numéricos.

ILUSTRAÇÃO

O Sr. Henrique, responsável por um curso de Administração Financeira em uma cidade do interior do Estado de São Paulo, prepara uma avaliação inicial para medir os participantes do curso. Após o resultado da avaliação, ele adequaria melhor suas aulas ao público-alvo. Denomina a avaliação de "Um Primeiro Contato", como segue.

"Um Primeiro Contato"
Assinale a alternativa correta

Manuel possui 2.000 ações ordinárias do total de 80.000 ações da Cia. Alcoólatra, subscritas e integralizadas. A Cia. lança mais 20.000 ações para obter recursos e expandir os negócios, que estão proporcionando ganhos superiores devido à boa aceitação do produto no mercado e vários incentivos governamentais.

Pede-se:

1. Qual é o mínimo de ações que a Cia. deve oferecer preferencialmente ao Manuel?
   a) 2.000
   b) 200
   c) 5.000
   d) 500
   e) 800

2. Considerando que o valor nominal da ação é $ 1,00 e o patrimonial é $ 5,00, de quanto é o Patrimônio Líquido antes do lançamento das novas ações?
   a) $ 80.000
   b) $ 160.000
   c) $ 400.000
   d) $ 300.000
   e) $ 500.000

3. Considerando que a ação está cotada por $ 6,00, qual é o valor de mercado da empresa?
   a) $ 400.000
   b) $ 600.000
   c) $ 480.000
   d) $ 492.000
   e) $ 500.000

4. Supondo que o Manuel adquira pelo valor nominal as ações oferecidas obrigatoriamente pela Cia., qual é o valor total de sua participação depois do aumento, já que antes do aumento sua participação vale $ 2.000 pelo valor nominal, e $ 10.000 pelo valor patrimonial?

PARTICIPAÇÃO DO MANUEL

	Nominal	Patrimonial
a)	3.000	6.000
b)	6.000	12.500
c)	2.500	8.500
d)	3.500	7.500
e)	2.500	10.500

5. E se o Manuel não as adquirir, qual será o valor de sua participação?

	Nominal	Patrimonial
a)	2.000	10.000
b)	2.000	8.400
c)	2.500	6.800
d)	3.000	4.500
e)	2.500	12.000

6. E qual seria o efeito no valor de mercado da ação se fosse divulgado que o capital adicional seria usado na aquisição de equipamentos para produzir carburadores para gasolina?
   a) O valor permaneceria estável.
   b) O valor cairia.
   c) O valor subiria.
   d) O valor cairia numa 1ª fase e tenderia a subir numa 2ª fase.
   e) O valor subiria numa 1ª fase e tenderia a cair numa 2ª fase.

Solução dos Dados Propostos

1. Participação atual do Manuel: $\frac{2.000 \text{ ações}}{80.000 \text{ ações}} = 25\%$

   Novas ações a serem lançadas: 20.000.
   Para Manuel, deverão ser oferecidas $20.000 \times 2{,}5\% = \underline{500 \text{ ações}}$.

2. $\underbrace{\text{Valor Patrimonial da Ação}}_{5{,}00} \quad \frac{\text{Patrimônio Líquido}}{\text{n}^{\underline{o}} \text{ de Ações em Circulação}} \quad \frac{\text{Patrimônio Líquido}}{80.000}$

   $PL = \$\, 5{,}00 \times 80.000 = \$\, \underline{400.000}$.

3. Uma das formas de determinar o valor de mercado da empresa é calcular o valor de mercado do Patrimônio Líquido. Se os acionistas quisessem vender a empresa, venderiam suas ações a $ 6,00 cada uma:
   80.000 ações × $ 6,00 = $ $\underline{480.000}$.

4. Adquirindo as novas ações, o Manuel ficará com 2.500 ações (veja solução 1). A um valor nominal de $ 1,00, a participação totalizaria $ $\underline{2.500}$ (2.500 ações a $ 1,00 cada uma). A um valor patrimonial, a participação totalizaria $ $\underline{10.500}$ (2.500 ações a $ 4,20 cada uma). Observe que o novo valor patrimonial seria de $ 4,20 $\left(\frac{\text{Novo PL}\,(400.000 + 20.000)}{\text{Ações}\,(80.000 + 20.000)} \right)$.

5. Não adquirindo as novas ações, o Manuel continuará com 2.000 ações, diminuindo sua participação para 2% $\left(\frac{2.000}{100.000} \right)$. Assim, o valor nominal de sua participação será de $ $\underline{2.000}$ (2.000 ações a $ 1,00 cada uma), e o valor patrimonial, de $ $\underline{8.400}$ (2.000 ações a $ 4,20 cada uma).

6. Acreditamos que uma empresa concentrada em álcool não deva produzir carburadores a gasolina. Haverá uma repercussão negativa e o valor de mercado da ação *deverá cair*.

*Acesse o **QR Code** e assista ao vídeo sobre Patrimônio Líquido.*

RESUMO

PATRIMÔNIO LÍQUIDO

Capital Social

    Capital Autorizado

    <u>(–) Capital a Subscrever</u>

    Capital Subscrito

    <u>(–) Capital a Integralizar</u>

    Capital Realizado

Reservas de Capital

    Ágio na Emissão de Ações

Ajustes de Avaliação Patrimonial

Reservas de Lucro

    Reserva Legal

    Reservas Estatutárias

    Reservas para Contingências

    Reservas Orçamentárias

    Reservas de Lucros a Realizar

    Reservas de Incentivos Fiscais

(Lucros ou) Prejuízos Acumulados

(–) *Ações em Tesouraria*

O *Valor Patrimonial da Ação* (ou *Quota*) será calculado:

$$\text{VP (Ação ou Quota)} = \frac{\text{Patrimônio Líquido}}{\text{nº de ações (ou Quotas) em Circulação}}$$

AVALIAÇÃO DO APROVEITAMENTO

a) Estes testes deverão ser respondidos em cinco minutos – 30 segundos para cada um.

b) Não responda se tiver dúvidas.

c) Se você acertar menos que 70% (sete questões), não passe para a etapa seguinte, leia novamente o capítulo.

d) As respostas encontram-se no final do livro.

1. O cálculo do PL, da forma mais adequada, será:

( ) **a)** Ativo – Passivo

( ) **b)** Ativo – Passivo Exigível.

( ) **c)** Ativo – Passivo Exigível + Não Circulante

( ) **d)** Ativo – Obrigações.

2. A Teoria da Entidade Contábil dispõe que, em uma situação de continuidade, o Patrimônio Líquido pertence:

( ) **a)** À Empresa.

( ) **b)** Aos Proprietários.

( ) **c)** A Terceiros.

( ) **d)** Aos Sócios.

3. Em uma empresa de Capital Autorizado, para calcular o Capital Realizado subtrairemos daquele (Capital Autorizado):

( ) **a)** Capital a Subscrever.

( ) **b)** Capital a Integralizar.

( ) **c)** Capital a Realizar.

( ) **d)** Capital a Subscrever e a Realizar.

4. Os dois tipos de Provisão são:

( ) **a)** Redução de Ativo e Reservas.

( ) **b)** Aumento de Ativo e Aumento de Passivo.

( ) **c)** Redução de Ativo e Aumento de Passivo.

( ) **d)** Aumento de Passivo e Reservas.

5. Ágios na Venda de Ações são Reservas:
   ( ) **a)** De Capital.
   ( ) **b)** De Ajuste de Avaliação Patrimonial.
   ( ) **c)** De Lucro.
   ( ) **d)** De Incentivos Fiscais.

6. Os Ajustes de Avaliação Patrimonial são as contrapartidas de aumento ao Valor de Mercado dos Instrumentos Financeiros. O subgrupo mais comum onde estão os Instrumentos Financeiros:
   ( ) **a)** Investimento.
   ( ) **b)** Circulante e Realizável a Longo Prazo.
   ( ) **c)** Intangível.
   ( ) **d)** Circulante e Imobilizado.

7. A Reserva Legal é calculada:
   ( ) **a)** 5% sobre os Lucros Acumulados.
   ( ) **b)** 5% sobre o Lucro Líquido.
   ( ) **c)** 20% sobre os Lucros Acumulados.
   ( ) **d)** 30% sobre os Lucros Líquidos.

8. Reservas para Contingências deveriam ser mais comuns em:
   ( ) **a)** Indústria Automobilística.
   ( ) **b)** Indústria Metalúrgica.
   ( ) **c)** Construção Civil.
   ( ) **d)** Agropecuária.

9. Como origem de Lucros a Realizar, temos:
   ( ) **a)** Ganho com a Loteria Esportiva.
   ( ) **b)** Ganho na venda de Estoque.
   ( ) **c)** Ganho na Equivalência Patrimonial.
   ( ) **d)** Ganho nas Receitas não Operacionais.

10. Sabendo-se que o Patrimônio Líquido da Cia. Reprodução é de $ 285.600.900, e que as ações em circulação totalizam 95.200.300, o Valor Patrimonial da ação seria de:
    ( ) **a)** $ 1,00.
    ( ) **b)** $ 2,00.
    ( ) **c)** $ 3,00.
    ( ) **d)** $ 4,00.

EXERCÍCIOS

1. Por que há a teoria de que o Patrimônio Líquido pertence à empresa?

2. Qual a diferença de Reservas de Capital e Reservas de Lucro?

3. A empresa Vende Mais possui em seu ativo realizável a longo prazo, 5.000 ações de determinada companhia. As ações foram adquiridas por $ 15 cada. No fechamento do exercício a empresa realizou uma cotação do valor das ações na bolsa de valores e apurou que estas valiam $ 19 cada. Efetue o lançamento de ajuste do valor das ações.

4. Por que não devemos mais utilizar a conta lucros acumulados no PL?

5. A empresa Avanti recebeu da prefeitura de seu município um prédio para suas instalações, avaliado em $ 4.000.000. Contudo, há uma cláusula no contrato de cessão determinando que a empresa deva permanecer no mínimo cinco anos no município, caso contrário, o prédio retorna ao poder público. Realize os lançamentos da operação inicial e de depois de cinco anos a empresa cumprindo e não cumprindo o contrato.

Parte IV

OUTRAS DEMONSTRAÇÕES CONTÁBEIS

OUTRAS DEMONSTRAÇÕES CONTÁBEIS

Além do Balanço Patrimonial e da Demonstração do Resultado do Exercício, já tratados, aprofundamos o estudo da Demonstração dos Lucros e Prejuízos Acumulados e da Demonstração dos Fluxos de Caixa. Ainda, duas novas demonstrações são abordadas nesta parte: Demonstração das Mutações do Patrimônio Líquido (abrangência maior que a Demonstração dos Lucros ou Prejuízos Acumulados) e Demonstração do Valor Adicionado (uma parte do Balanço Social).

Objetivo: **Aprofundar as Demonstrações Contábeis já abordadas superficialmente e conhecer outras demonstrações ainda não tratadas.**

CAPÍTULOS	CONTEÚDO	APRENDENDO A TOMAR DECISÕES
17	*Demonstração dos Lucros ou Prejuízos Acumulados e Demonstração das Mutações do Patrimônio Líquido.* Lucro. Reservas. Dividendos.	Indicar como a empresa está destinando o lucro contábil. O fluxo de dividendos. As alterações no Patrimônio Líquido.
18	*Demonstração dos Fluxos de Caixa (Demonstração do Fluxo Financeiro).* Modelo Direto. Modelo Indireto. Estruturação da DFC.	Permite avaliar a saúde financeira da empresa. Analisar os problemas de Capital de Giro. Comparar Fluxo Financeiro com Econômico. Instrumento de administração financeira.
19	*Demonstração do Valor Adicionado, Notas Explicativas e Outras Evidenciações.* Relatório da Diretoria. Balanço social. Parecer do Auditor.	Avaliar quanto a empresa gerou de renda e para quem vai essa renda. Avaliar a qualidade dos relatórios contábeis por meio do parecer do auditor. Introduzir Balanço Social.

Demonstração dos Lucros ou Prejuízos Acumulados e Demonstração das Mutações do Patrimônio Líquido

17

OBJETIVOS

Ao completar o estudo deste capítulo, você deverá estar preparado para explicar e exercitar os seguintes conceitos:

- Demonstração de Lucros e Prejuízos Acumulados (DLPAc).
- Demonstração das Mutações do Patrimônio Líquido (DMPL), seu conceito e estrutura.
- A DLPAc e a DMPL.

INTRODUÇÃO

Após a abordagem mais aprofundada do Balanço Patrimonial, passemos ao estudo da Demonstração dos Lucros ou Prejuízos Acumulados e da Demonstração das Mutações do PL.

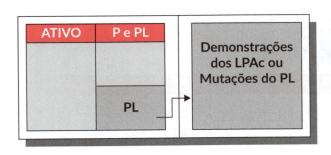

De acordo com o CPC 26 (NBC TG 26 (R5), a Demonstração dos Lucros ou Prejuízos Acumulados (DLPAc) deixa de existir, sendo substituída pela Demonstração das Mutações do Patrimônio Líquido (DMPL).

Todavia, a DLPAc está prevista na Lei nº 11.638/2007 e, para elaborar a DMPL precisamos da Conta Lucros (ou Prejuízos) Acumulados. Além disso, a DLPAc está contida dentro da DMPL. Estes são bons motivos para estudarmos a DLPAc.

17.1 LUCROS OU PREJUÍZOS ACUMULADOS

Lucros Acumulados significam lucros retidos remanescentes: não distribuídos para os proprietários e sem um destino certo (em suspenso), isto é, não canalizados para Reservas, Aumento de Capital etc.

Dentro do grupo Patrimônio Líquido, encontramos a conta *Lucros Acumulados* (ou Prejuízos). Como o Balanço Patrimonial é apresentado em duas colunas, encontraremos dois saldos nesta conta:

o saldo no final do *exercício anterior* (ou saldo do início do exercício em análise) e o saldo no final *deste exercício* (período em análise).

Temos, no Balanço apresentado, um *Saldo Inicial* de Lucros Acumulados (em 1º-1-X2) de $ 5.850 mil e um *Saldo Final* de $ 7.200 mil. Mais uma vez observamos o aspecto estático do Balanço que evidencia os saldos no início e no fim do exercício, mas não destaca os motivos da variação de $ 1.350 mil (de 5.850 para 7.200).

17.2 A DLPAC E A LEI Nº 11.638/2007 (SOCIEDADES POR AÇÕES)

No artigo 176 desta lei, a DLPAc é relacionada como uma demonstração financeira obrigatória. Todavia, no item *d* do artigo 178, esta mesma lei diz que o Patrimônio Líquido é constituído em Capital Social, Reservas de Capital, Ajustes de Avaliação Patrimonial, Reservas de Lucros, Ações em Tesouraria e Prejuízos Acumulados, não incluindo a conta Lucros Acumulados.

Na realidade, a conta Lucros Acumulados, apesar de ser assim tratada em todos os comentários aos dispositivos legais, não é uma conta transitória; ela é uma conta normal do PL, com uma característica singular: pode apresentar no início ou no final do exercício dois tipos de saldo: ou "zero" ou "devedor" (no caso de prejuízo); é lógico que se ela tiver saldo "zero" não vai aparecer no Balanço Patrimonial. Nessas condições, a solução para o problema é a seguinte: recomendar a utilização da conta Lucros ou Prejuízos Acumulados para receber o lucro do exercício e promover a sua distribuição ou para eventuais reversões de reservas ou, ainda, para compensar eventuais prejuízos, e manter a DLPAc com a finalidade de evidenciar essa movimentação, com a ressalva, em nota, sobre os saldos iniciais e finais. Aliás, essa observação sobre saldos iniciais e finais também será válida para a penúltima coluna da Demonstração das Mutações do PL.

Neste capítulo, trabalharemos com a conta Lucros Acumulados com saldo. Entretanto, quando se tratar de Sociedades Anônimas ou Sociedades Limitadas de Grande Porte, o saldo deverá ser zero. Tratando-se de Sociedade Anônima de Capital Aberto, a DLPAc[1] deverá ser substituída pela Demonstração das Mutações do Patrimônio Líquido, evidentemente, com a conta Lucros Acumulados zerada.

Portanto, para ter mais transparência nos propósitos da empresa, esta deverá destinar todo o lucro, evitando, assim, saldos indefinidos na conta Lucros Acumulados.

BALANÇO PATRIMONIAL

Em $ mil

ATIVO			PASSIVO e PL		
	31-12-X1	31-12-X2		31-12-X1	31-12-X2
			Patrimônio Líquido		
			Lucros Acumulados	5.850	7.200

17.3 DEMONSTRAÇÃO DOS LUCROS OU PREJUÍZOS ACUMULADOS (DLPAC)

A Demonstração dos Lucros ou Prejuízos Acumulados (DLPAc) vem, exatamente, explicar os motivos da variação de $ 1.350 mil, indicando os valores adicionados (e deduzidos) ao saldo já existente ($ 5.850 mil) até chegar ao saldo final ($ 7.200 mil). Portanto, é uma demonstração dinâmica:

---

[1] Como vimos, o CPC 26 e a NBC TG 26 (R5) substituem a DLPAc pela DMPL.

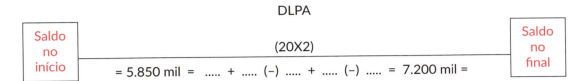

Estrutura da Demonstração dos Lucros ou Prejuízos Acumulados (DLPAc) (de forma simplificada)

	Em $ mil
Saldo no início do período (1º-1-X2)	5.850
+ Lucro Líquido do Exercício (ou – Prejuízo) (apurado na DRE)	- - - -
(–) Distribuição do Lucro (Dividendos)	(- - - -)
Saldo no final do período (31-12-X2)	7.200

Vamos admitir que a empresa teve um lucro no período de $ 2.000 mil e que $ 650 mil foram distribuídos como dividendos. Então, a DLPAc será:

	Em $ mil
Saldo em 1º-1-X2	5.850
+ Lucro Líquido do Exercício	2.000
Saldo à disposição da Diretoria	7.850
(–) Dividendos distribuídos	(650)
Saldo em 31-12-X2	7.200

Dessa forma, podemos explicar a variação de Lucros Acumulados evidenciados no Balanço pelos saldos no início e fim do período: houve um lucro no exercício de $ 2.000 mil, sendo que $ 650 mil foram distribuídos em forma de dividendos.

Em $ mil
(5.850 + 2.000 – 650 = 7.200)

Portanto, "acumularam-se" ao saldo já existente $ 1.350 mil (2.000 – 650) resultantes do lucro não distribuído e não destinado a outros fins.

Onde termina a Demonstração do Resultado do Exercício (DRE) e onde começa a Demonstração dos Lucros ou Prejuízos Acumulados (DLPAc)

Como sabemos, a Demonstração do Resultado do Exercício (DRE) evidencia o Lucro Líquido do Período, ou seja, o lucro final, após todas as deduções e participações, que sobra para os proprietários.

Mas qual é o destino do Lucro Líquido apurado na DRE? O passo seguinte, portanto, é a distribuição daquele lucro. E aqui, exatamente, *começa a Demonstração dos Lucros ou Prejuízos Acumulados (DLPAc)*; somando o Lucro Líquido do exercício ao saldo dos Lucros Acumulados já existente, apuraremos o lucro à disposição dos proprietários da empresa para ser distribuído.

Assim, se tivermos, em milhares de reais, um Lucro Líquido no período X3 de $ 3.000, um saldo de Lucros Acumulados (no Balanço) no início de X3 de $ 950 e uma Distribuição de Dividendos de $ 1.600, faremos o seguinte:

Cia. Adventista
DRE EM 20X3
Em $ mil

Receita	
(–) Deduções	(.........)
Receita Líquida	....
(–) CPV	(.........)
= Lucro Bruto	....
(–) Desp. Operac.	(.........)
= Lucro Operacional	....
(±) Não Operacional	....
= Lucro AIR	
(–) Provisão IR	(.........)
= Lucro Depois do IR	....
(–) Participações	(.........)
= Lucro Líquido	3.000

BALANÇO PATRIMONIAL
Cia. Adventista
Em $ mil

ATIVO	31-12-X2	PASSIVO e PL	31-12-X2
Circulante		Circulante	
Não Circulante		Não Circulante	
		Patr. Líquido	
		Lucros Acumul.	950
Total		Total	

Demonstração dos Lucros ou Prejuízos Acumulados

Saldo em 1º-1-X3	950
+ Lucro Líquido do Exercício (X3)	3.000
Saldo à disposição dos Proprietários	3.950
(–) Dividendos	(1.600)
Saldo em 31-12-X3	2.350

BALANÇO PATRIMONIAL
Cia. Adventista
Em $ mil

ATIVO	31-12-X2	31-12-X3	PASSIVO e PL	31-12-X2	31-12-X3
			Patrimônio Líquido		
			Lucros Acumulados	950	2.350

Como se pode verificar, essa conta (Lucros Acumulados) representa a interligação entre o Balanço Patrimonial (BP) e a Demonstração do Resultado do Exercício (DRE).

PAUSA PARA REFLEXÃO

Por que a estrutura da DRE a seguir não está tecnicamente perfeita?

DEMONSTRAÇÃO DO RESULTADO DO EXERCÍCIO:

Receita Operacional
(–) Deduções da receita
= Receita operacional líquida
(–) Despesas operacionais
= Resultado antes das Operações Financeiras
(+ –) Receitas e despesas Financeiras
= Resultado líquido, antes das perdas, ganhos, itens extraordinários e ajustes de exercícios anteriores
(+ –) Ganhos, perdas, itens extraordinários, ajustes de exercícios anteriores e outros não alocáveis para lucros acumulados
= Lucro antes do Imposto de Renda
(–) Imposto de Renda
= Lucro líquido (após o IR)
(–) Dividendos
= Lucro retido

Estrutura da Demonstração dos Lucros ou Prejuízos Acumulados (DLPAc)

DEMONSTRAÇÃO DOS LUCROS OU PREJUÍZOS ACUMULADOS
Cia. Adventista

	Em $ mil
Saldo em 31-12-X2 (ou Saldo Inicial em 1º-1-X3)	950
(±) Ajustes de exercícios anteriores	- - - - -
Reversões de Reservas	- - - - -
Lucro Líquido do Exercício em (20X3)	- - - - -
Saldo Disponível	- - - - -
Proposta da Administração p/ destinação do Lucro	
Reserva Legal	(- - - - -)
Reserva Estatutária	(- - - - -)
Reserva para Contingência	(- - - - -)
Reserva Orçamentária (para expansão)	(- - - - -)
Reserva de Lucros a Realizar	(- - - - -)
Dividendos	(- - - - -)
Saldo em 31-12-X3	2.350

A estruturação da DLPAc é iniciada com o saldo de Lucros Acumulados existente no último Balanço Patrimonial. Como o período em apreciação é 20X3, o último balanço será aquele encerrado em 31-12-X2, cujo saldo é o mesmo do início de 20X3.

A. Ajustes de Exercícios Anteriores

Nossa legislação estabelece que o Lucro Líquido do Exercício não deve ser influenciado por valores oriundos de outros exercícios. Dessa forma, teremos o Lucro Líquido realmente obtido com as operações em determinado ano.

Encontramos respaldo para essa disposição legal considerando o princípio de *Competência* de Exercícios, pelo qual serão consideradas Receita e Despesa geradas no período da apuração do resultado propiciando a comparação do resultado de vários períodos em bases similares.

Assim, se, por exemplo, constatássemos um erro de soma de cálculo na apuração dos Estoques em 20X0, não poderíamos considerá-lo na DRE em 20X1 (ano em que foi descoberto o erro), pois estaríamos ferindo os dois princípios abordados no parágrafo anterior.

A legislação dispõe que como ajustes de exercícios anteriores serão considerados apenas os decorrentes de *efeitos da mudança de critério contábil*, ou da *retificação de erro imputável a determinado exercício anterior*, e que não possam ser atribuídos a fatos subsequentes.

Como efeitos de mudança de critério contábil, temos, por exemplo:

- *Avaliação de estoques*. Passa de PEPS para Preço Médio ou vice-versa.
- *Regime de Contabilidade*. Passa de Regime de Caixa para de Competência.
- *Avaliação de investimentos*. Passa do Método de Custo para o de Equivalência Patrimonial etc. Tais mudanças deverão ser ajustadas ao saldo de Lucros Acumulados e nunca ao Resultado do Exercício (para não influenciar o Lucro Líquido do Exercício).

A propósito, observamos ainda que a legislação dispõe que as Demonstrações Financeiras do exercício em que houver modificação de métodos ou critérios contábeis, de efeitos relevantes, deverão indicá-la em Notas Explicativas e ressaltar tal efeito.

No que tange à retificação de erros de exercícios anteriores, vamos admitir que o contador da Cia. Adventista tenha cometido um erro de cálculo na Depreciação, no exercício anterior (20X4), e contabilizado a mais $ 280.000. Agora, ele somará $ 280.000 ao lucro anterior. Não podemos esquecer que o Lucro Acumulado no Balanço de 31-12-X2 está deduzido em $ 280.000 a mais e de que seria impossível retificar nossa Contabilidade na data do erro. Portanto, o caminho adequado é retificar o saldo de Lucros Acumulados na próxima DLPAc, incluindo aquele excesso outrora deduzido:

DEMONSTRAÇÃO DOS LUCROS OU PREJUÍZOS ACUMULADOS
Cia. Adventista

Saldo em 31-12-X2	950.000
1. Ajustes de exercícios anteriores	280.000
Retificação de erro de exercícios anteriores	. . . . . .
Reversão de Reservas	. . . . . .
. . . .	. . . . . .
. . . .	. . . . . .
. . . .	. . . . . .
. . . .	. . . . . .
Saldo em 31-12-X3	. . . . . .

Assim, Lucros Acumulados passa a ser aumentado em $ 280.000, sem interferir no Lucro Líquido do Exercício de 20X3.

B. Reversão de Reservas

Certas parcelas, deduzidas do lucro, destinadas a certos fins específicos (Reservas), podem, em exercícios futuros, ser reincorporadas ao lucro. Os casos mais comuns são as Reservas de Lucros a Realizar e Reservas para Contingências, que saem (são deduzidas) de Lucros Acumulados e, normalmente, retornam em outros períodos futuros, sendo adicionadas à conta Lucros Acumulados.

Posteriormente, comentaremos as transferências de Lucros Acumulados para Reservas e, nessa oportunidade, abordaremos as situações em que são revertidas as Reservas de Lucros a Realizar e as Reservas para Contingências.

C. Lucro Líquido do Exercício (ou Prejuízo)

Na Demonstração do Resultado do Exercício, apura-se o Lucro (ou Prejuízo) Líquido do ano, que é transferido para a conta Lucros Acumulados.

Assim, a DRE termina com o resultado líquido (Lucro ou Prejuízo), já deduzidos o Imposto de Renda e as Participações, que será adicionado a Lucros Acumulados.

D. Proposta da Administração para Destinação do Lucro (artigo 192)

Após a apuração do montante disponível (acumulado) do lucro, destacaremos a proposta dos órgãos da administração da companhia, apresentada aos acionistas (Assembleia Geral), sobre a destinação a ser dada ao Lucro Líquido do Exercício.

Normalmente, essa proposta é aprovada na primeira reunião de acionistas do ano (Assembleia Geral Ordinária). Independentemente da aprovação, já se efetuam as transferências. Esse procedimento é permitido pela Lei. No caso de alguma alteração (pouco provável nas companhias em que a Administração possui também o controle acionário), serão feitas as correções necessárias nas transferências efetuadas.

Os órgãos administrativos, na proposta sobre a destinação do lucro apresentada na DLPAc, constituem reservas, baseando-se nos estatutos da empresa e na Lei das Sociedades por Ações. Essas reservas originadas do Lucro Líquido do Exercício são denominadas Reservas de Lucro.

E. Transferências do Lucro Líquido para Reservas de Lucro

(De acordo com a Lei das Sociedades por Ações)

Observação: Veja também exposição detalhada sobre essas Reservas no Capítulo 16, Patrimônio Líquido.

I – *Reserva Legal (Artigo 193)*

> "Do Lucro Líquido do exercício, 5% (cinco por cento) serão aplicados, antes de qualquer destinação, na constituição da Reserva Legal, que não excederá de 20% (vinte por cento) do Capital Social.
>
> A Reserva Legal tem por fim assegurar a integridade do Capital Social e somente poderá ser utilizada para compensar Prejuízos ou aumentar Capital."

Pressupondo que o Capital da Cia. Adventista fosse de $ 8.000.000, a Reserva Legal seria de $ 150.000 ($ 3.000.000 × 5%). Observe que, neste caso, o limite para Reserva Legal é de $ 1.600.000 (8.000.000 × 20%). O valor destinado a essa reserva está, portanto, longe do limite.

Essa reserva, assim como as demais reservas de lucros, depois de calculada, comporá o Patrimônio Líquido da Empresa.

II – *Reservas Estatutárias (Artigo 194)*

São as reservas previstas nos estatutos da empresa.

> "O estatuto poderá criar reservas desde que, para cada uma:
> 1. indique, de modo preciso e completo, sua finalidade;
> 2. fixe os critérios para determinar a parcela anual dos Lucros Líquidos que serão destinados a sua constituição; e
> 3. estabeleça o limite máximo de Reservas."

Admitindo que do estatuto da Cia. Adventista constem 10% sobre o Lucro Líquido do exercício para renovação de equipamentos, teremos:

Reserva Estatutária $ 3.000.000 × 10% = $ 300.000.

III – *Reserva para Contingência (Artigo 195)*

> "Parte do Lucro Líquido destinado à formação de Reserva com a finalidade de compensar, em exercício futuro, a diminuição do lucro decorrente de perda julgada provável, cujo valor possa ser estimado.
>
> A proposta dos órgãos da administração deverá indicar a causa da perda prevista e justificar, com as razões de prudência que a recomendem, a constituição da reserva."

A Cia. Adventista, por não conceder a seus funcionários os aumentos salariais de costume, prevê, para o próximo período, uma greve geral na ocasião do dissídio coletivo. A diretoria planeja, confidencialmente, suportar 30 dias de greve. Ultrapassando este limite, ela cederá às reivindicações de seus funcionários. É prevista, portanto, para o mês de paralisação, uma diminuição de lucro em 17,0%. Então poderíamos equalizar os lucros dos dois anos, formando (deduzindo) 8,5%[2] de Reserva:

Reserva p/ Contingência = $ 3.000.000 × 8,5% = $ 255.000.

---

[2] Metade da perda é assumida no exercício atual e a outra metade no exercício em que realmente ocorrer a perda. Dessa forma, seria disciplinada a distribuição de Dividendos, porquanto não há Dividendos "gordos" num ano e, possivelmente, Dividendos "magros" no ano seguinte.

Admitindo-se que, na ocasião do dissídio, haja greve, nos moldes previstos pela diretoria, haverá *Reversão* da Reserva para Contingência. Então, os $ 255.000 serão adicionados aos Lucros Acumulados no exercício do dissídio, compensando, assim, a diminuição do lucro pela perda prevista.

> "A Reserva será revertida no exercício em que deixarem de existir as razões que justificaram a sua constituição ou em que ocorrer a perda."

Repare que, se não houvesse a greve, a reversão ocorreria da mesma forma.

Verificamos que esse expediente evita distribuir Dividendos consideráveis num período quando temos perspectivas de diminuição de lucro, por perdas extraordinárias, no período seguinte. Evita, portanto, situações que são favoráveis (otimistas) passarem para pessimistas, propiciando instabilidade para o acionista. Admitindo-se que a empresa paga 30% de Dividendos anuais, teríamos:

20X3		20X4	
LL	3.000.000	2.490.000	Lucro diminuído da perda
Reserva para Contingência	255.000	+ 255.000	Reversão da Reserva
			p/ Contingência
Valor Base para Cálculo de			
Dividendos	2.745.000	2.745.000	
Dividendos em X3	× 30%	× 30%	
	823.500	823.500	Dividendos em X4

Observe que, se não houvesse Reserva para Contingência, em X3 haveria $ 900.000 de Dividendos, enquanto em X4, $ 747.000.

IV – *Reserva Orçamentária (Reserva de Lucros para Expansão) ou Lucros Retidos (Artigo 196)*

> "Parcelas do Lucro Líquido poderão ser retidas para expansão da empresa quando prevista em orçamento de capital aprovado pela Assembleia Geral.
> O orçamento, submetido pelos órgãos da administração com a justificação da retenção de lucros proposta, deverá compreender todas as fontes de recursos e aplicação de capital, fixo ou circulante, e poderá ter a duração de até 5 (cinco) exercícios, salvo no caso de execução, por prazo maior, de projeto de investimento."

A legislação diz que o orçamento poderá ser aprovado pela Assembleia Geral Ordinária que deliberar sobre o balanço do exercício e revisado anualmente, quando tiver duração superior a um exercício social.

Admitindo que a Assembleia Geral aprovou um projeto de investimento, no qual serão retidos 9,17% dos lucros do exercício, justificados no orçamento de capital, teremos:

RESERVA ORÇAMENTÁRIA = 3.000.000 × 9,17% = $ 275.000

V – *Reserva de Lucros a Realizar (Artigo 197)*

Pode haver parte do Lucro Líquido que ainda não foi realizada, financeiramente. Um caso conhecido é o ganho que vem "engordar" o Lucro Líquido, mas não significa, no momento, um acréscimo financeiro, isto é, aquele montante (ganho econômico) não acresceu, em valor correspondente, ao Caixa. Dessa forma, não seria justo pagar dividendos sobre a parcela não realizada financeiramente, caso contrário enfraqueceria a situação financeira da empresa.

Por isso, Reserva de Lucros a Realizar poderá ser (é optativa) deduzida do Lucro Líquido do exercício (para cálculo do lucro que servirá de base para distribuição de dividendos), sendo *revertida* (somada ao lucro) em exercícios futuros, em que houver realização financeira.

A legislação em análise estabelece que só poderá ser constituída essa reserva quando o montante do dividendo obrigatório ultrapassar a parcela realizada do Lucro Líquido do Exercício.

Há duas fontes de Lucros a Realizar:

CAP. 17 ■ Demonstração dos Lucros ou Prejuízos Acumulados e Demonstração das Mutações do Patrimônio Líquido | 361

1. *Aumento do valor de investimentos em coligadas e controladas.* Quando os investimentos em coligadas e controladas forem avaliados pelo Método de Equivalência Patrimonial (veja capítulo específico sobre esse assunto), saberemos que o valor de nosso investimento (Permanente) crescerá proporcionalmente ao Patrimônio Líquido da Coligada ou Controlada.

2. O lucro, rendimento ou ganho líquidos em operações ou contabilização de Ativo e Passivo pelo valor de mercado, cujo prazo de realização financeira ocorra após o término do exercício social seguinte.

Lucro de vendas a prazo realizável após o término do exercício seguinte. Vamos admitir que a "Empresa Espertinha" tenha vendido um terreno por $ 5 milhões, em 40 prestações de $ 125 mil cada uma, no dia 1º de julho de 20X4. O custo do terreno é de $ 2 milhões, e a empresa encerra seu balanço em 31-12-X4. Seria adequado reconhecer um lucro de $ 3 milhões e, sobre ele, distribuir dividendos? Não, pois o lucro ainda não foi realizado financeiramente.

Cronograma de recebimento das prestações

Até 31-12-X4 tivemos seis prestações recebidas	(6 × 125 mil = 750 mil)
Até 31-12-X5 teremos 12 prestações a receber	(12 × 125 mil = 1.500 mil)
Após 31-12-X5 (após o término do exercício seguinte)	(22 × 125 mil = <u>2.750 mil</u>)
Total	5.000 mil

Constatamos que os $ 2.750 mil serão recebidos após o término do exercício seguinte. Portanto, sobre esta parcela, calcularemos o Lucro a Realizar.

A proporção do lucro sobre o preço de venda é de 60% (3 milhões/5 milhões). Portanto, 60% × 2.750 mil = $ 1.650 mil (Lucros a Realizar financeiramente).

Bastaria, apenas, verificar em que valor o montante de dividendo obrigatório ultrapassa a parcela realizada do lucro líquido do exercício. Este excesso seria Reserva de Lucros a Realizar.

No nosso exemplo, Cia. Adventista, vamos admitir que houve um aumento de valor de investimentos em Coligadas e Controladas no valor de $ 2.195.

Assim, a Equivalência Patrimonial proporcionou um acréscimo não realizado (econômico) no lucro da Cia. Adventista de $ 2.195.

Considerando que o Lucro Líquido final da Cia. Adventista foi de $ 3.000, observamos que apenas $ 805 (dos $ 3.000) seria passível de distribuição de dividendos.

Como veremos a seguir, o dividendo mínimo obrigatório é de $ 900. Neste caso deveremos constituir uma Reserva de Lucros a Realizar de $ 95 ($ 900 – $ 805).

Esta Reserva de Lucros a Realizar de $ 95, após a sua realização, será acrescida ao primeiro dividendo declarado após a realização.

F. Dividendos

Transferências do Lucro Líquido para Dividendos

A parte do lucro que se destina aos acionistas da companhia denomina-se Dividendos.

A partir das alterações da Lei das Sociedades por Ações, observamos o Dividendo Mínimo Obrigatório com o objetivo básico de proteger os acionistas, sobretudo os minoritários. Dessa maneira, todas as Sociedades por Ações deverão canalizar uma parcela do lucro na forma de Dividendos para os acionistas.

O estatuto poderá estabelecer o Dividendo como porcentagem do lucro ou do Capital Social, ou fixar outros critérios para determiná-lo, desde que sejam regulados com precisão e minúcia e não sujeitem os acionistas minoritários ao arbítrio dos órgãos de administração ou da maioria.

Na hipótese do estatuto ser omisso, os acionistas têm direito de receber como Dividendo Obrigatório a *metade* do *Lucro Líquido Ajustado*, que será calculado da seguinte maneira:

> Lucro Líquido do exercício
>
> (–) Quota destinada à constituição de Reserva Legal
>
> (–) Importância destinada à formação de Reservas para Contingências
>
> + Reversão de Reservas para Contingências formadas em exercícios anteriores

Os lucros registrados na Reserva de Lucros a Realizar, quando realizados e se não tiverem sido absorvidos por prejuízos em exercícios subsequentes, deverão ser acrescidos ao primeiro dividendo declarado após a realização.

Porém, a legislação em análise (Lei nº 11.638/2007) diz que o estatuto poderá estabelecer como percentagem do lucro ou do Capital Social para cálculo do dividendo.

Vamos admitir que no estatuto da Cia. Adventista conste um dividendo de 30% sobre o Lucro Líquido limitado ao que tiver sido realizado no exercício, desde que a diferença seja registrada como Reserva de Lucros a Realizar. Assim, o dividendo será de 30% × $ 3.000 (LL) = $ 900. Todavia, como foi feita uma Reserva de Lucros a Realizar de $ 95, o Dividendo a Distribuir será de $ 805 ($ 900 – $ 95). Por ocasião da realização financeira deste Lucro a Realizar, o Dividendo seguinte será beneficiado em + $ 95.

Dividendo por Ação do Capital Social

A Demonstração de Lucros ou Prejuízos Acumulados deverá indicar, por fim, o montante do Dividendo por Ação do Capital Social.

A fórmula para o cálculo do Dividendo por Ação do Capital Social é a divisão do montante dos Dividendos distribuídos (ou a distribuir) no ano, pelo número de ações em circulação de que é formado o Capital Social.

Esse cálculo fica um pouco difícil quando há ações de espécies e classes diversas para as quais o estatuto fixe Dividendos diferentes. Nesse caso, a DLPAc deverá evidenciar o Dividendo por Ação de cada espécie e de cada classe.

Vamos supor que Cia. Adventista distribuirá 30% de Dividendos sobre o Lucro Líquido e que a empresa tenha seu capital de $ 8 milhões dividido em 4 milhões de ações. Assim, o dividendo por ação seria de $ 0,225 por Ação.

$$\frac{\text{Dividendos Propostos}}{\text{nº de ações}} = \frac{900.000 = (30\% \times 3.000.000)}{4.000.000} = \$\ 0,225\ \text{por Ação}$$

$$\text{Dividendos Efetivos} = \frac{805.000}{4.000.000} = 0,2013$$

DEMONSTRAÇÃO DOS LUCROS OU PREJUÍZOS ACUMULADOS

Cia. Adventista

Em $ mil

DISCRIMINAÇÃO	EXERCÍCIO FINDO 31-12-X2	EXERCÍCIO FINDO 1-12-X3
Saldo no início do período	. . . .	950
Ajustes de exercícios anteriores	. . . .	280
(+) Retificações de erros	. . . .	. . . .
Reversão de Reservas	. . . .	. . . .
Reservas para Contingências	. . . .	. . . .
Reservas de Lucros a Realizar	. . . .	3.000
Lucro Líquido do exercício		
Saldo disponível	. . . .	4.230

Proposta da Administração para destinação do Lucro		
a) Reserva Legal	. . . .	(150)
b) Reservas Estatutárias	. . . .	(300)
c) Reservas para Contingências	. . . .	(255)
d) Reserva Orçamentária (para expansão)	. . . .	(275)
e) Reserva de Lucros a Realizar	. . . .	(95)
f) Dividendos a distribuir ($ 0,225 por Ação)	. . . .	(805)
Saldo no final do período	950	2.350

17.4 DEMONSTRAÇÃO DAS MUTAÇÕES DO PATRIMÔNIO LÍQUIDO (DMPL)[3]

Ao contrário da Demonstração de Lucros ou Prejuízos Acumulados (DLPAc), que fornece a movimentação, basicamente, de uma única conta do Patrimônio Líquido (Lucros Acumulados), a *Demonstração das Mutações do Patrimônio Líquido* (DMPL) evidencia a movimentação de diversas (todas) contas do PL ocorrida durante o exercício. Assim, todo acréscimo e diminuição do Patrimônio Líquido são evidenciados por meio dessa demonstração, bem como a formação e utilização das reservas (inclusive aquelas não originadas por lucro).

A DMPL é mais completa e abrangente que a DLPAc. É consideravelmente relevante para as empresas que movimentam constantemente as contas do Patrimônio Líquido.

A relevância da DMPL não é só porque abrange a DLPAc, mas principalmente pelo fato de incluir também a Demonstração do Resultado Abrangente (DRA).

Assim a DMPL é agrupada em dois blocos:

- Transações de capital com os sócios (lucro, reservas de lucro, dividendos etc.); e
- Resultados Abrangentes (resultado líquido e outros resultados abrangentes).

Segundo o CPC 26, Resultado Abrangente é a mutação que ocorre no Patrimônio Líquido durante um período que resulta de transações e outros eventos que não sejam derivados de transações com os sócios na sua qualidade de proprietário (veja comentários no Capítulo 6).

A técnica da elaboração dessa demonstração é bastante simples. Didaticamente, apresentamos inicialmente sem incluir a DRA:[4]

a) Indicaremos uma coluna para cada conta do Patrimônio Líquido (preferencialmente indicando o grupo de Reservas a que pertence). Se houver a conta dedutiva "Capital a Realizar", iremos subtrair da conta Capital Social e será utilizada a conta Capital Realizado.

DEMONSTRAÇÃO DAS MUTAÇÕES DO PL
Empresa . . . .

Movimen-tações	Capital Realizado	Reservas de Capital	Reservas de Incentivos Fiscais	Reservas de Lucro				Lucros Acumu-lados	Total
		Ágio na emissão de Ações		Legal	Estatutária p/ Contingência	Orçamentária	Lucros Realizar		

---

[3] Obrigatória para as Cias. Abertas e para todas as empresas, conforme o CPC 26 e a NBC TG 26 (R5).

[4] Veja a DMPL incluindo a DRA nas Informações Complementares.

b) Nas linhas horizontais, indicaremos as movimentações das contas no mesmo estilo que fizemos com a Demonstração de Lucros ou Prejuízos Acumulados (DLPAc).

DEMONSTRAÇÃO DAS MUTAÇÕES DO PATRIMÔNIO LÍQUIDO

Empresa ....

Movimentações	Capital Realizado	Reservas de Capital — Ágio na emissão de Ações	Reserva de Inventivos Fiscais	Ajustes de Avaliação Patrimonial	Reservas de Lucro — Legal	Reservas de Lucro — Estatutária	Reservas de Lucro — p/ Contingências	Reservas de Lucro — Orçamentária	Lucros a Realizar	Lucros Acumulados	Total
Saldos em 31-12X0	–	–	–	–	–	–	–	–	–	–	–
(±) Ajustes de Exercícios Anteriores	–	–	–	–	–	–	–	–	–	–	–
Aumento de Capital	–	–	–	–	–	–	–	–	–	–	–
Reversões de Reservas	–	–	–	–	–	–	–	–	–	–	–
Lucro Líquido do Exercício	–	–	–	–	–	–	–	–	–	–	–
Proposta da Administração de Destinação do Lucro	–	–	–	–	–	–	–	–	–	–	–
– Reserva Legal	–	–	–	–	–	–	–	–	–	–	–
– Reserva Estatutária	–	–	–	–	–	–	–	–	–	–	–
– Reserva Orçamentária	–	–	–	–	–	–	–	–	–	–	–
– Reservas p/ Contingências	–	–	–	–	–	–	–	–	–	–	–
– Reserva de Lucros a Realizar	–	–	–	–	–	–	–	–	–	–	–
– Dividendos	–	–	–	–	–	–	–	–	–	–	–
Saldos em 31-12-X1											

CAP. 17 ■ Demonstração dos Lucros ou Prejuízos Acumulados e Demonstração das Mutações do Patrimônio Líquido | 365

c) A seguir, faremos as adições e/ou subtrações de acordo com as movimentações. Vamos admitir que o Capital em 31-12-X0 fosse de $ 7.000.000 e que durante o período houvesse um aumento com a utilização de $ 1.000.000 de Reservas Estatutárias, cujo saldo inicial seria de $ 1.500.000.

DEMONSTRAÇÃO DAS MUTAÇÕES DO PATRIMÔNIO LÍQUIDO
Empresa . . . .

Em $ mil

Movimentações	Capital Realizado	Ações de Tesouraria	Reservas de Capital	Reservas de Incentivos Fiscais	Reserva de Lucros		Lucros Acumulados	Total
					Estatutária	Contingência		
Saldos em 31-12-X0	7.000	_____	_____	_____	1.500	_____	_____	8.500
Aumento de Capital	1.000	_____	_____	_____	(1.000)	_____	_____	
Saldos em 31-12-X1	8.000	_____	_____	_____	500	_____	_____	8.500

Observação: Nesse exemplo, estamos admitindo que não houve nova Reserva Estatutária.

Fizemos, assim, uma movimentação no Patrimônio Líquido, explicando o porquê do acréscimo no Capital e da diminuição da Reserva Estatutária.

Veja que, no início, o total do PL era de $ 8.500 mil e em nada alterou no final do ano, pois não houve novos acréscimos no PL, mas apenas uma permuta. Repare ainda que, se fizéssemos a Demonstração de Lucros ou Prejuízos Acumulados, não seria identificada tal movimentação no PL.

Exemplo de Demonstração das Mutações do PL

BALANÇO PATRIMONIAL
Cia. Adventista

Em $ mil

ATIVO	31-12-X0	31-12-X1	PASSIVO e PL	31-12-X0	31-12-X1
Circulante			**Circulante**		
Não Circulante			**Não Circulante**		
Realizável a LP			**Patrimônio Líquido**		
			Capital	7.000	8.000
			Reservas de Capital		
Investimentos			Ágio na Emissão de Ações	– – – –	2.800
			Reservas de Lucro		
			Reserva Legal	70	220
Imobilizado			Reserva Estatutária	2.100	1.400
			Reserva p/ Contingência	140	395
			Reserva Orçamentária	28	303
Intangível			Reserva de Lucros a Realizar	14	109
			Lucros Acumulados	950	2.350
			Total PL	10.302	15.577
Total			Total		

Observe que pela Demonstração dos Lucros ou Prejuízos Acumulados seria explicada apenas a diferença de $ 950.000 para $ 2.350.000, enquanto a Demonstração das Mutações do Patrimônio Líquido explica a variação de $ 10.302.000 para $ 15.577.000 que, sem dúvida, é muito mais abrangente.

No final do período houve Aumento de Capital com utilização de Reserva Estatutária. Os dados serão os mesmos da Demonstração de Lucros ou Prejuízos Acumulados apresentada neste capítulo (Cia. Adventista).

Como vimos, a DMPL é obrigatória para todos os tipos de empresa.

Neste exemplo, vamos admitir que a Cia. Adventista poderia ter a conta Lucros Acumulados com saldo no Patrimônio Líquido. No item 17.5, de forma mais apropriada, veremos um exemplo em que o saldo da conta Lucros Acumulados é zerado.

CAP. 17 ■ Demonstração dos Lucros ou Prejuízos Acumulados e Demonstração das Mutações do Patrimônio Líquido | 367

DEMONSTRAÇÃO DAS MUTAÇÕES DO PATRIMÔNIO LÍQUIDO
Cia. Adventista

Em $ mil

Movimentações	Capital Realizado	Reservas de Capital — Ágio na emissão de Ações	Reserva de Inventivos Fiscais	Reservas de Lucro — Legal	Estatutária	p/ Contingências	Orçamentária	Lucros a Realizar	Lucros Acumulados	Total
Saldo em 31-12-X0	7.000	–	–	70	2.100	140	28	14	950	10.302
Ajustes de Exercícios Anteriores (+) Retificações de Erros	–	–	–	–	–	–	–	–	280	280
Doações	–	2.800	–	–	–	–	–	–	–	2.800
Aumento de Capital	1.000	–	–	–	(1.000)	–	–	–	–	–
Reversão de Reservas	–	–	–	–	–	–	–	–	–	–
Lucro Líquido do Exercício	–	–	–	–	–	–	–	–	3.000	3.000
Proposta da Administração de Destinação do Lucro										
- Reserva Legal	–	–	–	150	–	–	–	–	(150)	–
Reservas Estatutárias	–	–	–	–	300	–	–	–	(300)	–
- Reservas p/ Contingências	–	–	–	–	–	255	–	–	(255)	–
- Reserva Orçamentária	–	–	–	–	–	–	275	–	(275)	–
Reserva de Lucros a Realizar	–	–	–	–	–	–	–	95	(95)	–
- Dividendos ($ 0,225 p/ação)	–	–	–	–	–	–	–	–	(805)	(805)
Saldos em 31-12-X1	8.000	2.800	–	220	1.400	395	303	109	2.350	15.577

* Aqui, poderia haver dados referentes à Demonstração do Resultado Abrangente (veja em Informações Complementares neste capítulo).

Se o Aumento de Capital fosse em novas integralizações, afetaria o total do Patrimônio Líquido, aumentando-o. Como podemos verificar, as parcelas transferidas de Lucros Acumulados para Reservas não afetam o montante do Patrimônio Líquido (pois não representam acréscimo ou diminuição, mas uma permuta). Dividendo, entretanto, é uma diminuição do Patrimônio Líquido, pois é uma distribuição de lucro que não fica na empresa, mas é canalizado para os acionistas.

O Aumento de Capital, neste caso, também não altera o montante do Patrimônio Líquido, porque é mera transferência de uma conta para outra conta de Patrimônio Líquido.

Na realidade, a coluna Lucros Acumulados é exatamente a Demonstração de Lucros ou Prejuízos Acumulados elaborada neste capítulo.

17.5 DMPL COM SALDO ZERO NA CONTA LUCROS ACUMULADOS

Para as empresas sujeitas à Lei nº 11.638/2007, onde não poderia existir saldo na conta Lucros Acumulados, vamos ter os seguintes procedimentos:

A Cia. Nova Realidade teve um lucro de $ 2.800 no exercício de 20X8. Este Lucro Líquido foi totalmente destinado para:

– Reserva Legal $\rightarrow$ $5\% \times 2.800$ = 140
– Reserva Estatutária $\rightarrow$ $20\% \times 2.800$ = 560
– Reserva Orçamentária $\rightarrow$ $15\% \times 2.800$ = 420
– Reserva de Lucros a Realizar $\rightarrow$ = 480
– Reserva de Contingência $\rightarrow$ = –
– Dividendos $\rightarrow$ = 1.200
                   2.800

No período de 20X8, houve um aumento de capital totalmente integralizado em dinheiro no total de $ 2.000.

PL EM 31-12-X7	
Capital	5.000
Res. Capital	540
Res. Legal	260
Res. Estatutária	500
Res. Contingência	280
Res. Orçamentária	320
Res. Lucros a Realizar	100
Total do PL	7.000

DLPAC EM 20X8	
Saldo em 31-12-X7	–
+ Ajuste Exerc. Ant.	–
+ Reversão Reservas	–
+ L. Líq. 20X8	2.800
Lucro Disponível	2.800
(–) Reserva Legal	(140)
(–) Reserva Estatutária	(560)
(–) Reserva Orçamentária	(420)
(–) Res. Lucros a Realizar	(480)
(–) Dividendos	(1.200)
Saldo em 31-12-X8	–

PL EM	31-12-X7	31-12-X8
Capital	5.000	7.000
Res. Capital	540	540
Res. Legal	260	400
Res. Estatutária	500	1.060
Res. Contingência	280	280
Res. Orçamentária	320	740
Res. Lucros a Realizar	100	580
Total PL	7.000	10.600

CAP. 17 ■ Demonstração dos Lucros ou Prejuízos Acumulados e Demonstração das Mutações do Patrimônio Líquido | **369**

Demonstração das Mutações do Patrimônio Líquido

Movimentação	Capital	Reserva de Capital	Reservas de Lucros					Lucros Acumulados	Total
			Legal	Estatutária	Contingência	Orçamentária	Res. Lucros a Realizar		
Saldo em 31-12-X7	5.000	540	260	500	280	320	100	–	7.000
Aumento de Capital	2.000	–	–	–	–	–	–	–	2.000
Lucro do Exercício	–	–	–	–	–	–	–	2.800	2.800
Distribuição do Lucro									
Res. Legal	–	–	140	–	–	–	–	(140)	–
Res. Estatutária	–	–	–	560	–	–	–	(560)	–
Res. Contingência	–	–	–	–	–	–	–	–	–
Res. Orçamentária	–	–	–	–	–	420	–	(420)	–
Res. Lucros a Realizar	–	–	–	–	–	–	480	(480)	–
Dividendos	–	–	–	–	–	–	–	(1.200)	(1.200)
Saldo em 31-12-X8	7.000	540	400	1.060	280	740	580	–	10.600

17.6 ESTRUTURA DA DMPL APÓS A LEI Nº 11.638/2007

Considerando alguns ajustes como Realização da **Reserva de Reavaliação** (Reserva esta que deixa de existir pela Lei nº 11.638/2007) e outras inclusões desta lei, colocamos uma sugestão da DMPL:

	Companhia Adventista Demonstração das mutações do Patrimônio Líquido para os exercícios findos em 31 de dezembro de X2 e X1 em milhares de reais									
	31-12-X2									
	Capital social			Reservas de capital		Ajustes de avaliação patrimonial	Reservas de lucro*	Lucros ou Prejuízos acumulados	Total X2	Total X1
	Subscrito	Realizado	Ações de tesouraria	Ágio na emissão de ações**	Produto da alienação de partes beneficiárias e bônus de subscrição					
Saldos iniciais										
Ajustes de anos anteriores										
Efeitos da mudança de critérios contábeis										
Retificação de erros de exercícios anteriores										
Saldo conforme esta publicação										
Aumento de capital com lucros e reservas e em espécie										
Aquisição de ações próprias										
Realização da reserva de reavaliação										
Lucro líquido do exercício										
Distribuição proposta à assembleia de acionistas										
Reservas*										
Dividendos a distribuir (x por ação)										
Saldos finais										

* Inclusive nos casos de conversão em ações de debêntures e partes beneficiárias.

** Reservas de lucros: aqui teríamos que abrir espaço para as Reservas: Legal, Estatutária, Contingência, Lucros a Realizar e Orçamentária (Expansão).

CONTABILIDADE EMPRESARIAL E GERENCIAL ■ José Carlos Marion

ILUSTRAÇÕES

Faremos um exemplo de DLPAc e DMPL:

Com base nos elementos seguintes, elaboraremos:

1. *Demonstração dos Lucros ou Prejuízos Acumulados.*
2. *Demonstração das Mutações do Patrimônio Líquido.*
3. *O Patrimônio Líquido em 31-12-X1.*

Patrimônio Líquido em 31-12-X0

Capital		$ 10.000.000
Bônus de Subscrição[5]	3.800.000	3.800.000
Reservas de Lucros		
Reserva Legal	300.000	
Reservas p/ Contingências	500.000	
Reserva Orçamentária	400.000	
Reserva de Lucros a Realizar	600.000	
Reserva Estatutária	1.000.000	
Lucros Acumulados	800.000	3.600.000
		17.400.000

a) A Cia. Exemplo, cujo Patrimônio Líquido em 31-12-X0 estava composto conforme discriminado acima, teve um Lucro Líquido no exercício de X1 no valor de $ 2.500.000.
b) Aumento de Capital em 20X1
 - No início do exercício para $ 15.000.000
 c/ Reserva de Capital (Bônus de subscrição);
 Reserva Estatutária; e
 Reserva Legal ($ 200.000)
 - No final do exercício para $ 18.000.000
 c/ aumento em dinheiro com Ágio de $ 1.000.000.
c) O Lucro Acumulado no final do Exercício anterior era de $ 800.000
d) Proposta p/ Distribuição do Lucro:

Reserva Legal	5%
Reserva Estatutária	10%
Reservas p/ Contingências	+ $ 200.000
Reserva Orçamentária	6%

e) Constatou-se dentro do Lucro Líquido uma parcela de Lucros a Realizar de $ 1.400.000.
f) O Estatuto da empresa não dispõe sobre dividendos mínimos obrigatórios.
g) O Capital da empresa é dividido em 18.000.000 de ações ao valor nominal de $ 1,00.
h) Constatou-se um erro imputável ao exercício de 20X0 de $ 200.000 a menor (o lucro foi a menor em 20X0 em $ 200.000).

---

[5] O artigo 182 da Lei nº 11.638/2007 trata como Reserva de Capital o "produto da alienação de partes beneficiárias e *bônus de subscrição*".

SOLUÇÃO DO EXERCÍCIO

DEMONSTRAÇÃO DAS MUTAÇÕES DO PATRIMÔNIO LÍQUIDO
Cia. Exemplo – Exercício de 20X9

Em $ mil

Movimentações	Capital	Reservas de Capital – Bônus de Subscrição	Reservas de Capital – Ágio	Ajuste de Avaliação Patrimonial	Reserva Legal	Reserva p/ Contingência	Reserva Orçamentária	Reserva de Lucros a Realizar	Reserva Estatutária	Lucros Acumulados	Total
Saldo em 1º-1-7X	10.000	3.800	-	-	300	500	400	600	1.000	800	17.400
Ajustes de Exercício Anterior	-	-	-	-	-	-	-	-	-	200	200
Aumento Capital I	5.000	(3.800)	-	-	(200)	-	-	-	(1.000)	-	-
Aumento Capital II	3.000	-	1.000	-	-	-	-	-	-	-	4.000
Reversão Reservas	-	-	-	-	-	-	-	(450)	-	450	-
Lucro Líquido	-	-	-	-	-	-	-	-	-	2.500	2.500
Distribuição Proposta:											
Reserva Legal 5%	-	-	-	-	125	-	-	-	-	(125)	-
Reserva Estatutária 10%	-	-	-	-	-	-	-	-	250	(250)	-
Reserva p/ Contingência	-	-	-	-	-	200	-	-	-	(200)	-
Reserva Orçamentária	-	-	-	-	-	-	150	-	-	(150)	-
Reserva de Lucros a Realizar	-	-	-	-	-	-	-	675	-	(675)	-
Dividendos a distribuir	-	-	-	-	-	-	-	-	-	(975)	(975)
Totais	18.000	- 0 -	1.000	-	225	700	550	825	250	1.575	23.125

*Acesse o **QR Code** e assista ao vídeo sobre Lucros e Prejuízos Acumulados.*

RESUMO

A Demonstração dos Lucros ou Prejuízos Acumulados (DLPAc) deverá ser apresentada pelas empresas em conjunto com as outras Demonstrações Financeiras (Balanço Patrimonial, Demonstração dos Fluxos de Caixa e Demonstração do Resultado do Exercício). A Demonstração das Mutações do PL (DMPL) é facultativa (exceto para as Cias. Abertas). No entanto, a apresentação da DMPL desobriga a publicação da DLPAc, uma vez que esta está contida naquela, como podemos observar pelo quadro anterior.

CONTABILIDADE EMPRESARIAL E GERENCIAL ■ *José Carlos Marion*

DEMONSTRAÇÃO DAS MUTAÇÕES DO PATRIMÔNIO LÍQUIDO (DMPL)

Movimentações	Capital Reali-zado	Ágio na Emissão de Ações	Incen-tivos Fiscais	Reservas de Lucro					Lucros Acumu-lados	Total
				Legal	Esta-tutária	p/ Con-tingência	Orçamen-tária	Lucros a Realizar		
Saldo no início do período	–	–	–	–	–	–	–	–	–	–
Ajustes de exercícios anteriores	–	–	–	–	–	–	–	–	–	–
Aumento de Capital						–			–	–
Reversão de Reservas									–	
Lucro Líquido do Exercício									–	–
Proposta da Administração										
Reserva Legal				–					–	
Reserva Estatutária					–				–	
Reservas p/ Contingências						–			–	
Reserva Orçamentária							–		–	
Reserva Lucros a Realizar								–	–	–
Dividendos										
–		–	–	–	–	–	–	–	–	–

Demonstração de Lucros ou Prejuízos Acumulados (DLPAc)

AVALIAÇÃO DO APROVEITAMENTO

a) Estes testes deverão ser respondidos em cinco minutos – 30 segundos para cada um.

b) Não responda se tiver dúvidas.

c) Se você acertar menos que 70% (sete questões), não passe para a etapa seguinte; leia novamente o capítulo.

d) As respostas encontram-se no final do livro.

1. A Demonstração dos Lucros ou Prejuízos Acumulados é:
   - ( ) **a)** Obrigatória.
   - ( ) **b)** Facultativa.
   - ( ) **c)** Optativa.
   - ( ) **d)** Dispensável.

2. A DLPAc representa a interligação entre:
   - ( ) **a)** DLPAc e DMPL.
   - ( ) **b)** BP e DLPAc.
   - ( ) **c)** DRE e BP.
   - ( ) **d)** DMPL e DRE.

3. Os Ajustes de Exercícios Anteriores devem:
   - ( ) **a)** Ser usados como formalismo contábil.
   - ( ) **b)** Retificar o resultado do período em que o erro foi descoberto.
   - ( ) **c)** Não influenciar o lucro líquido do exercício com valores oriundos de outros exercícios.
   - ( ) **d)** Influenciar resultados futuros.

4. Como retificação de Erros de Exercícios Anteriores, podemos citar:
   - ( ) **a)** Mudança de FIFO para Preço Médio.
   - ( ) **b)** Mudança do Regime de Caixa para o de Competência.
   - ( ) **c)** Mudança de Avaliação de Investimentos.
   - ( ) **d)** Contagem nos Estoques.

5. Normalmente, as reversões ocorrem com as Reservas:
   - ( ) **a)** Legal e Estatutária.
   - ( ) **b)** Para Contingências e Orçamentárias.
   - ( ) **c)** Lucros a Realizar e Estatutária.
   - ( ) **d)** Para Contingências e Lucros a Realizar.

6. Na hipótese de estatuto omisso, o Dividendo Obrigatório será calculado:
   - ( ) **a)** 50% × Lucro Líquido Ajustado.
   - ( ) **b)** 25% × Lucro Líquido Ajustado.
   - ( ) **c)** 50% × Lucro Operacional.
   - ( ) **d)** 25% × Lucro Operacional.

7. No fim da DLPAc encontramos:
   - ( ) **a)** Lucro por Ação do Capital Social.
   - ( ) **b)** Dividendo por Ação do Capital Social.

CAP. 17 ■ Demonstração dos Lucros ou Prejuízos Acumulados e Demonstração das Mutações do Patrimônio Líquido | 373

( ) **c)** Valor Patrimonial da Ação.

( ) **d)** Valor Venal da Ação.

8. A Demonstração das Mutações do PL:

( ) **a)** É idêntica à DLPAc.

( ) **b)** Contém a DLPAc e a DRA.

( ) **c)** É menos abrangente que a DLPAc.

( ) **d)** É menos indicativa que a DLPAc.

9. O Limite da Reserva Legal é:

( ) **a)** 5% sobre o Capital Social.

( ) **b)** 30% sobre o Capital Social.

( ) **c)** 20% sobre o Capital Social.

( ) **d)** 25% sobre o Capital Social.

10. A DMPL apresentava a Reserva de Reavaliação que:

( ) **a)** Foi extinta no final de 2007.

( ) **b)** Foi extinta no final de 1995.

( ) **c)** Foi extinta no final de 1996.

( ) **d)** Foi extinta no início de 1997.

EXERCÍCIOS

1. A empresa Justo Silva apresentou os seguintes dados em X2: Lucro Líquido do Exercício: $ 150.000. Lucros Acumulados no início do exercício: $ 120.000. Reserva para Contingências no início do exercício: $ 100.000. Reversão de reserva de contingência em X2: $ 50.000. Destinações: Reserva Legal 5%. Reserva Estatutária 10%. Dividendos 20%. Elabore a DLPAc.

2. Por que existe na DLPAc a conta de ajuste de exercícios anteriores?

3. Associe os números:

(1) Exigida por Lei.

(2) Exigida por Estatuto.

(3) Finalidade de compensar, em exercício futuro, diminuição de lucro.

(4) Constituída porque, embora haja lucro, não há Caixa para pagamento dos dividendos.

(5) Constituída com sobras do orçamento Empresarial.

( ) Reserva Estatutária

( ) Reserva de Lucros a Realizar

( ) Reserva Legal

( ) Reserva Orçamentária

( ) Reserva para Contingências

4. Se a empresa elaborar a Demonstração das Mutações do Patrimônio Líquido (DMPL), precisará elaborar a DLPAc?

Demonstração dos Fluxos de Caixa (Demonstração do Fluxo Financeiro)

OBJETIVOS

Ao completar o estudo deste capítulo, você deverá estar preparado para explicar e exercitar os seguintes conceitos:

- Demonstração dos Fluxos de Caixa.
- A diferença entre resultados contábil e financeiro.
- Os métodos de apresentação da DFC.
- As principais transações que afetam o Caixa.
- As técnicas para elaboração da DFC pelos modelos direto e indireto.

18.1 INTRODUÇÃO

Vamos estudar agora as variações do Caixa de empresa. Embora essa Demonstração não seja obrigatória, é de fundamental importância para fins internos da empresa.

Como pudemos observar no Capítulo 2, Relatórios Contábeis, além das Demonstrações Financeiras como Balanço Patrimonial, Demonstração do Resultado do Exercício, Demonstração dos Lucros ou Prejuízos Acumulados, a Demonstração dos Fluxos de Caixa

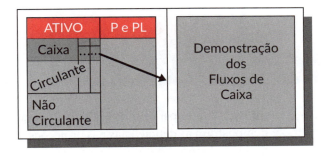

também é obrigatória pela Lei nº 11.638/2007. Nos EUA, esse relatório é obrigatório desde 1988.

A Lei das Sociedades por Ações (Lei nº 11.638/2007) diz que a companhia fechada com Patrimônio Líquido, na data do balanço, inferior a R$ 2 milhões não está obrigada à elaboração e publicação da Demonstração dos Fluxos de Caixa.

De forma condensada, a Demonstração dos Fluxos de Caixa (DFC) indica a origem de todo o dinheiro que *entrou* no Caixa, bem como a aplicação de todo o dinheiro que *saiu* do Caixa em determinado período, e, ainda, o Resultado do Fluxo Financeiro.

Assim como a Demonstração do Resultado do Exercício, a DFC é uma demonstração dinâmica e também está contida no Balanço que, por sua vez, é uma demonstração estática.

Se, por exemplo, tivermos um Balanço Patrimonial cujo disponível seja:

Circulante	31-12-X	31-12-X+1
Disponível	1.820.000	2.500.000

Estamos diante de uma situação estática, ou seja, uma fotografia do saldo disponível no início do período e outra no final do período. Mas quais foram as razões que contribuíram para o aumento das disponibilidades em $ 680.000? A Demonstração dos Fluxos de Caixa (DFC) irá indicar-nos o que ocorreu no período em termos de saída e entrada de dinheiro no Caixa (demonstração dinâmica) e o resultado desse Fluxo.

A rigor, a intitulação DFC não é a mais correta, uma vez que englobamos as contas de Caixa e Bancos. Dessa forma, seria mais adequado denominar *Demonstração dos Fluxos de Disponível*.

É importante lembrar que na DFC se incluem os equivalentes de Caixa que são os investimentos de curto prazo que têm alta liquidez, são facilmente conversíveis em Caixa e estão sujeitos a um risco insignificante de mudança no valor de conversão.

Todavia, esse relatório há muito tempo já é denominado dessa forma, DFC. Portanto, para efeito de DFC, entenderemos o termo *Caixa* como *Disponível* (Caixa, Bancos e aplicações financeiras de curto prazo).

Consideram-se nesse fluxo os ingressos e saídas de Caixa e equivalentes. Como equivalentes de Caixa, devem ser consideradas as aplicações financeiras com característica de liquidez imediata.

A DFC vem esclarecer situações controvertidas na empresa, como, por exemplo, na comparação com a DRE, o porquê de a empresa ter um lucro considerável e estar com o Caixa baixo, não conseguindo liquidar todos os seus compromissos. Ou, ainda, embora seja menos comum, o porquê de a empresa ter prejuízo este ano, embora o Caixa tenha aumentado.

Crédito: fotopoly | iStockphoto

Propicia a DFC ao gerente financeiro a elaboração de melhor planejamento financeiro, pois numa economia tipicamente inflacionária não é aconselhável excesso de Caixa, mas o estritamente necessário para fazer face a seus compromissos. Por meio do planejamento financeiro o gerente saberá o momento certo em que contrairá empréstimos para cobrir a falta (insuficiência) de fundos, bem como quando aplicar no mercado financeiro o excesso de dinheiro, evitando, assim, a corrosão inflacionária e proporcionando maior rendimento à empresa.

Mas só pelo conhecimento do passado (o que ocorreu) se poderá fazer uma boa projeção dos Fluxos de Caixa para o futuro (próxima semana, próximo mês, próximo trimestre etc.). A comparação dos Fluxos Projetados com o real vem indicar as variações que, quase sempre, demonstram as deficiências nas projeções. Essas variações são excelentes subsídios para aperfeiçoamento de novas projeções dos Fluxos de Caixa.

Elaboração dos Fluxos

A Demonstração dos Fluxos de Caixa pode ser elaborada sob duas formas distintas:

a) De posse dos registros da "conta Caixa" (ou Livro Caixa), ordenando as operações de acordo com sua natureza e condensando-as, poderíamos extrair todos os dados necessários.

b) De posse das Demonstrações Financeiras, uma vez que nem sempre teremos acesso à ficha (ou livro) da "conta Caixa", lançaremos mão de uma técnica bastante prática, propiciando, assim, a elaboração da Demonstração dos Fluxos de Caixa para empresas diversas.

Ressalte-se que, por seu aspecto prático, mesmo tendo acesso à conta Caixa, alguns contadores preferem elaborar a Demonstração dos Fluxos de Caixa pela técnica referida no item b. Por essa razão e pelo fato de propiciar a elaboração da Demonstração dos Fluxos de Caixa para qualquer empresa (sem necessidade de acesso à Contabilidade), enfatizaremos essa técnica.

18.2 PRINCIPAIS TRANSAÇÕES QUE AFETAM O CAIXA

A seguir, relacionaremos, em dois grupos, as principais transações que afetam o Caixa.

A. Transações que aumentam o Caixa (Disponível)

Integralização do Capital pelos Sócios ou Acionistas

São os investimentos realizados pelos proprietários. Se a integralização não for em dinheiro, mas em bens permanentes, estoques, títulos etc., não afetará o Caixa.

Empréstimos Bancários e Financiamentos

São os recursos financeiros das Instituições Financeiras. Normalmente, os Empréstimos Bancários são utilizados como Capital de Giro (Circulante), e os Financiamentos, para aquisição de Ativo Permanente (Fixo).

Venda de Itens do Ativo Não Circulante

Embora não seja comum, a empresa pode vender itens do Ativo Fixo. Nesse caso, teremos uma entrada de recursos financeiros.

Vendas à Vista e Recebimento de Duplicatas a Receber

A principal fonte de recursos do Caixa, sem dúvida, é a resultante de vendas.

Outras Entradas

Juros recebidos, dividendos recebidos de outras empresas, indenizações de seguros recebidas etc.

Resumo das entradas de dinheiro no Caixa.

B. Transações que diminuem o Caixa (Disponível)

Pagamentos de Dividendos aos Acionistas

Se os investimentos dos proprietários da empresa representam entrada em Caixa, os dividendos pagos, em cada exercício, significam diminuição do Caixa.

Pagamento de Juros e Amortização da Dívida

O resgate das obrigações junto às Instituições Financeiras, bem como os encargos financeiros (juros, comissão etc.), significam saída de dinheiro do Caixa.

Aquisição de Item do Ativo Imobilizado, Investimento e Intangível

São as aquisições à vista de Imobilizado e de itens do subgrupo Investimentos (ações etc.)

Compras à Vista e Pagamentos de Fornecedores

São as saídas de numerário referentes à matéria-prima e material secundário.

Pagamentos de Despesa/Custo, Contas a Pagar e Outros

São os desembolsos com despesas administrativas, de vendas, com itens do custo e outros.

C. Transações que não afetam o Caixa

Por meio dos itens relacionados no *grupo A* observamos os principais encaixes (entrada de dinheiro no Caixa). Pelos itens relacionados no *grupo B* observamos os principais desembolsos (saída de dinheiro do Caixa).

AS TRANSAÇÕES DO CAIXA

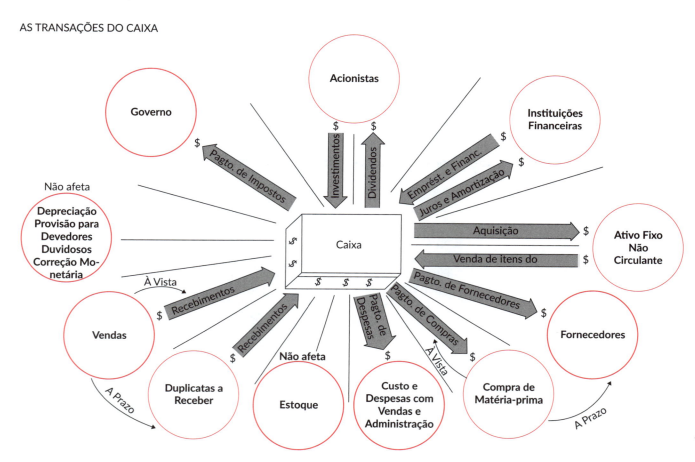

Agora observaremos algumas transações que não afetam o Caixa, isto é, não há encaixe nem desembolso:

- *Depreciação, Amortização e Exaustão.* São meras reduções de Ativo, sem afetar o Caixa.
- *Provisão para Devedores Duvidosos.* Estimativa de prováveis perdas com clientes que não representa desembolso para a empresa.
- *Acréscimos (ou Diminuições)* de itens de investimentos pelo método de equivalência patrimonial.

18.3 MÉTODOS DE APRESENTAÇÃO DA DEMONSTRAÇÃO DOS FLUXOS DE CAIXA

Na preparação da Demonstração dos Fluxos de Caixa poderá ser utilizado o modelo direto ou indireto, dependendo dos interesses dos usuários.

18.3.1 Método Direto

A Demonstração dos Fluxos de Caixa pelo Método Direto é também denominada Fluxos de Caixa no Sentido Restrito. Muitos se referem a ele como o "verdadeiro Fluxo de Caixa", porque, ao contrário do que se verifica no Modelo Indireto, nele são demonstrados todos os recebimentos e pagamentos que efetivamente concorreram para a variação das disponibilidades no período.

Logicamente, exige maior esforço em sua elaboração, uma vez que deve ser feito todo um trabalho de segregação das movimentações financeiras, necessitando de controles específicos para esse fim.

As entradas e saídas do Caixa são evidenciadas a começar das vendas – por seus valores efetivamente realizados (recebidos), em vez do lucro líquido, como no Método indireto. A partir daí, são considerados todos os recebimentos e pagamentos oriundos das operações ocorridas no período.

Pode-se, dessa forma, verificar que esse modelo possui um poder informativo pedagógico bastante superior ao do Método Indireto, sendo sua compreensão melhor tanto aos usuários externos quanto ao planejamento financeiro do empreendimento.

18.3.2 Método Indireto

O fluxo obtido sob essa concepção é denominado Fluxo de Caixa pelo Método Indireto ou Fluxo de Caixa no Sentido Amplo. Isso se explica pela análise dos fundamentos de sua elaboração.

Consiste em estender à análise dos itens não circulantes – própria daquele relatório – as alterações ocorridas nos itens circulantes (passivo e ativo circulante), excluindo, logicamente, as disponibilidades, cuja variação estamos buscando demonstrar.

Assim, são efetuados ajustes ao lucro líquido pelo valor das operações consideradas como receitas ou despesas, mas que, então, não afetaram as disponibilidades, de forma que se possa demonstrar sua variação no período. Enfocamos o Caixa, consideramos como aplicações (saídas) do Caixa o aumento nas contas do Ativo Circulante e as diminuições no Passivo Circulante. Por outro lado, as diminuições de Ativo Circulante e aumentos nas contas do Passivo Circulante correspondem às origens (entradas) de Caixa.

Apesar de evidenciar a variação ocorrida nas disponibilidades, o fluxo estruturado, dessa maneira, não demonstra as diversas entradas e saídas de dinheiro do Caixa por seus valores efetivos, mas fornece uma simplificação com base em uma diferença de saldos ou inclusão de alguns itens que não afetam as disponibilidades como Despesas Antecipadas, provisão para Imposto de Renda etc.

18.4 ESTRUTURAÇÃO DA DEMONSTRAÇÃO DOS FLUXOS DE CAIXA

Assim como o Balanço Patrimonial é dividido em grupos de contas e a DRE em Custos e Despesas, a DFC deverá ser dividida em: (a) atividades operacionais; (b) atividades de investimentos; e (c) atividades de financiamentos. Aliás, por esta razão é que denominamos Demonstração dos Fluxos de Caixa no plural, uma vez que se trata do conjunto de três fluxos (das operações, dos financiamentos e dos investimentos).

Atividades Operacionais

Abrangem as transações que envolvem a consecução do objeto social da empresa, como receitas recebidas, recebimento de duplicatas, pagamento de fornecedores, pagamento de despesas operacionais etc.

As atividades operacionais podem ter estrutura semelhante à apuração do Lucro Operacional na DRE, ressaltando-se, evidentemente, que trata de fluxo financeiro e não econômico (DRE):

Receita Recebida (inclusive as duplicatas recebidas e outras) (–) Caixa Despendido na Produção (compras e outros custos)

Caixa Bruto obtido nas Operações
(–) Despesas Operacionais pagas
  • de Vendas
  • Administrativas
  • Outras Despesas

Caixa Gerado no Negócio + Receitas Financeiras Recebidas (–) Despesas Financeiras Pagas
Caixa gerado após as operações Financeiras (–) Imposto de Renda e Contribuição Social pagos
Caixa Líquido após Pagamento dos Impostos

Atividades de financiamento

Além da captação de recursos provenientes dos proprietários da empresa (sócios ou acionistas) por meio do capital social, toda captação de empréstimos e outros recursos deverá ser incluída nesse grupo. A remuneração ao capital próprio em forma de distribuição de lucro (dividendos – juros de capital próprio) e a amortização dos empréstimos serão parcelas subtrativas nesse grupo.

Atividades de investimento

Transações de compra ou venda de ativos classificados no não circulante, como aquisições ou vendas de participações em outras entidades e de ativos imobilizados utilizados na produção, na prestação de serviços ou manutenção do negócio etc.

PAUSA PARA REFLEXÃO

O que mudou em relação a este texto a partir da Lei nº 11.638/2007?

Depois de ler a nota a seguir (publicada na *Gazeta Mercantil* em 5-6-2001), descubra qual é a perda em qualidade nas decisões das empresas que não têm o Fluxo de Caixa:

"O futuro do fluxo de caixa

O guia de boas práticas de relacionamento com o investidor ganhou mais um adereço nos últimos anos: a demonstração dos fluxos de caixa. Ainda dispensável pela regulamentação brasileira, ela agrada aos investidores pela objetividade e coerência com os princípios mais modernos de avaliação de empresas. Ao contrário do que está registrado nos livros, hoje os analistas estão mais interessados em saber como está o movimento do caixa. 'O fluxo lhe permite conhecer melhor os riscos financeiros de uma companhia', afirma Eliane Rodrigues, gerente de relações com investidores da **Brasil Telecom**, que divulgou a demonstração, pela primeira vez, no balanço de 2000.

O fluxo de caixa é melhor que o relatório das Origens e Aplicações de Recursos, conhecido pela abreviação DOAR. Essa é a proposta do projeto contábil de modificação da atual Lei das S.A., elaborado pela Comissão de Valores Mobiliários (CVM). Segundo Marcio Villas, presidente do Ibracon, uma das principais vantagens do fluxo de caixa é o imediatismo da informação. Ao contrário da DOAR, que apresenta o saldo dos ativos e passivos com prazo de até um ano, o fluxo de caixa indica o saldo de todas as entradas e saídas lançadas no período. 'É a tendência mundial da contabilidade', afirma."

CAP. 18 ■ Demonstração dos Fluxos de Caixa (Demonstração do Fluxo Financeiro) | **381**

18.5 O QUE EXPLICA A DEMONSTRAÇÃO DOS FLUXOS DE CAIXA

Como já vimos, a Demonstração dos Fluxos de Caixa condensa, em determinado período, todas as entradas e saídas de dinheiro do Caixa (disponível). Se olharmos um Balanço Patrimonial encontramos os saldos de Caixa:

Circulante	31-12-X1	31-12-X2
Disponível	1.500	2.300

A Demonstração dos Fluxos de Caixa evidenciará as razões do acréscimo de $ 800 no Disponível. A estrutura da Demonstração dos Fluxos de Caixa será:

Cia. . . .

Demonstração dos Fluxos de Caixa

Período ___/___/___ a ___/___/___

Saldo no início do período (1º-1-X2)*   1.500

    + Entradas (Fontes)

    (–) Saídas (Aplicações)   (_____)

    = Saldo no final do período   (31-12-X2)   2.300

 * Note que o saldo de 1º-1-X2 é o mesmo de 31-12-X1.

18.6 TÉCNICA DE ELABORAÇÃO DA DEMONSTRAÇÃO DOS FLUXOS DE CAIXA – MODELO DIRETO

Partiremos, então, para a elaboração da Demonstração do Fluxo de Caixa, de posse das Demonstrações Financeiras (sem recorrermos à informação interna na empresa). As demonstrações básicas para elaboração do fluxo são:

- Balanço Patrimonial.
- Demonstração do Resultado do Exercício.
- Demonstração dos Lucros ou Prejuízos Acumulados ou Demonstração das Mutações do PL.

Vamos admitir que a Cia. Entubação (empresa comercial) apresentasse as seguintes Demonstrações Financeiras:

382 | CONTABILIDADE EMPRESARIAL E GERENCIAL ■ *José Carlos Marion*

BALANÇO PATRIMONIAL
Cia. Entubação

Em $ mil

ATIVO			PASSIVO E PATRIMÔNIO LÍQUIDO		
	31-12-X1	31-12-X2		31-12-X1	31-12-X2
Circulante			**Circulante**		
Disponível ①	1.500	2.300	Fornecedores ⑧	1.000	2.000
Dupl. a Receber ②	500	1.000	Emprest. Banc. ⑨	1.000	1.470
Estoques ③	1.000	1.500	Imposto de Renda a Pagar ⑩	–	1.050
Total do Circulante	3.000	4.800	Total do Circulante	2.000	4.520
Não Circulante			**Patrimônio Líquido**		
Imobilizado			Capital ⑪	4.500	6.000
Móveis e Utensílios ④	1.200	1.500	Lucros Acumulados ⑫	–	1.100
(–) Depreciação Acumulada ⑤	(200)	(320)	Total do PL	4.500	7.100
Terrenos ⑥	2.000	3.000			
	3.000	4.180			
Investimentos					
Participações em Outras Cias. ⑦	500	2.640			
Total Não Circulante	3.500	6.820			
Total	6.500	11.620		6.500	11.620

DEMONSTRAÇÃO DO RESULTADO DO EXERCÍCIO
Cia. Entubação

Em $ 10 mil

Receita Bruta ⑬		10.000
(–) CMV ⑭		(5.500)
Lucro Bruto		4.500
(–) Despesa Operacional		
Vendas ⑮	(500)	
Administração ⑯	(380)	
Depreciação ⑰	(120)	
Outras Despesas ⑱	(500)	(1.500)
Lucro Antes dos Tributos sobre o Lucro		3.000
(–) Provisão para Imposto de Renda ⑲		(1.050)
Lucro Líquido		1.950

DEMONSTRAÇÃO DOS LUCROS OU PREJUÍZOS ACUMULADOS
Cia. Entubação

Em $ mil

Saldo em 1º-1-X2	. . . . .	. . . 0 . . .
(+) Lucro do Exercício		1.950
(–) Distribuição de Dividendos ⑳		(850)
Saldo em 31-12-X2		1.100

CAP. 18 ■ Demonstração dos Fluxos de Caixa (Demonstração do Fluxo Financeiro) | **383**

Observação: Como já vimos, pela atualização das Sociedades por Ações, o saldo da conta Lucros Acumulados deveria ser zero. Vamos considerar que a Cia. Entubação não esteja sujeita a esta lei.

Elaboração da Demonstração dos Fluxos de Caixa (Cia. Entubação)

A técnica da elaboração da Demonstração dos Fluxos de Caixa consiste na análise de item por item que afeta o Caixa, observando (a cada item) se, no período em apreciação, afetou o Caixa e, em caso positivo, o *quantum* (em que valor). Vamos elaborar a Demonstração dos Fluxos de Caixa para o ano X2.

ITENS DO ATIVO E PASSIVO

Em $ mil

①		31-12-X1	31-12-X2	aumento
	Disponível	1.500	2.300	800

É exatamente a conta objeto de nossa análise. Sabemos que há um saldo no início de X2 (1º-1-X2), de $ 1.500. No final do período (31-12-X2), o saldo era de $ 2.300. Houve um acréscimo no período de $ 800. O que levou a esse aumento? Quais foram os motivos? Vamos então analisar os itens que contribuíram para o acréscimo de $ 800 no Disponível.

DEMONSTRAÇÃO DE FLUXO DE CAIXA

Cia. Entubação

Período X2   Em $ mil

Saldo inicial	(1º-1-X2)	1.500 ①
+ Entradas		- - - - -
(–) Saídas		(- - - - -)
= Saldo final em 31-12-X2		2.300 ①

②		31-12-X1	31-12-X2
	Duplicatas a Receber	500	1.000

Devemos observar, de início, que as *Duplicatas a Receber* originam-se (e só se originam) de *Vendas a Prazo*. Portanto, existe o "casamento" entre essas duas variáveis. Elas se "amam loucamente": uma não vive sem a outra. Se não existir Receita a prazo, não existirá Duplicatas a Receber. Então, nossa análise será conjunta: *Dupl. Receber + Vendas a Prazo*.

Podemos notar na Demonstração do Resultado do Exercício que o valor de Receita é de $ 10.000. Não sabemos, porém, se esse valor refere-se a Vendas a prazo (ou, se houver, Vendas à vista), embora, como veremos a seguir, isso não é relevante para elaboração da Demonstração dos Fluxos de Caixa.

Para Demonstração dos Fluxos de Caixa, interessa saber *o quanto entrou em dinheiro decorrente de vendas*, não importando se as vendas foram a prazo ou não.

Para saber o quanto entrou de dinheiro no Caixa decorrente de vendas no ano X2, poderemos partir de dois raciocínios (que levam ao mesmo resultado):

2a. No início de X2, a empresa tem a receber $ 500 referente às vendas de 20X1. Admitindo-se que tenha recebido totalmente essas duplicatas em X2,[1] entraram no Caixa $ 500. Dessa forma, não tem mais nada de duplicatas de X1. Portanto, o saldo a receber de $ 1.000 em 31-12-X2 refere-se única e exclusivamente às vendas de X2.

---

[1] Observe que a entrada no Caixa é considerada mesmo que decorra de vendas de outro período, pois, nesse caso, não prevalece o Regime de Competência.

Ora, se a empresa vendeu $ 10.000 em X2 e tem a receber $ 1.000 (saldo de Duplicata a Receber em 31-12-X2), entraram para o Caixa $ 9.000 decorrentes dessa venda (10.000 vendido (−) 1.000 a receber).

Então, em X2 entraram para o Caixa:

500 decorrentes das vendas de X1
<u>9.000</u> decorrentes das vendas de X2
9.500 total do recebimento.

2b. Outro caminho é considerar que as vendas de X2 foram realizadas totalmente a prazo. Nesse caso, teríamos:

$ 500 referentes a duplicatas a receber no início de X2;
+ $ <u>10.000</u> referentes a vendas a prazo em 20X2;
10.500 total de duplicatas a receber em 31-12-X2 *se a empresa não tivesse recebido nada* em termos de Duplicatas a Receber.

Mas há no balanço $ 10.500 de Duplicatas a Receber?
Não. Há apenas $ 1.000 a receber.

Então, significa que a empresa recebeu a diferença, ou seja, $ 9.500 [10.500 (−) 1.000].

Ressaltamos, novamente, que não é relevante, para efeito da Demonstração dos Fluxos de Caixa, saber o quanto entrou de dinheiro no Caixa referente a vendas à vista ou a prazo. Importa, sim, saber o quanto entrou decorrente de vendas.

Daí, julgamos que o segundo raciocínio é bem mais prático e podemos utilizá-lo sempre, aplicando a fórmula apresentada (2b), ou seja:

> Valor referente a Duplicatas a Receber no início do período
> + *Vendas no Período* (admitindo-se que tudo foi a prazo)
> = Total de Duplicatas a Receber se a empresa nada tivesse recebido
> (−) *Valor referente a Duplicatas a Receber* no final do período
> = Valor recebido no exercício decorrente de vendas

DEMONSTRAÇÃO DOS FLUXOS DE CAIXA
Cia. Entubação

	Período X2	Em $ 10.000	
Saldo Inicial 20X2			1.500 ①
Entradas:	Recebimento de Vendas	9.500 ②	
(−) Saídas:			- - - - (- - - -)
Saldo Final em 20X2			2.300 ①

③		31-12-X1	31-12-X2
	Estoques	1.000	1.500

Na verdade, o Estoque, por si só, não tem nenhuma influência nos Fluxos de Caixa.

CAP. 18 ■ Demonstração dos Fluxos de Caixa (Demonstração do Fluxo Financeiro) | **385**

Quando o Estoque é formado, há o desembolso referente à compra de Matérias-primas, Materiais Secundários e/ou referentes a custos no caso de Indústria, como o pagamento de Mão de obra, Energia etc. Todavia, consideraremos cada componente individualmente.

Quando o Estoque é vendido, há o *encaixe* referente a vendas à vista ou, no futuro, as Duplicatas a Receber (vendas a prazo). Todavia, esse caso já foi considerado no item anterior (item 2).

④	Móveis e Utensílios	31-12-X1 1.200	31-12-X2 1.500

Neste item houve um aumento de $ 300. Significa que a empresa adquiriu mais móveis e utensílios, portanto, houve um pagamento para essa compra (*saída de dinheiro do Caixa*), pelo valor de $ 300. Entretanto, uma preocupação básica é saber se a nova aquisição de itens do Ativo Não Circulante foi à vista e com recursos próprios (nesse caso afeta o Caixa) ou financiada. No caso de aquisições à vista com recursos próprios, não há dificuldade para estruturar a Demonstração dos Fluxos de Caixa.

Nas aquisições financiadas, duas hipóteses poderiam ocorrer: a primeira é quando a empresa recorre a financiamentos de instituições financeiras e adquire o bem ou direito à vista; a segunda, menos comum para itens do Permanente (Não Circulante-Ativo), é quando o próprio vendedor financia.

Na primeira hipótese, em geral, o dinheiro é creditado (colocado à disposição) pela instituição financeira à empresa e esta adquire o bem ou direito à vista. Portanto, há uma *entrada* de dinheiro no Caixa[2] por ocasião de sua liberação e uma *saída* de dinheiro do Caixa por ocasião da compra (aquisição).

Na segunda hipótese, cria-se uma dívida com o fornecedor do bem ou direito. Nesse caso, poderá haver saída parcial de dinheiro do Caixa quando há, por exemplo, uma entrada (uma primeira parte do pagamento). Outras saídas do Caixa ocorrerão por ocasião da amortização da dívida.

Todavia, alguns contadores preferem, para simplificar, registrar, em termos de Demonstração dos Fluxos de Caixa, como saída o total da compra e como entrada o total do financiamento, como descrevemos na primeira hipótese.

DEMONSTRAÇÃO DOS FLUXOS DE CAIXA – EXERCÍCIO X2 *Cia. Entubação*			Em $ mil
Saldo Inicial em X2			1.500 ①
Entradas:	Recebimentos de Vendas	9.500 ②	
(Fontes)			
(–) *Saídas:*			- - - - -
(Aplicações)	Aquisição Móveis Utensílios	300 ④	
Saldo Final em X2			
			(- - - - -)
			2.300 ①

⑤	Depreciação Acumulada	31-12-X1 200	31-12-X2 320

Depreciação é uma parcela do custo do bem imobilizado considerada como despesa ou custo periodicamente (mês, trimestre, semestre ou ano) em virtude, normalmente, do consumo desse bem.

Note que, à medida que consideramos Depreciação como custo ou despesa, não estamos afetando o Caixa, isto é, não há nenhum desembolso. Portanto, a Depreciação é um fenômeno econômico e não financeiro.

---

[2] Não devemos esquecer que o Caixa, em Demonstração dos Fluxos de Caixa, assume característica de disponível (Caixa + Bancos + Aplicações financeiras de curto prazo).

386 | CONTABILIDADE EMPRESARIAL E GERENCIAL ■ *José Carlos Marion*

Por isso Depreciação não é considerada na Demonstração dos Fluxos de Caixa, assim como também não são consideradas as Provisão para Devedores Duvidosos, Provisão para Perdas etc.

(6)

	31-12-X1	31-12-X2
Terrenos	2.000	3.000

Podemos considerar que houve uma nova aquisição de terrenos por $ 1.000. Ora, se houve uma nova aquisição, houve um desembolso (saída do Caixa) de $ 1.000. A afirmação é categórica, uma vez que não temos nenhuma dívida referente a Terrenos no Exigível a Longo Prazo e mesmo no Passivo Circulante.

Em $ mil

Saídas (Aplicações)	
Aquisição de Terrenos	$ 1.000

(7)

	31-12-X1	31-12-X2
Participações em outras Cias.	500	2.640

Considerando ainda que em nosso exemplo não haja Resultado da Equivalência Patrimonial, sem dúvida, podemos concluir que houve novas aquisições de ações no valor de $ 2.140 (2.640 – 500). Portanto, houve saída do Caixa de $ 2.140 (pagamento).

> Ressaltamos que a análise dos aumentos ou diminuições em contas de Investimentos deve ser minuciosa, principalmente quando se trata de investimentos relevantes em coligadas ou controladas, uma vez que a avaliação da participação acionária poderá ser pelo Método de Equivalência Patrimonial (*equity*).
>
> Vamos admitir que o investimento relevante da Cia. Expert (investidora) em sua coligada (investida), no início do ano, seja de $ 10 milhões, e essa participação representa 20% do Patrimônio Líquido da investida (portanto, o Patrimônio Líquido é de $ 50 milhões). No final do período, o Patrimônio Líquido da investida é acrescido para $ 70 milhões. Dessa forma, o investimento da Cia. Expert passa a ser avaliado em $ 14 milhões (20% × $ 70 milhões), havendo um acréscimo de $ 4 milhões.
>
> Observe que, embora o aumento de investimentos da Cia. Expert seja de $ 4 milhões, não houve novas aquisições e, consequentemente, não afetou o Caixa.

Em $ mil

Saídas (Aplicações)	
Aquisição de Outras Ações	$ 2.140

(8)

	31-12-X1	31-12-X2
Fornecedores	1.000	2.000

O raciocínio é análogo a Duplicatas a Receber.

A conta Fornecedores normalmente existe derivada de Compras a prazo. Se não houver compras de Matéria-prima (indústria) ou Mercadorias para Revenda (comércio), não haverá Fornecedores neste contexto.

Da mesma maneira que Vendas, para efeito de Fluxo de Caixa, não é relevante identificar se as Compras foram a prazo ou a dinheiro, e sim quanto se pagou referente a Compras ou Fornecedores.

Para tanto precisamos conhecer o valor de Compras. Nossos demonstrativos não evidenciam tal valor, mas a Demonstração do Resultado do Exercício discrimina o valor do Custo da Mercadoria Vendida, e o Balanço Patrimonial, os valores dos Estoques Inicial e Final.

Mas o que é o Custo da Mercadoria Vendida em uma empresa comercial?

CAP. 18 ■ Demonstração dos Fluxos de Caixa (Demonstração do Fluxo Financeiro) | **387**

É quanto custou a mercadoria negociada, isto é, o preço de aquisição. Observamos que no início de 20X2 já havia $ 1.000 de Mercadorias (estoque inicial). A essas mercadorias foram adicionadas novas compras, e no final do período sobraram $ 1.500 (estoque final). Portanto, o CMV = Estoque Inicial + Compras (–) Estoque Final.

$$CMV = EI + C - EF$$
$$5.500 = 1.000 + Compras - 1.500$$
$$5.500 = \qquad Compras - 500$$

$$Compras = \boxed{6.000}$$

Poderíamos (agora com o valor de Compras) admitir que o saldo de Fornecedores no início do período ($ 1.000) foi todo pago em 20X2. Portanto, houve uma saída do Caixa de $ 1.000. Dessa forma, o saldo a pagar no final do período ($ 2.000) refere-se exclusivamente às compras de X2. Ora, se o total de compra foi de $ 6.000, foram pagos, então, $ 4.000 ($ 6.000 comprados – 2.000 a pagar).

Então, o total de saída do Caixa foi de $ 5.000 ($ 1.000 referentes às compras de X1 + 4.000 referentes às compras de X2).

Outra maneira de encontrar a saída do Caixa referente ao pagamento de Compras é admitir que todas as compras foram a prazo, então:

$ 1.000 referentes a Fornecedores a pagar no início de 20X2

$ 6.000 referentes a Compras a prazo em 20X2

$ 7.000 o total de Fornecedores a pagar em 31-12-X2 se a empresa *não tivesse pago nada* em termos de compra de Mercadorias durante o ano.

Mas há no Balanço $ 7.000 de Fornecedores?

Não. Há apenas $ 2.000 a pagar.

Então significa que a empresa pagou a diferença, ou seja, $ 5.000 ($ 7.000 – $ 2.000).

Em $ mil

Saídas (Aplicações)	
Pagamento de Compras	5.000

⑨ Empréstimos Bancários	31-12-X1	31-12-X2
	1.000	1.470

O aumento de Empréstimos Bancários significa que a empresa contraiu mais empréstimos no valor de $ 470. Dessa forma, entraram mais $ 470 no Caixa da empresa (fonte de recursos).

É necessário ser cuidadoso na análise de Empréstimos e Financiamentos, uma vez que essas obrigações podem aumentar por mera atualização da dívida, como por exemplo, em virtude de Variação Cambial. Enquanto as obrigações não forem pagas, não afetam o Caixa.

Se tivermos uma variação de um Financiamento de $ 1.000 para $ 1.400, em virtude da Variação Cambial, *não significa* que houve entrada de recursos no Caixa. Tais variações podem ser constatadas em conjunto com a Demonstração do Resultado do Exercício no grupo Variações Monetárias (Variação Cambial).

Em $ mil

Entradas (Fontes)	
Aumento de Empréstimos Bancários	470

388 | CONTABILIDADE EMPRESARIAL E GERENCIAL ■ *José Carlos Marion*

⑩ Imposto de Renda a Pagar	31-12-X1 0	31-12-X2 1.050

No momento não afeta o Caixa. É apenas o reconhecimento de uma dívida com o governo. Afetará o Caixa na ocasião de seu pagamento (desembolso).

Se houvesse saldo anterior de IR a Pagar (31/12/X1) poderia sim afetar o Caixa.

⑪ Capital	31-12-X1 4.500	31-12-X2 6.000

Houve um aumento de Capital que, obviamente, não foi realizado com lucros[3] ou reserva, e sim com recursos dos próprios acionistas no valor de $ 1.500.

Normalmente, nesses casos, o capital é integralizado em dinheiro, representando fonte (origem) de recursos para o Caixa.

Não obstante seja bastante incomum, os recursos utilizados pelos proprietários da empresa para integralização de Capital podem ser bens materiais, tais como Imóveis, Móveis e Utensílios, Veículos, Estoques etc. Nesse caso, o Caixa não é afetado.

Em $ mil

Entradas (Fontes)	
Integralização do Capital em Dinheiro	1.500

⑫ Lucros Acumulados ou Reservas	31-12-X1 0	31-12-X2 1.100

Normalmente, não afetam o Caixa. Não podemos esquecer que os lucros e as reservas são originados da Receita, e esta já foi considerada como fonte para o Caixa em Duplicatas a Receber (item 2).

Entre as exceções de reservas que afetam o Caixa, podemos citar o ágio nas vendas das ações da Cia. que está aumentando o Capital.

Vamos admitir que a Cia. Aliança esteja vendendo 1 milhão de ações para aumentar seu Capital. O valor de cada ação é de $ 1,00. Todavia, a empresa resolve vender por $ 1,20, cobrando um ágio de $ 0,20 por ação.

Dessa forma, o Caixa será aumentado em $ 1,2 milhão, sendo que $ 1 milhão será incorporado ao Capital e $ 0,2 milhão constituirá *Reserva* de Capital, ou seja, uma reserva resultante do ágio cobrado na venda das ações.

Itens da Demonstração do Resultado do Exercício e da Demonstração dos Lucros ou Prejuízos Acumulados

(Em $ mil)

⑬ *Receita Bruta*

Já estudada no item Duplicatas a Receber (item 2, Ativo e Passivo).

⑭ *Custo da Mercadoria Vendida*

Já estudada no item Fornecedor (item 8).

---

[3] A empresa não tinha lucros ou reservas para aumentar seu Capital. Ela não utilizou o lucro obtido em 20X2 (1.100), uma vez que seu valor não foi alterado.

⇒ *Despesas Operacionais*

⑮ *Despesas de Vendas*: $ 500

Significa que todas as despesas foram pagas, pois não há obrigação referente a Despesas de Vendas evidenciadas no Passivo Circulante.

Então, tivemos uma saída do Caixa de $ 500. Observamos ainda que não está incluído em Despesas de Vendas, Provisão para Devedores Duvidosos (não afeta o Caixa), porque essa conta não aparece deduzindo Duplicatas a Receber no Balanço Patrimonial.

⑯ *Despesas Administrativas*: $ 380

Significa que todas as Despesas de Administração foram pagas, pois não há dívida concernente a essas despesas no Passivo Circulante.

⑰ *Depreciação*

Como já vimos, não afeta o Caixa.

⑱ *Despesas Financeiras*: $ 500

Como não há discriminação de dívida no Passivo Circulante referente a Despesas Financeiras (Juros a Pagar etc.), significa que houve pagamento integral. Portanto, houve mais uma saída do Caixa de $ 500.

⑲ *Provisão para Imposto de Renda*: $ 1.050

Não houve saída do Caixa, uma vez que esta dívida está evidenciada no Passivo Circulante (não foi paga ainda). Veja item 10.

⑳ *Distribuição de Dividendos*: $ 850

Afeta o Caixa, pois houve um desembolso. Note que os Dividendos distribuídos já foram pagos, pois não constam como dívida no Passivo Circulante.

DEMONSTRAÇÃO DOS FLUXOS DE CAIXA (Período 20X2)		
Cia. Entubação		Em $ mil
Saldo Inicial em 20X2		1.500 ①
+ *Entradas* (fontes)		
Recebimento de Vendas	9.500 ②	
Empréstimos Bancários	470 ⑨	
Integralização de Capital	1.500 ⑪	
Total das Entradas	11.470	
(–) *Saídas* (Aplicações)		
Aquisições de Móveis e Utensílios	(300) ④	
Aquisição de Terrenos	(1.000) ⑥	
Aquisição de Novas Ações	(2.140) ⑦	
Pagamento de Compras	(5.000) ⑧	
Despesas de Vendas	(500) ⑮	
Despesas Administrativas	(380) ⑯	
Despesas Financeiras	(500) ⑱	
Dividendos	(850) ⑳	
Total das Saídas	10.670	
Excesso de Entradas sobre as Saídas (11.470 – 10.670)		800
Saldo Final em 20X2 (1.500 + 800)		2.300 ①

18.7 ESTRUTURAÇÃO DA DEMONSTRAÇÃO DOS FLUXOS DE CAIXA – MODELO DIRETO

Período de 20X2	Em $ mil
a) Atividades Operacionais	
Recebimento de Vendas	9.500
(–) Pagamentos de Compras	(5.000)
Caixa Bruto obtido nas Operações	4.500
(–) Despesas Operacionais Pagas de Vendas Administrativas	(500)
Caixa Gerado no Negócio	(380)
(–) Despesas Financeiras Pagas	3.620
Caixa Gerado após as Operações Financeiras	(500)
	3.120
b) Atividades de Investimentos	
(–) Aquisições de Imobilizados e Investimentos	
Móveis e Utensílios	(300)
Terrenos	(1.000)
Ações de Outras Cias.	(2.140)
c) Atividades de Financiamentos	(3.440)
Integralização de Capital	1.500
Empréstimos Bancários	470
(–) Dividendos Pagos	(850)
Resultado Final de Caixa	1.120
	800
+ Saldo Existente em 31-12-X1	1.500
Saldo Existente em 31-12-X2	2.300

18.8 TÉCNICA DE ELABORAÇÃO DA DEMONSTRAÇÃO DOS FLUXOS DE CAIXA – MODELO INDIRETO

As Atividades de Investimentos e Financiamentos podem ser obtidas da mesma forma que no modelo direto. Assim, daremos ênfase para as *Atividades Operacionais*.

18.8.1 Técnicas para Demonstrar as Atividades Operacionais

a) Ajuste do Lucro Líquido referente a Despesa não Desembolsável

Há determinados itens que reduzem o Lucro Líquido na Demonstração de Resultado do Exercício que não representam saída de dinheiro no momento. Daí, o fato de se adicionar novamente Depreciação, que é um item econômico e não financeiro. A Depreciação não significa um desembolso, mas um fato econômico.

Ajuste do Lucro Líquido no Circulante

O aumento do Estoque de novas *mercadorias* faz-se com dinheiro, o que leva à redução do Caixa.

Maior número de Duplicatas a Receber significa retardar o recebimento do dinheiro que iria para o Caixa e teria algum destino.

Reduções nos montantes de Estoque e Duplicatas a Receber significam mais recursos no Caixa.

Quando os clientes, por exemplo, antecipam pagamento, reduz-se o montante de Duplicatas a Receber e, consequentemente, aumenta-se o Caixa.

Por outro lado, se há aumento de Fornecedores no Passivo Circulante, há mais crédito, evita-se a saída do Caixa e pode-se utilizar o dinheiro para outras finalidades. A recíproca é verdadeira.

CAP. 18 ■ Demonstração dos Fluxos de Caixa (Demonstração do Fluxo Financeiro) | **391**

Se há redução de Imposto a Recolher, o dinheiro que seria usado para essa finalidade pode sê-lo para outros pagamentos.

Como regra geral, temos:

- Os *aumentos* no Ativo Circulante provocam uso de dinheiro (Caixa); as *reduções* do Ativo Circulante produzem Caixa (origem de Caixa).
- Os *aumentos* do Passivo Circulante evitam saída de mais dinheiro, aumentando o Caixa; as *reduções* do Passivo Circulante significam que o pagamento foi feito, reduzindo o Caixa (uso de Caixa).
- Para calcular as variações líquidas, basta subtrair o saldo anterior do saldo atual das contas do Circulante (Ativo e Passivo).

18.8.2 Cálculo das Atividades Operacionais

Cia. Entubação

A. Cálculo do Lucro Financeiro

Em $ mil

Lucro Líquido apurado na Demonstração do Resultado do Exercício em 20X2	$ 1.950
+ Depreciação	$ 120
Lucro Líquido Financeiro	$ 2.070

B. Cálculo das Variações do Circulante (Capital de Giro)

ATIVO	31-12-X1	31-12-X2	VARIAÇÃO	REFLEXO NO CAIXA
Duplicatas a Receber	$ 500	$ 1.000	$ 500	Adia recebimento: reduz o Caixa
Estoques	$ 1.000	$ 1.500	$ 500	Mais aquisição: reduz o Caixa
PASSIVO				
Fornecedores	$ 1.000	$ 2.000	$ 1.000	Posterga pagamento: favorece o Caixa
Empréstimos Bancários	$ 1.000	$ 1.470	$ 470	Tratado como Atividade de Financiamento
Imposto de Renda a Pagar	– 0 –	$ 1.050	$ 1.050	Posterga pagamento: favorece o Caixa

C. Estruturação das Atividades Operacionais

Lucro Líquido do Exercício		$ 1.950
+ Depreciação		$ 120
Lucro Financeiro		2.070
Variações no Circulante (Capital de Giro)		
– Aumento de Duplicatas a Receber	$ (500)	
– Aumento de Estoques	$ (500)	
– Aumento de Fornecedores	$ 1.000	
– Aumento de Imposto de Renda	$ 1.050	1.050
Caixa Gerado nas Atividades Operacionais		3.120

18.8.3 Estruturação da Demonstração dos Fluxos de Caixa – Modelo Indireto

PERÍODO DE 20X2		Em $ mil
ATIVIDADES OPERACIONAIS		
Lucro Líquido apurado no Exercício		1.950
+ Depreciação		120
Lucro que afeta o Caixa		2.070
Variações no Circulante (Capital de Giro)		
Ativo – Aumento de Duplicatas a Receber (reduz o Caixa)	(500)	
– Aumento de Estoques (reduz o Caixa)	(500)	
Passivo – Aumento de Fornecedores (melhora o Caixa)	1.000	
– Aumento de Impostos a Pagar (melhora o Caixa)	1.050	1.050
Caixa Gerado nos Negócios		3.120
ATIVIDADES DE INVESTIMENTOS		
Aquisições de Ativo Não Circulante		
– Móveis e Utensílios	(300)	
– Terrenos	(1.000)	
– Ações de outras Cias.	(2.140)	(3.440)
ATIVIDADES DE FINANCIAMENTOS		
– Integralização do Capital	1.500	
– Novos Empréstimos Bancários	470	
– Dividendos Pagos	(850)	1.120
RESULTADO FINAL DO CAIXA		800
+ Saldo existente em 31-12-X1		1.500
Saldo existente em 31-12-X2		2.300

18.8.4 Modelo sugerido para a DFC – Indireto

Embora não tenha ainda uma definição legal para a DFC modelo indireto, apresentamos a seguinte sugestão, considerando que o método indireto deverá ser o praticado pelas empresas:

Companhia Entubação Demonstração dos fluxos de Caixa (método indireto) para os exercícios Findos em 31 de dezembro de X2 e X1 em milhares de reais		
	31-12-X2	31-12-X1
Atividades operacionais		
Lucro líquido		
Ajustes ao lucro		
Depreciação		
Lucro na venda de imobilizado (provisões)		
Despesas financeiras de longo prazo		
Resultado de equivalência patrimonial		
Investimentos de curto prazo		
Variação das contas a receber		
Variação da PCLD		
Variação dos estoques		
Variação das Despesas Antecipadas		
Variação de outros ativos circulantes		
Variação de salários a pagar		
Variação de fornecedores		
Variação de despesas a pagar		
Variação da provisão para IR e CSSL		
Variação de outros Passivos Circulantes		

(Continua)

(Continuação)

Companhia Entubação Demonstração dos fluxos de Caixa (método indireto) para os exercícios Findos em 31 de dezembro de X2 e X1 em milhares de reais	31-12-X2	31-12-X1
Caixa líquido gerado (consumido) pelas atividades operacionais		
Atividades de investimentos		
Investimentos no realizável a longo prazo		
Outros investimentos de longo prazo		
Investimentos de imobilizado		
Investimentos no intangível		
Investimentos em participações societárias		
Outros investimentos do Ativo Não Circulante		
Caixa líquido gerado (consumido) pelas atividades de investimentos		
Atividades de financiamentos		
Aumento de capital		
Captação de longo prazo		
Pagamento de empréstimos		
Pagamento de dividendos e outros s/ o capital próprio		
Caixa líquido gerado (consumido) pelas atividades de financiamento		
Variação líquida do Caixa		
Caixa mais equivalentes de Caixas iniciais	–	–

PAUSA PARA REFLEXÃO

As normas internacionais do IFRS permitem o uso de qualquer dos modelos para elaboração da DFC.
No Brasil, a regra é a mesma que nos Estados Unidos, contudo as normas brasileiras determinam que, caso seja escolhido o modelo direto, este deve ser adaptado para proporcionar a conciliação com o Lucro Contábil.
Diante do exposto e, considerando as normas brasileiras de Contabilidade, é viável a aplicação do modelo direto da DFC?

*Acesse o **QR Code** e assista ao vídeo sobre Demonstração dos Fluxos de Caixa.*

Informações Complementares

Apresentamos uma empresa que deu prejuízo e pagou dividendos. Aparentemente, um absurdo, porém os Fluxos de Caixa vão mostrar que não há absurdo, pois a empresa tem disponível suficiente para isto.
Para elaboração dos Fluxos de Caixa, analisaremos conta por conta, para identificar sua influência no Caixa. Depois faremos uma comparação entre Fluxo Financeiro e Fluxo Econômico.

Cia. Transportadora

BALANÇOS PATRIMONIAIS ENCERRADOS	31-12-20X0	31-12-20X1
ATIVO		
CIRCULANTE	650.000	800.000
Caixa	200.000	250.000
Contas a Receber	450.000	550.000
NÃO CIRCULANTE	4.800.000	4.200.000
Imobilizado	6.000.000	6.600.000
Valor Original	1.200.000	2.400.000
(–) Depr. Acumulados	5.450.000	5.000.000
TOTAL		

PASSIVO		
CAPITAIS DE TERCEIROS	3.500.000	3.300.000
Passivo Circulante		
Fornecedores	500.000	600.000
Não circulante	3.000.000	2.700.000
(Financiamentos)	1.950.000	1.700.000
PATRIMÔNIO LÍQUIDO	1.000.000	1.000.000
Capital	950.000	700.000
Lucros Acumulados	5.450.000	5.000.000
TOTAL		

DEMONSTRAÇÃO DO RESULTADO DO EXERCÍCIO PARA O PERÍODO DE 20X1		DEMONSTRAÇÃO DOS LUCROS OU PREJUÍZOS ACUMULADOS EM 20X1	
Receita	5.650.000	Lucros Acumulados em 31-12-19X0	950.000
(–) Custo do Serviço	(3.600.000)	(–) Prej. do Exerc.	(50.000)
(–) Depreciações	1.200.000	(–) Dividendos	(200.000)
Lucro Bruto	850.000	Lucros Acumulados em 31-12-19X1	700.000
(–) Desp. Operac.	(900.000)		
Prejuízo do Exerc.	(50.000)		

Meta a Atingir com os Fluxos de Caixa:

> Explicar a variação do Caixa de $ 50, ou seja, de $ 200 para $ 250

A. **Análise dos Recursos que** *entraram* **na empresa em 20X1: (Em $ mil)**

Receita: A empresa vendeu $ 5.650

Devemos observar, de início, que as Duplicatas a Receber se originam de Vendas a Prazo. Portanto, existe o "casamento" entre essas duas variáveis. Elas se "amam loucamente": uma não vive sem a outra. Se não existir Receita a Prazo, não existirão Duplicatas a Receber. Então, nossa análise será conjunta: **Duplicatas a Receber + Vendas a Prazo.**

Podemos notar, na Demonstração do Resultado do Exercício, que o valor de receita é de $ 5.650. Porém, não sabemos se esse valor se refere apenas a Vendas a Prazo ou se há também Vendas à Vista, embora, como veremos a seguir, isso não seja relevante para elaboração da Demonstração dos Fluxos de Caixa.

Para Demonstração dos Fluxos de Caixa interessa saber quanto entrou em dinheiro decorrente de vendas, não importando se as vendas foram a prazo ou não.

CAP. 18 ■ Demonstração dos Fluxos de Caixa (Demonstração do Fluxo Financeiro) | **395**

Para saber quanto entrou em dinheiro no Caixa decorrente de vendas no ano X2, poderemos partir de dois raciocínios (que levam ao mesmo resultado):

- No início de 20X1 a empresa tem a receber $ 450 referentes às vendas de 20X0. Admitindo-se que tenha recebido totalmente essas duplicatas em 20X1, entraram no Caixa $ 450. Dessa forma, não tem mais nada em duplicatas de X1. Portanto, o saldo a receber de $ 550 em 31-12-X1 refere-se única e exclusivamente às vendas de 20X1.

  Ora, se a empresa vendeu $ 5.650 em X2 e tem a receber $ 550 (saldo de Duplicatas a Receber em 31-12-X1), entraram para o Caixa $ 5.100 decorrentes dessa venda: ($ 5.650) vendido (–) $ 550 a receber.

  Então, em X1 entraram para o Caixa:

  > $ 450 decorrentes das vendas de X0
  > + $ 5.100 decorrentes das vendas de X1
  >   5.550 total

- Outro caminho é considerar que as vendas de X1 foram realizadas totalmente a prazo. Nesse caso teríamos:

  > $ 450 referentes a Duplicatas a Receber no início de X1
  > + $ 5.650 referentes a Vendas a Prazo em X1
  >   6.100 total de Duplicatas a Receber em 31-12-X1 se a empresa não tivesse recebido nada em Duplicatas a Receber.

  Mas há no balanço $ 6.100 de Duplicatas a Receber?

  Não. Há apenas $ 550 a receber.

Então, isso significa que a empresa recebeu a diferença, ou seja, $ 5.550 (6.100 – 550).

Ressaltamos, novamente, que não é relevante, para efeito da Demonstração dos Fluxos de Caixa, saber quanto entrou de dinheiro no Caixa referente a Vendas à Vista ou a Prazo. Importa, sim, saber quanto entrou decorrente de vendas.

Portanto, elaboramos os Fluxos de Caixa e teremos:

Saldo no Caixa no início de 20X1 (ou final de 20X0)	
Entradas	200
Receita Líquida	<u>5.550</u>
Saldo Parcial	5.750

Outras Entradas

Nesse nosso exemplo, não houve outras entradas:

• Venda de Ativo Não Circulante

Não houve, pois o valor original do Imobilizado cresceu. Isso significa novas compras e não vendas. Portanto, saiu dinheiro do Caixa nessa operação.

• Financiamento

Se houvesse aumento de Financiamentos, significaria novos empréstimos (entrada de dinheiro). Porém, houve redução, significando saída de dinheiro, ou seja, amortização de Financiamento.

• Capital

Se houvesse aumento de Capital em dinheiro, significaria entrada de dinheiro. Porém, o valor do capital permanece inalterado.

B. Análise dos recursos que *saíram* da empresa em 20X1: (Em $ mil)

Custo do Serviço (se fosse comércio seria Custo da Mercadoria Vendida): $ 3.600.

O raciocínio é análogo a Duplicatas a Receber.

A Conta Fornecedores só existe derivada de Compras a Prazo. Se não houver compra de Matéria-prima (indústria) ou Mercadorias para Revenda (comércio), ou Custo de Serviços, não haverá Fornecedores.

Da mesma forma que Vendas, para efeito dos Fluxos de Caixa, não é relevante identificar se as Compras ou o Custo dos Serviços foram a prazo ou a dinheiro, e sim quanto se pagou referente a Fornecedores.

Se a empresa teve um custo de serviços de $ 3.600, mas tem a pagar em Fornecedores $ 600, significa que ela pagou $ 3.000 (3.600 – 600). Porém, a empresa pagou também o saldo de 20X0 de $ 500. Dessa forma, o pagamento a fornecedores de serviços foi de $ 3.500 (3.000 ref. X1 + 500 ref. X0).

Imobilizado: variou de $ 6.000 para $ 6.600.

Esse acréscimo de $ 600 só pode ser por novas Compras. Ora, se a empresa comprou, o dinheiro saiu do Caixa.

Financiamento: variou de $ 3.000 para $ 2.700.

Se o Financiamento foi reduzido em $ 300, significa que a empresa pagou esse valor; portanto, houve saída de dinheiro do Caixa.

Despesas Operacionais: $ 900.

Considerando que não há nenhuma dívida referente às despesas no Passivo Circulante, entendemos que elas foram totalmente pagas no período.

Dividendos: $ 200.

Se no Passivo Circulante não consta essa dívida de $ 200, significa que a empresa pagou e, portanto, esse dinheiro saiu do Caixa.

Assim, teríamos as seguintes saídas de dinheiro:

Pagamento a Fornecedores	$ 3.500
Compra de Novos Imobilizados	$ 600
Pagamento (Amortização) parcial de Financiamento	$ 300
Pagamento de Desp. Operacionais	$ 900
Pagamento de Dividendos	$ 200
Total	$ 5.500

Estruturação dos Fluxos de Caixa

Saldo em 31-12-X0		200
+ Entradas		
Receita recebida em 20X1		5.550
Valor Acumulado		5.750
(–) Saídas		
Pagamento a Fornecedores	$ 3.500	
Compra de Novos Imobilizados	$ 600	
Amortização de Financiamento	$ 300	
Pagamento de Desp. Operacionais	$ 900	
Pagamento de Dividendos	$ 200	5.500
Saldo em 31-12-X1		250

Veja que os Fluxos de Caixa mostram exatamente a variação de $ 200 (Saldo Inicial) para $ 250 (Saldo Final, indicando um acréscimo de $ 50).

COMPARAÇÃO DO FLUXO ECONÔMICO COM O FINANCEIRO

Podemos dizer que a Demonstração do Resultado do Exercício, a base de regime de competência, é um fluxo econômico (e não fluxo financeiro) sendo mais bem identificado como fluxo contábil. A parcela de depreciação ($ 1.200) é um caso típico de uma parcela considerada como despesa que não afeta o Caixa, não provoca desembolso.

A Demonstração dos Fluxos de Caixa é um fluxo financeiro por excelência, pois só mostra as entradas e saídas de dinheiro.

Em $ mil

ITENS	FLUXO ECONÔMICO (DRE)	FLUXO FINANCEIRO (DFC)	VARIAÇÃO*
Receita	5.650	5.550 (recebida)	100
(–) Custo de Serviço Prestado	(3.600)	3.500 (pago)	(100)
(–) Depreciação	(1.200)	– 0 –	1.200
Lucro Bruto	850	2.050	1.200
– Desp. Operac.	(900)	(900)	– 0 –
Result. parcial	(50)	1.150	1.200
Novos Investimentos do Imobilizado	– 0 –	(600)	(600)
Amortização de Financiamentos			
Exigível a Longo Prazo	– 0 –	(300)	(300)
Outros Pagamentos (Dividendos)	– 0 –	(200)	(200)
Resultado Final	(50)	50	100

* Variação DRE – DFC.

O Fluxo Financeiro é muito mais abrangente que o Fluxo Econômico. Todavia, não leva em consideração certas despesas (como é o caso de depreciação) que efetivamente existiram mas não provocaram desembolso de Caixa.

Ainda que o Fluxo Financeiro mostre nova aquisição de $ 600, repondo o Imobilizado, essa reposição não é suficiente para cobrir a perda do potencial econômico dos bens do Ativo Permanente (Ativo Não Circulante).

ILUSTRAÇÃO

Alguns Indicadores de Análise da Demonstração dos Fluxos de Caixa

1. $\text{Cobertura de Juros} = \dfrac{\text{Caixa Gerado nas Operações}}{\text{Juros Pagos no Período}} = 3,0$ resultado hipotético

$$\frac{15.000}{5.000} = 3$$

A cada 1 real pago de juros foram gerados 3 de Caixa da atividade operacional. Ou seja, a empresa trabalha quatro meses para gerar Caixa para saldar os compromissos da dívida.

2. $\text{Capacidade de Quitar Dívidas} = \dfrac{\text{Caixa Gerado após as Operações Financeiras}}{\text{Financiamentos Onerosos}} = 0,25$ resultado hipotético

$$\frac{7.000}{28.000} = 0,25$$

A empresa gerou recursos para pagar 25% da dívida, assim, poderia pagar a dívida em quatro anos.

3. $\text{Taxa de Retorno de Caixa} = \dfrac{\text{Caixa Gerado nas Operações}}{\text{Ativo}} = 0,20$ resultado hipotético

$$\frac{15.000}{75.000} = 0,20$$

CONTABILIDADE EMPRESARIAL E GERENCIAL ■ *José Carlos Marion*

O ativo da empresa gera 20% de recuperação de Caixa por ano, demorando, assim, cinco anos em média para converter seu equivalente a ativo em Caixa.

4. Nível de Recebimento das Vendas $= \dfrac{\text{Caixa Gerado nas Vendas}}{\text{Vendas}} = 0,80$ resultado hipotético

$$\frac{24.000}{30.000} = 0,80$$

Foram recebidos 80% das vendas. Esse indicador é bom quando comparado com anos anteriores e com as concorrentes, avaliando-se política de crédito, cobrança etc.

5. Capacidade de Novos Investimentos $= \dfrac{\text{Caixa Gerado Após as Operações Financeiras}}{\text{Novos Investimentos no Imobilizado}} = 1,75$ resultado hipotético

$$\frac{7.000}{4.000} = 1,75$$

Mede a capacidade de gerar recursos, após pagamento dos dividendos, para a continuidade do negócio, financiando com recursos próprios novos imobilizados. Nesse caso, a empresa poderia adquirir os novos investimentos com recursos gerados no Caixa.

RESUMO

A Demonstração dos Fluxos de Caixa resume num só relatório as variações do Disponível da empresa (Caixa, Bancos e aplicações financeiras de curto prazo).

Normalmente, constituem entradas para o disponível:

- Recebimentos de Vendas.
- Aumento das obrigações passivas quando se contraem empréstimos.
- Aumento de Capital em dinheiro e aumento de algumas reservas.
- Diminuições de itens do Ativo, quando há alienação.

Normalmente, constituem saídas do disponível:

- Pagamentos de compras.
- Diminuições das obrigações passivas.
- Diminuições do Patrimônio Líquido nas distribuições de dividendos e em outras situações.
- Aumentos de itens do Ativo quando há aquisição.

Na elaboração da Demonstração dos Fluxos de Caixa, devemos ater-nos cuidadosamente a cada item em análise e observar diligentemente a interligação de cada item nas Demonstrações Financeiras.

A elaboração da Demonstração dos Fluxos de Caixa é mais prática quando se utiliza das Demonstrações Financeiras.

Devemos avaliar qual modelo (direto ou indireto) é mais útil para a empresa e/ou para os usuários.

AVALIAÇÃO DO APROVEITAMENTO

a) Estes testes deverão ser respondidos em cinco minutos – 30 segundos para cada um.

b) Não responda se tiver dúvidas.

c) Se você acertar menos que 70% (sete questões), não passe para a etapa seguinte; leia novamente o capítulo.

d) As respostas encontram-se no final do livro.

1. A Demonstração dos Fluxos de Caixa é:
   - ( ) **a)** Obrigatória para as microempresas.
   - ( ) **b)** Dispensável.
   - ( ) **c)** Obrigatório em alguns casos pela Lei nº 11.638/2007.
   - ( ) **d)** Válida só para as Instituições Financeiras.

2. A Demonstração dos Fluxos de Caixa também é conhecida como:
   ( ) **a)** DRE.
   ( ) **b)** Demonstração do Fluxo Financeiro.
   ( ) **c)** DLPAc.
   ( ) **d)** Demonstração do Fluxo Econômico.

3. A Demonstração dos Fluxos de Caixa explica as variações:
   ( ) **a)** No Disponível.
   ( ) **b)** Em Duplicatas a Receber.
   ( ) **c)** No Patrimônio Líquido.
   ( ) **d)** Nas Aplicações Financeiras.

4. Indique qual alternativa não afeta o Caixa:
   ( ) **a)** Vendas a Prazo.
   ( ) **b)** Compras à Vista.
   ( ) **c)** Pagamento de Fornecedores.
   ( ) **d)** Recebimento de Duplicatas a Receber.

5. Indique qual a alternativa que afeta o Caixa:
   ( ) **a)** Equivalência Patrimonial.
   ( ) **b)** Depreciação.
   ( ) **c)** Baixa no Ativo Não Circulante.
   ( ) **d)** Venda de Permanente à Vista.

6. Na análise de "item por item" para estruturar a DFC, normalmente há a ligação entre duas variáveis. Indique a alternativa que não tenha qualquer ligação:
   ( ) **a)** Duplicatas a Receber e Vendas a Prazo.
   ( ) **b)** Fornecedores e Compras a Prazo.

   ( ) **c)** Contas a Pagar e Despesas Operacionais.
   ( ) **d)** Estoques e Depreciação.

7. Das alternativas a seguir, uma é fenômeno econômico, não afeta o Caixa:
   ( ) **a)** Juros.
   ( ) **b)** Depreciação.
   ( ) **c)** Encargos Financeiros.
   ( ) **d)** Pagamento de Variação Cambial.

8. A análise mais cuidadosa em Investimentos no Ativo Não Circulante deve-se a:
   ( ) **a)** Intangível.
   ( ) **b)** Depreciação.
   ( ) **c)** Equivalência Patrimonial.
   ( ) **d)** Perdas Futuras.

9. Aumento de Capital afeta o Caixa quando é realizado em:
   ( ) **a)** Recursos Materiais.
   ( ) **b)** Recursos Financeiros.
   ( ) **c)** Reservas.
   ( ) **d)** Lucros Acumulados.

10. Normalmente, o item que afeta o Caixa destacado na DLPAc é:
   ( ) **a)** Saldo inicial de Lucros Acumulados.
   ( ) **b)** Destinação do Lucro para Reservas.
   ( ) **c)** Reservas para Contingências.
   ( ) **d)** Dividendos.

EXERCÍCIOS

1. Baseado no método indireto, classifique os itens abaixo em (1) variações positivas ou (2) variações negativas de Caixa.

CONTA	X2	X1	VARIAÇÃO
Estoque	5.000	7.000	
Clientes	3.000	5.000	
Impostos a Recuperar	2.000	1.000	
Imobilizado	10.000	5.000	
Fornecedores	8.000	6.000	
Salários a Pagar	5.000	3.000	
Empréstimos a Pagar	8.000	20.000	

2. No Brasil é permitido o uso do modelo direto para a elaboração da DFC?

3. No modelo indireto da DFC, ao verificarmos uma variação na conta Empréstimos, classificada no Passivo Circulante, devemos alocá-la em que fluxo da DFC? De financiamento ou operacional, já que está no Circulante?

4. Por que as normas do IFRS permitem a elaboração de qualquer dos modelos da DFC, sem exigências adicionais?

5. Por que a depreciação gerada no período deve ser adicionada ao lucro contábil na DFC?

Demonstração do Valor Adicionado, Notas Explicativas e Outras Evidenciações

19

OBJETIVOS

Ao completar o estudo deste capítulo, você deverá estar preparado para explicar e exercitar os seguintes conceitos:

- Entender a importância das Divulgações.
- Compreender o relatório da diretoria e seus componentes.
- Conhecer o Balanço Social.
- Conhecer e entender o conceito e a elaboração da Demonstração do Valor Adicionado (DVA).
- Estudar o relatório de Auditoria e comentários do Auditor.

19.1 RELATÓRIO DA DIRETORIA

Nas publicações das Demonstrações Contábeis, após a identificação da empresa, destaca-se o Relatório da Diretoria ou Administração. São informações normalmente de caráter não financeiro que abrangem:

- dados estatísticos diversos;
- indicadores de produtividade;
- desenvolvimento tecnológico;
- a empresa no contexto socioeconômico;
- políticas diversas: recursos humanos, exportação etc.;
- expectativas com relação ao futuro;
- dados do orçamento de capital;
- projetos de expansão;
- desempenho em relação aos concorrentes, Balanço Social etc.

Essas informações seriam mais significativas se não houvesse excesso de otimismo (inconsequente), como às vezes se observa.

CONTABILIDADE EMPRESARIAL E GERENCIAL ■ *José Carlos Marion*

Os administradores da companhia aberta são obrigados a comunicar imediatamente à Bolsa de Valores e a *divulgar pela imprensa* qualquer deliberação da assembleia geral ou dos órgãos de administração da companhia, ou outro qualquer fato relevante ocorrido em seus negócios, fato que possa influir, de modo ponderável, na decisão dos investidores do mercado de vender ou comprar valores mobiliários emitidos pela companhia.

Por fim, cabe-nos ainda alertar sobre a necessidade de apresentar evidenciações em dosagens adequadas. Não ocultar informações que favoreçam os usuários no sentido de melhor analisar a tendência da empresa. Não fornecer informações demasiadamente resumidas, que pouco (ou nada) esclarecem. Não fornecer excesso de informações, perdendo, assim, sua objetividade.

O principal item que compunha o Relatório da Diretoria era a Demonstração do Valor Adicionado ou Valor Agregado (DVA). Atualmente a DVA é tratada como Demonstração Financeira.

19.1.1 Valor Adicionado/Balanço Social

O Balanço Social visa dar informações relativas ao desempenho econômico e social da empresa para a sociedade em geral, tais como: quantidade de funcionários (entrando e saindo), gastos com treinamento, benefícios sociais espontâneos etc. O principal item do Balanço Social é a DVA, tratada como uma Demonstração Contábil.

PAUSA PARA REFLEXÃO

O Balanço Social evidencia o perfil social das empresas: relações de trabalho dentro da empresa (empregados: quantidade, sexo, escolaridade, encargos sociais, gastos com alimentação, educação e saúde do trabalhador, previdência privada); tributos pagos; investimentos para a comunidade (em cultura, esportes, habitação, saúde pública, saneamento, assistência social...); investimentos no meio ambiente etc. É possível indicar outros itens que poderiam fazer parte do Balanço Social?

A *Demonstração do Valor Adicionado ou Valor Agregado* evidencia para quem a empresa está canalizando a renda obtida; ou, ainda, admitindo que o valor que a empresa adiciona por meio de sua atividade seja um "bolo", para quem estão sendo distribuídas as fatias do bolo e de que tamanho são estas fatias.

Se subtrairmos das *vendas* todas as *compras* de bens e serviços, teremos o montante de recursos que a empresa gera para remunerar salários e acionistas, juros, impostos, e reinvestir em seu negócio. Estes recursos financeiros gerados levam-nos a contemplar o montante de valor que a empresa está agregando (adicionando) como consequência de sua atividade. O Valor Agregado corresponde ao PIB da empresa. A soma de todos os Valores Agregados das empresas daria o PIB do país.

A Lei nº 11.638/2007 torna obrigatória a Demonstração do Valor Adicionado para as Companhias Abertas. Esta lei determina que a empresa deverá evidenciar o valor da riqueza gerada e a sua distribuição entre os elementos que contribuíram para a geração desta riqueza, tais como empregados, financiadores, acionistas, governo e outros, bem como a parcela da riqueza não distribuída.

PAUSA PARA REFLEXÃO

A edição Melhores e Maiores da revista *Exame*, na edição 2009, aponta a Petrobras, Vale e Ambev como as empresas que mais geraram valor adicionado. Em 2014 a Petrobras teve sérios problemas de desvios de recursos sendo alvo de uma CPI. Estes problemas afetam a geração de riquezas (Valor Agregado)?

19.1.1.1 Exemplo de DVA e uma análise inicial

Imagine que a Prefeitura de uma cidade está para decidir se dá incentivos para a empresa exemplo se instalar no município.

Considere se o sindicato dos funcionários estará satisfeito com a "fatia do bolo" destinada ao Pessoal de Fábrica.

Pondere ainda se ser Diretor e Acionista dessa empresa exemplo é um bom negócio. E os banqueiros estão satisfeitos?

	ANO 1	%	ANO 2	%
Vendas	5.000	–	5.000	–
(–) Compras de Bens/Serviços	(2.500)	–	(2.000)	–
Valor Adicionado	2.500	100%	3.000	100%
Distribuição Valor Adicionado				
Salários				
Pessoal de Fábrica	500	20%	510	17%
Pessoal Administrativo	400	16%	480	16%
		36%		33%
Diretoria/Acionistas				
Pró-labore (honorários Dir.)	800	32%	1.050	35%
Dividendos	250	10%	360	12%
		42%		47%
Juros	150	6%	90	3%
Impostos				
Municipal	25	1%	30	1%
Estadual	50	2%	60	2%
Federal	75	3%	90	3%
		6%		6%
Reinvestimento	200	8%	270	9%
Outros	50	2%	60	2%

Na Demonstração do Valor Adicionado acima, observa-se que o item *Impostos* permanece inalterado, o que propicia melhor análise para a prefeitura. Todavia, o valor do imposto recolhido ao município é muito baixo.

Admitindo-se que os diretores/acionistas não morarão na cidade; que os juros não se reverterão em favor do município, o que se agregará ao fluxo de renda do município será o item *Salário*.

Com estes dados, caberia analisar se o pequeno imposto para o município e o acréscimo no fluxo de renda em salário de pessoas que residirão na região (gerando mais negócios, mais arrecadação) compensarão o acréscimo no orçamento, e se o benefício da vinda da empresa será viável.

Imagine ainda o presidente do sindicato analisando a "distribuição do bolo" que aumentou em 20% do *ano 1* para o *ano 2*. Certamente, ele não ficaria calado diante de uma redução da fatia do bolo para seus afiliados (o salário de fábrica caiu de 20% para 17%). Poderia ficar irritado ao ver que a fatia do bolo aumentou consideravelmente para os diretores/acionistas. Seria um bom motivo para uma greve?

Por outro lado, a "fatia do bolo" para Diretoria e Acionista aumentou de 42% para 47% e a participação dos banqueiros caiu de 6% para 3%.

19.1.2   Como Fazer a DVA

Sugerimos um modelo de Demonstração do Valor Adicionado: a DVA não está prevista nas normas de Contabilidade como integrante das Demonstrações Contábeis.[1]

---

[1]   Os CPCs (0, 9, 26...) não fazem exigência de elaboração da DVA.

	31-12-X8	%	31-12-X9	%
1. Receitas				
1.1 Vendas de mercadorias				
1.2 Provisão para devedores duvidosos				
1.3 Resultados não operacionais				
2. Insumos adquiridos de terceiros				
2.1 Materiais consumidos				
2.2 Outros custos de produtos e serviços vendidos				
2.3 Energia, serviços de terceiros e outras despesas				
2.4 Perda na realização de ativos				
3. Retenções				
3.1 Depreciação, amortização e exaustão				
4. Valor adicionado líquido produzido pela entidade				
5. Valor adicionado recebido em transferência				
5.1 Resultado de equivalência patrimonial e dividendos de investimentos avaliados ao custo				
5.2 Receitas Financeiras				
5.3 Aluguéis e *Royalties*				
6. Valor adicionado a distribuir				
7. Distribuição do valor adicionado				
7.1 Empregados				
– Salários e encargos				
– Comissões sobre vendas				
– Honorários da diretoria				
– Participação dos empregados no lucro				
– Planos de aposentadoria e pensão				
7.2 Tributos				
– Federais				
– Estaduais				
– Municipais				
– Menos: incentivos fiscais				
7.3 Financiadores				
– Juros				
– Aluguéis				
7.4 Juros sobre o capital próprio e dividendos				
7.5 Lucros retidos/prejuízo do exercício				

19.1.3 Índices em que o Valor Adicionado Serve como Importante Indicador

A. *Potencial do Ativo em Gerar Riqueza*

$$\frac{\text{Valor Adicionado}}{\text{Ativo}}$$

O Ativo, financiado por Capital Próprio e Capital de Terceiros, é quem gera receita, a qual, por sua vez, gera riqueza para a empresa.

Esse índice mede quanto cada real investido no Ativo gera de riqueza (valor adicionado), a ser transferido para vários setores que se relacionam com a empresa.

O ideal é que esse índice cresça ao longo dos anos.

B. *Retenção da Receita*

$$\frac{\text{Valor Adicionado}}{\text{Receita Total}}$$

Da Receita Total, parte é comprometida com terceiros (matéria-prima, embalagem, serviços...), ou seja, transferida para outras empresas que não agregam valor para a empresa em análise.

Esse percentual mostra quanto fica dentro da empresa, acrescentando valor ou benefício para funcionários, acionistas, governo, financiadores e lucro retido.

C. *Valor Adicionado* per capita

$$\frac{\text{Valor Adicionado}}{\text{N}^{\text{o}}\text{ de Funcionário (Média)}}$$

É uma forma de avaliar quanto cada empregado contribui para a formação da riqueza da empresa.

De certa forma, é um indicador de produtividade que informa a participação de cada empregado na riqueza gerada na organização.

D. $\dfrac{\text{Empregados}}{\text{Valor Adicionado}} \rightarrow$ Mostra a participação dos empregados no Valor Adicionado.

E. $\dfrac{\text{Juros}}{\text{Valor Adicionado}} \rightarrow$ Mostra a participação dos Bancos no Valor Adicionado.

F. $\dfrac{\text{Dividendos}}{\text{Valor Adicionado}} \rightarrow$ Mostra a participação dos acionistas no Valor Adicionado.

G. $\dfrac{\text{Impostos}}{\text{Valor Adicionado}} \rightarrow$ Mostra a participação do Governo no Valor Adicionado.

H. $\dfrac{\text{Lucro Reinvestido}}{\text{Valor Adicionado}} \rightarrow$ Mostra a participação da empresa reinvestindo seu próprio lucro.

19.1.4 O Valor Adicionado e a Carga Tributária

A edição Melhores e Maiores da revista *Exame* calcula anualmente quanto do Valor Agregado ou Adicionado das empresas vai para o Governo em forma de tributos. Em outras palavras, qual é a "fatia do bolo" que vai para o Governo.

A carga tributária (PIB) representou 30% na virada do século. Em 2008, esta mesma revista mostra que este percentual se mantém, ultrapassa a 36% e se mantém nesta base até hoje.

A Federação das Indústrias do Estado do Rio de Janeiro (FIRJAN) publicou, em janeiro de 2018, pesquisa e estudos socioeconômicos que evidenciam a alta carga tributária.[2] O peso da carga tributária sobre o Valor Adicionado apresenta-se desproporcional entre os setores: 44,8% na indústria de transformação, 36,4% no comércio, 23,1% em serviços, 13,9% na construção, 40,2% em serviços industriais de utilidade pública e 6,7% na agropecuária e extrativa.

No Brasil, o item mais relevante na distribuição do Valor Adicionado são os tributos. Já na Alemanha, há empresas em que o item salário representa 80%. Na França, um dos principais itens (depois de salários) é o reinvestimento na própria companhia. Nos Estados Unidos, por exemplo, uma das ênfases são os dividendos (remuneração aos acionistas). Assim, ao analisarmos a DVA em cada país, podemos ter as tendências das empresas relacionadas com política, cultura e legislação do próprio país.

---

[2] Disponível em: http://www.firjan.com.br/lumis/portal/file/fileDownload.jsp?fileId=2C908A8A6098BB8B01610951EFB72EB3. Acesso em: 11 abr. 2022.

406 | CONTABILIDADE EMPRESARIAL E GERENCIAL ■ *José Carlos Marion*

Alguns indicadores são relevantes ao utilizarmos a DVA. Por exemplo, a *riqueza criada por empregado*. É o Valor Adicionado dividido pelo número de empregados. Mede a produtividade dos trabalhadores, que mostra a contribuição de cada um na riqueza gerada.

19.2 EVIDENCIAÇÕES

Além das Demonstrações Financeiras já estudadas, a Contabilidade adiciona àquelas demonstrações outras informações complementares no sentido de enriquecer os relatórios e evitar que eles se tornem enganosos.

Essas evidenciações devem ser destacadas para auxiliar o usuário das Demonstrações Financeiras a entendê-las melhor. Visam apresentar esclarecimentos necessários aos usuários.

As evidenciações destacadas devem ser relevantes quantitativa e qualitativamente. Numa mudança nos procedimentos contábeis, de um ano para o outro, deve ser destacado se a repercussão no resultado, em circunstância daquela mudança, foi relevante (significativa).

As evidenciações[3] podem estar mencionadas na forma descritiva, na forma de quadros analíticos suplementares ou em outras formas, como veremos mais à frente.

As principais evidenciações são:

1. notas explicativas;
2. quadros analíticos suplementares;
3. informações entre parênteses;
4. comentários do auditor.

19.2.1 Notas Explicativas

Também conhecidas como "Notas de Rodapé", as Notas Explicativas são normalmente destacadas após as Demonstrações Financeiras (quando publicadas).

Apesar de já serem obrigatórias para as sociedades anônimas de capital aberto, a nova Lei das Sociedades por Ações estende-as aos outros tipos societários, estabelecendo que "as Demonstrações serão complementadas por Notas Explicativas e outros quadros analíticos ou demonstrações contábeis necessários para esclarecimento da situação patrimonial e dos resultados do exercício".

Conforme a Lei nº 11.941/2009, as Notas Explicativas devem:

I – apresentar informações sobre a base de preparação das demonstrações financeiras e das práticas contábeis específicas selecionadas e aplicadas para negócios e eventos significativos;

II – divulgar as informações exigidas pelas práticas contábeis adotadas no Brasil que não estejam apresentadas em nenhuma outra parte das demonstrações financeiras;

III – fornecer informações adicionais não indicadas nas próprias demonstrações financeiras e consideradas necessárias para uma apresentação adequada.

Conforme imposição legal, as Notas Explicativas deverão indicar:

A. **Os principais critérios de avaliação dos elementos patrimoniais**, especialmente estoques, dos cálculos de depreciação, amortização e exaustão, de constituição de provisões para encargos ou riscos e dos ajustes para atender a perdas prováveis na realização de elementos do Ativo.

Expressar as principais práticas contábeis (critérios) significa informar aos usuários das Demonstrações Financeiras o *modus operandi* da Contabilidade, o que propicia melhor abordagem da situação econômico-financeira da empresa. Vejamos cada um dos principais critérios.

■ ESTOQUES. Os critérios de avaliação de estoque: (a) Preço Médio; (b) LIFO (UEPS); (c) FIFO (PEPS) etc.

---

[3] Evidenciações também são chamadas *disclosure*.

- **DEPRECIAÇÃO.** Os critérios utilizados para determinação da vida útil, as taxas utilizadas por classes principais do Ativo, o método de depreciação utilizado (linha reta, taxas decrescentes, de Cole etc.).
- **AMORTIZAÇÃO E EXAUSTÃO.** Os critérios utilizados para determinação da vida útil, o método de amortização e exaustão etc., os critérios adotados para fazer amortização de gastos de implantação, reorganização e outros diferidos.
- **PROVISÃO PARA ENCARGOS.** A base de contabilização da Provisão para Imposto de Renda (informando se são incluídos Incentivos Fiscais), a base de constituição para Provisão para Férias, a base de constituição da Provisão para Gratificação a Empregados etc.
- **PROVISÕES PARA RISCOS.** A base de constituição da Provisão para Devedores Duvidosos (limite legal, média dos últimos anos etc.).
- **AJUSTES PARA ATENDER A PERDAS PROVÁVEIS NA REALIZAÇÃO DE ELEMENTOS DO ATIVO.** Quando o valor de mercado for menor que o custo:
  - Valores Mobiliários (não classificados como Investimentos).
  - Matérias-primas, produtos em fabricação, produtos acabados, mercadorias (comércio) e bens em almoxarifado.
  - Investimentos em participação no capital social de outra sociedade e os demais Investimentos.
- **AVALIAÇÃO DOS ELEMENTOS PATRIMONIAIS.** Critério de avaliação dos Investimentos (Custo ou Equivalência Patrimonial); critério de registros dos Passivos (Empréstimos, Financiamentos com ou sem Variação Cambial) etc.

B. **Os Investimentos em outras sociedades, quando relevantes.** Considera-se relevante o Investimento.

As Notas Explicativas dos Investimentos Relevantes devem conter informações precisas sobre as sociedades coligadas e controladas, bem como suas relações com a companhia, indicando o seguinte:

I – denominação da sociedade, de seu capital social e do patrimônio líquido;

II – o número, as espécies e as classes de ações ou quotas de propriedade da companhia, bem como o preço de mercado das ações, se houver;

III – o lucro líquido do exercício;

IV – os créditos e as obrigações entre a companhia e as sociedades coligadas e controladas;

V – o montante das receitas e despesas em operações entre companhia e sociedades coligadas e controladas.

Na Deliberação nº 676/2011, há um tópico especial sobre as notas explicativas, com sua estrutura e seus pontos principais de tratamento.

PAUSA PARA REFLEXÃO

O artigo 247 da Lei nº 11.941/2009 (Lei das S.A.) diz que as Notas Explicativas dos Investimentos avaliados pelo Método Equivalência Patrimonial devem conter informações precisas sobre as sociedades coligadas e controladas e suas relações com a companhia.

Por que há necessidade deste nível de detalhe?

C. **Os ônus reais constituídos sobre elementos do Ativo, as garantias prestadas a terceiros e outras responsabilidades eventuais ou contingentes.** Os ônus reais e as garantias decorrem, geralmente, dos empréstimos e financiamentos por instituições financeiras ou pelo próprio fornecedor: hipoteca dos bens financiados, alienação fiduciária, penhora etc. Deverão também ser declarados outros itens oferecidos em garantia de empréstimos: Estoques, Duplicatas a Receber, Máquinas etc.

Responsabilidades eventuais ou contingentes referem-se a causas trabalhistas, contingências físicas (oriundas de autuações fiscais) que representam riscos de perdas.

D. **A taxa de juros, as datas de vencimento e as garantias das obrigações a longo prazo deverão ser destacadas da seguinte forma:**

Instituições financeiras (financiador)	Saldo do contrato	Data de vencimento	Taxa de correção	Correção monetária ou variação cambial	Garantias oferecidas	Valor de parcelas controladas e não liberadas

E. **O número, as espécies e as classes das ações do Capital Social.** Conforme a Lei das Sociedades por Ações, o Capital Social poderá ser constituído das seguintes ações:

E1. Quanto ao valor nominal
$\begin{cases} \text{Ações com valor nominal} \\ \text{Ações sem valor nominal} \end{cases}$

E2. Quanto às espécies
$\begin{cases} \text{Ordinárias (com direito a voto)} \\ \text{Preferenciais (sem direito a voto)} \end{cases}$

E3. Quanto à diversificação de classes[4], só é permitida para:
$\begin{cases} \text{Ordinárias (Companhia fechada)} \\ \text{Preferenciais (Companhia aberta)} \\ - \text{ Classe A} \\ - \text{ Classe B} \\ - \text{ Classe C} \\ - \ldots\ldots \\ - \ldots\ldots \end{cases}$

E4. Quanto à forma
$\begin{cases} \text{Nominativas} \\ \text{Endossáveis} \end{cases}$

Combinações possíveis:

ON – Ordinária Nominativa.
OE – Ordinária Endossável.
PN – Preferencial Nominativa.
PE – Preferencial Endossável.

F. **As opções de compra de ações outorgadas e exercidas no exercício.** A companhia poderá emitir, dentro do limite de aumento do *Capital Autorizado* no estatuto, títulos negociáveis, denominados "bônus de subscrição".

Os bônus de subscrição conferirão aos seus titulares, nas condições constantes do certificado, direito de subscrever ações do capital social, que será exercido mediante apresentação do título à companhia e pagamento do preço de emissão das ações.

Os bônus de subscrição serão alienados pela companhia ou por ela atribuídos, como vantagem adicional, aos subscritores de suas ações ou debêntures.

---

[4] Para cada classe, poderá ser estipulado dividendo diferenciado, direito ou não, de substituição de novas ações etc.

CAP. 19 ■ Demonstração do Valor Adicionado, Notas Explicativas e Outras Evidenciações | **409**

G. **Os Ajustes de Exercícios Anteriores**. Este item foi desenvolvido no Capítulo 17, Demonstração de Lucros ou Prejuízos Acumulados.

Os principais ajustes de exercícios anteriores referem-se à mudança de critérios contábeis (quebra da consistência) e à retificação de erro imputável a determinado exercício anterior, e que não possam ser atribuídos a fatos subsequentes.

Quanto à mudança de critério contábil, dá-se a ocorrência com mais frequência:

- avaliação de estoques: preço médio × FIFO;
- avaliação de investimentos: método de custo × equivalência patrimonial;
- depreciação: taxa fixa × taxa decrescente;
- regime de Contabilidade: regime de Caixa × regime de competência etc.

Erros imputáveis a exercícios anteriores:

- averiguação de erro na contagem do estoque;
- erro de cálculo etc.

Observamos, nesse caso, que deverão ser expressas em Notas Explicativas as mudanças de critérios que interfiram no resultado do exercício de forma "relevante".

H. **Os eventos subsequentes à data de encerramento do exercício que tenham, ou possam vir a ter, efeito relevante sobre a situação financeira e os resultados futuros da companhia.** Admitamos que, logo após o encerramento do Balanço (mas antes de sua publicação), ocorra um incêndio na fábrica. Sem dúvida, esse evento alterará o andamento normal das operações da empresa. O analista financeiro considerará este aspecto em seu parecer. Aspectos como dias de paralisação, cobertura de seguros, prejuízos estimados etc. deverão ser evidenciados em Notas Explicativas.

19.2.2 Quadros Analíticos Suplementares

Alguns quadros analíticos estão contidos dentro das próprias Notas Explicativas como, por exemplo, os casos do detalhamento dos tipos de ações que compõem o Capital Social, o Quadro de Taxa de Juros, as Datas de Vencimento, as garantias das obrigações a longo prazo etc.

Nos quadros suplementares são apresentados detalhes de itens que constam das Demonstrações Financeiras; não seria adequado apresentar tais detalhes no corpo daquelas Demonstrações. Os quadros mais comuns são:

A.   **Composição dos Estoques**
Matérias-primas ....
Produtos em andamento ....
Produtos acabados ....
Almoxarifado ....
Peças de reposição ....
Etc. ....

B.   **Composição do Ativo Imobilizado**

Terrenos		
Edifícios	. . . .	
(–) Depreciação Acumulada	(. . . . .)	. . . .
Máquinas	. . . .	
(–) Depreciação Acumulada	(. . . . .)	. . . .
Veículos	. . . .	
(–) Depreciação Acumulada	(. . . . .)	. . . .

Construções em Andamento	....
Importação em Andamento	....
Etc.	....

C. **Projetos em Execução**

Projeto A →	Prazo de entrega	....
	Capacidade de Produção	....
	Custos Estimados × Custo Real	....
	Financiamentos obtidos	....
	Etc.	....
Projeto B	_____	....
	_____	....
	_____	....

D. **Demonstrações Financeiras avaliadas a preço de reposição etc**.

19.2.3 Informações entre Parênteses

Normalmente são anotações curtas que compõem o próprio corpo das Demonstrações Financeiras, no sentido de evidenciar mais informações.

Circulante

Disponível	....
Caixa	....
Bancos c/ Movimento	....
Aplicações Financeiras (DI)	....
Créditos	
Duplicatas a Receber	....
Títulos a Receber (Venda de Imóveis)	....
Estoques (PEPS)	
_____	....
	....

19.2.4 Comentários do Auditor

Para maior segurança do usuário, as empresas auditadas apresentam parecer do auditor, onde se expressa haver um exame das Demonstrações Financeiras, efetuado de acordo com os padrões de auditoria geralmente aceitos.

O auditor emite sua opinião informando se as Demonstrações Financeiras representam, adequadamente, a situação patrimonial e a posição financeira na data do exame. Informa se as Demonstrações Financeiras foram levantadas de acordo com as Normas Brasileiras de Contabilidade e se há uniformidade em relação ao exercício anterior.

Muitas vezes ocorre que informações contidas nos comentários do auditor já constam de Notas Explicativas. Essa dupla evidenciação vem trazer maior segurança ainda para o usuário das Demonstrações Financeiras.

As Demonstrações Financeiras das companhias abertas são obrigatoriamente auditadas por auditores independentes, registrados na Comissão de Valores Mobiliários.

PAUSA PARA REFLEXÃO

Qual das seguintes empresas de auditoria deixou de existir em 2002? Por quê?

FIRMA	PAÍS DE ORIGEM	RECEITAS EM 1999 (US$/M)
Arthur Andersen	EUA	7.300,00
Price	EUA – Reino Unido	17.595,00
Ernest & Young	EUA – Reino Unido	12.400,00
Deloite Touche	Reino Unido – EUA – Canadá – Japão	10.600,00
KPMG	Holanda – Reino Unido – EUA – Alemanha	12.200,00

Fonte: *International Accounting Bulletin*, 1999.

ILUSTRAÇÃO

Qualidade do parecer de auditoria

O Parecer de Auditoria refere-se à Auditoria Externa, isto é, independente, sem nenhum vínculo permanente com a empresa.

Quando tratamos de Auditoria Interna, os auditores são empregados da empresa, responsáveis pelo controle interno dela.

O auditor externo não pode, sequer, ter um parente que tenha vínculo empregatício com a empresa. Se isto acontecer, ele perderá sua independência.

A Auditoria Externa pode ser realizada no nível de *pessoa física* (autônomo em Contabilidade) ou *pessoa jurídica* (escritório ou empresa de auditoria).

Normalmente, o parecer de pessoa jurídica é mais confiável, já que esta tem uma preocupação maior na manutenção de seu nome (denominação, por prazo indeterminado) e tem oportunidade constante de intercâmbio, treinamento dos auditores, recursos tecnológicos mais avançados etc.

Uma das formas de avaliar se o parecer é confiável é identificar se a empresa de auditoria não está demasiadamente dependente de um único cliente. Diz-se que, se a empresa de auditoria tiver um cliente que represente mais que 2% de seu faturamento já é comprometedor, tornando-se uma ameaça para sua independência econômica.

Imagine, por exemplo, um grande Banco contratando uma pequena empresa de auditoria. Esta se estrutura em função do grande cliente. Entretanto, no momento em que precisar fazer uma ressalva no parecer referente às Demonstrações Financeiras do grande cliente, poderá ter problemas se o cliente estiver disposto a ocultar informações aos usuários. A pequena empresa correrá o risco de ficar sem o cliente e, em consequência disso, comprometer seu futuro, já que ela é altamente dependente de um grande cliente.

Dessa forma, um dos pontos básicos é avaliar a participação dos clientes da empresa de auditoria em seu faturamento. De maneira geral, as grandes empresas de auditoria (nacional e multinacional) não são alvos de problemas desse tipo.

RESUMO

Modelo para Publicação das Demonstrações Financeiras e Evidenciações

Denominação da Empresa
CNPJ – Tipo de Sociedade

Relatório da Administração

_____
_____
_____
_____
_____

Demonstrações Financeiras

BALANÇO PATRIMONIAL	
ATIVO	**PASSIVO e PL**
Data	Data

DEMONSTRAÇÃO DO RESULTADO DO EXERCÍCIO	
Receita Bruta	Data

DEMONSTRAÇÃO DAS MUTAÇÕES DO PL ou DEMONSTRAÇÕES DOS LUCROS OU PREJUÍZOS ACUMULADOS	
	Data

DEMONSTRAÇÃO DOS FLUXOS DE CAIXA	
	Data

DEMONSTRAÇÃO DO VALOR ADICIONADO	
	Data

Notas Explicativas
(e outras evidenciações)

_____
_____
_____
_____

Administradores
_____
(assinaturas)

Contabilista
_____
(assinatura)

Parecer da Auditoria

_____
_____
_____
_____
_____
_____
_____
_____

*Acesse o **QR Code** e assista ao vídeo sobre Demonstração do Valor Adicionado.*

AVALIAÇÃO DO APROVEITAMENTO

a) Estes testes deverão ser respondidos em cinco minutos – 30 segundos para cada um.
b) Não responda se tiver dúvidas.
c) Se você acertar menos que 70% (sete questões), não passe para a etapa seguinte, leia novamente o capítulo.
d) As respostas encontram-se no final do livro.

1. Indique qual alternativa não é evidenciação das Demonstrações Financeiras:
   ( ) a) Notas Explicativas.
   ( ) b) Balanço Patrimonial.
   ( ) c) Informações entre parênteses.
   ( ) d) Parecer da Auditoria.

2. É sinônimo de Notas Explicativas:
   ( ) a) Relatório da Diretoria.
   ( ) b) Notas de Rodapé.
   ( ) c) Quadros Analíticos.
   ( ) d) Quadros Suplementares.

3. Como critérios de avaliação patrimonial, temos:
   ( ) a) Regime de Competência.
   ( ) b) Regime de Caixa.
   ( ) c) UEPS e PEPS.
   ( ) d) Partidas Dobradas.

4. Uma mudança de critério contábil não será evidenciada quando:
   ( ) a) For por imposição legal.
   ( ) b) For qualitativamente relevante.
   ( ) c) For quantitativamente irrelevante.
   ( ) d) O administrador não permitir.

5. Não deverá ser evidenciado em Notas Explicativas:
   ( ) a) Ajustes de Exercícios Anteriores.
   ( ) b) Método de Avaliação de Investimentos.
   ( ) c) Método de Depreciação.
   ( ) d) Caixa.

6. Quanto às espécies, as ações podem ser:
   ( ) a) Com valor nominal e sem valor nominal.
   ( ) b) Ordinárias e Preferenciais.
   ( ) c) Nominativas e Endossáveis.
   ( ) d) Classe A e Classe B.

7. Qual desses não é um tipo de evidenciação?
   ( ) a) Notas Explicativas.
   ( ) b) Quadros Analíticos Suplementares.
   ( ) c) Informações em aspas.
   ( ) d) Comentários do auditor.

8. Uma das alternativas a seguir não representa um quadro analítico suplementar:
   ( ) a) Composição do Patrimônio Líquido.
   ( ) b) Composição dos Estoques.
   ( ) c) Composição do Ativo Imobilizado.
   ( ) d) Composição dos Projetos em Execução.

9. A auditoria independente é obrigatória:
   ( ) a) Para todas as empresas.
   ( ) b) Para as S.A. de Capital Aberto.
   ( ) c) Para todas as S.A.
   ( ) d) Para nenhuma empresa.

10. Indicadores de produtividade comumente aparecem em:
    ( ) a) Notas Explicativas.
    ( ) b) Comentários do Auditor.
    ( ) c) Informação entre parênteses.
    ( ) d) Relatório da Diretoria.

EXERCÍCIOS

1. Por que se diz que se somássemos todas as DVAs das empresas brasileiras chegaríamos ao Produto Interno Bruto (PIB)?

2. Com o advento dos CPCs, os relatórios anuais das empresas sofreram um aumento considerável em número de páginas, em razão da grande exigência de divulgações bem mais detalhadas. Essas informações são úteis para os usuários da informação contábil?

3. Por que o Balanço Social é importante?

4. Com base nos dados a seguir, elabore a DVA da empresa Felicidade:

	$
Receitas de Serviços	50.000
Insumos Adquiridos	20.000
ISSQN	5%
Salário dos Funcionários	10.000
Encargos sobre os Salários	3.000
Depreciação de Equipamentos	8.000
Impostos sobre o Lucro	3.200
Dividendos Distribuídos	3.300

Avaliação do Aproveitamento – Quadro de Respostas

Capítulo 1	Capítulo 2	Capítulo 3	Capítulo 4	Capítulo 5	Capítulo 6
1. a	1. b	1. b	1. a	1. d	1. b
2. d	2. c	2. d	2. b	2. b	2. a
3. b	3. b	3. c	3. d	3. c	3. d
4. b	4. a	4. d	4. b	4. b	4. c
5. d	5. c	5. c	5. a	5. a	5. b
6. d	6. d	6. a	6. b	6. d	6. c
7. c	7. a	7. c	7. d	7. d	7. b
8. b	8. a	8. a	8. a	8. a	8. a
9. a	9. d	9. b	9. c	9. b	9. c
10. d	10. b	10. b	10. d	10. c	10. b

Capítulo 7	Capítulo 8	Capítulo 9	Capítulo 10	Capítulo 11	Capítulo 12
1. a	1. b	1. b	1. c	1. a	1. c
2. b	2. a	2. c	2. b	2. b	2. b
3. c	3. d	3. b	3. d	3. c	3. d
4. d	4. d	4. c	4. b	4. b	4. a
5. b	5. b	5. a	5. a	5. d	5. a
6. c	6. b	6. d	6. b	6. c	6. d
7. a	7. c	7. c	7. c	7. c	7. b
8. c	8. c	8. c	8. d	8. c	8. b
9. b	9. a	9. b	9. b	9. c	9. b
10. d	10. c	10. a	10. a	10. b	10. d

Capítulo 13	Capítulo 14	Capítulo 15	Capítulo 16	Capítulo 17	Capítulo 18
1. b	1. c	1. a	1. b	1. a	1. c
2. b	2. d	2. b	2. a	2. c	2. b
3. a	3. b	3. c	3. d	3. c	3. a
4. a	4. c	4. b	4. c	4. d	4. a
5. c	5. b	5. c	5. a	5. d	5. d
6. d	6. a	6. d	6. b	6. a	6. d
7. c	7. d	7. d	7. b	7. b	7. b
8. d	8. a	8. c	8. d	8. b	8. c
9. c	9. c	9. d	9. c	9. c	9. b
10. a	10. b	10. a	10. c	10. a	10. d

Capítulo 19	Capítulo 20 extra (acesso *on-line*)	Capítulo 21 extra (acesso *on-line*)
1. b	1. d	1. c
2. b	2. c	2. a
3. c	3. c	3. b
4. c	4. b	4. d
5. d	5. b	5. c
6. b	6. a	6. c
7. c	7. d	7. b
8. d	8. c	8. b
9. b	9. b	9. b
10. d	10. d	10. a

Respostas dos Exercícios

CAPÍTULO 1

1. Disponibilizando uma boa Contabilidade, com dados confiáveis, gerenciais.
2. Com o surgimento da indústria, há a necessidade de calcular o custo do produto, estoques, depreciação etc.
3. Todas, exceto auditoria interna e controladoria.
4. R$ 2.808.000.

CAPÍTULO 2

1. Airbnb e Amazon.
2. Demonstrações Financeiras são Relatórios Contábeis obrigatórios por lei.
3. Apenas para entender melhor por que está no lado do Passivo (obrigações). É uma origem de recursos.
4. Giro: caixa, estoque, contas a receber. Fixo: máquinas, prédio, marcas.
5. Demonstrações dos Fluxos de Caixa, Demonstração de Lucros ou Prejuízos Acumulados ou Demonstração das Mutações do Patrimônio Líquido e Demonstração do Valor Adicionado (para as companhias abertas).

CAPÍTULO 3

1. Contas trocadas: Capital × Caixa e Lucros Acumulados × Intangível.
   Duplicatas a Receber vem antes do Estoque. Intangível vem depois do Imobilizado.
   Salários a Pagar é curto prazo. Financiamentos é Longo Prazo.
2. Prédio em uso é Imobilizado. No entanto, se a empresa não usa seu prédio (ou parte dele) e aluga para terceiros, é Investimentos.
3. Sequência: 5, 10, 7, 3, 2, 1, 4, 9, 6 e 8.

CAPÍTULO 4

1. Além da indústria, os setores de serviço e comércio usam a Contabilidade de Custos. Reduzir custos é a meta de todos, por isso a Contabilidade de Custos está em alta.
2. Os fluxos econômicos abrangem todas as receitas e despesas. Os fluxos financeiros abrangem as receitas recebidas e as despesas pagas.
3. Para fins de análise, separar os gastos da fábrica (custos) dos gastos do escritório (despesas) contribui para identificar o desempenho do negócio.
4. Os cinco primeiros itens são custos.

CAPÍTULO 5

1. Sim. Pois não consideram o desgaste (depreciação) do carro e, ao longo do tempo, não geram reservas para repor o carro.

CONTABILIDADE EMPRESARIAL E GERENCIAL ■ *José Carlos Marion*

2. Identificar o momento certo de reconhecer a receita e confrontar com a despesa.

3. Explica o Regime de Competência: o que vai para o Ativo e o que é Despesa Consumida.

4. O lucro é de $ 70 por coleção. Contudo, como a empresa não tem Capital de Giro, teria que pagar juros bancários para pagar as contas antes do recebimento, inviabilizando o negócio.

5. Valor depreciável, valor residual, vida útil, método linear, valor recuperável, não recuperabilidade (*impairment*), obsolescência, quebra, não depreciação de terrenos.

CAPÍTULO 6

1. As vendas cresceram 100% de X0 para X1. Entretanto, os custos, as despesas de vendas e gerais cresceram em um percentual maior que 100%.

2. Juros, impostos, depreciação e amortização.

3 Dividendos não aparecem na DRE, pois não são despesa, são distribuição de lucro.

4
Obrigações fiscais	200
Provisões para I. Renda	500
Obrigações sociais	150
Lucros acumulados	3.000

CAPÍTULO 7

1. Situação Financeira: DFC; Endividamento: BP; e Situação Econômica: DRE.

2.

	X1	X0
Margem bruta	45%	50%
Margem líquida	20%	40%

3. As empresas precisam se endividar para poderem constituir o seu ativo e investir em seu crescimento.

4. É melhor trabalhar com dívidas de longo prazo, pois isso permite que a empresa tenha um tempo maior para gerar recursos que saldarão os compromissos.

5. É possível verificar a qualidade do endividamento por meio do índice de Composição do Endividamento. Dados:

Passivo Total = R$ 1.000,00

Passivo Circulante = R$ 800,00

Exigível a Longo Prazo = R$ 200,00

$$\frac{PC}{PC + ELP} \times 100 = \frac{800}{800 + 200} \times 100 = \frac{800}{1.000} = 0,8 \times 100 = 80\%$$

Portanto, a empresa possui 80% do seu endividamento alocado no curto prazo.

CAPÍTULO 8

1.
Nível 1 – Passivo	2 – Passivo e Patrimônio Líquido
Nível 2 – Passivo Circulante	2.1 – Passivo Circulante
Nível 3 – Fornecedores nacionais	2.2 – Passivo Não Circulante
Nível 4 – Fornecedor "X"	2.3 – Patrimônio Líquido

Respostas dos Exercícios | **419**

2. 3 – Receitas, custos e despesas

   3.1 – Receitas

   3.2 – Custos e despesas

3. Alternativa B.

4. DRE →

	Receita	1.000
	(–) CMV	(300)
	Lucro Bruto	700
	(–) Despesas de Vendas	(240)
	Administr.	(200)
	Deprec.	(100)
	L. Líquido	160

   DLPAC →

	Saldo em 31/12/X8	280
	+ L. L. período	160
	(–) Dividendos pagos	(140)
	Saldo em 31/12/X9	300

5. Participações, variação cambial, provisão para Imposto de Renda.

CAPÍTULO 9

1. O capital foi integralizado com veículos. Com o empréstimo bancário de $ 490.000, a empresa adquiriu estoques, móveis e instalações, sobrando $ 20.000 de saldo.

2.

D	Bancos	C
490.000	100.000	
	190.000	
	180.000	
20.000		

3. Porque querem conceituar. Não há conceito, é apenas convenção: débito → lado esquerdo; crédito → lado direito.

4. Todas são verdadeiras.

5. Ativo: caixa 100.000 + equipamentos 100.000 = 200.000

   P + PL: capital 200.000

CAPÍTULO 10

1. Situação financeira: AC < PC ou os valores a receber ($ 1.100.000) são menores que os valores a pagar a curto prazo ($ 1.400.000). As despesas são menores que as Receitas → Prejuízo.

2. No caso do exercício 1.

3. Não. Erros acontecem mesmo na tecnologia moderna.

4. Depreciação refere-se a bens tangíveis. Amortização refere-se a bens intangíveis. Exaustão refere-se a recursos naturais.

5.

BALANÇO PATRIMONIAL			
Ativo		**P + PL**	
Circulante		**Circulante**	
Caixa	200.000	Fornecedores	200.000
D. Rec.	1.800.000		
Estoques	450.000	**P. Líquido**	
	2.450.000	Capital	1.800.000
Não circulante		L. Acum.	200.000
Instalações			700.000
	500.000		
(–) Depr. Ac.	(50.000)		2.700.000
	450.000		
TOTAL	2.900.000	**TOTAL**	2.900.000

DRE	
Receita	1.800.000
(–) CMV	(450.000)
Lucro Bruto	1.350.000
(–) Despesas	
Salários	(200.000)
Aluguel	(400.000)
Deprec.	(50.000)
Lucro Líquido	700.000

CAPÍTULO 11

1. Foi necessário criar uma legislação para permitir o compartilhamento de informações entre Estados, Municípios e União. A solução foi a Emenda Constitucional 42/2003.

2.

(1)	EFD	(1)	Substitui a escrita fiscal em papel
(2)	eSocial	(4)	Substitui a escrita contábil em papel
(3)	ECF	(5)	Apresenta informações bancárias
(4)	ECD	(2)	Presta informações de natureza trabalhista
(5)	e-Financeira	(3)	Contabilidade fiscal

3. Para implementação e manutenção do eSocial, é fundamental realizar o saneamento cadastral, ou seja, as informações do trabalhador constantes do CPF e CNIS devem estar batidas. Além disso, é fundamental que os dados cadastrais dos trabalhadores estejam completos.

4. a.

	DRE	RESULTADO FISCAL (ECF)
Receitas	2.000.000	2.000.000
(–) Despesas	(1.200.000)	(1.200.000)
(–) Depreciação	(125.000)*	(50.000)*
(=) Resultado	675.000	750.000

* Valor da depreciação: valor das máquinas/taxa

Na Contabilidade: 500.000 / 0,25 = 125.000

Para fins fiscais: 500.000 / 0,10 = 50.000

b. **ECF:**

	$
Resultado contábil	675.000
+ Adições (diferença depreciação)	75.000
(=) Resultado fiscal	750.000

Respostas dos Exercícios | **421**

c. O valor do lucro a ser distribuído é o resultado contábil: $ 675.000. Embora o resultado fiscal seja maior, não se pode distribuir mais lucro do que o apurado na Contabilidade, salvo se pagar imposto de renda com base na tabela progressiva da pessoa física sobre a diferença.

5. O papel do profissional da Contabilidade, em um futuro próximo, será o de ser parceiro de negócios do seu cliente, um grande gestor do conhecimento e consultor.

CAPÍTULO 12

1.

CONTA	DÉBITO	CRÉDITO
Seguros a apropriar (AC)	3.333,33*	
Despesas do Exercício Seguinte (AC)	1.666,67	
Caixa/Banco		5.000,00

* Seguros a apropriar:

Nesta conta, devem ficar registrados os valores do seguro pertencentes ao ano X1, que serão apropriados no resultado do exercício nos meses seguintes.

Dessa forma, se o início da vigência é maio, teremos oito meses de cobertura no ano de X1. Então, o valor do seguro: 5.000 / 12 = 416,66 × 8 = 3.333,33.

Ao final do mês de maio, faríamos o seguinte lançamento:

D: Despesa com seguros

C: Seguros a apropriar

Valor: 416,66 (3.333,33 / 8), e assim faríamos até dezembro, zerando a conta de seguros a apropriar.

* Despesas do Exercício Seguinte

Nessa conta, "guardamos" os valores de despesa de seguro que pertencem ao exercício seguinte e **não podem** ir para o resultado do exercício desse ano de X1.

O valor encontrado foi o correspondente a 4 meses de cobertura do ano de X2: 5.000/12 = 416,66 × 4 = 1.666,67.

Dessa forma, nosso balanço no final do exercício de X1 ficaria assim:

ATIVO		PASSIVO
Circulante		
[...]		
Despesas do Exercício Seguinte	1.666,67	
Não Circulante		
[...]		

2. De fato, as normas são conflitantes. Contudo, na estrutura conceitual para Relatório Financeiro, há a recomendação de não utilizar mais o conservadorismo, salvo se outra norma assim o exigir. É o caso da avaliação de estoques, que, em determinados casos, têm características excepcionais, como os *commodities*.

3. Não. O conceito de valor justo é mais abrangente e diz respeito a Ativos e Passivos. A definição correta é: "Valor pelo qual um ativo pode ser negociado, ou um passivo liquidado, entre partes conhecedoras, dispostas a isso, em uma transação sem favorecimentos." Em alguns casos, é possível que o valor de mercado de um ativo corresponda ao valor justo (por exemplo, ações). Nesse caso, há um mercado ativo e ninguém pagará mais ou menos em uma ação do que aquilo que está sendo negociado na bolsa de valores.

422 | CONTABILIDADE EMPRESARIAL E GERENCIAL ■ José Carlos Marion

4. Porque trazendo os valores ao seu valor presente aproximamos o demonstrativo contábil da realidade econômica da empresa e também aumentamos o valor preditivo da informação, favorecendo o processo de tomada de decisão.

5. Porque tem o conceito do Ativo que corre, gira e trabalha para trazer benefícios à empresa.

CAPÍTULO 13

1. Fórmula do CMV: **CMV = EI + COMPRAS LÍQUIDAS DE IMPOSTOS – EF**

   ONDE:

   EI = ESTOQUE INICIAL

   EF = ESTOQUE FINAL

   CMV = 50.000 + 375.000 (2.500 × 150) – 30.000

   CMV = 395.000

2. A manipulação no estoque final da empresa impacta diretamente no lucro do período. Nesse caso, uma alteração para menos no estoque resulta em uma diminuição do valor do lucro líquido e, consequentemente, em redução dos impostos sobre o lucro. Quanto menos estoque, mais custo, e quanto maior o custo, menor o lucro.

3.

DATA	QUANTIDADE			UNITÁRIO	VALOR		
	ENTRADA	SAÍDA	SALDO		ENTRADA	SAÍDA	SALDO
Inicial			**500**	**20**			**10.000**
01/02	150		650	22	3.300		**13.300**
15/02		400	250	20		8.000	**5.300**
18/02	500		750	25	12.500		**17.800**
27/02		100	**650**	**20**		2.000	**15.800**
27/02		150	**500**	**22**		3.300	**12.500**
27/02		450	**50**	**25**		11.250	**1.250**

Note que precisamos fazer 3 lançamentos, em 27/02, para poder dar baixa nos estoques com cada custo, respeitando o método "o primeiro que entrou é o primeiro a sair".

4.

CONTA	DÉBITO	CRÉDITO
Estoque de matéria-prima	205	
ICMS a recuperar	45	
IPI a recuperar	50	
Banco		300

O ICMS é calculado 18% sobre o valor de $ 250, porque este está embutido no preço de compra. Já o IPI é adicionado e, portanto, seu valor já está segregado.

5. Sim, é possível, assim como todos os custos necessários para formação do estoque, além de impostos não recuperáveis.

CAPÍTULO 14

1. Está proibido pela Lei nº 11.638/2007.

2. Qualquer custo que seja necessário para deixar o Ativo em condições de uso da maneira para a qual foi projetada pela administração, inclusive impostos não recuperáveis.

3. Depende da utilização da máquina e da vida útil projetada por ela. Esse questionamento serve para uma reflexão de que devemos avaliar a vida útil de um ativo por suas condições reais de uso e manutenção. Uma máquina de uma determinada empresa pode ter depreciação totalmente diferente da depreciação de uma mesma máquina em outra empresa, apenas pelas condições. Tendemos a uma resposta rápida, baseados na tabela da Receita Federal, que para máquina é 10% a.a., mas que serve apenas para fins fiscais. Com as novas normas de Contabilidade, devemos utilizar o julgamento para avaliação da depreciação.

4. Quando realizamos o teste de recuperabilidade, encontramos dois valores: o valor justo líquido (valor de venda líquido) e o valor em uso. De acordo com o CPC 01, devemos separar o valor maior entre esses dois e compará-lo com o valor contábil líquido. Se for menor, deveremos reconhecer uma perda. Vejamos:

No exercício:

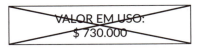

Nesse caso, desprezaremos o valor em uso porque é o menor. Agora, vamos compará-lo com o valor contábil líquido:

| VALOR JUSTO LÍQUIDO: | VALOR CONTÁBIL LÍQUIDO: |
| $ 750.000 | $ 800.000 |

Notamos que o valor contábil é maior e, portanto, precisamos reduzi-lo ao seu valor recuperável. Faremos o seguinte lançamento:

CONTA	DÉBITO	CRÉDITO
Perda por *impairment* (resultado)	50.000*	
(–) Provisão para perda por *impairment* (redutor do Ativo)		50.000

* Valor encontrado pela diferença entre o valor contábil líquido e o valor do teste: 800.000 (–) 750.000 = 50.000.

5. No caso apresentado, o método da equivalência patrimonial é obrigatório, uma vez que a empresa Generosa possui 30% de participação na empresa Boa Esperança. Bem, sabendo disso, deveremos calcular o resultado da equivalência e realizar os lançamentos:

Passo 1: cálculo da equivalência

Valor do investimento na Cia. Boa Esperança: $ 300.000 (Ativo na Generosa)
PL da Cia. Boa Esperança: $ 1.800.000
Participação da Generosa (30%): $ 1.800.000 × 30% = 540.000
Resultado da Equivalência = 540.000 (participação pelo novo PL) – 300.000 (valor registrado no Ativo em investimentos) = **240.000**.

Passo 2: lançamento contábil

CONTA	DÉBITO	CRÉDITO
Investimento na Cia. Boa Esperança (ANC)	240.000	
Receita equivalência patrimonial (resultado)		240.000

Passo 3: tratamento dos dividendos

Os dividendos devem ser tratados como redução do investimento no método da equivalência patrimonial, dessa forma:

Valor declarado de dividendos pela Cia. Boa Esperança: $ 300.000

Participação da Generosa nos dividendos: $ 300.000 × 30% = $ 90.000

Lançamento:

CONTA	DÉBITO	CRÉDITO
Dividendos a Receber (AC)	90.000	
(−) Dividendos (redutor do investimento)		90.000

Balanço Cia. Generosa:

ATIVO		PASSIVO	
Circulante		Circulante	
[...]			
Dividendos a Receber	90.000		
Não Circulante		Não Circulante	
[...]		[...]	
Investimentos			
Participação na Cia. Boa Esperança	540.000	PL	
(−) Dividendos	(90.000)		

Balanço Cia. Boa Esperança:

ATIVO		PASSIVO	
Circulante		Circulante	
[...]		[...]	
		Dividendos a Pagar	300.000
Não Circulante		Não Circulante	
[...]		[...]	
		PL	1.500.000

Notamos que a participação da Cia. Generosa já fica corretamente ajustada ao novo PL da Cia. Boa Esperança, considerando a distribuição de dividendos que será realizada.

CAPÍTULO 15

1.

CONTA	DÉBITO	CRÉDITO
Máquinas	500.000	
Financiamentos (PC)		162.000
Financiamentos (PÑC)		648.000
(−) Juros a apropriar (PC)	62.000	
(−) Juros a apropriar (PÑC)	248.000	

ATIVO		PASSIVO	
Circulante		Circulante	
[...]		[...]	
		Financiamentos	162.000
Não Circulante		(-) Juros a apropriar	(62.000)
[...]			
		Não Circulante	
Imobilizado		[...]	
Máquinas	500.000	Financiamentos	648.000
		(–) Juros a apropriar	(248.000)
		Patrimônio Líquido	
		[...]	

Como é possível verificar, devemos levar em consideração alguns conceitos:

a. O valor de Ativos e Passivos deve ser apresentado a valor presente: por isso a máquina no Ativo consta com seu valor à vista, e o Passivo é ajustado pela conta de juros que será apropriada ao resultado ao longo do tempo.

b. Devemos segregar o Passivo em curto e longo prazos, de acordo com o critério de 12 meses ou até o exercício seguinte para o Passivo de curto prazo.

Os cálculos foram obtidos da seguinte forma:

Valor do financiamento: 60 parcelas de $ 13.500 = 60 × 13.500 = 810.000

Valor dos juros = valor a prazo – valor à vista = 810.000 – 500.000 = 310.000

Valor de curto prazo do financiamento = 810.000 / 60 = 13.500 × 12 = 162.000

Valor de longo prazo do financiamento = 810.000 / 60 = 13.500 × 48 = 648.000

Valor de curto prazo dos juros = 310.000 / 60 = 5.166,66 × 12 = 62.000

Valor de longo prazo dos juros = 310.000 / 60 = 5.166,66 × 48 = 248.000

2. A provisão é um Passivo, porém com certo grau de incerteza quanto ao prazo ou quanto ao valor.

3. Deverá reconhecer um Passivo, no caso circulante, do valor recebido em adiantamento.

CONTA	DÉBITO	CRÉDITO
Banco	5.000.000	
Adiantamento de clientes (PC)		5.000.000

4. Deverão ser classificadas no Passivo Não Circulante com o título de Receitas Diferidas.

CAPÍTULO 16

1. Segundo a teoria da Entidade Contábil, pelo fato de a empresa estar em continuidade (não cessar), o patrimônio pertence a ela, com exceção do lucro que é distribuído aos sócios. É o conceito americano do *going concern*.

2. As reservas de capital não têm origem pelo lucro, e sim pelo capital, por exemplo, Ágio na Emissão de Ações.

3. Esse exercício nos leva ao item de ajuste de avaliação patrimonial. Como temos ações no realizável a longo prazo, devemos atualizá-las ao seu valor justo. Contudo, ainda não há uma previsão de venda dessas ações e,

426 | CONTABILIDADE EMPRESARIAL E GERENCIAL ■ *José Carlos Marion*

por isso, não podemos ajustar utilizando em contrapartida o resultado do exercício. Por isso, usamos a conta Ajuste de Avaliação Patrimonial no Patrimônio Líquido. Vejamos:

Valor original das ações = $ 15 × 5.000 (n. ações) = 75.000 (valor constante no RLP)
Valor justo das ações = $ 19 × 5.000 (n. ações) = 95.000
Valor do ajuste = 95.000 − 75.000 = 20.000

CONTA	DÉBITO	CRÉDITO
+ Prov. Valor Justo das Ações (ARLP)	20.000	
Ajuste de Avaliação Patrimonial (PL)		20.000

ATIVO		PASSIVO	
Circulante		Circulante	
[...]		[...]	
Não Circulante			
Realizável a Longo Prazo			
Ações Cia. X	75.000	Não Circulante	
+ Prov. Valor Justo das Ações	20.000	[...]	
		Patrimônio Líquido	
		[...]	
		Ajuste de Avaliação Patrimonial	20.000

4. A Lei nº 11.638/2007 determina que o lucro deve ser destinado, não devendo, portanto, permanecer em uma conta genérica de lucros acumulados. Essa determinação atende mais a grandes empresas, listadas em bolsa, e visa dar transparência aos pequenos investidores dos atos da gestão da empresa.

5. **Lançamento inicial:**

ATIVO		PASSIVO	
Circulante		Circulante	
[...]		[...]	
Não Circulante			
[...]			
		Não Circulante	
Imobilizado		[...]	
Prédio	4.000.000	Receita Diferida	4.000.000
		Patrimônio Líquido	
		[...]	

Como podemos verificar, é reconhecido um Ativo (prédio), e a contrapartida é uma receita diferida no Passivo Não Circulante. Esta ficará aí até que o contrato seja cumprido ou não cumprido.

Cumprindo contrato:

CONTA	DÉBITO	CRÉDITO
Receita diferida (PÑC)	4.000.000	
Receitas de incentivos fiscais		4.000.000

Com o cumprimento do contrato, a receita diferida é transferida para o resultado do exercício e, depois, deverá ser constituída uma reserva de lucros, como reservas de incentivos fiscais, com o valor do prédio.

Não cumprindo contrato:

CONTA	DÉBITO	CRÉDITO
Receita diferida (PÑC)	4.000.000	
Prédio (imobilizado)		4.000.000

No não cumprimento, há devolução do prédio.

CAPÍTULO 17

1.

DEMONSTRAÇÃO DE LUCROS E PREJUÍZOS ACUMULADOS – X2	
Saldo início do exercício	120.000
(+/−) Ajuste de exercícios anteriores	
Reversões de reservas (contingências)	50.000
Lucro Líquido do Exercício	150.000
(=) Saldo à disposição	**320.000**
(−) Destinações	
Reserva Legal*	(7.500)
Reserva Estatutária	(15.000)
Dividendos	(30.000)
(=) Saldo no final do exercício	**267.500**

* As reservas são constituídas com base no Lucro Líquido do Exercício.

2. Existe para retificar o valor da conta Lucros Acumulados em razão de possíveis erros ou omissões em períodos anteriores.

3. Associe os números:

- (1) Exigida por Lei.
- (2) Exigida por Estatuto.
- (3) Finalidade de compensar, em exercício futuro, diminuição de lucro.
- (4) Constituída porque, embora haja lucro, não há caixa para pagamento dos dividendos.
- (5) Constituída com sobras do orçamento empresarial.

- (2) Reserva Estatutária
- (4) Reserva de Lucros a Realizar
- (1) Reserva Legal
- (5) Reserva Orçamentária
- (3) Reserva para Contingências

428 | CONTABILIDADE EMPRESARIAL E GERENCIAL ■ *José Carlos Marion*

4. Não. Porque a DLPAc é a demonstração que evidencia as transações nas contas Lucros e Prejuízos Acumulados. Já a DMPL abrange a movimentação de todas as contas do Patrimônio Líquido, incluindo as contas de Lucros e Prejuízos Acumulados. Assim, não será necessária a elaboração da DLPAc porque já está contida na DMPL.

CAPÍTULO 18

1.

CONTA	X2	X1	VARIAÇÃO
Estoque	5.000	7.000	1
Clientes	3.000	5.000	1
Impostos a recuperar	2.000	1.000	2
Imobilizado	10.000	5.000	2
Fornecedores	8.000	6.000	1
Salários a pagar	5.000	3.000	1
Empréstimos a pagar	8.000	20.000	2

2. Somente se ao final do demonstrativo elaborar a conciliação com o lucro contábil. Isso acaba desmotivando sua elaboração, e o modelo indireto atende a isso.

3. Embora esteja classificado no Passivo Circulante, em que geralmente as classificações são alocadas ao fluxo operacional na DFC, a natureza da conta é de financiamento. Então, nesse caso, embora classificada no Passivo Circulante, sua variação deverá ser registrada no fluxo de financiamento da DFC.

4. É uma deliberação do IASB (órgão de pronunciamento de normas internacionais IFRS). No Brasil, seguimos, nesse aspecto, o mesmo critério usado pelos americanos (FASB).

5. Porque a depreciação não representa um desembolso financeiro.

CAPÍTULO 19

1. Porque a DVA evidencia o valor agregado, ou seja, a riqueza gerada. Dessa forma, ela exclui a riqueza gerada pelo fornecedor. Sendo assim, sabendo o que cada empresa gerou de riqueza (sem estar acumulada com a etapa anterior), logo, a soma das riquezas será a riqueza total gerada no País.

2. Pesquisas realizadas pela USP demonstram que os relatórios praticamente dobraram de tamanho. Contudo, quase 90% das informações adicionadas, em razão das exigências de divulgações mais detalhadas, não são utilizadas pelos usuários das demonstrações. O IASB já discute alterações nas normas para deixar a critério de cada empresa o que ela julgar relevante divulgar.

3. Porque visa dar informações relativas ao desempenho econômico e social da empresa. Dessa forma, conferindo ainda mais importância à Contabilidade, em razão de fortalecer sua abordagem social. No Balanço Social são demonstrados, além da DVA, indicadores ligados a Recursos Humanos e também ambientais.

4.

1. Receitas 1.1 Prestação de serviços 1.2 Provisão para devedores duvidosos 1.3 Resultados não operacionais	50.000

2. Insumos adquiridos de terceiros 2.1 Materiais consumidos 2.2 Outros custos de produtos e serviços vendidos 2.3 Energia, serviços de terceiros e outras despesas 2.4 Perda na realização de Ativos	20.000
3. Retenções 3.1 Depreciação, amortização e exaustão	8.000
4. Valor adicionado líquido produzido pela entidade (1-2-3)	22.000
5. Valor adicionado recebido em transferência 5.1 Resultado de equivalência patrimonial e dividendos de investimentos avaliados ao custo 5.2 Receitas financeiras 5.3 Aluguéis e *royalties*	
6. Valor adicionado a distribuir	22.000
7. Distribuição do valor adicionado*	22.000
7.1 Empregados – Salários e encargos – Comissões sobre vendas – Honorários da diretoria – Participação dos empregados no lucro – Planos de aposentadoria e pensão	10.000
7.2 Tributos – Federais** – Estaduais – Municipais – Menos: incentivos fiscais	6.200 2.500
7.3 Financiadores – Juros – Aluguéis	
7.4 Juros sobre o capital próprio e dividendos	3.300
7.5 Lucros retidos/prejuízo do exercício	

* O valor do item 7 tem que bater com o valor do item 6.

** Neste item somamos os impostos federais: encargos sobre salários: $ 3.000 + impostos sobre o lucro: $ 3.200. Total: $ 6.200.

CAPÍTULO 20 – EXTRA (acesso *on-line*)

1. Não, apenas não é mais obrigatória, mas aqueles que desejarem podem fazer.

2. (O) Lucro líquido

        (A) Compra de imobilizado

        (A) Investimentos em ações

        (O) Integralização de capital em dinheiro

        (O) Empréstimos tomados

        (O) Vendas de investimentos

        (A) Pagamentos de empréstimos

        (A) Distribuição de dividendos

3. A DFC é considerada de mais fácil entendimento do que a DOAR, principalmente no modelo direto. Contudo, a DOAR é mais rica que a DFC do ponto de vista de utilidade e capacidade preditiva.

430 | CONTABILIDADE EMPRESARIAL E GERENCIAL ■ *José Carlos Marion*

4. Para encontrarmos o valor do Capital Circulante Líquido (CCL), devemos fazer a seguinte conta: Ativo Circulante – Passivo Circulante. Dessa forma, teremos:

.... Ativo Circulante:	650.000
(−) .... Passivo Circulante:	(458.000)
(=) .... CCL:	192.000

CAPÍTULO 21 — EXTRA (acesso *on-line*)

1. Para empresas de grande porte, temos mais de 3 mil páginas. Já a NBC TG 1000 tem 262 páginas. Há, ainda, a ITG 1000, que tem apenas 13 páginas.

2. Normas são "legalizadas" pelos órgãos contábeis. Teoria é o desenvolvimento do pensamento contábil sem normatização ou sem se prender aos órgãos que normatizam.

3. A ciência social (Economia, Administração...) aplicada depende da ação do homem levando-se em conta as mudanças sociais.

4. "*International Financial Reporting Standards*" é o conjunto de padrões contábeis que tem apresentado aceitação mundial.

5. Porque os Estados Unidos têm órgãos como a FASB, que produzem excelentes regras contábeis, considerando sua cultura de negócios. Outros exemplos: o Japão, tradicionalmente, segue os Estados Unidos; os países muito pobres da África não são fortes em empresas e negócios, não fazendo diferença para a Contabilidade; e os países islâmicos seguem o Alcorão, cujas regras de negócios diferem das dos outros países.

Índice alfabético

As marcações em negrito correspondem aos Capítulos 20 (páginas **e-8** a **e-34**) e 21 (páginas **e-35** a **e-55**) que encontram-se na íntegra no Ambiente de aprendizagem do GEN | Grupo Editorial Nacional.

A

Abatimentos, 87, 275

Abrasca (Associação Brasileira das Companhias Abertas), **e-51**

Ações, 337

em tesouraria, 346

Adiantamentos

de clientes, 323

que poderão se tornar receitas, 74

Administradores, 4, 96

Ágio, 313

na emissão de ações, 338

Ajuste(s), 86, 187

a valor presente, **e-52**

de avaliação patrimonial, 339, 340

do lucro líquido no circulante, 390

Aluguéis, 247

Amortização, 74, 189, 295, 315, **e-18**

acumulada, 50

Análise

dos relatórios financeiros como instrumento para a tomada de decisão, 109

dos resultados, 58

Analista financeiro, 8

Apimec (Associação dos Analistas e Profissionais de Investimentos do Mercado de Capitais), **e-51**

Aplicação(ões), **e-15**

financeiras de liquidez imediata, 240

Apreciação

crítica do custeio do CMV e das consequências no estoque, 276

do exemplo, 270

do resultado, 263

Apresentação do balancete, 184

Apropriação direta, 270

Apuração

anual do resultado, 83

do CMV, 273

do lucro real (em livro auxiliar), 93

do resultado, 57, 67

do exercício, 185

e levantamento do balanço, 181

Aquisição

como parte de combinação de negócios, 301

de item do ativo imobilizado, investimento e intangível, 377

em separado, 301

por meio de subvenção ou assistência governamentais, 301

Arrumação física, 273

Aspectos sobre fluxo econômico e financeiro e o resultado do exercício, 57

Atividades

de financiamento, 380

de investimento, 380

operacionais, 141, 379

Ativo(s), 22, 29, **e-50**

circulante, 40, 51, 235

componentes do, 236

outras denominações do, 235

corrente, 45, 236

financeiros, 296

intangível, 25, 315

gerado internamente, 301

reconhecido no balanço, 300

não circulante, 40, 46, 50, 51, 79, 251, 287

realizável a longo prazo, 235

tangível, 25

total, 21

Atualização monetária, **e-45**

Auditor, 8
  independente, 8
  interno, 8
Aumentos de passivo, 338
Avaliação
  de estoque a custo de reposição (NIFO), 280
  de mercado (valor justo), 245
  dos investimentos, 302
  pelo valor de custo, 246
  pelo valor justo, 303

B
Balancete(s), 181
  de verificação, 181
    após os ajustes e separação das contas de
      balanço e resultado, 190
    exemplo de, 182
  diários, 183
Balanço
  patrimonial, 22, 28, 30, 152, 174
    grupos de contas, 39
  social, 402
Bancos, 4
Benefícios, 68
Bens, 22, 68
  à disposição da empresa, 23
  intangíveis, 189
Bonificações, 304
Bovespa (Bolsa de Valores de São Paulo), **e-51**

C
Caixa, 239
  flutuante, 239
Cálculo(s)
  da amortização, 295
  da exaustão, 295
  da provisão para devedores duvidosos, 242
  das atividades operacionais, 391
  das despesas antecipadas, 247
  do aluguel, 249
  do imposto de renda, 94
  do seguro, 247
  dos juros, 249
Capacidade de verificação, **e-49**
Capital, 129
  autorizado, 337
  circulante, 236
    líquido, 45, 46
  de giro, 45, 236
    próprio de curto prazo, 46

de terceiros, 29, 114, 236
intelectual, 312
no patrimônio líquido, 152
próprio, 29, 30, 114
social, 26, 336
subscrito, 336
total em giro, 45
Características qualitativas
  de melhoria, **e-48**
  fundamentais, **e-47**
Cargos
  administrativos, 9
  públicos, 8
Cenário(s)
  contábeis, 6, **e-36**
    primitivos, 6, **e-37**
  moderno da contabilidade, **e-37**
Certificação digital, 227
CFC (Conselho Federal de
  Contabilidade), **e-51**
Ciclo operacional, 42, 43, 51, 236, 262, 318
Ciência social, 6
Circulante, 40, 42, 44, 50, 79
COFINS (Contribuição para o Financiamento
  da Seguridade Social), 86
  sobre Receita Bruta, 88
Combinação de negócios, 301
Comentários do auditor, 410
Comissão de Valores Mobiliários (CVM),
  21, 326
Comitê de Pronunciamentos Contábeis, **e-51**
Companhia aberta, 21
Comparabilidade, **e-49**
Comparação do fluxo econômico, 138
Composição do endividamento, 113
Compra(s)
  à vista e pagamentos de fornecedores, 378
  de máquinas e equipamentos, 168
  de mercadorias para revenda, 168
Compreensibilidade, **e-50**
Conciliações bancárias, 239
Concursos, 8
Confrontação das despesas, 70, **e-40**
Conhecimento de Transporte eletrônico
  (CT-e), 218
Conservadorismo, 237, **e-42**
Consistência, **e-41**
Consultor contábil, 8
Consumo, 261
Contabilidade, 3, 4, 11
  como profissão, 7

de custos, 7, 85
em outros cursos, 9
empresarial, 10
estratégica, 7
evolução da, 10
financeira, 7
gerencial, 7
internacional, **e-51**
mental, 12
no Brasil, 10
objetivos da, 5, **e-36**
por balanços sucessivos, 151
Contabilização
do resultado, 192
pelo processo clássico exemplo de, 214
Contador, 3, 7
Contas
a pagar, 323
de ativo, 162
de passivo e patrimônio líquido, 164
que compõem os circulantes ativo e
passivo,44
retificativas, 315
Continuidade, 26, **e-37**, **e-39**
Contribuição(ões)
para instituições ou fundos de assistência ou
previdência de empregados, 97
Social
a pagar, 320
sobre o Lucro Líquido (CSLL), 95
Controle
da despesa antecipada, 247
de estoque, 268
direto ou indireto em controladas, 309
dos custos da empresa, 85
periódico de estoques e de inventários, 272
permanente de estoque e de inventários, 269
Convenções, **e-38**
contábeis, **e-41**
Convergência internacional, **e-51**
Corte para o inventário físico, 272
CPC (Comitê de Pronunciamentos
Contábeis), 11
00, **e-45**
03, 240
12, 100
31, 100
Critério(s)
de atribuição de preços ao estoque, 273
de avaliação

a "valor presente", 252
do ativo circulante, 237
do passivo, 318
de curto ou longo prazo, 262
de custeio do CMV e sua consequência no
valor do estoque, 275
de preço médio, 279
PEPS, 277
UEPS, 278
Curto *versus* longo prazos, 49
Custo(s), 62
corrente, **e-44**
da fabricação do produto, 85
de mercadoria vendida, 263, 264
do dinheiro, 114
e as embalagens, despesas de seguro e
transportes, 275
e os descontos
comerciais, abatimentos e devoluções, 275
financeiros, 275
e os impostos, 274
específico, 276
histórico, **e-40**, **e-44**
líquido realizável, 281
no momento da venda, 63
original, **e-40**
versus benefício, 12

D

Debêntures, 96
Deduções, 86
do ativo, 50
do patrimônio líquido, 50
Demonstração(ões)
contábeis, 19, 223
objetivo das, **e-50**
obrigatórias, 22
das Mutações do Patrimônio Líquido
(DMPL), 21, 133, 353, 363
com saldo zero na conta lucros
acumulados, 368
das Origens e Aplicações de Recursos
(DOAR), **e-8**, **e-10**
desvantagens da, **e-27**
e as baixas de itens do ativo imobilizado,
e-23
estrutura da, **e-22**
índices para análise da, **e-25**
nos países, **e-27**
vantagens da, **e-27**

× Demonstração dos Fluxos de Caixa (DFC), **e-25**
de Lucros ou Prejuízos Acumulados, 97, 125, 132, 136, 145, 353, 354
de Resultado do Exercício, 61
do Fluxo Financeiro, 375
do Resultado
  Abrangente (DRA), 83, 101, 102
  do Exercício (DRE), 59, 83, 84, 101, 128, 152
    estruturação da, 193
do Valor Adicionado (DVA), 21, 401, 403
dos Fluxos de Caixa, 125, 128, 135, 375, 376, 381
  pelo Método Direto, 128, 136, 137, 379
  pelo Método Indireto, 130, 138, 140, 141, 379
financeiras, 19
não Obrigatória por Lei, **e-8**
Denominador comum monetário, **e-39**
Depósitos bancários à vista, 239
Depreciação, 24, 58, 73, 188, 290, 291, 315
  acelerada (para fins fiscais), 291
  acumulada, 50, 189
  perante o imposto de renda, 290
Descontinuidade, 26
Desconto(s)
  comerciais, 87, 275
  de duplicatas, 42
  financeiros, 87, 275
Desembolso, 60
Desempenho, 75
  dos negócios, 4
Desemprego zero, 11
Desencaixe, 60
Despesa(s), 60, 63, 76, **e-50**
  administrativas, 89
  antecipada(s), 73, 246
    com aluguéis, 246
    com juros, 246
    com seguros, 246
  de juros, despesas de salários e outras, 190
  de vendas, 89
  do exercício seguinte, 246
  do período, 289
  e receita, 68
    vistas como perdas e ganhos, 92
  financeiras, 89
  tributárias, 91
Despesas de seguro e transportes, 275

Destinação das reservas de capital, 339
Determinação do curto e do longo prazo, 236
Devolução, 86, 275
Diário, 209
Direitos, 23
  autorais, 48
Dispêndio, 62
Disponível, 239
Dívidas ajustadas a valor presente, 326
Dividendo(s), 27, 304, 361
  a pagar, 323
  por ação do capital social, 362
Divisão do capital social, 337
Doações e subvenções para investimentos, 91
Domínio da classificação contábil, 151
Duplicatas
  a receber, 42, 50, 129, 240
  descontadas, 243, 257
Duplo controle de estoque, 271

E
e-Social, 220
Economia inflacionária, **e-40**
EFD-REINF, 221
Efeito(s)
  da amortização, 295
  da depreciação, 291
  da Despesa Antecipada no BP e no DRE, 246
  de provisão para devedores duvidosos no balanço patrimonial e na demonstração do resultado do exercício, 241
Eficiência da contabilidade por balanços sucessivos, 157
Elementos
  das demonstrações contábeis, **e-50**
  econômicos que interferem no lucro líquido, **e-17, e-18**
Embalagens, 275
Empregados, 23, 96
Empresas
  controladas, 309
  e método de equivalência patrimonial, 309
Empréstimos
  a pagar, 129
  bancários e financiamentos, 42, 323, 377
Encaixe, 59
Encargos sociais, 319
Encerramento das contas de resultado, 191
Endividamento

a curto prazo, 113
a longo prazo, 113
Entidade
  contábil, 336, **e-37**, **e-38**
  e a personalidade jurídica, **e-38**
  e os sócios, **e-38**
Equivalência patrimonial exemplo de, 305
Erros que o balancete não detecta, 183
Escola
  Contábil Americana, 11, 152
  Europeia de Contabilidade, 10
Escrita
  Contábil
    Digital (ECD), 222
    Fiscal (ECF), 224
  Fiscal
    Digital (EFD) contribuições, 219
    Digital (EFD) IPI/ICMS, 218
Escrituração, 207
  contábil, 207
    em forma digital, 217
    futuro da, 227
  das contas de resultado, 170
  dos lançamentos contábeis, 207
Estoque(s), 244, 261
  final, 263
  importância dos, 262
Estrutura
  conceitual, **e-51**
    para relatório financeiro, **e-45**
  de capital, 112
Estruturação da demonstração dos fluxos de
  caixa, 379
  modelo direto, 390
  modelo indireto, 392
Evidenciações, 406, **e-42**
Evolução da contabilidade, 10
Exame de suficiência, 7
Exaustão, 190, 295, 315, **e-18**
Exercício
  anterior, 31
  atual, 31
  social, 20
Exigíveis
  de coligadas, 328
  de terceiros, 328
  fixos, 327
  onerosos e não onerosos, 327
  preferenciais, 328
  quirografários, 328
  variáveis, 327

F
"Fair Value", **e-51**
Fase
  de desenvolvimento, 301
  de pesquisa, 301
Fichas de estoque, 270
FIFO, 276
Finalidade da estrutura conceitual, **e-46**
Financiamentos, 26, 324
Fipecafi (Fundação Instituto de Pesquisas
  Contábeis, Atuariais e Financeiras), **e-51**
Fluxo
  de caixa, 15
    no sentido restrito, 379
  econômico, 58
    e financeiro na ECBC, 59
  financeiro, 57
Fórmulas de lançamentos no diário, 211
Fornecedores, 4, 42, 318
Função do contador, 5
Fundo
  de comércio, 47
  fixo, 239
Futuro da escrituração contábil, 227

G
Ganho(s), 62
  de capital, 92
Gasto(s), 62
  pré-operacionais, 48
  que serão despesas nos próximos exercícios
    sociais, 73
Gerentes, 4
Goodwill, 25, 47, 300, 312
  objetivo, 313
  subjetivo, 313
Governo, 4
Grau
  de endividamento, 29
  de liquidez, 39
Grupo(s)
  circulante, 44
  de contas, 39

I
Ibracon (Instituto de Auditores Independentes
  do Brasil), **e-51**
ICMS (Imposto sobre Circulação de
  Mercadorias e Serviços), 86
IFRS (Normas Internacionais de
  Contabilidade), 11

Imobilizações em andamento, 290
Imobilizado, 46, 50, 129, 287
Impairment, 24, 296
   test, **e-52**
Imposto(s)
  a recolher, 42
  de renda, 320
    a pagar, 129
    incidentes sobre vendas, 87
    sobre Circulação de Mercadorias e
      Serviços (ICMS), 87
    sobre Produtos Industrializados (IPI), 87
    sobre Serviços de Qualquer Natureza
      (ISSQN), 87
    a recolher, 42, 319
Impressos e materiais de uso
  personalizado, 246
Independência absoluta de períodos
  contábeis, 75, 83
Indicadores
  externos, 297
  internos, 297
Índice(s)
  em que o valor adicionado serve como
    importante indicador, 404
  especiais, 111
  para análise da DOAR, **e-25**
Influência do estoque
  na Demonstração de Resultado do Exercício
    (DRE) de uma empresa comercial, 264
  nas demonstrações financeiras, 264
  no balanço patrimonial, 265
Informações
  entre parênteses, 410
  financeiras úteis, características qualitativas
    de, **e-47**
Informes contábeis, 19
Instrução Técnica Geral, ITG (2000), 207
Instrumentos Financeiros (CPCs 14, 39, 40, 46
  e 48), 244, 245
Intangível, 25, 47, 50, 288, 300, 312
Integração, 125, 127
  das demonstrações contábeis, 125, 135
Integralização do capital pelos sócios ou
  acionistas, 377
Inventário(s), 152, 267
  físico no regime periódico, 272
  periódico, 268
  permanente, 268
  rotativo, 271

Inversão num lançamento, 183
Investidores, 4
Investigação científica na contabilidade, 8
Investimentos, 46, 302
  em coligadas e controladas, 310
IPI (Imposto sobre Produtos
  Industrializados), 2, 86
ISSQN (Imposto sobre Serviços de Qualquer
  Natureza), 86
Itens
  considerados econômicos, **e-18**
  que compõem o ativo imobilizado, 288

J
Juros, 247

L
Lançamentos
  contábeis, 211, 223
  de diário em fórmulas, 211
  de encerramento, 191
Leasing, 23
Lei
  das Sociedades por Ações, 27, 237, 317, **e-51**
  nº 11.638/2007, 326, 354, 369, **e-51**
Levantamento do balanço patrimonial, 194
LIFO, 276
Limitações do regime periódico para controle
  dos estoques, 273
Liquidez imediata, 111
Livro(s)
  contábeis, 207
  de apuração do lucro real (lucro tributável),
    95
  diário, 207, 223
  razão, 207, 223
Lucro(s), 27, 57
  acumulados, 27, 129, 132, 192, 345, 353
  antes dos tributos, 92
  bruto, 85
  do período proveniente de operações em
    continuidade, 92
  econômico, 78
  líquido, 96
    ajustado, 361
    depois das operações descontinuadas, 96
    do exercício (ou prejuízo), 358
    por ação do capital social, 97
  operacional, 88
  real, 94

M

Má gerência, 4

Manutenção e reparos no ativo imobilizado, 289

Marcas de produtos, 23

Margem
  bruta de lucro, 116
  líquida de lucro, 116
  operacional de lucro, 116

Matéria-prima, 42, 244

Material para escritório, 72, 187

Materialidade (relevância), **e-42**, **e-47**

Médio, 276

Melhorias no ativo imobilizado, 289

Mensuração
  após o reconhecimento, 289, 302
  de ativo, passivo, receita e despesa, 76
  inicial, 301
  no reconhecimento, 289

Mensurável monetariamente, 24

Mercadoria, 244

Método(s)
  da equivalência patrimonial (*equity*), 305, 315
  da reavaliação, 289
  das partidas dobradas, 181
  de apresentação da demonstração dos fluxos de caixa, 378
  de avaliação de aplicações no grupo investimentos, 303
  de cálculo de depreciação, 294
  de custo, 289, 303, 315
  equivalência patrimonial, 303
  para o cálculo das obrigações tributárias, 93

Modelo(s)
  amplo, 88
  da ITG 1.000, 90
  do Pronunciamento Técnico CPC 26, 91
  ideal da DRE, 98
  indireto e depreciação, 139

Movimentações do ativo e do passivo, 162

Mudança de critério de avaliação, 309

N

Natureza do ativo imobilizado, 287

NBC (Normas Brasileiras de Contabilidade), 11

Normas, **e-35**
  contábeis conforme os CPC e CFC, **e-45**

Nota(s)
  explicativas, 20, 401, 406
  Fiscal eletrônica (NF-e), 218

Novos aumentos de capital, 115

O

Objetividade, **e-41**

Objetivos da contabilidade, 5, **e-36**

Obras de arte, 46

Obrigações
  exigíveis, 336
  fiscais, 319
  não exigíveis, 336

Operação(ões), 152
  de compra e venda de mercadorias, 262
  descontinuada, 96

Orçamento, 15

Ordem da escrituração, 210

Origem, 29, **e-15**
  das reservas de capital, 338

Outros
  interessados, 4
  investimentos (não circulante), 302

P

Pacioli, Luca, 10, 13

Pagamento
  de juros e amortização da dívida, 377
  de despesa/custo, contas a pagar e outros, 378
  de dividendos aos acionistas, 377

Parecer de auditoria, 411

Partes beneficiárias, 96

Participação(ões)
  de capitais de terceiros, 113
  no capital de outras empresas, 46
  incentivadas, 302
  voluntárias, 302

Passivo, 22, 26, 29, **e-50**
  circulante, 40, 51, 317, 318, 332
  constituição de, 328
  exigível, 26, 317, 327
    características do, 318
  não circulante, 49, 51, 317, 323, 332
  não exigível, 26, 27

Patrimônio, 28, 30
  líquido, 22, 26-29, 40, 335, **e-50**
  constituição do, 336

PEPS, 276, 277

Perda(s), 62
  de capital, 92

ou ganhos, 92
Perícias judiciais, 8
Periodicidade do teste, 299
Periódico característica do, 272
Perito contábil, 8
Permuta de ativos, 301
Personalizados, 247
Pesquisa e Desenvolvimento (P&D), 48
Pesquisador contábil, 8
Pessoa jurídica, 26
PIS (Programa de Integração Social), 86
 sobre Receita Bruta, 88
Plano de contas, 141, 145, 170, 223
 e usuários da contabilidade, 142
Poder decisório, 185
Postulados
 ambientais da contabilidade, e-37
 contábeis, e-38
Potencial do ativo em gerar riqueza, 404
Prazo de pagamento, 114
Prédios não utilizados, 46
Prejuízo(s), 57
 acumulados, 50, 345, 353
Prêmio de seguro, 72, 188
Premissa de continuidade operacional, e-50
Preparação do inventário físico, 272
Princípio(s)
 básicos concernentes à apuração de
  resultados, e-40
 contábeis, e-37, e-39, e-43
  concernentes à apuração de resultados, 70
 da competência, e-37, e-45
 da continuidade, e-44
 da entidade, e-44
 da essência sobre a forma, e-40
 da oportunidade, e-44
 da prudência, e-45
 do registro pelo valor original, e-44
 fundamentais da contabilidade, e-37
Produção em andamento, 42
Produtividade (giro do ativo), 116
Produtos
 acabados, 42, 244
 em fabricação, 244
Professor de contabilidade, 8
Pronunciamento Técnico
 CPC 31, 96
 CPC 38, 51
Proposta da administração para destinação do
 lucro, 358

Propriedade, 68
 para investimento, 311
Provisão(ões), 321, 338
 para 13º salário, 322
 para ajuste
  de estoques, 257
  de títulos mobiliários, 257
 para contingências, 322
 para devedores duvidosos, 50, 71, 190,
  240, 257
 para férias, 321
 para gratificação a empregados, 322
 para perdas, 304, 315
  em investimentos, 309
  por recuperabilidade, 315
Prudência, e-42

Q
Quadros analíticos suplementares, 409
Qualidade da dívida, 114
Quotas, 337

R
Razão, 208
Razonete, 161
Realização (reconhecimento) da receita,
 70, e-40
Realizável a longo prazo, 49, 251
Receita(s), 76, e-50
 a receber ainda não contabilizadas, 190
 antes da transferência, 70
 bruta, 21, 86
 líquida, 88
 × despesas, 59
Reconciliação bancária, 253
Reconhecimento de despesa, 70
Redução(ões)
 ao valor recuperável de ativos, 296, e-52
 do ativo, 338
Regime
 de caixa, 69
 de competência, 58, 67, 68, 76
  e balanço patrimonial, 72
 de contabilidade, 67
 econômico, 57, 59, 67
 financeiro, 57, 69
 periódico para a gestão empresarial, 272
 Tributário de Transição (RTT), 224
Registro do preço, 273
Regra da origem e aplicação, 61
Relatórios

contábeis, 19
  obrigatórios *versus* não obrigatórios, 21
  da diretoria, 401
Relevância, **e-47**
Rentabilidade
  da empresa, 116
  dos empresários, 116
Representação fidedigna, **e-47**
Requisitos do balanço patrimonial, 31
Reserva(s), 132
  de capital, 338
  de incentivos fiscais, 345
  de lucros, 341, 345
    a realizar, 342
    para expansão, 342
  de reavaliação, 369
  especial para dividendo obrigatório não
    distribuído, 345
  estatutárias, 341
  legal, 341
  para contingências, 341
Resultado(s), 75
  antes das despesas e receitas financeiras, 99
  antes dos tributos sobre o lucro, 99
  e reflexo no balanço patrimonial, 60
  líquido
    após os tributos das operações
      descontinuadas, 99
    das operações continuadas, 99
    de baixas de ativos e mensuração do valor
      justo, 100
    do período, 99
Retenção
  da receita, 405
  de lucro, 342
Reversão
  da perda por desvalorização, 299
  da provisão para devedores duvidosos, 243
  de reservas, 358

S
Salários e benefícios a pagar, 319
Saldo, 160
Saldo contábil, 294
Seguros, 247
  a vencer, 188
Sindicatos, 4
Sistema(s)
  de contabilidade, 216
  contábeis, 207
  público de escrituração digital, 217

Situação
  econômica, 114
  financeira, 110
    da empresa a curto prazo, 110
    de curto prazo, 110, 111
    de longo prazo, 110, 111
  líquida, 28
Sociedade(s), 21
  anônimas de capital aberto, 20
  coligadas, 251, 309
  controladas, 252, 309
  por ações de capital autorizado, 337
Subtrações do imobilizado, 290

T
Tangíveis (corpóreos), 288
Taxa anual da depreciação, 290
Técnica(s)
  de elaboração da
    demonstração dos fluxos de caixa
      modelo direto, 381
      modelo indireto, 390
    DOAR, **e-19**
  para demonstrar as atividades operacionais,
    390
Tempestividade, **e-49**
Teoria
  contábil normatizada, **e-43**
  da contabilidade, **e-35**
Terrenos adquiridos, 46
Teste de recuperabilidade, 297
Tomada de decisão, 3
Transações
  não operacionais, 252
  que afetam o caixa, 376
  que aumentam o caixa, 377
  que diminuem o caixa (disponível), 377
  que não afetam o caixa, 378
Transferências do lucro líquido
  para dividendos, 361
  para reservas de lucro, 359
Transformação, 261

U
UEPS, 276, 278
Unidade geradora de caixa, 299
Uniformidade, **e-42**
Usuários, 5, **e-36**
  externos, 5
  internos, 5

V

Valor
- adicionado, 402
  - e a carga tributária, 405
  - *per capita*, 405
- contábil, 313
- de mercado, 245, 313, 340
- justo, **e-45**, **e-51**
- líquido realizável, 281
- patrimonial da ação (ou quota), 346
- presente, 252, **e-45**
- realizável, **e-44**

subjetivo, 25

Variação(ões)
- do Capital Circulante Líquido (CCL), **e-12**
- do custo histórico, **e-44**
- monetárias, 90, 324

Vendas, 261
- à vista e recebimento de duplicatas a receber, 377
- canceladas, 86
- de itens do ativo não circulante, 377

Vida útil, 302